[110]

RECUEIL

DE

DOCUMENTS

RELATIFS A L'HISTOIRE DES MONNAIES

FRAPPÉES PAR LES ROIS DE FRANCE

DEPUIS PHILIPPE II JUSQU'A FRANÇOIS IER

PAR F. DE SAULCY

MEMBRE DE L'INSTITUT
(ACADÉMIE DES INSCRIPTIONS ET BELLES-LETTRES)

TOME SECOND

A DESENOR QUERE A BON DROIS
QUI T'AIME LIVRE NE NE CROIS

CAEN

IMPRIMERIE HENRI DELESQUES

Successeur de F. Le Blanc-Hardel

RUE FROIDE, 2 ET 4

M D CCC LXXXVIII

RECUEIL

DE

DOCUMENTS MONÉTAIRES.

DOCUMENTS DATÉS

(SUITE).

CHARLES VI.

DE SEPTEMBRE 1380 A OCTOBRE 1422.

1380 (SEPTEMBRE).

Charles, Roy de France, VIme du nom, surnommé le bien aymé, filz de Charles V^e dudit nom, et de madame Jehanne de Bourbon, Roy et Royne de France, commança à régner au mois de septembre l'an 1380, encores qui n'eust attaint l'aage de douze ans, et nonobstant l'edict dudit Roy Charles cinq^e du nom, son père, du 26e jour de may l'an 1375, publié authentiquement en la court de parlement, à Paris, contenant que nul enffant masle yssu de la couronne de France, sy n'avoit aage de quatorze ans entiers, feust couronné Roy, ne semblablement à exercer l'estat, regime et gouvernacion de ladite couronne et royaulme de France.

(Ms. 5524, fol. 103 r°.—Reg. de Lautier, fol. 88 r°.)

Item feist faire ledit seigneur liars qui avoient deux rondeaux d'escritture, et lisent *Carolus rex*, et de l'aultre costé a un daulphin qui a sur la teste une fleur de lys, et à l'entour list *Delphinus Viennensis*, et sont de 12 solz de taille au marc, et faictz à 6 d. de loy argent le Roy.

(*En marge :* Figure conforme. KAROLVS REX FRA. Au revers : DALPHS VIENENS, et bordure de 12 lys.)

(Ms. Poullain, pars III, 54.)

Charles VIe, Roy et Daulphin de Viennois, feist faire grands daulphins, où avoit un daulphin et un rondeau descritture, et à l'entour 12 fleurs de lys, et ont sur la teste du daulphin une petite croix; et, de l'aultre costé, deulx rondeaux d'escritture; et sont à 19 d.[1] de loy et de 8 solz de taille.

[1] Lisez sans doute : « 9. »

(*En marge :* Figure. ✱ SIT ✱ NOMEN ✱ D̄N̄I ✱ BENEDITV̄. En légende intérieure : couronne; KAROLVS REX. Croix. Au revers : DALP̄HS. VIENENC. Dauphin. Bordure de 12 lys.)

(Ms. Poullain, pars III, 54.)

A.

Item fit fere le Roy gros ayant cours pour xx deniers tournoys la pièce, qui disent *grossus Turonus*, et furent faiz à Tours et, devers la pille, ont troys fleurs de lis et une couronne, et au rondeau xij fleurs de lis, et ont, devers la croys, une petite croys et deux rondeaux descritture, et a escript au grand : *sit nomen D̄n̄i benedictū*, et en l'autre *Karolus Frācorum*, et sont faiz à ix d. de loy.

(*Dessin en marge :* avec une petite croisette à la place de la 13ᵉ fleur de lis, les mots séparés partout par ⚬, et KAROLVS ⚬ FRAN-CORV̄ ✛. Les o sont ronds [1].)

B.

Item plus fit fere gros ayant cours pour xx d. t. la pièce, qui ont au rondeau de la pille troys fleurs de lys seulles, et devers la croys, à chacun bout une fleur de lis; sont faiz à xij d. de loy.

(*En marge :* Dessin : trois fleurs de lis. Au revers : la croix fleurdelysée avec les légendes : ✛ KAROLVS ⚬ FRANCORVM ⚬ REX et ✛ SIT ⚬ NOMEN ⚬ DNI ⚬ BENEDICTVM. O longs.)

C.

Item gros de xx d. qui ont la croix oppitaliere, et n'ont nulz poins et ont l'o long.

Et sont de vij s. 1 d. de taille et ont telle differance, sont faiz à viij d. de loy.

(*En marge :* ✛ KAROLVS ⚬ FRANCORVM ⚬ REX. Trois fleurs de lis au-dessous d'une couronne.

Au revers : ✛ SIT ⚬ NOMEN ⚬ D̄N̄I ⚬ BENE-DICTV̄. Croix fleuronnée, cantonnée de deux couronnes aux 2ᵉ et 3ᵉ cantons).

(Ms. Vallet de Viriville, 70.)

Escus de la monnoye susdite signée par A., valloyt de celle monnoye xxij s. vj d.

(*En marge :* Dessin. Écu couronné. ✛ KA-ROLVS : DEI : GRA : FRANCORV. Au revers : ✛ XPS : VINCIT : XPS : REGNAT : XPS…, Croix fleurdelysée, évidée, avec étoile au cœur; dans un contour à 4 lobes, avec 4 couronnes extérieures aux rentrants.)

Escus de la monnoye ensuyvant signée par B., valoit comunément xxv s.

(*En marge :* Dessin. Écu couronné. ✛ KA-ROLVS : DEI : GRA : FRANCOS ?)

Escus de la monnoye ensuyvant signée par C., valoit comnent xxx s.

(*En marge :* Dessin. ✛ KAROLVS ⚬ DEI ⚬ GRA ⚬ FRANCORV̄ ⚬ R.)

(Ms. Vallet de Viriville, 74.)

Item fit fere le Roy Charles escuz de fin or, poyssant la pièce 3 d. 3 gr., et en fit fere qui ne poyssent que 3 deniers; et sont de ceste façon; et en fut (fait) largement par tout le Royaume; et les fit fere le Roy vjᵉ (de) cest nom.

(*En marge :* Écu couronné. ✛ KAROLVS ✱ DEI ✱ GRA ✱ FRANCORVM ✱ REX. Au revers : ✛ XPC ✱, etc., INP̄ERA. Croix fleuronnée; au cœur, étoile à 5 rayons, et 4 petites couronnes à l'extérieur du contour à 4 lobes, dans les rentrans; et dedans, aux angles, quatre lis dirigés vers le centre.)

Item fit fere led. sᵍʳ petis escuz, de la fasson des grans de 3 d. 3 gr. et pesoit chacune pièce des petis escuz troys deniers; et estoyent fort espays; et sont de fin or, come les grans; et n'en fut guères fait.

---

[1] Si ce dessin est juste, la pièce m'est inconnue.

(*En marge :* A l'avers, même type qu'à l'écu, mais *Francorū* seulement, et des points isolés entre les mots.)

Charles, VI° de ce nom, Roy de France, feist faire francs à pied, pareilz de marque et de faitture, et ne sont que de 65 au marc comme ceulx de Charles dessusd. car il n'y a nulle différence et sont d'or fin.

(*En marge :* Figure. Les pieds du Roy sont entre des annelets, tandis qu'au franc à pied de Charles V, ils sont accompagnés de croisettes.)

Item feist faire led. seigneur gros tournois que l'on appelle *grossus Turonus*, et furent faicts à Tours ; et ont deulx rondeaux d'escritture ; en l'un list *Sit nomen Dni benedictum*, et en l'aultre *Carolus Francorum rex ;* et, de l'aultre part, douze fleurs de lys ; et list *grossus Turonus ;* et sont de 5 solz 4 d. de taille, et faictz à 9 d. argent le Roy.

(*En marge :* Figure conforme.)

Celuy Roy Charles, le siste (*sic*) de ce nom, par l'ordonnance dudit seigneur de Berry, qui alors avoit le gouvernement du Royaume de France, confirma les privilèges qui aultrefois avoient esté donnez aux monnoyers et ouvriers des monnoies de France.

Et feist faire ledit Roy Charles la monnoie de l'*o* long, comme verrez cy après la figure et la loy qu'elle porte.

Item feist faire ledit seigneur salutz qui avoient une annunciation nre Dame, et, entre deulx, un escu couronné à trois fleurs de lys dedans ; et lisoient *Carolus Dei gra Francorum Rex ;* et de l'autre costé avoit le cercle dentelé, et dedans une croix bastonnée, et à chacun costé une fleur de lys, et au bout de la dite croix par bas avoit un K, et lisoit *Xpus vincit, Xpus regnat, Xpus imperat,* et

poise chacun salut 3 d. de marc, et sont d'or fin.

(*En marge :* Figure passable.)

Item feist faire ledit seigneur, par l'ordon°° de mons' de Berry, son oncle, les escuz qui poisent 3 d. 3 gr. ; et ont une belle croix et au millieu a une estoille à cinq pointes ; et lisent *Xpus vincit, Xpus regnat, Xpus imperat ;* et de l'aultre costé a une couronne, et par dessoubz un escu à trois fleurs de lys dedans, et list *Carolus dei gra Francorum rex.* Ils ont la lettre *o* longue et sont d'or fin.

(La figure en marge donne l'écu couronné, et au revers l'étoile placée au cœur de la croix, à six pointes.)

Et en iceluy an furent faictz petitz escuz, de mesme marque, et de petitte grandeur ; et poisoit chacune pièce 3 d. ; et estoient faictz de mesme or que les grands escuz.

(*En marge :* Figure conforme, mais mauvaise.)

Item feist faire ledit seigneur, à Paris, petitz moutonnetz poisant deulx deniers, qui avoient un *agnus Dei* et dessoubz lisent *Karolus Rex* et ont une croix à travers l'*agnus Dei*, où il y a une banderolle, et à chacun des boutz de ladite croix, a 3 trefles, ou trois points cloz, ou trois fleurs de lys et sont de belle couleur ; car il en fut faict à Guyse, en Picardie, qui sont de cette marque, et sont tous blancs ; et ne sont que à 12 caratz ; et ceulx de Guyse sont alloyés de cuyvre ; et ne sont que à 12 caratz, et les bons de Paris sont à 22 caratz.

(*En marge :* Mauvaise figure.)

En iceluy temps furent faictz les gros qui avoient une croix, et à chacun bout avoit une fleur de lys, et lisent *Sit nomen Dñi benedictum*, et de l'aultre costé avoit trois fleurs de lys seullement, et lisent *Karolus Francorum rex*, et avoient cours pour 20 d. t. la pièce et sont faictz à 10 d. de loy.

(*En marge :* Figure passable.)

En iceluy temps furent faictz les heaulmes qui poisoient 4 d. la pièce, auxquelz avoit un heaulme couronné, et, dessoubz, un escu à trois fleurs de lys dedans, et le cercle dentelé, et lisent *Karolus;* et de l'aultre costé a une croix et quatre fleurs de lys, et list *Xpus*, etc. et sont à 22 caratz.

(*En marge :* L'avers du grand heaume avec *Karollus* [*sic*].)

Et fut faict petitz heaulmetz, poisans 2 d. la pièce, et de pareille marque que les grans; et valloient 10 d. moins que les moutons de Paris, car les heaulmetz ne sont que à 22 caratz.

(*En marge :* Figure passable du petit heaume.)

(Ms. Poullain, pars III, 19.)

Item fut faict blancs de la marque de l'*o* long, qui avoient pour différence, dedans l'escu, par le hault bout un point cloz et, de l'aultre part, à un des boutz de la grande croix un aultre point cloz, et furent faictz l'an 1416, et estoient de 6 solz 8 deniers de taille, et faictz à 4 d. de loy.

(*En marge :* Figure. -+- SIT : NOMEN : DEI (*sic*): BENEDICTV : -+-. Croix cantonnée de 2 couronnes et de deux fleurs de lys. Au revers : -+- KAROLVS FRANCORV REX. Écu à trois fleurs de lys; un point entre les deux fleurs supérieures, en haut; mais pas de point accompagnant la grande croix; donc figure mauvaise.)

Item fut faict grands blancs ayans cours pour 10 d. t., de mesme façon et de mesme taille; et avoient la petite croix du rondeau palée hault et bas et à travers bastonnée, tant

devers la croix que devers la pille, et sont à 2 d. 16 gr. de loy. Et valloient marc d'argent 9 l. t.

(*En marge :* Figure conforme.)

Et furent faictz doubles ayant cours pour 2 d. t. la pièce, et sont faictz à 2 d. 12 gr. de loy.

(*En marge :* Figure. -+- KAROLVS : FRANCO. Trois fleurs de lys, 2 et 1.)

(Ms. Poullain, pars III, 19 et 20.)

Item fut faict à Lyon monnoie de mesme façon; et avoit la petite croix patée et devant, un treffle; et estoient à 6 solz 8 d. de taille, et faictz à 2 d. 16 gr. Et donnoit le Roy, de marc d'argent, es marchands, 9 l. t.

(*En marge :* Figure conforme.)

Du temps dudit Roy Charles VIe du nom, furent faitz doubles d'or, où il y avoit un Roy assis en une chaire, et avoit à chacun costé un escu à trois fleurs de lys dedans, et soubz les pieds deux lions, et tenoit en sa main dextre une espée, et en la senestre tenoit le sceptre; et le cercle dentelé; et lisoit *Karolus dei gra Francorum rex*, et de l'aultre costé a une croix feuilletée, et par dedans quatre fleurs de lys, et lisoit *Xpus vincit*, *Xpus regnat*, *Xpus imperat;* et poisent 4 d. 18 gr.; et sont faitz à 23 caratz.

(*En marge :* Figure médiocre.)

(Ms. Poullain, pars III, 20.)

Item fut faict escuz de la marque et façon de ceulx de trois d. 3 grains, excepté que au lieu de l'*o* long, ils avoient l'*o* rond. En y a la plus part qui ne poisent que 3 d.; et en fut faict qui avoient un point dans le rond de l'*o*, et poisent aussy 3 d., et sont mal taillez et sont à 23 caratz trois quarts.

(*En marge :* Figure conforme.)

Et en y a qui sont faictz à S[ct]-Lou, et sont

de mesme façon, et ont les points soubz les lettres de S^{ct}-Lou, et l'un des 5 points de l'estoille qui est dedans la grand croix, est gros; et poisent 2 d. 21 gr., et ne sont que à 23 caratz.

(*En marge :* Figure non conforme.)

(Ms. Poullaln, pars III, 21.)

En cettuy temps furent faictz escuz de Tournay, qui avoient le point dessoubz le dernier *a* de *gracia*, et aultre point dessoubz le *n* de *regnat;* et avoient six pointes bien pointües en la rosette qui est au millieu de la grand croix, et poisent 2 d. 20 grains et sont à 22 caratz.

(*En marge :* Mauvaise figure; *regnat* est écrit *regat*, et il n'y a pas de point à *gracia*.)

Et en fut faict en lad. ville qui ont soubz l'escu un point cloz et sont à 20 caratz.

(*En marge :* Figure conforme.)

Et trespassa le Roy Charles VIe, le 14e jour d'octobre 1422.

Et en y a qui sont tous blanchastres, et ont le poinct soubz l'escu, et ne sont que à 18 caratz [1].

(Ibidem.)

Item fut faict gros de 20 d. t. la pièce, et de 7 solz 1 d. de taille au marc, qui avoient une croix, à chacun bout une fleur de lys, et par dedans deux couronnes; et list *sit nomen Dni benedictum*, et de l'aultre cousté a une couronne et dessoubz trois fleurs de lys; et list *Karolus rex*, et sont faictz à 8 d. de loy; et ont l'o long et la croix hospitale (*sic*).

(*En marge :* Figure conforme.)

(Ibidem.)

Item fit faire le Roy gros ayant cours pour 21 d. t. la pièce, qui lisent *grossus Turonus;*

et furent faictz à Tours; et devers la pille ont trois fleurs de lis et a pour [2] une couronne, et au rondeau 12 fleurs de lis; et ont devers la croix une petitle croix et deux rondeaux d'escritture, et a escrit au grand *sit nom Dni benedictu*, et en l'aultre *Karolus Francoru;* et sont faictz à 9 d. de loy.

Item plus fit faire gros aians cours pour 20 d. t. la pièce, qui ont au rondeau de la pille trois fleurs de lis seulles, et devers la croix à chacun bout une fleur de lis; sont faictz à 11 d. de loy.

Item gros de 20 d. qui ont la croix ospitaliere, et n'ont nulz poincts, et ont l'o long; escus [3] de 7 s. 1 d. de taille, et ont telle differance (?); sont faictz à 8 d. de loy.

Escus de la monnoie susd., signée par A, valloit de celle monnoie 22 s. 6 d.

Escus de la monnoie ensuivant, signée par B, valloit communément 45 s.

Escus de la monnoie ensuivant, signée par C, valloit communément 30 s.

En icelluy temps fut faict monnoie en Bourg^ne, de 10 d. t. la pièce, et de 5 d. 12 gr. de loy argent le Roy; et de 6 s. 8 d. de poidz, qui lisent *Phus* et ont telle differance, et marc d'argent valloit 7 lb.

Item en fut faict de mesme façon qui lisent *Johannes*, et sont à 5 d. de loy.

Item en fut faict de mesme façon qui ont un point dessoubz l'escu, et sont de 7 s. de taille, et à 3 d. 8 gr. de loy.

(Reg. de Lautier, fol. 267 v° à 269 r°.)

Item fit faire le Roy Charles escus de fin or, poisant la pièce 3 d. 3 grains; et en fit faire qui ne poisent que 3 d., et sont de cette façon, et en fut largement (faict) par tout le Roy^me;

---

[1] Note rejetée par renvoi au bas de la page 21 du manuscrit.

[2] Lisez : « Par dessus ».

[3] Lisez : « Et sont ».

et les fit faire le Roy Charles VIe de cet nom.

Item fit faire ledit seigneur petiz escuz de la façon des grandz de 3 d. 3 grains; et pesoit chacune pièce des petitz escuz 3 d.; et estoient fors espaix; et sont de fin or comme les grands; et n'en fut guières faict.

(Reg. de Lautier, fol. 313 v°.)

Item fit faire le Roy Charles, le VIe de cet nom, blancs qui ont une croix patée, et à l'entour deux compas d'escriture; en l'un dict *benedictum sit nomen $\overline{dni}$ $\overline{Jhu}$ $\overline{xpi}$*, et en l'autre *Francorum rex*, et devers la pille un compas à 12 fleurs de lys, et dedans ledit compas une grande couronne et un K avecq 2 fleurs de lys aux deux coustés; et est escrit *Dei $\overline{gra}$*, et sont faictz à 4 d. de loy, et de 8 s. de taille.

(Reg. de Lautier, fol. 315 v°.)

NOTA. C'est le blanc de Charles V, qui fut continué pendant quelque temps.

———

1380 (1er OCTOBRE).

Le premier jour d'octobre l'an 1380, par ordonnance du Roy feust mandé aux généraulx des monnoyes, que l'ouvraige d'or, d'argent ou billon feust faict des poix, loy et cours ainsy qu'il s'ensuict :

Royaulx d'or fin aux fleurs de lys, de trois d. de poix, au feur de 64 au marc, ayans cours pour 20 s. p[ce].

Marc d'or fin, 63 lb. 10 s.

(Figure du Royal; KAROLVS DEI GRA FRANCORVM REX.)

Francs à cheval d'or fin, de trois d. de poix, au feur de 64 pièces au marc, ayans cours pour 20 s. t. p[ce].

(Figure d'un franc à cheval où la croix du revers est cantonnée de deux K et deux lis. C'est le franc à cheval de Charles VII.)

Blancs deniers à 4 d. argent le Roy, de 2 d. ou environ de poix, au feur de 96 pièces au marc, ayans cours pour 6[1] d. p[ce].

Marc d'argent, 105 s. t.

(Figure : +SIT NOMEN...etc. Croix cantonnée de 4 lis. ℞. + KAROLVS FRANCORVM REX. Dans le champ, trois lis.)

Parisis noirs à 2 d. de loy argent le Roy, de 1 d. de poix, au feur de 192 pièces au marc, ayant cours pour 1 d. p[ce].

Marc d'argent, 100 s. t.

(Figure : PARISIVS CIVIS. Croix fleurdelysée. ℞. Grande couronne. KAROLVS (rosette) REX. Dans le champ, FRAN.)

Petits deniers tournois à 2 d. de loy argent le Roy, de 18 grains de poidz, au feur de 240 pièces au marc, ayans cours pour 1 d. p[ce].

Marc d'argent, 100 s. t.

(Figure : TVRONVS CIVIS. ℞. KAROLVS REX. Deux lis.)

(Ms. 5524, fol. 105 r° et v°.—Reg. de Lautier. fol. 89 r° et v°.)

———

1380 (26 NOVEMBRE).

A Paris.

Lettres du Roi adressées aux bailli et juge du ressort de Mâcon, pour autoriser dans la ville de Lyon le cours des monnaies delphinales.

(H. Morin, p. 183, d'après le P. Claude-François Menestrier, *Preuves de l'histoire consulaire de la ville de Lyon*, p. 129.)

Le lundi 26e jour de novembre 1380, (séance tenue) par Raoul Maillart, Jehan

———

[1] Lisez : « 5 ».

Gencien, J. Culdoë, J. de la Fournaise et Jehan Remon, gener^x maistres des monnoyes.

Le 27ᵉ jour de novembre, par R. Maillart, P. Domino, et Jehan Culdoë.

Le samedi 26ᵉ jour de janvier, par R. Maillart, P. Domino, J. Gencien, J. Culdoë, J. de la Fournaise et Remon.

Jehan Morel, nommé, par lettres du Roy du 7 janvier, garde de Sᵗ-Pourçain, en remplacement de Lancelot de Cremone.

Le lundi 25 février, Raoul Maillart, Jehan Remon, Jehan Culdoë et Jehan de la Fournaise.

Le 8 mars 1380, Jehan Culdoë, Jehan Remon et Pierre Larchet.

Le lundi 18 mars, Jehan Gencien, Jehan Culdoë, Jehan de la Fournaise et Pierre Larchet.

Jehan le Mareschal s'engage à payer à Jehan Ysbarre le quart des frais de réparation des « fournaises de ladite monnoye, où ledit Jehan le Mareschal fait ouvrer l'or. »

Le 22 mars, Jehan Culdoë et J. Remon.

Le samedi 30 mars, P. Domino, J. Gencien, J. Culdoë, J. de la Fournaise, Jeh. Remon et P. Larcher (*sic*).

(A. N. Reg. Z, 1ᵇ, 1.).

————

1380 (9 JANVIER).

Ordre du Roi de faire ouvrer à Paris ou ailleurs, 200 marcs d'argent alloié à 2 d. de loi A. R., pour convertir en petits tournois de 1 d. t. la pièce, « lesquelx sont pour convertir en l'aumosne. » L'exécutoire fut envoyé aux gardes de la Monnaie de Paris, le 31 janvier suivant, jour où l'ordre du Roi fut apporté à la chambre des monnaies.

(A. N. Reg. Z, 1ᵇ, 58, fol. 19 rᵒ.)

————

1380 (27 JANVIER) A 1381 (28 MAI).

A Paris, par Jehan le Mareschal, deniers d'or aux fleurs de lis, de 64 au marc. — 53000 pᶜᵉˢ frappées.

(A. N. Rouleau du carton Z. 1ᵇ, 913.)

————

1380 (3 AVRIL, AVANT PAQUES) A 1382 (18 SEPTEMBRE).

A Montpellier, par Guinulfe de Pasy, deniers d'or aux fleurs de lis, de 20 s. t. et de 64 au marc. — 87000 pᶜᵉˢ frappées.

(A. N. Reg. Z, 1370; carton Z, 1ᵇ, 898-899.)

————

1381 (AVRIL, APRÈS PAQUES).

Ordonnance du Roi par laquelle il confirme d'autres lettres du 22 août 1367, portant que les monnaies d'or et d'argent fabriquées en Dauphiné, devront y avoir cours légal et que les trésoriers et autres receveurs des droits delphinaux seront tenus de les accepter aux prix fixés par les mandements.

(H. Morin, p. 184, tiré des Archives de la Monnaie de Paris.)

Le 2 mai 1381, Jehan Gencien, Jehan Culdoë, Jehan de la Fournaise et Jehan Remon.

(A. N. Reg. Z, 1ᵇ, 1.)

————

1381 (16 AVRIL).

A Paris, le 1ᵉʳ de notre règne. Par le Roy, à la relation de Mʳˢ les Ducs de Bourgogne et de Bourbon. — J. DE SANCTIS.

Lett. pat. aux gnaux. — Pour la nécessité que son très cher et très amé oncle a de pnt de finance, lui est permis de mettre en la monᵉ jusques à 2500 m̄ d'arg., pour ouvrer en blancs deniers de 12 d. parˢ pièce, à 11 d. 6 gr. fin de loy, et de 8 s. de poids au $\overline{m}$ de Paris, comme ceux qui autrefois ont esté faitz en lad. mon^e, dont le m^e aura pour chascun $\overline{m}$ 3 grains de remède, et pour son ouvrage et monnoyage 4 s. t.; et que tout le profit qui istra d'iceux soit baillé à notredit oncle, comme l'on feroit pour nous en tel cas.

(A. N. Reg. Z, 1^b, 58, fol. 19 r°.—Sorb. H. 1, 9, n° 174, fol. 161 v°. — Ord., VI, 577.)

1381 (16 AVRIL).

Gros d'argent à 11 d. 6 gr., de 96 au $\overline{m}$, valant 15 d. t.

(Leblanc, *Tables.*)

1381 (23 AVRIL).

A Paris, l'an 1er de notre règne. Par le Roy, à la relation de M^rs les Ducs d'Anjou, de Bourg^ne et de Bourbon. — S. BLANCHET.

Lettres pat. aux $\overline{gnaux}$, pour 1013 $\overline{m}$, 5 $\overline{o}$, 15 esterlins de la propre vaisselle du Roy, livrée en la mon^e par Jean Chanteprime, pour faire ouvrer en blans den. d'arg. qui ont cours pour 15 d. t. la pièce, à 11 d. 6 gr. fin, et de 8 s. de poids au $\overline{m}$ de Paris.

(A. N. Reg. Z, 1^b, 58, fol. 19 v°.—Sorb. H. 1, 9, n° 174, fol. 169 r°. — Ord., VI, 580.)

1381 (23 AVRIL).

Mêmes lettres pour 97 $\overline{m}$, 3 $\overline{o}$, 2 esterlins, ob. d'or de la propre vaisselle du Roy, livrez par led. Chanteprime à la mon^e, pour en faire deniers d'or fin aux fleurs de lis, qui ont cours pour 20 s. t. la pièce, et de 64 de poids au $\overline{m}$ de Paris.

(*Ibidem.*)

1381 (25 AVRIL.).

Mêmes lettres pour 1315 $\overline{m}$ d'arg^t, en vaisselle que notre tres cher et tres aimé oncle le Duc d'Anjou a prêtée au Roy, pour en faire den. d'arg. sur le coing et forme de ceux qui ont à $\overline{pnt}$ cours pour 15 d. t. la pièce, à 11 d. 6 grains fin ou environ, et de 8 s. de poids au $\overline{m}$ de Paris; dont le m^e part^er aura, pour chacun $\overline{m}$, 3 grains de remede, et pour son ouvrage et monnoyage 4 s. t.; et le compte qui istra de lad. vaisselle faire delivrer à Jean Chanteprime par led. m^e part^er.

Mêmes lettres pour 302 $\overline{m}$, 2 esterlins, obole d'or, venant également du Duc d'Anjou, à transformer en deniers d'or aux fleurs de lis, à 20 s. t. la pièce, et de 64 au $\overline{m}$ de Paris.

(A. N. Reg. Z, 1^b, 58, fol 20 r°. — Sorb. H. 1, 9, n° 174, fol. 169 r°. — Ord., VI, 582, 583.)

1381 (DU 4 MAI AU 21 MARS 1382).

A Toulouse, par Imbert Olier, deniers d'or aux fleurs de lis, de 20 s. t., et de 64 au marc. — 18000 p^ces frappées.

La 1re délivrance a eu lieu le 4 mai 1381.

(A. N. Reg. Z, 1374; carton Z, 1^b, 991-992.)

1381 (7 MAI).

Le mardi 7 mai, presens au comptoir : P. Domino, Jehan Gencian, Jeh. de la Fournaise, Jeh. Remon, g^aux maistres, et Jehan Chamottin (?), maistre des mon^es du Dalphiné.

(A. N. Reg. Z, 1^b, 1.)

1381 (11 MAI).

Le samedi 11 mai 1381, presens : Jeh. Culdoë, J. de la Fournaise et Jeh. Remon.

Le mardi 14 mai, presens : Jeh. Gencien, Jeh. de la Fournaise et Jeh. Remon.

Le 15 mai : R. Maillart, P. Domino, Jehan Gencien, Jehan Culdoë et Jehan Remon.

(Pierre Faitement avait été maître particulier de la monnaie de Paris, avant 1370, puis associé par tiers avec Pierre Bourion et Guillaume Morel.)

Le 13 juin 1381, presens : Jehan Gencian, Jehan Culdoë et P. Larcher.

Mention de Jehan Cabrier, garde de la Rochelle.

Le mardi 2 juillet 1381 : Jehan Culdoë et Jehan Remon.

Le samedi 20 juillet 1381 : R. Maillart, Jeh. Gencian et Jehan Remon.

(A. N. Reg. Z, 1ᵇ, 1.)

1381 (DU 18 MAI AU 20 DÉCEMBRE).

Monᵉ 24ᵉ.

A Toulouse, par Ymbert Olier, blancs de 5 d. t., à 4 d., et de 8 s. de taille (96 au marc). — 138000 pᶜᵉˢ frappées.

(A. N. Reg. Z, 1374 ; carton Z, 1ᵇ, 991-992.)

1381 (DU 28 MAI AU 31 AOUT).

A Paris, par Jehan le Mareschal, deniers d'or aux fleurs de lis, de 64 au marc. — 62000 pᶜᵉˢ frappées.

(A. N. Rouleau du carton Z, 1ᵇ, 913.)

1381 (5 AOUT).

A Crécy en Brie, de n̄re regne le 1ᵉʳ. Par le Roy, à la relation de Mʳ le Duc de Bourgⁿᵉ. — S. BLANCHET.

Lettres pat. aux gⁿaux. — Pour la grant nécessité que notre très cher et très amé oncle, le Duc d'Anjou, nous a dit qu'il a à p̄nt de finance, lui octroyons qu'il puisse livrer ez monᵉˢ de Paris et d'Angers, pour monoyer à son profit, 2500 m̄ d'or et 20000 m̄ d'arg. ou environ, qui seront ouvrez, l'or

DOCUMENTS MONÉTAIRES. — II.

en denʳˢ d'or aux fleurs de lis, semblables à ceux qui ont cours à p̄nt pour 20 s. t. la pièce, et de 64 de poids au m̄ de Paris ; dont celui ou ceux qui feront ledit ouvrage, auront demi carat de remede en chacun m̄, et pour l'ouvrage et monoyage 7 s. t. ; et les 20000 m̄ d'arg. faire ouvrer en blancs denʳˢ de 12 d. parˢ pièce, à 11 d. 6 gr. fin de loy, et de 8 s. de poids au m̄ de Paris, comme ceux que autrefois l'on a fait en notre monᵉ de Paris ; et dont le m̄ʳ partᵉʳ, ou celui qui fera ledit ouvrage, aura pour chacun m̄ 3 gr. de remede, et pour l'ouvrage et monoyage 4 s. t. Et avec ce voulons et avons octroyé à notredit oncle, que tout le profit qui istra desdits marcs d'or et d'arg., tant en faute de poids et de loy, comme autrement, rabatu lesdits ouvrage et monoyage, et paié le salaire des officiers, soit baillé et délivré à notredit oncle, ou à son certain comandement, comme l'on feroit pour nous en tel cas.

(A. N. Reg. Z, 1ᵇ, 58, fol. 20 vᵒ. — Sorb. H. 1, 9, nᵒ 174, fol. 169 rᵒ et vᵒ.)

1381 (10 AOUT).

A Sᶜᵗ-Victor lez Paris, de n̄re règne le 1ᵉʳ. Par le Roy, à la relacion de Mʳˢ les Ducs d'Anjou et de Bourgⁿᵉ, p̄nt le conseil. — J. TABAU.

Lettres pat. aux gⁿaux, pour six vingt un marcs et 19 esterlins d'or, de n̄re propre vaisselle, livrés en n̄tre monᵉ par n̄tre amé Jean Chanteprime, recᵉʳ gᵃˡ des arrerages des aydes naguères aians cours pour le fait de la guerre, pour faire ouvrer en denʳ d'or fin, qui ont cours pour 20 s. t. la pièce, et de 64 de poids au m̄ de Paris, et le contant qui istra de ladite vaisselle paié audit Chanteprime, par le m̄ᵉ partᵉʳ de ladite monoye.

(A. N. Reg. Z, 1ᵇ, 58, fol. 21 rᵒ. — Sorb. H. 1, 9, nᵒ 174, fol. 169 vᵒ. — Ord., VI, 612.)

1381 (15 août).

A l'abbaye de S. Pharon lez Meaulx, de n̄r̄e regne le 1ᵉʳ. Par le Roy, p̄n̄s Mʳˢ les Ducs de Bourgogne et de Bourbon. — JA. D. VAL.

Lettres pat. aux trésʳˢ et ḡn̄aux mᵉˢ des monᵉˢ. — Pour la nécessité de notre amé et feal Loys de Sancerre, n̄r̄e mareschal, qu'il nous a dit qu'il a à p̄n̄t de finance à faire, octroyons qu'il puisse meire en n̄r̄e monᵉ de Paris, pʳ monoyer à son profit, jusques à la somme de 1000 m̄ d'arg., pour ouvrer (denʳˢ d'arg.) de 12 d. parˢ pièce, de 11 d. 6 gr. fin de loy, et de poids de 8 s. au m̄ de Paris, comme ceulx qui autrefois ont esté faits en nostredite monᵉ; dont le mᵉ aura, pour son ouvrage, 4 s. t. pour m̄, et notre dit marᵃˡ, 116 s. t. pour chacun desdits 1000 m̄.

(A. N. Reg. Z, 1ᵇ, 58, fol. 21 rᵒ. — Sorb. H. 1, 9, nᵒ 174, fol. 169 vᵒ. — Ord., VI, 613.)

1381 (16 août).

Le vendredi 16 août 1381 : Jehan de la Fournaise et P̄h̄e Giffart, presens.

Le mardi 20 août 1381, presens : Jeh. de la Fournaise et Jehan Remon.

Le lundi 16 7ᵇʳᵉ, pour cause de la feste Sᶜᵗᵉ Croix, qui fu le samedi precedent, presens : Jehan de la Fournaise et Jehan Remon.

Le lundi 4 8ᵇʳᵉ 1381 : Jehan Gencien, Jehan Remon et Phᵉ Giffart.

Jehan Ysbarre, mᵉ parᵉʳ de la monᵉ d'argᵗ de Paris, déclare que son intention est d'être compaignon de Franchequin Taget qui a encheri ou rabessé ladite monᵉ, par dessus ledit Ysbarre ; deliberé que pour tout son ouvrage fait jusqu'alors, il ne touchera que ce que ledit Franchequin Taget a demandé pour lui.

(A. N. Reg. Z, 1ᵇ, 1.)

1381 (30 août).

L'exécutoire des généraux mande, sur l'ordre verbal reçu par eux du Duc d'Anjou et des membres du grand conseil, que l'on ne frappe, au profit du maréchal de Sancerre, que 350 marcs d'argent seulement.

(A. N. Reg. Z, 1ᵇ, 58, fol. 21 vᵒ.—Sorb. H. 1, 9, nᵒ 174, fol. 169 vᵒ. — Ord., VI, 613.)

1381 (du 31 août au 23 mars).

A Paris, par Jehan le Mareschal, deniers d'or aux fleurs de lis, de 64 au marc. — 64500 pᶜᵉˢ frappées.

(A. N. Rouleau du carton Z, 1ᵇ, 913.)

1381 (24 octobre).

A Senlis, de n̄r̄e regne le 2ᵉ. Par le Roy en son grand conseil ordonné. — P. MAULIAC.

Lres pat. aux ḡn̄aux. — Pour la grande nécessité de default entre n̄r̄e peuple de petite monᵉ noire, tant pour faire aumosnes, comme autrement, ordᵉ que en la monᵉ de Paris et ailleurs, se mestier est, soient ouvrez et monoyez jusques à 200 m̄ d'arg. ou environ, pour frᵉ petits deniers parisis, sur la forme et manière de ceux qui qeurent à p̄n̄t pour 1 d. parˢ la pièce, à 2 d. de loy arg. le Roy, et de 16 s. de poids au m̄. de Paris, pour délivrer à notre aumosnier et non à autre, et convertir en notre aumosne.

(A. N. Reg. Z, 1ᵇ, 58, fol. 21 vᵒ et 26 vᵒ.—Sorb. H. 1, 9, nᵒ 174, fol. 170 rᵒ.—Ord., VI, 624.)

Le samedi 26 8ᵇʳᵉ 1381 : Jehan Culdoë, Jeh. Gencian, Jeh. de la Fournaise, Jeh. Remon et Phᵉ Giffart.

(A. N. Reg. Z, 1ᵇ, 1.)

1381 (30 OCTOBRE).

A Senlis, par le Roy en son conseil. Presents : les Ducs d'Anjou et de Bourgogne, l'archque de Tours, les Evesques de Laon et de Bayeux, le sire d'Elebret (sic), mess. Pierre de Bourvesian, me Phe de Molins et plusieurs autres. — S. BLANCHET.

Lettres pat. aux trésrs et gnaux, au sujet de 348 m̄, 15 esterlins, obole d'or, ou environ, de la vaisselle du Roy, à transformer en denrs d'or fin aux fleurs de lys, de 20 s. t., et de 64 au marc de Paris.

(A. N. Reg. Z, 1ᵇ, 58, fol. 24 rᵒ. — Sorb. H. 4, 9, nᵒ 174, fol. 170 rᵒ. — *Ord.*, VI, 625.)

1381 (30 OCTOBRE).

Mêmes lettres pour 300 m̄, de la vaisselle du Roy, à transformer en deniers blancs, semblables à ceux qui ont à p̄n̄t cours pour 15 d. t. la pièce.

C'est toujours Jean Chanteprime qui est l'intermédiaire.

(A. N. Reg. Z, 1ᵇ, 58, fol. 24 rᵒ. — Sorb. H. 4, 9, nᵒ 174, fol. 170 rᵒ. — *Ord.*, VI, 626.)

1381 (12 NOVEMBRE).

Le 12 9bre 1381 : R. Maillart, J. de la Fournaise et J. Remon.

Droin Bernier a été me por de Sct-Quentin.

Le 6 xbre 1381, p̄n̄s : Raoul Maillart, Jeh. Culdoë, J. de la Fournaise, Jeh. Remon et Phe Giffart.

Ce jour, Jehan Martiñ, du Mont de Dome, fu ordené garde de la monᵉ dudit lieu, pour et en lieu de Denis Toupet, par veu des l̄r̄es

du Roi, dont nous avons vidimus, lequel a juré et a esté tesmoigné bon et receant (?) et souffisant par mons. Gilobert (sic), seigr de Dome, et mess. Bertran de Cazenac, sire de Vittrac, chevalier.

(A. N. Reg. Z, 1ᵇ, 1.)

1381 (16 DÉCEMBRE).

Le 16e jour de decembre, (séance tenue) par Jehan Culdoë et Phe Giffart.

Estienne de la Carrière, ordené japieça garde de la monᵉ de Mont de Dome, au cas que par Guille Lespinasse seroit trouvé souffisant (il était ajourné devant les généraux) ; lequel n'est venu, ne aucun autre pour lui, et pour ce a esté et est tenu pour defailli.

(*Ibidem.*)

1381 (19 DÉCEMBRE).

Ce jour fut donné l'exequatur de certaines lettres Royales à Gaillart de la Millac, garde de la monᵉ de Mont de Dome, et fu mandé à recevoir le serment par Guille Lespinasse, s'il estoit souffisant ; et en possession paisible dudit office de garde.

Le samedi 6 janvier après la Tiphaine : Jeh. de la Fournaise et Jehan Remon.

Le lundi 20 janvier : Jeh. Gencian, Jeh. de la Fournaise et Jehan Remon.

Mardi 21 janvier 1381 : Jehan Gencian, Jehan Culdoë, Jeh. de la Fournaise et Jeh. Remon.

Samedi 1er février 1381 : Jehan de la Fournaise, J. Remon et Phe Giffart.

Samedi 16¹ février : J. Culdoë et Ph. Giffart.

Samedi 22 février : Raoul Maillart, J. de la Fournaise et J. Remon.

Lisez : « 15 ».

Mardi 1ᵉʳ mars, avᵗ Pasques : R. Maillart, Jehan Culdoë et Jeh. de la Fournaise.

(A. N. Reg. Z, 1ᵇ, 1.)

———

1381 (15 JANVIER) A 1383 (3 JUIN).

Monᵉ 24ᵉ.

A Toulouse, par Ymbert Olier, blancs de 5 d. t., à 4 d., et de 8 s. de taille (96 au marc). — 59000 pᶜᵉˢ frappées.

(A. N. Reg. Z, 1374; carton Z, 1ᵇ, 991-992.)

———

1381 (15 MARS) A 1384 (17 DÉCEMBRE).

Monᵉ 24ᵉ.

A Montpellier, par Guinofle de Passis, blancs de 5 d. t., à 4 d. de loi, et de 96 au marc. — 88000 pᶜᵉˢ frappées.

(A. N. Reg. Z, 1370; carton Z, 1ᵇ, 898-899.)

———

1381 (23 MARS) A 1382 (4 DÉCEMBRE).

A Paris, par Jehan le Mareschal, deniers d'or aux fleurs de lis, de 64 au marc. — 52000 pᶜᵉˢ frappées.

(A. N. Rouleau du carton Z, 1ᵇ, 913.)

———

1381 (29 MARS).

Privillège à Jehan Raymond après qu'il eut résigné son office de gᵘᵃˡ, au 123ᵉ feuillet du grand vieil livre an papier dont la couverture est velue.

(Lecoq, fol. 10 rᵒ.)

———

1382.

Advaluacio grossorum turon͞. argenti Domini n͞r͞i Regis, cum O rotundo.

In libro magne forme intitulato « liber memorialium compotorum camere D͞a͞l͞p͞h, inceptus mᵒ cccᵒ iiijˣˣ ij, » fᵒ lvj, est advaluacio

facta de dictis grossis turon͞. cum O rotundo redditualibus, et advaluantur, ut ibidem continetur, lx. ipsorum pro marcha G͞r͞a͞n͞o͞p., et lxij. pro marcha P͞a͞r͞i͞s͞i͞e͞n., ut latius ibidem continetur.

(Arch. Gren. Liber quartus Pedum, fol. 14 rᵒ.)

———

1382 (10 MAI) A 1383 (28 JUIN).

A Toulouse, par Imbert Olier, deniers d'or aux fleurs de lis, de 20 s. t., et de 64 au marc. — 30500 pᶜᵉˢ frappées.

La monnaie avait chômé, par faute de billon, du 21 mars 1381 au 10 mai suivant.

(A. N. Reg. Z, 1374; carton Z, 1ᵇ, 991-992.)

———

1382 (15 MAI).

A Sᶜᵗ-Denis en France, le 2ᵉ de nʳᵉ regue. Par le Roy, en son conseil ordonné. — J. DE MONTEACVTO.

Lettres pat. aux gn͞a͞ux, pour 100 m͞ d'or et 600 m͞ d'arg., de la vaisselle du Roy, « livrez en notre monᵉ par notre amé et feal Jean le Flament, tresʳ de nos guerres, pour ouvrer en denʳˢ d'or fin aux fleurs de lys, et denʳˢ blancs comme dessus. »

Cette fabrication doit avoir lieu à Troyes.

Les deniers d'or sont de 64 de poids, et de 20 s. t. de cours.

Les blancs, de 15 d. t., à 11 d. 6 gr. de loi, comme les derniers.

(A. N. Reg. Z, 1ᵇ, 58, fol. 24 vᵒ. — Sorb. H. 1, 9, nᵒ 174, fol. 170 rᵒ. — Ord., VI, 650.)

L'exécutoire des gᵃᵘˣ mᵗʳᵉˢ fut envoyé à Troyes le 22 mai 1382, avec 2 paires de fers à or et 4 paires de fers à argent.

(A. N. Reg. Z, 1ᵇ, 58, fol. 24 vᵒ.)

———

1382 (21 MAI).

Furent envoyez aux gardes de la monnoie

de Troyes, de par Jehan Gontier, clerc de J. le Flament, trésorier des guerres, 6 pères de fers. C'est assavoir, deux pour l'or, et 4 pères pour monnoyer gros deniers de 15 deniers t. ; desquels fers a esté payé à tailleur 8 francs d'or.

(A. N. Reg. Z, 1ᵇ, 58, fol. 24, vᵒ.)

1382 (29 MAI).

A Meleun sur Seine, de notre règne le 2ᵉ. Par le Roy, à la relacion de M. le Duc de Bourgogne, et ainsi rescripte de votre comandement. — GONTIER.

Lres pat. aux gⁿaux. — Pour la nécessité que notre amé et feal chlr et consᵉʳ, le maréchal de Sancerre, nous a dit qu'il a à pnt de finance, octroions qu'il puisse fʳᵉ mettre en ntre monᵉ de Paris, pour ouvrer et monoyer à son profit, 540 m̄ d'arg. ou environ, en blancs de 15 d. t. la pièce, à 11 d. 6 gr. de loy, et de 8 s. de poids au m̄ de Paris, comme ceux que l'on a fait autrefois en notre monᵉ de Paris.

(A. N. Reg. Z, 1ᵇ, 58, fol. 24 vᵒ.—Sorb. H. 1, 9, nᵒ 174, fol. 170 rᵒ et vᵒ.—Ord., VI, 651.)

L'exécutoire est du 3 juin 1382.

(A. N. Reg. Z, 1ᵇ, 58, fol. 24 vᵒ.)

1382 (DU 3 AU 18 JUIN).

A Troyes, par Pierre Plaisance, gros d'argent de 15 d. t., à 11 d. 6 gr., et de 8 s. (96 au marc). — 154000 pᶜᵉˢ frappées.

L'un des gardes est Pierre de Verdun.

(A. N. Rouleau du carton Z, 1ᵇ, 1005.)

1382 (17 JUIN).

A Paris, de nre regne le 2ᵉ, sous notre scel ordʳᵉ en l'absence du grand, par le Roy, à la relacion du conseil. — GONTIER.

Lettres pat. aux gⁿaux. — Comme n'a esté

mis que 4000 m̄, des 20000 que nre très chier et très amé oncle, le duc de Calabre et d'Anjou, devoit metre en notre monoye, octroyons que par la main de Jaque Joc, marchand de Florence, demᵗ à Paris, il puisse faire mettre, en la monᵉ de Paris et d'Angers, 500 m̄ d'arg., pour ouvrer en blancs de 15 d. t. la pièce, à 11 d. 6 gr. de loy, et de 8 s. de poids au m̄ de Paris.

(A. N. Reg. Z, 1ᵇ, 58, fol. 25 rᵒ.—Sorb. H. 1, 9, nᵒ 174, fol. 170 vᵒ.—Ord., VI, 653.)

L'exécutoire des gᵃᵘˣ n'est envoyé qu'à Paris.

(A. N. Reg. Z, 1ᵇ, 58, fol. 25 rᵒ.)

1382 (14 JUILLET).

A Paris, de nre regne le 2ᵉ, sous nre scel ordʳᵉ en l'absence du grand, par le conseil estant en la chambre des comptes, auquel estoient les tresʳˢ et les gⁿaux mᵉˢ des monʳˢ. — H. GUINGAND.

Lres pat. aux gardes et mᵉ parᵉʳ de nre monᵉ de Tournay. — Afin que ladite monᵉ ne chée en chomage, a esté traité par aucuns de nos amez et feaux conseillers, tresʳˢ et gⁿaux mᵉˢ de nos monʳˢ, avec Baude de Hemont, chanoine de Tournay, au nom et comme procureur de Jacquemart Bacheler demᵗ audit lieu de Tournay, en ceste maniere que ledit Jacqmart doit livrer en nred. monᵉ, dedans la feste S. Jean Baptᵉ prochaine, 6000 m̄. d'arg. aloyé à 12 d. de loy arg. le Roy, pour faire et ouvrer den. à la loy, semblables à ceux qui ont à pnt cours pour 15 d. t. la pièce, et de 8 s. de poids au m̄ de Paris, dont lui sera paié, pour chacun m̄, 115 s. t. ; et vous, maitre, aurez 4 gr. de remede en chacun m̄. Item livrer, dedans ledit terme, 100 m̄ d'argent aloyé à 2 d. de loy arg. le Roy, pour faire ouvrer petits den. t. à lad. loy, et de 20 s. de poids audit m̄ de Paris, ayans cours pour 1 d. t. la pièce ;

dont lui sera payé, pour chacun $\overline{m}$, 110 s. t.; et vous, m^e, aurez 2 gr. de remede pour $\overline{m}$ d'œuvre. Tous lesquels $\overline{m}$ a promis faire venir tant du pays de Flandres, comme dehors $\overline{n}$re Roy^{me}.

(A. N. Reg. Z, 1^b, 58, fol. 25 v°.—Sorb. H. 1, 9, n° 174, fol. 170 v°. — *Ord.*, VI, 664.)

1382 (7 AOUT).

A Paris, de notre regne le 2e; par le Conseil estant en la chambre des comptes, auquel estoient les $\overline{\text{gnaux}}$ m^{rs} des mon^{es}. — JOHANNES.

Lettres pat. aux gardes et m^e par^{er} de notre mon^e d'arg. de Paris, pour 8000 $\overline{m}$ d'arg. à 11 d. 6 gr. fin, pour faire gros den^{rs} d'arg. à lad. loy, semblables à ceux qui ont à $\overline{\text{pnt}}$ cours pour 15 d. t. la pièce, et de 8 s. de poids au $\overline{m}$ de Paris, livrez par Gilles Villet, naguères grenetier du grenier à sel ordé à Paris.

(A. N. Reg. Z, 1^b, 58, fol. 26 r°. — Sorb. H. 1, 9, n° 174, fol. 170 v° et 171 r°.—*Ord.*, VI, 664.)

1382 (12 AOUT),

Mandement pour faire forger à Paris, au profit de Benedic du Gal, la somme de 200 marcs d'argent, en blancs deniers de 12 d. par., à 11 d. 6 gr. de loi, de 8 s. de poids.

(A. N. Reg. Z, 1^b, 58, fol. 26 r°.—Sorb. H. 1, 9, n° 174, fol. 171 r°. — *Ord.*, VI, 665.)

1382 (13 AOUT).

Le 13e jour d'aoust 1382 fut donné ung mandement pour ouvrer, en la monnoye de Lymoges, gros de 15 d. t. pièce, jusques à la somme de 2000 marcs d'argent, et fut mis ledit mandement au grant coffre, avec les autres.

(A. N. Reg. Z, 1^b, 58, fol. 26 r°.—*Ord.*, VI, 666.)

1382 (26 AOUT).

Pierre Plaisance, m^e par^{ler} de notre mon^e de Troyes.

Robert Novelet, m^e par^{er} de la mon^e de S^{ct}-Quentin.

(Sorb. H. 1, 9, n° 174, fol. 171 r°.)

1382 (26 AOUT).

Mandement pour permettre au m^e par^{ler} Jehan de la Porte, à Angers, de forger gros deniers d'argent à 11 d. 6 gr. de loi, de 8 s. de poids, à 12 d. parisis pièce, pour 3000 marcs d'argent, semblables à ceux que l'on fait dans plusieurs des aultres monnoyes.

(A. N. Reg. Z, 1^b, 58, fol. 26 v°.—Sorb. H. 1, 9, n° 174, fol. 171 r°. — *Ord.*, VI, 666.)

1382 (2 SEPTEMBRE).

$\overline{\text{Pns}}$: Jehan Gencian, Jeh. Culdoë, Jeh. Remon et Ph^e Giffart.

Ce jour, fut donné l'office de garde de la mon^e de la Rochelle à Gilet le Large, demourant à Tours, vacant par la mort de Jehan de Foulques.

(A. N. Reg. Z, 1^b, 1.)

1382 (18 SEPTEMBRE) A 1383 (18 DÉCEMBRE).

A Montpellier, par Guinulfe de Pasy, deniers d'or aux fleurs de lis, de 20 s. t., et de 64 au marc. — 33500 p^{ces} frappées.

(A. N. Reg. Z, 1370; carton Z, 1^b, 898-899.)

1382 (4 OCTOBRE).

A Montargis, de notre règne le tiers, par le Roy, à la relation du conseil ordonné. — P. MANHAC.

Lettres pat. aux g̅uaux. — A la suplicaõn de notre amé et feal, le sire de Budos, c̅h̅l̅e̅r̅, contenant nous estre tenuz à lui en la somme de 1000 francs d'or, à cause de certaine composition faite jà pieça dessus la somme de 16000 francs, lesquelx il nous quitte pour 2000 dont il a eu 1000 francs, et les 1000 restans, comme dit est, lui devoient avoir esté payez à la feste de Pasques, ainsi qu'il dit, nous lui avons octroyé, et de grace especiale octroyons, par ces présentes, qu'il puisse mettre ou faire mettre et livrer, en son nom, en notredite monᵉ de Paris, 10000 m̅ d'arg. aloyé à 11 d. 6 gr. fin de loy, pour faire ouvrer à icelle loy gros denʳˢ d'arg., diz blancs, de notre coing, samblables à ceux qui à p̅n̅t ont cours en notre royᵐᵉ pour 15 d. t. la pièce, et de 8 s. de poids au m̅ de Paris, et qu'il lui soit payé, pour chacun m̅, 116 s. t., avec 12 d. t. pour chacun m̅ du proffit à nous appartenant et que nous y devrions prendre, lesquelx 12 d. t. pour chacun m̅ seront en déduction, rabat et acquit de ladite somme de 1000 francs deue audit c̅h̅l̅e̅r̅; et vous, mᵉ partⁱᵉʳ, aurez 3 gr. de remède, et 3 s. t. pour l'œuvre de chacun desdiz marcs dessusdiz...

(A. N. Reg. Z, 1ᵇ, 58, fol. 27 v°. — Soïb. H. 1, 9, n° 174, fol. 171 r°. — Ord., VI, 671.)

—————

1382 (11 octobre).

Lettres royales permettant à Pierre Plaisance, maître particulier de la monnaie de Troyes, de frapper des gros d'argent à 11 d. 6 gr. de loi, et de 8 s. de poids (96 au marc), jusqu'à 2000 marcs, à la condition que le billon viendra de hors du Royaume. Cet ouvrage devra être fait dans l'intervalle d'un an.

Le maître particulier n'ayant pu exécuter ce travail, à cause de l'occupation du pays par les gendarmes, le délai d'un an, fixé par les lettres du 11 octobre 1382, est prolongé par d'autres lettres royales aux généraux, datées du 12 janvier 1402.

(A. N. Au dos d'un rouleau du carton Z, 1ᵇ, 1005. — Ord., VI, 675.)

Le texte du mandement royal du 11 octobre 1382 se trouve au reg. Z, 1ᵇ, 58, fol. 27 r°.

Il y est ajouté ceci :

Item, par vertu d'unes autres lettres royales, le temps dont mencion est faite ci-dessus, fu prolongé jusques à la St Jehan-Baptiste 1384.

—————

1382 (31 octobre) a 1384 (20 octobre).

A Troyes, par Pierre Plaisance, blancs de 5 d. t., à 4 d., et de 8 s. (96 au marc). — 43000 pᶜᵉˢ frappées.

Les gardes sont : Pierre de Verdun et Pierre Valée; le tailleur, Pierre de Mesnis.

(A. N. Rouleau du carton Z, 1ᵇ, 1005.)

—————

1382 (11 novembre).

Lettres du roi donnant à Raoul Maillart commission de se rendre en Dauphiné, pour en inspecter les monnaies et les mettre en état convenable. En raison de cet office, ledit général visiteur touchera 48 sols par jour, outre ses gages ordinaires.

(H. Morin, p. 184 et 185, d'après le *Registrum monetarum sancti Ramberti de anno* 1384, fol. 437 v°.)

—————

1382 (22 novembre).

Le 22ᵉ novembre l'an 1382, fut, par ordonnance du Roy, faict l'ouvraige qui ensuyt :

Gros deniers d'argent à onze deniers 6 grains fin de loy, de ung denier 22 grains de poids, au feur de 98 pièces au marc de Grenoble, ayans cours pour 15 d. t., vallant 2 s. 6 d. monnoye viennoise.

Marc d'argent valloit 118 s. t.

(Figure : DALPHS VIENS. Croix coupant la légende. ℞. KAROLVS FRANCORVM REX. Le roi à mi-corps.)

Gros au daulphin, à 8 d. d'argent fin, de 2 d. 2 grains de poix, au feur de 86 pièces de poix au marc de Grenoble, ayans cours pour 12 d. p^ce, vallant 2 s. viennoys.

Marc d'argent valloit 6 lb.

(Figure : Croix cantonnée de 2 lis et de 2 dauphins. DALPHS VIENESIS. ℞. KAROLVS FRANCORV REX. Gros dauphin.)

Blancs deniers de deux formes, à 3 d. 16 gr. fin de loy, de 1 d. 22 grains de poix, au feur de 98 pièces au marc de Grenoble, ayans cours pour 5 d. pièce.

Marc d'argent valloit 118 s. t.

(Deux figures : 1° KAROLVS FRANCORVM — SIT NOMEN, etc. Croix. Bordure de 13 lis. ℞. DALPINVS VIENCIS. Dauphin, la croisette sur le groin.

2° Couronnelle. KAROLVS REX. ℞. DALPHS VIENS. Bordure de 12 lis.)

Liardz appelez quartz, à 3 d. 16 grains fin de loy, de 1 d. 3 grains tresbuchans, au feur de 163 pièces au marc, ayans cours pour 3 d. pièce.

Marc d'argent valloit 118 s. t.

(Figure : Croix coupant la légende. KAROLS-FRAN-CREX. ℞. DALPHINA (sic) VIENSIS.)

Doubles au dauphin, à 2 d. 18 grains fin de loy, à 2 grains dudit argent de remede, de 1 d. de poix tresbuchans, au feur de 181 pièces et demye de poix au marc, ayans cours pour 2 d. t. p^ce.

(Figure : + DVPLEX TVRONVS DALPHS. Croix. 1 lis et 1 dauphin. ℞. DALPHS VIENENCIS. 2 dauphins affrontés et lis au-dessus des groins.)

Petiz deniers noirs, à 2 d. de fin de loy, de 17 grains ou environ, au feur de 264 pièces au marc, ayans cours pour 1 d. t. p^ce.

Marc d'argent à 2 d. 18 grains fin, valloit 118 s. t.

(Figure : TVRO. CIVIS. DALPHS. Croix. ℞. KAROLVS REX FRANC. Dauphin et fleur de lis devant son ventre.)

Mailles tournoises noires, à 1 d. de loy, de 17 gr. de poix, au feur de 264 pièces au marc de Grenoble, aians cours pour mailles t.

(Figure : + KAROLVS REX F. Croix. ℞. OBOLVS DALPH VI. Dauphin et fleur de lis sur le groin).

(Ms 5524, fol. 106 v° à 108 r°. — Reg. de Lautier, fol. 90 v° à 91 v°.)

1382 (4 DÉCEMBRE).

Par ordre du roi, la monnaie de Toulouse sera affermée à la caution de 2000^tt tournois seulement, afin que ladite monnaie ne demeure pas en chômage.

(A. N. Reg. Z, 1^b, 58, fol. 27 r°.)

1382 (4 DÉCEMBRE) A 1383 (12 AOUT).

A Paris, par Jehan le Mareschal, deniers d'or aux fleurs de lis, de 64 au marc. — 25500 p^ces frappées.

(A. N. Rouleau du carton Z, 1^b, 943.)

1382 (18 DÉCEMBRE).

Mandement pour permettre à Robert Novelet (Nonelet?), maitre de la monnaie de St-Quentin, de forger 2000 marcs d'argent, à 11 d. 6 gr., en gros deniers d'argent, semblables à ceux que l'on fait dans les autres monnaies, de 8 s. de poids, ayant cours pour 12 d. parisis pièce.

Les 2000 marcs d'argent devront être apportés de hors du Royaume.

(A. N., Reg. Z, 1ᵇ, 58, fol. 27 rº. —*Ord.*, VI, 682.)

1382 (2 JANVIER).

A Paris, de notre règne le 3ᵉ, sous notre scel ordᵉ en l'absence du grand, par le conseil étant en la chamᵇ des comptes, auqˡ estoient les trésoriers. — H. GUINGANT.

Lettres patᵉˢ aux gnaux, de permission à Jehan le Mareschal, mᵉ de la monᵉ d'or de Paris, de faire faire le change, bien qu'il soit défendu par les ordᶜᵉˢ pieça faites, parce qu'il ne veut pas reprendre la Monnaie (il l'a tenue l'année précédente), si on ne lui donne pas cette autorisation.

(A. N., Reg. Z., 1ᵇ, 58, fol. 27 vº. — Sorb. H. 1, 9, nº 174, fol. 162 rº.)

1382 (14 FÉVRIER[1]).

Ordonnance du conseil delphinal et de sire Raoul Maillart, rendue pour faire ouvrer les espèces suivantes :

1º Deniers d'or aux fleurs de lis, appelés francs, ayant cours pour 20 s. t., soit 40 s. v., à 23 carats ¾ d'or fin, et de 62 ½ de poids au marc de Grenoble ;

2º Petits florins d'or, ayant cours pour 15 s. t., soit 30 s. v., à 23 c. ¼ de loi, et de 79 ½ de poids audit marc ;

3º Deniers blancs semblables en forme à ceux qui ont cours au royaume pour 15 d. t. la pièce, à 11 d. 6 gr. d'argent fin, et de 8 s. 2 d. de poids audit marc ;

4º Gros delphinaux ayant cours pour 12 d.

t., soit 24 s. v., à 8 d. d'argent fin, et de 7 ꜰ. 2 d. de poids ;

5º Deniers blancs ayant cours pour 5 d. t., soit 10 d. v., à 3 d. 16 gr. d'argent fin, et de 8 s. 2 d. de poids ;

6º Liards au dauphin, ayant cours pour 6 d. v., à 3 d. 16 gr. d'argent fin, et de 13 s. 7 d. de poids ;

7º Doubles ayant cours pour 2 d. t., soit 4 d. v., à 2 d. 18 gr. d'argent fin, et de 15 s. 5 d. de poids ;

8º Deniers noirs ayant cours pour 1 d. t., soit 2 d. v., à 2 d. d'argent fin, et de 22 s. de poids ;

9º Petites mailles tournois ayant cours pour 1 petit d. v., à 1 d. d'argent fin, et de 22 s. de poids.

Les boîtes seront jugées à Paris.

(H. Morin, p. 184, d'après le registre mentionné ci-dessus à la date du 11 nov. 1382, fol. 131 rᵗ.)

NOTA. Les liards paraissent ici pour la première fois.

1383.

Par le compte de Romans commançant 1383, appert mettre de 500 deniers d'or 1 en boiste.

(Lecoq, fol. 23 rº.)

Et par le compte de Romans de l'an 1383 et depuis, appert de mettre (de) mil deniers blancs ung denier en boeste, et de 10 marcs de noir, ung denier en boeste.

(I....)

1383 (13 JUIN).

Raoul Maillart, Pierre Domino, Jehan Gencien, J. de la Fournaise, Jeh. Remon et Phᵉ Giffart.

---

[1] An de Paris, ou b'en 1383 (14 février), au de la Nativité, à Grenoble.

. Ce jour fut donné l'office de garde de la mon⁰ de Troyes à Pierre Valée, vacant par la mort de Michelet Baillet, par vertu des lettres du roy n̄re s̄ʳᵉ, dont nous avons vidimus ; lequel fist le serment acoustumé.

(A. N. Reg. Z, 1ᵇ, 4.)

1383 (DU 2 JUILLET AU 25 DÉCEMBRE).

A Toulouse, par Imbert Olier, deniers d'or aux fleurs de lis, de 20 s. t., et de 64 au marc. — 10500 pᶜᵉˢ frappées.

La monnaie chôme par faute de billon, du 27 juin 1383 au 21 juillet suivant.

(A. N. Reg. Z, 1374 ; carton Z, 1ᵇ, 991-992.)

1383 (19 JUILLET).

Mandement aux genˣ mᵗʳᵉˢ, pour faire forger à Paris ou ailleurs, se mestier est, 200 marcs d'argent ou environ, en petiz deniers parisis, sur la forme et manière de ceulx qui courrent à p̄n̄t, à 2 d. de loy A. R., et de 16 s. de poix « pour délivrer à nostre aumosnier, et non à autre, pour convertir en nostre aumosne, à ouvrer à une fois ou plusieurs. »

(A. N. Reg. Z, 1ᵇ, 58, fol. 28 vᵒ. — Ord., VII, 26.)

1383 (24 JUILLET).

Par vertu des lettres du Roy, n̄re s̄ʳᵉ, fut donné l'office de garde de la mon⁰ de Rouen à Pierre de Dampmart, en lieu de feu Geuffrin Boitel ; lequel Pierre fist le serment ce jour, par devᵗ Jehan Gencian, Jehan Culdoë, Jehan de la Fournaise et Phᵉ Giffart, gᵃᵘˣ mᵗʳᵉˢ.

(A. N. Reg. Z, 1ᵇ, 58.)

1383 (12 AOUT) A 1384 (19 MAI).

A Paris, par Jehan le Mareschal, deniers

d'or aux fleurs de lis, de 64 au marc. — 22500 pᶜᵉˢ frappées.

(A. N. Rouleau du carton Z, 1ᵇ, 913.)

1383 (24 OCTOBRE).
Monⁿ 24ᵉ.

A Toulouse, par Ymbert Olier, blancs de 5 d. t., à 4 d., et de 8 s. de taille (96 au marc). — 17000 pᶜᵉˢ frappées.

(A. N. Reg. Z., 1374 ; carton Z; 1ᵇ, 991-992.)

1385 (5 DÉCEMBRE).

Mandement aux genˣ mᵗʳᵉˢ, pour faire forger à Tournay 4000 marcs d'argent à 12 d. de loy A. R., en gros deniers d'argent, semblables à ceux qui ont cours pour 15 d. t., à 11 d. 6 gr. fin de loy, et de 8 s. de poids, semblables à ceux que l'on fait à Paris. Les 4000 marcs doivent être livrés par Jacquemart Bacheler, au nom de Jaqmart Catine, demᵗ à Tournay, avant la mi-août prochᵉ.

Lequel mandement lesdits généraux maistres escriprent aux gardes, que yceluy ilz accomplissent, ainsy que le Roy le mande.

(A. N. Reg. Z., 1ᵇ, 58, fol. 28 vᵒ. — Ord., VII, 30.)

1383 (18 DÉCEMBRE) A 1384 (25 DÉCEMBRE).

A Montpellier, par Guinolfe de Pasy, deniers d'or aux fleurs de lis, de 20 s. t., et de 64 au marc. — 37500 pᶜᵉˢ frappées.

(A. N. Reg. Z., 1370 ; carton Z, 1ᵇ, 898-899.)

1383 (25 DÉCEMBRE) A 1384 (10 JUIN).

A Toulouse, par Benart de la Rivière, deniers d'or aux fleurs de lis, de 20 s. t., et de 64 au marc. — 15000 pᶜᵉˢ frappées.

La monnaie chôme du 25 décembre 1383

au 10 février suivant, jour de la 1re déli-vrance.

(A. N. Reg. Z, 1374; carton Z, 1b, 991-992.)

1383 (24 janvier).

A Paris, de notre règne le quart; par le conseil étant en la chambre des comptes, auq¹ vous estiez. — H. Guingant.

Bertaud Bourdon ayant demandé qu'on le décharge de son bail, et qu'on le transmette à Berthelemy de la Marche, chang⁹ et Bour-geois, le Roi écrit aux généraux maîtres, pour leur dire de passer le bail au nom de Berthelemy qui pourra faire le change.

(Bertaud Bourdon avait pris à bail la mon-naie d'argent de Paris, au mois de septembre précédent.)

(A. N. Reg. Z, 1b, 58, fol. 28 r°. — Sorb. H. 1, 9, n° 174, fol. 162 r°.— Ord., VII, 47.)

1383 (27 janvier).

A Paris, de notre règne le quart; par le conseil étant en la chambre des comptes, auq¹ vous estiez. — H. Guingant.

Lettres patᵉˢ aux gᵘⁿᵃᵘˣ, pour faire ouvrir les boistes des monᵉˢ, nonobstant l'absence des maîtres partᵉʳˢ, en appelant un expert pour être pⁿᵗ à l'ouverture et accepter les essais au lieu du maître.

(A. N. Reg. Z, 1b, 58, fol. 29 r°. — Sorb. H. 1, 9, n° 174, fol. 162 r°. — Ord., VII, 47 et 48.)

1383 (dernier jour de février).

Le samedi dernʳ jour de février 1383, pⁿˢ au comptouer : Jeh. de la Fournaise, J. Re-mon et Phᵉ Giffart, gᵃᵘˣ mᵗʳᵉˢ.

Bernart Forestier, demourant à Sarlat, naguères mᵉ de la monᵉ de Mont-de-Dôme, auquel, par vertu de noz lres, maistre Jehan de Soullac, lieutᵗ du sénéchal de Périgort, avoit donné jour et fait comandement, sur la pene de 100 marcs d'argent, qu'il compa-reust pʳ devᵗ nous à Paris, dedans la feste Sᵗ André, pour rendre ses comptes et........ lequel Bernart n'est venu ne comparu, ne autre pour lui, et pour ce est tenu pour deffaillent.

(A. N. Reg. Z, 1b, 1.¹)

1383 (13 mars).

Ce jour, fu donné l'office de garde de la monñ de Tours à Jehan Gobin, au lieu de Guille Gobin son père, lequel s'en est desmis pour sa vieillesse.

(Ibidem.)

Ordre de forger 200 m̄ d'argᵗ en petiz de-niers parisis, sur la forme et manière de ceulx qui courent à présent à 2 d. de loy A. R., et de 16 s. de poix au marc de Paris, pour déli-vrer à nostre aumosnier, et non à autre, pour convertir en notre aumosne.

(A. N. Reg. Z, 1b, 58, fol. 31, v°.— Ord., VII, 62 et 63.)

1383 (23 mars).

Présents : Jehan de la Fournaise... Feu Pierre Bourdon, autrefois mᵉ pᵉʳ de la monᵉ de Rouen.

(A. N. Reg. Z, 1b, 1.)

1383 (31 mars).

Envoyé aux gardes de la monnaie de Dijon et Chalon, deux pilles et... trousseaux à or,

---

¹ Coté antérieurement : « Journal Z 3279 ».

par Marc Marchant, varlet de Pierre de Noiers, garde dudit lieu.

(A. N. Reg. Z, 1^b, 1.)

1384 (18 avril.).

Ce jour, Gautier Petit, garde de la mon⁴ de S^{ct}-Quentin, fist le serment de bien et leaulment exercer ledit office, par vertu des lettres du Roy, n̅r̅e sire.

(Ibidem.)

1384 (du 19 mai au 9 octobre).

A Paris, par Jehan le Mareschal, deniers d'or aux fleurs de lis, de 64 au marc. — 36000 p^{ces} frappées.

(A. N. Rouleau du carton Z, 1^b, 913.)

1384 (du 22 juin au 5 mars).

A Toulouse, par Benart de la Rivière, deniers d'or aux fleurs de lis, de 20 s. t., et de 64 au marc. — 21000 p^{ces} frappées.

(A. N. Reg. Z, 1374 ; carton Z, 1^b, 991-992.)

1384 (7 juillet).

A Paris, de notre règne le quart. Par le Roy à la relation de M. le duc de Berry, vous présent. — S. Blanchet.

Ord^{ce} au prévost de Paris, pour la publicacion des ord^{ces} des mon^{es} et le cours aux mon^{es} que Sa M^{té} fait à p̅n̅t faire, et que le défunt Roy fit faire, s̅v̅r :

Aux francs d'or fin et fleurs de lis d'or, pour 20 s. t.

Les bons gros den^s d'arg^t, pour 15 d. t.

Les autres blancs den^s d'arg^t, pour 5 d. t.

Les petits par^s et petits t., pour 1 d. par. et 1 d. t.

Les autres au m̅ pour billon ; défense de les exposer sur peine de corps et avoir.

Que nuls orfevres et changeurs acheptent or ne argent ne billon, à greigneur pris que nous faisons donner en nos mon^{es}.

Nuls changeurs puissent garder plus de 15 jours le billon d'or ou d'arg. qu'ils achepteront, qu'ils ne le portent en la plus prochaine mon^e, ou le vendent à autre chang^r, sur peine de perdre ledit billon, et des corps à notre volonté.

Que les changeurs ne puissent tenir en leur change nulles mon^{es} d'or défendues entières, qui ne soient coppées, et mises en tel estat que jamais n'aient cours, sur la peine dessusdite.

Nul ne soit si osé ni hardi de rachasser ou afiner aucune matière de billon, d'or ne d'arg., sans le congé ou licence de nous, ou des g̅n̅aux m^{es} de nos mon^{es}.

(A. N. Reg. Z, 1^b, 58, fol. 28 bis r^o. — Sorb. H. 1, 9, n° 174, fol. 162 r°. — Ord., VII, 83.)

Le 14 novembre 1384, rappel de cette ord^{ce} qui devra être publiée dans tout le royaume.

(A. N. Reg. Z, 1^b, 58, fol. 31 v°.—Ord., VII, 94.)

1384 (12 juillet).

Mention de Julian Mansel, m^e de la mon^e de Rouen.

(A. N. Reg. Z, 1^b, 58, fol. 28 bis v^o.)

1384 (15 juillet).

A Paris, de notre règne le quart. Par le Roy, à la relacion du conseil. — P. Mauhat.

Lettres pat. aux g̅n̅aux, pour remuer les gardes et autres off^{ers} des mon^{es} d'une mon^e en l'autre, comme d'ancienneté, et par semblable le faire doresenavant, toutes fois que vous verrez que mestier en sera ; et s'il y en a aucuns qui ne soient sufisans pour exercer ledit office, ostez iceux et déboutez du tout ; et en lieu d'eux, y pourveez d'autres bonnes et soufisantes personnes, en leur baillant vos lettres, lesquelles nous confirmerons, toutes fois que nous en serons requis.

(A. N. Reg. Z, 1ᵇ, 58, fol. 31 rᵒ.—Sorb. II. 1, 9, nᵒ 174, fol. 171 vᵒ. — *Ord.*, VII, 86.)

1384 (16 JUILLET).

Mention de Aubert de Hametel, garde de la monⁿ de Tournai.

(A. N. Reg. Z, 1ᵇ, 58, fol. 28 *bis*, vᵒ.)

1384 (26 JUILLET).

A cette date, Jehan le Mareschal est mᵉ pᵉʳ de la monⁿ d'or à Paris.

(A. N. Reg. Z, 1ᵇ, 1.)

Il en est encore de même le 9 août suivant.

(*Ibidem.*)

1384 (8 AOUT).

Menu du diner.

Herbe verte, 20 d. p.

Pain blanc et noir, 9 s. 8 d.

Raisins, prunes, 4 s.

Vin à divers prix, 21 s. 8 d.

Jambes de porc et lard à larder, 16 s.

Persil, sauge, ysope, 16 d.

Verjus, vinaigre, 18 d.

Espices de cuisine, 8 s. 10 d.

Sel gros et blanc, 20 d.

Voerres, 2 s.

Portage, 12 d.

14 chappons, 14 lapereaux, 7 paires de pijons et 7 perdriaux, 4ᵗᵗ 16 s.

Sac de charbon, 4 s. 8 d.

Fromages, 8 s. 4 d.

Eufs, 3 s. 4 d.

Poires, noiz nouvelles, amandes, 16 d.

2 quartes d'ypocras, et espices de chambre et oblées, 44 s.

Au queu et ses aides, et louage de vesseaux de cuisine, 16 s.

Porteur d'eaux, 16 d.

(A. N. Au dos d'un compte particulier de Paris.)

1384 (23 AOUT).

Le 23ᵉ jour d'aoust fu escript aux gardes de la monⁿ d'Angers, qu'ils envoiassent les boistes de ladite monnoye par certain messager.

(A. N. Reg. Z, 1ᵇ, 1.)

1384 (3 SEPTEMBRE).

Le iijᵉ jour de sept fu escript aus gardes de la monⁿ de Tournay, qu'il (*sic*) l'un d'er¹z aportast la boiste de gros, où il avoit 23 s. de gros, et en oultre, qu'ils daissent à Jan Catine que le plus tost qu'il pòra, il livre en la monⁿ le reste de son marché de iiijᵐ marcs d'argent, et que les généraulx maistres lui feroient avoir le prolongement qu'il demande se ils pouoient.

(*Ibidem.*)

1384 (9 SEPTEMBRE).

Présents : Jehan Gencian, Jehan Culdoë, Phᵉ Giffart et Benedic du Gal.

A cette date, Martin de Foulques est gᵃˡ maitre.

(*Ibidem.*)

1384 (20 SEPTEMBRE).

Lettres qui fixent le prix des monnaies qui doivent avoir cours dans le Dauphiné.

Ce sont celles du Roi ;

Du Pape ;

De l'Empereur ;

Celles du feu Roi, « c'est assavoir les francs

d'or fin et les fleurs de lys d'or, pour 40 s. viennois la pièce ; les bons gros deniers d'argent, pour 2 s. v.; les autres blancs deniers, pour 10 d. v. la pièce, et les liards pour 6 d. v., et les doubles pour 2 deniers; et les petits deniers pour 1 denier viennois la pièce, et non pour plus. »

(*Ord.*, VII, 89.)

1384 (20 SEPTEMBRE ET 19 DÉCEMBRE).

Mon^d 24e.

A Toulouse, par Bénart de la Rivière, blancs de 5 d. t., à 4 d., et de 8 s. de taille (96 au marc). — 21000 p^ces frappées.

(A. N. Reg. Z, 1374; carton Z, 1^b, 991-992.)

1384 (DU 9 OCTOBRE AU 1er MARS).

A Paris, par Jehan le Mareschal, deniers d'or aux fleurs de lis, de 64 au marc. — 17000 p^ces frappées.

(A. N. Rouleau du carton Z, 1^b, 913.)

1384 (20 OCTOBRE) A 1386 (8 JUILLET).

A Troyes, par Pierre Plaisance, blancs à l'écu, de 10 d. t., à 6 d., et de 6 s. 3 d. (75 au marc). — 156000 p^ces frappées.

(A. N. Rouleau du carton Z, 1^b, 1005.)

1384 (22 OCTOBRE).

Fu escript à Guillaume Lespinasse, que pour ce qu'il avoit fait, en la monnoie de Condom, ouvraige de monnoie en la main du Roy, il aportast ou envoyast les boistes. . .

(A. N. Reg. Z, 1^b, 1.)

1384 (22 NOVEMBRE).

Le 22e novembre 1384 fut enjoint, par le Roy, faire en toutes les monnoyes l'ouvraige qui ensuyt :

Blancs d'argent à 12 d. argent le Roy, de 2 d. de poix, au feur de 96 pièces au marc, ayans cours pour 15 d. p^ce.

Marc d'argent, 116 s. t.

(Figure : + KAROLVS : FRANCORVN (*sic*) : REX : 3 lis, 2 et 1. ℞. SIT : NOMEN : DNI : BENEDICTVM +. Croix fleurdelisée.)

(Ms. 5524, fol. 108 r°. — Reg. de Lautier, fol. 91 v°.)

1384 (22 NOVEMBRE).

Mention de Henry le Carlier, m^e de la mon^e de Tournay.

(A. N. Reg. Z, 1^b, 58, fol. 32 r°.)

1384 (22 NOVEMBRE).

A Paris, le quint de notre règne, par le conseil, étant en la chamb des comptes.

Lettres pat^es aux gnaux, pour faire faire, ez mon^es de Montpellier, Tours, S^ct-Poursain et autres, où ils verront qu'il sera bon et expédiant, gros den^rs d'arg. à 12 d. de loy arg^t le Roy, et de 8 s. de poids au m̄ de Paris; en donnant aux changeurs et marchans, pour chacun m̄ d'arg. aloyé à ladite loy, 116 s. t. et au-dessous, pour ce que la vaisselle d'arg. du roy^me ne se trouve pas de si haute loy; par quoy lesdits changeurs et marchans ne pouvoient faire leur loy sans grande perte pour eux; dont le m^e part^er aura 8 gr. de remède et 3 s. t. pour son ouvrage de chacun m̄. (Est dit que le deffunt Roy fit faire lesdits gros den^rs d'arg., qui ont eu cours pour 15 d. t. la pièce, leq^l ouvrage Sa Ma^té a depuis continué à faire faire ez mon^es de Paris, Rouen, Tournay, S^ct-Quentin, Troyes et Angers.)

La pièce débute ainsi :

Comme nostre très cher seigneur et père,

que Dieu absoille, eust fait faire et ouvrer, pour le temps qu'il vivoit, gros deniers d'argent qui ont cours en ūre Royaume pour 15 d. t. la pièce, lequel ouvrage nous avons depuis continué et fait faire eu aucunes de noz monnoies, c'est à sçavoir de Paris, de Rouen, de Tournay, de Sᵗ-Quentin, de Troyes et d'Angers, et nous ayons entendu et sommes informez que en noz monᵉˢ de Montpellier, de Tours et de Saint-Pourçain, et en plusieurs autres monnoies de ūredit royaume, ledit ouvrage n'a pas esté fait, jasoit ce que nous en ayons plusieurs foiz esté requis . . .

(A. N. Reg. Z, 1ᵇ, 58, fol. 34 rᵒ. — Sorb. II. 1, 9, nᵒ 174, fol. 162 vᵒ. — *Ord.*, VII, 96.)

1384 (22 NOVEMBRE).

A Paris.

Ordᵉˢ aux gnaux, atendu le deffault de petite monᵉ noire, faire petits denˢ parˢ à 1 d. parˢ de cours la pièce, à 2 d. de loy arg. le Roy, et de 16 s. de poids au m̄ de Paris. Item, petits den. tournois de (1 d. t. *omis*) de cours la pièce, à 2 d. de loy arg. le roy, et de 20 s. de poids audit m̄, sur le pied de monᵉ 24ᵉ, assvr au poiz de parisis lesdits petits parisis, et au poiz de tournois lesdits petits tournois, et donner du m̄ de billon aloyé à ladite loy, 110 s. t.

(Ibidem.)

Les exécutoires des 2 mandemens du 22 nov. sont envoyés à Tournai, Sᵗ-Quentin, Rouen, Angers, Tours, Troyes, Dijon, Mâcon, Montpellier, Toulouse, Limoges, la Rochelle et Paris.

Et avec ce, fu donné congé de faire et ouvrer, en la monᵉ de Tournay, jusques à 60 marcs d'argent en petites mailles, pour oster le cours à certaine monᵉ contrefaite qui estoit prise et mise en pais.

(A. N. Reg. Z, 1ᵇ, 58, fol. 34 rᵒ.)

L'exécutoire expédié à Rouen est daté du 27 9ᵇʳᵉ 1384. Il prescrit la fabrication des gros blancs et des deniers tournois.

(A. N. Reg. Z, 1ᵇ, 58, fol. 34 vᵒ.)

1384 (DÉCEMBRE).

Confirmation des priviléges accordés aux monnoyers du serment de France.

(*Ord.*, VII, 102.)

1384 (DU 10 JANVIER AU 1ᵉʳ MARS).

A Montpellier, par Othellin Lazar, tenant le compte de la monᵉ pour le Roy, deniers d'or aux fleurs de lis, de 64 au marc, et de 20 s. t. — 11000 pᶜᵉˢ frappées.

(A. N. Reg. Z, 1370; carton Z, 1ᵇ, 898-899.)

1384 (12 JANVIER).

A Paris, de notre règne le quint. Par le conseil, en la chambre des comptes, auquel estoient les trésoriers. — H. GUINGAND.

Lettres pat. aux gnaux, pour donner à ferme la monᵉ de Rouen, à la caution de 2000 ℔ t. seulement, encore que d'ancienneté il aie esté acoustumé aux maistres de monᵉˢ de bailler caution de 8000 ℔, svr 4000 ℔ pour la monᵉ d'or et 4000 ℔ pour la monᵉ d'argᵗ.

(A. N. Reg. Z, 1ᵇ, 58, fol. 35 rᵒ. — Sorb. II. 1, 9, nᵒ 174, fol. 162 vᵒ. — *Ord.*, VII, 104.)

1384 (24 JANVIER ET 18 FÉVRIER).

Monᵉ 24ᵉ.

A Montpellier, par Guynofle de Passis, deniers tournois à 2 d. de loi, et de 20 s. (240 au marc); 400 marcs. — 96000 pᶜᵉˢ frappées.

(A. N. Reg. Z, 1370; carton Z, 1ᵇ, 898-899.)

1384 (14, 20 ET 23 FÉVRIER).

Mon^e 24e.

A Toulouse, par Bénart de la Rivière, deniers tournois à 2 d. de loi, et de 240 au
marc; 450 marcs. — 172800 p^ces frappées.

(A. N. Reg. Z, 1374; carton Z, 1^b, 991-992.)

1384 (21 FÉVRIER).

Présents : Jehan Gencian, Jeh. Culdoë et
Jeh. de la Fournaise.

Robin Mahieu, demourant à Rouen...,
lequel jura ès mains des gardes de ladite
mon^e, que tout le billon qui sera cueilli par
lui, ou en son nom, sera pourté et livré
en ladite monn̄ de Rouen...

Laquelle lettre lui a esté accordée, nonobstant qu'il ait de nouvel prise ladite mon^e en
son nom, car autrement ne vouloit-il prendre
ladite monn̄, si comme P̄he Giffart qui la lui
bailla a raporté.

(A. N. Reg. Z, 1^b, 1.)

1384 (DU 1er MARS AU 1er AVRIL VEILLE DE PAQUES).

A Montpellier, par Ymbert Olier de Toulouse, deniers d'or aux fleurs de lis, de 20 s.
t., et de 64 au marc. — 4000 p^ces frappées.

(A. N. Reg. Z, 1370; carton Z, 1^b, 898-899.)

1384 (1er MARS) A 1385 20 JUIN).

A Paris, par Jehan le Mareschal, escus à
la couronne, de 22 s. 6 d. t., et de 60 au
marc. — 108000 p^ces frappées.

Les gardes sont : Arnould Braque et Jehan
Raymon; le contregarde, Colin Braque.

Pour neuf deniers d'or et plusieurs deniers
blancz, faiz et ouvrez en monstres de plu-

sieurs loys et fourmes de deniers, lesquelz
furent portez par devers le Roy, n̄re s^re, et
son conseil pour choisir la forme desdiz
deniers sur ce nouvel pié, pour ce, 10 lb.
5 s. tournois.

Pour 537 fors deniers blans, pesans 54
marcs et 6 onces, 10 esterlins, à 6 d. de
loy, et 610 fors deniers noirs, pesans 46
marcs, 5 onces, 9 esterlins, à 2 d. 12 gr.
de loy, lesquels fors deniers ont esté faiz,
au commencement de cest ouvraige, pour
messgrs, c'est assavoir Monsgr le cardinal de
Laon, Nossgrs les chanceliers de France et du
Dalphiné, aucuns nossgrs du grant conseil,
nossgrs des comptes et les clercs, les trésoriers et clercs du Trésor, les généraulx
maistres des monnoyes, et autres, pour ce,
216 lb. 3 s. et 11 deniers.

Pour 26 fors deniers d'or, pesant 4 marcs,
7 onces, 5 esterlins, lesquelz ont esté distribuez à plusieurs de nosdiz seigneurs du
conseil, des comptes, et des généraulx
maistres, et faiz par leur ordenance, pour
ce, 255 lb. 17 s. 2 d. t.

(A. N. Rouleau du carton Z. 1^b, 913.)

Au 18 mars 1383, Jehan Rémon le jeune
est garde de la mon^e de Paris.

(A. N. Reg. Z, 1^b, 1.)

1384 (11 MARS).

A Paris, de notre règne le 5e. Par le Roy,
... la relacion de M^rs les ducs de Berry et de
Bourg^e, M^r le cardinal de Laon, vous et plus^rs
autres du conseil presens. — S. BLANCHET.

Ord^ce aux ḡnaux, pour faire d^rs d'or fin
apelez escuz à la couronne, de 18 s. par^e de
cours la pièce, de 60 de poids au m̄ de Paris;
den^rs blancs de 10 d. t. la p^ce, à 6 d. de loy
arg. le Roy, de 6 s. 3 d. de poids au m̄ de
Paris; doubles t. de 2 d. t. de cours, à 2 d.
18 gr. arg. le Roy, et de 13 s. et le quart d'un

den^r de poids audit $\overline{m}$; petiz den^s par^s et petits t. pour 1 d. par^s et 1 d. t. la pièce, à 2 d. de loy arg. le Roy et de 16 s. 8 d. de poids les petiz par^s, et de 20 s. 10 d. les petiz t. de poids audit $\overline{m}$; petites mailles par^s à 3 mailles de loy arg. le Roy, et de 25 s. de poids au $\overline{m}$. Et ne laisser plus ouvrer sur les coings des den^{rs} d'or aux fleurs de lys, et des autres mon^{es} d'argent que l'on fait à présent; et donner du $\overline{m}$ d'or fin 65 ⚜ 10 s. t., et du $\overline{m}$ d'arg. aloyé à 6 d. de loy arg. le Roy, 116 s. t., et pour chacun (marc d'argent) des doubles t. aloyé à 2 d. 12 gr., (des) petiz par^s, t. et mailles, aloyé comme dit est, 112 s. t. et au-dessous.

(A. N, Reg. Z, 1^b, 58, fol. 35 v°. — Sorb. H, 1, 9, n° 174, fol. 463 r°. — *Ord.*, VII, 109.)

1384 (11 MARS).

Le xj^e jour de mars 1384, par mandement du Roy, donné à Paris, fut faict l'ouvrage qui ensuyt :

Deniers d'or fin appelez escuz couronne, de deux formes et patrons, de 3 d. 4 grains, au feur de 60 pièces au marc, ayans cours pour 22 s. 6 d. t.

Marc d'or fin , 65 lb. 10 s. t.

(Deux figures : 1° Quatre couronnelles au revers, à l'extérieur du contour; au cœur, une quinte-feuille.

2° Quatre lis à l'extérieur du contour, et l'écu *pointillé* accosté de deux couronnelles ; mots séparés par X, du côté de l'écu, et par des étoiles du côté de la croix; au cœur, une étoile.)

Deniers à 6 d. de loy argent le Roy, de 4 d. 12 grains de poix; au feur de 75 pièces au marc, ayans cours pour 10 d. p^{ce}.

Marc d'argent à 6. d. de loy arg. le Roy, 116 s. t.

(Figure : Blanc à l'écu, sans couronne.

R. Deux couronnelles et deux lis dans les contours de la croix.) .

Demys desd. blancs à 6 d. de loy, de 1 d. 6 gr. de poix, au feur de 150 pièces au marc, ayans cours pour 5 d. t. p^{ce}.

(Figure : Demi-blanc, écu simple. R. Un lis et une couronne dans les contours de la croix.)

Doubles tourn. qui eurent cours pour 2 deniers t. p^{ce}, à 2 d. 12 gr. de loy argent le Roy, de 1 d. 5 gr. de poix, au feur de 156 pièces et 1 quart au marc.

Marc d'argent alloyé à 2 d. et au dessoubz pour faire parisis, petiz t. et mailles, 112 s. t.

(Figure : + MONETA DVPLEX. Croix fleurde-lisée. R. KAROLVS REX. Couronne.)

Petites mailles par^s à 1 d. obolle de loy argent le Roy, de 15 grains ou environ de poix, au feur de 300 pièces au marc, ayans cours les deux pour 1 d. p.

Marc d'argent , 112 s. t.

(Figure : OBOLVS CIVIS. Croix. R. KAROLVS REX. Grand lis.)

(Ms. 5524, fol. 108 v° à 109 r°.—Reg. de Lautier, fol. 92 r° et v°.)

1384 (11 MARS).

La monnaie est mise sur le pied 25e, de ce jour au dernier octobre 1389. On frappe des blancs deniers à l'écu , de 10 d. t. de cours, à 6 d. de loi et de 6 s. 3 d. de taille (75 pièces).

(Sorb. H. 1, 11, n° 166 *bis* [petit cahier inséré].— Ms. Poullain, pars I, 13 à 24.)

1384 (11 MARS).

A Paris , de n^{re} règne le quint. Par le Roy . . .

En marge est écrit : En teste est escript mandem[t] au prevost de Paris, pour publier la mon[e] 25e.

Ord[ee] au prévost de Paris pour le cours des bons d[rs] d'or fin apelez escuz à la couronne, ord[ez] estre faits par toutes les monoyes, pour 18 s. par[s]; blancs den[rs] d'arg. pour 8 d. par[s]; les doubles t. pour 2 d. t. la pièce; les petits parisis et les petits t. pour 1 d. par[s] et 1 d. t. la pièce; les petites mailles pour une maille par[s] la pièce. Les francs d'or fin, den[rs] d'or fin aux fleurs de lys, et autres mon[es] blanches et noires cy-dessous déclarées, que le feu Roy et Sa Ma[té] ont fait faire, $\overline{svr}$: lesdits francs et deniers d'or aux fleurs de lys, pour 16 s. par[s] la pièce.

Gros den[rs] d'arg. pour 12 d. par[s] la pièce; les blans den[rs] aient cours pour 4 d. par[s] la pièce, et les petits parisis, petits t. et mailles, pour 1 d. par[s], 1 d. t. et une maille par[s] la pièce, et toutes autres monoyes mises au $\overline{m}$ pour billon.

(Suivent les prescriptions ordinaires : Que nul changeur achepte à plus haut prix que l'ord[e], l'or et l'arg., ne garde le billon plus de 15 jours; ne tenir mon[es] défendues, ne rechanger et affiner sans permission de Sa Ma[té] ou des $\overline{gnaux}$, ni exercer fait de change, ni porter tablette en lieu sainct ne dehors, ne faire contrats à marcs d'or et d'arg., ne à pièces d'or, mais seulement à sols et à livres, si ce n'est pour cause de vray prest, de garde ou de port sans fraude, et en traitez de mariage, et en vente ou retrait d'héritage, et de ce jurent les notaires...)

(A. N. Reg. Z, 1[b], 58, fol. 36 v[e] et 37 r[o].—Sorb. H. 1, 9, n[o] 174, fol. 163 r[o] et v[o]. — *Ord.*, VII, 107.)

1384 (11 MARS) A 1389 (30 OCTOBRE).

Blancs de 10 d. t. à 6 d. A. R., et de 20 s. [1] de poids au marc (75 p.)
Doubles tournois à 2 d. 12 gr. A. R., et de 14 s. $\frac{1}{4}$[2] (156 p. $\frac{1}{4}$) au marc.
Deniers parisis à 2 d. de loi A. R., et de 200 au marc.
Deniers tournois à 2 d. de loi A. R., et de 250 au marc.
Petites mailles parisis à 3 mailles de loy, et de 25 s. de poids (300 p. au marc.)

(Ms. 4533, fol. 83 v°.)

1384 (13 MARS).

Exécutoire de l'ord[ce] du 11 mars 1384 sur la mon[e] 25e (adressé à Rouen.)

... Nous vous mandons que, tantost ces lettres venues, vous clouez les boistes d'or et d'argent de ladite monn[e], et ne lessiez plus ouvrer ne monnoier sur les coings des deniers d'or fin aux fleurs de lys, ne de la monn[e] blanche et noire que l'on fait à present, mais sans aucun delay faites convenir par devant vous les changeurs et marchans frequentans ladite mon[e], ausquelx dictes et signifiez l'ordenance de faire la mon[e] d'or et d'argent en la maniere qui s'ensuit... (suit l'énumération des espèces créées), desquelx deniers d'or (et) blancs deniers nous vous envoyons les patrons, avecque les exemplaires encloz dedens ces lettres; et briefvement nous vous envoyerons le patron des doubles t. dessusdiz et des mailles; et quant aux petiz tournois, faictes iceux faire sur la forme samblable à ceux qui ont esté faiz derrenierement...

(A. N. Reg. Z, 1[b], 58, fol. 37, r[o] et v[o].—Sorb. H. 1, 9, n[o] 174, fol. 163 v[o].)

---

[1] Chiffre faux. C'est *6 s. 3 d.* qu'il faut. — [2] Chiffre faux. C'est *13 s. $\frac{1}{4}$* qu'il faut.

A cette date, Jehan le Flament est garde de la monnaie d'Angers.

(A. N. Reg. Z, 1ᵇ, 58, fol. 38 rᵒ.)

Jehan d'Auxonne est garde de la monnaie de Dijon et de Chalon.

(*Ibidem.*)

1384 (16 MARS).

A cette date, Raoul de Sᵗ-Germain était garde de la monnaie de Sᵗ-Quentin.

Jehan d'Auxonne a esté institué garde de la monᵉ de Dijon, en lieu de Pierre de Noyers, par vertu des lettres du Roy données 14 de mars. Lequel a fait le serment acoustumé, et aultre qu'il fera sa résidence audit office.

(A. N. Reg. Z, 1ᵇ, 1.)

1384 (17 MARS).

Ce jour, fut fait à svr aux changeurs de Paris l'ordᶜᵉ de la monᵉ 25ᵉ d'or et d'arg., et les prix du m̄ d'arg., contenus en l'ordᶜᵉ cy-dessus ; et leur fut dit en la chamb̄ des comptes, par nossʳˢ mᵉ Jean Pastorel, mᵉ Renault de Coulant, mᵉ Pierre du Chastel, mess. Arnault Remondet, sire Jean de Rueil, sire Jean Saunier, sire Estienne Braque, et mᵉ Girart de Montagu, et les gnaux mᵉˢ des monᵉˢ, c'est à svr : Raoul Maillard, Jean Gencian, Jean de la Fournaise, Jean Remon, Philippe Giffart et Bdit du Gal.

(A. N. Reg. Z, 1ᵇ, 58, fol 36 rᵒ. — Sorb. H. 1, 9, nᵒ 174, fol. 163 rᵒ.)

1384 (18 MARS).

Furent publiées icelles ordᶜᵉˢ en la ville de Paris.

(Sorb. H. 1, 9, nᵒ 174, fol. 163, rᵒ.)

1384 (18 MARS).

Escus à la couronne, d'or fin, de 60 au marc, valant 22 s.

(Leblanc, *Tables.*)

1384 (18 MARS).

Jeh. Gencian, Jehan de la Fournaise, Jehan Remon, Martin de Foulques, Ph. Giffart.

Ce jour, fu institué Bernart Braque contregarde de la monᵉ de Paris, en lieu de Nicolas Braque son frère...

(A. N. Reg. Z, 1ᵇ, 1.)

1384 (18 MARS) A 1386 (5 SEPTEMBRE).

Deniers d'or fin, appelez *escus couronne*, pour 22 s. 6 d., et de 60 au marc.

(Ms. 4533, fol. 58 vᵒ. — Ms. 18500, fol. 7 vᵒ.)

1384 (20 MARS).

A Toulouse, par Benart de la Rivière, deniers d'or aux fleurs de lis, de 20 s. t., et de 64 au marc. — 1500 pᶜᵉˢ frappées.

(A. N. Reg. Z, 1374; carton Z, 1ᵇ, 991-992.)

1384 (22 MARS).

Blancs à l'escu à 6 d., de 75 au marc, pʳ 10 d. t.

(Leblanc, *Tables.*)

1385.

Juvénal des Ursins (p. 45) dit que l'an 1385 y eut mutation de monnoyes ; et disoit on que le Roy y avoit merveilleux profit, et au grand domage du peuple et de la chose publique du Royaume ; et y eut de grands murmures, tant de gens d'église que nobles, marchands et autres, et la faisoit on plus foible

que celle qui auparavant avoit couru, et à
peine la vouloit on prendre, et mesmement les
créditeurs, à qui étoit argent deu de prest,
de rentes et autres manières de debtes ; et
disoit on qu'il n'estoit jà mestier de la muer,
vu que le Royaume estoit opulent et riche.
Toutefois la chose demeura en la manière
qu'elle avoit esté ordonnée, et donna-t-on
cours à la monnoye qui souloit estre, pour
certain prix.

L'abrégé de l'histoire de Charles VI, qu'on
trouve ensuite de celle de Juvénal des Ursins,
(p. 409) dit un peu différemment :

Depuis l'an 1415 que la bataille d'Azin-
court se donna, il y eut en France de grandes
tribulations et pertes pour le sujet des monnoyes et couronnes. . . Il couroit lors une
monnoye qu'on nommoit flourettes ou fleu-
rettes, qui valoit 18 deniers, mais enfin elles
furent remises à 2 d., puis on les deffendit
tout à fait, tellement qu'elles n'eurent plus de
cours ; pour ce il y eut plusieurs riches marchands qui y perdirent grandement. . . Cette
tribulation dura depuis l'an 1415 jusques à
l'an 1421 que les choses se remirent à un
plus juste point, touchant les monnoyes : car
un escu fut remis à 24 sols (ils avaient monté
jusqu'à 9 francs.). . .

(Leblanc, p. 238 et 239.)

1385.

Jehan Gencian et Aymé Saunier, gnaux m^es
des mon^es, commis pour se transporter en la
senechaussée d'Auvergne, pour le fait des
mon^es.

(Sorb. H. 1, 9, n° 174, fol. 163 v°.)

1385 (26 AVRIL).

Le 26e jour d'avril 1385, préseus : Jehan
Gencian, Jehan Culdoë et Jehan Remon.

Ce jour fu donné l'office de garde d'Angers
à Jehan Thoraut, vacant par la mort de Pierre
de Reins.

(A. N. Reg. Z, 1^b, 1.)

1385 (26 AVRIL).

Les changeurs de Tournay, par ordonnance
du Roy, ont fait le serment à Benedict du Gal,
gnal.

(Ms. Lecoq, fol. 49 r°.)

1385 (3 MAI).

A Paris, de notre regne le quint. Par le
Roy, à la relacion de M. le Duc de Bourg^ne.
— L. BLANCHET.

Comm^on du Roy à notre amé et féal Raoul
Maillart, gnal m^e des mon^es, pour se transporter ez mon^es du Royaume. . .

(A. N. Reg. Z, 1^b, 58, fol. 39 r° et v°. — Sorb. II.
1, 9, n° 174, fol. 153 v°. — Ord., VII, 119.)

1385 (19, 21 ET 25 MAI).

Le 19 mai 1385, fu mandé aus gardes
des mon^es de Montpellier et de Tholouse qu'ils
envoyassent les boistes. . .

Le 21e jour dudit mois fut samblablement
mandé à Angers, par Pasquet le Marié, garde.

Le 25e jour du moys ensuiv^t, furent envoiés
par Huguenin Regnier, garde de S^ct-Pourçain,
2 mandements de Mess^grs des comptes, par
lesquelx il est deffendu aus gardes et maistres
des monn^es de Poictiers et de Sainct-Pourçain
que à Pierre du Pont, Martin de Foulques et
Pierre. . . (le reste est illisible.)

(A. N. Reg. Z, 1^b, 1, feuillet retourné à la fin du
volume, r°.)

1385 (8 juin).

A Paris, le 5 de notre regne. Par le Roy, à la relacion de Monseig^r le Duc de Bourg^{ne}. — J. GEHE (?).

Lettres pat. aux gnaux, pour convertir, en la mon^e de Paris, 600 $\overline{m}$ d'or dont le conestable fait prest au Roy, en den. d'or fin apelez escus à la couronne, de 18 s. par^e la pièce, de 60 d. de poids au $\overline{m}$, dont sera donné 67 ⚜ 10 s. pour chascun $\overline{m}$ d'or fin.

(A. N. Reg. Z, 1^b, 58, fol. 40 r°. — Sorb. H. 1, 9, n° 174, fol. 163 v°. — *Ord.*, VII, 123.)

1385 (13 juin).

Le 13e jour de juing 1385 furent renduz à Jehan le Mareschal 36 deniers d'or, de plusieurs formes, qui avoyent (esté) faiz pour les monstrer.

Item par Jehan de la Fournaise et Jehan Remon, iij^M (?).

Item lui furent baillez 8 petits deniers d'or par la Court, et iiij par Jehan de la Fournaise, sur la some de 42 grands deniers d'or et 18 petiz que ledit Jehan le Mareschal disoit avoir baillez aux generaulx maistres.

(A. N. Reg. Z, 1^b, 1.)

1385 (DU 20 JUIN AU 17 OCTOBRE).

A Paris, par Jehan le Mareschal, escus à la couronne, de 22 s. 6 d. t., et de 60 au marc. — 127500 p^{ces} frappées.

Les gardes sont Arnould Braque et Jehan Raymon; le contregarde Bernart Braque.

(A. N. Rouleau du carton Z, 1^b, 913.)

1385 (DU 20 JUIN AU 17 OCTOBRE).

Fabrication, à Paris, par Jehan le Mareschal, d'écus à la couronne, de 22 s. 6 d.

12 ⚜ t. à Colin de la Court, peintre, pour avoir fait l'escu du Roy, couronné et supporté par deux lions, sur la porte d'entrée de la Monnoie, et un écu fleurdelysé sur la porte des Fornaises, et sur le petit huis des monnoies aboutissant à la rue Thibaut-aux-dez.

(A. N. 1er carton Z, 1^b, Paris.)

1385 (JUILLET).

Jean de Mareuil, clerc du receveur général du Dauphiné, apporte à Paris les boîtes des monnaies ouvrées à Mirabel par Antoine Guichardin, à Crémieu par Naudin Bonneguise, à Romans par Simonet Coppe, et c'est le 26 août que les généraux maîtres des monnaies du Roi en accusent réception.

(H. Morin, p. 175 et 176, d'après *Reg. monet.* *St-Ramberti,* fol. 142 v°.)

Les boîtes de Mirabel contenaient : 1° 46 francs d'or; 2° une autre 3 petits florins; une 3e, 5 gros de 15 d. t. pièce ; une 4e, 35 gros au dauphin; une 5e, 17 deniers blancs au coin du Roi; une 6e, 19 deniers blancs appelez quars; et une 7e, une petite maille.

Boîtes de Crémieu : 1° 38 deniers d'or aux fleurs de lis; 2° 46 liards; 3° 33 gros au dauphin; 4° 1 petit denier tournois; 5° gros de lis du Roy, 14 gros; 6° blancs du Roi, 18 solz 7 d. de blancs.

Boîtes de Romans : 1° francs, 36 pièces ; 2° gros deniers d'argent fin de 15 d. t. p^{ce}, 3 gros deniers; 3° gros au dauphin, 11 solz 4 deniers de gros; 4° blancs du Roi, 5 solz 1 denier de blancs; 5° quars, 3 sols 4 deniers de quars; 6° petits deniers tournois, 3 pièces.

On lit à la fin :

Item nous avons fait delivrer audit Jehan

de Marueil, 4 pere de fers pour les monnoyes
dont cy dessus est faict mencion ; si nous
veuillez faire descripcion de la recepcion
d'iceulx. Donné comme dessus. *Signatum :*
N. AQUART.

1385 (8 JUILLET).

Ce jour fu donné lettres à Hanequin de
Hache, par vertu desquelles il est ordené
tailleur de la mon° de Mascon, en lieu de
Aleaume (?).

(A. N. Reg. Z, 1ᵇ, 1.)

1385 (11 JUILLET).

Le 11ᵉ jour de juillet 1385 fu donné l'office de tailleur de la mon° de Rouen à Guiselin le Charpentier, en lieu de Hanequin
Chaurret.

(*En marge :* Ledit Guiselin n'a voulu accepter l'office, pour ce que les gaiges sont trop
petiz, et ne s'en poroit gouverner, si come
il dit.)

(*Ibidem.*)

1385 (23 AOUT).

A Paris.

Charles VI mande aux gouverneur, auditeur des comptes et receveur général de son
Dauphiné, qu'ils donnent l'ordre de fabriquer
sans délai les espèces suivantes :

1° Deniers d'or fin appelés écus à la couronne, ayant cours pour 22 s. 6 d. t. la pièce,
soit 45 s. v., et de 58 ⅛ de poids au marc de
Grenoble ;

2° Blancs deniers, valant 10 d. t. de la
monnaie courante, soit 20 d. v., à 5 d. 12 gr.
de loi argent fin, et de 6 s. de poids audit
marc ;

3° Petits blancs, valant 2 d. et 1 m., soit

5 d. v., à 3 d. 6 gr. fins de loi, et de 11 s.
6 d. de poids ;

4° Petits deniers tournois, ayant cours pour
1 d. t., soit 2 d. v., à 1 d. 20 gr. de loi argent
fin, et de 20 s. 2 d. de poids ;

5° Petites mailles tournois, ayant cours
pour 1 d. v., à 1 d. 6 gr. de loi argent fin, et
de 28 s. de poids.

(*Ord.*, VII, 129. — H. Morin, p. 186 et 187.)

1385 (30 AOUT).

Ce jour, Jehan de la Chapelle, tenant le
compte de la monn° d'Angiers, et Jehan le
Flament, garde de ladite mon°, furent arrestez
dedens la ville de Paris, lesquelx jurèrent et
promisrent que, sur peine de paier au Roy
nre sʳ chascun la somme de 200 marcs d'argent, ils ne partiront de ladite ville sans le
congié et licence desdiz generaux maistres...

(A. N. Reg. Z, 1ᵇ, 1.)

1385 (2 OCTOBRE).

A cette date, Jehan Chorant (*ou* Thorant),
est garde de la monnaie d'Angers.

(*Ibidem.*)

1385 (26 OCTOBRE).

Le 26ᵉ jour d'octobre 1385, présents : Jehan
Gencian et Jehan Remon, généraux maistres.

Ce jour, Henri le Carlier, maistre particulier de la mon° de Tournay, a promis et accordé en plain comptoer, faire faire et ouvrer
en ladite mon° dedens Pasques à venir, 150
marcs d'argent, c'est assavoir : en doubles
tournois 40 marcs, en petiz tourn. 50 marcs,
et en mailles tourn. 60 marcs, parmi le pris
de 116 s. t. qu'il aura et lui sera compté de
chascun marc...

(*Ibidem.*)

1385 (DU 14 OCTOBRE AU 14 FÉVRIER).

Lettres par lesquelles Jehan Bourdeau reconnaît avoir pris à bail la monnaie de Tours, le 14 8bre 1385.

Il s'engage à faire des deniers d'or fin à la couronne, de 22 s. 6 d. de cours, et de 60 au marc ;

Des deniers blancs, de 10 d. t., à 6 deniers de loi, et de 6 s. 3 d. de poids (75 au marc) ;

Des doubles tournois, à 2 d. 12 grains, et de 13 s. et ¼ de denier au marc (156 ½);

Des deniers tournois, à 2 d. de loi, et de 20 s. 10 d. de poids (250 au marc) ;

Des mailles (dont il ne spécifie ni le titre ni la taille).

Au dos est écrit que la plegerie de Jehan Bordeau, m^e de la mon^e de Tours, a été enregistrée le 21 juillet 1386.

Le pleige est Michau Geneilz.

(A. N. Rouleau du carton Z, 1^b, 361.)

———

1385 (DU 17 OCTOBRE AU 24 MARS).

A Paris, par François Dangle, p^r lequel Jehan Ysbare a tenu le cpte de la mon^e, escus d'or fin, de 60 au marc. — 63500 p^{ces} frappées.

(A. N. Rouleau du carton Z , 1^b, 913.)

———

1385 (18 OCTOBRE).

A Paris, de n^{tre} regne le 6e. Par le Roy, à la relacion de M. le Duc de Bourg^{ne}. — L. BLANCHET.

Lettres pat. aux gnaux, pour faire ouvrer doubles t., petits parisis et mailles sur le pied de mon^e 25e, suiv^t l'ord^{ce} de mars dernier (le 11), donnant du m̄ 116 s. t.

Le Roi entend payer le cuivre nécessaire pour amener le billon au titre voulu, parce que jusqu'à ce moment l'ordonnance du mois de mars n'a pas été exécutée, le billon disponible étant à un titre trop élevé.

(A. N. Reg. Z, 1^b, 58, fol. 40 v°. — Sorb. H. 1, 9, n° 174, fol. 163 r°. — *Ord.*, VII, 138.)

———

1385 (18 OCTOBRE).

Le mandement pour faire ouvrer, par toutes les monnaies du Royaume, des doubles tournois, des petits parisis et des mailles, est envoyé par les généraux maîtres à la Rochelle, Limoges, Rouen, Poitiers, St-Quentin, Tournai, Troyes, Dijon, Mâcon, St-Pourçain, Tours, Paris, Toulouse, Montpellier et Villefranche.

(A. N. Reg. Z, 1^b, 58, fol. 40 v° et 41 r°. — *Ord.*, VII, 138.)

A la Rochelle, on fera en doubles 20 m̄; en deniers t. 20 m̄, et en mailles 20 m̄ sur le pié 25e. Lettres baillées à Giles le Large, garde de ladite mon^e, le 13 9bre 1385.

Ordre semblable à Limoges.

A Rouen, 30 m̄ en doubles; 30 m̄ en deniers, et 40 marcs en mailles tourn. à 1 d. 6 gr. et de 26 s. et ¼ denier au marc. Lettres baillées à Jehan du Solier, contregarde.

A Poitiers, en doubles 40 m̄; en tournois 40 m̄, et en mailles 40 m̄.

A St-Quentin, 40 m̄ en doubles; en parisis 40 m̄, et en mailles 40 m̄. Lettres du 18 9bre 1385 baillées à Gautier Petit, garde de la mon^e.

A Tournai, en doubles 50 m̄; en petits t. 50 m̄, et en mailles 50 m̄.

A Troyes, 120 marcs, par tiers.

A Dijon et à Mâcon, en chacun lieu 120 m̄, par tiers.

A St-Poursain (sic), 120 marcs, par tiers.

A Tours, 120 marcs, par tiers.

A Paris, 100 m̄ en doubles ; 100 m̄ en parisis, et 50 marcs en mailles t.

A Toulouse, Montpellier et Villefranche, 120 marcs, par tiers.

(A. N. Reg. Z, 1ᵇ, 59, fol. 40 vᵒ et 41 rᵒ.)

────────

1385 (18 OCTOBRE).

Depuis, par mandement du Roy, donné le 18ᵉ jour d'octobre 1385 (on fera) en la monᵉ de Paris jusqu'à 100 marcs en doubles ; 100 marcs en tournois ; 50 marcs en oboles et ès autres monˢ jusques à certaine quantité plus à plain déclarée au papier de la messaigerie.

(Ms. 4533, fol. 83 vᵒ.)

Second exécutoire de l'ordonnance du 18 octobre 1385 (pour la Monnaie de Paris).

Il vous est apparu par noz autres lettres, que dès le comancement de ce nouvel pié de monᵉ 25ᵉ, le Roy n͞r͞e sͬᵉ a ordené faire ouvrer en ladite monᵉ doubles t., petiz denˢ parisis et mailles, duquel ouvraige il a esté petitement ouvré en ladite monᵉ; tant pour cause du pris qui estoit trop petit, co͞me pour ce que le billon, depuis livré en cette monᵉ, estoit de trop haute loi, et dont ladite monᵉ noire n'a peu estre faicte sanz cuivre; laquelle chose est venue à la cognoissance de plusieurs nos͞s͞ʳˢ du conseil, et pour ce nous a esté enjoint par eux que ladite monᵉ noire nous facions f͞e, afin de oster le cours à certaine fausse monᵉ noire qui à put est prise et mise au Royaume. Si vous mandons que jusques à la so͞me de 250 m͞ d'argent vous faites f͞e et ouvrer lesdiz doubles, petiz parisis et mailles, sur le pié de ladite monᵉ 25ᵉ, en la manière qui ensuit. C'est assavoir : lesdiz doubles à 2 d. 12 gr. de loi A. R., et de 13 s. et le ¼ d'un denier de pois au marc de Paris. Item, les parisis à 2 d. de loi dudit A. R., et de 16 s. 8 d. audit marc. Item, lesdites mailles à 1 d. 6 gr. de loi et de 26 s. et ½ denier de pois audit marc, sur la forme

contenue en nos lettres à vous envoiées au comancement dudit pié, desquelx doubles vous ferez 100 m͞ d'argent : en petiz parisis 100 marcs samblablement, et en mailles tourn. 50 marcs ; en payant aux changeurs, de chascun marc aloyé aus lois dessusdites, 116 s. t. Et nous certifiiez par vos lettres de tout le cuivre qui y sera employé afin de le mettre et alloer ès com͞p͞t du maistre particulier. Si gardez que en ce n'ait deffaut. Écrit à Paris, le (date oubliée).

(A. N. Reg. Z, 1ᵇ, 59, fol. 41 rᵒ.)

────────

1385 (DU 26 OCTOBRE AU 14 FÉVRIER).

A Mirabel, escus d'or de 58 et ⅛ au marc ; mis en boîte 11, représentant 3692 écus.

Le garde qui fait ces délivrances est Bernart Bonaghisa (*alias* Boneguise).

(A. N. Cahier de papier du carton Z, 1ᵇ, 893-897.)

────────

1385 (7 NOVEMBRE).

A Mirabel, petis deniers blancs appelez *quarts*, qui doivent être de 14 s. 6 d. de poids au marc de Grenoble (174 au marc). Mis en boîte 5.

(*Ibidem.*)

────────

1385 (DU 7 NOVEMBRE AU 23 DÉCEMBRE).

A Mirabel, deniers blancs à l'escu, de 6 s. au marc de Grenoble. Mis en boîte 7. — 7000 pᶜᵉˢ frappées.

(*Ibidem.*)

────────

1385 (23 DÉCEMBRE).

A Mirabel, petis deniers blancs appelez *quarts*, qui doivent être de 14 s. 6 d. de poids au marc de Grenoble (174 au marc). Mis en boîte 3.

(*Ibidem.*)

1385 (28 décembre).

A Paris, de notre règne le 6ᵉ. Par le Roy, à la relation du conseil. — R. Lisotte.

Lettres pat. à nos amez et féaux consᵉʳˢ, les gens de nos comptes à Paris, pour taxer les voyages et chevauchées des gnaux mᵗˢ des monᵉˢ, comme ils verront en leur conscience qu'ils ont desservi, et comme il leur apartient, en regard à leurs personnes et estats, nonobstant la taixe (sic) ancienne de 29 s. par jour, outre leurs gaiges ordᵣᶜˢ.

(A. N. Reg. Z, 1ᵇ, 58, fol. 41 vᵒ. — Sorb. II. 1, 9, nᵒ 174, fol. 163 vᵒ.)

———

1385 (24 janvier).

Le 24 janvier 1385, Jehan Gencian, Jeh. de la Fournaise, Jehan Remon et Phᵉ Giffart.

Ce jour, fu donné à Jehan Chevaleau l'office de garde de la monᵉ de Poictiers, vacant par la mort de feu Jehan Gobin, lequel a fait le serment accoustumé.

Ce don n'a pas eu son effet, pour ce que Anthoine de Busseron avoit impétré du Roy ledit office, si comme il est apparu par ses lettres données le 20ᵉ jour de janvier 1385, et lui fu fait son exequaᵗ, donné le 26ᶜ jour dudit mois de janvier.

Et le 27ᵉ jour dudit mois, fu donné l'office de taille de la monᵉ de la Rochelle à Provoisin de Busseron, que soloit tenir ledit Anthoine, duquel office il eut lettres des généraux maistres.

(A. N. Reg. Z, 1ᵇ, 1.)

———

1385 (30 janvier).

Présents : Raoul Maillart, Jehan Gencian, Jehan de la Fornaise et Jehan Raimon, gᵃᵘˣ mᵗʳᵉˢ.

Ce jour fu donné à Jehan Chevaleau, ci-dessus nommé, l'office de garde de la monᵉ

DOCUMENTS MONÉTAIRES. — II.

de Poitiers, en lieu de Lienart Daniel, pour ce que on a esté informé qu'il est receveur général des aides au pais de Xaintonge et demorant à Paris, duquel office lui furent baillées lettres de messᵣˢ, données ce jour.

(Ibidem.)

———

1385 (février).

... de février ensᵗ fu escript à Pierre du Pont, qu'il face clorre les boistes de l'ouvraige que Pierre Bonenffant a faict faire à Limoges, en la main du Roy...

(A. N. Reg. Z, 1ᵇ, 1, feuillet retourné à la fin du volume, rᵒ.)

———

1385 (8 février).

Ce jour fu commandé à Simonet Roque, lequel a gouverné la monᵉ de Sᶜᵗ-Pourçain avec Estienne Frizon, en la main du Roy, que dedens mi-karesme prochain venant, ils, ou autre pour eux, viegnent à Paris pour compter dudit fait, et qu'ils aportent toutes les parties de la despense qu'il ont faite à cause de ce, sur peine de 20 marcs d'argent.

(A. N. Reg. Z, 1ᵇ, 1.)

———

1385 (15 février).

A Mirabel, gros à l'escu, justes de poids. Mis en boîte 2. — 2000 pᶜᵉˢ frappées.

(A. N. cahier de papier du carton Z, 1ᵇ, 893-897.)

———

1385 (19 février).

De Mantes.

Mandement aux génᵃᵘˣ mᵗʳᵉˢ, pour faire forger à Paris, ou ailleurs se mestier se, 200 marcs d'argent ou environ, en petits deniers parisis, ayant cours pour 1 d. p., à 2 d. de loi, et de 16 s. 8 d. de poids, sur la forme et manière de ceux qui queurent à présent.

(A. N. Reg. Z, 1ᵇ, 58, fol. 41 vᵒ. — Ord., VII, 144.)

1385 (9 mars).

A cette date, Pierre du Pont est général maître.

(A. N. Reg. Z, 1ᵇ, 1.)

1385 (12 mars).

Les auditeurs des comptes du Dalphiné ont signifié, par lettres données à Grenoble le 22 7ᵇʳᵉ 1385, que Jehan de Mareil avoit baillé 4 paires de fers d'or et d'argent, c'est assavoir 4 pilles et 8 trousseaux, pour le fait des monᵉˢ dudit pais, lesquelx fers lui avoyent esté baillez en la chambre des monnoyes, le . . . jour dudit mois de septembre.

(*Ibidem.*)

1385 (17 mars).

Ce jour, fu dit et déclaré, en plain comptoir, à Guillᵉ Marcel, pleige et compaignon de Jehan Bourdon, maistre particulier de la monᵉ de Rouen, que, veu et considéré le stile et l'ordenance des monn̄, et que ledit Jehan a tenu continuellement le compte de ladite monᵉ, il ne sera compté audit Jehan que les darreniers pris auxquelx icelui Guillᵉ l'a prinse, au nom et pour ledit Jehan Bourdon, plus à plain déclarez au grant livre du bail des monᵉˢ, non obstant plusieurs enchères faictes sur ladicte monnoye, tant par Bertaut Bourdon, frère dudit Jehan, comme par autres, dont ledit Guillaume appella en parlement.

Et le samedi, 24ᵉ jour dudit mois de mars ensᵗ, fut demandé audit Jehan Bourdon si son entencion estoit d'advouer Guillē Marcel, de l'apel qu'il a fait, come son pleige et compaignon ; lequel Jehan répondit que vérité es-

toit qu'il est son pleige et compaignon, et que son entencion n'est pas de le désavouer. Et fut faict par Jehan Gencian, Jeh. de la Fournaise et Jehan Remon, généraux maistres.

(*Ibidem.*)

1385 (24 mars) a 1386 (31 mai).

A Paris, par François Dangle, pour lequel Jehan Ysbarre a tenu le compte de la monnoie, escus d'or fin de 60 au marc. — 24500 pᶜᵉˢ frappées.

(A. N. Rouleau du carton Z, 1ᵇ, 913.)

1385 (30 mars).

Jehan le Gaintier, garde de la monᵉ de Tours, est nommé garde de la monᵉ de la Rochelle, en lieu de Giles le Large, nommé garde à Tours.

(A. N. Reg. Z, 1ᵇ, 1.)

1386 (22 mai).

Pasquier le Magnier [1], nommé garde d'Angers, en lieu de Jehan Soriz.

(*Ibidem.*)

1386 (24 mai).

Huguenin Regnier, nommé garde de Sᶜᵗ-Pourçain, en lieu de Aubert Regnier, par résignation de celui-ci.

Lancelot de Carmonne, nommé par lettres de Monssʳ de Berry, du 29 mars 1385, confirmées par le Roi le 16 mai 1386, garde, en remplacement de Jehan Chevaleau, nommé au lieu de Lienart Daniel, receveur de Xaintonge.

(*Ibidem.*)

---

[1] Lisez : « le Marié. »

1386 (29 MAI).

Jehan Bourdon avait pris à bail la monnaie d'argent de Rouen, le 23 mars 1384, à 4 s. t. le marc d'œuvre.

Jehan Ysbarre, le 10 mai suivant, offre de prendre la mon° à 3 s. ½ t. le marc d'œuvre.

Le 12 mai, Bertaut Bourdon offre de la prendre à 40 d. le marc d'œuvre.

Le même Jehan Ysbarre met à prix à 3 s. t., avant le mois expiré de la première délivrance.

Le 22 juin 1385, Guill° Marcel, procureur et associé de Jehan Bourdon, offre de la prendre à 34 den.

Les généraux ne veulent tenir compte qu'à ce dernier prix, de tout l'ouvrage fait par Jehan Bourdon.

(*Ibidem.*)

1386 (DU 15 JUIN AU 31 AOUT).

A Paris, par Jehan le Mareschal, escus à la couronne, d'or fin et de 60 au marc. — 38500 p°° frappées.

A Jehan Legais, pour ung millier de gettouers de laton, par lui faiz et livrez, tant pour les clers de la chambre des comptes, comme pour le comptouer des généraulx maistres des monnoyes...

Pour 6 petits deniers d'or appellez trinquez, pesant 12 estellins et demi ferlin, faiz pour le Roy, n̅r̅e s^{gr}, et 12 autres pesans 18 esterlins 3 ferlins d'or, avecques 12 d'argent, pesant 12 esterlins obole, pour Mons^{gr} de Berry, et de leur comandement rapporté par sire Martin de Foulques...

(A. N. Rouleau du carton Z, 1ᵇ, 913.)

1386 (27 JUIN).

Mandement de St-Germain-en-Laye, pour fabriquer des deniers parisis pour l'aumône, à 2 d. A. R., et de 16 s. 8 d. au marc, avec tout le billon qui a esté ou sera livré pour l'aumosnerie, depuis Pasques 1386.

(A. N. Reg. Z, 1ᵇ, 58, fol. 42 r°. — *Ord.*, VII, 148.)

1386 (18 AOUT).

A Paris.

Le Roi mande aux gouverneur, auditeurs des comptes et receveur général de son Dauphiné, que la valeur du marc d'or soit élevée à 66 l. t., et que cet or soit dorénavant pesé au marc de Paris.

(H. Morin, p. 187. — *Ord.*, VII, 154.)

1386 (18 AOUT).

Le même jour, mandement augmentant de 10 s. t. le prix de l'or.

(A. N. Reg. Z, 1ᵇ, 58, fol. 42 r°. — *Ord.*, VII, 153.)

L'exécutoire est envoyé à Paris, Rouen, St-Quentin, Tournai, Troyes, Dijon, Mâcon, Montpellier, Toulouse, la Rochelle, Limoges, Poitiers, Tours, St-Pourçain et Angers.

(A. N. Reg. Z, 1ᵇ, 58, fol. 42 r°.)

La crue est notifiée à Paris le 31 août 1386.

1386 (18 AOUT).

Lettres patentes pour crue de 10 s. t., sur le prix du marc d'or, qui passe de 65 ₶ 10 s. t. à 66 ₶.

(Sorb. H. 1, 9, n° 174; fol. 164 r°. — *Ord.*, VII, 153).

1386 (25 AOUT).

Envoyé des « lettres closes aus gardes des mon°° de Villefranche, d'Agen et de Condon (*sic*), par lesqueles il leur fu mandé qu'ilz clouissent et envoyassent les boistes desdites mon^{es}. »

(A. N. Reg. Z, 1^b, 58, fol. 42 v°.)

1386 (31 Aout).

En la chambre des mon^{es}, où estoient Jehan Gencian, Jehan de la Fournaise et Philippe Giffart, la crue du 18 août est signifiée aux changeurs.

(Sorb. H. 1, 9, n° 174, fol. 164 r°.)

1386 (du 31 aout au 24 octobre).

A Paris, par Jehan le Mareschal, escus à la couronne, d'or fin et de 60 au marc. — 38500 p^{ces} frappées.

(A. N. Rouleau du carton Z, 1^b, 913.)

1386 (5 septembre) a 1387 (4[1] mars).

Deniers d'or fin appelez *escus couronne*, pour 22 s. 6 d. et de 60 au marc.

(Ms. 4533, fol. 58 v°. — Ms. 18500, fol. 7 v°.)

1386 (7 septembre).

A Paris.

Lettres aux officiers compétents, pour enjoindre qu'en Dauphiné l'argent soit dorénavant pesé, non plus au marc de Grenoble, mais à celui de Paris. En raison de cette ordonnance, le prix que les marchands reçoivent de chaque marc sera augmenté d'un trente-deuxième.

(*Ord.*, VII, 159. — H. Morin, p. 187 et 188.)

« Et pour ce que iceluy marc (de Paris) est plus fort que n'est celuy de notredit Dauphiné, la trante-deuxième pièce du marc de

Grenoble, nous avons ordonné et ordonnons par ces présentes, que l'on croistra le prix des marchans de la trante-deuxième partie de ce que on leur a accoutumé donner par marc d'argent en nosdites monnoyes, afin que iceux marchans ne s'en doyent doloir, et n'ayent cause de délaisser à apporter leur billon en icelles. »

Le marc de Grenoble pesait. . . . 4464 grains.
Celui de Paris. 4608
Le marc de Grenoble valait. . . . 237^{gr},104[2]
Le marc de Paris . . . . 244 ,753[3]

Nota. Le marc de Paris était en réalité de 260^{gr},05
Le marc de Grenoble était de. . 251 ,92

(H. Morin, p. 187 et 188, note 5.)

1386 (du 24 octobre au 10 novembre).

A Paris, par Jehan le Mareschal, escus à la couronne, d'or fin et de 60 au marc. — 8500 p^{ces} frappées.

(A. N. Rouleau du carton Z, 1^b, 913.)

1386 (26 octobre).

Le samedi 26e jour d'octobre 1386, fu mandé aus gardes de la monnoie de Paris qu'ils feissent faire et ouvrer, en ladite monnoie, 30 marcs de petiz parisis, 30 marcs de tournois et 20 marcs d'oboles, dont les changeurs auront 116 s. tournois de chacun marc dudit ouvrage.

(A. N. Reg. Z, 1^b, 58, fol. 41 r°.—*Ord.*, VII, 161.)

1386 (31 octobre).

Blancs à l'escu, à 5 d. 12 gr. f., et de 74 $\frac{1}{2}$ au marc.

(Leblanc, *Tables.*)

---

[1] Le ms. 18500 porte : « 3 mars ». — [2] Chiffre faux. — [3] Chiffre faux.

1386 (DU 10 NOVEMBRE AU 12 DÉCEMBRE).

A Paris, par Jehan le Mareschal, escus à la couronne, d'or fin et de 60 au marc. — 22000 pᶜᵉˢ frappées.

(A. N. Rouleau du carton Z, 1ᵇ, 913.)

1386 (10 NOVEMBRE) ET 1387 (26 JUILLET).

A Troyes, par Pierre Plaisance, blancs à l'escu, de 10 d. t., à 6 d. de loi (75 au marc). — 9000 pᶜᵉˢ frappées.

(A. N. Rouleau du carton Z, 1ᵇ, 1005.)

1386 (14 NOVEMBRE).

A Troyes, par Pierre Plaisance, doubles tournois à 2 d. 12 gr., et de 13 s. et $\frac{4}{4}$ de denier (156 $\frac{4}{4}$ au marc): 46 marcs 12 esterlins et $\frac{2}{4}$ de felin. — 7200 pᶜᵉˢ frappées.

(*Ibidem.*)

1386 (21 NOVEMBRE).

A cette date, Dorde de Cauart (*ou* Couart) est garde de la monᵉ de Villefranche.

(A. N. Reg. Z, 1ᵇ, 1.)

1386 (23 NOVEMBRE).

Le samedi 23 9ᵇʳᵉ, furent mandées les boistes de deniers de Chalon, et baillées les lettres de Jehan d'Auxonne.

Le même jour, fut mandée la boiste d'argent de Tournay.

Le 13 xᵇʳᵉ, furent mandées de rechef lesdites boistes.

(*Ibidem.*)

1386 (11 DÉCEMBRE).

A cette date, Dorde de Cauart (*ou* Couart) est garde de la monᵉ de Villefranche.

(*Ibidem.*)

1386 (14 DÉCEMBRE).

Le samedi 14 décembre, du commandement de messʳˢ, furent délivrés une paire de fers à or à Georges Marle, maistre particulier de la monnoye de Sainct-Pourccin, pour ladicte monnoye, et y a esté mis pour différence à ceux de Paris, entre $\overline{XPS}$ et IMPERAT, 3 poins plaz devers la croix, en lieu d'une estelle, qui est ès fers de Paris.

(*Ibidem.*)

1386 (8 JANVIER).

Raoul Maillart, Jeh. de la Fournaise, Jehan Remon, Ph. Giffart, Bertaut de Landes et Giles Villet.

(*Ibidem.*)

1386 (10 JANVIER).

Une boiste de 101 s. 10 d. de blans à 6 d. de loy, faite par Henry le Carlier, mʰᵉ de la monnᵉ de Tournay, est essayée et trouvée foible à 5 d. 18 gr. $\frac{4}{2}$ fin.

(*Ibidem.*)

1386 (16 JANVIER).

Raoul Maillart, Jeh. Gencian, Jeh. Remon, Phᵉ Giffart, Bertaut de Landes et James Jumel.

Les gardes de Tournai sont mis à l'amende de 8 lb. 6 s. 8 d. t., pour avoir délivré les deniers échars de 2 gr. $\frac{4}{2}$ d'une boîte de 101 s. 10 d. de blancs, représentant 15 jours de leurs gaiges.

Les gardes d'Angers ayant envoyé une boîte de 23 d. d'or, dont le papier des délivrances ne mentionne ni le poids ni le titre, sont condamnés à 100 s. t. d'amende.

Les gardes de la monᵉ de Condom, pour ce que en leur papier de délivrance d'une boiste noire n'a escrit qu'une délivrance de

2 petiz d. t., et il a esté trouvé en la boiste
4 d. t., sont condempnez à paier 15 jours de
leurs gaiges, ce qui monte à 8 l. 6 s. 8 d. t.

(A. N. Reg. Z, 1ᵇ, 1.)

1386 (20 MARS).

Sont mentionnés : garde de Villefranche :
Dorde de Couart; Renart Roget, mᵗʳᵉ de
ladite monᵉ.
Idem au 16 avril 1387.

(*Ibidem.*)

1386 (3 AVRIL.) ET 1387 (10 MAI ET 29 OCTOBRE).

A Troyes, par Pierre Plaisance, mailles
tournois à 1 d. 5 gr., et de 26 s. ¼ denier
(312¼ au marc); 176 marcs 5 onces 2 estellins et ¼ de felin et ½. — 5520 pᶜᵉˢ frappées.

(A. N. Rouleau du carton Z, 1ᵇ, 1005.)

1386 (6 AVRIL).

Samedi 6 avril 1386, veille de Pasques,
Jehan Remon, Jehan de la Fournaise,
Bertaut de Landes.
Ce jour fu faite, en la monᵉ de Paris, une
délivrance, par les dessusdiz, de mil lxxiiij
deniers d'or à l'escu.

(A. N. Reg. Z, 1ᵇ, 1.)

1387 (17 MAI).

Le 17 mai 1387, mention de Pierre de
Verdun, garde de la monᵉ de Troyes.

(*Ibidem.*)

1387 (7 JUILLET).

Le lundi 7ᵉ jour de juillet 1387, fu donné
l'exécutoire à Nicolas Braque, fils de feu

Arnoul Braque, de l'office de garde de la monᵉ
de Paris, vacant par la mort dudit Arnoul.

(*Ibidem.*)

1387 (19 SEPTEMBRE).

Le jeudi 19 7ᵇʳᵉ 1387, furent mandées les
boistes d'or de la monᵉ de Tours.

(*Ibidem.*)

1387 (24 SEPTEMBRE).

A cette date, Hannequin Chaurier est
tailleur de Rouen.
Jehan Ysbarre, mᵗʳᵉ pᵉʳ.
Pierre de Dampmare, garde.
Condamnés à l'amende : le premier, pour
avoir donné au maître, sans le garde, des fers
à or, dont celui-ci a frappé 500 écus...

(*Ibidem.*)

1387 (30 OCTOBRE) A 1388 (13 AVRIL).

A Troyes, par Pierre Plaisance, deniers t.
à 2 d., et de 250 au marc; 307 marcs 1 once
12 estellins. — 76790 pᶜᵉˢ frappées.

(A. N. Rouleau du carton Z, 1ᵇ, 1005.)

1387 (8 NOVEMBRE).

Jehan le Mareschal est mᵉ pᵉʳ de la monᵉ
de Paris.

(A. N. Reg. Z, 1ᵇ, 1.)

1387 (5 DÉCEMBRE).

Estienne la Plote, lequel a fait l'ouvrage de
la monnᵉ de Dijon et de Châlon, en la main
du Roy, était garde de lad. monᵉ.

(*Ibidem.*)

1387 (19 DÉCEMBRE).

Ce jour, pour ce que Estienne la Plote,

garde de la mon° de Dijon et de Chalon, lequel avoit fait en la main du Roy, et par commandement, l'ouvrage de ladite mon°, depuis le commencement de la mon° 24° jusques à présent . . .[1]

Ce jour fu ordené que Droin (?) Bernart, lequel a pieça pris la mon° d'or de Dijon et de Chalon, fera l'ouvrage de la monn° d'argent, en la main du Roy, et fu mandé aus gardes, que le fait et gouvernement, avec l'inventaire d'icelle monn°, lui fust baillé, si come tout ce est plus à plain déclaré ès lettres closes sur ce envoyées, tant aus gardes comme audit Droin Bernart.

(A. N. Reg. Z, 1ᵇ, 1, feuillet retourné à la fin du volume, v°.)

1387 (10 JANVIER).

Ce jour, furent mandées les boistes de Limoges, et baillées les lettres à Bernart Vidal, tailleur d'ilec.

Pierre de Dampmars (sic) est garde de Rouen, et Jean Ysbarre m° pᵉʳ.

(A. N. Reg. Z, 1ᵇ, 1.)

1387 (13 JANVIER).

Jehan de Vaubaon, garde de Montpellier, s'oppose à l'enregistrement des lettres royales que Jehan de Moles prétend avoir obtenues du Roy et de Monsᵍʳ de Berry pour l'office de garde.

(Ibidem.)

1387 (29 JANVIER).

Jehan Foulques est nommé à l'office de garde de la Rochelle, vacant par la mort de Jehan Cabrier.

(Ibidem.)

1387 (FÉVRIER).

A Paris.

Comᵒⁿ du Roy au baillif de Mascon, pour faire publier les ordᵉᵉˢ des monᵉˢ neuves, en la prochaine foire de Chalon, et qu'il soit donné :

Des denʳˢ d'or fin apelez escus à la couronne, 18 s. parˢ la pièce ;

Blancs d'arg., 8 d. parˢ ;

Doubles t. , 2 d. t. ;

Petits parˢ et petits t., pour 1 d. parˢ et 1 d. t. ;

Les petites mailles, pour une maille t. ;

Francs d'or fin et denʳˢ d'or fin aux fleurs de lys, pour 16 s. parˢ ;

Gros den. d'arg., 12 d. ;

Blancs den. d'arg., 4 d. parˢ.

Toutes autres au $\overline{m}$ pour billon.

(Sorb. H. 1, 9, n° 174, fol. 164 r°.)

1387 (1ᵉʳ FÉVRIER).

Le 1ᵉʳ février 1387, Pierre Panetier, nommé par le Roi garde de la Rochelle, est confirmé par les généraux maîtres.

(A. N. Reg. Z, 1ᵇ, 1.)

1387 (9 FÉVRIER).

En l'ordᵉᵉ faite à Paris, en l'hostel du Louvre, par le Roy Charles 6° de ce nom, sur la restrinction de ses officiers . . . est escript ce qui s'ensuit :

Item, seront et demourront gnaux mᵉˢ des monᵉˢ, c'est assavoir : Raoul Maillart, Jehan de la Fournaise[2], Jean Raymon, Benedic du Gal, Bertrand de Landes et Millet Baillet, touz aus gages anciens.

(Sorb. H. 1, 13, n° 173, fol. a détaché, placé après le fol. 1 [ancien vij]. — Ord., VII, 175.)

---

[1] Cela est biffé. — [2] L'ordonnance publiée porte Jehan de la Fournaye; c'est un nom estropié.

1387 (13 février).

Fabrication d'écus d'or à la couronne, de 61 et le tiers d'un denier au marc.

(*Ord.*, VII, 177.)

1387 (28 février).

A Paris, de notre règne le 8ᵉ. Par le conseil estant en la chambͬ des comptes, auquel le cardᵃˡ de Laon, vous et autres, estiez. — Yvo.

Ordᵉᵉ aux g̅naux, pour f̅ʳᵉ denͬˢ d'or fin apelez escus à la couronne, de 61 et le tiers d'un au m̅, telx et samblables comme ceulx de présent, et donner 66 ᵗᵇ t. du m̅ d'or fin.

(A. N. Reg. Z, 1ᵇ, 58, fol. 44 v°. — Sorb. H. 1, 9, n° 174, fol. 164 r°. — *Ord.*, VII, 177.)

L'exécutoire est envoyé par les gᵃᵘˣ mᵗʳᵉˢ à Paris, St-Quentin, Tournai, Rouen, Limoges, Troyes, Dijon, Mâcon, Montpellier, Toulouse, Tours, Angers, Poitiers, la Rochelle et St-Pourçain.

(A. N. Reg. Z, 1ᵇ, 58, fol. 44 v°.)

1387 (28 février).

Écus à la couronne, d'or fin, de 61 ⅓ au marc, valant 22 s. 6 d.

(Leblanc, *Tables*.)

1387 (28 février).

Le 28ᵉ febvrier 1387, fut faict l'ouvraige qui ensuyt :

Deniers d'or, escuz à la couronne, feurent continuez en loy et cours, et feurent taillez de 61 et ung tiers d'escu au marc, des formes et patron qui ensuyt.

(Figure : + KAROLVS ⚬ DEI ⚬ GRA ⚬ FRANCO-RVM ⚬. ℞. 4 couronnelles à l'extérieur ; au cœur, étoile à 8 pointes.)

Marc d'or fin, aux monnoies de France et Tournay, 66 lb. 10 s. t.

(Ms. 5524, fol. 109 v° à 110 r°. — Reg. de Lautier, fol. 92 v° à 93 v°.)

1387 (dernier jour de février).

Le dernier jour de febvrier l'an 1387, par mendement du Roy, fut faict ce qui ensuyt :

Cours des monnoies dudit sieur Roy.

Escus à la couronne, d'or fin, 22 s. 6 d. t.;
Blancs deniers d'argent, 10 d.;
Doubles noirs, pour 2 d.;
Parisis, pour 1 d. pᵗᵉ (*pite*);
Tournois, pour 1 d.;
Maille obole, pour ob. t.

Cours des monnoies de Charles Vᵉ, père dudit sieur Roy.

Francs d'or, valant 20 s. t.;
Fleurs de lis d'or, autrement fleurins, 20 s. t.;
Gros deniers d'argent, 15 d.;
Blancs deniers, 5 d.;
Parisis, 1 d. pᵗᵉ (*pite*);
Tournois, 1 d.;
Maille, ob. t.

Le cours de toutes autres monnoyes interdict et deffendu à tous.

Le transport des billons, fors ez monnoyes dudit sͬ, deffendu.

(*Ibidem.*)

1387 (2 mars).

Le 2 mars 1387, la crue est notifiée aux changeurs de Paris.

(A. N. Reg. Z, 1ᵇ, 58, fol. 44 v°.)

1387 (5 mars).

Mention de Jehan de la Chapelle, mᵉ de la

mon⁰ de Tours, et de Jehan Moreau, garde
de Sᶜᵗ-Pourçain.

(A. N. Reg. Z, 1ᵇ, 53, fol. 44 vᵒ.)

1387 (3 MARS) A 1391 (8 AVRIL).

Escus à la couronne, de 22 s. 6 d. t., de
61 ⅓ au marc.

(Ms. F. 4533, fol. 58 vᵒ et 59 rᵒ.—Ms. F. 18500,
fol. 8 rᵒ.)

1387 (6 MARS).

A Paris, de n̄re règne le 8ᵉ par le conseil
estant en la chamb̄ des comptes, auq¹ le card⁴ˡ
de Laon, vous, l'évesque de Paris, plusieurs
autres du grand conseil, les gn̄aux mˢˢ des
monˢⁱ, estoient.

Ordᶜᵉ au baillif de Mascon, pour la confir-
macion du comerce des habitans de Lion avec
ceux du Dalphiné, que les monᵉˢ fabriquées
sous le nom du Roy en Dalphiné, semblables
de croix et de pille aux monᵉˢ que Sa Mᵗᵉ fait
faire à Paris et autres villes du Royᵐᵉ, seront
prises et mises en ladite ville de Lion.

En marge : Au-dessous est escript la semblable lettre envoyée au baillif de Mascon
pour la terre du sire de Tournon, si comme
mᵉ Hugues de Guinguant a rapporté.

(A. N. Reg. Z, 1ᵇ, 53, fol. 47 rᵒˢ.—Sorb.H. 1, 9, nᵒ 174,
fol. 164 rᵒ.—*Ord.*, VII, 182.—H. Morin, p. 183.)

1387 (12 MARS).

Le 12ᵉ jour de mars 1387, fu escript au
gouverneur et aus auditeurs des comptes du
Dalphiné, que es monn̄ du Royaume l'on fait
à pn̄t escus de 61 et le ⅓ d'un escu au
marc...

(A. N. Reg. Z, 1ᵇ, 1, fol. 56 rᵒ.)

1387 (17 MARS).

Le 17ᵉ jour de mars 1387, furent baillées
unes lettres closes, adreçans aus gardes de
Limoges, à Regnault de Lescar, faisant mencion qu'ils envoiassent les pleigeries de la
monnᵉ, et que jusques à ce que on les eust,
ils se teinssent saisis de la monnᵉ.

(A. N. Reg. Z, 1ᵇ, 1, fol. 56 vᵒ.)

1387 (28 MARS).

Établissement, par Charles VI, d'une charge
de monnoyeur du serment de l'Empire, dans
les monnaies de Normandie, en faveur d'An-
theaume de Murronie, bourgeois de Rouen,
neveu de l'évêque de Bayeux.

Le roi exerça ainsi son droit de joyeux avé-
nement en son duché de Normandie « et à lui
et à ses dits hoirs, avons ottroié et ottroions
que par toute nostre dite duchié de Normandie ils puissent ouvrer et monnoyer... »

(Ducange, *Gloss.*, vᵒ *Monetarius ex sacramento
Imperii.* — Lemaître Dupont, *Revue num. fr.*,
1846, p. 225, pièce I.)

1388.

Par le roolle des comptes de Montpellier
en parchemin commençant 1366, appert en
l'année 1388 avoir faict des réparacions à
Montpellier pour 15 livres t., par ordonnance de Philippes Giffard, gn̄al.

(Ms. Lecoq, fol. 67, rᵒ.)

1388.

Par le roole de Montpellier, commançant
1366, appert en l'année 1388. Pḥles Giffart
gn̄al, avoir ordonné creue au marc d'argent.

(Ms. Lecoq, fol. 68 rᵒ.)

1388 (2 AVRIL).

Le 2e jour d'avril 1388 après Pasques, au comptouer : Jeh. de la Fournaise, Jehan Remon, Benedic du Gal et Bertaut de Landes, g^{aux} m^{tres}.

Ce jour, fu mandé à Henri le Carlier, maistre de la mon^e de Tournay, qu'il retiegne par devers lui et se tiegne saisi de la somme de 43 lb. parisis sur les gaiges Jehan le Munier, garde de lad. mon^e...

(A. N. Reg. Z, 1^b, 1, fol. 57 r°.)

1388 (6 AVRIL).

Huit generaulx et les noms envoiez aux officiers des monn^es, 6e apvril iij^e iiij^{xx} viij.

(Ms. Lecoq, fol. 8 v°.)

1388 (8 AVRIL).

A Paris, par le cons^l estant en lu chamb̄ des comptes, et les trésor^s p̄ns. — HENNIN.

Lettres pat. au baillif de Tournay, pour l'ex^on de l'arrest du parlement et de ce que Benedic du Gal, ḡnal m^e des mon^es, ont fait (sic) à Tournay contre les changeurs.

(Sorb. H. 1, 9, n° 174, fol. 164 v^t.)

1388 (28 AVRIL).

Lettres pat. contre les changeurs de Lion, pour ce qui a esté réglé par nos amez et feaux Raoul Maillart et Ph̄le Giffart, ḡnaux m^rs des mon^es et commissaires sur ledit fait.

(Ibidem.)

1388 (30 AVRIL).

Mémoire que le darrenier jour d'avril 1388,

furent données les lettres de la creue de 10 s. t. au marc d'or, pour les monnoies du Dalphiné ; lesquelles lettres furent baillées à Thévenin le Flament, garde de Mirabel...

(A. N. Reg. Z, 1^b, 1, fol. 57 v°.)

1388 (11 MAI).

Au folio 37 des Preuves au livre de Coustant, il résulte par lettres patentes du Roy, du 11 may 1388, qu'il ne avoit point de gnal part^er des monoyes en Languedoc, et que ledit Giffart, comm^re, et Raoul Maillart, son compagnon et confrère, avoient fait un lieuten^t audit pais, pour, en leur absence, conoistre des cas concernant le fait des monoyes, et que ledit lieut^t, nommé Simon d'Agusan, ayant fait capture d'un juif, en la ville de Montpelier, débitant de la fausse monoye, le conservateur des priviléges des juifs s'en estant emparé, le Roy renvoya le jugement dudit juif audit d'Agusan, lieut^t desdits Raoul et Giffart, comm^res.

(Sorb. H. 1, 12, n° 171, fol. 45 v^t.—Ord., VII, 186.)

1388 (11 MAI).

A Paris, de n̄re règne le 8e, par le Roy, à la relacion du conseil des Loys.

Lettres pat. au sénéchal de Beaucaire, pour laisser conoistre M. Simon Dagusan, lieut^t de nos amez et feaux Raoul Maillart et Philippe Giffart, ḡnaux m^es de nos mon^es, comm^res ḡnaux, sur le fait de la mon^e fausse que un juif exposait à Montpelier, nonobstant que m^e Bérenger Goion, soy-disant lieut. de m^e Jean Betizac, conservateur des priviléges des juifs aud. pais, en veuille conoistre, atendu que Sa Ma^té veut qu'il en conoisse, et laq^elle apartient aux ḡnaux m^es des mon^es qui sont commissaires en celte partie et doivent mieux scavoir les mérites de tels cas que autres juges.

(A. N. Reg. Z, 1ᵇ, 58, fol. 47 v°.—Sorb. H. 1, 9, n° 174, fol. 104 r° et v°.)

1388 (VENDREDI APRÈS LA SAINT-JEAN).

Pierre Verdun est garde de la monᵉ de Troyes.

(A. N. Reg. Z, 1ᵇ, 1, fol. 60 r°.)

1388 (23 JUILLET).

Bernart et Jehan Fortier, naguères mᵗʳᵉˢ partᵉʳˢ de la monoye de Mont-de-Dome.

(A. N. Reg. Z, 1ᵇ, 1, fol. 60 v°.)

1388 (27 JUILLET).

Le 27ᵉ jour de juillet, au comptouer : J. de la Fournaise, B. de Landes, M. Baillet et Phe Giffart.

Ce jour, fu ordené de faire ouvrer, en la monnᵉ de Paris, jusques à 100 marcs d'argent en petiz deniers tournois, et d'en donner de chacun marc 116 s. t., par vertu de certaines lettres royaulx (sic).

(Ibidem.)

1388 (13 AOUT).

A Paris, de nʳᵉ règne le 8ᵉ, sous notre scel ordonné en l'absence du grand, par le conseil estant en la chambᵇ des comptes.—HENIN.

Lettres pat. au baillif de Chartres, ou son lieutᵗ, pour decry des blancs denʳˢ rongnez, aians cours pour 12 den. parˢ la pièce, dont grande quantité ont esté rongnez et diminuez de leur valeur par aucunes personnes, que pour ceste cause ont esté naguères exécutez en notre ville de Rouen, et faire crier et publier solennellement que lesdits blancs denʳˢ

rongnez ne soient pris et mis doresnavant, en fait de marchandise ne autrement, de quelque personne que ce soit, mais soient portez au m̄ pour billon, par devers les changeurs ayans pouvoir de faire fait de change, et seront tenus les changeurs de les couper, afin qu'ils n'aient jamais cours, sur peine de perte de tous lesdits blans qui trouvez seroient entiers devers lesdits changeurs, et de l'amende à notre voulenté.

(A. N. Reg. Z, 1ᵇ, 58, fol. 47 v°. — Sorb. H. 1, 9, n° 174, fol. 172 r°. — Ord., VII, 208.)

1388 (20 AOUT).

Le 20 août 1388, en la monᵉ de Paris, Jehan Remon, J. de la Fournaise, M. Baillet et Phe Giffart.

Ce jour, fu baillé à ouvrer à Gulle Massé, prevost des ouvriers de la monᵉ de Paris, et à Gargnollas, ouvrier du serment de France, 20 marcs d'or, sanz ce qu'il sceussent le pois, lesquelx, après ce qu'il furent ouvrez, ont esté pesez et trouvez fors de pois ung esterlin, et toutevoies estoient beaux deniers.

(A. N. Reg. Z, 1ᵇ, 1, fol. 61 r°.)

1388 (31 AOUT).

Le lundi, darrᵉʳ jour d'aoust 1388, p̄ J. Remon, M. Baillet et B. du Gal, fu ordené que Jehan Ysbarre ouvrera en la monnᵉ de Rouen, sanz préjudice de la renonciation qu'il a faite à ladite monnoye.

(A. N. Reg. Z, 1ᵇ, 1.)

A ce jour, Perrin Gencian est mᵗʳᵉ pᵉʳ de la monᵉ d'or de Paris.

1388 (31 AOUT).

Pierre le Marié d'Angers est confirmé mᵉ

p^{er} de la mon^e de Rouen, à la Chambre des comptes. Il avait été nommé par Bertaut de Landes, par lettres datées d'Angers, du 19 août 1388. Avis en est donné aux gardes de Rouen.

(A. N. Reg. Z, 1^b, 1, fol. 61 v°.)

———

1388 (9 SEPTEMBRE).

Au comptoer : Jeh. Remon, Miles Baillet et Phe Giffart.

Ce jour, Jehan Bourdon et Perrin Marcel offrirent prandre et mettre la mon° d'or de Rouen à 3 d. moins du pris de 10 s. où elle a esté darr^t mise, et la mon° d'argent à 2 d. moins du pris de 4 s. t., parmi plusieurs condicions quilz baillèrent par déclaration, à laquelle prinse les dessusdiz ne furent pas receuz, tant pour ce qu'ils nomèrent trop petiz pleiges, come pour ce que ledit Bourdon avoit fait faute aus marchans, pour le temps qu'il avoit tenu ladite mon°.

(Ibidem.)

———

1388 (15 SEPTEMBRE).

Jeh. Remon est, à cette date, garde de la mon° de Paris.

(A. N. Reg. Z, 1^b, 1, fol. 62 r°.)

———

1388 (15 SEPTEMBRE).

A Paris, par le Roy à la relation du conseil des loys. — GUINGANT.

Lettres pat. à Raoul de S^{ct}-Germain et Gautier Petit, gardes de notre mon° de S^{ct}-Quentin, et à Jean de Vaulx, prévost dudit lieu de S^{ct}-Quentin, pour faire informer et faire procez aus billonneurs, faux monoyeurs et touchant les changeurs.

(A. N. Reg. Z, 1^b, 58, fol. 49 r°. — Sorb. H. 1, 9, n° 174, fol. 172 r°.)

Du 5 7bre 1388 : semblables comm^{ons} à Jean le Musnier et Aubert de Hametel, gardes de la mon° de Tournay.

Du 19 7bre 1388 : à Pierre de Dampmars et N. Maillart, gardes de Rouen, et Jean du Solier, contregarde.

Du 14 8bre 1388 : à Jean Saintier (?) et Pierre Panetier, gardes de la Rochelle.

Du 22 7bre 1388 : à Hugues Regnier, Jean Moreau, gardes de S^{ct}-Poursain; George Marle, m^e; Thomas de Molins, essayeur; Jean Jaques, tailleur de la mon° de S^{ct}-Poursain.

Pierre de Verdun, Pierre Valée, gardes de Troyes; Jean Muteau, essay^r de la mon° de Troyes.

(Sorb. H. 1, 9, n° 174, fol. 172 r°.)

NOTA. Le 28 mars 1389, Millet du Moustier est contregarde à Rouen.

———

1388 (19 SEPTEMBRE).

Ce jour, fu donné l'office de contregarde de la monn° de Rouen à Jacques Aubert, vacant par la mort de Jehan du Solier, lequel Jacques a juré...

(A. N. Reg. Z, 1^b, 1, fol. 62 r°.)

Ledit Jaqs y renonça le darrenier jour dudit mois, en plain comptoer, et ce jour fu donné icelui office à Milet du Moustier, lequel les changeurs de Rouen tesmoignèrent bon et souffisant, par leurs lettres.

(Ibidem.)

———

1388 (26 SEPTEMBRE).

A Paris, par le conseil estant en la chamb des comptes, auq^l M^r le card^{al} de Laon, vous, les evesques de Paris, de Bayeux et d'Évreux, et plusieurs autres du conseil estiez. — GUINGANT.

Ord^{ce} aux gnaux, pour faire petits blancs

den^rs apelez demiz blans à l'escu, de la loy et
sur la forme des blancs qui ont cours à p̄n̄t de
10 d. t. la pièce, et de poids par moitié desdiz grands blancs, s̄v̄r̄, à 6 d. de loy arg.
le Roy et de 12 s. 6 d. de poids au m̄ de
Paris, aians coûrs pour 5 d. t. la pièce, sur
le pied de mon^e 25e, donnant aux changeurs,
du m̄ aloyé à ladite loy, 116 s. t.

(A. N. Reg. Z, 1^b, 58, fol. 48 r°. — Sorb. H.1, 9,
n° 174, fol. 164 v°. — Ord., VII, 212.)

Le samedi 26e jour de septembre 1388,
Jehan Remon le Jeune et N. Braque sont
gardes de la mon^e de Paris.

(A. N. Reg. Z, 1^b, 1.)

L'exécutoire est du 3 8bre 1388.
Exécutoire des g^aux m^tres pour l'ouvrage
des demiz blancs, desquelx demiz blancs
nous vous envoyons le patron et exemplaire,
encloz dedens ces présentes.

(A. N. Reg. Z, 1^b, 58, fol. 48 v°.)

Cet exécutoire pour Paris est remis à Jehan
Remon, garde, le 6 8bre 1388.
Mention de Jehan Chappelle, m° p^er de
Tours.
Pierre Panetier, garde de la Rochelle.

(*Ibidem.*)

1388 (26 septembre).

Le 26e jour de septembre 1388, par mandement du Roy donné à Paris, feust faict
l'ouvraige qui ensuyt :
Demys blans à l'escu, à 6 d. de loy argent
le Roy, de 1 d. 6 gr. de poix piece, au feur
de 150 pièces au marc, ayans cours pour
5 d. t. p^ce.
Marc d'argent alloyé à 6 d. de loy, 116 s.
(Figure : MON-ETA-DVP-LEX ⦂. Croix fleurdelysée. ℞. KAROLVS ⦂ FRANCORV ⦂ REX ✠.

Écu simple. [C'est la figure d'un double
tournois.])

(Ms. F. 5524, fol. 110 r° et v°. — Reg. de Lautier,
fol. 93 v°.)

1388 (26 septembre).

L'exécutoire des généraux maîtres est
adressé à Paris, Troyes, Dijon, Chalon,
Mâcon, Montpellier, Toulouse, Rouen, S^ct-
Quentin, Tournay, Tours, Angers, la Rochelle, Poitiers, Limoges et St-Pourçain.

(A. N. Reg. Z, 1^b, 1, fol. 64 r°.)

1388 (3 octobre).

A cette date, Pierre Plaisance est m^e p^er de
la mon^e de Troyes.

(*Ibidem.*)

1388 (6 octobre).

Au comptoir : R. Maillart, J. Remon, J. de
la Fournaise, B. du Gal et Miles Baillet.
Ce jour, fu ordené que les ouvriers de la
mon̄n de Paris auront pour leur ouvraige des
petiz blancs deniers à l'escu nagaires ordenez,
aians cours pour 4 den. par. pièce, de chascun marc deuvre 15 d. t., au cas qu'ils feront
l'ouvraige deument et com̄e il appartient,
et aussi tant com̄e il plaira aus généraux
maistres des monn^es.
Item les monnoiers, pour monnoier 20 solz
desdiz blans, auront 9 d. t.

(*Ibidem.*)

1388 (14 octobre).

A Paris, le 9 de notre règne, par le conseil
des loys, estant en la cham̄b des comptes. —
H. GUINGANT.
Lettres pat. au sen^al de Xaintonge, gouverneur de la Rochelle, et au baillif du grand

fié (fief) d'Angers, ou à leurs lieut*, pour
informer contre faux monoyeurs qui ont fait
grand quantité de fausse mon*, contrefaites
aux notres, qui s'exposent esd. pais (elles
sont apportées du pays de Dome.)

> (A. N. Reg. Z, 1ᵇ, 58, fol. 49 v°. — Sorb. H. 1, 9,
> n° 174, fol. 172 r°.)

1388 (20 OCTOBRE).

Ce jour, Jehan Arrode, prevost des ouvriers de la mon⁰ de Paris, du serment de
France, et Raoulet de Reims, prevost des
monoiers du serment de l'Empire, ont promis
rendre et restituer à Jehan le Mareschal,
maistre de ladicte mon⁰ d'argent, la somme
d'argent que lesdiz monoiers ont prise et
retenue, oultre leur brassaige des petiz blans
à l'escu, desquelx il a esté par eux levé de
chascune livre 15 d. t., et monte la soe de
57 s. parisis.

> (A. N. Reg. Z, 1ᵇ, 1, fol. 63 r°.)

1388 (24 OCTOBRE).

Mandement pour les genᵃᵘˣ mᵗʳᵉˢ, pour que
les demi-blancs à l'écu soient avec une seule
couronne et une seule fleur de lis, du côté
de la croix, avec défense de mettre dans le
public les demi-blancs qui auraient deux
couronnes et deux fleurs de lis. « Et s'aucuns
d'iceulx demyz blans, ès quels estoient lesdites 2 couronnes et 2 fleurs de lis, estoient
monnoiez avant la réception de ces présentes,
ne les délivrez pas, ne souffrez estre délivrez, mais les faictes refondre... »

> (A. N. Reg. Z, 1ᵇ, 58, fol. 49 v°. — Sorb. H. 1, 9,
> n° 174, fol. 164 v°. — Ord., VII, 242.)

L'exécutoire est du même jour.
Les genᵃᵘˣ mᵗʳᵉˢ envoient l'exemplaire de
la croix, dans leur lettre.

> (A. N. Reg. Z, 1ᵇ, 58, fol. 50 r°.)

Envoyé à Rouen, Sᵗ-Quentin, Montpellier,
Toulouse, la Rochelle, Limoges, Poitiers,
Angers, Tours, Sᵗ-Pourçain, Troyes, Dijon,
Chalon et Mâcon.

> (A. N. Reg. Z, 1ᵇ, 1, fol. 63 r°.)

A cette date, Pierre de Verdun est garde
de la mon⁰ de Troyes.

1388 (7 NOVEMBRE).

A Troyes, par Pierre Plaisance, demi-blancs
à l'escu, de 5 d. t., à 6 d., et de 12 s. 6 d.
(150 au marc). — 13000 pᶜᵉˢ frappées.

> (A. N. Rouleau du carton Z, 1ᵇ, 1005.)

1388 (13 NOVEMBRE ET 3 DÉCEMBRE).

Appert avoir lors en la chambre sept
gnaux.

> (Ms. Lecoq, fol. 8 v°.)

1388 (27 NOVEMBRE).

Il a esté ordené, en plain comptoer, que
les ouvriers auront, pour marc d'euvre des
petiz blans à l'escu qui ont cours pour 4 d.
parisis, 15 d. t., et les monoieurs, pour monoier 20 s. d'iceux blans, 10 d. t.

> (A. N., Reg. Z, 1ᵇ, 1, fol. 65 r°.)

Ce jour, Jeh. Saussereau le jeune fu ordené contregarde de la mon⁰ d'Angiers, en
lieu de Jehan Saussereau son père...

> (A. N. Reg. Z., 1ᵇ, 1, fol. 65 v°.)

1388 (27 NOVEMBRE).

A Paris, par le Roy, à la relacion du conseil. — CRESPY.

Lettres pat. au prevost de Laon, ou son
lieut¹, pour faire publier les ordᶜᵉˢ des monᵉˢ,

mesme à Reims et Chalons, et qu'il soit donné :

Des den. d'or fin, apelés escus à la couronne, 18 s. par³ la pièce;

Blans den. d'arg. à l'escu, 8 den. par³ la pièce;

Petits blancs, apelez demis blancs à l'escu, que nous avons darrenièrement ordés estre faits, 4 d. par³ la pièce;

Doubles t., pour 2 d. t.;

Petits parisis, petits t. et mailles t., pour 1 d. par³, 1 d. t. et 1 maille t.;

Francs d'or fin et den³ d'or fin aux fleurs de lis (que notre seigneur et père, et nous avons fait faire), pour 16 s. parisis;

Gros den. d'arg¹, pour 12 d. par³ (excepté ceux qui ont esté rongnez par certains faux marchans, dont les aucuns ont esté naguières exécutés pour icelle cause);

Les autres blancs denrs, pour 4 d. par³ pièce;

Petits parisis, petits den. t. et mailles t., pour 1 den. par³, 1 d. t. et 1 maille t.;

Et toutes autres monⁿᵉˢ, telles qu'elles, soient mises au m̄ pour billon, sur peine de corps et d'avoir.

(Suivent les prescriptions habituelles.)

(A. N., Reg. Z, 1ᵇ, 58, fol. 50 v° et 51 r°.—Sorb. H. 1, 9, n° 174, fol. 172 r° et v°. — Ord., VII, 213 et 214.)

1388 (18 décembre).

Ce jour, fu mandé aux gardes des monnᵉˢ de Rouen, Tournay, Sᶜᵗ-Quentin, Troyes, Dijon, Mascon, Sᶜᵗ-Pourcein, Tours, Angiers, Poictiers, Limoges et la Rochelle, qu'il feissent paier aux ouvriers pour leur brassaige, de chascun marc deniers des demi blans, 15 d. t., et aux monnoiers, pour 20 s. de ½ blans, 10 d. t.; et qu'il clouissent les boistes des darrenières monnoies lesquelles ils auroient dedens le 15ᵉ jour de janvier au plus tart,

excepté ès monⁿ de Troyes, de Dijon et de Poictiers.

(A. N. Reg. Z, 1ᵇ, 1, fol. 66 v°.)

1388 (18 janvier).

Ce jour, Jehan le Munier, garde de la monⁿᵉ de Tournay, raporta en plain comptoer que depuis ung an les prevoz et jurez de la ville de Tournay ont fait crier et publier en ladite ville, à 3 mois d'espasse l'un de l'autre, sans mandement du Roy, que nul ne prinsse ne meste les grans blans à l'escu, que pour 10 d. t. la pièce, et les petiz blanz au K que pour 5 d. t., lesquelx grans blans estoient lors prins et mis pour 11 d. t., et les petiz pour 5 d. ob. t., pour ce que les doubles gros avoient cours pour 12 d. t., et les petiz gros (pour 6 d. t.?), lesquelz gros ne valoient pas lesdiz blans.

(A. N. Reg. Z, 1ᵇ, 1, fol. 68 r.)

1388 (20 janvier).

Ce jour, par vertu des lettres du Roy, dont nous avons vidimus, fu donné l'office de garde de la monⁿᵉ de la Rochelle à Guillaume Greef, vacant par la mort de Jehan le Saintier...

(A. N. Reg. Z, 1ᵇ, 1, fol. 68 v°.)

1388 (19 février).

Au comptoer : Raoul Maillart, Jehan de la Fournaise, Jehan Remon et Benedic du Gal.

Ce jour, fu demandé à Estienne la Plote, garde de la monnoie de Dijon, pour quelle cause ne comment povoit estre que Berlaut de Landes, général maistre des monnoies, avoit trouvé la pile de 8 marcs estant en lad. monnᵉ, en visitant icelle, forte 6 esterlins; dist que le mᵉ particulier a acoustumé faire plusieurs missions qui ne lui sont pas comptées, et pour ce que les marchans ne s'en sont pas doluz, ladite pile est demorée en tel estat, jusques à cette darr^{re} visitacion faicte par ledit Bertaut ; et pour ladite cause il le fist amender à Droin Bernier, lors maistre particulier, si come plus a plain est contenu ès exploiz faiz du voyaige dudit Bertaut, en 8bre 1388.

(A. N. Reg. Z, 1^b, 1, fol. 69 r°.)

1388 (19 FÉVRIER).

Ce jour, fu marchandé avec Olivier Pignée, lequel promist de faire mectre et livrer en son nom, en la monn̄ de Tours, jusques à 200 marcs d'argent, pour convertir, la moitié en blans de 10 d. t. pièce, et l'autre moitié en tournois et mailles tourn^s, dedens la saint Jeh. Bapt° prochain venant...

(Ibidem.)

1388 (19 FÉVRIER).

Ce jour, fu baillé commission à... de faire l'ouvraige de la mon^e de Chalon, en la main du Roy, et fu ordené Jehan d'Espernon à faire l'office de garde.

(A. N. Reg. Z, 1^b, 1, fol. 69 v°.)

1388 (23 FÉVRIER).

Ce jour, fu ordené et mandé aux gardes de Limoges, de faire ouvrer en la monn^e jusques à 200 marcs d'argent, moitié à blanc et moitié à noir.

(Ibidem.)

1388 (26 FÉVRIER).

Au comptoer : R. Maillart, J. de la Fournaise, B. de Landes et M. Baillet.

Ce jour, fu donné congié de faire ouvrer à la Rochelle jusques à 200 marcs d'argent,... pour blancs, petiz tournois et mailles.

(Ibidem.)

1388 (1er MARS).

Ce jour, fu mandé aux gardes de la mon^e de Dijon, qu'ils envoient seurement la boiste faicte en ladite mon^e par Droin Bernier, sanz ce que li couste rien, considéré que en icelle n'a que 3 ou 4 deniers d'or.

(A. N. Reg. Z, 1^b, 1, fol. 70 r°.)

1388 (1er MARS).

Charles VI, par son ordonnance du 1er mars 1388, augmente le nombre des off^{ers} de ladite chambre des monoyes à huit conseillers, sç^r, six pour le Languedouys (sic), deux pour le Languedoc, nommez Phes Giffart et Gilles Villet, lesquels sont compris dans la liste des cons^{rs} de ladite chambre ; et par l'ord^{ce} rendue par ledit Phes Giffart, en la ville de Tule (Toulouse), le 5 décembre 1388, il résulte qu'il estoit comm^{re} en toute la Languedoc et duché de Guyenne.

(Sorb. H. 1, 12, n° 171, fol. 45 v°. — Ord., VII, 236 à 238.)

1388 (1er MARS).

Voulons et ordenons que pour notredit royaume, en Languedoil, ait seulement 6 généraux maistres de nos monnoyes, et deux en la Languedoc, c'est assavoir, pour la Languedoil :

Raoul Maillart, Jean de la Fournaie (sic), Jean Remond, Bertaut de Landes, Achille (Millet?) Baillet, Benedict du Gal.

Et pour la Languedoc :

Philippe Giffart et Gilles Villet.

(Sorb. H. 1, 9, n° 174, fol. 172 bis r°.—Ord., VII, 242.)

1388 (11 MARS).

A Paris.

Mandement pour faire ouvrer des espèces d'or dans la monnaie de Crémieu.

Michel de Saint-Michel, demeurant à Lausanne, avait offert au Roi de livrer, en la monnaie de Crémieu, 400 marcs d'or fin provenant du Piémont ou d'autres contrées étrangères. Le Roi consent, sur sa demande, à lui donner de chaque marc 67 lb. t., soit 10 s. de crue sur le prix courant de cette valeur, et signifie aux auditeurs des comptes et receveur général de son Dauphiné, que cet achat serve à faire ouvrer à Crémieu des deniers d'or fin, appelés écus à la couronne, pareils de forme et de coin à ceux qui ont cours pour 22 s. 6 d. la pièce.

(A. N. Reg. Z, 1ᵇ, 58, fol. 51 rº. — Sorb. H. 1, 9, nº 174, fol. 172 vº. — *Ord.*, VII, 249. — H. Morin, p. 188 et 189.)

———

1388 (6 AVRIL).

J. de la Fournaise, Jehan Remon, Mile Baillet et Gile Vilet.

Raoul de Saint-Germain et Gautier Petit sont gardes de la monⁿ de Sᵗ-Quentin.

Ce jour, fu escript aux gardes et maistres de Tours, Angiers, Poictiers, Limoges et la Rochelle, sur le fait des gardes, et la clause des ordenances, et aussi les noms des 8 généraulx maistres ordenés, tant par deçà, comme en Languedoc, c'est assavoir : R. Maillart, J. de la Fournaise, J. Remon, Bertaut de Landes, Bénédic du Gal, Mile Baillet, Phᵉ Giffart et Gile Vilet...

Le 10 juin furent baillées les samblables lettres adreçans aux gardes de la Rochelle, Limoges et Poictiers, à Jossau des Molins tenᵗ le cᵖᵗᵉ de la monⁿ de la Rochelle pour Jehan Bonenffant.

DOCUMENTS MONÉTAIRES. — II.

Les samblables lettres adreçans à Tours et à Angiers furent baillées à Antoine de Buxron, garde de Poitiers.

Les samblables lettres adreçans aus gardes de Tournay et de Sᵗ-Quentin furent baillées à Aubert de Hamelet, le 11 avril 1389.

Les samblables lettres furent envoyées à Troyes et à Mascon, baillées à Jehan Hazart, lendemain de Pasques 1389.

(A. N. Reg. Z, 1ᵇ,1, fol. 70 rº.)

———

1389.

Au compte de Crémieu et Romans, en la despense de l'ouvraige blan desdites monᵉˢ 1389 jusques à 1408, appert avoir ung tailleur pour les trois monnoies du Daulphiné, à 75 l. t. de gaiges par an f.

(Ms. Lecoq, fol. 27 vº.)

———

1389-1408.

Item par lesdits comptes appert une personne fᵗᵉ l'office de tailleur des trois monnoies du Daulphiné à 75 l. t. de gaiges par an.

(Ms. Lecoq, fol. 18 vº.)

———

1389-1408.

Au compte de l'ouvrage blanc de Cremyeu de l'an 1389 jusques en l'an 1408, appert en la despense dudit compte Michel de Carnevalet avoir faire (*sic*) l'office de garde et essayeur de ladite monnoye, aux gaiges de six vingtz cinq livres t., et fut depuis essayeur général.

(Ms. Lecoq, fol. 18 vº.)

———

1389 (OU PEU APRÈS).

Berthault Delandes, receveur de l'émolument.

(Ms. Lecoq, fol. 15 rº.)

1389 (22 mai).

Symon de Caours est ordonné lieutenant de Bernart Braque, contregarde de la monⁿᵉ de Paris, pendant l'absence de celui-ci.

(A. N. Reg. Z, 1ᵇ, 1, fol. 73, r°.)

1389 (24 mai).

Ordené et délibéré que Jehan Chamerot, tailleur de la monnᵉ de Rouen, sera payé de Jehan Ysbarre, naguères mᵗʳᵉ de ladite monᵉ, à cause de sa taille de 200 escus, ung escu d'or.

(*Ibidem.*)

1389 (26 mai).

A cette date, Henri le Carlier est mᵉ pᵉʳ à Tournai.

(*Ibidem.*)

1389 (14 juin).

Jehan du Boisson, procureur de Raymon de Litres, naguères maistre particulier de la monnᵉ de Villefranche.

(A. N. Reg. Z, 1ᵇ, 1, fol. 73 v°.)

1389 (16 juin).

A cette date, Jehan Chorant est garde de la monᵉ d'Angers.

(A. N. Reg. Z, 1ᵇ, 1, fol. 74 r°.)

1389 (18 juin).

Pierre Valée, garde de la monᵉ de Troyes, est autorisé à se faire suppléer comme lieutenant, pendant six semaines, par Jehan Muteau, qui prête serment.

(*Ibidem.*)

1389 (28 juin).

Jehan Moreau, garde de la monᵉ de Sᵗ-Pourçain, est mis à l'amende, pour s'être absenté sans avoir fait admettre un lieutenant.

(A. N. Reg. Z, 1ᵇ, 1, fol. 74 v°.)

1389 (du 3 juillet au 8 février).

A Cremieu, par Philippe Baroncel, escus à la couronne, de 61 ⅓ au marc. Mis en boîte 127 pièces. — 63500 pᶜᵉˢ frappées.

(A. N. Reg. Z, 1386; carton Z, 1ᵇ, 860-865.)

1389 (4 juillet).

Blancs à l'escu, à 5 d. 12 g. f., 74 ¼ au marc, valant 12 d.

(Leblanc, *Tables.*)

1389 (du 14 juillet au 10 décembre).

A Cremieu, par Philippe Barronchel (*sic*), blancs à l'escu, de 10 d. t., à 5 d. 12 gr. de loi, et de 6 s. 2 d. et ¼ au marc de Paris. Mis en boîte 5 s. 7 d. (67 pièces). — 67000 pᶜᵉˢ frappées.

(A. N. Reg. Z, 1386; carton Z, 1ᵇ, 860-865.)

1389 (16 juillet).

Le 16ᵉ jour de juillet 1389, furent touchez plusieurs pièces de vaisselle d'or, aux armes de la Royne, aportée par Simon de Dampmartin, c'est assavoir : 12 hanaps d'or et 2 grans poz d'or, lesquelx furent trouvez et jugez à 20 caratz 3 quarts de loy. Ce fut fait par sire Raoul Maillart, Jehan de la Fournaise, Jehan Remon et P͞h͞e Giffart, apellez à ce ledit Simon de Dampmartin, Jehan le Mareschal et Jehan de la Chapelle.

(A. N. Reg. Z, 1ᵇ, 1, fol. 75 v°.)

1389 (20 juillet).

Ce jour, Jehan Chameret (*sic*), tailleur de la monn° de Rouen, fu ordené lieutenant pour N. Maillart, garde de ladite monn°, lequel fist le serment accoustumé.

(A. N. Reg. Z, 1ᵇ, 1, fol. 76 r°.)

———

1389 (20 juillet).

Ce jour de relevée, par J. de la Fournaise, Benedic du Gal et Bertaut de Landes, fu délibéré et ordené que Thevenin Laplote, lequel avoit fait l'ouvraige de la monn° de Dijon et Chalon, en la main du Roy, sans pris, du comandement des généraux maistres, aura et lui sera compté, de chascun marc d'or, 10 s. t. avec ses gaiges de garde qui lui seront comptez ; et quant à ses voyages qu'il demande, les dessusdiz se sont chargez d'en ordener au retour dudit Estienne, si comme il appartiendra.

(*Ibidem.*)

———

1389 (4 septembre).

Ce jour, fu mandé aus gardes d'Angiers qu'il feissent reffondre, en leur présence, une délivrance de 62 lb. 10 s. de blans, pour ce que cette délivrance estoit trouvée, à l'essai, hors du remède...

(A. N. Reg. Z, 1ᵇ, 1, fol. 76 v°.)

———

1389 (4 septembre).

Ce jour, N. Stamon fu ordené garde de la mon° de St-Quentin, en lieu de Gaucher Petit, et fist le serment accoustumé.

(A. N. Reg. Z, 1ᵇ, 1, fol. 77 r°.)

———

1389 (7 septembre).

Mandement au prévôt et procureur de la ville de la Rochelle, portant qu'il sera pourvu aux réparations de l'hôtel des monnaies de la Rochelle, appartenant aux religieux de St-Jean, dehors les murs de ladicte ville, et loué 60 ꝑ t. par an.

(A. N. Reg. Z, 1ᵇ, 58, fol. 53 r°.—*Ord.*, VII, 293.)

———

1389 (7 septembre).

Signée par le Roy, à la relaõn du conseil. — MAULOUE.

Pierre Panetières et Guillᵉ Grel, gardes de la mon° de la Rochelle. Commᵒⁿ à eux adressant, pour conoistre du fait des monˢˢ, fabricateurs, billonneurs...

(A. N. Reg. Z, 1ᵇ, 58, fol. 52 v°.—Sorb. H. 1, 9, n° 174, fol. 164 v°. — *Ord.*, VII, 292.)

Même commission à Jehan de Condé et à Devot de Bar, de Chaalon, en date du 4 juin 1390.

(*Ord.*, VII, 293.)

———

1389 (11 septembre).

A Meleun, par le Roy, vous, les Evesques de Langres, de Noyon, le vicomte de Meleun, le sire de Noviant et autres du conseil, presens. — Yvo.

Ordᶜˢ aux gnaux, pour faire, ez monˢˢ du Royᵐᵉ et du Dalphiné, blancs deniers à l'escu, tels et semblables de forme et façon comme ceux que l'on fait à pnt, qui ont cours pour 10 d. t. la pièce, qui seront à 5 d. 12 gr. de loy argᵗ le Roy, de 6 s. 2 d. et le quart d'un den. de poids au m̄ de Paris ; petits blancs à l'escu, apelez demyz blancs, ayans cours pour 5 den. t. la pièce, de semblable loy, et de 12 s. 4 d. et demy denier de pois audit m̄ ; doubles denᵉʳˢ t. à 2 d. 12 gr. de loy, et de 14 sols et les trois quarts d'un den. de pois au m̄ ; petits denᵉʳˢ parˢ à 1 d. 16 gr.

de loy [1], et de 18 s. 9 d. de poids audit
m̄ de Paris ; donnant du m̄ aloyé à 5 d.
12 gr., 118 s. t., et du m. aloyé esdites loys
de tout le noir, 114 s. t. ; en mettant en
icelles monnoyes blanches et noires tele difference comme bon vous semblera.

(A. N. Reg. Z, 1ᵇ, 58, fol. 56, rᵒ. — Sorb. H. 1, 9,
nᵒ 174, fol. 164 vᵒ et 165 rᵒ. — Ord., VII, 296
et 297. — H. Morin, p. 189.)

———

1389 (11 SEPTEMBRE).

A Melun.

Lettres du Roy au gouverneur du Dauphiné,
pour fixer la valeur des espèces qui doivent
seules avoir cours :

Francs et fleurs de lis d'or, 20 s. t. ;
Écus à la couronne, 22 s. 6 d. ;
Blancs deniers à l'écu, 10 d. ;
Demi-blancs à l'écu, 5 d. ;
Doubles tournois, 2 d. :
Petits parisis, 1 d. pⁱ. ;
Petits tournois, 1 d. t. ;
Petites mailles, 1 m. ;
Prohibition des vieux blancs émis pour
5 d. t.

(A. N. Reg. Z, 1ᵇ, 58, fol. 57 vᵒ et 58 rᵒ. — Ord.,
VII, 298. — H. Morin, p. 189.)

———

1389 (11 SEPTEMBRE).

M. H. Morin s'exprime ainsi :

C'est une chose bien remarquable de voir
les trois ateliers delphinaux à la tête de la
liste (des points secrets), et cette prééminence
a souvent fait penser que le nouvel usage
avait pris naissance dans notre province. Je
suis, pour ma part, très-disposé à soutenir

cette conjecture, qu'on peut appuyer sur
quelques monnaies de Charles V.

(H. Morin, p. 200 et 202.)

Il cite une cadière offrant un point sous
le D de DALPHS., et une autre où ce point pa-
raît sous la troisième lettre des légendes.

Il n'hésite pas à leur attribuer déjà toute
la valeur que ces points auront sous le règne
de Charles VI.

Il ajoute qu'en marge du document tiré
du registre entre deux ais, une plume mo-
derne a tracé la date du 11 septembre 1389,
qui est précisément celle de l'ordonnance
qui commandait la fabrication de la monnaie 27ᵉ, tant pour le royaume que pour le
Dauphiné.

———

1389 (11 SEPTEMBRE).

Les grans gros deniers sont à 5 d. ob. de
loy argent le Roy. Les petis gros deniers
aussy.

Les tournois et parisis à 2 d. [2] 16 gr. de
loy, et les doubles à 2 d. 12 gr. argent le
Roy, et les melles (mailles) à 1 d. 6 gr. argᵗ
le Roy.

Item. Mémoire que les gros deniers qui ont
cours pour 10 d. t. la pièce, sont à 5 d. 12 gr.
de loy argent le Roy, et de 6 s. 2 d. ¼ de
denier comme dessus est dit.

[Cela fait 74 ¼ au marc ; et à ce titre, nous
retrouvons le blanc à l'écu de Charles VI du
31 8ᵇʳᵉ 1386 (Leblanc, Tables)].

Item les petis blans sont à 5 d. 12 gr. de
loy argᵗ le Roy, et de 12 s. 4 d. (et ½) de
poids au marc comme dessus.

[C'est bien le demi-blanc correspondant
au blanc précédent.]

———

[1] Il a été omis : « et de 15 s. de poids ; petits deniers tournois à 1 d. 16 gr. de loy. » — [2] Lisez : « 1 d. »

Item les doubles sont à 2 d. 12 gr. de loy arg[t] le Roy, et de 14 s. $\frac{3}{4}$ de denier de pois.

Item les parisis sont à 1 d. 16 gr. arg[t] le Roy.

Item les tournois sont à 1 d. 16 gr. arg[t] le Roy.

Item les mailles sont à 1 d. 16 gr. arg[t] le Roy, et de 28 s. 1 d. de pois.

(Ms. Fr. 5920. Rédigé vers 1424, sûrement après le 11 septembre 1423.)

1389 (11 septembre).

Ung patron de gros denier blanc, de 6 s. 2 d. $\frac{1}{4}$, doibt peser 2 d. 14 gr. et $\frac{1}{8}$ de grain.

Item un patron des petis gros deniers blans, de 12 s. 4 d. et $\frac{1}{2}$ de taille, doibt peser 1 d. 2 gr. $^1\frac{1}{16}$ de grains.

Item ung patron des doubles qui sont de 14 s. 3 quars de denier, doibt peser 1 d. 3 gr. $\frac{1}{4}$ et $\frac{1}{16}$ de grain.

Item ung patron de parisis qui sont de 15 s. de taille, doibt peser 1 d. 1 gr. et $\frac{1}{8}$ de grain.

Item ung patron de tournois qui sont de 18 s. 9 deniers de taille, doibt peser 20 gr.

Item 1 patron de (suppléez : mailles) qui sont de 28 s. 1 d., doibt peser 13 gr. $\frac{1}{8}$ et $\frac{1}{16}$ de grain.

Mémoire que ces patrons ne se reviennent pas justement, maiz ilz sont faiz au plus près que on les peult faire et peser.

(Ms. Fr. 5920.)

1389 (11 septembre).

Item une garde de monnoye doibt faire ses pois, pour bailler à monnoyer les deniers d'argent, tant blanc comme noir.

Ung pois de deniers de 6 s. 2 d. $\frac{1}{4}$ de 6 livres de gros, doibt peser : 19[m] 3[o] 1e ob.

Item 1 pois de 5 l. de gros de deniers dessusdis, doit peser 16[m] 1[o] 6e 3 fellins.

Item 1 pois de 4 l. de gros des deniers dessusdiz, doit peser 12[m] 7[o] 9[e] 1 fellin.

Item ung pois de 3 livres de gros, doibt peser 9[m] 5[o] 10[e] 3 fellins.

Item 1 poids de 10 l. de doubles de 14 s. 3 quars de denier au marc, doibt peser 14[m] 1[o] 15[e] ob.

Item 1 pois de 10 l. de parisis de 15 s. de pois, doit peser 13[m] 2[o] 13 fellins et $\frac{1}{2}$.

Item ung pois de 10 l. tournois noirs de 18 s. 9 d. de taille, doibt peser 10[m] 5[o] 6e 3 fellins et un tiers de fellin.

Item 1 pois de 10 l. de mailles de 18 s. 1 d., doibt peser 7[m] 17e ob.

Mémoire que ces pois sont faiz au plus prez que ilz se peuvent peser, et doibt bien garder le garde les pois dessusdis, enfermez en coffre, qu'ilz ne soient changiez ne enfaciez.

(Ibidem.)

1389 (11 septembre).

Le 11e septembre 1389, fut faict ce qui ensuyt :

Blancs deniers à l'escu, à 5 d. 12 grains de loy argent le Roy, de 2 d. 13 et 14 grains de poix, au feur de 74 pieces et 1 quart de poix au marc, ayans cours pour 10 d. t. p[ce].

(Figure : KAROLVS ⁜ FRANCORVM ⁜ REX +. Écu simple. R. + SIT ⁜ ... Croix pattée.

Doubles deniers à 2 d. 12 grains de loy argent le Roy, et 1 d. 2 grains de poix, au

---

[1] Lisez : « 7 g. »

feur de 8ˣˣ 8 pièces et 3 quarts au marc, ayans cours (pour) 2 d. t. pᶜᵉ.

(Figure : ✚ KAROLVS ⋮ FRANCORV ⋮ REX. 3 lis, 2 et 1. ℞. MON-ETA-DVP-LEX. ✚.)

. Marc d'argent à ladite loy et au dessoubz, 114 s. t.

(Ms. Fr. 5524, fol. 110 vº. — Reg. de Lautier, fol. 93 vº et 94 rº.)

1389 (11 SEPTEMBRE).

Ce sont les differences ordonnées estre mises pour les monnoies d'or et d'argent, tant du Royaume co̅m̅e du Dalphiné, faictes sur le pié de monnoie 27ᵉ, et furent envoiez es dictes mon̅n̅ les fers où estoient lesdictes differences et mandé aux gardes qu'ilz les feissent faire semblables doresnavant.

Cremieu.

Premièrement, à C̆remieu en Dalphiné, est mis devers la croix du denier d'or, soubz le premier X un point, et devers la pille, dessoubz K, qui est première lettre, un point.

Item, es blancs de x d. t. est mis soubz la 1ʳᵉ lettre du denier, devers la croix, qui est S, un point, et devers la pile, dessoubz K, qui est première lettre, un point.

Item, es petiz blans à l'escu, de 5 d. t. pièce, est une semblable differance co̅m̅e es grans blancs : c'est assavoir soubz la 1ʳᵉ lettre du denier, devers la croix, qui est S, un point, et devers la pile, dessoubz K, qui est première lettre, un point.

Et tant desdiz grans blans, comme des petiz doubles tournois, petiz tournois et parisis dessoubs declarez, tous les O des deniers, devers la pile et croix, sont rons.

. Item, es doubles tourn̅ est mis soubs la 1ʳᵉ lettre qui est M, devers la croix, un point, et devers la ·pile, soubz la 1ʳᵉ lettre, qui est K, un point.

Item, es petiz tourn. devers la croix, soubz la 1ʳᵉ lettre, qui est T, est mis 1 point, et devers la pile, soubz la 1ʳᵉ lettre qui est K, ung point.

(Reg. entre 2 ais, fol. 161 vº.)

Romans.

Dessoubz P, qui est la 2ᵉ lettre du denier d'or qui sera fait à Romans, est mis un point, et devers la pile, soubz la seconde l̅r̅e, qui est A, un point.

Item, es blans de x d. t. pièce, soubz la seconde lettre du denier, devers la croix, qui est S, est mis un point, et devers la pile, soubz la 2ᵉ lettre, qui est A, un point.

Item, es petiz blans, soubz la 2ᵉ lettre du denier, devers la croix, qui est S, est mis un point, et devers la pile, soubz la deuxième lettre, qui est A, un point.

Item, es doubles tour̅n̅, soubz la 2ᵉ lettre du denier, devers la croix, qui est O, un point, et devers la pile, soubz la 2ᵉ, qui est A, un point.

Item, es petiz tour̅n̅, soubz la 2ᵉ lettre du denier, devers la croix, qui est V, un point, et devers la pile, soubz la 2ᵉ lettre, qui est A, un point.

(*Ibidem.*)

Mirabel.

Es deniers d'or faiz à Mirabel sera mis, soubz la 3ᵉ l̅r̅e du denier d'or, devers la croix, qui est C, un point, et devers la pile, soubz la 3ᵉ lectre, qui est R, un point.

Es blans de 10 d. t. piece, soubz la 3ᵉ l̅r̅e du denier, devers la croix, qui est T, un point et devers la pile, soubz la 3ᵉ, qui est R, un point.

Es petiz blancs de 5 d. t. pièce, sous la 3ᵉ l̅r̅e devers la croix, qui est T, un point, et devers la pile, soubz la 3ᵉ l̅r̅e, qui est R, un point.

Es doubles t., soubz la 3ᵉ lettre devers la croix, qui est N, est mis un point, et devers la pile, soubz la 3ᵉ l̅r̅e, qui est R, un point.

Es tournois, soubz la 3ᵉ lre devers la croix, qui est R, un point, et devers la pile du denier, soubz la 3ᵉ lre, qui est R, un point.

(Reg. entre 2 ais, fol. 162 rᵒ.)

Montpellier.

Es deniers d'or faiz à Montpellier est mis, soubz la iiijᵉ lre du denier d'or, devers la croix, qui est V, un point, et devers la pile, soubz la 4ᵉ lre, qui est O, un point.

Es grans blans de x deniers tour, soubs la 4ᵉ lre devers la croix, qui est N, un point, et devers la pile, soubz la 4ᵉ, qui est O, un point.

Es petiz blans de 5 d. t., soubs la 4ᵉ lre devers la croix, qui est N, un point, et devers la pille, soubz la 4ᵉ lre, qui est O, un point.

Es doubles t., soubz la 4ᵉ lre devers la croix, qui est E, un point, et devers la pile, soubz la 4ᵉ, qui est O, un point.

Es petiz t., soubz la 4ᵉ lre devers la croix, qui est O, un point, et devers la pile, soubz la 4ᵉ, qui est O, un point.

(Ibidem.)

Tholouze.

Es deniers d'or faiz à Tholouze est mis, soubz la 5ᵉ lre du denier devers la croix, qui est le premier I, un point, et soubz la 5ᵉ lre devers la pile, qui est L, un point.

Es grans blans de 10 d. t., soubz la 5ᵉ lre devers la croix, qui est O, un point, et devers la pile, soubz la 5ᵉ lre, qui est L, un point.

Es petiz blans de 5 d. t., soubz la 5ᵉ lre devers la croix, qui est O, un point, et devers la pile, soubz la 5ᵉ lre, qui est L, un point.

Es doubles t., soubz la 5ᵉ lre devers la croix, qui est T, un point, et devers la pile, soubz la 5ᵉ lre, qui est L, un point.

Es petiz t., soubz la 5ᵉ lre devers la croix, qui est N, un point, et devers la pile, soubz la 5ᵉ lre, qui est L, un point.

Et est assavoir que les O desdis deniers blancs et noirs sont tous rons, tant devers la croix come devers la pile.

(Reg. entre 2 ais, fol. 162 vᵒ.)

Tours.

Es deniers d'or faiz à Tours est mis, soubz la 6ᵉ lre du denier devers la croix, qui est N, un point, et soubz la 6ᵉ lre devers la pile, qui est V, un point.

Es grans blans de 10 d. t., soubz la 6ᵉ lre devers la croix, qui est M, un point, et devers la pile, soubz la 6ᵉ lre, qui est V, un point.

Es petiz blans de 5 d. t., soubz la 6ᵉ lre devers la croix, qui est M, un point, et devers la pile, soubz la 6ᵉ lre qui est V, un point.

(Ibidem.)

Angiers.

Es deniers d'or faiz à Angiers est mis, soubz la 7ᵉ lre devers la croix, qui est un C, un point, et devers la pile, soubz la 7ᵉ, qui est S, un point.

Es grans blans de 10 d. t. est mis, soubz la 7ᵉ lre devers la croix, qui est E, un point, et devers la pile, soubz la 7ᵉ lre, qui est S, un point.

Es petiz blans est mis soubz la 7ᵉ lre devers la croix, qui est E, un point, et devers la pile, soubz la 7ᵉ lettre qui est S, un point.

(Reg. entre 2 ais, fol. 163 rᵒ.)

Poictiers.

Es deniers d'or faiz à Poictiers, soubz la 8ᵉ lre devers la croix, qui est le 2ᵉ I, un point, et devers la pile, soubz la 8ᵉ lre, qui est D, un point.

Es grans blans de 10 d. t. est mis, soubz la 8ᵉ lre devers la croix, qui est D, un point, et devers la pile, soubz la 8ᵉ lre, qui est F, un point.

Es petiz blans, soubz la 8ᵉ l̄r̄e devers la croix, qui est D, un point, et devers la pile, soubz la 8ᵉ l̄r̄e, qui est F, un point.

(Reg. entre 2 ais, fol. 163 r°.)

La Rochelle.

Es deniers d'or faiz à la Rochelle est mis, soubz la 9ᵉ l̄r̄e devers la croix, qui est T, un point, et devers la pile, soubz la 9ᵉ l̄r̄e, qui est E, un point.

Es grans blans est mis, soubz la 9ᵉ l̄r̄e devers la croix, qui est la seconde N, un point, et devers la pile, soubz la 9ᵉ l̄r̄e, qui est la 2ᵉ R, un point.

Es petiz blans est mis, soubz la 9ᵉ l̄r̄e devers la croix, qui est la 2ᵉ N, un point, et devers la pile, soubz la 9ᵉ l̄r̄e, qui est la 2ᵉ R, un point.

(Reg. entre 2 ais, fol. 163 v°.)

Limoges.

Es deniers d'or faiz à Limoges est mis, soubz la 10ᵉ l̄r̄e devers la croix, qui est le 2ᵉ X, un point, et devers la pile, soubz la 10ᵉ lettre qui est I, un point.

Es grans blans est mis, soubz la 10ᵉ l̄r̄e devers la croix, qui est le 2ᵉ I, un point, et devers la pile, soubz la 10ᵉ l̄r̄e, qui est 2ᵉ A, un point.

Es petiz blans est mis, soubz la 10ᵉ l̄r̄e devers la croix, qui est 2ᵉ I, un point, et devers la pile, soubz la 10ᵉ l̄r̄e, qui est 2ᵉ A, un point.

(Ibidem.)

Sainct-Poursain.

Es deniers d'or faiz à Sainct-Poursain est mis, soubz la 11ᵉ l̄r̄e, devers la croix, qui est le 2ᵉ P, un point, et devers la pile, soubz la 11ᵉ l̄r̄e, qui est G, un point.

Es grans blans est mis, soubz la 11ᵉ l̄r̄e devers la croix, qui est B, un point, et devers la pile, soubz la 11ᵉ l̄r̄e, qui est N, un point.

Es petiz blans est mis, soubz la 11ᵉ l̄r̄e devers la croix, qui est V, un point, et devers la pile, soubz la 11ᵉ l̄r̄e qui est N, un point.

(Reg. entre 2 ais, fol. 164 r°.)

Mascon.

Es deniers d'or faiz à Mascon est mis un point soubz la 12ᵉ l̄r̄e devers la croix, qui est C, et devers la pile, soubz la 12ᵉ l̄r̄e, qui est R, un point.

Es grans blans et petiz blans, devers la croix, soubz la 12ᵉ l̄r̄e qui est E, est mis un point, et devers la pile, soubz la 12ᵉ l̄r̄e, qui est C, un point.

(Ibidem.)

Dijon.

Es deniers d'or faiz à Dijon est mis un point devers la croix, soubz la 13ᵉ l̄r̄e, qui est R, et devers la pile, soubz la 13ᵉ l̄r̄e, qui est A, un point.

Es grans blans et petiz, devers la croix, soubz la 13ᵉ l̄r̄e, qui est N, est mis un point, et devers la pile, soubz la 13ᵉ l̄r̄e, qui est O, un point.

(Ibidem.)

Troyes.

Es deniers d'or faiz à Troyes est mis un point, devers la croix, soubz la 14ᵉ l̄r̄e, qui est E, et devers la pile, soubz la 14ᵉ l̄r̄e, qui est C, un point.

Es grans blans et petiz est mis un point, devers la croix, soubz la 14ᵉ l̄r̄e, qui est E, et devers la pile, soubz la 14ᵉ l̄r̄e, qui est R, un point.

(Ibidem.)

Rouen.

Es deniers d'or faiz à Rouen est mis un point, devers la croix, soubz la 15ᵉ l̄r̄e, qui est G, et devers la pile, soubz la 15ᵉ l̄r̄e, qui est I, un point.

Es grans blans et petiz est mis un point devers la croix, soubz la 15ᵉ lettre, qui est D, et devers la pile, soubz la 15ᵉ lettre, qui est V, un point.

(Reg. entre 2 ais, fol. 464 rᵒ.)

Tournay.

Es deniers d'or faiz à Tournay est mis un point devers la croix, soubz la 16ᵉ l̄r̄e, qui est N, et devers la pile, sous la 16ᵉ l̄r̄e, qui est A, un point.

Es grans blans et petiz est mis un point soubz la 16ᵉ l̄r̄e, devers la croix, qui est I, et devers la pile, soubz la 16ᵉ lettre, qui est R, un point.

(Ibidem.)

Sainct-Quentin.

Es deniers d'or faiz à Sainct-Quentin est mis un point devers la croix soubz la 17ᵉ lettre, qui est A, et devers la pile, soubz la 17ᵉ lettre, qui est F, un point.

Es grans blans et petiz est mis un point soubz la 17ᵉ lettre, devers la croix, qui est C, et devers la pile, soubz la 17ᵉ lettre, qui est E, un point.

Et est assavoir que pour diférance de la loy, tant des grans blans et petitz comme des doubles et tournois, tous les O desdiz deniers, devers la croix et pile, sont tous rons.

(Reg. entre 2 ais, fol. 464 vᵒ.)

Paris.

Es deniers d'or faiz en la monnᵉ de Paris est mis pour diférance devers la croix, soubz la 18ᵉ lettre, qui est T, un point, et devers la pile, soubz la 18ᵉ lettre, qui est R, un point.

(Ibidem.)

Sainct-Lô.

Es deniers d'or faiz à Sᵗ-Lô est mis un point devers la croix, soubz la 19ᵉ lettre, qui est le 3ᵉ X, soubz X̄p̄s̄, et devers la pile,

sous la 19ᵉ lettre, qui est A, un point, soubz Francorum.

Es grans blans et petis blans est mis un point devers la croix, soubz la 18ᵉ lettre, qui est T. C'est Benedictum.

Et devers la pile, soubz la 18ᵉ lettre, qui est X, un point. C'est Rex.

(Ibidem.)

Noᴛᴀ. Ce mélange des 19ᵉ et 18ᵉ lettres me semble inexplicable. Il doit y avoir là une faute de copie, d'autant mieux qu'à l'article Paris le grand et le petit blanc ont été omis; on aura transporté à l'article Saint-Lô ce qui regardait l'atelier de Paris.

Saint-Andry.

Es deniers d'or qui seront faiz à Saint-Andry, près d'Avignon, sera mis un point devers la croix, soubz la XXᵉ lettre, qui est le 3ᵉ P. C'est X̄p̄s̄.

Et devers la pile, soubz la 20ᵉ lettre, qui est V, un point, qui est Francorum.

Es grans blans et petiz sera mis un point devers la croix, soubz la 19ᵉ lettre, qui est V; c'est Benedictum. Et devers la pile, entre X, qui est la darrenière lettre, et la croix, un point.

(Reg. entre 2 ais, fol. 165 rᵒ.)

Saincte-Manehost.

Es deniers d'or qui seront faiz à Saincte-Manehost sera fait pour diférance, c'est assavoir que les O, tant devers la croix comme devers la pile, qui sont lons, seront tous rons.

Es grans blans et petiz et au noir, au bout de chacun mot, tant devers croix comᵉ devers pile, où il y a ij points rons, seront mises deux petites croisettes.

Mémoire qu'ausdiz petiz blans, pour ce que il n'y avoit que un point, il n'y aura que une croisette.

(Reg. entre 2 ais, fol. 165 vᵒ.)

1389 (11 septembre).

A Meleun.

Ord^{ce} au Prevost de Paris pour le cours des mon^{es}, svr : francs d'or et fleurs de lys d'or que nos très chers seign^{rs} ayeul et père, que Dieu absoille, firent faire et que nous avons aussi depuis fait faire pour 20 s. t. la pièce ; bons den^{rs} d'or fin , apelez escus à la couronne, que nous faisons faire par toutes nos mon^{es}, 22 s. 6 d. t. la pièce ; blancs den^{rs} à l'escu, que nous faisons faire pour 10 d. t. ; petits blancs, apelez demis blancs à l'escu, que nous faisons semblablement faire, 5 d. t.

Doubles t. pour 2 d. t.

Petits par^s et petits t. pour 1 d. par^d et 1 d. t.

Petites mailles pour une maille t.

Toutes autres mon^{es} au m̄ pour billon.

Les clauses de l'ord^{ce} de mars 1384.

(A. N. Reg. Z , 1^b, 58, fol. 56 v° et 57 r°. — Sorb. H. 1, 9, n° 174, fol. 165 r°.—Ord., VII, 294 et 295.)

────────

1389 (11 septembre).

A Meleun . . . . adjouté seulement par le Roy Dauphin.

Lettres pat. aux gouverneur, auditeurs des comptes et gens du conseil du pais de Dalphiné, pour l'ex^{on} de l'ord^{ce} des mon^{es}.

(Ibidem.)

────────

1389 (3 octobre).

L'ord^{ce} de la mon^e 27e faite svr aux changeurs en la mon^e de Paris, par Jean de la Fournaise, Jean Remon, Bertaut de Landes et Miles Baillet, généraux maîtres des mon^{es}.

(A. N. Reg. Z, 1^b, 58, fol 56 r° [1]. — Sorb. H. 1, 9, n° 174, fol. 165 r°.)

1389 (4 octobre).

P̄ns au comptoer : R. Maillart , Jehan de la Fournaise, Jehan Remon , Bertaut de Landes et Miles Baillet.

Ce jour me furent commandez les lettres sur l'ord^{ce} des monn^{es} faicte, en la chambre des comptes, par nossg^{rs} du grant conseil, et les doit signer maistre Jean Darian.

(C'est le clerc Aynart qui parle.)

(A. N. Reg. Z, 1^b, 1, fol. 78 v°.)

────────

1389 (5 octobre).

P̄ns au comptoer : les dessusdits, excepté J. Remon.

Ce jour fu baillée à Jeb. Bonenfant, en la main du Roy, la monn^e de Poitiers, pour ce qu'il y avoit renoncié et fist le serment accoustumé.

(Ibidem.)

────────

1389 (8 octobre).

Le 8e octobre 1389 , fut faict l'ouvrage qui ensuict :

Gros deniers blancs , à 5 d. de loy argent le Roy, de 2 d. 15 grains de poids, au fur de 72 pièces au marc, aians cours pour 20 d. et p^{te}.

Marc d'argent , 6 lb. 5 s. t.

(Reg. de Laulier, fol. 94 r°.)

────────

1389 (8 octobre).

P̄ns au comptouer : Jehan Remon et M. Ballet.

Ce jour fu donné à André Heschot l'office de tailleur de la monnoye de la Rochelle , vacant par la mort provoisine de Buxeron ,

────────────────────────

[1] Ici la date de cette notification est le 30 octobre. Est-ce la vraie date ?

et le samedi ens^t fu confirmé ledit office par lettres du Roy.

(A. N. Reg. Z, 1^b, 1, fol. 79 r°.)

1389 (11 OCTOBRE).

De par le Roy.

Prevost de Paris, comme nagaires, par bonne et meure deliberacion de n̄re conseil, nous ayons fait certaines ordenances sur le fait de noz monn^{es}; si comme il vous pourra apparoir par noz lettres ouvertes sur ce faictes, lesquelles nous vous envoions avecques ces presentes; si vous mandons que le samedi 30e jour du mois d'octobre, prochain venant, vous faciez crier et publier noz dictes ordenances en ladicte ville de Paris et en la viconté d'icelle, auquel jour nous l'avons ainsi ordené estre fait et pour cause, et tenez ceste chose secrete jusques audit jour, sur peine d'encorir notre indignacion. Donné à Meleun, le 11e jour d'octobre.

(A. N. Reg. Z, 1^b, 58, fol. 57 r°.)

1389 (13 OCTOBRE).

Exécutoire des généraux maîtres de l'ord^{ce} du 11 7bre 1389, adressée aux gardes de la monnaie de Cremieu.

. . . .

Et ne lessez plus monnoier sur les coings des blans deniers, grans et petiz, à l'escu que l'on fait à present et semblablement des doubles tournois, petiz tournois et mailles; mais sans aucun delay faictes faire et ouvrer blans deniers à l'escu..... Lesquels blans grans et petiz et aussi la monnoie noire ne souffrez plus monnoier sur les coings de present, comme dit est; mais les faictes faire et ouvrer de pois et loy dessus diz, ou telz et semblables que nous vous en-

voions les feres, sans aucune chose muer ne adjouster en lettres ne en autres choses, en quelque maniere que ce soit, sur peine de perdre son office..... Item ne souffrez plus faire en ladite monnoie aucun ouvrage de petiz blans, appelez quars, qui ont cours pour 2 d. 1 ob. tournois la pièce, à 3 d. 6 grains fin de loy (n° 3 de l'ord^{ce} du 23 août 1385), pour ce qu'il est venu en notre congnoissance que certains malicieux marchans les ont esté querir en païs du Dalphiné, et iceulx mis et alloués par eux pour 5 d. t. pièce, dont aucuns ont esté pour ce prins et emprisonnés au chastellet de Paris, et s'en est suivy grant domage à plusieurs personnes. Lesquelles choses dessus dictes faites faire et accomplir si diligemment et par tel maniere que vous m'en doyez estre reprins de faulte ou negligence, et gardez que en ce n'ait default. Escript à Paris, le XIIIe jour d'octobre M. CCC. IIII^{xx}. IX.

(Un post-scriptum ordonne de tenir cette ord^{ce} secrète jusqu'au 30 8bre prochain.)

Reg. velu de la Cour des monnaies, aux archives de France. (A. N. Reg. Z, 1^b, 58, fol. 58 v° et 59 r°. — Morin, p. 190 et 191, note 3.)

Les semblables lettres furent envoyées aux gardes des mon^{es} de Mirabel et de Romans audit Dalphiné.

(A. N. Reg. Z, 1^b, 58, fol. 59 r°.)

1389 (14 OCTOBRE).

Item pour 5 monnoyes, 25 paires de fers, c'est assavoir une pile et 2 trousseaux pour chacune paire.

Remises à deux chevaucheurs du Roy.

(A. N. Reg. Z, 1^b, 1, fol. 59 v°.)

1389 (15 OCTOBRE).

Le 15e octobre 1389 fut faict l'ouvraige qui ensuyt :

Gros deniers blancs à 5 d. de loy argent le Roy, de 2 d. 15 grains de poix, au feur de 72 pièces au marc, ayans cours pour 20 d. t. p°°.

Marc d'argent 6 lb. 5 s. t.

Figure : le virelan de Tournay.

(Ms. F., 5524, fol. 111 r°.)

Nota. Le Reg. de Lantier donne la date du 8 octobre.

────────

1389 (DU 15 OCTOBRE AU 8 FÉVRIER).

A Crémieu , par Philippe Barronchel (sic), blancs de 10 d. t. à 5 d. 12 gr. A. F. et de 6 s. 3 d. (75 pièces); mis en boîte, 15 s. 3 d. (183 pièces). — 188000 p°°° frappées.

(A. N. Reg. Z. 1386; carton Z , 1ᵇ, 860-865.)

────────

1389 (16 OCTOBRE).

P̄n̄s̄ au comptoer : Jehan de la Fournaise, Jehan Remon et Mile Baillet.

Ce jour fu commandé à Jehan Remon, garde de la mon° de Paris, que lui et son compaignon feissent une delivrance de 45 lb. 16 s. t. de gros à l'escu, laquelle avoit esté empechée pour certaines causes.

(A. N. Reg. Z, 1ᵇ, 1, fol. 79 v°.)

────────

1389 (18 OCTOBRE).

Exécutoire adressé à Tours :

Ordre des généraux maltres pour la fabrication de nouveaux blancs deniers à l'escu à 5 d. 12 g. de loy argent le Roy; 6 s. 2 d. et $\frac{4}{4}$ de poids au marc de Paris, ayant cours pour 10 d. t.

Petits blancs appelez demys blancs deniers à l'escu, de telle loy et de 12 s. 4 d. $\frac{4}{2}$ de pois dudit marc, qui auront cours pᵣ 5 d. t. —

Doubles deniers tournois à 2 d. 12 gr. A. R. et de 14 s. et les $\frac{3}{4}$ d'un denier de pois audit marc. — Petits deniers tournois à 7 d. 16 gr. de loi et de 18 s. 9 d. de pois audit marc.

« Lesquelx blans à l'escu grans et petiz
« faictes faire et ouvrer du pois et loy des-
« susdiz , auxtelx et semblables que nous
« vous envoions les fers , et commandez
« expressément au tailleur de ladicte mon-
« noie que doresenavant il fera ses fers tous
« pareilz à ceux que nous vous envoions,
« sans aucune chose muer ou adjouster en
« lectre ne en autres choses, en quelque
« manière que ce soit , sous peine de perdre
« son office.

« Et quant aus doubles tournois et petiz
« tourn̄, pour difference à ceulx qui ont esté
« faiz en temps passé, nous avons ordonné
« que tous les O desdiz doubles et petiz
« tournois , tant devers la croix comme
« devers la pille, soient tous rons. Se le
« faictes aussi faire par lui tailleur. »

Ce mandement est adressé à Tours, Angers, Poitiers et la Rochelle , et les lettres en sont remises à André Heschot, tailleur de la Rochelle.

(A. N. Reg. Z, 1ᵇ, 58, fol. 59 v° et 60 r°.)

────────

1389 (18 OCTOBRE).

Exécutoire adressé à Paris, Sᵗ-Pourçain, Rouen, Tournai, St-Quentin, Troyes, Dijon et Mâcon.

Et ne lessez plus monnoier sur les coings des blans deniers à l'escu, grans et petiz, que l'on fait à present, et semblablement des doubles deniers tourn̄ et petitz deniers tourn̄ et mailles; mais sans aucun delay faictes faire et ouvrer blans deniers à l'escu, lesquelx seront à 5 d. 12 gr. de loy A. R. et de 6 s. 2 d. et le $\frac{4}{4}$ d'un denier de pois au marc de Paris, ayans cours pour 10 d. t.

pièce. — Item petiz blans appelez demys blans deniers à l'escu, de semblable loy et de 12 s. 4 d. et $\frac{1}{2}$ denier de pois audit marc, qui ont cours pour 5 d. t. la pièce, en donnant aux changeurs et marchans, pour chacun marc d'argent à ladite loy, 118 s. — Item doubles den^rs ts. à 2 d. 12 gr. de loy dudit A. R. et de 14 s. et les $\frac{3}{4}$ d'un denier de pois audit marc. — Item petiz den. t^e à un denier 16 gr. de loy et de 18 s. 9 d. de pois audit marc, en donnant aux changeurs et marchans pour chun marc d'arg^t esdictes loys de tout le m^c 114 s. ts. Lesquelx blans grans et petits et aussi les doubles et petiz tourn faictes faire et ouvrer du pois et loy dessusdiz, autelx et sembles de forme et façon comme ilz sont à pnt, excepté que, pour difference aus blans de 6 d. de loy, tous les O desdiz grans blans et petiz et semblablement des doubles et petiz tourn seront touz rons, tant devers la croix comme devers la pile desdiz deniers; et avecques ce sera mis devers la croix desdiz blans, grans et petiz, un point soubz la . . . . . qui est . . . . . entre la garneture de dessoubz, et ledit . . . . .; et devers la pile desdiz blans, soubz . . . . . lettre qui est . . . . . entre la garneture et ledit . . . . . sera mis semblablement un point. Item pour ce que est deniers d'or à l'escu, n'a aucune difference de ceulx de 60 à ceulx de 61 et $\frac{1}{3}$ que l'on fait à present, nous avons ordené que devers la croix du denier sera mis un petit point soubz la . . . . . lettre, qui est entre la garneture et . . . . .; et devers la pile dudit denier sera mis semblablement un point soubs ladicte lettre, entre la garneture et . . . . . Se vous mandons que lesdits deniers vous faictes faire et taillir par la forme et maniere que dit est, en faisant comandement de par nous au tailleur de ladite monn^e que doresenavant il face ses fers, ainsi que dessus est dit et devisé, sans aucune chose muer ne adjouster en lettres ne en autres choses, en

quelque maniere que ce soit, sous peine de perdre son office. . . . .

(A. N. Reg. Z, 1^b, 58, fol. 60 v° et 61 r°.)

1389 (22 OCTOBRE).

Pns au comptoer : Jehan de la Fournaise, Jehan Remon, B. de Landes et M. Baillet.

Ce jour fu donné l'office de garde de la monn^e de Tours à Jehan le Largé, vacant par la mort de Giles le Large, son père.

(A. N., Reg. Z., 1^b, 4, fol. 80 r°.)

1389 (30 OCTOBRE).

Blanc à l'escu à 5 d. 12 g.

(Leblanc, *Tables*.)

1389 (30 OCTOBRE) A 1390 (31 OCTOBRE).

Pr lettres du Roy données à Melun, le 11 7bre 1389, on fit :

Blancs deniers à l'escu de 10 d. t. à 5 d. 12 gr. A. R. et de 74 $\frac{1}{4}$ au marc.

Blancs à l'escu appellez demys blancs de 5 d. t., au même titre et de 148 $\frac{1}{2}$ au marc.

Doubles t. à 2 d. 12 gr. et de 14 s. ob. et $\frac{3}{4}$ d'un denier de poids (174 $\frac{3}{4}$).

Deniers parisis à 1 d. 16 gr. et de 15 s. de poids (180 au marc).

Deniers tournois à 1 d. 16 gr. et de 18 s. 9 d. de poids (225 au marc).

(Ms. Fr. 4533, fol. 84 r°.)

1389 (30 OCTOBRE).

Le 30e jour d'octobre fu criée à Paris et ailleurs au royaume l'ordonnance de la monn^e 27e.

(A. N. Reg. Z, 1^b, 4, fol. 80 r°.)

A cette date, le tailleur de la Rochelle est André Heschet.

(A. N. Reg. Z, 1ᵇ, 58, fol. 61 v°.)

1389 (31 OCTOBRE).

Commence la monnaie 27ᵉ jusqu'au 8 avril 1391.

Après Pâques, on frappe des blancs grands et petits à 5 d. 12 g. de loi, et de 74 ¼ au marc.

(Sorb., petit cahier inséré au Reg. H. 1, 11, n° 166 bis. — Ms. Poullain , pars I, 13 à 24.)

1389 (31 OCTOBRE).

A Paris, par le Roy, à la relation du conseil auquel vous, le maréchal de Blainville, l'amiral, le sire de Noviant et autres estiez. — Yvo.

Ordᶜᵉ aux g̅n̅a̅u̅x̅ pour faire donner du m̅ d'arg. aloyé à 5 d. 12 gr. sur le pied de la mon⁰ 27ᵉ, 6 ᵗᵗ t.

(A. N. Reg. Z, 1ᵇ, 58, fol. 62 v°. — Sorb. H. 1, 9, n° 174, fol. 165 r°. — Ord., VII, 302.)

1389 (3 NOVEMBRE).

A Paris, de n̅r̅e̅ regne le 9ᵉ, par le Roy, à la relation du conseil auquel vous, les evesques de Bayeux et de Meaux, l'admiral, le sire de Noviant, les gens des comptes et trésorᵉʳˢ et les g̅n̅a̅u̅x̅ mᵗʳᵉˢ des monᵉˢ estiez. — Yvo.

Lettres patentes adressées à P̅h̅e̅ Giffart et Giles Vilet, gᵃᵘˣ mᵗʳᵉˢ : atendu qu'on a contrefait les blans qui ont eu cours pour 5 d. t. la pièce, et dont Sa Maᵗᵈ, pour ce sujet, a osté tout cours naguières, ordé que lesdits blans de 5 d. t. forgez es coings des monᵉˢ de Sa Mᵗᵈ et non autres, ayent encore cours

et soient pris et mis pour 4 d. t. jusques au 15 janvier prochain venant, tant seulement. .

(A. N. Reg. Z, 1ᵇ, 58, fol. 65 r°. — Sorb. H. 1, 9, n° 174, fol. 165 v°. — Ord., VII, 302 et 303. — Ms. Fr. 21435, fol. 157 r°. — Morin, p. 491.)

Le 3ᵉ jour de novembre 1389 fu donné cours aus viez blans pour 4 tournois par l'ordenance de nossᵍʳˢ du grant conseil, et en fu escrit aus seneschaux et bailliz du Royaume, à Phᵉ Giffart et G̅i̅l̅ Vilet estanz en Languedoc, et à Benedic du Gal qui estoit en Picardie.

(A. N. Reg. Z, 1ᵇ, 4, fol. 80 r°.)

1389 (5 NOVEMBRE AU 13 JANVIER).

A Troyes, par Pierre Plaisance, pour lequel Estienne Plaisance a tenu le compte de la monnoye : demi-blancs de 5 d. t. à 5 d. 12 gr., et de 12 s. 4 d. ¼ (148 ¼ au marc). — 420000 pᶜᵉˢ frappées.

(A. N. Rouleau du carton Z, 1ᵇ, 1005).

1389 (19 NOVEMBRE AU 2 FÉVRIER).

A Troyes, par Pierre Plaisance, pour lequel Estienne Plaisance a tenu le compte de la monnoye : blancs de 10 d. t. à 5 d. 12 gr., et de 74 ¼ au marc. — 334000 pᶜᵉˢ frappées.

(A. N. Reg. Z, 1387. Rouleau du carton Z, 1ᵇ, 1005.)

1389 (9 DÉCEMBRE).

Le 9ᵉ jour de décembre 1389, fu escript aux gardes de Poitiers reponse de leurs lettres, et leur fu mandé qu'ils feissent refaire l'obligation de Guillᵉ Dauxerre , qui avoit pris la monn⁰ pour ce que en icelle fu trouvée faute, laquelle lors fu ouvrée par Pierre du Pont. . . . .

(A. N. Reg. Z, 1ᵇ, 1, fol. 82 r°.)

1389 (14 décembre).

A cette date, Pierre Lempereur est contregarde de la mon⁹ d'argent de Paris.

(*Ibidem*, fol. 82 v°.)

1389 (18 décembre).

A Paris, de n͞re règne le 10ᵉ, par le Roy,
à la relacion du conseil auquel vous, l'é-
vesque de Bayeux, l'admiral, le sire de
Ravinel, le vicomte d'Arcy, le sire de
Noviant, les gens des comptes, les g͞naux
des mon⁰ˢ et autres estiez. — Yvo.

Lettres pat. au Prévôt de Paris pour con-
tinuation du cours desd. blans à 4 d. t.,
jusques à Pasques prochaines.

(A. N. Reg. Z, 1ᵇ, 58, fol. 66 v°. — Sorb. fl. 1,
9, n° 174, fol. 165 v°. — *Ord.*, VII, 322. —
Morin, p. 191, note 1.)

1389 (28 décembre au 12 février).

A Troyes, par Pierre Plaisance, pour lequel
Étienne Plaisance a tenu le compte de la
monnoie : escus à la couronne de 22 s. 6 d.
et de 61 ⅓ au marc. — 6000 pˢ frappées.

(A. N. Reg. Z, 1387. — Carton Z, 1ᵇ, 1005.)

1389 (6 janvier).

Ce jour fu mandé aus gardes de la Rochelle, qui envoient la boiste d'or qu'ils
avoient close par devers eux, faicte par
Romain (?) des . . . . . (illisible).

(A. N. Reg. Z, 1ᵇ, 1, fol. 82 v°.)

1389 (17 janvier).

Ce jour fu ordené et mandé que l'on face

à Rouen doresnavant la moitié de grans
blans et la moitié de petiz.

(A. N. Reg. Z, 1ᵇ, 1, fol. 83 v°.)

1389 (21 janvier).

A cette date, Henri le Carlier est mᵉ pᵉʳ
de la monn⁹ de Tournai et Jehan le Meunier
garde.

(*Ibidem*, fol. 84 r°.)

1389 (28 janvier).

Ce jour fu mandé à Estienne la Plote, qui
gouvernoit la monn⁹ de Dijon en la main du
Roy, qu'il ne se partiroit sur peine de recouvrer sur luy le do͞mage que le Roy y
poroit avoir.

(*Ibidem*, fol. 84 r°.)

Ce jour fu faict ung mandement à Jehan du
Vivier, tailleur de la monn⁹ de Paris, pour
40 fers que grans que petiz, par luy baillez
pour les monn⁰ˢ à ce nouvel pié de monn⁹
27ᵉ, 32 ₶, lesquelz seront recouvrez sur les
maistres particuliers.

(*Ibidem.*)

1389 (7 février).

A Paris, de notre règne le 10ᵉ, par le
Roy, à la relacion du conseil auquel vous,
l'évesque de Bayeux, l'admiral, le sire de
Raineval, le sire de Noviant et autres estiez.
— Yvo.

Lettres patˢ qui habilitent Jean de la Chapelle de tenir le compte d'une monnoie,
excepté celle d'Angers, nonobstant qu'il eut
esté reprins et debouté de tenir tout compte,
ni d'être mᵉ partʳ de mon⁰ˢ, atendu que dans
la boeste faite par lui à Angers furent trouvés
26 den. d'or, à un quart de carat hors des
remèdes qu'ils devoient estre.

(A. N. Reg. Z, 1ᵇ, 58, fol. 67 v°.—*Ord.*, VII, 332.)

1389 (7 février). ·

Lettres de J. le Mercier, seig^r de Noviant, aux gardes et m^{es} des mon^{es}, pour envoyer vers les ḡnaux les boestes, à fin que le Roy sçache la valeur de toutes ses mon^{es}, depuis le 1er febv. 1388 jusqu'au 1er febv. 1389.

(A. N. Reg. Z, 1^b, 58, fol. 67 v°. — Sorb. H. 1 , 9 , n° 174, fol. 165 v°. — *Ord.*, VII, 332 et 333.)

1389 (8 février).

La monnaie de Dijon pour laquelle on ne trouvait pas , aux enchères , de maître particulier, sera donnée par les g^{aux} sans enchère, afin qu'elle soit pourvue d'un m^e p^{er}.

(A. N. Reg. Z, 1^b, 58, fol. 67 r°. — *Ord.*, VII, 333.)

1389 (8 février) à 1390 (1er mai).

A Cremieu, par Philippe Baroncel, écus à la couronne de 61 ⁴⁄₃ au marc ; mis en boîte, 46. — 23000 p^{ces} frappées.

(A. N. Reg. Z, 1386. Carton Z, 1^b, 860-865.)

1389 (9 février) à 1390 (7 mai).

A Troyes, par Pierre Plaisance, pour lequel Étienne Plaisance a tenu le compte de la monnoye : blancs de 10 d. t. à 5 d. 12 gr., et de 74 ¼ au marc. — 717000 p^{ces} frappées.

(A. N. Reg. Z, 1387. Rouleau, carton Z, 1^b, 1005.)

1389 (10 février) à 1390 (1er mai).

A Cremieu, par Philippe Barronchel (*sic*), blancs de 6 s. 2 d. ⁴⁄₄ (74 pièces et ⁴⁄₄); mis en boîte 33 s. 1 d. (397 pièces). — 397000 p^{ces} frappées.

(A. N. Reg. Z, 1386. Carton Z, 1^b, 860-865.)

1389 (15 février) à 1390 (7 avril.).

A Cremieu, Philippe Baroncel a frappé des doubles tournois noirs à 2 d. 12 gr., et de 14 s. et ³⁄₄ de denier (168 ³⁄₄ au marc); mis en boîte 2 s. 11 d. (35 pièces) — (à 1 pour 60 s.). — 22200 p^{ces} frappées.

(A. N. Reg. Z, 1386. Carton Z, 1^b, 860-865.)

Nota. Le chiffre total n'est pas certain ; c'est peut-être 35,000 qu'il faut, comme pour les grands et petits blancs.

1389 (18 février) à 1390 (7 mai).

A Troyes, par Pierre Plaisance, pour lequel Étienne Plaisance a tenu le compte de la mon^e : escus à la couronne, de 22 s. 6 d., et de 61 ⁴⁄₃ au marc. — 6000 p^{ces} frappées.

(A. N. Reg. Z, 1387. Carton Z, 1^b, 1005.)

1389 (28 février) à 1390 (8 septembre).

A Cremieu, par Philippe Baroncel, petits blancs de 5 d. t. à 5 d. 12 gr. de loi A. R., et de 12 s. 4 d. ⁴⁄₂ (148 ½ au marc); mis en boîte 13 s. 5 d. (161 pièces). — 161000 p^{ces} frappées.

(A. N. Reg. Z, 1386. Carton Z, 1^b, 860-865.)

1389 (2 mars). ·

Fabrication à Paris et ailleurs, si mestier est, de 600 marcs d'argent pour faire petits deniers parisis, sur la forme de ceux qui courent, courant pour 1 d. p. à 1 d. 16 g. de loi , et de 15 s. de poids , pour l'aumône du Roi.

(A. N. Reg. Z, 1ᵇ, 58, fol. 68 rᵒ.—*Ord.*, VII, 333.)

1389 (24 MARS) A 1390 (30 AVRIL).

A Troyes, par Pierre Plaisance, pour lequel Estienne Plaisance a tenu le compte de la monnoye : demi-blancs de 5 d. t., à 5 d. 12 gr., et de 12 s. 4 d. ½ (148 ½ au marc). — 307000 pᶜᵉˢ frappées.

(A. N. Reg. Z, 1387 ; Rouleau du carton Z, 1ᵇ, 1005.)

1390.

Pour le compte de Romans, de l'an 1390 et depuis, apt les gnaulx avoir fait donner creue au marc d'argent, pour faire ob au Dauphiné.

(Ms. Lecoq, fol. 68 rᵒ.)

1390 (15 AVRIL).

L'ordᶜᵉ de la mutacion des gardes des monᵉˢ du Royᵐᵉ, faite par vertu des lettres du Roy, nre seigneur, données le 15 jour d'avril 1390 après Pasques.

Colin Maillart ordᵈ garde de la monᵉ de Tournay, au lieu de Aubert de Hametel.

Led. Aubert de Hametel ordᵈ à Sᶜᵗ-Quentin, en lieu de Nicolas Stancon.

Led. Nicolas Stancon ordᵈ garde de la monᵒ d'Angiers, en lieu de Pasquier le Maire (*sic*).

(Le 23 febᵉʳ ensuivant fut mué N. Stancon à Sᶜᵗ-Quentin, pour Aubert de Hametel envoyé à Angiers, au lieu dᵈd. Nicolas.

Led. Pasquier ordᵈ garde en la monᵉ de Rouen, en lieu de Colin Maillart. (Led. Pasquier fut mué à la Rochelle, pour Antⁿᵉ de Buvereu ordᵈ à Mascon, au lieu de Estienne la Plote , 23 febʳ.)

DOCUMENTS MONÉTAIRES. — II.

Estienne la Plote ordᵈ garde en la monᵉ de Troyes, en lieu de Pierre Valée.

(Icelui Estienne fut mué à Mascon , en lieu de Pierre Valée ; led. Pierre à Troyes , par lettres des gnaux mᵉˢ, 21 janvier.)

(*En marge :* Depuis, ledit Estienne mis à Troyes, nonobstant l'opposition dudit Estienne.)

Ledit Pierre Valée ordᵈ garde en la monᵉ de Mascon, en lieu de Jehan Dartus (*sic*).

Led. Jehan d'Artus (*sic*) ordᵈ garde en la monᵒ de Diion, en lieu dud. Estienne la Plote.

(Ledit Artus a renoncé à la garde de Diion, et y est establi Estienne l'Orfevre, par lettres de J. Hazart, données le penultieme de janvier 90, confirmées par le Roy.)

Jehan Moreau ordᵈ garde en la monᵉ de Limoges , en lieu de Laurent Sarrazin ordᵈ garde à Sᶜᵗ-Poursain.

Pour certaines causes, il a esté depuis ordᵈ qu'ils seront lieutenans l'un de l'autre, sans eux partir dud. lieu.

Antoine de Busseron ordᵈ garde en la monᵉ de la Rochelle , en lieu de Pierre Panetier.

(Led. Antoine mué à Mascon, en lieu de Estienne la Plote, leqˡ n'en eut oncques la possession, 23 feb. 90.)

Led. Pierre Panetier ordᵈ garde en la monᵒ de Tours, en lieu de Jehan le Large.

(Icelui Pierre fut mué garde à Sᶜᵗ-Lô, en lieu de Jacquet Aubert, et led. Jacquet ordᵈ à Tours, pour led. Pierre; décᵇʳᵉ 90.)

Led. Jehan le Large ordᵈ garde en la monᵉ de Poictiers, en lieu de Antⁿᵉ de Busseron.

(Icelui Jehan le Large fut nᵐᵉ garde à Tours, en lieu de J. Gobin , et led. Gobin à Poictiers pour led. le Large ; décᵇʳᵉ 90.)

Led. Laurens Sarrazin ordᵈ garde en la monᵉ de Sᶜᵗ-Poursain , en lieu de Jehan Moreau.

(A. N. Reg. Z, 1ᵇ, 58, fol. 69 vᵒ. —Sorb. H. 1, 9, nᵒ 174, fol. 172 *bis* rᵒ.)

9

1390 (15 avril).

A Paris.

Lettres pat. aux gnaux, pour l'ouverture de la mon° de S^ct-Lô, que Pierre le Marié offre prendre, et qui a longtemps esté en chomage, par deffaut de m° par^er.

(A. N. Reg. Z, 1^b, 58, fol. 68 v°.—Sorb. H. 1, 9, n° 174, fol. 165 v°. — *Ord.*, VII, 339.)

1390 (15 avril).

Lettres pat. aux généraux pour remuer les officiers des mon^es, d'une mon° en l'autre, comme d'ancienneté.

(*Ibidem.*)

1390 (21 avril).

En vertu de l'ordonnance royale du 15 avril 1390, les permutations des gardes des monnaies sont effectuées par les généraux maîtres.

Nicolas Maillart, garde de Rouen, va à Tournai remplacer Aubert de Hametel.

Aubert de Hametel va à Saint-Quentin remplacer Nicolas Stancon.

N. Maillart devra être rendu à Tournai dans la quinzaine, et laisser un bon lieutenant à Rouen, jusqu'à ce que son remplaçant Pasquier le Maire (*sic*) soit arrivé.

Lettres annonçant à l'autre garde de Rouen, Pierre de Dampmars, et au maître particulier Jehan Bourdon, le départ de Nicolas Maillart.

(A. N. Reg. Z, 1^b, 58, fol. 69 r°.)

1390 (du 1er mai au 15 octobre).

A Crémieu, par Philippe Barronchel (*sic*), blancs de 6 s. 2 d. $\frac{1}{4}$ (74 pièces et $\frac{1}{4}$). Mis en boîte 59 s. 4 d. (712 pièces). — 712000 p^ces frappées.

(A. N. Reg. Z, 1386; carton Z, 1^b, 860-865.)

1390 (du 1er mai au 9 novembre).

A Crémieu, par Philippe Baroncel, escus à la couronne, de 61 $\frac{1}{3}$ au marc. Mis en boîte 77 pièces. — 38500 p^ces frappées.

(*Ibidem.*)

1390 (du 7 mai au 15 juillet).

A Troyes, par Pierre Plaisance, pour lequel Estienne Plaisance a tenu le compte de la monnoye : blancs de 10 d. t., à 5 d. 12 gr., et de 74 $\frac{1}{4}$ au marc. — 499000 p^ces frappées.

(A. N. Reg. Z, 1387; carton Z, 1^b, 1005.)

1390 (du 7 mai au 2 septembre).

A Troyes, par Pierre Plaisance, pour lequel Estienne Plaisance a tenu le compte de la mon° : escus à la couronne, de 22 s. 6 d., et de 61 $\frac{1}{3}$ au marc. — 4500 p^ces frappées.

(*Ibidem.*)

1390 (du 13 mai au 9 juillet).

A Troyes, par Pierre Plaisance, pour lequel Estienne Plaisance a tenu le compte de la monnoye : demi-blancs de 5 d. t., à 5 d. 12 gr., et de 12 s. 4 d. $\frac{1}{2}$ (148 $\frac{1}{2}$ au marc). — 176000 p^ces frappées.

(*Ibidem.*)

1390 (14 mai).

Le 14 mai 1390 le garde d'Angiers, Pasquier le Marié, fait son lieutenant, pour un mois, son frère Pierre le Marié.

(A. N. Reg. Z, 1^b, 1, fol. 83 v°.)

1390 (14 mai).

Ce jour fu escript à Troyes, Dijon et

Mascon, qu'ils facent doresenavant la quarte partie de petiz blancs.

(A. N. Reg. Z, 1ᵇ, 1, fol. 83 v°.)

1390 (19 MAI).

Au 19 mai 1390 Guillᵉ Marcel est pleige et compaignon de Jehan Bourdon, maistre de la monᵉ de Rouen.

(A. N. Reg. Z, 1ᵇ, 1, fol. 84 r°.)

1390 (19 MAI).

Il a esté mandé aux gardes de Rouen, Troyes, Dijon, Mascon, Tournay, Sᶜᵗ-Quentin, Angiers, Tours, Poictiers, Limoges, la Rochelle, Sᶜᵗ-Pourçain, qu'ils facent mencion, ès papiers de leurs delivrances, des jours de chomage.

(*Ibidem.*)

1390 (21 MAI).

Congié (à Dijon) de porter billon à Troyes, pour le grand ouvraige qui y estoit.

(Ms. Lecoq, fol. 49 r°.)

1390 (25 MAI).

Le 25 mai 1390 (présents) J. de la Fournaise, J. Remon, B. du Gal, Bertaut de Landes, Mile Baillet et Jehan Hazart.

(A. N. Reg. Z, 1ᵇ, 1, fol. 84 r°.)

1390 (26 MAI).

Mémoire que Jehan Thoraut et Pasquier le Marié, gardes d'Angiers, ont, dans leur papier de délivrances, mentionné une boiste contenant 17 s. 7 d. de petiz blancs, argent acheté 114 s. t., et il doit estre 6 lb. t.

(A. N. Reg. Z, 1ᵇ, 1, fol. 84 v°.)

1390 (26 MAI).

A cette date, les gardes de Dijon sont Jehan d'Auxonne et Jehan d'Espernon ; le maître est G. Feret.

(*Ibidem.*)

1390 (9 JUILLET).

Lettres qui portent que les officiers et les ouvriers de la monnoie de Sᶜᵗ-Pourçain seront exempts d'impositions.

(*Ord.*, VII, 352.)

1390 (DU 15 JUILLET AU 31 AOUT).

A Troyes, par Pierre Plaisance, pour lequel Estienne Plaisance a tenu le compte de la monnoye : blancs de 10 d. t., à 5 d. 12 gr., et de 74¼ au marc. — 308000 pᶜᵉˢ frappées.

(A. N. Reg. Z, 1387 ; carton Z, 1ᵇ, 1005.)

1390 (21 JUILLET).

Ce jour fu mandé à Estienne et Pierre Plaisance, tenant la monnᵉ de Troyes, que, toutes excusations cessans, ils soient à Paris en la chambre des monnoyes, sur peine de 100 marcs d'argent, le 25ᵉ jour de ce mois.

(A. N. Reg. Z, 1ᵇ, 1, fol. 85 v°.)

1390 (22 JUILLET).

A Saint-Lô.

Après une interruption depuis le 4 août 1379, la fabrication reprend le 22 juillet 1390 « dans la monnoie naguères de nouvel edifiée ».

(A. N. Rouleau du carton Z, 1ᵇ, 981-982.)

1390 (DU 22 JUILLET AU 1ᵉʳ SEPTEMBRE).

A Sᶜᵗ-Lô, par Guiot Quarrel, grands blancs à

l'escu, de 10 d. t., à 5 d. 12 gr. de loi, et de 6 s. 2 d. $\frac{1}{4}$ (74 $\frac{1}{4}$ au marc). — 128000 p^ces frappées.

(A. N. Rouleau du carton Z , 1^b, 981-982.)

1390 (23 JUILLET).

H. le Carlier, maître particulier de Tournai, est assigné à comparaître en la chambre des monnaies, le 8 août suivant.

(A. N. Reg. Z, 1^b, 1, fol. 85 v°.)

1390 (27 JUILLET).

Raoul de S^ct-Germain, garde de S^ct-Quentin, avoue qu'il y a dans cette monnoie, en boîte, 32 s. de grands blancs, et pas un seul petit blanc, malgré les injonctions réitérées de Jehan Hazart, de faire le tiers de l'ouvrage en petits blancs de 5 d. t. En conséquence, ledit Raoul est suspendu de son office, tant comme il plaira. . .

(A. N. Reg. Z, 1^b, 1, dernier feuillet r°.)

1390 (29 JUILLET).

Ce jour furent delivrez à Alain le Breton, varlet Guiot Quarrel, maistre de la monn^e de Sainct-Lô, 5 paires de fers pour grans blans, et une paire de petiz, pour porter en lad. monn^e; et fu mandé aus gardes qu'ils certiffient la reception d'iceux.

(Ibidem.)

1390 (DU 30 JUILLET AU 1er SEPTEMBRE).

A Sainct-Lô, par Guiot Quarrel, petits blancs, appellez demi-blancs à l'escu, de 5 d. t., à 5 d. 12 gr., et de 12 s. 4 d. $\frac{1}{2}$ (148 $\frac{1}{2}$ au marc). — 42000 p^ces frappées.

Deniers tournois à 1 d. 16 gr., et de 18 s.

9 d. (225 p. au marc). — 21600 p^ces frappées.

(A. N. Rouleau du carton Z, 1^b, 981-982.)

1390 (22 AOUT).

Ordre des généraux maîtres, de faire ouvrer :

A Rouen , 100 marcs d'argent, moitié en doubles tournois, moitié en petits deniers tournois :

A Tournay, 100 marcs ;

A S^ct-Quentin, 100 marcs ;

A S^ct-Lô, 50 marcs ;

A Troyes, 100 marcs ;

A Dijon, 100 marcs ;

A Mascon, 100 marcs ;

A S^ct-Pourçain, 60 marcs ;

A Tours, 60 marcs ;

A Angiers, 100 marcs ;

A la Rochelle, 60 marcs ;

A Limoges, 40 marcs ;

A Poictiers, 50 marcs ;

A Montpellier , 100 marcs, en petits deniers parisis ;

A Tholose , 100 marcs, moitié en doubles, moitié en petits tournois.

(A. N. Reg. Z, 1^b, 58, fol. 72 r°.)

1390 (22 ET 26 AOUT).

A Troyes, par Pierre Plaisance, pour lequel Estienne Plaisance a tenu le compte de la monnoye : demi-blancs de 5 d. t. à 5 d. 12 gr. de loy, et de 12 s. 4 d. $\frac{1}{2}$ (148 $\frac{1}{2}$ au marc). — 79000 p^ces frappées.

(A. N. Reg. Z, 1387 ; carton Z, 1^b, 1005.)

1390 (DU 26 AOUT AU 22 DÉCEMBRE).

A Troyes, par Pierre Plaisance, pour lequel

Estienne Plaisance a tenu le compte de la monnoye : demi-blancs de 5 d. t., à 5 d. 12 gr., et de 12 s. 4 d. $\frac{1}{2}$ (148 $\frac{1}{2}$ au marc). — 304000 p^{ces} frappées.

En même temps, doubles tournois à 2 d. 12 gr., et de 14 s. et $\frac{3}{4}$ (168 $\frac{3}{4}$ au marc); 583 marcs 18 estellins. — 97400 p^{ces} frappées.

(A. N. Reg. Z, 1387; carton Z, 1^b, 1005.)

Nota. Au lieu de *22 décembre*, le registre porte *16 décembre*, et au lieu de *304000* p^{ces} frappées, *380000*.

————

1390 (DU 31 AOUT AU 1er FÉVRIER).

A Troyes, par Pierre Plaisance, pour lequel Estienne Plaisance a tenu le compte de la monnoye : blancs de 10 d. t., à 5 d. 12 gr., et de 74 $\frac{1}{4}$ au marc. — 604000 p^{ces} frappées.

(*Ibidem.*)

————

1390 (1er ET 10 SEPTEMBRE).

A S^{ct}-Lô, par Guiot Quarrel, petiz blancs, appellez *demi-blancs à l'escu*, de 5 d. t., à 5 d. 12 gr., et de 12 s. 4 d. $\frac{1}{2}$ (148 $\frac{1}{2}$ au marc). — 80000 p^{ces} frappées.

(A. N. Rouleau du carton Z, 1^b, 981-982.)

————

1390 (DU 1er SEPTEMBRE AU 2 FÉVRIER).

A Sainct-Lô, par Guiot Quarrel, grands blancs à l'escu, de 10 d. t., à 5 d. 12 gr. de loi, et de 6 s. 2 d. $\frac{1}{4}$ (74 $\frac{1}{7}$ au marc). — 287000 p^{ces} frappées.

(*Ibidem.*)

————

1390 (DU 2 SEPTEMBRE AU 2 FÉVRIER).

A Troyes, par Pierre Plaisance, pour lequel Estienne Plaisance a tenu le compte de la

mon^e : écus à la couronne, de 22 s. 6 d., et de 61 $\frac{1}{3}$ au marc. — 9000 p^{ces} frappées.

(A. N. Reg. Z, 1387; carton Z, 1^b, 1005.)

————

1390 (7 SEPTEMBRE).

Lettres royales datées de Compiègne, ordonnant de donner une crue de 5 s. t. au marc du billon à 11 d. de fin ou environ, afin de continuer la mon^e 27e, dernièrement ordonnée.

(A. N. Rouleau du carton Z, 1^b, 1005 [au dos].— A. N. Reg. Z., 1^b, 58, fol. 72 v^e.)

L'exécutoire, daté du 18 7bre 1390, est envoyé à Tournai, Limoges, Poitiers, Paris, la Rochelle, Rouen, S^{ct}-Lô, S^{ct}-Quentin, Troyes, Dijon, Macon, Tours, Angers, S^{ct}-Pourçain, Montpellier, Toulouse, Crémieu, Romans, Mirabel.

————

1390 (7 SEPTEMBRE).

Ordre du Roi de donner au prix du marc d'or fin, apporté à la mon^e de Tournai, une crue de 8 s. t.; ce qui y met le prix du marc d'or fin à 66 lb. 18 s. t.

(A. N. Reg. Z, 1^b, 58, fol. 72 v^e.)

L'exécutoire des généraux maitres est du 13 7bre 1390.

————

1390 (7 SEPTEMBRE).

Mention de Jehan le Large (à Poitiers), Jehan Remon garde à Paris, Ant^{ne} de Buxeron garde de la Rochelle, Pierre Valée garde de Troyes, et J. Dorier garde de Romans.

(A. N. Reg. Z, 1^b, 58, fol. 73 r^e.)

————

1390 (OCTOBRE).

Confirmation *vidimée* des privilèges des

monnoyers et des autres ouvriers des monnoyes du Dauphiné.

Le *vidimus* par Henri de Villars Theire, archevesque et comte de Lyon, est du 31 octobre 1352.

La charte de Humbert II, dauphin de Viennois, qui parle des privilèges donnés par Humbert Ier son aïeul, et Guigues VIII, est du 28 juillet 1337.

Les ouvriers sont du serment de l'Empire.

(*Ord.*, VII, 378.)

1390[1] (31 OCTOBRE) A 1391 (8 AVRIL. APRÈS PAQUES).

L'on feist semblable ouvraige (qu'au 30 octobre 1389), c'est assavoir de blancs à l'escu, grands et petiz, de tel poids et loy comme dessus; et donnoit l'on pour marc de blanc, 6 lb. t., et pour marc de noir, 117 s. t.

(Ms. Fr. 4533, fol. 84 v°.)

1390 (3 NOVEMBRE) A 1391 (11 MAI).

A Crémieu, par Philippe Barronchel (*sic*), blancs de 6 s. 2 d. $\frac{1}{4}$ (74 pièces et $\frac{1}{4}$); mis en boîte 22 s. 5 d. — 269000 p^ces frappées.

(A. N. Reg. Z, 1386; carton Z, 1ᵇ, 860-865.)

1390 (15 NOVEMBRE) A 1391 (7 MAI).

A Crémieu, par Philippe Baroncel, écus à la couronne, de 61 $\frac{1}{3}$ au marc. Mis en boîte 44 pièces, représentant 22000 écus frappés. (On met donc en boîte 1 pièce sur 500).

(*Ibidem.*)

1390 (15 NOVEMBRE) A 1394 (31 AOUT).

A Crémieu, par Philippe Baroncel, écus à

la couronne, de 61 $\frac{1}{3}$ au marc. — 122000 p^ces frappées.

(*Ibidem.*)

1390 (16 NOVEMBRE).

Neuf gñaulx, seiz^me no^bre iij^e iiij^xx x, en la chambre.

(Ms. Lecoq, fol. 8 v°.)

1390 (14 DÉCEMBRE).

Henri de Vézel est nommé tailleur de la monnoie de S^ct-Lô.

(A. N. Rouleau du carton Z, 1ᵇ, 981-982.)

1390 (1er FÉVRIER) A 1391 (6 AVRIL).

A Troyes, par Pierre Plaisance, pour lequel Estienne Plaisance a tenu le compte de la monnoye : blancs de 10 d. t., à 5 d. 12 gr., et de 74 $\frac{1}{4}$ au marc. — 196000 p^ces frappées.

(A. N. Reg. Z, 1387; carton Z, 1ᵇ, 1005.)

1390 (DU 2 FÉVRIER AU 23 MARS).

A Troyes, par Pierre Plaisance, pour lequel Estienne Plaisance a tenu le compte de la mon^e : écus à la couronne, de 22 s. 6 d., et de 61 $\frac{1}{3}$ au marc. —3000 p^ces frappées.

(*Ibidem.*)

1390 (2 FÉVRIER) A 1391 (19 MAI).

A S^ct-Lô, par Guiot Quarrel, grands blancs à l'escu, de 10 d. t., à 5 d. 12 gr. de loy, et de 6 s. 2 d. $\frac{1}{4}$ (74 $\frac{1}{4}$ au marc). — 179000 p^ces frappées.

Dans le même temps, petis blancs appelez *demi-blancs à l'escu*, de 5 d. t., à 5 d. 12 gr.,

---

[1] Il y avait par erreur : « 1380. »

et de 12 s. 4 d. $\frac{1}{2}$ (148 p. et $\frac{1}{2}$ au marc). — 44000 p^{ces} frappées.

(A. N. Rouleau du carton Z, 1^b, 981-982.)

1390 (21 février).

Mand^t des gens des comptes et tres^{rs} du Roy n̄re sire, à Paris, au m^e part^{er} de la mon^e, que le 26 sept. darr^r, Pierre du Pont fut ord^é gñal m^e des mon^{es}, pour ne lui paier gages ou voyages audit du Pont, si vous n'avez cedulle du Trésor, atendu qu'il doit estre payé de ses gages et voyages par le chang^r du Trésor.

(A. N. Reg. Z, 1^b, 58, fol. 75 v°. — Sorb. H. 1, 9, n° 174, fol. 172 bis v^o.)

Mention de Jehan d'Aucerre, fils de Guill^e d'Aucerre, m^e de la mon^e de Poitiers.

(A. N. Reg. Z, 1^b, 58, fol. 75 v°.)

1390 (9 mars).

Saint-André-d'Avignon (atelier créé).

(Ms. Lecoq, fol. 16, r^o.)

1390 (11 mars).

A Corbueil, par le Roy en son conseil. — Montagu.

Lettres pat. aux gñaux, pour faire une mon^e à S^{ct}-Andry-les-Avignon, qui est sur les frontières de l'empire, et qu'elle soit edifiée en lieu où autrefois a esté advisé ou ailleurs, si bon vous semble, pour notre profit, et y mettez et establissez officiers à tels gaiges que bon vous semblera, ausquels baillez vos lettres; et nous les confirmerons toutes fois que nous en serons requis.

(A. N. Reg. Z, 1^b, 58, fol. 75 r°. — Sorb. H. 1, 9, n° 174, fol. 166 r°. — Ord., VII, 407.)

Le manuscrit de Lecoq (f. 15 v°) donne à tort à cette création la date du 9 mars 1390, et il cite, à la même date, la création de la monnaie de Crémieu.

1390 (11 mars).

A Corbueil, par le Roy en son conseil. — Montagu.

Lettres pat. aux gñaux, pour donner pour un an la mon^e de S^{ct}-Andry-lez-Avignon à Phles Barroncel, moiennant qu'il fera ouvrer 2000 m̄ d'or, dont il aura, pour son ouvrage, de chacun m̄ d'or, 10 s. t., et du m̄ de l'arg. blanc, 4 s. 3 d. t.; sera payé aux changeurs, de m̄ d'or fin, 66 ₶ 18 s. t., et pour m̄ d'argent, le prix que nous en donnons ou donrons en nos autres mon^{es}; et faire apleiger led. Barroncel pour lad. mon^e de S^{ct}-Andri, ainsi que les m^{es} part^{ers} des autres mon^{es} ont acoustumé.

(A. N. Reg. Z, 1^b, 58, fol. 75 r°. — Sorb. H. 1, 9, n° 174, fol. 172 bis v^o. — Ord., VII, 407.)

1390 (11 mars).

Mand^t des gñaux aux gardes de la mon^e de S^{ct}-Andri-lez-Avignon, pour l'exécution desd. lettres pat. de bail à Phles Barroncel; et qu'on face ouvrer autelles et semblables mon^{es} d'or et d'arg., comme l'en faisoit ez autres mon^{es} du Roy^{me}, svr den^{rs} d'or fin apelez escuz à la couronne, à 22 s. 6 d. t. de cours, et de 61 et le tiers d'un denier de poids au m̄ de Paris.

Item, blancs dits à l'escu, à 5 d. 12 gr. de loy arg. le Roy, et de 6 s. 2 d. et le quart d'un den. de poiz au m̄ dessusdit, aians cours pour 10 d. t. la pièce.

Item, petiz blans appelez demiz blancs den^{rs}, de semblable loy, et de 12 s. 4 d. et demi den. de poiz aud. m̄.

Item, doubles den. t., à 2 d. 12 gr. de loy,

et de 14 s. et les trois quarts d'un den. de poids au $\overline{m}$.

Item, petiz den^{rs} t., à 1 d. 16 gr. de loy, et de 18 s. 9 d. de poiz aud. $\overline{m}$ de Paris; en donnant aux chang^{rs}, de chacun $\overline{m}$ d'arg. esd. loy, pour tout le noir, 118 s. t.; desquelz deniers d'or, blans deniers grans et petiz, doubles et tournois, nous vous envoyons les patrons avec les exemplaires enclos en ces présentes; lesd. blans delivrez à la pille de 3 $\overline{m}$ et de recours à 4 fors et à 4 foibles au $\overline{m}$.

Item, les doubles t. delivrez à 3 poids chacun d'un $\overline{m}$, en ostant le denier poignant, à 8 fors et à 8 foibles au $\overline{m}$.

Item, les petits t. delivrez en semblable manière, à 10 fors et 10 foibles au $\overline{m}$.

Et ledit $\overline{Phles}$ a promis soy apleiger devant le gouverneur du Dalphiné ou son lieut^t, ou pard^t autre juge royal, de la somme de 8000 ₶ t.

Escript à Paris, le 11e jour de mars, l'an 1390.

(A. N. Reg. Z, 1^b, 58, fol. 76 r°. — Sorb. H. 1, 9, n° 174, fol. 172 bis v^o.)

1390 (23 mars) a 1391 (7 octobre).

A Troyes, par Pierre Plaisance, pour lequel Estienne Plaisance a tenu le compte de la mon^e : escus à la couronne, de 22 s. 6 d., et de 61 $\frac{4}{3}$ au marc. — 7500 p^{ces} frappées.

(A. N. Reg. Z, 1387; carton Z, 1^b, 1005.)

1391.

Jean Peucher a tenu et gouverné la mon^e de S^{ct}-Poursain, comme m^e d'icelle, et lui et ses pleiges sont en grande poureté et indigence.

(Sorb. H. 1, 9, n° 174, fol. 173 r°.)

1391 (du 6 avril au 7 octobre).

A Troyes, par Pierre Plaisance, pour lequel Estienne Plaisance a tenu le compte de la monnoye : blancs de 10 d. t., à 5 d. 12 gr., et de 74 $\frac{4}{4}$ au marc. — 414000 p^{ces} frappées.

(A. N. Reg. Z, 1387; carton Z, 1^b, 1005.)

1391 (7 avril).

A Paris, par le Roy à la relacion du grand conseil. — L. Blanchet.

Lettres pat. pour creüe, ez mon^es du Roy^{me} et de Dalphiné, de 10 s. t. de $\overline{m}$ d'or fin, oultre le prix de 66 ₶ 10 s. t. que l'on donne à $\overline{pat}$; pour chacun $\overline{m}$ d'arg. aloyé à 5 d. 12 gr. de loy arg. le Roy, 5 s. t. de creüe, oultre les 6 ₶ t. Item pour chacun $\overline{m}$ d'arg^t en doubles, petits parisis et petits t., 4 s. t.

(A. N., Reg. Z, 1^b, 58, fol. 76 v°. — Sorb. H. 1, 9, n° 174, fol. 172 bis v^o et 173 r°. — Ord., VII, 440.)

L'exécutoire est du 8 avril 1391.

(A. N. Reg. Z, 1^b, 58, fol. 76 v°.)

1391 (7 avril).

A Paris, par le Roy à la relacion du grand conseil. — H. Guingant.

Lettres pat. et com^{on} à $\overline{nre}$ amé et feal Jean Hazart, g$\overline{na}$l m^e de nos mon^{es}, pour se transporter à S^{ct}-Andri-les-Avignon, et illec faire forger et édifier la mon^e nouvellement ordonnée, et les habitations raisonables à ce apartenans, au plus profitablement pour nous que vous pourez, et aussi visiter nos mon^{es} de Troyes, Diion, Mascon et celles de $\overline{nre}$ Dalphiné.

(A. N. Reg. Z, 1^b, 58, fol. 77 r°. — Sorb. H. 1, 9, n° 174, fol. 173 r°. — Ord., VII, 411. — H. Morin, p. 192.)

1391 (7 avril).

A Paris.

Instruit que la plupart des monnaies du Royaume et du Dauphiné sont sur le point de chômer, parce que les changeurs et marchands ne sont pas suffisamment payés de leur billon d'or et d'argent, le Roi mande aux généraux maîtres que la valeur de ces matières soit augmentée dans la proportion suivante :

1° Le marc d'or fin, qui se paye 66 lb. 10 s. t., vaudra 67 lb. t.

2° Le marc d'argent blanc, aloyé à 5 d. 12 gr. de loi argent le Roi, vaudra 6 lb. 5 s. t. au lieu de 6 lb. t.

3° Le marc d'argent en doubles, parisis et tournois vaudra 118 s. t. au lieu de 114.

(*Ord.*, VII, 410. — Morin, p. 192.)

1391 (7, 17 et 18 avril).

A Troyes, par Pierre Plaisance, pour lequel Estienne Plaisance a tenu le compte de la monnoye : petiz blancs de 5 d. t., à 5 d. 12 gr., et de 12 s. 4 d. $\frac{1}{2}$ (148 $\frac{1}{2}$ au marc). — 72000 p^{ces} frappées.

(A. N. Reg. Z, 1387 ; carton Z, 1^b, 1005.)

1391 (8 avril) a 1411 [1] (26 octobre).

Blancs semblables à ceux du 31 octobre, à 5 d. 12 gr., et de 74 $\frac{1}{4}$ au marc.

(Sorb. Petit cahier inséré au reg. II. 1, 11, n° 166 *bis.* — Ms. Poullain, pars 1, 13 à 24.)

1391 (du 8 avril après paques, au 26 octobre).

Même ouvrage de blancs escuz, grands et

menutz (que du 31 octobre 1390 au 8 avril 1391).

(Ms. Fr. 4533, fol. 84 r°.)

1391 (8 avril après paques) a 1392 (1er avril avant paques).

Écus à la couronne, de 22 s. 6 d. t., de 61 $\frac{1}{3}$ au marc.

(Ms. Fr. 4533, fol. 58 v° et 59 r°. — Ms. Fr. 18500, fol. 8 r°.)

1391 (13 avril).

En Dauphiné, on ordonne les prix des marcs d'or, d'argent et de billon comme à Paris.

(A. N. Reg. Z, 1^b, 58, fol. 77 r°. Sorb. II. 1, 10, n° 172, fol. 37 r°. — *Ord.*, VII, 442.)

1391 (du 11 mai au 12 décembre).

A Cremieu, par Philippe Baronçel :

Écus à la couronne, de 61 $\frac{1}{3}$ au marc. Mis en boîte 45 p. — 22500 p^{ces} frappées.

Blancs de 6 s. 2 d. $\frac{1}{4}$ (74 pièces et $\frac{1}{4}$). Mis en boîte 5 s. 9 d. (69 p.). — 69000 p^{ces} frappées.

Petiz blancs de 5 d. t. à 5 d. 12 gr. de loi A. R., et de 12 s. 4 d. $\frac{1}{2}$ (148 $\frac{1}{2}$ au marc). Mis en boîte 12 s. 1 d. (145 p.). — 145000 p^{ces} frappées.

(A. N. Reg. Z, 1386 ; carton Z, 1^b, 860-865.)

1391 (du 19 mai au 23 juillet).

A Sainct-Lô, par Guiot Quarrel, grands blancs à l'escu, de 10 d. t., à 5 d. 12 gr. de loi, et de 6 s. 2 d. $\frac{1}{4}$ (74 $\frac{1}{4}$ au marc). — 204000 p^{ces} frappées.

---

[1] Lisez : « 1391. »

Dans le même temps, petiz blancs appellez *demi-blancs à l'escu*, de 5 d. t., à 5 d. 12 gr., et de 12 s. 4 d. $\frac{1}{2}$ (148 $\frac{1}{2}$ au marc). — 82000 p^{crs} frappées.

(A. N. Rouleau du carton Z, 1^b, 981-982.)

1391 (1er JUIN, 4 JUILLET[1] ET 23 SEPTEMBRE).

A Troyes, par Pierre Plaisance, pour lequel Estienne Plaisance a tenu le compte de la monnoye : petiz blancs de 5 d. t., à 5 d. 12 gr., et de 12 s. 4 d. $\frac{1}{2}$ (148 $\frac{1}{2}$ au marc). — 75000 p^{ces} frappées.

(A. N. Rouleau du carton Z, 1^b, 1005.)

1391 (7 JUILLET).

Ord^{ce} du Roi pour faire rembourser Philippe Boucher, changeur à Bourges, qui a apporté du billon à la mon^e de S^{ct}-Poursain, durant le temps que Jehan Poncher a tenu et gouverné notred. monn^e comme m^e part^{er} d'icelle, et n'a pu en être payé par led. Poncher ne ses pleiges, pour leur grand pouvreté et indigence... Il sera remboursé sur la moitié du profit appartenant au Roi, de tout le billon d'or et d'argent qu'il livrera, jusqu'à entier payement.

Cinq autres changeurs sont traités de même.

(A. N. Reg. Z, 1^b, 58, fol. 78 r°. — *Ord.*, VII, 419 et 420.)

L'exécutoire est du même jour.

(*Ibidem.*)

1391 (DU 18 SEPTEMBRE AU 6 OCTOBRE).

A S^{ct}-Lô, par Jehan Trotaut et Pierre d'Auvergne, en la main du Roi, blancs de 10 d.

t., à 5 d. 12 gr., et de 74 $\frac{1}{4}$. — 38000 p^{ces} frappées.

Petiz blancs de 5 d. t., à 5 d. 12 gr., et de 148 $\frac{1}{2}$ au marc. — 1000 p^{ces} frappées.

(A. N. Rouleau du carton Z, 1^b, 981-982.)

1391 (DU 6 OCTOBRE AU 19 DÉCEMBRE).

A S^{ct}-Lô, par Guillaume Marcel (*alias* Mancel), pour lequel Jehan Bourdon tient le compte de la monnoie : blancs de 10 d. t., à 5 d. 12 gr., et de 74 $\frac{1}{4}$ au marc. — 61000 p^{ces} frappées.

(*Ibidem.*)

1391 (DU 7 OCTOBRE AU 17 DÉCEMBRE).

A Troyes, par Pierre Plaisance, pour lequel Étienne Plaisance a tenu le compte de la monnoye, blancs de 10 d. t., à 5 d. 12 gr., et de 74 $\frac{1}{4}$ au marc. — 58000 p^{ces} frappées.

(A. N. Reg. Z, 1387; carton Z, 1^b, 1005.)

1391 (DU 7 OCTOBRE AU 9 JANVIER).

A Troyes, par Pierre Plaisance, pour lequel Estienne Plaisance a tenu le compte de la mon^e : escus à la couronne, de 22 s. 6 d., et de 61 $\frac{1}{3}$ au marc. — 3500 p^{ces} frappées.

(*Ibidem.*)

1391 (25 OCTOBRE ET 14 DÉCEMBRE).

A S^{ct}-Lô, par Guillaume Marcel (*alias* Mancel), pour lequel Jehan Bourdon tient le compte de la mon^e : petiz blancs de 5 d. t., à 5 d. 12 gr., et de 148 $\frac{1}{2}$ au marc. — 12000 p^{ces} frappées.

(A. N. Rouleau du carton Z, 1^b, 981-982.)

---

[1] Le registre Z, 1387 porte : « 11 juillet. »

1391 (9 ET 18 DÉCEMBRE).

A Troyes, par Pierre Plaisance, pour lequel Estienne Plaisance a tenu le compte de la monnoye : deniers tournois à 1 d. 16 gr., et de 18 s. 9 d. (225 au marc) ; 106 marcs et $\frac{2}{3}$ de marc. — 24000 p^{ces} frappées.

(A. N. Reg. Z, 1387 ; carton Z, 1^b, 1005.)

1391 (11 DÉCEMBRE) A 1392 (4 JUILLET).

A Cremieu, par Philippe Barronchel blancs de 6 s. 2 d. $\frac{4}{4}$ (74 pièces et $\frac{4}{4}$). Mis en boîte 7 s. 11 d. (95 pièces). — 95000 p^{ces} frappées.

(A. N. Reg. Z, 1386 ; carton Z, 1^b, 860-865.)

1391 (12 DÉCEMBRE) A 1392 (23 JUILLET).

A Cremieu, par Philippe Baroncel, escus à la couronne, de 61 $\frac{1}{3}$ au marc. Mis en boîte 41 p. — 20500 p^{ces} frappées.

(Ibidem.)

1391 (17 DÉCEMBRE) A 1392 (18 MAI).

A Troyes, par Pierre Plaisance, pour lequel Estienne Plaisance a tenu le compte de la monnoye : blancs de 10 d. t., à 5 d. 12 gr., et de 74 $\frac{4}{4}$ au marc.—38000 p^{ces} frappées.

(A. N. Reg. Z, 1387 ; carton Z, 1^b, 1005.)

1391 (19 DÉCEMBRE) A 1392 (31 MAI).

A S^{ct}-Lô, par Guillaume Marcel (alias Mancel), pour lequel Jehan Bourdon tient le compte de la monnoie : blancs de 10 d. t., à 5 d. 12 gr. et de 74 $\frac{4}{4}$ au marc. — 64000 p^{ces} frappées.

(A. N. Rouleau du carton Z, 1^b, 981-982).

1391 (9 JANVIER) A 1392 (26 MAI).

A Troyes, par Pierre Plaisance, pour lequel Estienne Plaisance a tenu le compte de la mon^e : escus à la couronne, de 22 s. 6 d., et de 61 $\frac{1}{3}$ au marc. — 5000 p^{ces} frappée.

(A. N. Reg. Z, 1387 ; carton Z, 1^b, 1005.)

1391 (2 ET 8 MARS).

A S^{ct}-Lô, par Guillaume Marcel (alias Mancel), pour lequel Jehan Bourdon tient le compte de la monnoie : petiz blancs de 5 d. t., à 5 d. 12 gr., et de 148 $\frac{4}{2}$ au marc. — 8000 p^{ces} frappées.

(A. N. Rouleau du carton Z, 1^b, 981-982.)

1391 (29 MARS).

Les gens des comptes du Roi mandent, à la requête de l'aumônier de la Reine, de faire faire 200 marcs d'argent en petits deniers tournois (et non pas parisis), qui sont ordenés estre ouvrez à Paris, autelx et semblables, de poix et de loy, comme ceulx que l'en fait ez autres monnoyes du Royaume, pour convertir au fait de lad. aumosne...

(A. N. Reg. Z, 1^b, 58, fol. 80 r°.— Ord., VII, 461 et 462.)

L'exécutoire est du même jour.

(Ibidem.)

1392 (27 AVRIL).

Mandement du Roy, pour faire petiz deniers parisis, pour l'aumosne dud. seigneur, adreçant aux maistres des monnoyes.

... Jusques à la some de 200 marcs d'argent, pour faire petiz den^{rs} parisis, sur la forme et aussi de la loy et pois de ceulx qui queurent à p^{nt} pour un denier parisis la pièce, à 1 d. 16 gr. de loy A. R. et de 15 s. de poids au marc de Paris pour delivrer à nostre aumosnier et non à autre.

L'exécutoire est du 7 juin 1392.

(A. N. Reg. Z, 1ᵇ, 58, fol. 81 rᵒ. — *Ord.*, VII, 461.)

_____

1392 (10 MAI).

A Paris, le 12 de notre règne, par le Roy Dalphin, à la rela͞on du grand conseil. — H. GUINGANT.

Lettres pat. aux g͞uaux, pour mutacion des gardes et autres officiers des monᶜˢ de Dalphiné.

On destituera ceux qui ne rempliront pas bien leur devoir.

(H. Morin, p. 493. — Sorb. H. 1, 9, nᵒ 174, fol. 173 rᵒ. — *Ord.*, VII, 462.)

Jehan Gras, garde de la monᵉ de Romans, ordé garde de la monᵉ de Crémieu, au lieu de Jean Dorier, par lettres des gᵃᵘˣ mᵗʳᵉˢ du 11 mai.

(A. N. Reg. Z, 1ᵇ, 58, fol. 80 vᵒ. — Sorb. H. 1, 9, nᵒ 174, fol. 173 rᵒ.)

_____

1392 (18 MAI).

Bruges.

Guillemin Clement, messager pour porter les samblables lettres (lettres des gᵃᵘˣ mᵗʳᵉˢ du 16 mai 1392 réclamant la clôture et l'envoi immédiats de toutes les boîtes et de ce qui peut être dû de seigneuriage au Roi), et autres pour le fait de la monnᵉ de Bruges de novel ordenée, adrecens aus gardes de la monnᵉ de Tournay, par la quittance donnée 18ᵉ jour de may, avec mandement des generaulx maistres, par Jehan le Mareschal; 56 s. parisis.

(A. N. Reg. Z, 1ᵇ, 58, fol. 81 vᵒ.)

_____

1392 (DU 18 MAI AU 10 AOUT).

A Troyes, par Pierre Plaisance, pour lequel Estienne Plaisance a tenu le compte de la monnoye : blancs de 10 d. t., à 5 d. 12 gr., et de 74 ¼ au marc. — 17000 pᶜᵉˢ frappées.

(A. N. Reg. Z, 1387 ; cartou Z, 1ᵇ, 1005.)

_____

1392 (DU 26 MAI AU 5 SEPTEMBRE).

A Troyes, par Pierre Plaisance, pour lequel Estienne Plaisance a tenu le compte de la monᵉ : escus à la couronne, de 22 s. 6 d., et de 61 ⅓ au marc. — 4000 pᶜᵉˢ frappées.

(*Ibidem.*)

_____

1392 (30 MAI).

Fut conclud en conseil que les monnoyes de Hainault, Braban et aultres n'auroient cours à Tournay.

(Ms. Lecoq, fol. 49 rᵛ.)

_____

1392 (DU 31 MAI AU 21 NOVEMBRE).

A Sᶜᵗ-Lô, par Guillaume Marcel (*alias* Mancel), pour lequel Jehan Bourdon tient le compte de la monnoie : blancs de 10 d. t., à 5 d. 12 gr., et de 74 ¼ au marc. — 170000 pᶜᵉˢ frappées.

(A. N. Rouleau du carton Z, 1ᵇ, 981-982.)

_____

1392 (12 JUIN ET 28 SEPTEMBRE).

A Sainct-Lô, par Guillaume Marcel (*alias* Mancel), pour lequel Jehan Bourdon tient le compte de la monnoie : petiz blancs de 5 d. t., à 5 d. 12 gr., et de 148 ½ au marc. — 23000 pᶜᵉˢ frappées.

(*Ibidem.*)

_____

1392 (12 ET 18 JUIN, ET 20 NOVEMBRE).

A Sàinct-Lô, par Guillaume Marcel (*alias* Mancel), pour lequel Jehan Bourdon tient le compte de la monnoie : deniers tournois à 1 d.

16 gr., et de 18 s. 9 d. (225 au marc); 266 marcs et ⅓. — **59925 p^{ces} frappées.**

(A. N. Rouleau du carton Z, 1ᵇ, 981-982.)

1392 (28 juin).

A Paris.

Lettres royales mandant aux généraux maîtres de faire payer, dans tous les ateliers delphinaux, menacés de chômage, le marc d'or fin 67 lb. 5 s. t., comme en Languedoc.

(H. Morin, p. 193. — *Ord.*, VII, 475.)

1392 (28 juin).

Jean Hazart chargé par le Roi de se rendre en Dauphiné «pour mettre sus lad. creue, et clorre lesdites boistes, et aussi pour veoir l'estat d'icelles monnoies, et faire apporter à Paris, par devers son amé et feal Bertaut de Landes, tout ce qui peut estre deu à cause desd. boistes. »

(H. Morin, p. 193, d'après *Reg. monet. Sancti Ramberti*, fol. 162 v°.—Archives de Grenoble.)

1392 (du 4 juillet au 16 février).

A Crémieu, par Philippe Barronchel (*sic*), blancs de 6 s. 2 d. ¼ (74 pièces et ¼); mis en boîte 16 s. 2 d. (194 pièces). — **194000 p^{ces} frappées.**

Dans le même temps, par le même, petiz blancs de 5 d. t., à 5 d. 12 gr. de loi A. R., et de 12 s. 4 d. ½ (148 ½ au marc); mis en boîte 3 s. 6 d. (42 p.). — **42000 p^{ces} frappées.**

(A. N. Reg. Z, 1386 ; carton Z, 1ᵇ, 860-865.)

1392 (du 23 juillet au 16 février).

A Crémieu, par Philippe Baroncel, escus à

---

la couronne, de 61 ⅓ au marc. Mis en boîte 23 p. — **11500 p^{ces} frappées.**

(*Ibidem.*)

1392 (du 10 août au 17 novembre).

A Troyes, par Pierre Plaisance, pour lequel Estienne Plaisance a tenu le compte de la monnoye : blancs de 10 d. t., à 5 d. 12 gr., et de 74 ¼ au marc. — **90000 p^{ces} frappées.**

(A. N. Reg. Z, 1387 ; carton Z, 1ᵇ, 1005.)

1302 (16 août).

A Paris, de notre regne le 12ᵉ, par le Roy, à la relaõn de son conseil, estant en la chambͫ des comptes, auq¹ vous, les Evesques de Langres et de Bayeux, le vicomte Dacy, le sire de Noviant et autres plus^{rs} estiez. — S. MANHAT.

Lettres pat. aux gͤnaux, pour faire constituer et establir une mon^e en la ville de Ste-Mainehoult, en la forme et manière que vous avez acoustumé de le faire et ordonner en nos autres villes où l'on forge nos monn^{es} ; et mettez et establissez tous les officiers de lad. mon^e, à tels gages comme bon vous semblera, auxqnels baillez vos lettres, et nous les confirmerons toutes fois que nous en serons requis.

(A. N. Reg. Z, 1ᵇ, 58, fol. 82 r°.—Sorb. II. 1, 9, n° 174, fol. 173 r°.—*Ord.*, VII, 490.—Ms. Lecoq, fol. 15 v°.)

1392 (16 août).

Mandement du même jour, pour donner la nouvelle monnaie de Ste-Menehoult à Bernard Bonati, aux conditions suivantes : « C'est assavoir qu'il fera faire et ouvrer, en ladicte monoie, dedens deux ans à compter de la première délivrance qui sera faicte en ladicte monnoie jusques à la fin desdiz deux ans, la somme de iiij^c marcs d'or, dont il aura pour son ouvrage, de chacun marc, huit solz tournois. — Item , fera faire et ouvrer en icelle monnoie, dedens ledict temps, iiij^m marcs d'argent, dont il aura , pour son ouvrage, de chascun marc-deniers, iij solz vj d^rs tournois.

(A. N. Reg. Z, 1^b, 58, fol. 82 r° et 83 r°.— Sorb. H. 1, 9, n° 174, fol. 173 r°. — *Ord.*, VII, 490.)

1392 (17 août).

(Création de la monnaie de) Saincte Manhoust.

(Extrait du Reg. velu, fol. 82. — Ms. Lecoq, fol. 16 r°.)

1392 (19 août).

Un garde est nommé à S^ctr-Menehould.

(Ms. Lecoq, fol. 17 r°.)

1392 (5 septembre) a 1393 (17 avril).

A Troyes, par Pierre Plaisance, pour lequel Estienne Plaisance a tenu le compte de la mon^e : escus à la couronne, de 22 s. 6 d., et de 61 $\frac{1}{3}$ au marc. — 11000 p^ces frappées.

(A. N. Reg. Z, 1387 ; carton Z, 1^b, 1005.)

1392 (11 septembre).

Bernard Vidal est tailleur de la mon^e de Limoges.

(A. N. Reg. Z, 1^b, 1.)

1392 (25 septembre).

Mention de Franchequin de Taget, garde de la mon^e d'Angers.

(A. N. Reg. Z, 1^b, 58, fol. 84 r°.)

1392 (30 septembre).

Mandement des généraux maîtres, pour

l'exécution du mandement royal relatif à Ste-Menehould. Ordre d'y faire des deniers d'or, dits escus à la couronne ; blancs deniers à l'escu ; petits blancs, appellez demys blancs deniers ; doubles deniers tournois ; petis deniers tournois. Il est accompagné de 2 paires de fers à or, et de 4 paires de fers pour l'argent, portés par Jehan Hazart.

(A. N. Reg. Z, 1^b, 58, fol. 83 v°.)

1392 (17 novembre) a 1393 (22 juillet).

A Troyes, par Pierre Plaisance, pour lequel Estienne Plaisance a tenu le compte de la monnoye : blancs de 10 d. t., à 5 d. 12 gr., et de 74 $\frac{1}{4}$ au marc. — 36000 p^ces frappées.

(A. N. Reg. Z, 1387 ; carton Z, 1^b, 1005.)

1392 (du 20 novembre au 2 avril).

A S^ct-Lô, par Guillaume le Marié, pour lequel son frère Pierre le Marié tient le c^pte de la mon^e : blancs de 10 d. ts, à 5 d. 12 gr., et de 74 $\frac{1}{4}$ au marc. — 96000 p^ces frappées.

(A. N. Rouleau du carton Z, 1^b, 981-982.)

1392 (11 janvier).

Un tailleur est nommé à S^cte Manehoust.

(Ms. Lecoq, fol. 17 r°.)

1392 (31 janvier et 5 avril) et 1393 (11 avril. après pâques).

A Troyes, par Pierre Plaisance, pour lequel Estienne Plaisance a tenu le compte de la monnoye : petis blancs de 5 d. t., à 5 d. 12 gr., et de 12 s. 4 d. $\frac{1}{2}$ (148 $\frac{1}{2}$ au $\overline{m}$). — 70000 p^ces frappées.

(A. N. Reg. Z, 1387 ; carton Z, 1^b, 1005.)

1392 (3 février).

A Troyes, par Pierre Plaisance, pour lequel Estienne Plaisance a tenu le compte de la monnoye : doubles tournois à 2 d. 12 gr., et de 168 $\frac{2}{4}$ au marc; 113 marcs 6 onces 4 estellins 1 ferlin et $\frac{2}{3}$. — 19200 p^{ces} frappées.

(Ibidem.)

1392 (6 février).

Fut en la chambre des monnoyes ung conseiller du Daulphiné, et après sa requête faicte en lad. chambre, fut ordonné que ès monn. du Daulphiné, on ouvreroit les deux tiers petitz blancs et le tiers grands blancs.

(Ms. Lecoq, fol. 49 r°.)

1392 (7 février et 3 avril) et 1393 (11 avril
après pasques).

A Troyes, par Pierre Plaisance, pour lequel Estienne Plaisance a tenu le compte de la monnoye : doubles tournois à 2 d. 12 gr., et de 168 $\frac{2}{4}$ au marc; 298 marcs et $\frac{2}{3}$. — 67200 p^{ces} frappées.

(A. N. Reg. Z, 1387; Rouleau du carton Z, 1^b, 1005.)

1392 (du 16 février au 3 avril).

A Crémieu, par Philippe Baroncel, escus à la couronne, de 61 $\frac{4}{3}$ au marc. Mis en boîte 15 p. — 7500 p^{ces} frappées.

(A. N. Reg. Z, 1386; carton Z, 1^b, 860-865.)

1392 (16 février) a 1393 (30 avril).

A Crémieu, par Philippe Barronchel (*sic*), blancs de 6 s. 2 d. $\frac{1}{4}$ (74 pièces et $\frac{1}{4}$); mis en boîte 19 s. 1 d. (229 pièces). — 229000 p^{ces} frappées.

(Ibidem.)

1392 (21 mars) a 1393 (19 avril).

A Crémieu, par Philippe Baroncel, petis blancs de 5 d. t., à 5 d. 12 gr. de loi A. R., et de 12 s. 4 d. $\frac{1}{2}$ (148 $\frac{4}{2}$ au marc). Mis en boîte 3 s. 9 d. (45 p.). — 45000 p^{ces} frappées.

(Ibidem.)

1392 (24 mars).

Ordre de fabrication de 300 marcs d'argent, en petits parisis, pour l'aumône du Roi.

Ils seront à 1 d. 16 gr. A. R., et de 15 s. de poids au marc de Paris.

(A. N., Reg. Z, 1^b, 58, fol. 84 r°.—Ord., VII, 553.)

L'exécutoire est du même jour.

(Ibidem.)

1392 (25 mars).

A Amiens, le 13e de notre règne, par le Roy en son conseil, auq^l M^r le Duc d'Orléans, vous et le sire de Chevreuse estiez. — G. Daunoy.

Lettres pat. p^r creüe de 10 s. t. sur le $\overline{m}$ d'or, en sus du prix de 67 ^{lb} t., et du $\overline{m}$ d'arg. en doubles den. t., petis parisis, petis t. et mailles, 4 s. en sus de 118 s., en toutes les monnoies de France et du Dauphiné.

Le $\overline{m}$ d'or est donc mis à 67 ^{lb} 10 s. et le $\overline{m}$ d'arg., en mon^e noire, à 6 ^{lb} 2 s. t.

(A. N. Reg. Z, 1^b, 58, fol. 84, v°. — Sorb. II. 1, 9, n° 174, fol. 174 v°. — Ord., VII, 554.)

Messagerie pour envoyer lesd. lettres exéqutoires ez mon^{es} de Rouen, S^{ct}-Lô, S^{ct}-Quentin, Tournay, S^{ct}-Manehold, Troyes, Dijon, Mascon, S^{ct}-Poursain, S^{ct}-Andri, Tours, Angiers, Poictiers, Limoges, la Rochelle, Romans, Cremieu, Tholose et Montpellier.

(Mention de) Jaquet Marcel m⁰ par⁰ʳ de la mon⁰ de Rouen.

(A. N. Reg. Z, 1ᵇ, 58, fol. 85 r⁰ et v⁰. —Sorb. H. 1, 9, n⁰ 174, fol. 174 v⁰.)

1392 (25 MARS).

... avant Pasques, par vertu des lettres nᵗʳᵉ ᵍʳˢ données ce jour, fu mandé par toutes les monˢ de donner à tous changeurs et marchands, pour marc d'argent esloyé à la loy de tout le noir, 6 lb. 2 s. t.

(Ms. Fr. 4533, fol. 84 v⁰.)

1392 (1ᵉʳ AVRIL).

Par les lettres des généraux maîtres escriptes de l'autre part de ce feuillet, envoyées pour cause de la creue faicte sur l'or et sur tout le noir, il fut mandé à chascune desdictes monnoies faire et ouvrer certaine quantité de noir, c'est assavoir :

Paris : 200 marcs d'argent, moitié parisis, moitié tournois ;
Rouen : 60 marcs, tout en tournois ;
Sᶜᵗ-Lô : 40 marcs, tout en tournois ;
Sᶜᵗ-Quentin : 40 marcs, tout en parisis ;
Tournay : 60 marcs, tout en tournois ;
Sᶜᵗᵉ-Menehould : 30 marcs, tout en tournois ;
Troyes : 40 marcs, tout en tournois ;
Dijon : 30 marcs, tout en tournois ;
Mascon : 80 marcs, tout en tournois ;
Sᶜᵗ-Poursain, 30 marcs, tout en tournois ;
Sᶜᵗ-Andry : 20 marcs, tout en tournois ;
Tours : 30 marcs, tout en tournois ;
Angiers : 50 marcs, tout en tournois ;
Poictiers : 20 marcs, tout en tournois ;
Limoges : 20 marcs, tout en tournois ;
La Rochelle : 50 marcs, tout en tournois ;
Romans : 80 marcs, tout en tournois ;
Cremieu : 80 marcs, tout en tournois ;

Tholouse et Montpellier : Philippe Giffart et Gilles Villet, qui sont au païs, en ordonneront.

(A. N. Reg. Z, 1ᵇ, 58, fol. 85 v⁰.)

1392 (1ᵉʳ AVRIL AVANT PAQUES) A 1394 (24 AOUT).

Escus à la couronne, de 22 s. 6 d. t., de 61 $\frac{1}{3}$ au marc.

(Ms. Fr. 4533, fol. 58 v⁰ et 59 r⁰. — Ms. Fr. 18500, fol. 8 r⁰.)

1392 (2 AVRIL AVANT PAQUES) A 1393 (18 JUILLET).

A Sᶜᵗ-Lô, par Guillaume le Marié, pour le quel son frère Pierre le Marié tient le compte de la monnoie : blancs de 10 d. t., à 5 d. 12 gr., et de 74 $\frac{1}{4}$ au marc. — 98000 pᶜᵉˢ frappées.

(A. N. Rouleau du carton Z, 1ᵇ, 981-982.)

1392 (3 AVRIL) A 1393 (3 SEPTEMBRE).

A Crémieu, par Philippe Baroncel, escus à la couronne, de 61 $\frac{1}{3}$ au marc. Mis en boîte 28 p. — 14000 pᶜᵉˢ frappées.

(A. N. Reg. Z, 1386; carton Z, 1ᵇ, 860-865.)

1393 (DU 17 AVRIL AU 8 OCTOBRE).

A Troyes, par Pierre Plaisance, pour lequel Estienne Plaisance a tenu le compte de la mon⁰ : escus à la couronne, de 22 s. 6 d., et de 61 $\frac{1}{3}$ au marc. — 9000 pᶜᵉˢ frappées.

(A. N. Reg. Z, 1387; carton Z, 1ᵇ, 1005.)

1393 (22 AVRIL. APRÈS PAQUES).

A Paris, le 13⁰ de notre règne... Par le conseil.

Lettres pat. aux gardes et m⁰ parᵗᵉʳ de la mon⁰ de Rouen, pour donner 2 s. t. de creüe de chacun des 2000 $\overline{m}$ d'arg. que Jean de Fay dem^t à Fougières-la-Raoul en Bretagne, a accordé avec les $\overline{gn}$aux de livrer, en la mon^e de Rouen, dedans le 15 aoust prochain, aloyé à telle loy, comme nous faisons à présent ouvrer pour faire grands et petits blancs à l'escu; et sera livré en billon monoyé sur les coings de Bretagne, en den^{rs} à 4 d. 8 gr. de loy ou environ, et en arg. blanc, pour aloyer led. billon à la loy desd. blancs à l'escu sur le pied de mon^e 27e; ainsi le $\overline{m}$ d'arg. estant de 6 ⚜ 5 s. t. aura de chacun $\overline{m}$ 6 ⚜ 7 s. t.

(A. N. Reg. Z, 1^b, 58, fol. 86 r°.—Sorb. H. 1, 9, n° 174, fol. 173 v°. — Ord., VII, 560 et 561.)

L'exécutoire est du 23 avril.

(A. N. Reg. Z, 1^b, 58, fol. 86 r".)

1393 (DU 30 AVRIL AU 7 SEPTEMBRE).

A Crémieu, par Philippe Barronchel (sic), blancs de 6 s. 2 d. $\frac{1}{4}$ (74 pièces et $\frac{1}{4}$); mis en boîte 47 s. 7 d. (571 pièces). — 571000 p^{ces} frappées.

Dans le même temps, par le même, petits blancs de 5 d. t., à 5 d. 12 gr. de loi A. R., et de 12 s. 4 d. $\frac{1}{2}$ (148 $\frac{1}{2}$ au marc). Mis en boîte 2 s. 4 d. (28 p.). — 28000 p^{ces} frappées.

(A. N. Reg. Z, 1386; carton Z, 1^b, 860-865.)

1393 (JUILLET).

Jacquet Aubert était garde de la monnaie de Ste-Menehould.

(A. N. Reg. Z, 1^b, 58, fol. 87 r°.)

1393 (DU 18 JUILLET AU 18 JANVIER).

A S^{ct}-Lô, par Guillaume le Marié, pour lequel son frère Pierre le Marié tient le compte de la monnoie : blancs de 10 d. t., à 5 d.

12 gr., et de 74 $\frac{1}{4}$ au marc. — 165000 pièces frappées.

(A. N. Rouleau du carton Z, 1^b, 981-982.)

1393 (23 JUILLET).

A Paris, par le conseil étant en la cham$\overline{b}$ des comptes, auq^l l'evesque de Langres et les trésoriers estoient. — H. GUINGANT.

Lettres pat. aux $\overline{gn}$aux. Atendu la grande nécessité entre le peuple de menüe mon^e noire, et par spécial de petites mailles, tant pour faire aumosne, que pour le fait de marchandise et utilité publique, ord^é que en la mon^e de Paris et autres où bon vous semblera, seront ouvrez petites mailles tournoises qui auront cours pour une maille tournoise la pièce, à 1 d. 3 gr. de loy arg. le Roy, et de 25 s. 3 d. et 3 quarts de denier de poids au $\overline{m}$ de Paris, sur le pied de mon^e 27e.

(A. N. Reg. Z, 1^b, 58, fol. 86 v". — Sorb. H. 1, 9, n° 174, fol. 173 v° et 174 r°.— Ord., VII, 558.)

L'exécutoire des généraux maîtres adressé à la mon^e de Paris, (non daté), porte :

« Esquelles mailles pour difference à celles qui ont esté faictes au temps passé, nous avons ordené que tous les o, tant devers la croix comme devers la pile, soient tous rons, par la maniere que nous vous envoions les patrons et examplaires enclos dedans ces presentes. »

(A. N. Reg. Z, 1^b, 58, fol. 86 v°.)

L'exécutoire prescrivant la fabrication des mailles est envoyé à Angers, Limoges et la Rochelle.

Mention de André Hechet, tailleur de la Rochelle.

Mailles ordonnées aussi à S^{ct}-Pourçain, à S^{ct}-André, à Crémieu et à Romans.

(A. N. Reg. Z, 1^b, 58, fol. 87 r°.)

1393 (DU 7 AOUT AU 18 JANVIER).

A S^{ct}-Lô, par Guillaume le Marié, pour lequel son frère Pierre le Marié tient le compte de la monnoie : petiz blancs de 5 d. t., à 5 d. 12 gr., et de 148 $\frac{1}{2}$ au marc ; 181 marcs 6 onces 11 esterlins. — Environ 26998 p^{ces} frappées.

(A. N. Rouleau du carton Z , 1^b, 981-982.)

1393 (SEPTEMBRE) A 1397 (JUILLET).

A S^{ct}-Lô, mailles tournois à 1 d. 3 gr., et de 25 s. 3 d. $\frac{1}{4}$ (303 $\frac{1}{4}$ au marc) ; 197 marcs 4 onces 4 esterlins et 3 ferlins $\frac{1}{4}$. — Environ 59900 p^{crs} frappées.

(Ibidem.)

1393 (3 SEPTEMBRE).

A S^{ct}-Lô, par Guillaume le Marié, pour lequel son frère Pierre le Marié tient le compte de la monnoie : deniers tournois à 1 d. 16 gr., et de 18 s. 9 d. (225 pièces au marc). — 21600 p^{ces} frappées.

(Ibidem.)

1393 (DU 3 SEPTEMBRE AU 27 JANVIER).

A Crémieu, par Philippe Baroncel, escus à la couronne, de 61 $\frac{1}{5}$ au marc. Mis en boîte 20 p. — 10000 p^{ces} frappées.

(A. N. Reg. Z, 1386; carton Z, 1^b, 860-865.)

1393 (DU 7 SEPTEMBRE AU 31 JANVIER).

A Crémieu, par Philippe Barronchel (sic), blancs de 6 s. 2 d. $\frac{1}{4}$ (74 pièces et $\frac{1}{4}$) ; mis en boîte 26 s. 8 d. (320 pièces). — 320000 p^{ces} frappées.

(Ibidem.)

1393 (DU 8 OCTOBRE AU 17 JANVIER).

A Troyes, par Pierre Plaisance, pour lequel Estienne Plaisance a tenu le compte de la mon^e : escus à la couronne, de 22 s. 6 d., et de 61 $\frac{4}{3}$ au marc. — 3000 p^{ces} frappées.

(A. N. Reg. Z, 1387; carton Z, 1^b, 1005.)

1393 (14 OCTOBRE, 5 DÉCEMBRE ET 24 JANVIER).

A Crémieu, par Philippe Baroncel, petiz blancs de 5 d. t., à 5 d. 12 gr. de loy A. R., et de 12 s. 4 d. $\frac{4}{2}$ (148 $\frac{1}{2}$ au marc): Mis en boîte 3 s. 3 d. (39 p.). — 39000 p^{ces} frappées.

(A. N. Reg. Z, 1386; carton Z, 1^b, 860-865.)

1393 (14 NOVEMBRE ET 30 JANVIER).

A Troyes, par Pierre Plaisance, pour lequel Estienne Plaisance a tenu le compte de la monnoye : blancs de 10 d. t., à 5 d. 16 gr., et de 74 $\frac{4}{4}$ au marc. — 14000 p^{ces} frappées.

(A. N. Reg. Z, 1387; carton Z, 1^b, 1005.)

1393 (JANVIER).

Jehan Goulart était garde de la monnaie de S^{cte}-Menehould.

(A. N. Reg. Z, 1^b, 58, fol. 92 r°.)

1393 (15 JANVIER).

Mention d'Ant^{ne} de Busseron, garde de S^{ct}-André.

(A. N. Reg. Z, 1^b, 58, fol. 87 v°.)

1393 (17 JANVIER) A 1394 (2 JUIN).

A Troyes, par Pierre Plaisance, pour lequel

Estienne Plaisance a tenu le compte de la mon^e : escus à la couronne, de 22 s. 6 d., et de 61 $\frac{1}{3}$ au marc. — 5000 p^{ces} frappées.

(A. N. Reg. Z, 1387; carton Z, 1^b, 1005).

1393 (DU 18 JANVIER AU 15 AVRIL).

A S^{ct}-Lô, par Guillaume le Marié, pour lequel son frère Pierre le Marié tient le compte de la mon^e : blancs de 10 d. t., à 5 d. 12 gr., et de 74 $\frac{1}{4}$ au marc. — 33000 p^{ces} frappées.

(A. N. Rouleau du carton Z, 1^b, 981-982.)

1393 (21 JANVIER).

Mention de Jehan d'Auxonne, garde de Dijon.

(A. N. Reg. Z, 1^b, 58, fol. 87 v°.)

1393 (27 JANVIER) A 1394 (28 JUIN).

A Crémieu, par Philippe Baroncel, escus à la couronne, de 61 $\frac{1}{3}$ au marc. Mis en boîte 21 p. — 10500 p^{ces} frappées.

(A. N. Reg. Z, 1386; carton Z, 1^b, 860-865.)

1393 (31 JANVIER) A 1394 (28 JUIN).

A Crémieu, par Philippe Barronchel (sic), blancs de 6 s. 2 d. $\frac{1}{4}$ (74 pièces et $\frac{1}{4}$); mis en boîte 5 s. 1 d. (64 pièces). — 61000 p^{ces} frappées.

(Ibidem.)

1393 (15 FÉVRIER).

Lettres qui portent que les « enseignes de Monseigneur S^{et} Michiel, coquilles et cornes, qui sont nommés et appelés quincaillerie, avecques autre euvre de plon et estaing, getté au moule, pour cause des pèlerins qui ilec viennent et affluent » (en pèlerinage au mont Saint-Michel), seront exemptes des droits d'aides.

« Donné aud. lieu du mont Sainct-Michel, le 15e jour de fevrier l'an de grace 1393, et de nostre regne le 14e. »

(Ord., VII, 590.)

1393 (18 FÉVRIER).

A Troyes, par Pierre Plaisance, pour lequel Estienne Plaisance a tenu le compte de la monnoye : blancs de 10 d. t., à 5 d. 12 gr., et de 74 $\frac{1}{4}$ au marc. — 6000 p^{ces} frappées.

(A. N. Reg. Z, 1387; carton Z, 1^b, 1005.)

1393 (19 FÉVRIER ET 6 MARS).

A Troyes, par Pierre Plaisance, pour lequel Estienne Plaisance a tenu le compte de la monnoye : doubles tournois à 2 d. 12 gr., et de 168 $\frac{2}{4}$ au marc; 266 marcs 5 onces 6 estellins et $\frac{2}{3}$ d'estellin. — 60000 p^{ces} frappées.

(Ibidem.)

1393 (2 AVRIL).

Ord^{ce} royale aux g^{aux} m^{tres}, pour faire ouvrer des deniers tournois à la mon^e de Paris.

« Comme à présent il soit grand nécessité et deffault de menue mon^e noire, c'est assavoir : de petiz deniers tournois, tant pour faire aumosne comme autrement, et nous ayons entendu que en nostre monnoye de Paris n'ait pas acoustumé faire iceulx petiz tournois sans nostre mandement, nous vous mandons que led. ouvraige de petiz tournois vous faictes faire et ouvrer, en ladicte monnoye, autelx et semblables de poix et de loy comme ceulx que l'en fait en noz autres monnoies du Royaume... On payera le marc alloyé à la loy desd. petiz tournois, le pris sur ce ordonné, et que l'en donne ès autres monnoyes, c'est assavoir : 6 lb. 2 s. t. pour marc... »

(A. N. Reg. Z, 1ᵇ, 58, fol. 88 rᵒ.—*Ord.*, VII, 607.)

1394 (15 AVRIL APRÈS PAQUES AU 31 JANVIER).

A Sᶜᵗ-Lô, par Guillaume le Marié, pour lequel son frère Pierre le Marié tient le compte de la monnoie : blancs de 10 d. t., à 5 d. 12 gr., et de 74 $\frac{1}{4}$ au marc. — 80000 pᶜᵉˢ frappées.

(A. N. Rouleau du carton Z, 1ᵇ, 981-982.)

1394 (22 AVRIL).

A Cremieu, par Philippe Baroncel, petiz blancs de 5 d. t., à 5 d. 12 gr. de loi A. R., et de 12 s. 4 d. $\frac{1}{2}$ (148 $\frac{1}{2}$ au marc). Mis en boîte 1 p. — 1000 pᶜᵉˢ frappées.

(A. N. Reg. Z, 1386 ; carton Z, 1ᵇ, 860-865.)

1394 (26 MAI).

Charles, par la grâce de Dieu, Roy de France, à nos amez et féaulx les généraulx maistres de noz monⁿᵉˢ ordonn̄ à Paris, et au maistre particulier et à la garde de noz monnᵉˢ de Tournay, salut et dilection. Com̄e Jehan de Brousselles, demourant à Abbeville, familier de n̄re amé et feal cousin et connestable le comte d'Eu, envoiast naguères, par un voiturier nommé le grant Guillaume, en la ville de Bruges, pour emploier en certaines denrées, marchandises et garnisons, pour la provision de l'ostel de n̄redit cousin, la som̄e de sept vins frans ou environ, lesquielx il avoit receuz en blanche monnoie de Flandres, du maistre de la chambre aus denrées de n̄re très cher et très amé oncle, le duc de Bourgoingne, en paiement de plusieurs denrées par ledit Jehan delivrez, pour la despense de l'ostel de n̄re

oncle, lui estant darrenierement avec nous audit lieu d'Abeville, lequel voiturier en passant par la ville de Tournay, senz ce qu'il s'entremist ycelle monᵉ aucunement alouer, ait esté arrestez par Jehan le Gilliou, soy disant n̄re sergent, et les deniers qu'il avoit sur lui en lad. monᵉ blanche lui osta de fait et mist en n̄red. monnoye de Tournay, com̄e à nous acquis et confisquez, si com̄e l'en dit, savoir vous faisons que nous, pour contemplacion de nozdiz oncle et cousin, aud. Jehan de Brousselles avons remis, quictié et pardonné, et par ces présentes quittons, remettons et pardonnons, de grace especial, toute offense et amende que pour le fait dessusdit puet avoir encouru...

(A. N. Reg. Z, 1ᵇ, 58, fol. 88 rᵒ.)

1394 (DU 2 JUIN AU 26 AOUT).

A Troyes, par Pierre Plaisance, pour lequel Estienne Plaisance a tenu le compte de la monnoie : escus à la couronne, de 22 s. 6 d., et de 61 $\frac{1}{4}$ au marc. — 2500 pᶜᵉˢ frappées.

(A. N. Reg. Z, 1387 ; carton Z, 1ᵇ, 1005.)

1394 (DU 28 JUIN AU 31 AOUT).

A Cremieu, par Philippe Baroncel, escus à la couronne, de 61 $\frac{1}{3}$ au marc. Mis en boîte 7 p. — 3500 pᶜᵉˢ frappées.

(A. N. Reg. Z, 1386 ; carton Z, 1ᵇ, 860-865.)

1394 (DU 28 JUIN AU 11 NOVEMBRE).

A Cremieu, par Philippe Baroncel, petiz blancs de 5 d. t., à 5 d. 12 gr. de loi A. R., et de 12 s. 4 d. $\frac{1}{2}$ (148 $\frac{1}{4}$ au marc). Mis en boîte 21 p. — 21000 pᶜᵉˢ frappées.

(*Ibidem.*)

1394 (DU 28 JUIN AU 4 MARS).

A Cremieu, par Philippe Barronchel (*sic*), blancs de 6 s. 2 d. $\frac{1}{4}$ (74 pièces et $\frac{1}{4}$). Mis en boîte 3 s. 2 d. (38 pièces). — 38000 p^{ces} frappées.

(A. N. Reg. Z, 1386; carton Z, 1ᵇ, 860-865.)

1394 (29 JUILLET).

A Paris.

Lettres du Roi, pour fixer la valeur des espèces qui devront seules avoir cours en Dauphiné :

Écus à la couronne, 22 s. 6 d. t.;

Blancs à l'écu, 10 d.;

Demi-blancs à l'écu, 5 d.;

Doubles tournois, 2 d.;

Petits parisis, 1 d, p.;

Petits tournois, 1 d. t.;

Petites mailles, 1 m.

(H. Morin, p. 194. — *Ord.*, VII, 554.)

1394 (29 JUILLET).

A Paris, par le Roy, en son conseil, M^{rs} les ducs de Berry, d'Orléans et de Bourbon, vous et les gnaux m^{es} des mon^{es} p̄ns. — GONTIER.

Lettres pat. aux ḡnaux, pour faire d̄en d'or fin, apelez escus à la couronne, autels et semblables comme ceux que l'en fait à p̄nt, de 62 d. de poids au m̄ de Paris, et sera donné du m̄ d'or fin, 68 ₶,5 s. t.

(A. N. Reg. Z, 1ᵇ, 58, fol. 89 rᵒ. — Sorb. H. 1, 9, nᵒ 174, fol. 174 rᵒ. — *Ord.*, VII, 642.)

Pareilles lettres, et de la même date, pour le Dauphiné.

(*Ibidem.*)

L'exécutoire des généraux maîtres est du 26 août 1394 et porte (à Rouen) :

« ... Et doresenavant, faites faire et ouvrer deniers d'or fin appellez escuz à la coronne, autelz et semblables comme ceulx de présent, lesquelz soyent de 62 d. de pois au marc de Paris, en le tenant secret, sanz le publier... »

Le 28ᵉ jour d'aoust 1394, en la mon^e de Paris, fu publiée aux changeurs de Paris la creue faicte en marc d'or, dont cy dessus est f̄ce mention.

(A. N. Reg. Z, 1ᵇ, 58, fol. 89 rᵒ.)

1394 (29 JUILLET).

A Paris.

Lettres pat. au prevost de Paris, ou son lieut^t, pour décry des mon^{es} d'or et d'arg., sur peine de corps et avoir, le cours donné seulement aux bons den^{rs} d'or fin, apelez escus à la couronne, que nous faisons faire par toutes nos mon^{es} pour 22 s. 6 d. t. pièce.

Blancs den^{rs} à l'escu que nous faisons faire, 10 d. ;

Petiz blancs apelez demi-blancs à l'escu, 5 d. t.;

Doubles t., 2 d. t.;

Petiz parisis et petiz t., pour 1 d. par^s et 1 d. t.;

Les petites mailles, pour une maille tournois.

Toutes autres mon^{es}, au m̄ pour billon.

(Suivent les prescriptions habituelles.)

(A. N. Reg. Z, 1ᵇ, 58, fol. 89 vᵒ et 90 rᵒ. — Sorb. H. 1, 9, nᵒ 174, fol. 174 rᵒ.)

1394 (29 JUILLET).

A Paris.

Lettres pat. de comm^{on} à notre amé et féal Jean Hazart, ḡnal m^e de nos mon^{es}, comm^{re} ḡnal et inquisiteur sur le fait de nos mon^{es}

pour tout notre Roy^me... pour faire crier les monn^es admises au cours légal...

(A. N. Reg. Z, 1^b, 58, fol. 90 r°. — Sorb. H. 1, 9, n° 174, fol. 174 v°. — Ord., VII, 639.)

Des lettres patentes du même jour lui adjoignent « Jehan de Roolot, recev^r g^al des profits et émoluments des mon^es de notred. Roy^me et de notre Dalphiné. »

(Ord., VII, 641.)

Il y est dit que la monnaie de la Rochelle est tombée et se trouve encore en chômage.

(Ibidem.)

Item, Benedic du Gal et Pierre Chappelu, gen^aux m^tres, ordonnez pour visiter ensemble.

(A. N. Reg. Z, 1^b, 58, fol. 90 r°. — Ord., VII, 639, note a.)

1394 (8 AOUT).

A Paris.

Lettres patentes à nos amez et feaulx Benedic du Gal et Pierre Chapelu, g̅naux m^es de nos mon^es.

Il s'agit de faire reconnaître les droits du Roi sur l'administration de la mon^e de Tournay, et des changeurs.

Il y est dit qu'en décembre précédent, Michel du Sablon était gen^al m^tre des mon^es.

(A. N. Reg. Z, 1^b, 58, fol. 91 r°. — Sorb. H. 1, 9, n° 174, fol. 174 v°. — Ord., VII, 652.)

1394 (8 AOUT).

Mandement qui porte qu'il sera mis un maître particulier dans la monnoie de la Rochelle, et qu'en cas qu'on n'en trouve point, on travaillera, dans cette monnaie, pour le compte du Roi.

(A. N., Reg. Z, 1^b, 58, fol. 91 v°.— Ord., VII, 655.)

1394 (8 AOUT).

A Paris.

Lettres Royales aux g^aux m^tres de ses mon^es, mandant :

1° Que tous les ateliers delphinaux procèdent à la fabrication de deniers d'or fin, appelez escus à la couronne, à la taille de 62 pièces au marc de Paris ;

2° Que l'on paye le marc d'or fin 68 lb. 5 s. t.

(H. Morin, p. 194. — Ord., VII, 654.)

1394 (11 AOUT).

A Troyes, par Pierre Plaisance, pour lequel Estienne Plaisance a tenu le compte de la monnoye : blancs de 10 d. t., à 5 d. 12 gr., et de 74 1/4 au marc. — 11000 pièces frappées.

(A. N. Reg. Z, 1387 ; carton Z, 1^b, 1005.)

1394 (12 AOUT) A 1395 (22 JUILLET).

A Troyes, par Pierre Plaisance, pour lequel Estienne Plaisance a tenu le compte de la monnoye : blancs de 10 d. t., à 5 d. 12 gr., et de 74 1/4 au marc. — 51000 p^ces frappées.

Chômage du 12 août au 18 février 1394, date de la première délivrance.

(Ibidem.)

1394 (DU 26 AOUT AU 2 FÉVRIER).

A Troyes, par Pierre Plaisance, pour lequel Estienne Plaisance a tenu le compte de la monnoye : escus de 22 s. 6 d., et de 62 au marc. — 6000 p^ces frappées.

(Ibidem.)

1394 (27 août).

Mention de Jehan Goulart, garde de la monᵉ de Stᵉ Magnelhod *(sic)*.

(A. N. Reg. Z, 1ᵇ, 58, fol. 92 rᵒ.)

1394 (28 août) a 1411 (5 novembre).

Semblables deniers d'or fin à l'escu couronné, de 62 au marc.

(Ms. Fr. 4533, fol. 59 rᵒ.—Ms. Fr. 18500, fol. 8 rᵒ.)

1394 (du 31 août au 28 février).

A Cremieu, par Philippe Baroncel, escus à la couronne, de 62 au marc. Mis en boîte 17 pièces. — 8500 pᶜᵉˢ frappées.

(A. N. Reg. Z, 1386 ; carton Z, 1ᵇ, 860-865.)

1394 (5 septembre).

Ecus à la couronne d'or fin, et de 62 au marc, valant 22 s. 6 d.

(Leblanc, *Tables.*)

1394 (10 septembre).

A Troyes, par Pierre Plaisance, pour lequel Estienne Plaisance a tenu le compte de la monnoye : doubles tournois à 2 d. 12 gr., et de 168 ¾ au marc ; 181 marcs et ⅓ de marc. — 40900 pᶜᵉˢ frappées.

(A. N. Reg. Z, 1387 ; carton Z, 1ᵇ, 1005.)

1394 (27 octobre).

Lettres qui portent que la monnaie de Tournai sera affermée sans enchères.

(A. N. Reg. Z, 1ᵇ, 58, fol. 93 rᵒ.— *Ord.*, VII, 680 et 681.)

1394 (27 octobre).

Lettres qui portent que, pendant deux ans, les maîtres particuliers des monnoyes, à l'exception de ceux des monnoyes de Paris, de Tournay et de Rouen, ne donneront plus de caution que pour 4000 lb.

(A. N. Reg. Z, 1ᵇ, 58, fol. 93 rᵒ. — *Ord.*, VII, 680.)

1394 (3 novembre) a 1397 (5 avril, avant paques).

A Cremieu, par Philippe Baroncel, petites mailles tournois à 1 d. 6 gr. de loi, et de 28 s. 1 d. ½ au marc de Paris (337 ½). Mis en boîte 1 s. 6 d. (18 p.) ; 128 marcs d'œuvre. — 27840 pᶜᵉˢ frappées.

(A. N. Reg. Z, 1386 ; carton Z, 1ᵇ, 860-865.)

1394 (du 20 décembre au 22 janvier).

A Cremieu, par Philippe Baroncel, petiz blancs de 5 d. t., à 5 d. 12 gr. de loi A. R., et de 12 s. 1 d. ½ (148 ½ au marc). Mis en boîte 1 s. 8 d. (20 p.). — 20000 pᶜᵉˢ frappées.

(*Ibidem.*)

1394 (25 janvier).

Mention de Jehan Morel, garde de la monᵒ de Sᶜᵗ-Pourçain.

(A. N. Reg. Z, 1ᵇ, 58, fol. 93 vᵒ.)

1394 (31 janvier) a 1395 (18 juillet).

A Sᶜᵗ-Lô, par Guillaume le Marié, pour lequel son frère Pierre le Marié tient le compte de la monnoie : blancs de 10 d. t., à 5 d. 12 gr., et de 74 ¼ au marc. — 100000 pᶜᵉˢ frappées.

(A. N. Rouleau du carton Z, 1ᵇ, 981-982.)

1394 (2 février) a 1395 (22 juillet).

A Troyes, par Pierre Plaisance, pour lequel Estienne Plaisance a tenu le compte de la monnoie : escus de 22 s. 6 d., et de 62 au marc. — 5500 pces frappées.

(A. N. Reg. Z, 1387 ; carton Z, 1b, 1005.)

1394 (6 février) a 1395 (24 juillet).

A Troyes, par Pierre Plaisance, pour lequel Estienne Plaisance a tenu le compte de la monnoye : doubles tournois à 2 d. 12 gr., et de 168 ¾ au marc, 352 marcs ; — 79200 pces frappées.

(Ibidem.)

1395[1] (28 février) a 1395 (8 janvier).

A Cremieu, par Philippe Baroncel, écus à la couronne, de 62 au marc. Mis en boîte 37 pièces, représentant 18500 pces frappées.

(A. N. Reg. Z, 1386 ; carton Z, 1b, 860-865.)

1394 (4 mars) a 1395 (2 février).

A Cremieu, par Philippe Barronchel (sic), blancs de 6 s. 2 d. ¼ (74 pièces ¼). Mis en boîte 20 s. 11 d. (251 pièces). — 251000 pces frappées.

(Ibidem.)

1394 (9 avril.) a 1397[2] (8 avril).

A Cremieu, Philippe Baroncel a frappé des petiz deniers tournois à 1 d. 16 gr. de loi, et de 18 s. 9 d. au marc (225 pièces). Mis en boîte 21 pièces ; il a été frappé 224 marcs d'œuvre. — 50400 pces frappées.

(Il semble qu'il ait été mis en boîte une pièce sur 2400 frappées, ou à peu près sur dix marcs.)

(Ibidem.)

1395 (7 mai).

Jehan le Mareschal, nouvel gnal, paracheva son année de me pticulier de la mon° de Paris, nonobstant son office.

(Ms. Lecoq, fol. 35 v°.)

1395 (25 mai).

Le mardi 25 mai 1395, au comptr : J. Remon, Bertaut de Landes, Gilles Villet et Jeh. le Mareschal.

Pierre le Pasquier et Franchequin Taget, gardes d'Angers, sont mis à l'amende, pour avoir fait deux reprises d'une délivrance.

(A. N. Reg. Z, 1b, 2, fol. 1 v°.)

1395 (27 mai).

J. Remon le Jeune et N. Braque, gardes de Paris.

(A. N. Reg, Z, 1b, 2, fol. 2 r°.)

1395 (13 juin).

Au comptouer : J. de la Fournaise, J. Remon, Bertault de Landes, Gile Villet, P. Chapelu et J. le Mareschal.

P. Gosse, jadis me parer de la mon° de la Rochelle, à cause qu'il a passé les remèdes de l'or, condamné en amende.

(Sorb. H. 1, 9, n° 174, feuille volante.)

1395 (14 juin).

Lundi 14 juin 1395 au comptr : J. de la

---

[1] Nouveau style. — [2] « A l'usage du Dalphiné. »

Fournaise, J. Remon, Bertaut de Landes, Gile Villet, P. Chapelu et J. le Mareschal.

P. Gosse, jadis m^{tre} p^{er} de la Rochelle, est condamné à l'amende pour avoir outrepassé les remèdes de l'or dans deux boîtes qui contenoient l'une 15 pièces et l'autre 2.

Le même jour, il prend à bail la mon^e de Tours, et promet faire le marc d'or pour 9 s. t., le marc d'arg^t pour 3 s. 6 d., et celui de noir pour 21 d. t.

(A. N. Reg. Z, 1^b, 2, fol. 2 r° et v°.)

———

1395 (15 juin).

Au comptoüer : J. de la Fournaise, J. Remon, B͞ndic du Gal, B͞tault de Landes, Gilles Villet, Jeh. Hazart et Pierre Chapelu.

Ce jour fut délibéré que pour l'avancement de l'ouvrage de la mon^e d'Angiers, les gardes souffrent affiner par le m^e part^er, en leur présence, c'est à sç͞r, mon^e de Bretagne et non autre, telle quantité qu'il conviendra pour aloyer lad. mon^e de Bretagne, en fais^t registre par devers eux quelle quantité de billon aura esté affiné, pour le certifier toutesfois que mestier sera : et sur ce fu escript ausdits gardes.

(Sorb. H. 1, 9, n° 174, feuille volante).

———

1395 (17 juin).

A cette date, Jehan du Vivier est tailleur des coings de la mon^e de Paris ; Jehan Remon le jeune et N. Braque sont gardes.

(A. N. Reg. Z, 1^b, 2, fol. 3 r°.)

———

1395 (10 juillet).

Ce jour fut délibéré que l'on mandera aux gardes de S^cte-Manehould, qu'ils délivrent à Bernard Bonati, ou à Michel Pagani son pro-

cureur, les biens de l'inventère (sic) de la monnoie de S^cte-Manehould, en recevant tous les hostillements et aultres choses nécessaires à faire l'ouvraige des monnoyes.

(A. N. Reg. Z, 1^b, 2, fol. 3.)

———

1395 (10 juillet).

Au comptouer : J. de la Fournaise, J. Remon, Ben͞dic, B͞tault, G. Villet, P. Chapelu et Jeh. le Mareschal.

(Sorb. H. 1, 9, n° 174, feuille volante.)

———

1395 (du 18 juillet au 5 septembre).

A S^ct-Lô, par Guillaume le Marié, pour lequel son frère Pierre le Marié tient le compte de la monnoie : blancs de 10 d. t., à 5 d. 12 gr., et de 74 1/4 au marc. — 45000 p^ces frappées.

(A. N. Rouleau du carton Z, 1^b, 981-982.)

———

1395 (21 juillet).

Bernart Braque, au nom et comme procureur de N. Braque son frère, garde de la mon^e de Paris.

[Sorb. H. 1, 9, n° 174, feuille volante).

———

1395 (21 juillet).

A cette date, N. Stancon est garde de la mon^e de S^ct-Quentin.

(A. N. Reg. Z, 1^b, 2, fol. 3 v°, et reg. Z, 1^b, 58, fol. 94 r°.)

———

1395 (21 et 24 juillet).

A S^ct-Lô, par Guillaume le Marié, pour lequel son frère Pierre le Marié tient le compte de la monnoie : petiz blancs de 5 d. t., à 5 d.

12 gr., et de 148 ¼ au marc. — 24000 p^{ces} frappées.

(A. N. Rouleau du carton Z, 1^b, 981-982.)

1395 (23 JUILLET).

Réparations coutant 20 lb. à la monnoie de S^{et}-Quentin.

A. N. Reg. Z, 1^b, 2, fol. 3 v^e.)

1395 (2 AOUT).

Les g͞naux m^{es} des mon^{es} du Roy, notre sire, à honorables ho͞mes et saiges , sire Gilles Villet, l'un desdits g͞naux m^{es}, et Pierre de Vé, ad^{nt} en parl^t, salut et dilection . . . Donné à Paris sous nos sceaux, le 2e jour d'aoust 1395. (C'est une comm^{on} pour informer des faits sur le procès du tailleur et des gardes de la mon^e de Paris.)

(Sorb. H. 1, 9, n° 174, feuille volante, intitulée : *Extrait du registre començant le 27 may 1395 et finissant le . . . 1421, estant en la Cour des monoyes.*)

1395 (5 AOUT).

Jehan Gobin, garde de la monoye de Tours.
Les papiers de feu Robin Binet et de Martin Langloys , jadis contregardes de la mon^e de Tours (?).

(A. N. Reg. Z, 1^b, 2, fol. 4 v°. —Sorb. H. 1, 9, n° 174, feuille volante.)

1395 (5 AOUT).

Richart le Goupil et son collègue sont mis à l'amende, pour avoir délivré des petits blancs à l'écu « foibles, en 9 marcs 8 blancs deniers. »

(A. N. Reg. Z, 1^b, 2, fol. 4 v°.)

1395 (21 AOUT).

Ce jour fu délibéré au comptoer, que Jehan Mouchet fera faire l'ouvrage en la mon^e de S^{et}-Quentin, en son nom, jusques à la fin du temps que feu Robert son père, jadis m^e p^{er}, l'avoit prise.

(*Ibidem.*)

1395 (26 AOUT).

Vaisselle du Roy.

Ce jour furent aportez en la cham͞b des mon^{es} deux flacons d'or, à la devise du Roy, desquels a esté pris le poids d'une o͞b d'or ou environ, en la présence de m^e Jean Creté et de sire Jean de Vaudetar, et depuis touchié et jugié par les g͞naux m^{es} des mon^{es}, à 21 karats ¾ et ⅛ de karat (qui vaut 62 ₶ 4 s. 1 d. 3 p.) et poisent 71^m 3° valant 4440 ₶ 11 d. t.
Item pour la façon et dechié de chacun desd. flacons, 12 francs, vall^t 866 ₶ 10 s. t.
Somme : 5296 ₶ 10 s. 11 d. t.

(Sorb. H. 1, 9, n° 174, feuille volante).

1395 (SEPTEMBRE).

Estienne l'Orfèvre, garde de la monoye de Diion.
Jean de Numeigue receu à l'office de tailleur de la mon^e de Rouen, vacant par la mort de Jean Chaurret.
Hugues Regnier, garde de la mon^e de S^{et}-Poursain.
Jean le Pelletier, essayeur de la mon^e de S^{et}-Quentin.

(*Ibidem.*)

1395 (DU 5 SEPTEMBRE AU 24 NOVEMBRE).

A S^{et}-Lô, par Guillaume le Marié, pour lequel son frère Pierre le Marié tient le compte de la monnoie : blancs de 10 d. t, à 5 d.

12 gr., et de 74 ¼ au marc. — 33000 p^{ces} frappées.

(A. N. Rouleau du carton Z, 1^b, 981-982.)

1395 (DU 13 SEPTEMBRE AU 11 JANVIER).

A Troyes, par Pierre de la Garmoise, blancs de 10 d. t., à 5 d. 12 gr., et de 74 ¼ au marc. — 40000 p^{ces} frappées.

Chômage du 22 juillet 1395 au 13 7bre dessusdit.

(A. N. Reg. Z, 1387; rouleau du carton Z; 1^b, 1005.)

1395 (DU 13 SEPTEMBRE AU 5 JANVIER).

A Troyes, par Pierre de la Garmoise, escus de 22 s. 6 d., et de 62 au marc. — 4500 p^{ces} frappées.

(*Ibidem.*)

1395 (18 SEPTEMBRE).

A S^t-Lô, par Guillaume le Marié, pour lequel son frère Pierre le Marié tient le compte de la monnoie : doubles tournois à 2 d. 12 gr., et de 14 s. et ¾ (168 ¾ au marc). — Environ 74500 p^{ces} frappées.

(A. N. Rouleau du carton Z, 1^b, 981-982.)

1395 (23 SEPTEMBRE).

Jehan le Mareschal est chargé de faire l'ouvrage de la mon^e, en l'absence de Jehan Hue qui tient le compte de la mon^e d'arg^t de Paris.

(A. N. Reg. Z, 1^b, 2, fol. 5 v°.)

1395 (23 SEPTEMBRE).

Jehan le Mareschal, gnal qui paravant avoit tenu le compte de l'or de la mon^e de Paris, fera l'ouvraige du billon que les changeurs

ont livré, sans prejudice du bail faict à Jehan Hue qui estoit absent.

(Ms. Lecoq, fol. 35 v^e.)

1395 (12 NOVEMBRE).

Estienne l'Orfevre, garde de la mon^e de Dijon, est mis à l'amende, pour avoir exercé fait de change.

Ledit 12e jour de 9bre fut donné à Jehan de Numeugue *(sic)* l'office de tailleur de la mon^e de Rouen, vacant par la mort de Jehan Chavirret *(sic)*.

(A. N. Reg. Z, 1^b, 2, fol. 6 v°.)

1395 (13 NOVEMBRE).

Jeh. de la Fournaise, J. Remon, Benedic du Gal, Giles Villet, Jeh. Hazart, P. Chapelu et J. le Mareschal.

Olivier de la Sauvaigere, m^e p^er d'Angers, est mis à l'amende, et refusant de payer il est emprisonné.

(*Ibidem.*)

1395 (26 NOVEMBRE).

A Troyes, par Pierre de la Garmoise, deniers tournois à 1 d. 16 gr., et de 18 s. 9 d. (225 au marc); 85 marcs et ⅓. — 19140 p^{ces} frappées.

(A. N. Reg. Z, 1387; carton Z, 1^b, 1005.)

1395 (27 NOVEMBRE).

Procès entre Simon Roque et Hugues Renier (*ou* Reynier), garde de St-Pourçain.

Pierre de Dampmars, garde de Rouen, est mis à l'amende, pour ne s'être pas rendu à son poste; sous peine de perdre son office, il devra l'exercer à partir du 2 janvier prochain.

(A. N. Reg. Z, 1^b, 2, fol. 7 v°.)

1395 (7 décembre).

A S^{ct}-Lô, par Guillaume le Marié, pour lequel son frère Pierre le Marié tient le compte de la monnoie : deniers tournois à 1 d. 16 gr., et de 18 s. 9 d. (225 pièces au marc); 160 marcs. — 36000 p^{ces} frappées.

(A. N. Rouleau du carton Z, 1^b, 981-982.)

———

1395 (11 décembre).

Ce jour fut délibéré que la garnison du billon d'or et d'argent demoré en la monnoye de S^{cte}-Manehould, sera apportée en la monnoye de Troyes, pour ouvrer et monnoyer, afin que le paiement qui en isroit, soit converti au paiement des changeurs et marchans, et oultre fut mandé aux gardes de ladicte monnoye de S^{cte}-Manehould, qu'ils contentent lesdiz changeurs de ce qui leur estoit dû, ou aultrement l'on y pourvoirait.

(A. N. Reg. Z, 1^b, 2, fol. 8 v°.)

———

1395 (5 janvier) a 1396 (20 juillet).

A Troyes, par Pierre de la Garmoise, escus de 22 s. 6 d., et de 62 au marc. — 8000 p^{ces} frappées.

(A. N. Reg. Z, 1387; carton Z, 1^b, 1005.)

———

1395 (7 janvier).

Jehan le Meunier, garde de la mon^e de Tournai, reçoit l'ordre d'apporter tous les fers livrez en lad. monn., depuis le temps que Henri le Carlier a esté maistre d'icelle.

(A. N. Reg. Z, 1^b, 2, fol. 8 v°.)

———

1395 (8 janvier) a 1396 (1er février).

A Crémieu, par Philippe Baroncel, escus à

la couronne, de 62 au marc. Mis en boîte 32 pièces, représentant 16000 p^{ces} frappées.

(A. N. Reg. Z, 1386; carton Z, 1^b, 860-865.)

———

1395 (10 janvier).

Ce jour fut dicte et exposée à Jehan Goulart et Jehan de Verdun, gardes de la monnoye de Ste-Manehould, la faute de ce que les changeurs n'ont esté payez de leur billon, et leur fu demandé où estoit l'argent; lesquelx respondirent et confessèrent, c'est assavoir ledict Goulart qu'il en avoit eu pour ses gaiges c ₶ t., et ledict Jehan de Verdun confessa qu'il en avoit pris pour ses despens cxviij ₶ t. Maître Remi l'orfeuvre, tailleur, en avoit eu l ₶ t. et Geoffroy de Luchieu, essaieur, xxxvij ₶ t. pour leurs gaiges; et après ce leur fu dit qu'ils avisassent et pourveissent que lesdiz changeurs auxquelx l'on peut devoir environ iij^c ₶ t. fussent contentez et paiez, et que demain à ix heures il reviendra pour ceste cause.

Le lendemain, Jehan de Verdun est mis à la conciergerie. Élargi sur la caution de son père, Pierre de Verdun, le 19 janvier, il paie 70 ₶ qui étaient sa quote-part.

(A. N. Reg. Z, 1^b, 2, fol. 9 r°.)

———

1395 (11 janvier).

A Paris, de notre regne le 16, par le Roy, à la relation du conseil. — J. Bertaut.

Lettres pat. aux gnaux. Arnoulet Braque, chang^r sur le pont de Paris, nous a offert prendre et enchérir la mon^e de Paris, parmi ce qu'il puisse faire et exercer fait de change. Toutesvoyes, sous l'ombre de certaine ord^{ce} pieça fete et introduite, si comme l'en dit, à la faveur des marchans et changeurs frequentans nos mon^{es}, pour cause du proffit qu'ils prenoient, à cause des grands ouvrages que l'en faisoit lors en nosd. mon., vous refusiez recevoir l'enchere dud. Arnoullet, en quoy nous pourrions avoir grand dommage, s'il n'y estoit pourveu : pour quoy nous, atendu ce que dit est, et le petit ouvrage qui est de pnt en nos monᵗᵃ, vous mandons que l'enchere dud. Arnoullet, et d'autres personnes qui voudront encherir tant nosd. monᵗᵃ de Paris comme les autres, vous receviez tout ainsi et par la manière que vous verrez qu'il appartiendra à faire pour notre profit, nonobstant ordre mandement ou defense à ce contraire.

(A. N., Reg. Z, 1ᵇ, 58, fol. 94 r°. —Sorb. H. 1, 9, n° 174, fol. 175 r°.—*Ord.*, VIII, 34.)

___

1395 (11 janvier a 1396 (13 juillet).

A Troyes, par Pierre de la Garmoise, blancs de 10 d. t., à 5 d. 12 gr., et de 74 ¼ au marc. — 38000 pᶜᵉˢ frappées.

(A. N. Reg. Z, 1387; carton Z, 1ᵇ, 1005.)

___

1395 (12 janvier).

Mandement aux gᵃᵘˣ mᵗʳᵉˢ, pour faire à Paris pour 300 marcs d'argent de petits deniers parisis, ayant cours pour 1 d. p., à 1 d. 16 gr. de loi A. R., et de 15 s. de poids, « pour delivrer à nostre aumosnier et non à autre, pour convertir en nostre aumosne. »

(A. N. Reg. Z, 1ᵇ, 58, fol. 94 v°.—*Ord.*, VIII, 31.)

___

1395 (2 février) a 1396 (1ᵉʳ février).

A Crémieu, par Philippe Barronchel (*sic*), blancs de 6 s. 2 d. ¼ (74 pièces et ½); mis en boîte, 9 s. 5 d. (113 pièces). —113000 pᶜᵉˢ frappées.

(A. N. Reg. Z, 1386; carton Z, 1ᵇ, 860-865.)

___

1395 (6 mars).

Olivier Pigne, nagaires mᵉ pʳʳ de la monᵉ de Tours.

(A. N. Reg. Z, 1ᵇ, 2, fol. 40 v°.)

___

1395 (8 mars).

A Sᶜᵗ-Lô, par Guillaume le Marié, pour lequel son frère Pierre le Marié tient le compte de la monnoie : blancs de 10 d. t., à 5 d. 12 gr., et de 74 ¼ au marc. — 6000 pᶜᵉˢ frappées.

(A. N. Rouleau du carton Z, 1ᵇ, 981-982.)

___

1395 (13 mars) a 1396 (28 novembre).

A Sᶜᵗ-Lô, par Guillaume le Marié, pour lequel son frère Pierre le Marié tient le compte de la monnoie : blancs de 10 d. t., à 5 d. 12 gr., et de 74 ¼ au marc.—29000 pᶜᵉˢ frappées.

(*Ibidem.*)

___

1395 (18 mars) a 1396 (22 juin).

A Sᶜᵗ-Lô, par Guillaume le Marié, pour lequel son frère Pierre le Marié tient le compte de la monnoie : doubles tournois à 2 d. 12 gr., et de 14 s. et ¾ (168 ¾ au marc); 1038 marcs 1 once 15 esterlins et 2 ferlins. — Environ 175200 pᶜᵉˢ frappées.

(*Ibidem.*)

___

1396.

Mᵉ Baudoin de Frenes résigne l'office d'essayeur de la monᵉ de Tournay, que tient Jean de Rames, et ledit office est donné à Thierry d'Ambermont, examiné et trouvé suffisant, à la monᵉ de Paris, par sire Gile Villet.

Pierre de Verdun, garde de la monᵉ de

Troyes; lui est octroyé que Jehannin son fils sera son lieuten¹ jusqu'à un an, parmi ce que ledit Jehannin ne pourra exercer ledit office, ni bailler à monnoyer ou faire delivrer... Et ne pourra led. Pierre de Verdun demourer hors de Troyes pour ses besongnes, que par l'espace de deux mois audit an.

Jean Triquel nomme ses procureurs pour ouvrir ses boistes de la monnoye d'Angiers, compter ses essays, et rendre et affirmer ses comptes.

Arnoul le Muisy, mᵉ de la monᵉ de Tournay, fait ses procureurs les mesmes.

(Sorb. H. 1, 9, n° 174, fol. 91 v°.)

1396 (18 AVRIL ET 14 JUILLET).

A Troyes, par Pierre de la Garmoise, deniers tournois à 1 d. 16 gr., et de 18 s. 9 d. (225 au marc); 138 marcs et ⅔. — 31200 pᶜᵉˢ frappées.

(A. N. Reg. Z, 1387; carton Z, 1ᵇ, 1005.)

1396 (27 AVRIL).

Item fu accordé que les gaiges des officiers (de la monᵉ de Rouen) seront paiez du temps que lad. monnᵉ a chomé, par avant la prise faite par Guillemin Bourdon, qui monte environ 7 sepmaines de chomage.

(A. N. Reg. Z, 1ᵇ, 2, fol. 10 v°.)

1396 (29 AVRIL).

Le 29 avril 1396 fu ordené mander la peille d'une boiste de petiz blancs, dont fu faicte une delivrance à Angiers, où il avoit 13 petiz blancs deniers.

(A. N. Reg. Z, 1ᵇ, 2, fol. 11 r°.)

1396 (12 MAI).

Il avait été délibéré, le 29 avril 1396, d'avertir N. Braque et Bernart Braque, d'avoir à se décider à permuter « en quelque monnᵉ qu'ilz voudront, durant que leur frère sera mᵉ pᵉʳ de la monᵉ de Paris, ou de y mettre substitut... »

Le vendredi 12 mai 1396, N. Braque et Bernart Braque se décidèrent à prendre des substituts. Nicolas présenta Symon de Caours ou Jehan Bourdon, et Bernart, Michelet de Caours.

(A. N. Reg. Z, 1ᵇ, 2, fol. 11 r°.)

1396 (13 MAI).

Au comptouer : Jean Remon, B. du Gal, J. Hazart, G. Villet, J. de la Fournaise, B. de Landes.

Ce jour fut délibéré que pour ce que Arnoullet Braque, mᵒ partᵉʳ de la monᵉ de Paris, et Jehan Braque tenant le compte, sont frères germains de N. Braque, garde de ladᵉ monᵉ, et de Bernart Braque, contregarde de l'or en icelle monᵉ, fu ordé substituer pour led. office de garde exercer, tant comme lesd. Arnoullet et Jean Braque seront en lad. monnoye ; c'est à scr...

(Ibidem.)

Ici le texte s'arrête.

Nous trouvons la suite sur une feuille volante du reg. H. 1, 9, n° 174 de la Sorbonne :

Jacquin Langloys pour led. N.; et pour exercer led. office de contregarde, en lieu dud. Bernart, a esté ordonné Jehan Bourdon...

1396 (21 JUIN).

Ordonné que au cas que la monnoie de Fijac sera mise sus, Huguenin de Fraguenas et Franç' Guérin seront gardes.

(A. N. Reg. Z, 1ᵇ, 2, fol. 12 rᵒ. — Sorb. H. 1, 9, nᵒ 174, fol. 91 rᵒ.)

———

1396 (21 JUIN).

Don des offices des gardes et tailleurs de Fijac.

(Ms. Lecoq, fol. 17 rᵒ.)

———

1396 (26 JUIN).

Jean Moreau, garde de la monnoye de Sᶜᵗ-Poursain, condé en amende, pour avoir fait faict de change.

(A. N. Reg. Z, 1ᵇ, 2, fol. 12 rᵒ. — Sorb. H. 1, 9, nᵒ 174, fol. 91 rᵒ.)

———

1396 (28 JUIN).

Jean de Nimègue résigne en la main de Messʳˢ son office de la taille de la monnoie de Rouen. Ledit office fut donné à Geoffroy Corel, au cas qu'il en fût trouvé capable.

(A. N. Reg. Z, 1ᵇ, 2, fol. 12 vᵒ. — Sorb. H. 1, 9, nᵒ 174, fol. 91 vᵒ).

Lequel office fut donné à Jouffrin Corel, en cas qu'il sera trouvé souffisant.

———

1396 (6 JUILLET).

Corel témoigné suffisant par le rapport de Evrart, lieutᵗ de Jean du Vivier, tailleur de la monnᵉ de Paris.

Michelet de Caours, monnoyer du serment de France, pour desobeissances par luy faictes à Jean Remon, garde de la monᵉ de Paris,

condamné en amende. Son père est Simon de Caours.

(Sorb. H, 1, 9, 174, fol. 91 rᵒ.)

Le registre Z, 1ᵇ, 2 des Archives nationales donne (fol. 16 rᵒ) l'affaire de Michelet de Caours à la date du 11 septembre 1396.

———

1396 (9 JUILLET).

Élargissement de prison, sous caution, de Geuffrin de Lichieu, essaieur de la monnoie de Sᶜᵗᵉ-Menehould.

(A. N. Reg. Z, 1ᵇ, 2, fol. 12 vᵒ.)

———

1396 (DU 20 JUILLET AU 6 JANVIER).

A Troyes, par Pierre de la Garmoise, escus de 22 s. 6 d., et de 62 au marc. — 4000 pièces frappées.

(A. N. Reg. Z, 1387; carton Z, 1ᵇ, 1005.)

———

1396 (21 JUILLET).

Ce jour fu baillé à Jeh le Mareschal la boiste d'or faicte en la monᵉ de Cremieu, où il avoit 37 deniers d'or . . .

Led. Jehan le Mareschal rapporta lad. boiste au comptoer, le samedi 19ᵉ jour d'aoust l'an 1396.

(A. N. Reg. Z, 1ᵇ, 2, fol. 12 vᵒ.)

———

1396 (31 JUILLET).

Sentence des généraux maîtres, établissant que les vieux coins qui ne peuvent plus servir, appartiennent au tailleur, moyennant une indemnité aux gardes d'un denier d'or sur 10, et de 2 gr. tournois sur chaque 1000 marcs d'œuvre de sa taille, et non de ses gages.

(A. N. Reg. Z, 1ᵇ, 2, fol. 14 rᵒ)

1396 (AOUT).

Confirmation des privilèges accordés en avril 1343 aux maîtres, clercs et ouvriers des monnoyes, et aux monnoyers du serment de France et de Toulouse.

(*Ord.*, VIII, 102.)

1396 (5 AOUT).

Ce jour fu délibéré et dit à Hugues Regnier, garde de la monⁿᵉ de Sᶜᵗ-Poursain, que au cas que George Merle n'aura aplegé la monnᵉ de Sᶜᵗ-Poursain, ilz baillent la monnᵉ à quelque pris que ce soit, et s'il ne trouve à qui la bailler, qu'ilz protestent et somment ledit George, que tout le domage que le Roy y pourra avoir sera recouvré sur lui . . .

(A. N. Reg. Z, 1ᵇ, 2, fol. 14 vᵒ.)

1396 (19 AOUT).

Nicolas des Champs, nagaires maistre de la monnᵒ de Thoulouse.

(A. N. Reg. Z, 1ᵇ, 2, fol. 16 rᵒ.)

1396 (7 SEPTEMBRE).

Le 7 7ᵇʳᵉ 1396 fu délibéré, du consentement de Mess. Hugues Molin, procureur de George Merle, tenᵗ le compte de la monⁿᵉ de Sᶜᵗ-Poursçain, que de tout l'ouvrage d'argᵗ blanc et noir qu'il a fait en la main du Roy depuis le 2ᵉ jour de juillet, lui sera compté, pour marc d'euvre du blanc, 3 s. 9 d. t., et pour marc d'euvre du noir, 2 s. 2 d. t.

(*Ibidem.*)

1396 (11 ET 25 OCTOBRE).

A Troyes, par Pierre de la Garmoise, petiz blancs de 5 d. t., à 5 d. 12 gr., et de 148 ½ au marc. — 44000 pᶜᵉˢ frappées.

(A. N. Reg. Z, 1387 ; carton Z, 1ᵇ, 1005.)

1396 (20 OCTOBRE).

A Troyes, par Pierre de la Garmoise, deniers tournois à 1 d. 16 gr., et de 18 s. 9 d. (225 au marc) ; 74 marcs ⅔. — 16800 pᶜᵉˢ frappées.

(*Ibidem.*)

1396 (20 OCTOBRE).

A Troyes, par Pierre de la Garmoise, blancs de 10 d. t., à 5 d. 12 gr., et de 74 ¼ au marc. — 25000 pièces frappées.

(*Ibidem.*)

1396 (21 NOVEMBRE).

A Sᶜᵗ-Lô, par Guillaume le Marié, pour le quel son frère Pierre le Marié tient le compte de la monnoie : petiz blancs de 5 d. t., à 5 d. 12 gr., et de 148 ½ au marc. — 14000 pᶜᵉˢ frappées.

(A. N. Rouleau du carton Z, 1ᵇ, 981-982.)

1396 (28 NOVEMBRE) A 1397 (9 JUIN).

A Sᶜᵗ-Lô, par Guillaume le Marié, pour lequel son frère Pierre le Marié tient le compte de la monnoie : blancs de 10 d. t., à 5 d. 12 gr., et de 74 ¼ au marc. — 18000 pᶜᵉˢ frappées.

(*Ibidem.*)

1396 (5 DÉCEMBRE).

A Sᶜᵗ-Lô, par Guillaume le Marié, pour lequel son frère Pierre le Marié tient le compte de la monnoie : doubles tournois à 2 d. 12 gr., et de 14 s. et ¾ (168¾ au marc) ; 142 marcs

1 once 15 esterlins et 2 ferlins $\frac{1}{2}$. — Environ 23900 p^{ces} frappées.

(A. N. Rouleau du carton Z, 1^b, 981-982.)

1396 (7 décembre).

A Paris, le 17e de notre règne, par le Roy, l'évesque d'Aucerre p̄nt. — DERIAN.

Lettres pat. aux ḡnaux pour ce qu'il est très-grand nécessité et dificulté entre notre peuple de petite mon^e noire, tant pour faire aumosne comme autrement. Ordonné qu'à notre mon^e de Paris soit fait et ouvré jusques à 300 m̄ d'arg. pour faire petits den. parisis, sur la forme et aussi de l'aloy et poids de ceux qui ont cours à p̄nt pour un den. par^e la pièce, à 1 d. 16 gr. de loy, et de 15 s. de poids au m̄ de Paris, pour délivrer à notre amé et féal aumosnier et non autre, pour convertir en notre aumosne.

(A. N. Reg. Z, 1^b, 58, fol. 95 r°. — Sorb. H. 1, 9, n° 174, fol. 175 r°. — Ord., VIII, 116.)

1396 (11 décembre).

Ce jour fu octroyé à P. de Verdun, garde de la mon^e de Troyes, pour les causes contenues en sa requeste, que Jehan son fils sera son lieutenant jusques à un an, parmi ce que led. Jehan ne pourra exercer ledit office, ne bailler à monnoyer ou fere delivrance sans Pierre Valée, autre garde, et ne pourra demourer ledit Pierre de Verdun hors de la ville de Troyes, pour ses besognes ne autrement, que par l'espace d'un mois audit an.

(A. N. Reg. Z, 1^b, 2, fol. 21 v°.)

1396 (11 décembre).

Appert à la date du regre avoir en la chambre huict généraulx.

(Ms. Lecoq, fol. 8 v°.)

DOCUMENTS MONÉTAIRES. — II.

1396 (21 décembre).

A cette date, Arnoul Le Muisy est m^e de la mon^e de Tournai.

(A. N. Reg. Z, 1^b, 2, fol. 21 v°.)

1396 (6 janvier) a 1397 (26 juillet).

A Troyes, par Pierre de la Garmoise, escus de 22 s. 6 d. et de 62 au marc. — 4000 pièces frappées.

(A. N. Reg. Z, 1387 ; carton Z, 1^b, 1005.)

1396 (19 janvier).

Au comptouer : Jehan de la Fournaise, Jehan Remon, B̄nedic du Val (ou du Gal), Gilles Villet, Jean Hazart et Pierre Chapelu, ḡnaux m^es des mon^es.

Michau le Gras, fait lieut^t de Pierre Vallée, garde la mon^e de Troyes.

(Sorb. H. 1, 9, n° 174, fol. 91 v°.)

1396 (19 janvier).

Arnoullet Bracque avait pris la mon^e de Paris le 20 janvier 1395 et promis de faire ouvrer en un an, à partir de sa première délivrance, 1000 marcs d'or. Il n'a pas tenu sa promesse, à cause de la grande quantité d'or ouvrée en vaisselle cette année pour le Roi et sa fille, la reine d'Angleterre. Le Roi lui accorde un mois de plus.

(A. N., Reg. Z, 1^b, 58, fol. 95 v°. — Ord., VIII, 119.)

1396 (19 janvier).

Mention de Cristofle de Bontissis, garde de Poitiers.

(A. N. Reg. Z, 1^b, 58, fol. 95 r°.)

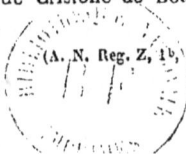

13

1396 (23 janvier).

Lettres patentes, *in extenso*, de la demande adressée aux généraux maîtres des monnoies pour autoriser l'un des gardes de la monnoie de Troyes, Pierre Vallée, à aller à Venise pour s'occuper de racheter le sire de la Trémoille, le maréchal de Bourgogne, Reynier Pot, leur frère, et aultres leurs nepveux, cousins et parens, qui depuis certain temps en ça, par notre licence de congié, s'estoient transportez en la compaignie de notre très cher et très amé cousin le comte de Nevers, èz parties de Hongrie et de Turquie, pour résister à l'encontre des mescreans à l'exaulcement de la foy.....

Le Roi demande aux gñaux maîtres de lui conserver son office pendant ce voyage.

Donné à Paris, le 23ᵉ jour de janvier, l'an de grâce 1396 et le 17ᵉ de notre règne.

(A. N. Reg. Z, 1ᵇ, 58, fol. 95 v°. — Sorb. H. 1, 9, n° 174, fol. 167 r°. — *Ord.*, VII, 120.)

———

1396 (26 janvier).

Ce jour, par vertu des lres du Roy nre sre, fu donné congié à Pierre Valée, garde de la monᵉ de Troyes, d'avoir lieutenant pour exercer led. office, et pour ce faire fu nommé et esleu Mychau Legras.

(A. N. Reg. Z, 1ᵇ, 2, fol. 23 v°.)

———

1396 (1ᵉʳ février).

Ce jour fu mandé aux gardes de la monnoye de Saincte-Manehould qu'ils se tiegnent saisis du faict de ladicte monnoie, laquelle est ouverte parce que le maître n'est pas à pleigé et qu'ils se pourvoient d'autre maître particulier.

Item fu escript à Robert Wicart, lieutenant à Reims du bailly de Vermandois, qu'il face tenir à Reims et à Chaalons les ordonnances des monnoyes pour l'avencement de l'ouvraige de ladicte monnoye.

(A. N. Reg. Z, 1ᵇ, 2, fol. 24 r°.)

———

1396 (1ᵉʳ février) a 1397 (6 septembre).

A Crémieu, par Philippe Baroncel, escus à la couronne de 62 au marc; mis en boîte, 13 pièces représentant 6500 pᶜᵉˢ frappées.

(A. N. Reg. Z, 1386; carton Z, 1ᵇ, 860-865.)

———

1396 (1ᵉʳ février) a 1397 (16 septembre).

A Crémieu, par Philippe Barronchel (*sic*), blancs de 6 s. 2 d. $\frac{1}{4}$ (74 pièces et $\frac{1}{4}$); mis en boîte, 3 s. 6 d. (42 pièces). — 42000 pᶜᵉˢ frappées.

(A. N. Reg. Z, 1386; carton Z, 1ᵇ, 860-865.)

———

1396 (12 février) a 1397 (10 juin).

A Scᵗ-Lô, par Guillaume le Marié, pour lequel son frère Pierre le Marié tient le compte de la monnoie : doubles tournois à 2 d. 12 gr. et de 14 s. et $\frac{3}{4}$ (168 $\frac{3}{4}$) au marc; 526 marcs 1 once 15 esterlins 2 ferlins et $\frac{1}{4}$. — Environ 88800 pᶜᵉˢ frappées.

(A. N. Rouleau du carton Z, 1ᵇ, 981-982.)

———

1396 (23 février).

Arnoullet Bracque renonce au faict de gouvernement de la monᵉ d'or de Paris.

(Sorb. H. 1, 9, n° 174, fol. 92 r°.)

Ce jour, Arnoulet Braque renonça au fait et gouvernement de la monnᵉ d'or de Paris, à laquelle renonciation fu receu pour ce que il avoit eschevé le temps que la devoit tenir.

(A. N. Reg. Z, 1^b, 2, fol. 24 r°.)

———

1396 (26 février).

Le 26 février, Jehan Bourdon rend ses comptes de contregarde de la mon^e d'or de Paris, office qu'il avait exercé comme substitut de Bernart Braque, qui rentre en fonctions.

(*Ibidem.*)

———

1396 (1er mars).

Le 1er mars, il est mandé aux gardes de Troyes d'envoyer les boîtes; dans l'une d'elles il y a 2 s. 1 d. de grands blancs à l'escu, et dans l'autre 3 s. 8 d. de petits blancs. Délivrés par l'essayeur, les grands à 5 d. 5 grains de loi et les petits à 5 d. 5 gr. ½.

(A. N. Reg. Z, 1^b, 2, fol. 24 v°.)

———

1396 (29 mars).

Écrit aux gardes d'Angers d'envoyer les peilles d'une boîte de 11 s. 9 d. de grands blancs, délivrés le 9 7bre 1396.

(*Ibidem.*)

———

1396 (20 mars).

Congé à Jean Barrois de départir or et arg^t, lequel a juré qu'il portera à la mon^e de Paris l'or qu'il départira, et lui fut baillé permission signée.

(A. N. Reg. Z, 1^b, 2, fol. 24 v°.—Sorb. H. 1, 9, n° 174, fol. 92 r.)

———

1396 (avant le 3 avril).

C'est un mandement qui porte qu'il sera alloué à Arnoul le Muisy, maître part^{er} de la monn^e de Tournay, qui s'est engagé à fabriquer 12000 marcs d'argent, 3 s. 6 d. de creüe au-dessus du prix courant des matières d'argent.

(A. N. Reg. Z, 1^b, 58, fol. 96 r°. — *Ord.*, VIII, 128 et 129.)

L'exécutoire des g^{aux} m^{tres} est du 3 avril 1396.

(A. N. Reg. Z, 1^b, 58, fol. 96 r°.)

———

1397 (19 mai).

Ce jour, Jeh de la Fourrière mis à l'amende pour ce que Gerardin, son valet, a perdu l'essai d'une boîte de la Rochelle, où il y avoit 2 s. 5 d. de blancs.

(A. N. Reg. Z, 1^b, 2, fol. 25 r°.)

———

1397 (26 mai).

Lett. pat. à Benedic du Gal et Pierre Chapelu de commissaires ḡnaux sur le fait de nos mon^{es} pour tout le Roy^{me}.

(A. N. Reg. Z, 1^b, 58, fol. 98 r°. — Sorb. H. 1, 9, n° 174, fol. 175 r°. — *Ord.*, VIII, 133.)

———

1397 (26 mai).

« Lettres pat. à nos amés et féaulx les gens de nos comptes » à Paris, pour taxe aud. Chapelu et du Gal, allant en visitation par le Roy^{me}, de 60 s. t. par jour; oultre et pardessus ses gages ord^{res}, qu'il a et prend de nous à cause de sond. office, iceux prendre et avoir sur le profit et émolument de nosd. mon^{es} et exploits d'icelles.

(A. N. Reg. Z, 1^b, 58, fol. 98 r°. — Sorb. H. 1, 9, n° 174, fol. 175 r°. — *Ord.*, VIII, 135.)

———

1397 (2 juin).

Mathieu Boutin, naguères m^e de la mon^e de la Rochelle, mis à l'amende pour une

boîte de 10 d. d'or, qui avoit été jugée es-
charse de $\frac{1}{2}$ carat et $\frac{3}{10}$ de carat pour marc.

(A. N. Reg. Z, 1ᵇ, 2, fol. 25 v°.)

1397 (16 JUIN).

Jean Langlois ordᵉ contregarde de la monᵉ
d'or de Paris, en lieu de B̄nart Braque, qui
aujourd'huy a renoncé aud. office.

(A. N. Reg. Z, 1ᵇ, 2, fol. 26 r°. — Sorb. H. 1, 9,
n° 174, fol. 92 v°.)

1397 (27 JUIN).

Bernard Braque fut ordᵉ garde de la monᵉ
de Paris, en lieu de N. Braque, lequel a
résigné led. office èz mains de Mʳ le Chancelier, c̄oe il est apparu par lettres royaulx.

(Ibidem.)

1397 (24 AOUT).

Le 24ᵉ jour d'aoust l'an 1397 fut ordené
que ès deniers d'or sera mis devers la croix,
entre X̄ps et Imperat, où il y a une estoile,
un point persé en lieu de lad. estoile, et
devers la pile, entre Francorum et Rex, où il
y a deux croisettes, n'y aura que une croisette, et dessoubz lad. croisette sera fait un
point persé.

(Reg. entre 2 ais, fol. 164 v°.)

1397 (16 OCTOBRE ET 11 DÉCEMBRE).

A Crémieu, Pierre Audouard a frappé des
petits blancs de 5 d. t., de 12 s. 4 d. $\frac{1}{2}$ à 5 d.
12 gr. de loi. Mis en boîte, 4 pièces. — 4000
pᶜᵉˢ frappées.

(A. N. Reg. Z, 1386 ; carton Z, 1ᵇ, 860-865.)

1397 (13 NOVEMBRE).

Voiron.

Lettres affermant la monnaie de Crémieu à
Pierre Audouard.

La maîtrise de la monnaie de Crémieu
étant vacante depuis la mort de Philippe
Baroncel, de Florence, décédé au mois de
septembre dernier, Jacques de Montmaur,
chambellan et conseiller royal et gouverneur
du Dauphiné, avait convoqué à Voiron,
pour la veille de la St-Martin, ceux qui
voudraient prendre cet office à forfait. Personne ne s'étant présenté, le mardi suivant,
13 novembre, Pierre Audouard, bourgeois
de Romans, se présente et est nommé par
Jacques de Montmaur.

Ses émolumens fixés à 7 s. t. par marc
d'écus à la couronne.

3 s. 9 d. par marc de blancs à l'écu de
10 d. t., et de demi-blancs à l'écu.

23 d. t. par marc de doubles, de tournois
et d'oboles.

(H. Morin, p. 195 et 196. — G. 6, fol. 99 r°.)

Voici ce que dit M. H. Morin, p. 195,
note 2, sur Philippe Baroncel :

En 1364, il était maître de l'atelier de
Tarascon.

Le 24 octobre 1375, maître des monnaies
de Savoie, en deçà des Alpes, pour
Amédée VI.

En 1376, il était aux gages du Roi Dauphin.

En 1382, il était général maître des
monnaies du comte de Valentinois et dut
s'entendre avec Pierre Chabert, trésorier de
ce prince, pour une commande d'espèces
d'or, d'argent et de billon à fabriquer dans
la ville de Crest (Chorier, *Hist. du Dauph.*,
t. II, p. 376).

Au mois de mars 1388 (près de la Nativité), il était associé de Naudin Bonnegente
en la monnaie de Crémieu.

Le 11 mars 1390, Charles VI lui affermait pour un an l'atelier qu'on allait rétablir à St-André-lez-Avignon (*Ord.*, t. VII, p. 408).

En 1394, nous le retrouvons à Crémieu et finalement en 1397.

N'y a-t-il pas lieu de croire que ce personnage, nâtif de Florence, appartenait à la grande famille des Baroncelli, de Toscane, dont une branche, dite de Javon, existe encore au comtat Venaissin?

Le 6 octobre 1412, Jean Baroncel était maître particulier de la monnaie de Ste-Ménehould (*Ord.*, t. X, p. 30).

1397 (25 NOVEMBRE).

Mandement aux g^aux m^tres pour faire à Paris p^r 300 marcs d'argent, en petits deniers parisis à 1 d. 16 gr. de loi, et de 15 s. de poids, pour l'aumône du Roi.

(A. N. Reg. Z, 1^b, 58, fol. 98 r°.—*Ord.*, VIII, 155.)

1397 (13 DÉCEMBRE).

Louis, duc d'Anjou et comte du Maine, fils du Roi de France et lieut^t de Charles V, son frère germain, concède à la ville de Condom :

5° Item promittimus quod in casu quo contingeret dictum dominum nostrum Regem seu nos, sive etiam ducem Aquitanie, monetas cujuscumque condicionis et forme in dicto Ducatu facere et fabricare, quod in dicta civitate fiet et fabricabitur talis et similis moneta, et ibi magistrum monete et monetarios instituemus.

Datum Tholose, 13 mai 1369.

Confirmé à Paris par le Roi Charles V, le .. janvier 1369, et par Charles VI, le 13 décembre 1397.

(*Ord.*, VIII, 171 à 173.)

1397 (15 DÉCEMBRE) A 1398 (21 JANVIER).

A Crémieu, par Pierre Audouard, grands blancs de 10 d. 2 s. à 5 d. 12 gr. de loi, et de 6 s. 2 d. ¼ (74¼ au marc); mis en boîte, 20 s. 4 d. (244 pièces). — 244000 p^ces frappées.

(A. N. Reg. Z, 1386; carton Z, 1^b, 860-865.)

1397 (18 DÉCEMBRE) A 1398 (10 AOUT).

A Crémieu, par Pierre Odouart, écus de 62 au marc; mis en boîte, 19 pièces représentant 9500 écus frappés.

(*Ibidem.*)

1397 (22 DÉCEMBRE).

Pierre Morgue, essayeur de la monn^e de Montpellier, ordé qu'il fera l'office de tailleur au lieu de Jeh. Perrin, pour ce que depuis trois ans en ça il n'a faict résidence en lad. monn^e, et que par son deffaut il a convenu que led. essayeur ait faict et livré les fers pour monnoyer les den. d'or et d'argent. Si comme Jehan de Vaubaon, garde de lad. monn^e, a raporté au comptouër.

(A. N. Reg. Z, 1^b, 2, fol. 27 r°.—Sorb. H. 1, 9, n° 174, fol. 92 v°.)

1397 (22 DÉCEMBRE).

Au comptouer : Gilles Villet et Jehan Hazart, g^aux m^tres.

(Sorb. H. 1, 9, n° 174, fol. 92 v.)

1397 (JANVIER).

Mention de Marcial Bize, garde de Limoges; de Jehan de Vaubaon, garde de Montpellier; de Jehan le Munier, garde de Tournai.

(A. N. Reg. Z, 1^b, 58, fol. 100 v°.)

1397 (18 janvier).

Fut touchée en la chambre des mon^{es}, par les $\overline{gn}$aux m^{res}, la pièce de l'or de la vaisselle du Roy, ouvrée en la mon^e de Paris par Jean Hue, et fut trouvée à 22 k. ½ et ⅛ de k. de avantage, lequel il a estimé à 12 d. t. pour marc, et furent appellez Antboine de Ponsau et Augustin Ysbarre.

> (A. N. Reg. Z, 1ᵇ, 2, fol. 27 vᵒ. — Sorb. H. 1, 9, nᵒ 174, fol. 92 vᵒ.)

1397 (28 janvier).

Estienne Bayol, au nom de son frère Ayzemar Bayol, prent la mon^e de Montpellier, sc^r (sçavoir) : le $\overline{m}$ d'or à 9 s. 6 d. t., l'argent à 3 s. 10 d., et le noir à 2 s. 6 d., sur les condicions du bail des mon^{es}.

> (A. N. Reg. Z, 1ᵇ, 2, fol. 27 vᵒ.)

1397 (28 février).

Jean le Munier, garde de la mon^e de Tournay.

Massé de Valenciennes, essayeur de la mon^e de Mascon, amenda la faute par lui faicte en son office, plus à plain declarée en son procez.

> (A. N. Reg. Z, 1ᵇ, 2, fol. 28 rᵒ. — Sorb. H. 1, 9, nᵒ 174, fol. 92 vᵉ)

1397 (4 mars) a 1408 (10 janvier).

A Crémieu, par Pierre Audouard. Petites mailles à 1 d. 6 gr., et de 28 s. 1 d. ½ de taille (337 ¼); mis en boîte, 3 s. 3 d. ob. 3 représentant 278 marcs, 2 onces, 13 c., 1 f. — 63910 p^{ces} frappées.

> (A. N. Reg. Z, 1386; carton Z, 1ᵇ, 860-865.)

1397 (24 mars) a 1400 (11 aout).

A Crémieu, par Pierre Audouard. Petits deniers tournois à 1 d. 16 gr. de loi et de 18 s. 9 d. de poids (225 pièces au marc); mis en boîte, 7 deniers représentant 74 marcs ⅔ d'œuvre. — 16800 p^{ces} frappées.

> (A. N. Reg. Z, 1386; carton Z, 1ᵇ, 860-865.)

1398.

D'un autre compte (de Romans) commencé en 1398, appert de 200 d^{rs} d'or ung denier en boiste.

> (Ms. Lecoq, fol. 23 rᵒ).

Par un compte de Toulouse, en l'an 1398, de 200 deniers d'or 1 denier (en boîte).

> (Ibidem.)

1398 (pénultième avril).

Perrin de Maucreux, m^e part^r de la mon^e de Paris.

> (A. N. Reg. Z, 1ᵇ, 2, fol. 28 rᵒ. — Sorb. H. 1, 9, nᵒ 174, fol. 92 vᵒ.)

1398 (4 mai).

Jean Perrin est rétabli tailleur de la mon^e de Montpellier au lieu de Pierre Morgue.

Les gages de celui-ci sont fixés à 75 ℔ par an.

Il a servi du 24 janvier 1397 au 4 juin 1398.

Pierre Panetier et Guill. Groel (Girel?), gardes de la mon^e de la Rochelle.

> (A. N. Reg. Z, 1ᵇ, 2, fol. 28, vᵒ. — Sorb. H. 1, 9, nᵒ 174, fol. 93 vᵒ.)

1398 (22 juin).

Charles, etc., à nos amez les $\overline{gn}$aux m^{es} de noz mon^{es}, salut.

Demande d'autorisation pour Pierre Vallée, garde de la mon⁰ de Troyes, d'aller chercher le corps du sire de la Tremoille à Rhodes.

En voici le préambule : pour ce que ainsi que entendu avons, notre très cher et très amé oncle le duc de Bourg^ne a envoyé presentement à Rhodes Pierre Vallée, l'un des gardes de notre mon⁰ de Troyes, pour faire amener par deçà le corps de feu notre amé et féal chevalier et chambellan de notred. oncle, le sire de la Tremoille, qui durant le voyage par lui fait de notre congié et licence, en la compagnie de notre très cher et très amé cousin le comte de Nevers, est party de Turquie à l'encontre des mescreans à l'exaltement de la foy, est allé de vie à trespassement aud. lieu de Rhodes, nous ces choses considérées aud. Vallée avons octroyé, etc.

Le Roy lui ayant accordé le droit de se faire remplacer dans son office de garde pendant le temps de son absence, mande aux g͞naux de le faire remplacer « par personne Idoine et surfisant que à ce soit aprouvé par vous. »

(A. N. Reg. Z, 1ᵇ, 58, fol. 101 r°.)

Par vertu desquelles lettres Jean Muteau, essayeur de lad. mon⁰, fut ordonné à exercer led. office au nom dud. Vallée. Il fera le serment pard¹ le baillif de Troyes ou son lieut¹ de bien et duement exercer led. office, et sur ce lui furent envoyées lettres ouvertes et scellées des g͞naux maîtres des mon⁰ˢ données le jour dessusd.

(Sorb. H. 1, 9, n° 174, fol. 93 r° et 190 r°. — *Ord.*, VIII, 215.)

1398 (22 JUIN).

Fu ordené Jehan Muteau à exercer l'office de garde en lad. monn⁰ (de Troyes), co͞me

lieut¹ de Pierre Valée, dont lui furent faictes lettres ouvertes par vertu des l͞res du Roys lequel Pierre est alé querir le corps Monsr de la Tremoulle à Rodes.

(A. N. Reg. Z, 1ᵇ, 2, fol. 29 r°.)

1398 (28 JUIN).

Lettres qui portent que la monnaie de Stᵉ-Meneboult sera donnée à ferme pour quatre ans à Adenet du Mesnil, sous la condition qu'on pourra faire des enchères sur lui pendant un mois, à compter du jour de la première délivrance d'espèces qu'il aura faite.

(A. N. Reg. Z, 1ᵇ, 58, fol. 101 r°.—*Ord.*, VIII, 216.)

1398 (3 JUILLET).

Damoiselle Marie Jadis, femme de feu Robert Nonebert, m^r de la mon⁰ de St-Quentin.

(A. N. Reg. Z, 1ᵇ, 2, fol. 29 r°.)

1398 (6 JUILLET).

Fut ordoné et délibéré en la chambre des comptes (présidée par Mr de Bayeulx) que pour obvier aux fraudes et malices des m^tres part^rs des mon⁰ˢ du Royaume, on mettra en boiste doresnavant de chascun 200 den. d'or que l'on monoyera un denier d'or, et s'il y a bosse oultre lesdis 200 den. d'or, icelle bosse demorra par devers les gardes pour estre mise et mêlée à la 1ᵉʳᵉ delivrance que il feront; lequel règlement fut ainsi revisé par M^rs les g͞naux m^ᵉˢ, après ce qu'ils furent retournés de lad. chambre.

C'étaient J. Remon, de Lande, G. Villet et Jeh. Hazart.

Et fu comandé d'en escrire par toutes les mon⁰ˢ et maintenant en fut escript aux gardes de Tournay, et depuis c'est à scr le 11ᵉ dudit mois à Sᶜᵗᵉ-Manehold, semblablement à Sᶜᵗ-Quentin, Rouen, Tours, Angers, et aux gardes de la monⁿ de Sᶜᵗ-Andry.

Et depuis par l'avancement d'aucuns monnoyeurs que l'on fait petits ouvrages a esté avisé et ordonné que les gardes ne retinront pas par devers eux lad. bosse et sera delivrée au mᵉ partᵉʳ, et lesd. gardes en feront mention en leurs papiers de delivrance.....

(A. N. Reg. Z, 1ᵇ, 58, fol. 101 v°. — Sorb. II. 1, 9, n° 174, fol. 93 r°.)

1398 (8 JUILLET).

Guillaume le Marié, tenᵗ le c̄pte de la monⁿ de Sᶜᵗ-Lô, est condamné à l'amende pour escharceté, entr'autres pour 2 boîtes d'or, l'une do 3 pièces et l'autre de 13.

Les gardes Richart Le Goupil et Guillaume Lailler sont également mis à l'amende.

(A. N. Reg. Z, 1ᵇ, 2, fol. 29 v°.)

1398 (23 JUILLET).

Et le 23ᵉ jour de juillet, l'an iiijˣˣ et xviij, fu ordené mettre pour differance esdiz deniers d'or, qui seront faiz au temps Gerardin de Vauboulan, maistre, c'est assavoir devers la croix un poinct dedans le P du premier X̄pc et devers la pile dedans O de *Karolus* un poinct, sans muer ne oster la première différance.

(Reg. entre 2 ais, fol. 165 r°.)

1398 (9 AOUT).

Mandement aux genᵃᵘˣ mᵗʳᵉˢ portant que les monnaies que l'on avait coutume de bailler à ferme pour un an, puissent être données à l'avenir pour deux ou trois ans.

(Ord., VIII, 292.)

1398 (9 AOUT).

Guillᵉ Bourdon, de nouvel mᵉ de la monⁿ de Rouën.

(A. N. Reg. Z, 1ᵇ, 2, fol. 29 v°. — Sorb. II. 1, 9, n° 174, fol. 93 r°.)

Ce jour fu ordené escrire aus gardes de la monⁿ de Limoges qu'ils baillent lad. monⁿ, s'il trouvent personne qui la vueillent prendre en achat et par enchère, en la manière accoustumée.....

(A. N. Reg. Z, 1ᵇ, 2, fol. 29 v°.)

1398 (9 SEPTEMBRE).

A cette date, Jehan de Vaubaon est garde de la monⁿ de Montpellier.

(A. N. Reg. Z, 1ᵇ, 2, fol. 30 v°.)

1398 (25 OCTOBRE).

Fu donné l'office de garde de la monᵉ de Sᶜᵗ-Quentin à Perrin Remon, naguères changeur sur ḡnt pont de Paris, en lieu de Jehan l'orfevre, lequel si come il a esté reporté au comptoir, a perdu la veu et pour ce ne peut point exercer ledit office.

Ce jour fu faicte l'exécution des lettres du Roy à Jehan Piedehuche, pour l'office de contregarde de la monⁿ de Rouen, que soloit tenir Milet du Monstier, vacant par sa mort, si comme l'on dit.

(A. N. Reg. Z, 1ᵇ, 2, fol. 31 r°. — Sorb. II, 1, 9, n° 174, fol. 93 r°.)

1398 (25 OCTOBRE).

Et le 25ᵉ jour d'octobre, l'an iiiiˣˣ et xviij, fu ordené mettre pour differance esdiz den̄s d'or qui seront faiz au temps que Guillemin Bourdon tenra lad. mon⁰, c'est ass͞r devers la croix ung point dedens le P. du second *Xps* et dans la pile dedens O de *Francorum* ung point.

(Reg. entre 2 ais, fol. 164 v⁰.)

1398 (30 OCTOBRE).

Tournai.

Le penultiesme jour d'octobre, l'an iiij͞ˣˣ et xviij, fu mandé aus gardes de la monn⁰ de Tournay qu'il feissent mettre pour diferance es de͞ns d'or qui seront faiz en lad. monn⁰, pour le temps que Arnoul de la Froy tenra lad. mon⁰, c'est ass͞r devers la croix en A de *Imperat* n'y ait point de barre, et devers la pille A de *Francorum* ne soit point barré.

(Reg. entre 2 ais, fol. 164 v⁰.)

1398 (7 NOVEMBRE).

Marie Jadis, femme de feu Robert de Villeneuve, mᵉ de la mon⁰ de St-Quentin, pour le temps qu'il vivoit.

(A. N. Reg. Z, 1ᵇ, 2, fol. 31 r⁰.)

1398 (18 NOVEMBRE).

Le 18ᵉ jour de novembre, l'an 98, fut mandé par lettres closes aux gardes et tailleur de la monn⁰ de Sainte-Manehould qu'il facent mettre pour diferance es deniers d'or qui seront faiz en lad. mon⁰, au temps de Adenet du Mesnil, maistre, c'est ass͞r devers la croix au P du premier *Xps* ung petit point, et devers la pile dedans O de *Karolus* ung point, et es grans blans et petiz dedans O de *Karolus*, devers la pile, ung point, et devers la croix, dedans O de *nomen*, ung point.

(Reg. entre 2 ais, f⁰ 165 v⁰.)

1398 (14 DÉCEMBRE).

Fu donné l'office de la monn⁰ d'Angers à Jehan de la Tuilerie, au cas que aud. office convendroit pourveoir, pour cause de la mort de feu Jehan Saussereau le jeune, auquel Jehan Saussereau, son père, avoit fait transport si c͞oe l'on disoit.

(A. N. Reg. Z, 1ᵇ, 2, fol. 31 v⁰.)

1398 (21 JANVIER).

Le 21ᵉ jour de janvier, l'an 1398, fut mandé aux gardes de la monn⁰ de Tours qu'il feissent mettre pour diferance es deniers d'or qui seront faiz en lad. monn⁰, durant le temps que Pierre Gosse en sera mᵉ particulier, c'est ass. devers la croix, entre X et P du second *Xps*, un point, et devers la pile, entre R et V de *Francorum*, un petit point.

(Reg. entre 2 ais, f⁰ 162 v⁰.)

1398 (21 JANVIER).

St-Andry.

Et le 21ᵉ jour de janvier, l'an m ccc iiij͞ˣˣ et xviij, fut mandé aus gardes de la monn⁰ de St-Andri qu'il facent mettre pour diferance esdiz deniers d'or qui seront faiz au temps de Girart Paumier, maistre particulier, devers la croix du denier un point dessoubz la molette qui est devant *vincit*, et devers la pile, dessoubz le premier bras de la croix qui est devant *Karolus*, un point.

(Reg. entre 2 ais, fol. 165 r⁰.)

1398 (21 JANVIER).

Le 21ᵉ jour de janvier, l'an iiij͞ˣˣ et xviij, fut mandé aulx gardes de ladite monn⁰ (de

Troyes) qu'il feissent mettre pour diferance esdiz deniers d'or qui seront faiz au temps de P. de La Garmoise, devers la croix, entre V et I de *vincit*, un petit point, et devers la pile, entre V et S de *Karolus*, un point.

(Reg. entre 2 ais, fol. 164 r°.)

1398 (21 janvier).

Le 21° jour de janvier, l'an 98, fu mandé aux gardes de la monn° de St-Lô qu'il feissent mettre pour diferance es deniers d'or qui seront doresnavant faiz en lad. mon°, pour le temps que Jehan Burnost en sera maistre part°ʳ, c'est ass° que A de *regnat*, qui est devers la croix, soit barré, et devers la pile A de *Karolus* soit semblablement barré.

(Reg. entre 2 ais, f° 165 r°.)

1398 (22 janvier).

Mention de Perrotin de Ravenel, garde de la mon° de Sᵗᵉ-Manehold.

Et fu mandé aux gardes de la mon° de Rouen qu'il envoient les lettres de Sᵗ-Lô pour cause de diferances.

Mention de Richart Le Goupil, garde de Sᵗ-Lô.

(A. N. Reg. Z, 1ᵇ, 58, fol. 102 r°.)

1398 (24 janvier).

Un garde de Troie et Sᵗᵉ-Menehoult.

(Ms. Lecoq, fol. 17 r°.)

1398 (27 janvier).

Les exequtoires des lettres Aubert de Hametel, garde de la mon° de Troyes, en lieu de feu Pierre Valée, et aussi celle de Perrotin Ravenel, garde de Sainte-Manehold

en lieu dud. Aubert, furent données le 27° jour de janvier l'an 1398.

(A. N. Reg. Z, 1ᵇ, 2, fol. 31 v°. — Sorb. H. 1, 9, n° 174, fol. 93 r°.)

1398 (26 février).

Amende pour avoir mal fait ses essays, au rapport de Symon de Paris, essayeur gnal.

(Ms. Lecoq, f° 31 r°.)

1398 (6 mars).

Jacquemart Blondel eleu prevost des ouvriers de la mon° de Paris, du serment de France, sur la nomination de ...., ouvrier du serment de France de lad. mon°.

(A. N. Reg. Z, 1ᵇ, 2, fol. 32 r°. — Sorb. H. 1, 9, n° 174, fol. 93 r.)

1399 (12 avril).

Rennebert Bonique prnta au comptouer ses lres du Roy de l'office d'essayeur gˡ des monᵉˢ, vacant par la mort de Jehan de la Fourriere, qui s'opposa contre toute impetracion des lres.

Simon de Caours, pourveu du mesme office, s'oppose jour à lundi prochain.

(Sorb. H. 1, 9, n° 174, fol. 93 v°.)

1399 (14 avril).

Les gnaux donnent l'office d'essayeur de la mon° de Paris à Macé de Valenciennes, que souloit tenir Simon de Caours, gnal essayeur des monᵉˢ, dont il fit le serment le samedy 24 may.

1399 (15 AVRIL).

Les gnaux donnent l'office dudit Macé d'essayeur de la mon° de Mascon à Jehan de La Tuilerie, dont il fit le serment le 24 may.

Comm^on à Anthoine Peneque, baillif de Montignac, ou à son lieut^t, pour prendre toutes personnes q^l porra sc^r qui auront ou feront fausses monn^es.

(Sorb. H. 1, 9, n° 174, fol. 93 v°.)

1399 (26 JUIN).

Au comptoer : Gile Villet, J. Hazart, P. Chapelu, Jehan le Mareschal et Pierre Gencian.

Ce jour fu deliberé que la monn° de Saint-Poursain demourra à George Merle pour Lois de la Foy, selon le traitié et accort fait entre lui et Jehan Barroncel, nonobstant que ladicte monn° lui estoit close et demorée, car ledit Barroncel estoit chargé de la monn° de Dijon avec ladicte monn° de Saint-Poursain, pourveu toutefois que ledit Lois sera tenu devoir apliquer de nouvel.....

(A. N. Reg. Z, 1^b, 2, fol. 33 r°.)

1399 (10 JUILLET).

Au compt. : Jehan Remon, G. Villet, Pierre Chappelu, Jehan le Mareschal et Pierre Gentian.

A ce jour, Jehan Goulart est garde de la mon° de Ste-Menehould.

(A. N. Reg. Z, 1^b, 2, fol. 33 v°. — Sorb. H. 1, 9, n° 174, fol. 93 r°.)

1399 (11 JUILLET).

A cette date, Pierre Croissembien est tailleur de Tournay.

(Ibidem.)

1399 (9 AOUT).

Le Roi ord^ne aux généraux « que pour eschever le chomage » ils baillent doresnavant les monnoies pour deux ou trois ans, au lieu d'un an que l'on accordoit d'ordinaire ; ce pourquoi les preneurs étoient trop peu nombreux.

(A. N. Reg. Z, 1^b, 58, fol. 102 v°.)

1399 (27 OCTOBRE).

Au comptouer, en la chambre des monnoyes, Pierre Gencian, l'un des généraulx maistres, a rapporté que le 27° jour d'octobre, l'an 1399, il fist mettre es coings des deniers d'or que l'on fera en la monn° de Sainte-Manehold les differances qui ensuivent :

Premièrement, devers la croix du denier d'or, entre le premier $\overline{Xps}$ et *vincit*, une croix en lieu d'une molette, et devers la pile, entre *Karolus* et *Dei*, où il a deux croisettes par ceste manière ♮, sont mises audit denier d'or pour differance ainsi $\frac{+}{\natural}$.

Item es grans blans devers la croix, entre *sit* et *nomen*, est mis pour differance deux croix par ceste manière ♮, et devers la pile, après *Karolus*, semblablement deux croix telles comme devant.

(Reg. entre 2 ais, fol. 166 r°.)

1399 (13 NOVEMBRE).

Lettres de rémission en faveur de Perrinet de Maucroix, maistre de la monnoie de Ste-Manehot, Jehan Goulart et Pierre de Ravenel, gardes de ladicte monnoie, qui avoient faict en juin précédent environ 30 marcs de monnoies d'or, dont les deniers étoient trop foibles de $\frac{2}{4}$ de carat. De plus, ils avoient frustré le Roi d'environ 40 écus, qu'ils avoient employés en payant trop cher l'or aux marchands d'Allemagne et de Lorraine pour les altirer. Presque tous ces deniers avaient été retirés du commerce, de sorte qu'il n'y avait aucun préjudice pour le public.

(Pièces inédites du règne de Charles VI, 1160. — *Trésor des chartes*, Reg. JJ, fol. 154, n° 497).

1399 (15 NOVEMBRE).

Mandement par lequel il est permis aux généraux m^tres des mon^es d'augmenter le prix de l'arg^t selon qu'ils le jugeront à propos.

(A. N. Reg. Z, 1^b, 58, fol. 103 v°. — *Ord.*, VIII, 357.)

1399 (27 NOVEMBRE).

L'exécutoire des g^aux m^tres ordonne une crue de 3 s. ts. pour le prix du marc d'argent à 10 d. de loi A. R. et au-dessus.

(A. N. Reg. Z, 1^b, 58, fol. 103 v°.)

1399 (15 DÉCEMBRE).

Ce jour fu donné congié et accordé à Pasquier le Marié, garde de la monn° d'Angers, que pour accomplir son voiage de Rome, auq^l il a intention aler briefvement, si comme l'on dit, icelui Pasquier puisse f^re son lieut^t pour exercer sondit office, c'est assavoir Jehan Saussereau, essayeur, ou Pierre le Marié, frère dudit Pasquier, quand il sera retourné de Rome où il est allé et parti; lequel Saussereau fera le serment par devant Franchekin de Taget, autre garde, et Jamet Lamenseau, tailleur.

(A. N. Reg. Z, 1^b, 2, fol. 35 r°. — Sorb. H. 1, 9, n° 174, fol. 93 v°.)

1399 (27 DÉCEMBRE).

Ordonné et delibéré que certain billon estant en la monnoye de Ste-Manehold soit apporté en la monnoye de Paris, pour estre ilec ouvré et monnoyé et pour en ordonner du comptoer comme il apartiendra, pourveu que ledict billon ne couste plus au Roy à ouvrer en ladicte monnoye de Paris, qu'il feroit en ladicte monnoye de Ste-Manehold.

Au comptoer : François Chanteprime, M. Dangeul, Ph. Giffart, Je. Dussi, J. Remon, G. Villet, J. Hazart et P. Chapelu.

(A. N. Reg. Z, 1^b, 2, fol. 35 r°.)

1399 (13 JANVIER).

Au compt. : Ph^le Giffart, J. Remon, Giles Villet, J. Hazart, P. Chapelu et P. Gencian.

Nicolas des Champs est nommé gouverneur de la mon° de Tholoze par la résignation de Guy de la Coste à son profit.

(A. N. Reg. Z, 1^b, 2, fol. 35 v°. — Sorb. H. 1, 9, n° 174, fol. 93 v°.)

Giles ..... est nommé essayeur à Toulouse en lieu de Nicolas des Champs, ordoné garde de lad. monn° en lieu de Guy Lacoste.

(A. N. Reg. Z, 1^b, 2, fol. 35 v°.)

1399 (19 FÉVRIER).

A cette date, Colart Lenchart est garde de la mon° de St-Quentin.

(A. N. Reg. Z, 1^b, 2, fol. 36 v°.

1399 (1er MARS).

Le lundy 1er mars 1399, environ 12 heures par jour, fu derobée la chambre des monoyes au pallais et illec furent prins tous les touchaux d'or et certaine grant somme dé deniers d'or, duquel desrobeant le procès fu démené en Chastelet de Paris et la verité sceue, coe il est apparu par le vidimus de la remission impetrée pour Jehan Hue.

1399 (2 MARS).

Le mardi 2e jour de mars l'an dessus dit, au compter en la chambre des monnes où estoient mre Jacques d'Ussi, Milles Baillet, Gilles Villet, Jehan Hazart, Pierre Chapelu, Jehan le Mareschal et Pierre Gentian, vint et fu present en lad. chambre messre Hue le Breton, pstre, chapelain de Ste-Oportune, lequel dit et raporta que led. jour, environ 5 heures du matin, il estoit en l'église de St-Jacques de la gnt Boucherie de Paris, et vint un home qui lui dist s'il connoissoit Gilles Villet, leql chapelain lui respondit que oil, et après lui dist qu'il baillast audit Gilles les touchaux d'or qu'il avoit pris en certain lieu, avec aultres choses qu'il restitueroit quant il auroit l'aisance et que ce avoient fait deux gens de court, auquel fu demandé de quelle grandeur il estoit et de quelle vesteure, à ce respondit qu'il lui sembloit qu'il estoit d'assez moyen aage et vestu d'une hopelande d'un drap brun, son chaperon en son col, et une aumusse en sa teste. Il lui fu demandé s'il avoit aucune cognoissance de la personne, dit que non.

(A. N. Reg. Z, 1b, 2, fol. 37 r°. — Sorb. H. 1, 9, n° 174, fol. 94 r°.)

1399 (8 MARS).

Pierrotin de Ravenel, garde de la monne de Ste-Menehould, est assigné à la chambre des monnaies.

(A. N. Reg. Z, 1b, 2, fol. 37 v°.)

1399 (16 MARS).

P. Mandele et Arnoul de la Foy nommés gardes à Ste-Mennehould jusqu'à nouvel ordre.

(A. N. Reg. Z, 1b, 2, fol. 37 v°.)

1399 (1er AVRIL).

Pierre Gentian, l'un des guaux mes, prist congié de Messrs ses compagnons estans au comptoer pour aler en visitacion en Anjou et en Thouraine, et retourna à Paris le jeudy 13e jour de may l'an 1400.

(A. N. Reg. Z, 1b, 2, fol. 38 r°. — Sorb. H, 1, 9, n° 174, fol. 94 r°.)

1399 (3 AVRIL).

En presence de mre Gerart de Montagu et de sire Jehan de Vaudeste furent touchées les prises de l'or baillé à Jehan de Moncrux pour faire plats et escuelles pour le Roy.

(A. N. Reg. Z, 1b, 2, fol. 38 v°. — Sorb. H. 1, 9, n° 174, fol. 94 r°.)

1399 (10 AVRIL., AVANT PAQUES).

Garnot Piedehuche et Guille Megret sont tous les deux nantis de lettres royaulx du même jour, les nommant soubzgardes de la monne de Rouen. Ils sont assignés à quinzaine.

(A. N. Reg. Z, 1b, 2, fol. 38 v°.)

1400 (14 MAI).

A cette date, Lantremon Perrin est garde de la monne de St-Andri.

(A. N. Reg. Z, 1b, 2, fol. 39 r°.)

1400 (19 mai).

Garnot Piedehuche , contregarde de la monᵉ de Rouen , prête serment.

(A. N. Reg. Z, 1ᵇ, 2, fol. 39 v°. — Sorb. H. 1, 9, n° 174, fol. 94 v°.)

1400 (1ᵉʳ juin).

Jehan Barroncel, nagaires maistre pᵉʳ des monnᵉˢ de St-Pourçain , de Dijon et de Stᵉ-Menehould , a amendé ce qu'il a passé les remèdes des boistes d'or desdites monnayes dont il a fait l'ouvrage.

(A. N. Reg. Z, 1ᵇ, 2, fol. 39 v°.)

1400 (11 septembre).

Ce jour Jeh. de Lesmes fu ordené contregarde de la monnᵉ de Rouen en lieu de Garnot Piedehuche.

(A. N. Reg. Z, 1ᵇ, 2, fol. 39 v°.—Sorb. H. 1, 9, n° 174, fol. 94 v°.)

1400 (25 septembre).

Furent données lettres d'exercer les prevostés en la monᵉ de Troyes à Pierre de Verdun, prevost des ouvriers, et à Rolin Sibouarre, prevost des monnoyes, tant qu'il plaira aux gnaux maistres.

L'office de tailleur de la monnᵉ de Tournay donné à Pierre de Menin, vacant par la mort de Pierre de Croissembien.

L'office de la taille de la monᵉ de St-Quentin, vacant parce que Pierre de Menin est ordonné tailleur à Tournay, est donné à Jehan Le Conte, auquel sera escript icelui jour, et que s'il le veut accepter, il rescripra.

(A. N. Reg. Z, 1ᵇ, 2, fol. 41 r°. — Sorb. H. 1, 9, n° 174, fol. 94 v°.)

1400 (25 septembre).

Pasquier le Marié et Franchequin de Caget (ou Taget), gardes de la monnᵉ d'Angers.

Guillᵉ Vinebert dit Piquenique, contregarde de la monᵉ de Rouen en lieu de Jehan de Lesmes, lequel a juré.

Serment de Bernardin de Haulteville dit le Monnier de garde de la monᵉ de Tournay, vacant par la mort de Jehan le Monnier, son père.

(A. N. Reg. Z, 1ᵇ, 2, fol. 40 v° et 41 r°.—Sorb. H. 1, 9, n° 174, fol. 94 v°.)

1400 (20 novembre).

A cette date, Pasquier le Marié et Franchequin de Taget sont gardes de la monᵉ d'Angers.

(A. N. Reg. Z, 1ᵇ, 2, fol. 40 v°.)

1400 (5 janvier).

A ce jour, Pierre de la Sauvagière est mᵉ partᵉʳ de la monᵉ d'Angers.

(A. N. Reg. Z, 1ᵇ, 2, fol. 40 v°.)

1400 (8 février) a 1401 (31 janvier).

Délivrances faites à Romans , du 8 février 1401 (de l'Incarnation) au 31 janvier suivant, par Jehan Cope. Les gardes sont Jehan Gras et Thevenin le Flament.

Grands blancs à l'écu de 10 d. t. à 5 d. 12 gr. A. R., et de 6 s. 2 d. ¼ (74 ¼ au marc).

Trente-huit délivrances dont la première est du 8 février et la dernière du 31 janvier suivant.

Mis en boîte 64 s. 10 d. (778 pièces); on met en boîte 1 pièce pour 1000, donc **778000** grands blancs émis.

Une petite feuille de parchemin insérée dans ce cahier porte que la boîte des grands blancs semblables émis par Jehan Coppe, du 1ᵉʳ février 1401 au 1ᵉʳ février 1402 (exclus), contient 61 sous (732 pièces), ce qui fait en tout 732000 pièces frappées.

> (A. N. Petit cahier de parchemin du carton Z, 1ᵇ, 963.)

1400 (23 février) a 1401 (24 novembre).

A Mâcon, par André Rousselay, mᵉ pᵉʳ, étant gardes Pierre Bobelier et Estienne Perrenin, grands blancs de 10 d. t. à 5 d. 12 gr. et de 6 s. 2 d. ¼ (74 ¼ au marc).

Dix-sept delivrances; mis en boîte 14 s. 2 d. (170 pièces). — 170000 pᶜᵉˢ frappées.

Boîte close le 1ᵉʳ décembre 1401.

> (A. N. Petit cahier de parchemin du carton Z, 1ᵇ, 893-897.)

1400 (3 mars) a 1401 (16 octobre).

A Paris, par Barthelemy Spifame, pʳ lequel Augustin Ysbarre a tenu le cͦple de la monnoie, écus à la couronne d'or fin, de 62 au marc et courant pour 22 s. 6 d. t. — 40200 pᶜᵉˢ frappées.

> (A. N. Rouleau du carton Z, 1ᵇ, 913.)

1401 (27 avril).

Au comptouër : J. Remon, G. Villet, J. Hazart, P. Chapelu, J. le Mareschal et P. Gentian, gͦnaux mᵉˢ.

Ordᵉ et délibéré que doresnavant nulz affinages ni departissements d'argᵗ ne seront faits dedans les viez murs de Paris, mais seront faits dedans fauxbourgs de Paris en lieux non nuisibles ni prejudiciables pʳ le peuple.

> (A. N. Reg. Z, 1ᵇ, 2, fol. 44 vᵒ.—Sorb. H, 1, 9, nᵒ 174, fol. 95 rᵒ.)

1401 (28 avril).

Au comptouer : Mᵉ Jacques Dussi, J. Remon, Gile Villet, J. Hazart, Pierre Chapelu, J. le Mareschal, P. Gentian.

Jehan du Vivier, tailleur de la monⁿᵉ de Paris, délaisse ledit office en faveur de Scap Fouart, qui n'aura que le profit de la taille seulement, parce que led. Jehan du Vivier aura à prendre, sa vie durant, les gages dud. office.

> (A. N. Reg. Z, 1ᵇ, 2, fol. 42 rᵒ. – Sorb. II. 1, 9, nᵒ 174, fol. 95 rᵒ.)

1401 (7 mai).

Maistre Mahieu du Bas et Guillemin le Roux s'opposent à l'enterinement de certaines lettres royaulx impetrées, si comme ils disoient, au prejudice dudit Jehan le Roux touchant l'office de garde de la monnᵉ de Rouen.

> (A. N. Reg. Z, 1ᵇ, 2, fol. 42 rᵒ.)

Ce jour, Guillemin Bourdon requist l'enterinement de certaines lettres royaulx pour l'office de garde de la monnoie de Rouen, auquel le Roy avoit donné par lesdictes lettres, vacant par la mort de Toutain le Marchant, etc.

> (A. N. Reg. Z, 1ᵇ, 2, fol. 43 rᵒ.)

1401 (10 mai).

Au comptouer : Jehan Remon, Pierre Chapelu, Jehan le Mareschal et Pierre Gentian.

Lettres royales donnant la garde de Rouen à Guillemin Bourdon, apportées par Mʳ de S. Cler et Mʳ Hue Bournel, chambellans du Roy.....

Toutefois il ne pourra exercer tant que

Jehan, son frère, tenra le compte, ou sera pleige ou compaignon en lad. monn°.....

(A. N. Reg. Z , 1^b, 2, fol. 43 r°.—Sorb. H. 1, 9,
n° 174, fol. 95 r°.)

1401 (6 JUIN).

Serment d'Arnoul de la Foy de bien et loyaument gouverner l'office de garde de la mon° de Ste-Menehold, vacant par la mort de Jehan Marcel.

(A. N. Reg. Z, 1^b, 2, fol. 44 r°.—Sorb. H. 1, 9,
n° 174, fol. 95 v°.)

1401 (11 JUIN).

Appointé est que la court aura avis et conseil sur la renonciation faicte par Andry Rousselay de la monn° de Mascon, plus à plain déclarée es lettres des gardes de lad. monnoye.

(A. N. Reg. Z, 1^b, 2, fol. 43 v°.)

1401 (13 JUIN).

Fu comandé la lre pour Bthelemy Morgal, garde des aflineries de Paris p^r l'ordonnance sur ce faicte, lequel a juré.....

(Sorb. H. 1, 9, n° 174, fol. 95 v.)

1401 (27 JUIN).

Ce jour fu mandé aux gardes de la monn° de Romans qu'il envoyent les peulles d'une boiste de ladicte monn° où il a 64 s. 1 d. de grans blans.

Même mandement à Cremieu pour une oite blanche où il a (chiffre omis).

(A. N. Reg. Z, 1^b, 2, fol. 44 v°.)

1401 (2 JUILLET).

A Paris.

Lettres du Roy à son amé et féal chevalier, chambellan et conseiller, Geoffroy le Meingre dit Bouciquaut, gouverneur du Dauphiné, données pour révoquer celles du 11 7bre 1389 et stipuler qu'indépendamment des espèces d'or et d'argent frappées aux types de France, on ouvre dans cette province d'autres monnaies au nom et aux armes du Roi comme Dauphin, et que le produit des deux fabrications soit affecté à la réparation des édifices domaniaux dudit pays; les pièces étrangères devront d'ailleurs être portées au billon ou ne circuler que pour une valeur déterminée.

(*Ord.*, VIII, 446.—H. Morin, p. 196 et 197.)

1401 (6 JUILLET).

Au comptouer : J. Remon, G. Villet, Pierre Chapelu, J. Hazart, J. de Mareul, Pierre Gentian et Pierre de Vé.

(Sorb. H. 1, 9, n° 174, fol. 95 v°.)

1401 (18 JUILLET).

Il est mandé aux gardes de la monn° de Poictiers qu'il facent savoir à tous changeurs et marchans que la monn° est ouverte.....

(A. N. Reg. Z, 1^b, 2, fol. 45 r°.)

1401 (26 JUILLET).

Gros à 9 d. 81 au marc, valant 15 d.

(Leblanc, *Table.*)

1401 (27 JUILLET).

Mandement du Roi ordonnant de fabriquer

jusqu'à mille marcs d'argent en petits parisis de 1 d. 16 gr. de loi et de 15 s. de poids pour l'aumône du Roi.

L'ord^{ce} royale portait que l'on paierait le marc d'argent 6 lib. 4 s. ts., et les généraux, dans leur exécutoire, n'ont voulu mettre que 6 lib. 2 s. 6 d. ts., « comme il a esté acoustumé. »

> (A. N. Reg. Z, 1^b, 58, fol. 404 r°. — Ord., VIII, 461.)

1401 (11 AOUT).

Jean le Mareschal et Me Guill^e Marescot, examinateur des comptes de Paris, partiront p^r aller au voyage de la comm^{on} à eux ord^{née} par deliberacion de Messrs des Comptes, sc^r : St-Quentin, Tournay, et retourneront 26 aoust ensuivant.

> (Sorb. H. 1, 9, n° 174, fol. 95 v°.)

1401 (12 AOUT).

Lettres au recteur de Montpellier ou au viguier de Sommières, confirmant en faveur des monnoyers qui demeurent à Sommières tous les privilèges accordés aux monnoyers.

Il s'agit des monnayeurs de Montpellier du serment de France et de l'Empire, demeurant à Sommières.

> (Ord., VIII, 466.)

1401 (12 AOUT).

Jean de Carmonne, p^r de Lois de la Foy, bailla un denier à Dieu sur la monn^e de S. Poursain.

Délibéré de bailler la monn^e de Paris à Jean Trottet jusques à 3 ans, en achapt et par enchère en la manière acoustumée, sc^r : le $\overline{m}$ d'or p^r 10 s. ts., le $\overline{m}$ de crue 4 s. 5 d. et le noir 2 s. ts.

> (Sorb. H. 1, 9, n° 174, fol. 96 r°.)

1401 (17 SEPTEMBRE).

A S^t-Lô, par Guillaume le Marié, pour lequel Jehan Burnoust tient le $\overline{cpte}$ de la monn^e :

Deniers tournois de 18 s. 9 d. de poids (225 au marc) et à 1 d. 16 gr. de loi.

Mis en boîte 5 deniers, représentant 50 $\overline{m}$ d'œuvre, soit 11250 p^{ces} frappées.

> (A. N. Feuille de parchemin qui s'est trouvée égarée parmi les documents sur la monn^e de Mâcon. — Carton Z, 1^b, 893-897.)

1401 (5 OCTOBRE).

Ce jour, Jacquemart Robaut a promis de faire le marc d'or en la monn^e de Tournay pour 7 s. 6 d., le marc d'œuvre du blanc pour 4 s. 3 d., et le noir à 2 s. ts., par telle condicion que aucuns ne seront receuz à enchérir, si on ne rabesse le prix de l'or de 16 d. ts. et de 2 d. le blanc...

> (A. N. Reg. Z, 1^b, 2, fol. 47 r°.)

1401 (7 OCTOBRE).

Ce jour, Jehan de Carmone, au nom et comme procureur de Lois de la Foy, bailla un denier à Dieu sur la monn^e de Saint-Poursain et promist faire le marc d'or pour 8 s. ts., et le marc de blanc pour 3 s. 8 d. ts., et le noir pour 2 s. ts., jusques à trois ans....

Il est nommé par suite de la renonciation en sa faveur par Jehan Barroncel.

> (A. N. Reg. Z, 1^b, 2, fol. 47 r° et v°.)

1401 (DU 16 OCTOBRE AU 15 DÉCEMBRE).

A Paris, par Jehan Trotet, écus de 22 s. 6 d. et de 62 au marc. — 8600 p^{ces} frappées.

> (A. N. Rouleau du carton Z, 1^b, 913.)

1401 (25 octobre).

Ce jour fu deliberé de baillir la monn° de
Paris à Jehan Trottet jusques à 3 ans, en
achat et par enchère, en la manière accoustumée, c'est assavoir le marc d'or pour
10 s. ts., le marc d'euvre pour 4 s. 5 d. et
le noir pour 2 s. ts.

(A. N. Reg Z, 1ᵇ, 2, fol. 47 v°.)

Mémoire que ce jour Jacques Daubermond
fist le serment de loyaument gouverner le
fait de garde de la monn° de Tournay.

(A. N. Reg. Z, 1ᵇ, 2, fol. 47 v°.—Sorb. H, 1, 9,
n° 174, fol. 96 r°.)

————

1401 (9 novembre).

Le IXᵉ novembre M IIIIᶜ I, appert ung general avoir dutout cloz la monnoye de
Mirabel, pour faultes qui y avoient esté
faictes.

(Ms. Lecoq, fol. 47 v°.)

————

1401 (9 novembre).

Ce jour, Jacquemart Robaut bailla un
denier à Dieu et promist faire le marc d'or,
en la monn° de Tournay, pour 4 s. 10 d. ts.
Item le marc d'œuvre en blancs deniers pour
3 s. 7 d. ts. et le noir pour 2 s. ts., et se
font (lisez faict) fors faire ouvrer en ladicte
monnoye, dedans 3 ans acomplis après l'enchère passée, 6000 marcs d'or et 50000 marcs
d'euvre, ou paier au Roy comme il est contenu en son premier marché en achat et
par enchère, et sur les condicions du bail
des monn°ˢ.

(A. N. Reg. Z, 1ᵇ, 2, fol. 48 r°.)

Item led. Jacquemart promist faire en la
monn° de Saint-Quentin, c'est assᵉ le marc
d'or à 7 s. ts., le marc du blanc pour 4 s. ts.,
et le marc du noir pour 2 s. ts. sur les condicions du bail des monn°ˢ, et de dans les-

dicz troys ans il fera ouvrer 1000 marcs
d'or et 2000 marcs d'euvre, etc.

(A. N. Reg. Z, 1ᵇ, 2, fol. 48 r°.)

————

1401 (16 novembre) a 1402 (11 septembre).

On fait à Mâcon une boîte de deniers d'or.

(A. N. Reg. Z, 1ᵇ, fol. 305. Cahier délabré.)

————

1401 (24 novembre) a 1402 (28 janvier).

On fait à Limoges une boîte de deniers
d'or en contenant 51.

(A. N. Reg. Z, 1ᵇ, fol. 305. Cahier délabré.)

Suivent les mentions de Poitiers et de La
Rochelle, dont tous les chiffres sont lacérés.
Une 3ᵉ mention concerne 2 boîtes faites
du . . . février 1401 au 3 mai 1403, à . . .,
et contenant 15 deniers d'or.

————

1401 (24 novembre).

Aujourd'hui Martin de Colemiers, maistre
de la monnaye de Rouen, renonça au fait et
gouvernement de lad. monnaye.

(A. N. Reg. Z, 1ᵇ, 2, fol. 49 r°.)

————

1401 (7 décembre).

Aujourd'hui, de la partie de Charlot du
Vivier, auquel le Roy a donné l'office de
tailleur de la monn° de Paris par ses lettres,
a esté requis que jour lui soit donné pour
estre ony, lequel jour fu accordé à vendredi
prouchain venant.

(A. N. Reg. Z, 1ᵇ, 2, fol. 49 r°.)

Le 8ᵉ jour de décembre fut délivré à Jehan
Morreau, garde de la monn° de St-Poursain,
une pile d'òr, 4 trousseaux, 2 piles de grans
blans et 12 trousseaux.

(Ibidem.)

1401 (13 DÉCEMBRE).

Deliberé en la chamb͞ des comptes, par
M. le Chanᶜʳ, que la monnᵉ de Tournay demourra à Jacquemart Robaut.

Ce jour, Mʳᵉ Guillaume Barrault, serᵗʳ du
Roy, dit que M. de Berry mandoit que l'on
expedioit à Simon Roque le don à lui fait de
la garde de la monnᵉ de Sᵗ-Poursain.

(A. N. Reg. Z, 1ᵇ, 2, fol. 49 rᵒ et vᵒ.—Sorb. B. 1, 9,
nᵒ 174, fol. 96 rᵒ.)

Ce jour, Bernart Braque, soy-disant procureur de Arnoul Braque, son frère, mist le
marc d'or de la monnᵒ de Tournay à 4 s.
8 d. et le marc d'euvre à 4 s. ts., sur la condicion et par la manière déclarée es lettres
du Roy.

(A. N. Reg. Z, 1ᵇ, 2, fol. 49 rᵒ.)

1401 (16 DÉCEMBRE).

Jean Remon fait le rapport sur l'affaire
Roque, et « le jour après son examen fist le
serment acoustumé. »

(A. N. Reg. Z, 1ᵇ, 2, fol. 49 vᵒ.)

Escus rongnez par Ami de Gautronnet,
marᵃⁿᵈ de draps, demᵗ à Challon, exécuté
pour led. fait.

1401 (6 JANVIER).

On fait à Dijon deux boîtes de deniers
d'or.

(A. N. Reg. Z, 1ᵇ, 305. Cahier délabré.)

1401 (12 JANVIER).

Laurent Carel, essayeur et lieutᵗ de Guillemin Bourdon, garde de la monnoye de
Rouen.

Pasquier le Marié, garde, Franˢ de Toget,
aussi garde, Jean Sausserieau, essayeur, et

Gervais le Vidame, tailleur de la monnᵉ
d'Angers.

(A. N. Reg. Z, 1ᵇ, 2, fol. 50 rᵒ. — Sorb. II, 1, 9,
nᵒ 174, fol. 96 rᵒ.)

1401 (12 JANVIER).

Mandé à Bernardin le Meunier, garde de
la monnᵉ de Tournay, qu'il aporte avec les
boistes le papier du bail des monnoyers et
la boiste d'or derrenement envoyée où il
avoit six vingt et 12 deniers, et l'original du
papier des delivrances de lad. boiste.

(A. N. Reg. Z, 1ᵇ, 2, fol. 50 vᵒ.)

1401 (20 JANVIER) A 1402 (27 JANVIER).

On fait à Sᵗ-Andry 2 boîtes de deniers
d'or en contenant 60.

(A. N. Reg. Z, 1ᵇ, 305. Cahier délabré.)

1401 (29 JANVIER) A 1402 (2 FÉVRIER).

On fait à Sᵗᵉ-Manehould 3 boîtes de deniers
d'or en contenant 75.

Vient ensuite :

. . . . . Romans . . . une boîte . . . du
20ᵉ jour de . . . 1401 jusques au 21ᵉ jour de
janvier 14.. . . . 69 deniers d'or.

Puis deux mentions analogues entièrement
perdues.

Somme 2220 escus valent . . . . . 2497 lib.
10 s. ts.

(A. N. Reg. Z, 1ᵇ, 305. Cahier délabré.)

1401 (1ᵉʳ FÉVRIER).

Ce jour, Bernardin de Haulteville, dit le
Meunier, garde de la monnᵉ de Tournay,
amende ce qu'il a escript en une delivrance
d'une boiste d'or où il avoit 6ˣˣ 12 d. d'or
faicte par Arnoulet Bracque, 2800 deniers

d'or, et ne seroit escript dessus que 12 d. d'or en boiste où il deubt avoir 14 d. d'or. Donc pour en savoir la verité, le papier du bail des monnoyers fu mandé, par lequel est apparu qu'il ne fu delivré en lad. delivrance que 2400 deniers d'or et ainsi doivent estre mis en boiste 12 dᵣ d'or, et ce fu trouvé audit papier des monnoyers, et pour plus seurement savoir la verité a esté depuis mandé le papier de l'autre garde, apelé Jaq̄s d'Aubermont, et trouvé par ycellui papier qu'il n'a esté delivré que 2400 deniers d'or.

(A. N. Reg. Z, 1ᵇ, 2, fol. 50 v°.)

1401 (4 FÉVRIER).

Ledit Bernardin a dit que la premiere delivrance de l'argent faicte à Tournay, par Arnoulet Braque, fu le 19ᵉ jour de janvier et de l'or le 20 dud. mois.

(A. N. Reg. Z, 1ᵇ, 2, fol. 51 rᵒ.)

1401 (20 FÉVRIER)

Fu ordené mander aus gardes de la monnᵉ d'Angers que Pasquier le Marié, l'un d'iceux gardes, aporte le papier de feu Olivier de La Sauvagière, du temps qu'il en a esté maistre particulier.

(A. N. Reg. Z, 1ᵇ, 2, fol. 52 rᵒ.)

1401 (20 FÉVRIER) À 1403 (29 MAI).

On fait à Toulouse 3 boîtes de deniers d'or en contenant 113.

(A. N. Reg. Z, 1ᵇ, 305. Cahier délabré.)

1401 (22 FÉVRIER).

C'est le papier dez delivrances de la monoye de Dijon et Chalon, dez grans deniers blans, q̄ ont cours pour 10 d. ts. pièce, de 6 s. 2 d. ¼ de denier de poids au marc de Paris (74 ¼ et à 5 d. 12 gr.), et estoit maistre particulier Girart Marriot, de Dijon, gardes Esthiene l'Orfevre et Philippe Arnault.

Et premierement :

22 fevrier 1401, mis en boîte 15 d.

24 avry après Pasques, mis en boîte 7 d.

30 août, mis en boîte 8 d.

En tout, en boîte, 2 s. 6 d.

Soit 30000 pièces frappées.

(A. N. Petit cahier de parchemin du carton Z, 1ᵇ, 866-867.)

Un autre petit cahier de parchemin, du même carton, mentionne une boîte des mêmes grans blancs, frappés par Girart Marriot, et qui contenait 5 s. 1 d. (61 p.), représentant 61000 pièces frappées.

Ce cahier de parchemin énumère, à partir du 23 juin 1400, 7 délivrances des mêmes blancs, operées jusqu'au 23 fevrier 1400 et pour lesquelles il avait été mis en boîte 61 pièces.

Un troisième petit cahier des délivrances du même Girart Marriot mentionne 3 délivrances des mêmes blancs, des 3 7ᵇʳᵉ, 16 8ᵇʳᵉ et 27 8ᵇʳᵉ 1401. — Mis en boîte 20 pièces représentant 20000 blancs frappés.

Enfin, un dernier cahier du même carton contient l'énumération de 13 délivrances de blancs de 10 d. ts. de 74 ¼ au marc, et à 5 d. 12 gr., c'est-à-dire semblables aux précédents. Dans la boîte que concerne ce cahier se trouvaient 5 s. 9 d. (69 p.) représentant 69000 pièces frappées.

Ces 13 délivrances ont eu lieu du 19 9ᵇʳᵉ 1408 au 25 8ᵇʳᵉ 1409.

En résumé, Girart Marriot a frappé à notre connaissance 160000 de ces blancs; mais ce nombre est évidemment très-incomplet, vu les lacunes qui existent entre les délivrances dont nous avons retrouvé les traces.

(A. N. Rouleau du carton Z, 1ᵇ, 866-867.)

1401 (1ᵉʳ ᴍᴀʀs).

Ce jour, Jehan de Lengres fit le serment
de bien et loyaument exercer en sa personne
l'office de la taille des fers de la monn° de
Paris, et que aucuns fers il ne baillera ne
fera, se n'est aux gardes de lad. monn° et
sy ne exercera fait de change.

(A. N. Reg. Z, 1ᵇ, 2, fol. 52 v°.)

1401 (7 ᴍᴀʀs).

Adenis Marcel mist ce jour la monn° de
Rouen à 10 s. le marc d'or, le blanc à 4 s. ts.
et le noir à 2 s. ts.

Item ce jour Mathieu Boutin mist le marc
d'or en la monn° de la Rochelle à 8 s. ts., le
blanc à 3 s. 6 d. et le noir à 2 s. ts.

(A. N. Reg. Z, 1ᵇ, 2, fol. 53 r°.)

1401 (16 ᴍᴀʀs).

Pasquier le Marié, garde de la monn°
d'Angers, apporte le papier de feu Olivier
de la Sauvagière, naguère mᵗʳᵉ pᵉʳ de lad.
monn°.

Il est scellé des sceaux de Pasquier le
Marié, de François de Toget, son collègue,
de Jehan Saussereau, essayeur, et de Ger-
vaise le Vidame, tailleur.

(A. N. Reg. Z, 1ᵇ, 2, fol. 53 v°.)

1401 (8 ᴀᴠʀɪʟ).

Ce jour, le sire d'Alaigne et Mᵉ Nicolas
Veau, servʳˢ de M. de Berry, dirent de par
mond. seigʳ que aucunes boestes des monnᵉˢ,
c'est à scʳ des pais dont led. seigʳ a le gou-
vernemᵗ, ne soient ouvertes sans le faire
sçavoir au chancelier de mond. seigʳ ou aud.
sire d'Alaigne.

(A. N. Reg. Z, 1ᵇ, 2, fol. 53 v°. — Sorb. H. 1, 9,
nᵒ 174, fol. 96 v°.)

1401 (8 ᴀᴠʀɪʟ).

Pnˢ au comptouer : J. Remon, G. Villet,
P. Chapelu, J. le Mareschal et P. Gentian.

(A. N. Reg. Z, 1ᵇ, 2, fol. 53 v°. — Sorb. H. 1, 9,
nᵒ 174, fol. 96 r°.)

1401 (12 ᴀᴠʀɪʟ).

P. Gentian va en veage à Senlis pour fait
de Jean Labbé, accusé d'avoir émis et alloué
fausse monn°.

Guillᵉ Bourdon, à pnt garde de la monn°
de Rouen, et ja pieça mᵉ parterᵉ de lad. monn°.

(A. N. Reg. Z, 1ᵇ, 2, fol. 54 v°. — Sorb. H. 1, 9,
nᵒ 174, fol. 96 v°.)

1401 (15 ᴀᴠʀɪʟ).

Boîtes apportées à la chambre des monnaies des deniers blancs et noirs. Ce sont :

1° Des deniers blancs à l'écu, de 10 d. t.
à 5 d. 12 gr. de loy A. R., et de 6 s. 2 d.
et $\frac{1}{4}$ au marc de Paris.

2° Des petits deniers blancs à l'écu, de 5
d. t. à la même loi, et de 12 s. 4 d. et $\frac{1}{2}$ au
marc.

3° Des doubles tournois, à 2 d. 12 gr. de
loy A. R., et de 14 s. et $\frac{3}{4}$ de denier au marc.

4° Des petits deniers parisis, à 1 d. 16 gr.
A. R., et de 15 s. au marc.

5° Des petits deniers tournois, à 1 d. 16 gr.
de loy A. R., et de 18 s. 9 d. au marc.

6° Des petites mailles tournois, à 1 d. 3 gr.
de loi A. R., et de 25 s. 3 d. et $\frac{3}{4}$ de denier
au marc de Paris.

(A. N. Reg. Z, 1ᵇ, 305. Cahier délabré.)

Rouen.

Boîte de blancs de 10 d. ts. faite par Jehan
Bourdon, du 13 novembre 1401 au 28 juillet
1402. Mis en boîte 30 pièces qui valent
25 s. ts.

Boîte de petits tournois faite par Jehan Bourdon, du 29 avril 1402 au 16 juillet suivant. Mis en boîte 16 d. ts. qui valent 1 s. 4 d.

Boîte de mailles tournois faite par le même; une délivrance le 31 juillet 1402. Mis en boîte 16 mailles.

Deuxième boîte de mêmes blancs de 10 d. ts. par le même; deux délivrances, le 23 septembre et le 30 novembre 1402. Mis en boîte 14 blancs.

St-Lô.

Une boîte de blancs de 10 d. ts., délivrée le 8 janvier 1402 et faite par Jehan Bravoust (ou Brunoust). Le chiffre manque.

Une boîte de petits tournois par le même; une délivrance faite le 8 janvier 1402. Mis en boîte 6 d. ts.

Une boîte de mailles tournois; une délivrance le 18 janvier 1402. Mis en boîte 11 mailles valant 5 d. ob. ts.

Somme de la monnoye de Sainct-Lo, 11 d. ob.

Tournay.

Par Arnoullet Bracque, boîte de blancs de 10 d. ts., faite du 3 mai 1402 au 22 juillet suivant. Mis en boîte 66 s. 10 d. de blancs.

Autre boîte de mêmes blancs, faite par le même, du 22 juillet 1402 au 3 octobre suivant, contenant 36 s. 5 d. de blancs.

Troisième boîte de mêmes blancs, par le même, du 3 octobre 1402 au 21 janvier suivant, contenant 59 s. 3 d. de blancs.

Quatrième boîte de mêmes blancs, par le même, du 21 janvier 1402 au 3 juin 1403, contenant 29 s. 4 d. de blancs.

Angers.

Boîte de doubles tournois, des 4 et 17 août 1402 et contenant 12 doubles, faite par Jehan Sauseriau et Jehan Jarze (?).

Tours.

Boîte de blancs de 10 d. ts., faite par Pierre Gosse, le 6 février 1401. Mis en boîte 6 deniers.

Boîte de doubles tournois, par le même, faite les 13 et 21 février 1401. Mis en boîte 13 doubles.

Boîte de petits tournois, du 17 novembre 1402. Mis en boîte 8 pièces.

Troies.

Boîte de blancs de 10 d. ts. faite par Pierre de la Garmaise, le 28 avril 1402, après Pâques, contenant 9 blancs.

Deuxième boîte de blancs de 10 d. ts., du 16 novembre 1402, par le même. Mis en boîte 6 pièces.

Dijon et Challon.

Boîte de blancs de 10 d. ts., par . . . , du 28 octobre 1401 au . . . août 1402. Mis en boîte 2 s. 5 d., qui valent 24 s. 2 d. ts.

Le nom du maître semble être Girot M[arriot].

Saint-Poursain.

Boîte de blancs à l'écu de 10 d. ts. faite par Louys de la Foy, du 1er juin 1402 au 11 janvier suivant. Mis en boîte 6 s. 7 d. de blancs, qui valent 65 s. 10 d. ts.

Boîte de petits tournois, par le même, faite du 18 juin 1402 au 12 janvier suivant. Mis en boîte 13 d. ts.

Mâcon.

Boîte de blancs à l'écu de 10 d. ts., faite par Andrieu de Ronselay, du 25 novembre 1401 au 23 décembre 1402, contenant 23 s. 1 d. de blancs.

Poitiers.

Boîte de blancs à l'écu de 10 s. t., faite

par Remon Deschamps, du 19 août 1402 au 10 novembre suivant, contenant 2 s. 5 d. de blancs.

Une boîte de petits tournois, par le même Remon Deschamps, faite le 23 et le 26 août et le 7 novembre 1402, contenant 1 s. 10 d. de petits tournois.

La Rochelle.

Boîte de blancs de 10 d. t. à l'escu, faite par Berthelemi Spifame, du . . . au 27 juillet 1402, contenant 7 blancs valant 5 s. 10 d.

Boîte de petits tournois, par le même, faite le 2 août 1402, contenant 14 deniers tournois.

Limoges.

Boîte de blancs à l'écu de 10 d. ts., faite par Martialy Boullon, le 16 mars 1401 et le 8 juin 1402, contenant 5 blancs.

Boîte de doubles tournois, par le même, faite le 11 juin 1402, contenant 2 doubles tournois.

Autre boîte de blancs de 10 d. ts., faite par le même, le 26 septembre et le 28 décembre 1402, contenant 6 blancs.

Autre boîte de doubles tournois, faite par le même, le 20 décembre 1402, contenant 1 double tournois.

Boîte de petits deniers tournois, faite par le même, le 28 septembre 1402, contenant 3 d. ts.

Montpellier.

Boîte de blancs à l'écu de 10 d. ts., faite par Azemar Boial, du 2 mars 1401 au 12 juillet 1402, et contenant 2 s. 5 d. de blancs.

Deuxième boîte des mêmes blancs, faite par le même, les 28 novembre, 7 décembre et 31 janvier 1402, contenant 1 s. 8 d. de blancs.

Toulouse.

Boîte de petites mailles tournois, faite par Jehan Salais, du 23 décembre 1402 au 4 janvier suivant, et contenant 1 s. 10 d. de mailles.

Autre boîte de mailles, faite par le même, le 29 mars 1402 et contenant 11 mailles.

Saint-André.

Boîte de blancs à l'écu de 10 d. ts., faite par Girart Palmier, du 19 janvier 1401 au 9 juillet 1402, et contenant (chiffre déchiré) de blancs valant 4 lib. 7 s. 6 d. t.

Autre boîte des mêmes blancs, faite par le même, du 12 juillet 1402 au 27 janvier suivant, et contenant 3 s. 7 d. de blancs.

Sainte-Manehould.

Boîte de blancs à l'écu de 10 d. ts., faite par Girart de Ronselay, du 28 juin 1402 au 26 août suivant, et contenant 3 s. de blancs.

Autre boîte des mêmes blancs, faite par le même, du 26 août 1402 au 12 décembre suivant, et contenant 8 s. 2 d. de blancs.

Romans.

Boîte de blancs de 10 d. t. à l'écu, faite par Jehan Coppe, du 1er février 1401 au 1er février 1402, et contenant 61 s. de blancs.

Crémieu.

Boîte de blancs à l'écu de 10 d. ts., faite par Pierre Audouart, du 28 janvier 1401 au 25 janvier 1402, et contenant 21 s. 4 d. de blancs.

Somme toute des monnoyes d'argent du Royaume et de Dalphiné, 8ˣˣ 12 ₶ 7 s. t.

Somme toute de la recepte de ce compte d'or et d'argent, tant de France come du Dalphiné, 2ᵐˡˡ 6ᵉ 69 ₶ 17 s. ts. = 2669 ₶ 17 s. ts.

(A. N. Reg. Z, 1ᵇ, 305. Cahier délabré.)

1402 (26 avril).

Deux boîtes d'or ont été faites à St-Quentin,

l'une par François Dauge et l'autre par Jehan de Grant-Rain. Le profit en est trop petit pour qu'on puisse prendre les gaiges des gardes dessus.

(A. N. Reg. Z, 1ᵇ, 2, fol. 54 rᵒ.)

1402 (2 MAI).

Jehan Leuchart, garde de la monnᵉ de Sᵗ-Quentin, contre Jehan de Grant-Rain, changeur de Tournay, et Jehan Leuchart. Au temps que led. Jehan de Grant-Rain estoit mᵉ pᵉʳ de lad: monnᵉ, a pris 100 ₶ ts. d'une delivrance. Il est condamné à les rapporter ou renvoyer, à peine de 10 marcs d'argent.

(A. N. Reg. Z, 1ᵇ, 2, fol. 54 vᵒ.)

1402 (15 MAI).

Lettres royales aux généraux maîtres des monnaies, rappelant que Jehan le Flamenc, trésorier des guerres, a déposé en son nom, à la monnᵉ de Troyes, 100 marcs d'or et 600 marcs d'argent de sa propre vaisselle pour en faire des deniers d'or fin aux fleurs de lis, semblables à ceux qui ont cours pour 20 s. ts. et de 64 au marc, et des blancs de 15 d. ts. à 11 d. 6 gr. fin de loi, « comme nous avons fait faire dernièrement à Paris. »
Ordre d'exécuter cet ouvrage sans délai.
Par le Roy, en son conseil ordonné.
J. DE MONTEACUTO.

(A. N. Au dos d'un rouleau. Carton Z, 1ᵇ, 1005.)

NOTA. Il s'agit d'un fait bien antérieur au 15 mai 1402, puisqu'il est du 15 mai 1382.

1402 (22 MAI).

Loutremon Perrin est garde de la monnᵉ de St-Andry à cette date.

(A. N. Reg. Z, 1ᵇ, 2, fol. 54 vᵒ.)

1402 (3 JUIN AU 24 DÉCEMBRE SUIVANT).

On fait à St-Pourçain une boîte de deniers d'or contenant 26 d. d'or.

(A. N. Reg. Z, 1ᵇ, 305. Cahier délabré.)

1402 (9 JUIN).

Ce jour fu deliberé de verifier la boîte de Pique-Vigne (sic), contregarde de la monnᵒ de Rouen.
Ce jour fu deliberé de faire la 3ᵉ prise d'une boîte de la monnᵉ de Saint-Andry, où il avoit 16 s. 1 d. de grans blans.
Une boîte d'or de Toulouse, contenant 27 d. d'or, est refondue.

(A. N. Reg. Z, 1ᵇ, 2, fol. 55 rᵒ.)

1402 (14 JUIN).

Ce jour fu deliberé d'escrire aux gardes de la monnᵉ de Tholouze qu'ils denoncent la reception de leurs lettres, et facent scʳ aux gens de M. de Berry comment la monnᵒ ne faict riens, pour la cause contenue en leurs lettres, et aussi que ilz disent aux changeurs que il est apparu que Remon Florette est appliqué de 4000 ₶ et qu'ilz n'en doivent faire doubte. Item qu'ilz se tiengnent saisiz du fait de la monnᵉ pour la securité des marchans.

(A. N. Reg. Z, 1ᵇ, 2, fol. 55 rᵒ.— Sorb. H. 1, 9, nᵒ 174, fol. 96 vᵒ.)

1402 (8 JUILLET).

A cette date, Jehan Coppe est Mᵒ pʳ de Romans et Pierre Audouart de Cremieu.
Regnier et Jehan de Valenciennes, garde et essayeur de Cremieu.

1402 (8 JUILLET AU 18 JANVIER).

Il est fait à St-Quentin 2 boîtes de deniers d'or contenant 109 d^{rs} d'or.

(A. N. Reg. Z, 1^b, 305.)

NOTA. Cahier de papier en fort mauvais état, inséré à la fin d'un registre du contrôle général des boîtes de 1664 à 1673.

1402 (12 AOUT).

Ce jour fu appointié de mander au maistre de Ste-Manehold qu'il face certifier absolument, par le bailli de Mascon, ses pleigeries ou qu'il baille pleiges que l'en congnoisse dedens ung mois, ou sinon la monnoie sera ouverte et baillée a autre, pendant lequel temps les gardes et maistre Remi l'orfèvre se tenront saisiz du fait d'icelle monn^e tellement qu'il n'y ait faute.

Ce jour fu mandé aux gardes de Rouen et à Jehan Bourdon qu'ilz facent faire les réparacions nécessaires de la dicte monnoie.

(A. N. Reg. Z, 1^b, 2, fol. 55 v°.)

1402 (19 AOUT).

Ce jour fu par eux (les g^{aux} m^{tres}) délibéré que, sans delay, Pierre Chapelu yra à Sainte-Manehold pour faire certaines choses en la monn^e du dit lieu dont le mémoire lui fu baillé.

1402 (28 AOUT).

Ce jour fu délibéré d'escripre à Pierre Chapelu que, en prenant caucion de 400 ₶ parisis, il eslargisse Andry de Rousselay, etc. Et aultre luy soit escript qu'il apporte la cisaille scellée et qu'il face diligence d'avoir des escus de la dernière

DOCUMENTS MONÉTAIRES. — II.

délivrance dont vient la cisaille et les apporte s'il peut bonnement, et si ne peat fournir la dicte caucion, qu'il l'amoine sceurement à Paris.

(A. N. Reg. Z, 1^b, 2, fol. 56 r^e.)

1402 (2 SEPTEMBRE).

Au comptouer, en la chambre des monn^{es}, Pierre Chapelu, l'un des généraulx maistres, raporta que le 2e jour de septembre, l'an 1402, il fist mettre pour diférance es coings des deniers d'or que l'on fera en la monn^o de S^{cte}-Manehold les diférances qui ensuivent : c'est ass^r devers la croix du den. d'or, au premier $\overline{Xps}$, une croix faicte par ceste manière ×, au lieu de celle qui ainsi estoit ╬, et par devers la pile, après la darrenière lettre de *Karolus* où il a deux croisettes faictes par ceste manière ⚒, en lieu d'icelles seront faictes ⚒.

Item es grans blans devers la croix, après *Sit* où il a telles deux croisettes ⚒, seront ainsi ⚒ et devers la pile, après la darrenière lettre de *Karolus*, semblablement, sans oster nulles autres differances. A ce temps, maistre particulier Girart de Rousseloy.

(Reg. entre 2 ais, fol. 165 v°.)

1402 (11 SEPTEMBRE).

Ce jour, André de Rousselloy, ten^t le c̄pte de la monn^e de Ste-Manehold, amenda ce qu'il confessa. — Amende taxée à la somme de 100 lb. ts.

1402 (13 SEPTEMBRE).

Ce jour fu fondue et touchée la cisaille prise par Andry Rousselloy en son coffre, à l'encontre de menus deniers d'or estans en la boiste, dont il disoit qu'il en y avoit ung ou deux, en laquelle boiste avoit 10 d. d'or et furent trouvez semblables de loy.

16

Item ce jour fu touchée ladicte cisaille à part, laquelle a esté trouvée à 23 carat et 1 quart et $\frac{3}{10}$ de carat.

Item 24 blans pris devant les monnoiers et aussi la cisaille venue d'iceulx blans, lesquelz blans ont esté trouvez par Simon de Caours à 5 d. 4 gr. et $\frac{3}{4}$, et ladicte cisaille est venue et trouvée par ledit Symon à 5 d. 4 gr. fin.

(A. N. Reg. Z, 1ᵇ, 2, fol. 56 rᵉ et vᵒ.)

1402 (3 OCTOBRE).

Jehan Barroncel, naguères mᵉ pᵉʳ de la monnᵉ de Saincte-Manehold, est mis à l'amende pour fautes commises durant sa maîtrise.

(*Ibid.*, fol. 56 vᵒ.)

1402 (4 OCTOBRE).

Remy l'orfèvre, tailleur des coings de la monnᵉ de Saincte-Manehold, est mis à l'amende pour avoir distribué à plusieurs personnes de la vaisselle d'argent à bas titre.

(*Ibidem.*)

1402 (20 OCTOBRE).

Serment de Bernardin de Hauteville de garde de la monnᵉ de Stᵉ-Menehold, au lieu de Andri Salusse.

(A. N. Reg. Z, 1ᵇ, 2, fol. non coté entre 56 et 57. — Sorb. II. 1, 9, nᵒ 174, fol. 97 rᵒ.)

1402 (4 NOVEMBRE).

Par sire J. Remon, G. Villet, Jean Hazart, P. Chapelu, J. le Mareschal, P. Gentian, gᵃᵘˣ mᵗʳᵉˢ, furent faictes certaines instructions pour envoyer aux gardes des monˢ du Royᵐᵉ, dont la copie sera trouvée en la minute et soient enregrées au journal.

(A. N. Reg. Z, 1ᵇ, 2, fol. après le 56 rᵒ. — Sorb. II. 1, 9, nᵒ 174, fol. 97 rᵒ.)

Pierre Gosse, mᵗʳˢ de la monᵉ de Tours.

Pierre Bonenfant, contre-garde de la monᵉ de Tournay.

Fu confirmé l'office d'essayeur de la monᵉ de La Rochelle à Pierre Ruaut, vacant par la mort de Pierre Mathé.

(Sorb. II. 1, 9, nᵒ 174, fol. 97 rᵒ.)

1402 (9 NOVEMBRE).

Nicolas des Champs, garde de la monᵉ de Toulouse, reçoit un congé de quatre mois avec permission de se faire remplacer par Gilet de la Roche, essaieur.

(A. N. Reg. Z, 1ᵇ, 2, fol. rᵒ après le 56.)

1402 (2 JANVIER).

Délibéré que l'on mandera aux gardes de la monnᵒ de Tholouse qui délivrent la monnᵉ à Remon Florettes par enchères.

(A. N. Reg. Z, 1ᵇ, 2, fol. vᵒ après le 56.)

A cette date, Arnoul Braque est mᵉ pᵉʳ de Tournai.

(*Ibid.*, fol. 57 rᵒ.)

1402 (8 JANVIER).

Il est ordonné qu'il sera mandé à Pierre Bonenfant que les lettres veues il viengne à Paris et apporte ses papiers originaulx de son office, depuis le 15ᵉ jour de décembre 1401 jusques au 10ᵉ jour de septembre 1402, auquel temps Arnoul de la Foy a été maistre particulier.

(Il s'agit de la monᵉ de Tournai.)

(*Ibidem.*)

1402 (13 JANVIER).

Pierre Gosse, mᵉ pᵉʳ de la monᵉ de Tours, donne procuration pour prendre lad. monnᵉ une fois ou plusieurs.

(*Ibidem.*)

1402 (24 janvier).

A Mâcon, par André Rousseloy, m° p⁺ʳ, étant gardes de la mon° Pierre Babolier et Estienne Perronin.

Grands blancs à l'escu de 10 d. ts. à 5 d. 12 gr. de loi, et de 6 s. 2 d. et¼ (74¼), du 24 janvier 1402 au 20 mars 1403. Trente-sept délivrances, comportant 29 s. 9 d. mis en boîte. — 357000 pᶜᵉˢ frappées.

Boîte close le 31 mars 1404 après Pâques et portée à Paris par Pierre Gentien, gᵈˡ mᵗʳᵉ des monᵉˢ.

(A. N. Petit cahier de parchemin de la liasse Z, 1ᵇ, 893. Carton Z, 1ᵇ, 893-897.)

1402 (1ᵉʳ février).

A cette date, Pierre le Muisi est garde de la mon° de Tournai.

1402 (5 février).

Ce jour, Pierre Bonenfant, contre-garde de la mon° de Tournay, est condamné à l'amende pour irrégularité de ses écritures.

(A. N. Reg. Z, 1ᵇ, 2, fol. 57 v°.)

1402 (10 mars).

Pierre Gosse, m° pᵉʳ de la mon° de Tours, est mis à l'amende pour plusieurs eschar-cetez trouvées dans ses boîtes d'or.

(Ibid., fol. 58 v°.)

1402 (23 mars).

Ce jour fu par eulx (les gᵃᵘˣ mᵗʳᵉˢ) délibéré que l'enchière Remon Florettes (pʳ la mon° de Toulouse) seroit receue et furent commandées ses lettres.

Il avait donné son denier à Dieu le 20 mars.

(Ibid., fol. 59 r°.)

1402 (29 mars).

Jehan Jarze, d'Angers, passe procuration pour prendre une monnoie telle que bon leur semblera et estre présent à ouvrir ses boistes.

(A. N. Reg. Z, 1ᵇ, 2, fol. 59 r°.)

1403 (3 avril).

Ce jour, Remon des Champs, tenant le compte de le monn° de Poitiers, donne procuration pour assister à l'ouverture de ses boîtes et pour prendre l'une des monⁿˢ du Royaume.

(Ibid., fol. 59 v°.)

Jehan Coulon, de Limoges, donne semblable pouvoir aux mêmes mandataires.

(Ibid., fol. 60 r°.)

1403 (14 mai).

Fu commandé à escripre à Guillᵉ le Marié, m° pᵉʳ de la mon° de Rouen, qu'il apportast ou envoiast ses plegeries et qu'il feist meilleur reticence qui n'avoit faicte, ou l'on y pourverroit.

(Ibidem.)

1403 (18 mai).

Nicolas Hamon, garde de la mon° de Sᵗ-Quentin, obtient un congé d'un mois, avec faculté de se substituer, à ses perilz et à sa fortune, Jehan Le Peletier, essayeur de la monn°.

(Ibidem.)

1403 (10 juin).

Le 10ᵉ jour de janvier, l'an 1416 (lisez 10 juin 1403), fu mandé aux gardes de la monn° de Sᵗ-Lo que pour diférance A de regnat, qui est devers la croix du denier d'or, ne soit pas barré, et semblablement, devers la pile, A de *Karolus* ne soit aussi pas barré pour le temps que Jehan Le Gopil tenra la monnoye, et A de *Karolus* des grans blans et petiz soit barré.

(Reg. entre 2 ais, fol. 165 r°.)

1403 (3 JUILLET).

Procès de madame Marguerite de Cuisy, veuve de feu Pierre Valée, jadis garde de la mon° de Troyes, contre Pierre de la Garmoise, m° p^er de lad. monnoie.

(A. N. Reg. Z, 1^b, 2, fol. 60 v°.)

1403 (10 JUILLET).

Mandement pour augmenter le prix du marc d'or.

Comme dès le moys de décembre l'an 1401, Jehan Trolet, m° part^er de nostre mon° de Paris, ait prins de vous lad. mon°, ... ordre de payer le marc d'or 5 s. ts. de plus, parce que Jehan Trolet a dû payer cette crue pour pouvoir exécuter son faifort de 1800 marcs d'or.

(A. N. Reg. Z, 1^b, 58, fol. 106 v°. — *Ord.*, IX, 697.)

L'exécutoire des g^aux m^tres est du 11 juillet.

(A. N. Reg. Z, 1^b, 58, fol. 106 v°.)

1403 (10 JUILLET).

A Paris, de notre règne le 23°, par le Roy, à la relacion du conseil. — CHALIGOUT.

Lettres patentes aux g̅naux pour 5 s. ts. de crue au m̅ d'or, outre le prix de présent qui est de 67 ✝ 15 s. ts., Jehan Trolet étant m° part^er de la mon° de Paris pour 3 ans, commencés en décembre 1401.

(Sorb. II. 1, 9, n° 174, fol. 175 r°.)

Le tableau du t. IX des Ordonnances (24 et 25) porte au 10 juillet des écus à la couronne à 24 k. de 62 au m̅, d'après une ordonnance des g^aux des mon^es du 11 juillet 1403.

1403 (15 AOUT).

A cette date, Adenet du Mesnil est m° p^er de la mon° de Ste-Menehould.

(A. N. Reg. Z, 1^b, 2, fol. 60 v°.)

1403 (14 NOVEMBRE).

On ouvre une boîte de Tournai où il y a 38 s. 6 d. de grands blancs. Elle est trouvée forte de poids et de loi.

(*Ibid.*, fol. 62 r° et v°.)

1403 (26 NOVEMBRE).

A Ste-Menehould on ouvre, en présence de Jehan Baroncel, ten^t le compte de la mon° pour le m° p^er (Rousseloy), les boîtes de lad. monoye, dont icelui Baroncel a fait l'ouvraige, c'est assavoir une boîte d'or où il y avoit 59 deniers d'or et une boîte de 14 s. (168) de blancs, et à l'ouverture desdites boistes feurent veuz et avisez les deniers de lad. boiste d'or, entre lesquelz deniers d'or feurent trouvez aperçuz aucuns d'iceulx deniers mauvais, et ne sont pas de si bon or qu'ilz doivent estre et ordonnez estre faiz, c'est à savoir à ung quart de carat de remede, et les aulcuns d'iceux deniers trouvez à 22 k. et ¾ environ.

De là procès contre Baroncel et contre les gardes Arnoul de la Foy et Bernardin de Haulteville.

Le g^al m° Pierre Chapelu est envoyé à Ste-Menehould, le 16 décembre, pour s'efforcer de faire rentrer les mauvais écus émis et pour interroger les délinquants.

(A. N. Rouleau de papier Z, 1^b, 985. — Carton Z, 1^b, 985-987.)

1403 (12 décembre).

Arnoulet Braque est maître de la mon° de Rouen.

(A. N. Reg. Z, 1ᵇ, 2, fol. 62 v°.)

1403 (15 décembre).

Les trois gnaux mᵉˢ raporterent qu'il avoit esté expedié en la chamᵇ des comptes par Mᵉ Jaq. Dussi, M. du Sablon et M. Baillet, qu'il estoit expediant d'aller à Sᵗᵉ-Menehold. Ce voyage a été fait par Pierre Chapelu.

(A. N. Reg. Z, 1ᵇ, 2, fol. 62 v°.—Sorb. H. 1, 9, n° 174, fol. 97 v°.)

1403 (5 janvier).

Au compt. : Sire Miles Baillet, M. du Sablon, Jehan Remon, P. Chapelu et Jehan le Mareschal.

Ce jour, Bernardin de Haulteville, garde de la mon° de Sᵗᵉ-Menehold, amenda ce qu'il a faict delivrance de den. d'or à l'escu trouvés hors du remede convenu : il est aparu par aucuns denʳˢ d'une boiste où il y avoit 59 den. d'or, dont les aucuns ont été trouvés à 22 k. ²⁄₄; ainsi sont hors du remède un karat.

Lad. amende taxée à 25 escus en la chambre des monᵉˢ où estoient M. Ysambert Marcel, sire Mahieu de Linières et Miles Baillet, Pierre Chapelu, Jehan le Mareschal et Lois Culdoe.

Arnoul de la Foy, autre garde, amendé semblablement pour le faict dessusdit.

Jehan Barroncel, tenᵗ le compte de lad. mon°, a amendé à 200 escus pour le faict qu'il a fct d'avoir ouvré lesd. den. d'or hors des remedes.

Et depuis fu commandé auxd. gardes par les gnaux mᵗʳᵉˢ que tous les mauvais escus qu'ils pourront trouver et qui venront à leur connoissance, ils les facent changer à bons escus par led. Barroncel.

(A. N. Reg. Z, 1ᵇ, 2, fol. 63 r°.—Sorb. H. 1, 9, n° 174, fol. 97 v°.)

1403 (19 février).

Serment de Laurent Corel, essayʳ de la mon° de Rouen, pour l'office de garde de lad. mon°, au nom de Guillemin Bourdon et comme son lieutᵗ, durant le temps que Jehan Bourdon, son frère, tiendra ladᵉ mon°.

(A. N. Reg. Z, 1ᵇ, 2, fol. 63 v°.)

1403 (3 mars).

Giffart estant décédé, Jehan Molinier fut pourveu dud. office par les provisions du Roy du 3 mars 1403.

(Sorb. H. 1, 12, n° 174, fol. 45 v°.)

1403 (15 mars).

A Montpellier, par James Bosque, pʳ lequel Jehan Pavez a tenu le cᵖte de la mon°. Écus à la couronne de 22 s. 6 d. ts. d'or fin et de 62 au marc; du 15 mars 1403 au 9 décembre 1404. Mis en boîte 86 pièces (on en met une sur 200). — 17200 pᶜᵉˢ frappées.

Idem du 9 décembre 1404 au 25 décembre 1405. — 22800 pᶜᵉˢ frappées.

Idem (dates illisibles) 109 en boîte. — 21800 pᶜᵉˢ frappées.

(A. N. Reg. Z, 1ᵇ, 899. — Carton Z, 1ᵇ, 898-899.)

1403 (19 mars).

Le 19ᵉ jour de mars, l'an 1403, furent renduz à Barthelemi Spifame, nagaires maistre de la monⁿᵉ de la Rochelle, 2 escus d'or bons en lieu de 2 autres escus qui avoient esté faiz en lad. monn°, envoiez par les gardes de la monn° pour ce qu'il ne leur sembloient pas de bonne loy.

(A. N. Reg. Z, 1ᵇ, 2, fol. 63 v°.)

1403 (19 . . . .) A 1404 (30 NOVEMBRE).

A Montpellier, par James Bosque, pour lequel Jehan Pavès a tenu le compte, blancs à l'écu, de 10 d. ts. à 5 d. 12 gr. de loi, et de 6 s. 2 d. et ¼ (74 ¼ au marc). — 85000 pᶜᵉˢ frappées.

Idem du 30 novembre 1404 au 10 décembre 1405; mêmes blancs. — 88000 pᶜᵉˢ frappées.

Mailles tournois à 1 d. 6 gr. de loi et de 28 s. 2 d. au marc, par les mêmes; 16 marcs du 29 mars 1403 au 17 novembre 1405. — 7144 pᶜᵉˢ frappées.

Blancs de 10 d. ts. à 5 d. 12 gr., et de 6 s. 2 d. ¼ du 20 novembre 1405 au 13 mars 1406. — 83000 pᶜᵉˢ frappées.

Idem du 14 mai 1406 au 25 décembre 1408. — 11000 pᶜᵉˢ frappées.

(A. N. Rouleau du carton Z, 1ᵇ, 898-899. —
Reg. Z, 1ᵇ, 899.)

Nota. Ce registre, absolument délabré et dont l'encre a tellement pâli qu'il n'est que très-difficilement lisible, a été recollé sur papier pelure.

1404 (13 AVRIL).

Jehan Baudoric, garde de la monn° de Sᵗ-Andry.

(Sorb. H. 1, 9, n° 474, fol. 99 r°.)

1404 (26 MAI).

Serment de Jehan Bertaut de garde de la monⁿ de Mascon, au lieu de Pierre Baboullet.

(A. N. Reg. Z, 1ᵇ, 2, fol. 64 r°.)

1404 (27 MAI). .

Ce jour fu délibéré que la monⁿ de Sᵗᵉ-Manehold sera délivrée à Perrotin de Ravenel, parmi ce que dedens le dernier jour de juing prochainement venant la monⁿ sera deuement applegée et certifficacion de pleigez de 2000 ℔, et aussi que cellui qui l'a prise, appellé Guillᵉ Lambert, s'obligera et fera lettre de la prise et se tiendront saisiz les gardes du fait.

(A. N. Reg. Z, 1ᵇ, 2, fol. 64 r°.)

1404 (1ᵉʳ JUILLET).

Serment de Chouet Maqueron de garde de la monⁿ de Tholose, vacante par la mort de Charles Ysbarre.

(A. N. Reg. Z, 1ᵇ, 2, fol. 65 v°. — Sorb. H. 1, 9,
n° 174, fol. 98 r°.)

1404 (6 JUILLET).

Ce jour, Jehan le Bougre prist la monⁿ de Sᵗᵉ-Manehold et mist le marc d'or à 11 s. ts., le marc d'euvre du blanc à 4 s. ts. et le noir à 2 s. ts., et a promis livrer en lad. monⁿ, dedens 3 ans, autant de marcs d'or et d'argent comme fait Guillᵉ Laousne (?), premier enchérisseur.

(A. N. Reg. Z, 1ᵇ, 2, fol. 66 r°.)

1404 (28 JUILLET).

A Cremieu, Pierre Audouard a émis « des « gros deniers au Dauffin, qui ont cours « pour 15 d. ts. la pièce à 9 d. de loy A. R., « et de 6 s. 9 d. de poix au marc de Paris, « et avoit en la boiste 1 gros denier au « Dauffin, qui font 1000 deniers. »

(A. N. Reg. Z, 1386.—Carton Z, 1ᵇ, 860-865.)

1404 (28 JUILLET AU 15 JANVIER).

A Cremieu, Pierre Audouard a émis des
liards de 3 d. ts. à 3 d. 12 gr. A. R., et de
14 s. au marc de Paris. Mis en boîte 17 s.
2 d. (206 p.) qui font 206000 liards frappés.
On mettait donc en boîte une pièce sur
1000.
Du 15 février 1404 au 24 janvier 1405,
104 s. 5 d. mis en boîte (1253 p.). — 1253000
p^ces frappées.
Du 24 janvier 1405 au 1er février 1406,
mis en boîte 33 s. 5 d. (401 p.). — 401000
p^es frappées.
Du 1er février 1406 au 26 janvier 1407,
mis en boîte 9 s. 1 d. (109 p.). — 109000
p^ces frappées.
Du 26 janvier 1407 au 8 janvier 1408, mis
en boîte 9 pièces. — 9000 p^ces frappées.
Le total des liards délivrés par Pierre
Audouard, du 28 juillet 1404 au 8 janvier
1408, est de 1978000 pièces.

(A. N. Reg. Z, 1386.—Carton Z, 1^b, fol. 860-865.)

1404 (29 JUILLET).

Jehan le Mareschal raporta 16 touchaux
d'or en deux llasses et la grosse pierre à
toucher, lesquelz il avoit pris pour la visi-
taon qu'il avoit faicte à Tournay au mois de
juillet.

(A. N. Reg. Z, 1^b, 2, fol. 66 v°.—Sorb. H, 1, 9,
n° 174, fol. 98 r°.)

1404 (2 AOUT).

Au compt. : J. Remon, Jeh. Hazart, P. Chapelu, J. Mareschal, P. Gentian et J. Culdoe.
Ordonné est qu'il soit mandé aus gardes
et taill^r de la monn° de St^e-Menehold que
iceux gardes garderont les fers à eux, et
quand ils seront usez led. taill^r les scellera

de son scel de tous jours, seront en la garde
desd. gardes devant la boiste d'or et d'arg.,
et qu'ils soient aportés par devant nous
et les comptes rendus, et après sera par
nous ordonné desd. fers.

(A. N. Reg. Z, 1^b, 2, fol. 67 r°. — Sorb. H, 1, 9,
n° 174, fol. 98 r°.)

1404 (8 AOUT).

Fu prononcée la sentence d'entre Chstofle
de Boutissis et Guill^e de Partenay pour
l'office de la garde de Poitiers, dont il fut
appellé.

(A. N. Reg. Z, 1^b, 2, fol. 67 r°. — Sorb. H, 1, 9,
n° 174, fol. 98 r°.)

1404 (12 AOUT).

Ce jour fu donné l'office d'essaieur de la
monn° de St-Andri à Laurens Fenoil, lequel
fera office de contregarde en lad. monn° et si
aura une clef du coffre où sont mis les fers,
et avant toute euvre il fera le serment de
bien exercer lesdiz offices par devant les
gardes de Montpellier, et oultre sera mandé
à Pierre Morgue, tailleur de la monn° dudit
lieu, qu'il délivre aus gardes de la monn° de
Saint-Andri deux paires de fers à or et deux
paires pour l'argent, esquelz fers sera mis
pour déférance . . . . . (laissé en blanc).

(A. N. Reg. Z, 1^b, 2, fol. 67 r°.)

1404 (20 AOUT).

Item fu ordené ce jour que la monn° de
Dijon demorre à Andri Rousseloi, parmi ce
que l'en escrira aus gardes que la coustume
est que le m^e p^er doit paier le loier des
hostels et qu'ils en traitent avec ledit Rousseloy.

(*Ibidem.*)

1404 (26 août).

Huguenin de Fraguenas, ten‧ le compte de la monᵉ de Mascon, d'aller à son poste, à la condition que lorsqu'on le mandera lui et Andri Rousseloy, mᵉ de la monᵉ, ils viendront payer l'amende encourue par eux pour escharcete de leur ouvrage d'or.

(A. N. Reg. Z, 1ᵇ, 2, fol. 67 v°.)

1404 (30 août).

Mandé aux gardes de la monᵉ de St-Andry que jusques à ce que Jehan Palmier soit souffisamment aplegé de 4000 ℔ ts, il ne lui lessent faire aucun ouvrage en lad. monᵉ.

(*Ibidem.*)

1404 (2 septembre).

A cette date, Pierre Panetier et Guillᵉ Greel, gardes de la monᵉ de la Rochelle; Barthelemi Spifame, mᵗʳᵉ pᵒʳ.

(*Ibidem.*)

1404 (5 septembre).

Lantalmon Perrin, garde de la monnᵉ de St-Andri, porte au juge de Beaucaire l'ordre de recevoir les pleiges de Jehan Palmier, mᵉ pᵒʳ.

Son collègue est Jehan Beaudoire, il lui est fait défense d'exercer l'office de tailleur.

(*Ibidem.*)

1404 (6 novembre).

Arnoullet Braque est encore mᵉ pᵒʳ de la monnoye de Tournay.

(Sorb. II. 1, 9, n° 174, fol. 98 r°.)

1404 (10 décembre).

X̄pofle de Boutissis est garde de la monᵉ de Poitiers.

(A. N. Reg. Z, 1ᵇ, 2, fol. 69 r°.)

1404 (30 décembre).

Le procès entre Guillᵉ Partenay et Christophle de Boutissis, au sujet de l'office de garde de la monnoie de Poitiers, est vidé par la renonciation de Partenay au profit de X̄pofle de Boutissis.

(A. N. Reg. Z, 1ᵇ, 2, fol. 69 r°. — Sorb. H. 1, 9, n° 174, fol. 98 v°.)

1404 (30 janvier).

Au compt. : J. Remon, P. Chapelu, Jeh. le Mareschal, P. Gentian et Lois Culdoe.

Jehan de Campans aporta au compt. deux escus rongnez, lesquelz Richart des Grès, demᵗ en la tableterie en la rue St-Martin, lui avoit portez pour vendre, lequel Richart, p̄nt en comptouër, dit en son recusacion qu'il les avoit receus de plusᵣˢ personnes à ses détrimens, cuidant qu'ils fussent bons, lesquelz il ne congnoist, et pour la bonne renommée de sa personne eue de Jehan Dury, changeur, et de Jehan Girost, tabletier et voisin dud. Richart, lesdiz deux escus lui furent rendus tous cospez, en lui comandant que doresenavant il ne prist aucuns escus rongnez.

(Sorb. II. 1, 9, n° 174, fol. 98 v°.)

1404 (26 février).

Jehan le Goupil, naguères mᵉ pᵒʳ de la monnᵉ de St-Lo.

(*Ibidem.*)

Ce jour, Guillaume Le Marié, au nom et comme procureur de Jehan Burnost, bailla un denier à Dieu et promist faire le marc d'or en la monn⁰ de St-Lô pour 12 s. ts., le marc de blanc pour 4 s. ts. et le marc de noir pour 2 s. ts., en achat et par enchère, etc., à commencer le 3⁰ jour d'avril que le temps du maistre faudra, et sera tenu ouvrer eu lad. monn⁰, dedens 3 ans, 900 marcs d'or.

Cedit jour, il est signifié aux changeurs que les monn⁰ˢ de Paris et de Tournai sont ouvertes et à bailler.

(A. N. Reg. Z, 1ᵇ, 2, fol. 69 v⁰.)

1404 (5 MARS).

A la Côte-St-André.

Lettres de Geoffroy Le Meingre, dit Bouciquaut, chambellan et conseiller royal et gouverneur du Dauphiné, adressées au jugemage du Graisivaudan, et lui mandant, en vertu de l'ordonnance de 1401, que les gros de Savoie soient reçus pour 2 s., les demigros pour 12 d. et les quarts pour 6 d. de la monnaie courante. En outre, il sera procédé à la fabrication de gros qui auront cours pour 2 s. 6 d., et de liards qui vaudront 6 d. Ces dispositions ne seront mises en vigueur qu'après la fête de sainte Marie-Madeleine, et les contrevenants seront passibles d'une amende de 10 marcs d'argent.

(*Ord.*, VIII, 446. — H. Morin, p. 197.)

1404 (5 MARS).

A la Côte-St-André.

Autres lettres du gouverneur Bouciquaut aux gardes de la monnaie de Romans, leur mandant, en vertu de l'ordᶜᵉ de 1401, de faire ouvrer les espèces suivantes :

1⁰ Des gros d'argent « des coings que

vous envoira Berthélemi Vincent, pour ce faire », ayant cours pour 15 d. ts., soit 2 s. 6 d. de la monnaie delphinale, à 9 d. de loi argent le Roi, et de 6 s. 9 d. de poids au marc de Paris.

2⁰ Des deniers blancs appelés liards, à 3 d. 12 gr. de loi argent le Roi, et de 14 s. de poids audit marc, desquels il faudra cinq pour valoir un des gros précédents.

(H. Morin, p. 197.)

1404 (11 MARS).

Ce jour, Jehan Le Goupil bailla son denier à Dieu et promist faire le marc d'or en la monn⁰ de St-Lô pour 11 s. ts., le marc du blanc pour 4 s. t. et le marc d'euvre du noir pour 2 s. t., en achat et par enchère, à commencer le 3ᵉ jour d'avril, que le temps de cellui qui la tient sera failli, et aussi sera tenu ouvrer en lad. monn⁰, dedens 3 ans, 900 marcs d'or et 500 marcs d'argent.

(A. N. Reg. Z, 1ᵇ, 2, fol. 70 r⁰.)

1404 (12 MARS).

Jehan Le Goupil, naguères mᵉ pᵉʳ de la monn⁰ de St-Lô, paie l'amende pour une boîte d'or escharse où il y avait 7 deniers d'or.

(*Ibidem.*)

1404 (14 MARS).

Défense au tailleur de la monn⁰ de Tournay que du jourd'huy en un an il ne taillast plus les fers de lad. monn⁰ en un hostel qui est derrière la chapelle. Icelle monn⁰ qu'il l'a taillast au lieu là où l'on a acoustume faire ladite taille, sur peine de perdre son office.

(*Ibid.*, fol. 71 r⁰. — Sorb., H. 1, 9, n⁰ 174, fol. 98 v⁰.)

1404 (14 AVRIL).

Jehan Baudorie, garde de la monn^e de
St-Andry ; Lentalmon Perrin , garde , et
Jehan Paumier, m^e p^{er}.

(A. N. Reg. Z, 1^b, 2, fol. 72 v°.)

1405 (29 AVRIL).

A Paris, par le Roy, le m^{al} de Rieux ,
messire Guill^e Le Bouteillier et autres p̄ns.
— P. FERRON.

Lettres pat^{es} contre le cours des monn^{es}
étrangères, tant en Languedoc qu'ailleurs.

C'est à sc^r comme croisez d'Aragon, hardiz
de Bordeaux, esterlins d'Escosse , carlins,
parpilloles de Navarre et quars de Savoye
et plusieurs monn^{es} d'or connues : mailles
de Rhin , doubles escuz et petiz de Henault,
mailles de Gueldres de plusieurs manières,
fleurins de Chambre (?) de plusieurs manières,
mailles de Mès en Lorraine, petiz flourins
de Royne, escuz de Liège de plusieurs manières et plusieurs autres monn^{es} d'or et
d'argent ont cours par notred. Roy^{me} pour
plus grand prix qu'elles ne vallent, dont nos
monn^{es} sont arriérées et reculées grandement, et ne vaut en nostred. monn° sinon
petite quantité de matière d'or, par le grand
cours qu'icelles étranges monn^{es} y prennent,
pour cause que ces icelles étranges monn^{es},
les escus que nous avons fait faire et faisons
de présent, les blancs den^{rs} à l'escu que
nous avons fait faire et faisons de p̄nt, se
sont fondus et fondront par le grand prix que
l'on donne tant d'or comme d'argent.....

Ordonnons que doresnavant les m^{es} part^{ers}
de nos monn^{es} aient de remède pour chacun
m̄ d'or un quart de carat, outre et par
dessus le remède acoustumé, et aussi aient
6 grans de remède pour chacun m̄ d'œuvre
outre le remède acoustumé, et pour les
blancs den^{rs} à l'escu leur soient passez de

6 s. 4 d. et demi de taille pour m̄, sur lesquelz remèdes nous voulons et ordonnons
qu'on donne aux changeurs et marchans
7 s. 6 d. ts. pour m̄ d'argent, outre et par
dessus 6 ✠ 5 s. ts. que nous donnons à
p̄nt en nos monn^{es}, et pour chacun m̄ d'or
aux changeurs et marchans telle creüe que
bon vous semblera au profit de nous , afin
que toutes icelles monn^{es} étranges, tant d'or
comme d'argent, perdent le cours qu'elles
ont en notred. Roy^{me}, et qu'elles soient con-
verties en nostres au profit de nous et de
notre peuple.

(A. N. Reg. Z, 1^b, 58, fol. 108 r°.—Sorb., H. 1, 9,
n° 174, fol. 176 r° et v°.—Ord., IX, 64 et 65.)

1405 (29 AVRIL).

Item s'ensuit la teneur d'autres lettres
dud. seigneur pour ledit fait contenant la
forme qui ensuit :

Charles, etc. , à nos amés et féaulx les
généraulx maîtres de nos monn^{es}, salut et
dilection. Comme nous avons aujourd'hui
fait certaine ordonnance pour le fait et avancement de noz monnaies, etc., vous mandons par ces présentes, en entérinant notre
dernière ordonnance , que faciez tantost et
sans delay signifier aux gardes et maistres
particuliers de nosd. monn^{es} que doresnavant
iceux m^{tres} p^{ers} facent nos blans den^{rs} à l'escu
à 5 d. 6 gr. net et à 2 gr. de remède , et
semblablement facent tailler iceulx deniers
de 6 solz 4 deniers et demi de taille aux
remèdes acoustumés, tant en poiz comme
en loy , et non autrement.....

(A. N. Reg. Z, 1^b, 58, fol. 108 v°.)

1405 (7 MAI).

Au comptoüer : J. Remon, P. Chapelu,
J. Le Mareschal et Loys Culdoe.

(Sorb. H. 1, 9, n° 174, fol. 99 r°.)

1405 (22 mai).

Ordre d'écrire aux gardes de Tours qu'ils fassent compter Jehan de La Chapelle avec Pierre de Monbasan, du temps que lui et Jehan Bordeau tenoient le c͞pte de lad. monn͞e de Tours.....

(A. N. Reg. Z, 1ᵇ, 2, fol. 73 v°.)

———

1405 (3 juin).

A St-Lô, par Jehan Le Goupil, m͞e p͞er, pour lequel Jehan Burnost a tenu le c͞pte de la monn͞e du 3 juin 1405 au 16 septembre 1406. Blancs de 10 d. ts. à 5 d. 12 gr. de loi et de 74 ¼ au marc..... 27000 frappés.
Item du 26 septembre 1407 au 22 février suivant . . . . 14000 frappés.
Item du 28 février 1407 au 11 juillet 1409 . . . . . 11000 frappés.
Item du 11 juillet 1409 au 3 octobre 1411 . . . . . 80000 frappés.

Total. . . . 132000 frappés.

Deniers tournois à 1 d. 16 gr. et de 225 au marc. Le 14 mai 1407, 21 marcs ⅓ . . . . 4900 frappés.
Item les 3 septembre et 10 décembre 1407, 149 marcs ⅓ . . . . 33800 frappés.
Item du 19 décembre 1408 au 30 mai 1409, 224 marcs . . . . 50400 frappés.
Item du 21 novembre 1409 au 11 juillet 1411, 469 marcs, 2 onces, 3 esterlins. . . . . 105600 frappés.

Total. . . . 194700 frappés.

Mailles tournois à 1 d. 3 gr. et de 303 ¼ au

marc. Le 7 juin 1405, 47 marcs, 3 onces, 5 esterlins, ⅔ de ferlin. . . 14300 frappés.
Item du 1ᵉʳ mars 1407 au 11 mars suivant, 158 marcs, 3 esterlins, environ 48920 frappés.
Item les 1ᵉʳ et 12 juin 1409, 79 marcs, 1 esterlin, 3 ferlins, ⅔ et demi de ferlin. 23960 frappés.

Total. . . . 87180 frappés.

(A. N. Rouleau du carton Z, 1ᵇ, 981-982.)

———

1405 (8 juin).

A la monn͞e estoient Jehan Remon, P. Chapelu, Jehan Le Mareschal, P. Gencian et Loys Culdoe.
Furent d'opinion que considéré ce que M. d'Orléans leur avoit dit, la chose se fist en la forme de manière que le Roy la mandoit.
Et fu demandé si les monn͞es estoient ouvertes ou non, lesquels furent tous d'opinion qu'elles estoient ouvertes, excepté Pierre Gentian.

(Sorb. H. 1, 9, n° 174, fol. 99 v°.)

———

1405 (8 juin).

Item fu délibéré que pour différances on mettra ès blans de 10 d. ts. un point dessoubz les deux petites croix, l'une devers la pile et l'autre devers la croix.

(A. N. Reg. Z, 1ᵇ, 2, fol. 74 v°.)

———

1405 (12 juin).

Au comptouer : J. Remon, J. Le Mareschal, Pierre Gentian et Loys Culdoe.

(Sorb. H. 1, 9, n° 174, fol. 99 v°.)

———

1405 (16 juin).

En la monn^e de Paris où estoient Jeh. Remon, Pierre Chapelu, Jeh. Le Mareschal, Pierre Gentian, Loys Culdoe et Jehan Remon (le jeune) et le sieur Bernart Braque, gardes de ladite monn^e de Paris.

(Sorb. H. 1, 9, n° 174, fol. 99 v°.)

Fu dit par les dessusdiz à Jeh. Trolet, maistre p^{er} de la monn^e de Paris, que ladite monn^e estoit ouverte et à bailler, et qu'il avisast s'il la voloit mettre à prix.

Lequel mist le marc d'or à 7 s. et le marc d'euvre à 3 s. 4 d. ts., laquelle monn^e lui fu baillée fermée jusqu'à un an sur les condicions du bail des monnoies.

(A. N. Reg. Z, 1^b, 2, fol. 75 r°.)

1405 (17 juin).

Ce jour de relevée, en la monn^o de Paris, Jeh. Remon, Pierre Chapelu, Jeh. Le Mareschal, P. Gentian, Loys Culdoe et Jehan Remon le jeune, garde de la monn^e de Paris.

Et fut dit aux changeurs cy-après nommez coment le roy nre sire a voulu et ordé que les blancs den^{ers} à l'escu de 10 d. ts. la pièce soient doresnavant à 5 d. 6 gr. net et de 6 s. 4 d. ½ de taille, et avec ce que il a voulu et ordé que nul ne donne plus grand prix du marc d'arg. que l'on donne en la monn^e de Paris, sous peine de perdre ledit argent.

Suit la liste des changeurs.

(A. N. Reg. Z, 1^b, 2, fol. 75 r°. — Sorb. H, 1, 9, n° 174, fol. 99 v°.)

1405 (17 juin).

En la monn^o de Paris où estoient Jean Remon, P. Chapelu, J. Le Mareschal, Pierre Gentian et Loys Culdoe.

Le marc d'argent est fixé à 6 ₶ 12 s. 6 d. ts.

(Sorb. H. 1, 9, n° 174, fol. 99 v°.)

1405 (22 juin).

A cette date Lentelmon Perrin est garde de la monn^e de St-Andry.

(A. N. Reg. Z, 1^b, 2, fol. 76 r°.)

1405 (24 juin).

Mandement du duc d'Orléans pour faire exécuter l'ord^{ce} royale du 29 avril 1405, pour fixer le prix de l'or et de l'argent. Jehan Le Mareschal désigné pour veiller à l'accomplissement à St-Quentin, Tournay et Ste-Ménehould.

Pierre Gentian, désigné pour Rouen, St-Lô, Angers et Tours, n'y va pas par contr'ordre.

(A. N. Reg. Z, 1^b, 58, fol. 108 v°.— Ord., IX, 66.)

1405 (29 juin).

A Soissons.

Lettres closes du duc d'Orléans, comte de Blois, de Valois et de Beaumont et seig^r de Coucy, aux gnaux pour envoyer deux d'entre eux ès monn^{es} secrètement traiter, au profit de Monsr le Roy, aux maîtres particuliers par la meilleure manière qu'ils pourront, sans que la chose soit aucunement ne plus avant sceüe, ne que les seig^{rs} étrangers ne autres voisins en soient aucunement avertis.

Pour l'acomplissement délibéré par le comptoüer que Jehan Le Mareschal et Pierre Gentian iront mettre sur ladite ord^{ce}, ledit Le Mareschal à St-Quentin, Tournay et Ste-Menehould, ledit Gentian à Rouen, S^t-Lô, Angiers et Tours.

Led. Le Mareschal fut à St-Quentin et Tournay seulement, et led. Pierre ne fit pas son voyage pour cause de certaine défense depuis faite comme il apert cy-après.

(Sorb. H. 1, 9, n° 174, fol. 176 v°.)

1405 (3 JUILLET).

Délibéré que Jeh. Le Mareschal iroit à Tournay, St-Quentin et Ste-Menehold pour mettre sur l'ord^{cc} dernièrement faicte sur le faict des monnoyes.

En marge : il partit le 6 juillet.

(A. N. Reg. Z, 1^b, 2, fol. 76 v°.—Sorb. H, 1, 9, n° 174, fol. 100 r°.)

1405 (6 JUILLET).

Exéqutoire des lettres royaux cy-devant escriptes (du 29 avril 1405).

De par les généraux maîtres aux gardes de la monn^e de Tournay, ordre de clore les boîtes et ne laisser plus monnoyèr sur les coings des blancs deniers à l'escu, grans et petiz, que l'on fait à présent, et faites faire et ouvrer lesdiz blancs à l'escu de 10 d. ts. la pièce à 5 d. 6 gr. de loy A. R. et de 6 s. 4 d. et demi de pois au marc de Paris. — Item faites faire et ouvrer lesdiz petiz blancs de 5 d. ts. la pièce à 5 d. 6 gr. de loy et de 12 s. 9 d. de pois au marc de Paris , lesquels blancs , grans et petiz, faites faire semblables de forme et façon comme ils sont à présent, excepté que pour différence vous ferez mettre par le tailleur ès fers desdiz blancs sur lesquelz l'on monnoiera , un point dessoubz les deux petites croix, l'une devers la pille et l'autre devers la croix du denier, comme il est au patron et exemplaire que nous vous envoyons enclos, laquelle chose faictes le plus secrettement que vous pourrez.....

(A. N. Reg. Z, 1^b, 58, fol. 109 r°.)

1405 (6 JUILLET.)

Blanc à l'escu à 5 d. 6 g. et à 76$\frac{1}{2}$ au marc.

(Leblanc, *Tables.*)

1405 (9 JUILLET).

Sont maîtres particuliers à cette date :
Jehan Bourdon, à Rouen.
Jehan Le Goupil, à S^t-Lô.
Jehan Le Bougre, à Ste-Menehould.
Jehan Jame, à Angers.
Arnoulet Braque, à Tournai.

(A. N. Reg. Z, 1^b, 2, fol. 76 v°.)

1405 (14 JUILLET).

Fu fait commandement à Jeh. Trolet, m^e p^{er} de la monn^e de Paris, en la présence de Jehan Remon le jeune et Bernart Braque, gardes de la monn^e de Paris, que tout l'argent qui avoit esté trouvé par inventaire en la monn^e de Paris il refondist pour faire monnoie comme elle estoit paravant, lequel respondit qu'il n'estoit pas avisé jusques à ce qu'il soit avisé comment la perte qui y peut estre sera recouvrée.

(A. N. Reg. Z, 1^b, 2, fol. 76 v° et 77 r°.)

1405 (8 AOUT).

A Paris, le 25 de notre règne.

Par le Roy, à la relation de son grand conseil étant en la chambre des comptes auq^l vous, l'archevesque d'Aulx (?), les évesques de Baieux, de Noion, de Chartres, de Limoges, de Gap et de Challon, les gens desdits comptes, les trésoriers, le g̅naux m^{es} dés monn^{es} et autres estoient. — G. MILERAT.

Lettre pat. Comme à l'instigacion d'aucuns qui, meus de convoitise désordonnée et pour leur singulier prouffit, nous ont nagaires donné à entendre contre vérité et hors conseil que prouffitable chose seroìt et expédient pour le bien de nous et de la chose publique, de faire certaine diminucion, empirance ou escharceté de pois et de loy en noz monnoies, l'en ait nagaires commencé en aucunes de nos mon^{es} à faire ouvrer et monnoier certaine mon^e nouvelle, tant d'or que d'argent de moindre pois et loy que noz mon^{es} derrenièrement ord^{ées} à courir, et pour ce que par la clameur d'aucuns nous avons depuis entendu que lad. mon^e nouvelle estoit de grant charge et domageable au bien publique de nostre royaume, que nous désirons accroistre et multiplier de tout n̄re povoir, comme tenuz y sommes, nous avons fait assembler notre grant conseil en la chamb̄ de nos comptes à Paris, pour illec discuter avec nos amez et féaulx les ḡnaux m^{es} de nos mon^{es} ce que estoit à faire en cette partie, pour le bien de nous et de la chose publique de notred. Roy^{me}, savoirfaisons que ces choses considérées et diligemment examinées en la chamb̄ de nozdiz comptes, à grant et meure délibéracion de notre conseil et desd. ḡnaux m^{es} de noz mon^{es}, pour relever noz subgiez de oppressions et molestacions indeües, voulons et ordonnons par la teneur de ces présentes que la mon^e nouvellement ouvrée, comme dit est, dont il n'a esté fait encore aucune délivrance, soit fondue, mise au feu et abolie du tout, et semblablement celle qui a esté délivrée et qui pourra être trouvée aux changes soit couppée et apportée à noz mon^{es}, et que toute lad. mon^e, avec le billon ou la matière qui pour ce a esté apportée en noz mon^{es} soit ouvrée et monoyée du poids et loy de la mon^e qui avoit cours au-devant de celle dont dessus est faicte mention, pour restituer et païer les marchans du billon pour ce par eux apporté en nosd. mon^{es} se soutfire y peut, et s'aucune perte, dechiet ou diminucion y

est trouvée, déduit le prouffit que nous y povons avoir, puis que nous voulons en ce estre couvert premièrement et avant toute euvre. Nous voulons et ordonnons par ces mêmes présentes que le résidu soit recouvré et pris sur cellui ou ceulx à l'instigacion desquelz cette nouvelleté a esté trouvée et mise sus, et qui en ce par ce soient puniz de l'offence envers nous pour ce commise, laquelle offense request grande punicion, nous avons modéré et modérons en la manière que dit est de grâce espécialle.....

(A. N. Reg. Z, 1^b, 58, fol. 109 v°. — Sorb. H. 1, 9, n° 174, fol. 176 v° et 177 r°. — Ord., IX, 85.)

1405 (18 AOUT).

Les gens des comptes et trésoriers du Roi adressent l'ord^{ce} précédente aux g^{aux} m^{tres}, gardes, contregardes et autres officiers quelconques des monnoyes.....

(A. N. Reg. Z, 1^b, 58, fol. 110 r°.)

1405 (26 AOUT).

Lettres portant qu'il sera procédé à la liquidation des pertes subies par Jehan Trolet, m^{tre} particulier de la monnoye de Paris, par suite du mandement précédent (du 8 août).

(A. N. Reg. Z, 1^b, 58, fol. 111 v° et 112 r°. — Ord., IX, 87.)

1405 (29 AOUT).

Me Pierre de Lesclat fit apporter en la chamb̄ des mon^{es} deux flacons d'or à la façon de coquilles p^r toucher, pesant environ 15 m̄, et furent trouvez à 20 à 21 k., pour ce que on ne povoit toucher les corps, en la présence de sire Jehan de Vaudetar et m^{ro} Thomas d'Aunay, cons^{ers} du Roy n̄re sire, et Jehan

Remon, Pierre Chapelu, Jeh. le Mareschal, P. Gentian et Loys Culdoe, g͞naux m͞es.

En marge : Lesquels flacons furent vendus à Simonnot, alors chang^r, le prix de 62 ⚖ ts. le m͞, si comme led. Simonnot l'a certifié.

(A. N. Reg. Z, 1ᵇ, 2, fol. non coté entre 78 et 79 r°. — Sorb. H. 1, 9, n° 174, fol. 100 r°.)

———

1405 (2 septembre).

Arnoul Braque, mᵉ pᵒʳ de la monᵉ de Tournai, avait adressé au Roi une supplique contenant que le 11 juillet précédent Jehan Le Mareschal, gᵃˡ mᵉ, lui avait apporté l'ordre de faire les écus d'or fin du poids et cours accoutumés, avec demi carat de remède pour le mᵉ pᵉʳ, et les gros deniers blancs à 6 s. 4 d. et demi de poids et à 5 d. 6 gr. A. R.; que la monᵉ était ouverte et qu'il fallait faire un nouveau marché, dans lequel le suppliant prit la monᵉ à un prix nouveau. Qu'il a exécuté son marche et délivré aux marchands une partie des nouvelles monnaies ordonnées. Que presqu'aussitôt après « avoit été abolie lad. nouvelleté », et ordonné que ce qui restait à la monᵉ serait refondu et raloyé à la loy et du pois que l'on ouvrait par avant en lad. monᵉ. — De là grande perte pour lui, perte dont il demande à être indemnisé.

Le Roi ordonne aux gens des comptes et aux généraux maîtres de satisfaire le requérant et de taxer l'indemnité qui lui est due.

(A. N. Reg. Z, 1ᵇ, 58, fol. 116 v° et 117 r°.)

———

1405 (3 septembre).

Led. mᵉ Pierre de Lesclat fit aporter en lad. chambre, p͞nt sire Jean de Vaudetar, mᵉ Thomas Daunoy, cons͞ers du Roy n͞re sire, Pierre Chapelu et Jeh. Le Mareschal, g͞naux m͞tres des monᵉˢ, une nef d'argent dorée,

armoyée des armes de France et de la devise du roy Charles, que Dieu pardoint, à lions qui la soustiennent et deux angelots aux deux bouts, et pesoit 76 m͞ ou environ.

(A. N. Reg. Z, 1ᵇ, 2, fol. non coté intercalé entre les fol. 78 et 79 r°.—Sorb. H. 1, 9, n° 174, fol. 100 r°.)

———

1405 (10 novembre).

Arnoulet Braque, mᵉ pᵉʳ de Tournai.

———

1405 (18 novembre).

Ce jour furent rendus à Jehan Trolet, mᵉ pᵒʳ de la monᵉ de Paris, tous les deniers de ses 4 boistes, c'est assavoir : deux d'or, l'une où il avoit 16 d. d'or et en l'autre 12 d. d'or; et deux d'argent, l'une où il avoit 8 s. de blans et en l'autre 28 deniers blans, pour ce qu'il lui avoit esté accordé un traytié de son marché.

(A. N. Reg. Z, 1ᵇ, 2, fol. 79 r°.)

———

1405 (24 novembre).

A la monᵉ de Paris où estoient Pierre Chapelu, Jehan Le Mareschal et Pierre Gentian, g͞naux m͞tres.

Furent présens Simon de Caours, g͞nal essayeur, et Macé de Valenciennes, essayeur de la monᵉ de Paris, auxq͞ls fut dit et defendu par les dessusd. que doresnavant ils ne fissent ou dissent l'un à l'autre villenie, sur peine de 10 m͞ d'arg^t, pour cause de plus^rs paroles injurieuses qu'ils avoient dites les uns aux aultres et aussi qu'ils avoient trait leurs coustiaux l'un contre l'autre.

(A. N. Reg. Z, 1ᵇ, 2, fol. 79 v°.—Sorb. H. 1, 9, n° 174, fol. 100 v°.)

———

1405 (16 décembre).

Fut touché en la chamb͞ des mon͞ᵉˢ l'essay de la vaisselle d'or du Roy, laq͞ᵘᵉˡˡᵉ fut fondue aud. mois en la mon͞ᵉ de Paris et fut jugée en lad. chamb͞ des mon͞ʳˢ valloir 58 ₶ ts. le m̄ par sire Jeh. de Vaudestar, p͞rns mᵉ Thomas Daunoy et mᵉ Jehan de La Croix, cons͞ᵉʳˢ du Roy n̄re sire en sa chamb͞ des comptes.

(A. N. Reg. Z, 1ᵇ, 2, fol. 79 v°. — Sorb. H. 1, 9, n° 174, fol. 100 v°.)

1405 (8 janvier).

Fu délibéré que doresenavant au jugement des boistes blanches, ce qui a esté acoustumé à faire à argent fin se fera à argent le Roy.

N.-B. *Voir au 8 février.*

(A. N. Reg. Z, 1ᵇ, 2, fol. 79 v°.)

1405 (30 janvier).

Fu escript une lettre de prière au sénéchal de Tholoze qu'il lui pleust recevoir le serment de Pierre Barau, l'un des gardes de lad. mon͞ᵉ de Tholoze, lequel ne pouvait venir à Paris à cause de maladie.

(A. N. Reg. Z, 1ᵇ, 2, fol. 80 r°. — Sorb. H. 1, 9, n° 174, fol. 100 v°.)

Ce jour, Olivier Pigne amenda ce qu'il avoit passé les remèdes en 2 boistes d'or qu'il avoit fait ouvrer en la mon͞ᵉ de Tours, dont l'une estoit escharce $\frac{1}{2}$ carat et $\frac{4}{16}$, et l'autre $\frac{4}{4}$ de carat et $\frac{4}{12}$, et aussi amenda pareillement ce qu'il s'en estoit parti hors de la ville de Paris, par dessus la deffence qui lui avoit esté faicte au comptoer par sire Jehan Remon.

(A. N. Reg. Z, 1ᵇ, 2, fol. 80 r°.)

1405 (8 février).

Au compt.: Jehan Remon, Jeh. Hazart, Jeh. Le Mareschal, Pierre Gentian et Loys Culdoe.

Fu délibéré que doresenavant au jug͞ᵗ des boistes blanches, ce qui a esté acoustumé à faire argent fin se fera argent le Roy.

N.-B. *Voir au 8 janvier.*

(Sorb. H. 1, 9, n° 174, fol. 100 v°.)

1405 (16 février).

George Merle donne procuration pour clore et apurer ses comptes en la chambre des monnaies (pour St-Pourçain).

(A. N. Reg. Z, 1ᵇ, 2, fol. 80 r°.)

1405 (17 mars).

Guill͞ᵉ Sangin raporta en la présence de sire Jeh. Le Mareschal que lad. nef avoit esté vendue à Jeh. de La Fontaine, changeur, la somme de 6 ₶ 15 s. ts. le m̄ et pareillement l'a certifié led. Jeh. de La Fontaine.

N.-B. *Voir au 3 septembre précédent.*

(A. N. Reg. Z, 1ᵇ, 2, feuillet non coté entre les fol. 78 et 79 r°. — Sorb. H. 1, 9, n° 174, fol. 100 r°.)

1406 (19 avril).

Jehan Cappe, mᵉ pᵉʳ de la mon͞ᵉ de Romans, donne procuration à Pierrot de la Chapelle pour assister à l'ouverture de ses boistes.

Arnoul de La Foy, l'un des gardes de la mon͞ᵉ de Ste-Menehold, et Jeh. Le Bougre ten͞ᵗ le compté d'icelle.

(A. N. Reg. Z, 1ᵇ, 2, fol. 81 r°. — Sorb. H. 1, 9, n° 174, fol. 100 v°.)

1406 (28 AVRIL).

Arnoul de la Foy, garde de Ste-Mene-hould et Geufrin de Licheu, essayeur et lieut^t de Bernardin de Hautteville, 2e garde, sont mis à l'amende pour avoir laissé ouvert un coffre où l'on met les fers de lad. mon^e.

(A. N. Reg. Z, 1^b, 2, fol. 81 v°.)

———

Jehan-le Bougre est m^e p^{er} de lad. mon^e.

(*Ibidem.*)

———

1406 (12 MAI).

Ce jour, Jehan Poncher, l'un des gardes de la mon^e de Tours, dist au comptoer que l'ouvrage que Pierre Gosse avoit fait en lad. mon^e depuis le 5e jour de fevrier, l'an 1405, il l'avoit fait de commandement des gardes de lad. mon^e.

(*Ibidem*, fol. non coté, entre 81 et 82.)

———

1406 (14 MAI).

Fut fait essay des den. blancs apelez gros que le Pape faict faire à p̄nt, lesquels sont à 10 d. 20 gr. quart fin, et de 8 s. de taille et courent les 17 gros pour un escu.

Et semblablement furent touchez petits fleurins de 87 au m̄ de Paris, et de 22 k. ½ de loy ayant cours pour 12 d'iceux gros, et furent rendus lesd. deniers au m^e de Mirabel qui les avoit bailly.

(A. N. Reg. Z, 1^b, 2, fol. non coté entre les fol. 80 et 81.—Sorb. H, 1, 9, n° 174, fol. 100 v°.)

———

1406 (16 JUIN).

Congé donné à Guill^e le Marié, l'un des gardes de la mon^e d'Angers, de aller à S^t Lô

pour faire battre et lauer ses laueures qu'il a faictes p^r le temps qu'il estoit m^{re} de lad. mon^e et d'y demeurer par l'espace de 6 semaines, à 2 voyages, et cependant sera son lieut^t Pasquin le Marié son frère.

(A. N. Reg. Z, 1^b, 2, fol. avant le 82e v°.—Sorb. H, 1, 9, n° 174, fol. 100 v°.)

———

1406 (18 JUIN).

Au comptouer Jeh. Remon, Pierre Cha-pelu, Jeh. le Mareschal.

(Sorb. H. 1, 9, n° 174, fol. 101 r°.)

———

1406 (21 JUIN).

Jour fu assigné à George Merle, garde de la mon^e de St-Poursain.....

(A. N. Reg. Z, 1^b, 2, fol. 82 r°.)

———

1406 (2 JUILLET).

Jehan de Langres est tailleur de la mon^e de Paris.

(*Ibidem*, fol. 82 r°.)

———

1406 (6 JUILLET).

Pierre Gentian est parti pour aller en Dauphiné par ord^{ce} de M^{rs} des comptes.

(A. N. Reg. Z, 1^b, 2, fol. 83 v°.—Sorb., H. 1, 9, n° 174, fol. 101 r°.)

———

1406 (28 AOUT).

Arnoullet Bracque, maitre particulier de la monnaie de Tournai, est autorisé à ouvrer à St-Quentin 740 marcs d'or qu'il n'aurait pu ouvrer à Tournai suivant ses engage-ments. Il s'excusait de n'avoir pu profiter de la faveur à lui accordée de les ouvrer à S^{te}-

Menehould, sur ce que par deux fois les gens d'armes des ducs d'Orléans et de Bourgogne passèrent par là, qu'ils y sont encore, et ont empêché et empêchent les marchands d'oser venir à la monnaie de Ste-Menehould. On lui permet d'achever d'ouvrer à Tournai.

(A. N. Reg. Z, 1b, 58, fol. 112 vo et 113 ro. — Ord., IX, 128.)

NOTA. Dans cette pièce il est fait mention de Jehan le Bougre, mo por de la mono de Sto-Menehould.

1406 (1er SEPTEMBRE).

Condamnation des maîtres et des gardes de Mirabel et de Romans, par honorable et sage personne, maître Pierre Germain, mtre gal des monrs du Roi, et autres commissaires.

Contre Pierre de Brenne, mo por de Mirabel, à 500 ₶ d'amende.
Le 4 septembre, Pierre de Brenne compose pour 200 ₶ ts.

Le garde Gourmis (?) Drogo de Mirabel compose pour 40 ₶ ts.
Bertrand de Mirabel, lieutenant d'Anthoine Veterci, garde de Mirabel, pour 30 ₶ ts.
Le dit Anthoine de Veterci, garde de Mirabel, pour 20 ₶ ts.

Jehan Coppe, mo de Romans, compose pour 50 ₶ ts.

(Sextus Liber, fol. 356 ro à 357 ro.)

1406 (4 SEPTEMBRE).

Pierre Germain, gal des monns, juge à Grenoble les boîtes de l'or de Montelimar,

la 1re de 1401 à 1403, contenant 67 deniers d'or, et la 2e de 1403 à 1405 contenant 9 deniers d'or.

(Ms. Lecoq, fol. 13 vo.)

1406 (7 SEPTEMBRE).

Les gens du conseil et des comptes de Monseigneur le Dalphin, Pierre Gencien, gal mstre des monrs du Roy notre seigneur, et Aubert Lefevre, receveur gal du Dalphiné, commissaires depputez de par icelluy seigneur, sur le faict des monnoies dudit Dalphiné, Berthelemy Vincent nous vous escripvons par nos autres lettres lesquelles nous vous envoyons avecques ces presentes, l'ordonnance que faitte avons et l'exécution que faire devez sur le fait des fers de la monnoye de Mirebel, et vous nottifions que estant comme ceulx de Roumans et de Cremieu, nous avons ordonné que tous les fers des escus d'or et des grans blans soient cassez et rompuz en telle maniere que sur yceux ne soit jamais monnoyé, mais y soit faitte différence, c'est assavoir es fers de l'or dedens le P du premier XPS soit mis ung point en cette maniere P̊ et dedens l'O de Karolus un semblable point par cette maniere ⊙; item es blans de 10 d. ts. la pièce en l'O de Karolus ung semblable point ⊙, devers la croix en l'O de *nomen* ung semblable point ⊙. Si vous mandons que en nous apportant lesdiz inventoires de fers de Mirebel, vous garny de fers d'or et d'argent necessaires pour monnoyer esdiz lieux de Roumans et de Cremieu, passez par lesdiz lieux et yllecques delivrés aux gardes les fers nouveaulx que taillez aurez, sans reveller à eulx ne à autre ladite différence, et, ce fait, cassez et rompez tous les vieux fers des escuz et des grans blans estant en ycelles, et yceux reprenez par inventoires, lesquelz inventoires avecques les vieux inventoires ou registres que d'yceulx fers avez par devers vous, nous apportez à Greynoble, et gardez que en ce n'ait aucun deffault. Toutefois, notre intention n'est pas que es differences que par avant y estoient soit aucune chose muée. Escript à Greynoble le 7° jour de septembre.

Cette pièce, publiée par H. Morin, p. 203 à 205, est intitulée :

Differencia de novo fieri ordinato super ferris monetaram que Romanis et Crimiaci cuduntur.

————

Les lettres visées dans le mandement qui précède sont données en note par H. Morin, p. 204. Elles sont datées aussi de Grignoble (sic), le 7° jour de septembre, et ordonnent à Berthelemy Vincent, tailleur desdites « monnoyes », de se transporter à Mirebel, de rompre les fers qui y sont et d'en faire inventaire. Elles se terminent ainsi : « et saichiez que desdiz fers de Mirebel ont esté apportez à Grygnoble deux paires de fers à or, lesquelz sont en la chambre des comptes, rompuz, et lesquelz vous seront renduz, c'est assavoir deux pilles et quatre troussiaulx. »

————

1406 (11 SEPTEMBRE).

Au comptoër : Jehan Remon, Pierre Chapelu, Louis Culdoe, et m° Pierre de Vé, ad⁵ᵗ en parl¹.

(Sorb. II. 1, 9, n° 174, fol. 101 r°.)

————

1406 (3 NOVEMBRE).

Ce jour, Pierre de Meuni, tailleur de la monnaie de Tournay, amenda les faultes qu'il avoit faictes en son office, et lui

fut enchargié que doresenavant il se conduisist mieulx que il n'avoit faict.

(A. N. Reg. Z, 1ᵇ, 2.)

NOTA. A partir de là, le Registre Z, 1ᵇ, 2, n'est plus paginé.

————

1406 (4 NOVEMBRE).

Ce jour, Estienne Boyal, au nom et comme procureur de Pierre Boyal, son frère, mist a prix la mon° d'or et d'argent de Tholouse jusques à 3 ans et promist faire le marc d'or en icelle monn° pour 8 s. 6 d. ts., le marc d'euvre du blanc pour 3 s. 2 d. ts., et le marc d'euvre du noir pour 2 s. ts., et promist ouvrer en icelle mon° dedens lesdiz trois ans la somme de 600 marcs d'or et dist que lui mesme tendroit le compte.

(Ibidem.)

————

1406 (5 NOVEMBRE).

Ce jour, Andry Saluce, pour lui et en son nom, mist la mon° de Poitiers a prix pour 3 ans et promist faire le marc d'or en lad. mon° pour 11 s. ts., le marc d'euvre du blanc pour 4 s. ts., et le marc d'euvre du noir pour 2 s. ts.

(Ibidem.)

————

1406 (5 NOVEMBRE).

Abolicion de la mon° de Mirabel par les gnaulx.

(Ms. Lecoq, fol. 16 r°.)

————

1406 (9 NOVEMBRE).

La monnoye de Mirabel, en Daulphiné, commuée à Ambrun.

(Ibid., fol. 16 r°.)

La mon⁰ de Myrabel abbollye et mise à Ambrun par les gnaulx.

(Ms. Lecoq, fol. 47 r⁰.)

1406 (9 NOVEMBRE).

Au comptoir : Mʳᵉ Gilles Coppier, chlr baillif de Viennois et Valentinois, sire Jeh. Chanteprime, Jeh. Remon, Pierre Chappelu, Jeh. Le Mareschal, Pierre Gentian et Loys Culdoe.

Ce jour fut mis en termes que en la visitacion dernièrement faite en pais de Dalphiné par sire Pierre Gentian, gnal mʳᵉ des monⁱˢ, et Aubert Le Fèvre, trésʳ dud. pays, ils avoient abolie et close du tout la mon⁰ de Mirabel pour plusieurs fautes et maléfices qu'ils avoient trouvés tant sur Pierre de Bran, lors mᵉ partʳ d'icelle, comme sur tous les autres officiers, et pour ce fut demandé par oppinions se il estoit expédiant pour le profit du seig de en édifier une autre monn⁰ ailleurs, ou se il souffiroit des deux qui y sont, c'est à savoir Romans et Cremieu, lesquels furent tous d'oppinion que ce seroit plus le prouffit du seigʳ de en édiffier une autre que non, et pour ce oye l'oppinion dudit messʳᵉ Gilles et de Jeh. Chanteprime avec la relacion de Pierre Gentian, ils furent tous d'oppinion que on édifiast une mon⁰ à Ébrun, et avec ce que pendant que la foire de Briançon se tendra, le mᵉ et les autres officiers yront illec faire ouvrer, la foire durant.

(A. N. Reg. Z, 1ᵇ, 2. — Sorb. H. 1, 9, nᵒ 174, fol. 101 r⁰. — Ms. Lecoq, fol. 16 rᵒ.)

1406 (12 NOVEMBRE).

Au comptoir : sire Mahieu de Linières, Jaq. Dussy, Jeh. Chanteprime, Michel du Sablon, mᵉ Hugues de Guigaut, Arnoul Boucher, consᵉʳˢ du Roy nre sire, en sa chamb des Comptes, Jeh. Remon, Jeh. Le Mareschal, Pierre Gentian et Loys Culdoe, gnaux mᵉˢ des monnᵉˢ.

Et fut mis en termes plusʳˢ faultes faites en la mon⁰ de St-Andry-lez-Avignon par les officiers d'icelle et monstrez plusʳˢ den. d'or faits en icelle mon⁰, dont aucuns avoient esté touchez et trouvez à 23 k. et 3 quarts, et pour ce fut délibéré par les dessusdiz que on feroit une commᵒⁿ à l'un des gnaux mᵉˢ des monᵉˢ pour aller sur le lieu de lad. mon⁰ et scavoir et enquérir la vérité du fait.

(Sorb. H. 1, 9, nᵒ 174, fol. 101 vᵒ.)

1406 (13 NOVEMBRE).

Paris.

Lettres du Roi à Bouciquaut, gouverneur du Dauphiné, pour lui mander de supprimer la monnaie de Mirabel, qui sera transférée à Embrun.

Pierre Gencien, gᵃˡ mᵉ des monnaies du Roi, et Aubert Lefèvre, receveur gᵃˡ du Dauphiné, avaient, dans leur rapport, exprimé la convenance de supprimer la monnaie de Mirabel qu'ils avaient trouvée dans un délabrement complet, par suite des ravages que le vicomte de Turenne, Raymond Roger, avait exercés dans le pays ; ils avaient proposé, en outre, de transférer cet atelier à Embrun, lieu quotidien de passage des marchands d'outre-monts.

(A. N. Reg. Z, 1ᵇ, 58, fol. 113 vᵒ et 114 rᵒ. — *Ord.*, IX, 156. — Morin, p. 198.)

1406 (13 NOVEMBRE.)

Paris.

Le Roi décrète que chaque année, huit jours avant l'ouverture de la foire, les officiers et ouvriers de la monnaie la plus rapprochée se transporteront à Briançon pour y fabriquer pendant un mois des espèces d'or, d'argent et de billon.

(A. N. Reg. Z, 1ᵇ, 58, fol. 114 rᵒ. — *Ord.*, IX, 157.—Morin, p. 198 et 199.)

1406 (16 NOVEMBRE).

Seizième noᵇʳᵉ IIIᶜ VI , par les généraulx, à la première page du XIIᵉ feuillet de la messaigerie commençant IIIᶜ XLVI. — Appert de l'abolition de la monnoie de Figac.

(Ms. Lecoq, fol. 16 rᵒ.)

1406 (16 NOVEMBRE).

Ce jour , Pierre Lamy, demourant à Poitiers, au nom et comme procureur de Pierre Chambart, mist a prix la monᵉ de Sᵗ-Pourcein pour 3 ans et promist faire ouvrer le marc d'or en lad. monᵉ pour 11 s. ts., le marc d'euvre du blanc pour 4 s. ts., et le marc d'euvre du noir pour 2 s. ts., et promist ouvrer en icelle monᵉ dedens lesdiz 3 ans la somme de 400 marcs d'or, et lui a esté accordé que ses boistes ne seront levées que une fois l'an se il n'y a cause pourquoy.....

(A. N. Reg. Z, 1ᵇ, 2.)

1406 (4 DÉCEMBRE).

Au comptoir : Jeh. Remon , Jeh. le Mareschal , Pierre Gentian , Loys Culdoe et mᵉ Pierre de Vé.

(Sorb. H. 1, 9, nᵒ 174, fol. 101 vᵒ.)

1406 (15 JANVIER).

Le 27 de notre règne à Paris, signé par le Roy à la relation du conseil.

Lettre pat. à Pierre Gentian, gⁿal mᵉ des monᵉˢ, sur la commᵒⁿ qu'il a eue avec feu Jehan Hazart , aussi gⁿal mᵉ des monᵉˢ, en 1402, pour visiter plusʳˢ de nos monnoies, tant en la Languedoyl comme en la Languedoc.

Ils avaient trouvé plusieurs fautes dans les deniers d'or et d'argent fabriqués à St-Andry-lez-Avignon, dont Jehan Palmier était alors mᵉ pᵒʳ, Lantelmon Perrin garde et essayeur, et Jehan Vaudoüé l'autre garde et tailleur. Ils avaient privé les 2 gardes des offices d'essayeur et de tailleur ; ceux-ci ont néanmoins, malgré les défenses, continué à exercer ces offices. Le Roi est informé que les mêmes fautes continuaient, que des écus d'or y ont été ouvrés à 22 k $\frac{3}{4}$ de titre et plus faibles de poids qu'ils ne doivent l'être. Ordre est donné à Pierre Gentian de se transporter à St-Andry, et s'ils sont réellement coupables, de les faire arrêter partout où il pourra les trouver « hors lieu saint », et de les amener prisonniers au châtelet de Paris.

(A. N. Reg. Z, 1ᵇ, 58, fol. 114 vᵒ. — Sorb. H. 1, 9, nᵒ 174, fol. 177 vᵒ.)

1406 (15 JANVIER).

Lettres de Charles VI, par lesquelles il commet Pierre Gencian, gᵃˡ mᵗʳᵉ des monnaies, pour arrêter prisonniers ceux qui ont fabriqué des monnaies légères d'or et d'argent à St-Andry-lès-Avignon.

(*Ord.*, IX, 178.)

1406 (21 JANVIER).

George Merle , jadix (*sic*) mᵉ partᵉʳ de la monᵉ de Saint-Poursain et , après , garde d'icelle monnᵉ.

(A. N. Reg. Z., 1ᵇ, 2.)

1406 (18 février).

Au comptoir : Pierre Chapelu, Jeh. Le Mareschal, Loys Culdoe, et Bernart Braque.

Ce jour, Perrotin de Ravenel amenda au comptoir, en la main de Pierre Chapelu, ce qu'il avoit passé les remèdes en une boiste faicte en la monᵉ de Stᵉ-Manehold, où il avoit 38 deniers d'or finissant le 10ᵉ jour de juillet l'an 1404, laquelle estoit escharre $\frac{2}{16}$ de carat pour marc et estoit icelle monᵉ au nom de Guillᵉ de Lesgue, lequel est depuis alé de vie à trespassement, et ledit Perrotin avoit tenu le compte et fait l'ouvrage.

(A. N. Reg. Z, 1ᵇ, 2.)

1406 (21 février).

Partit de Paris sire Pierre Gentian, pour aller à S. Andry et en Dalphiné.

(Sorb. H. 1, 9, n° 174, fol. 101 v°.)

1406 (17 mars).

Délibéré en la chamb̄ des comptes, en p̄nce des ḡnaux mˢˢ des monᵉˢ, que l'hostel où que l'on fait l'ouvrage de la monᵉ à Troyes, appartenant aux religieux de Pontigny, sera rendu aux susdits religieux pour cause de ce que lad. monᵉ est en domage (*lisez* chômage), et que en icelle n'avoit point de mᵉ parᵉʳ, et fut mandé par Mʳˢ des comptes au trʳ de Troyes, que il payast aux religieux la somme de ..... qui leur estoit deue du temps passé.

(A. N. Reg. Z, 1ᵇ. 2. — Sorb. H. 1, 9, n° 174, fol. 101 v° et 102 r°.)

1406 (19 mars).

Estienne Perronin, garde de la monᵉ de Mâcon.

(A. N. Z, 1ᵇ, 2.)

1406 (20 mars).

A Montpellier, par Lorans Faveol, écus à la couronne de 62 au marc.

Du 20 mars 1406 au 17 décembre 1407 : 20200 pièces frappées.

Item du 23 décembre 1408 au 4 décembre 1409 . . . . . . 43600 p. frappées.

Item du 3 janvier 1409 au 28 mars 1410 : 65000 p. frappées.

Item du 28 mars 1410 au 24 décembre 1411 . . . . 25500 p. frappées.

Le tailleur de la monᵉ est Pierre Morgue.

(A. N. Reg. Z, 1ᵇ, 899. — Carton Z, 1ᵇ, 898-99.)

1407 (2 avril).

A Paris, de notre règne le 27, par le Roy, à la relacion du conseil. Lettres pat. au prevost de Paris pour décry des monᵉˢ d'or et d'arg., et le cours donné aux bons deniers d'or à fin apelez escus à la couronne, que nous faisons faire à toutes nos monnoyes, pour 22 s. 6 d. ts. la pièce.

Blancs den. à l'escu que nous faisons faire pour 10 d. t. pièce.

Petits blancs appelez deniers blancs à l'escu, pour 5 d. t. pièce.

Doubles t. pour 2 d. t.

Petits parisis et petits t. pour un d. par. et un d. t.

Petites mailles pour une maille tournoise et toutes autres monnᵉˢ au m̄ pour billon.

Suivent les prescriptions habituelles.

(A. N. Reg. Z, 1ᵇ, 58, fol. 127 r° et v°. — Sorb. H. 1, 9, n°174, fol. 179 v° et 180 r°. — *Ord.*, IX, 188.)

Les semblables lettres furent baillées à Estienne Perronin, l'un des gardes de la monnaie de Mascon.

. . . . . à Pierre Prevost, m° part°ʳ de la
monⁿ de Sainct-Poursain.

(*Ibidem.* — *Ord.*, IX, 190.)

1407 (6 AVRIL).

Jeh. Remon, Pierre Chapelu, Jeh. le
Mareschal, Loys Culdoe et Bernart Braque.
Nicolas Stancon, l'un des gardes de la
monⁿ de St-Quentin.

(A. N. Reg. Z, 1ᵇ, 2. — Sorb. H. 1, 9, nᵒ 174,
fol. 102 rᵒ.)

1406 (12 AVRIL).

Escus coronnés de 3 d. 2 gr. de poids
chacun, cours 22 s. 6 d.
On défend toutes autres monnaies tant
d'or que d'argent.
Ordé qu'elles seront mises au feu comme
billon sur peine de confiscation.

(Sorb. H. 1, 10, nᵒ 172, fol. 37 rᵒ.)

1407 (31 MAI).

Jehan l'orfevre est fils d'Estienne l'orfevre,
garde de la monⁿ de Dijon. On lui remet les
lettres de pleigerie de la monⁿ de Dijon pour
Andry Rousselay.

Lentelmon Perrin, Jeh. Vaudoiié, gardes de
la monⁿ de St-Andry-lez-Avignon, et Pierre
Paumier, frère et pleige du fils Paumier,
mᵒ part°ʳ d'icelle monⁿ.

(Sorb. H. 1, 9, nᵒ 174, fol. 102 rᵒ.)

Ce jour fu accordé avec Bernart Braque,
procureur de Arnoulet Braque son frère,
que pour ce que Jehan le Bougre prist la
monnⁿ de Saincte Manehold du 6ᵉ jour de

juillet, l'an 1404, jusques à 3 ans et ne fit la
première délivrance jusques III mois après,
que il tendra ladicte monnⁿ 6 sepmaines
après le 6ᵉ jour de juillet 1407.

(A.N. Reg. Z, 1ᵇ, 2.)

1407 (26 JUILLET).

Ce jour Henry Alain au nom et comme
procureur de Girart Marriot, mist à-prix la
monⁿ de Dijon et Challon jusques à un an sur
les condicions et convenances du bail des
monnoies en la manière accoustumée et
promist audit nom faire et ouvrer le marc
d'or en icelle monⁿ pour 12 s. 6 d. ts., le
marc d'œuvre en blancs deniers grans et
petiz pour 4 s. 5 d. ts.

(A. N. Reg. Z, 1ᵇ, 2.—Ms. Lecoq, fol. 25 vᵒ.)

1407 (31 JUILLET).

Lentalmon Perrin, Jehan Baudoric, gardes
de la monⁿ de St-Andry-lez-Avignon, et
Pierre Paumier, frère et pleige de Jehan
Paumier, maître particulier d'icelle monⁿ.

(*Ibidem.*)

1407 (20 AOUT).

Fu délibéré que durant le temps que
Girart Marriot tendra le compte de la monⁿ
de Dijon, il sera mis pour diferance es
deniers d'or devers la croix soubs la 13ᵉ
lettre qui est R, deux points et devers la
pille soubz la 13ᵉ lettre qui est A, deux
points et es blans deniers grans et petiz soubz
la 13ᵉ lettre, devers la croix qui est N deux
points et devers la pille soubz la 13ᵉ lettre
qui est O, deux points.

(A. N. Reg. Z, 1ᵇ, 2.)

1407 (13 SEPTEMBRE).

Au comptoir : Jeh. Remon, Pierre Chapelu, Jeh. le Mareschal , Pierre Gentian , Loys Culdoe et Bernard Braque.

(Sorb. H. 1, 9, n° 174, fol. 102 v°.)

1407 (13 OCTOBRE).

Loys Saluce , frère et procureur de Andry Saluce, m° p^{er} de la mon° de Poitiers.

(A. N. Reg. Z, 1^b, 2.—Sorb. H, 1, 9, n° 174, fol. 102 v°.)

1407 (7 DÉCEMBRE).

Annot Viart d'Austonne s'oppose aux criées et à la délivrance des deniers qui istront des biens meubles et héritages qui istront de Andry de Rousselay, jadis m° part^{er} de la mon° de Diion.

(Sorb. H. 1, 9, n° 174, fol. 102 v°.)

1407 (12 DÉCEMBRE).

Ce jour , Jeh. Vaudoiié présenta au comptoir certaines lettres du Roy par lesquelles le Roy lui avoit donné l'office de la mon° de la Rochelle , vacant par la mort de Guill° Griel, lequel fist le serment acoustumé, protestant que, en cas que led. office ne lui demourroit , il ne perdroit point l'office de garde de la mon° de St-Andry-lez-Avignon.

(A. N. Reg. Z, 1^b, 2.—Sorb. H. 1, 9, n° 174, fol. 102 v°.)

1407 (23 DÉCEMBRE).

Ce jour, Lantalmon Perrin et Jehan Baudoric , naguaires gardes, tailleur et essayeur de la mon° de St-Andry-lez-Avignon , confessent avoir receu de Jehan Paumier, m° p^{er} d'icelle mon°, chacun an , 25 ℔ ts. pour cause des offices de la taille et essay.

(A. N. Reg. Z, 1^b, 2.)

1407 (2 JANVIER).

Michel de Caours, g̅n̅al essayeur des mon^{es} du royaume.

(Sorb., H. 1, 9, n° 174, fol. 103 r°.—Au manuscrit Lecoq, f. 31 v°, il est nommé Simon de Caours.)

1407 (7 JANVIER).

Item avons ordonné et ordonnons que sur le fait de noz monnoies ait seulement quatre généraulx maistres, ainsi comme d'ancienneté a esté fait, et pour ce que de présent en y a six qui sont bons et souffisans et ont longuement servi , il nous plait et voulons qu'ilz y demeurent, par ainsi que les deux premiers lieux et offices desd. g^{aux} m^{tres} qui vacqueront, ne seront point impétrables, et ne demeurera seulement que led. nombre de 4 g^{aux} m^{tres} desdictes monnoyes.

(Ord., IX, 285.)

1407 (25 JANVIER).

Chômage de la monnaie de Paris.

(A. N. 1er carton, Paris, Z, 1^b.)

1408 (8 MAI).

Liards à 3 d. 12 gr. de loi et de 14 s. (168 au marc) frappés à Romans par Jehan Cape. Les gardes étant Jehan Gros et Thevenin le Flament.

1408 (8 MAI AU 13 DÉCEMBRE).

Mis en boîte 14 s. 6 d. On en met 1 sur 1,000 (174 pièces). . . . . . 174,000.

(A. N. Petit cahier de parchemin. Carton Z , 1ᵇ, 963-967.)

———

1408 (11 MAI).

Lettres par lesquelles il est ordonné aux gᵃᵘˣ mᵗʳᵉˢ des monᵉˢ de taxer sans délai les amendes qui ont été encourues par les maîtres partᵉʳˢ des monᵉˢ qui ont fabriqué des espèces (d'or) au dessous du remède.

(Ord., IX, 331.)

———

1408 (19 MAI).

Ce jour fu dit et apointé à Loys Saluce, nagaires maistre partᵉʳ de la monᵉ de Poitiers, que de deux boîtes d'or par lui faictes en icelle monᵉ, lesquelles estoient hors du remède, chacune le 8ᵉ d'un marc, il paiera l'amende.

(A. N. Reg. Z, 1ᵇ, 2.)

———

1408 (23 MAI).

Au comptoir : Jeh. Remon, P. Chapelu, Jeh. le Mareschal, P. Gentian, Louis Cudoe et B. Braque.

Le mercredi dessus dit au comptoir pareillement : ce jour fu donné congé à Jehan Trolet de faire faire et ouvrer, en la monᵉ de Paris, de petitz parisis pour l'aumosne du Roy, sans ce qu'il soit tenu de paier aucune chose , soit gages des officiers ou autre chose.

(A. N. Reg. Z, 1ᵇ, 2. — Sorb. H. 1, 9, n° 174, fol. 103 rᵒ.)

DOCUMENTS MONÉTAIRES. — II.

1408 (29 MAI).

Jeh. le Mareschal parti pour aller à Tournay par l'ordᶜᵉ de mʳˢ des comptes.

———

Jean le Goupil , naguières mᵒ partᵉʳ de la monᵉ de St-Lo , constitua son procureur Felipot de la Chapelle.

(A. N. Reg. Z, 1ᵇ, 2. — Sorb. H. 1, 9, n° 174, fol. 103 rᵒ.)

———

1408 (19 JUILLET).

Parti de Paris Jeh. le Mareschal et Bernart Braque, pour aller à la Rochelle par l'ordᶜᵉ du comptouer et de mʳˢ des comptes.

(Ibidem.)

———

1408 (18 AOUT).

Au comptouer : Jeh. Remon, Pierre Chapelu , Jeh. le Mareschal, Pierre Gentian, Loys Culdoe et Bernart Braque.

Mathieu Boutin, mᵒ partᵉʳ de la monᵉ de la Rochelle, condamné à rendre à des marchands espagnols (Louppe Gartie et François de Layme) 213 den. d'or, lesquels n'estoient pas si bons qu'ilz disoient estre, et pour ce fut détenu prisonnier ledit Mathieu jusques les dessus dits fussent contentez.

(A. N. Reg. Z, 1ᵇ, 2. — Sorb. H. 1, 9, n° 174, fol. 103 vᵒ.)

———

1408 (27 AOUT).

Au comptoir : J. Remon, J. le Mareschal ,

19

Pierre Gentian , Loys Culdoe et Bernart Braque.

(Sorb. H. 1, 9, n° 174, fol. 103 v°).

1408 (6 SEPTEMBRE).

Congé donné à Jeh. le Mareschal qui peut faire ouvrer en la mon° de Paris jusques à la somme de 100 marcs d'arg. pour faire des parisis pour l'aumosne du Roy n̄re S.

(A. N. Reg. Z, 1ᵇ, 2. — Sorb. H. 1, 9, n° 174, fol. 103 v°.)

1408 (NOVEMBRE).

A Paris.

Lettres royales confirmant un traité passé à Grenoble le 25 septembre précédent, entre Guillaume de Laire, sᵍʳ de Cornillon et gouverneur du Dauphiné, et Pierre Dauphin, licencié es loix et fondé de pouvoirs de Dieudonné d'Estang, évêque de St-Paul-Trois-Châteaux, du chapitre de l'église cathédrale et des habitants de cette ville.

L'article 6 stipule que le Roi-Dauphin aura le droit de faire ouvrer dans lad. cité des monnaies d'or et d'argent, offrant ses armes avec une crosse, et l'article 7 ajoute que le produit de ces fabrications devra être partagé entre le Dauphin et l'Evêque.

(Hist. de l'église cathédrale de St-Paul-Trois-Châteaux, par Louis-Anselme Boyer de Sainte-Marthe. Avignon, 1710; p. 328; — *Gallia Christiana*, seconde édition, t. I, p. 228 des preuves. — *Ord.* IX, 390.— Morin, p. 199.)

1408 (15 NOVEMBRE).

Furent en la chambre des comptes Jeh.

Remon, Jeh. le Mareschal, Loys Culdoe et Bernard Bracque, ḡnaux mᵘˢ des monᵉˢ, lesquels furent d'accord que la mon° de Paris fust baillée à Jehan le Mareschal, changʳ de Paris, au nom de Robin Jolis, pour les pris contenus au reḡre de la chambre des monᵉˢ, par cette condition que, au cas que sa boiste d'or viendra escharce 1 quart et $\frac{1}{12}$ de karat pour 1 m̄, il sera tenu quitte pour en payer la valeur sans ce qu'il en soit tenu à aucune amende.

(A. N. Reg. Z, 1ᵇ, 2. — Sorb. H. 1, 9, n° 174, fol. 103 v°.)

1408 (26 NOVEMBRE).

A Paris, Robin Jolis, pour lequel Jehan le Mareschal a tenu le cpᵗᵉ de la mon° : escus à la couronne, de 22 s. 6 d. , et de 62 au marc

Du 26 nov. 1408 au 24 avril 1410.	14400
Du 24 avril 1410 au... nov. suiv. .	16200
Du 31 janv. 1410 au 1ᵉʳ nov. 1411.	5400
Total. . .	36000

(A. N. Rouleau, carton Z, 1ᵇ, 943.)

1408 (29 NOVEMBRE).

Guillin Bourdon , garde de la mon° de Rouen , Laurentin et Geuffrinet dy Correl , essayeur et tailleur de lad. mon°.

(*Ibidem.*)

1408 (4 DÉCEMBRE).

Fut apporté au comptouer un trousseau sur la forme des grands blancs, par Guillin

Bonicot, garde de la porte St-Jacques, lequel trousseau il disoit que Chalot de Laist, serg[t] à verge au Chastelet de Paris, lui avoit baillé en garde 2 mois avant ou environ.

(A. N. Reg. Z, 1[b], 2. — Sorb. H. 1, 9, n° 174, fol. 104 v°.)

1408 (1er février).

Au comptoir : Jehan Remon, Pierre Gencian, Loys Culdoe et Bnart Braque.

Ce jour fu dit et ordené à Jeh. Remon le jeune et à G rardin de Vaubaulon, gardes de la mon[e] de Paris, que il delivrassent à Jehan le Mareschal, maître part[er] d'icelle, une delivrance de 9[xx] lb̄. de petiz tournois, non obstant qu'ils soient venus foibles en 3 marcs 22 deniers tournois, et fu dit et enjoint audit Jehan que il se gardast dy enchérir, car on lui feroit pas le cas pareil.

(A. N. Reg. Z, 1[b], 2. — Sorb. H. 1, 9, n° 174, fol. 104 r°.)

1408 (1er février).

Cahier des délivrances faites à Romans, à Jehan Coppe, par les gardes Jehan Gros et Thevenin le Flament, de blancs de 10 d. ts. et de 6 s. 2 d. $\frac{1}{4}$ (74 $\frac{1}{4}$ au marc) et à 5 d. 12 gr., à partir du 1er février 1408 (n. st.). Boîte close le 31 janvier 1409 (n. st.).

48 délivrances pour lesquelles ont été mis en boîte 69 s. 6 d. (834 pièces) représentant 834000 blancs frappés.

Une petite feuille de parchemin, insérée dans ce cahier, dit que la boîte des blancs à l'écu délivrés à Jehan Coppe, du 1er février

1408 au 1er février exclus 1409, contient 69 s. 6 d.

C'est bien la déclaration relative au cahier.

(A. N. Carton Z, 1[b], 963.)

1408 (26 février).

Jehan Gobin, garde de la mon[e] de Tours, dist au comptoir en la présence de Jeh. le Mareschal, Loys Culdoe et Bernart Braque que quand il partit de Tours, il n'y avoit en boiste que 8 d. d'or depuis le temps que led. Jeh. le Mareschal et led. Bernart partirent de Tours.

(A. N. Reg. Z, 1[b], 2.)

1408 (1er mars).

Ce jour, Estienne le Flament, l'un des gardes de la mon[e] de Romans, amenda au comptoir la faulte de ce qu'il a esté trouvé en une boiste d'or 6[xx] 6 d. d'or, et par les délivrances n'eu a esté trouvé que 6[xx] et 4 d. et par ainsi convint qu'il ait oblié à escrire une délivrance de 2 d. d'or.

(Ibidem.—Sorb. H. 1, 9, n° 174, fol. 104 r°.)

1408 (6 avril) et 1409 (8 octobre, 21 décembre, 31 janvier).

Mailles frappées à Romans par Jehan Cope avec les gardes Jehan Gros et Thevenin le Flament. Mis en boîte 2 s. 10 d. de mailles (34 pièces). De 10 ⚓ de mailles, on en met une en boite (1 sur 2400).

Il en a donc été frappé 81600.

(A. N. Petit cahier de parchemin du Carton Z, 1[b], 963-67.)

1409 (24 mai).

A Montpellier, par Lorent Faneul, m^e

p^{er}, pour lequel Jehan Pavez, changeur de
Montpellier, a tenu le cp^{te} de la mon^e, étant
gardes Anthoyne de Boullaingrin et Jehan
de Vaubaon :

Oboles tournois à 1 d. 3 gr. A. R. et de
25 s. 3 d. et $\frac{3}{4}$ de poids (3C3 et $\frac{3}{4}$ au marc).

Le 24 mai 60 ⚖, . . . mis en boîte   6
Le 28 juillet 1409, 50 ⚖.   id.   5
                                      ────
                    Total. 11

A 1 pour 10 liv., cela fait 26400 pièces
frappées.

Boîte close le 8 janvier 1409.

Grands blancs à l'écu à 3 fleurs de lis, de
10 d. ts. et de 6 s. 2 d. $\frac{1}{4}$ (74 $\frac{1}{4}$ au marc) et à
5 d. 12 gr. par les mêmes.

Du 19 janvier 1408 au 7 janvier 1409, dix
délivrances et mis en boîte 6 s. 6 d. (78
pièces) . . . . 78000 frappées.

Boîte close le 8 janvier 1409.

(A. N. Petits cahiers de parchemin liés ensemble.
Carton Z, 1^b, 900.)

1409 (21 juin).

Délivrances de liards, à 3 d. 12 gr. A. R.
et de 15 s. de taille faits par les ateliers
d'Embrun et de Briançon.

M^e particulier Pierre de Bran, gardes
Jehan Genbert et Pierre de Maucroix.

Tailleur Barthelemy Vincent.

Du 21 juin au 17 février 1409, 14 délivrances, dont deux (9 septembre et 13 septembre) à Briançon. Mis en boîte 10 s. 11 d.
de liards (133 pièces), 133000 frappés.

Boîte close le 25 février 1409.

(A. N. Carton Z, 1^b, 877.)

1409 (20 juillet).

François Guibert, garde de la mon^e de la
Rochelle.

(A. N. Reg. Z, 1^b, 2. — Sorb. H. 1, 9, n°174,
fol. 104 r°.)

1409 (31 aout).

Ce jour fu appelé en deffault Guill^e Bourdon,
Geufrin Corel, Laurencin Corel et Guill^e
Guilbert, à la requête de Guill^e le Marié,
naguères maistre particulier de la mon^e de
Rouen, demandeur.

(A. N. Reg. Z, 1^b, 2.)

1409 (15 novembre).

A Toulouse, par Pierre Boyol :

Doubles tournois à 2 d. 12 gr. et de 14
s. $\frac{3}{4}$ de denier (168 $\frac{3}{4}$ au marc), des 15, 20 et
26 novembre 1409 (on en met un en boîte
pour 10 ⚖). En boîte, 3 s. 8 d.═44 pièces,
soit 105600

Mailles tournois à 1 d. 3 gr. et de 243 $\frac{3}{4}$
au marc, les 18, 23 et 30 décembre 1409.
300 marcs 1 once 19 est. et demi, ce qui
fait. . . . . environ 73160

Blancs à l'escu de 10 d. ts., à 5 d. 12 gr.
de loi et de 6 s. 2 d. $\frac{1}{4}$ (74 $\frac{1}{4}$ au marc), par
Pierre Boieul, pour lequel Estienne Boyeul a
tenu le compte de la mon^e, du 23 août 1410
au 28 août 1411. 207000

Doubles tournois semblables, le 3 octobre 1410. 284 marcs 3 onces 11 est. $\frac{1}{2}$
ferlin. 47600

Deniers tournois à 1 d. 16 gr. et de 18 s.
9 d. (225 au marc), le 13 nov. 1412. 106
marcs 5 onces 6 est. et $\frac{2}{3}$ d'est. . . 24030

Id., les 16 et 22 décembre 1411. 448
marcs 100800

Blancs de 10 d. ts. à 5 d. et de 80 au marc,
par Pierre Boyoil, pour lequel Azémar Boyol
a tenu le cp^te du 17 février 1411 au 11 novembre 1412 212000

(A. N. Rouleau du carton Z, 1^b, 991-92.)

1409 (8 JANVIER).

A Montpellier, par Lorens Faneul, blancs
de 10 d. ts., à l'écu, à 5 d. 12 gr. de loi, et
de 6 s. 2 d. ¼ (74 ¼ au marc).
Du 30 décembre 1408 au 8 janvier 1409,
78000 p. frappées.
Id. du 8 janvier 1409 au 28 mars 1410,
208000 p. frappées.
Id. par le même, pour lequel Jehan Pavez
a tenu le cp^te de la mon^e, du 28 mars 1410
au 12 décembre 1411. 105000 p. frappées.

(A. N. Reg. Z, 1^b, 899.—Carton Z, 1^b, 898-99.)

1409 (17 JANVIER).

Ce jour furent présents au comptoir : Bal-
tazar Audier, garde de la mon^e de Lymoges,
et Jehan Monnier, essayeur d'icelle mon^e,
auxquels fu dit que Messrs sont d'acort qu'ils
baillent lad. mon. en la manière acoustumée.....

(A. N. Reg. Z. 1^b, 2. — Sorb. H. 1, 9, n° 174,
fol. 104 v°.)

1409 (28 JANVIER).

Délibéré que sire Pierre Gentian iroit à
Dijon pour aucunes faultes, qui avoient esté
apperceues en aucuns deniers d'or qui estoient
en une boiste faicte en lad. mon^e par Girart
Marriot, où il avoit 39 d^rs d'or.....
Il partit le 30 janvier et fut de retour le
15 février.

(A. N. Reg. Z, 1^b, 2.—Sorb. H. 1, 9, n° 174,
fol. 104 r°.)

1409 (28 JANVIER) A 1415.

Louis, fils aîné de Charles VI et duc de
Guyenne, à peine entré dans sa 14e année,
fut mis en pleine jouissance du Dauphiné
par acte du 28 janvier 1409 (1410).

(Morin, p. 214.)

1409 (5 FÉVRIER).

Martin Vivot fut à Sainct-Quentin, changer
et porter de la mon^e du Roy par ordonnance.

(Ms. Lecoq, fol. 74 v°.)

1409 (25 FÉVRIER).

Au comptoir : Jehan Remon, J. le Mareschal, P. Gencian et Bernart Braque.
Ce jour fu présent au comptoir Jehan le
Goupil, maistre p^er de la mon^e de St-Lo, auquel fu monstré environ 7^xx deniers d'or qui
auroient esté trouvez sur le pont de Paris, au
change Jehan de la Fontaine, et lui fu demandé
par son serment où ils avoient esté faiz, lequel
respondi que lui sembloit qu'ils avoient esté
faiz à la mon^e de St-Lo ; requis combien il
avoit fait de tels deniers, dit que environ 200
et qu'il en avoit esté mis un denier en boiste ;
requis comment ils estoient revenuz à la délivrance ; dit qu'il ne sut, mais il sut bien qu'ils
vindrent bien foibles ; et après ce furent
pesez lesdiz deniers devant ledit Goupil,
lesquels furent trouvez de 63 d. au marc,
et pour ce fu dit audit Goupil qu'il convenoit
qu'il amandast la faulte qu'il avoit faicte ;
lequel gagea l'amende en la main de sire
Pierre Gencian et se soubzmist à l'ordonnance du comptoer.

(A. N. Reg. Z, 1^b, 2.)

1409 (27 février).

Ce jour fu présent au comptr Jehan le Goupil auquel fu dit que pour les causes dessus déclarées, il a esté ordonné que Bernart Braque, l'un des generaulx maistres des mones, ira visiter la mone de St-Lo et les officiers d'icelle, et fu enjoint et deffendu audit Goupil qu'il ne partist point senon en la compagnie dudit Bernart et avecques fu aresté personnellement et délivré à sa caucion à revenir au jour qui par ledit Bernart lui sera assigné.

(A. N. Reg. Z, 1b, 2.)

1409 (18 mars).

Taxation des amendes de Girart Marriot, me per de la mone de Dijon, d'Estienne l'Orfèvre, dit de Sens, et de Pho Arnault, gardes, encourues par eux pour cause de 4 deniers d'or qui avoient esté trouvez en une boiste où il avoit 39 deniers d'or, faicts en lad. mone, par led. Marriot, lesquels 4 deniers d'or n'ont esté trouvez que à 22 caraz de loy.

Et depuis ledit Girart a obtenu du Roy nre sire certaines lettres, par vertu desquelles il veult que ledit Girart soit quitte de l'amende dessus dite, parmi ce que icellui Girart tendra ladicte mone 3 ans à compter un mois après la premiere delivrance, pour les pris de l'année precedente, pendant lequel temps il sera tenu ouvrer ou faire ouvrer en icelle mone 450 marcs d'or.....

(Ibidem.)

1409. (26 mars).

Ce jour, Bernart Braque, gal mtre des mones,

dist et raporta au comptoer qu'il avoit esté à Sainct-Lo comme ordonné avoit esté, et avoit parlé aus gardes du fait touchant 7xx deniers d'or, de 62 au marc, trouvez sur le pont, au change Jehan de la Fontaine, aportez au comptoer par Bernart Braque, et avoit donné jour aux gardes et maistre à comparoir en personne en la chambre des mones et de main mise sur peine aus gardes de 100 marcs d'argent chacun et de perdre leurs gaiges, et le maistre en peine de 10 marcs d'or, et aporta lesdiz 7xx deniers d'or qui lui avoient esté baillez avecques la boiste d'or de la dicte monnoie.

(Ibidem.)

1409 (26 mars).

Emond Boucherat, me de Chaallons, par ordonnance de Germain de Merle, gnal, estant à Troies, envoya à Arras ung sien serviteur garni de mil livres ts., mone du Roy, pour changer et servir le peuple au descry des monnoies.

(Ms. Lecoq, fol. 74 v°.)

1410.

Ordé que Monsieur le Dauphin feroit monoies à ses armes et monoies de Dauphin du cours poids et loi des monoies de France et qu'elles auroient cours dans le Roymo de France et que les boistes en seroient jugées par les généraux des monoies de France.

(Sorb. H. 1, 9, n° 172, fol. 37 r°.)

1410 (1er avril).

Lettres patentes du Roi adressées aux généraux maîtres, pour éviter le chômage de la

monnaie de Rouen. Ils commettront « en
« son nom à la maîtrise Jehan Bourdon,
« bourgeois de Rouen, qui autrefois a esté
« maistre particulier de lad. monnoye, ou
« aultre bonne et suffisante personne telle
« que par vous sera advisée et eslue, à faire
« ouvrer et monnoyer, en lad. monnoye de
« Rouen, tout l'or et l'argent qui y sera
« apporté et à tenir le compte d'icelle. »

(A. N. Carton Z, 1ᵇ, 535.)

_____

1410 (4 AVRIL).

Au comptoir : sire Mahieu de Linières,
Mᵉ Jacques Dussy, consᵉʳˢ mᵉˢ, Regnier de
Boutigny, Jehan Petit de Chastillon, tréso-
riers, J. Remon, J. le Mareschal, Pierre
Gentian et Bernart Braque.

Vu les lettres du Roy, disant que Girard
Marriot tiendra la monnoie de Dijon et de
Challon pendant trois années, à compter un
mois après sa première délivrance, pendant lequel temps il sera tenu ouvrer ou
faire ouvrer 450 marcs d'or en déduction et
rabat des 260 ₶ parisis, en quoy Julien
Girart et Henry Alain, son clerc, ont esté
condamnez, en lad. chambre, pour cause de
4 den. d'or faits en lad. monᵉ de Dijon par
ledit Girard, lesquels ont esté trouvez à
22 k., et avec ce fu ordonné que icelui
Girard paieroit à Pierre Gentian pour son
sallaire du voyage qu'il a fait à Dijon pour
lad. cause 51 ₶ ts.

(A. N. Reg. Z, 1ᵇ, 2. — Sorb. H. 1, 9, nᵒ 174,
fol. 104 vᵒ.)

_____

1410 (8 AVRIL).

Charles, par la grâce de Dieu roy de
France, etc. Comme nous avons entendu
que, par cas d'aventure et maladie, notre
amé Pierre Chappellu, gn̄al mᵉ de nos
monoyes, soit cheu et devenu en ceste
impotence, débilité et feblesse de sa personne que doresenavent il ne pourroit si
diligemment vacquer et entendre à l'exercice
dudit office, comme besoin et expédient
seroit, et par ce soit nécessité d'y pourvoir
de bonne et suffisante personne, scavoir
faisons que, considéré les bons et agréables services que nous a faiz le temps
passé notre amé Andry du Moulin, ... il
est nommé général maître en remplacement de Pierre Chapelu, auquel il devra
laisser la moitié de ses appointements, sa
vie durant, pour jouir du tout à la mort de
Chapelu.

(A. N. Reg. Z, 1ᵇ, 58, fol. 120 rᵒ.—Sorb. H,
1, 9, nᵒ 174, fol. 177 vᵒ.)

Le 17 décembre 1410, Andry du Moulin
consent à occuper parmi les gᵃᵘˣ mᵗʳᵉˢ le
dernier rang comme dernier venu, et il
signe au registre. Le 5 janvier 1410, il prête
serment.

(A. N. Reg. Z, 1ᵇ, 58, fol. 120 rᵒ.)

_____

1410 (15 AVRIL).

Au compᵗ : J. Remon, J. le Mareschal et
Loys Cudoe.

(Sorb. H. 1, 9, nᵒ 174, fol. 104 vᵒ.)

Ce jour se presentèrent au comptoir Guillᵉ
Laillier et Colin Barrot (Varrot), gardes de la
monᵉ de Saint-Lo, ausquelx avoit esté jour
assigné aud. jour par Bernart Braques.....
Ce jour se presenta pareillement de relevée
Jehan le Goupil, mᵉ pᵉʳ de la monᵉ de St-Lo,
assigné par le même comme les gardes.

(A. N. Reg. Z, 1ᵇ, 2.)

_____

1410 (24 avril).

Il est décidé que Jehan le Goupil prendra la mon° pour l'année qui suivra la fin de son present bail. « Il sera tenu faire ouvrer, en icelle mon°, 300 marcs d'or, c'est assavoir 100 marcs en ceste presente année, oultre et par dessus la somme qu'il a promis faire, et 200 marcs d'or l'année à venir, ou paier au Roy 30 s. tournois franchement pour chacun marc qui deffaudra d'avoir ouvré icelle somme, et au cas que en cette presente année il ne pourroit ouvrer lesd. 100 marcs d'or oultre la somme qu'il a promise, il les pourra faire ouvrer l'année à venir et avec ce sera tenu faire à ses dépens tous les deniers dessusdiz. »

(A. N. Reg. Z, 1ᵇ, 2.)

1410 (26 avril).

En la mon° de Paris ou estoient sire Mahieu de Linières, Mᵉ Jacques Dussy, Mᵉ Estienne de Bray consᵉʳˢ du Roy nᵣᵉ s., J. le Mareschal, P. Gencian, L. Cudoe et Bⁿart Bracque.

Ce jour fut délibéré par les dessusdits que pour cause des fautes et négligences que Guill. Laillier et Nicolas Varot, gardes de la mon° de St-Lo, ont commises en faisant et exerçant leurs offices, c'est à scavoir qu'ilz n'ont pas escript au papier des delivrances tout le foiblage qu'ilz ont trouvé en faisant lesdiz delivrances, et par especial en une delivrance par eux faicte le 13 février 1409, où il n'est pas escript tout le foiblage qu'ils y trouverent d'un fellin et demi, et aussi ce qu'ils ont delivré une boiste d'or foible en trois marcs deux esterlins ob., et outre ce que le trebuchet, à quoy ils trebuchent leurs deniers en faisant leurs dictes

delivrances, n'estoit pas bon, pour ce qu'il estoit trop sourt, ils seront tenus faire ouvrer, en la mon° de St-Lo, cinquante marcs d'or oultre et par dessus la somme d'or que Jehan le Goupil a promis faire faire dedens ledit temps que icellui Goupil doit tenir lad. mon°, ou paier au Roy 30 s. t. franchement pour chascun marc qui deffaudront d'avoir fait ouvrer icelle somme.

(A. N. Reg. Z, 1ᵇ, 2. — Sorb.H, 1, 9, n° 174, fol. 104 v°.)

1410 (27 avril).

Délibération du chancelier de France, prise en présence du chancelier de Guyenne, de sire Mathieu de Linières, Mᵉ Estienne de Bray et Jehan Chanteprime, conseillers du Roy nre sire, Jehan Remon, Jehan le Mareschal, Loys Culdoe et Bernart Bracque, gᵃᵘˣ mᵉˢ des monᵉˢ, et Mᵉ Jehan de Mareul, auditeur des comptes du Daulphiné.

M. le Daulphin fera en ses monnoies du Daulphiné monnoyes à ses armes du cours poix et loy des monnoyes que le Roy fait à present ou fera faire le temps advenu, c'est assavoir pour le present deniers d'or fin appellez escuz à la couronne qui auront cours pour 22 s. 6 d. ts. la pièce et de 62 de poix au marc de Paris, et blancs deniers qui auront cours pour 10 deniers ts. la pièce, à 5 d. 12 gr. de loy A. R. et de 6 s. 2 d. et le 1/4 d'un demi de poix au marc de Paris, et petiz blancs qui auront cours pour 5 d. ts. la pièce, de semblable loy et de 12 s. 4 d. et ½ de poix aud. marc, lesquelles monnoies auront cours au royaulme de France, tout comme il plaira au Roy nre sre et n'auront point cours aud. royaulme les blans deniers appelez liars, ni la monnoye noire excepté es terres, fiefs et arrière-fiefs, que avoit aud. royaulme le Daulphin

Humbert, l'an 1343, auquel an il fist avec le roy Philippes le traité de la translation du Daulphiné, pour cause de ce que ne soit pas le prouffit du roy ni de son peuple. Parmy ce que aud. pais de Daulphiné ils ne donnent point plus grant pris du marc d'or et d'argent que le roy fait ou fera en ses monnoyes..... *Signé :* LEFRÈRE.

(A. N. Carton Z, 1ᵇ, 362.—A. N. Reg. Z, 1ᵇ, 58, fol. 135 r°.— *Ord.*, IX, 507 ; X, 188.— Monin, p. 215.)

1410 (19 JUIN).

Congé donné à Jehan Brindelle de départir tout or d'argent, excepté de joyaux d'église, vaisselle signée à armes de seigneurs et d'affiner tout or qu'il départira.

(A. N. Reg. Z, 1ᵇ, 2. — Sorb. H. 1, 9, n° 174, fol. 105 r°.)

1410 (24 JUILLET).

Congé donné à Guichart, neveu de Macé de Valenciennes, essayeur de la monᵉ de Paris, qu'il peut exercer l'office de sondit oncle, en faisant les délivrances de la monᵉ de Paris, en l'absence de sondit oncle, lequel Guichart fit le serment au comptouer.

(A. N. Reg. Z, 1ᵇ, 2. — Sorb. H. 1, 9, n° 174, fol. 105 r°.)

1410 (20 SEPTEMBRE).

Mandement du Roi aux généraux maîtres au sujet de Laurent Faveul. Celui-ci, le 27 janvier 1407, a pris la monᵉ de Montpellier en la présence des deux gardes et de Pierre Morgue, tailleur et essayeur, pour le temps à courir du 1ᵉʳ novembre 1407 jusqu'à

DOCUMENTS MONÉTAIRES. — II.

Pâque suivᵗᵉ, et de cette Pâque pendant les 3 années suivantes, terme pendant lequel il s'engageait à ouvrer 3000 marcs d'or et la monᵉ blanche en grands et petiz blancs sur le pied 27ᵉ. A cause des guerres survenues il n'a pu accomplir son faifort. Il a donc demandé une prolongation, et le Roi lui a accordé un an de plus à l'expiration de ses trois ans de bail.

(A. N. Reg. Z, 1ᵇ, 58, fol. 124 v°.)

Le 14 février 1410, Jehan, filz du Roy de France, duc de Berry et d'Auvergne, comte de Poitou, d'Estampes, de Boulogne et d'Auvergne, lieutenant de Monseigʳ le Roy en ses pays de Languedoc et duché de Guyenne, confirme les lettres royaulx ci-dessus.

(*Ibidem.*)

1410 (27 SEPTEMBRE).

Ce jour fut délivré par les dessus diz (P. Gencien, Bernart Bracque et Andry du Molin), à Jehan le Mareschal, maistre particulier de la monᵉ de Paris, une délivrance de blancs en laquelle avoit 116ᵗ 13 s. 4 d. de gros, laquelle avoit esté rapportée par Marc de Valenciennes, essayeur de lad. monᵉ, à 5 d. 4 gr. fin, et fut enchargé aud. maistre qu'il se gardast de plus encourir ce denger.

(A. N. Reg. Z, 1ᵇ, 2.)

1410 (28 NOVEMBRE).

George Merle est garde de la monᵉ de St-Poursain à cette date.

(A. N. Reg. Z, 1ᵇ, 2. — Sorb. H. 1, 9, n° 174, fol. 105 r°.)

20

1410 (5 décembre).

A cette date, Perrotin de Ravel (*lisez* de Ravenel) est cité comme ayant tenu la mon° de Ste-Menehould.

(A. N. Reg. Z, 1ᵇ, 2.)

1410 (5 janvier).

Le 5° jour de janvier, l'an 1410, André du Molin, dessus nommé, fet le serment en la chamb̄ des comptes de l'office de ḡnal m° des mon⁰ˢ.

(Sorb. H. 1, 9, n° 174, fol. 178 r°.)

1410 (26 mars).

Le 26 mars 1410, escus couronne à 18 s. parisis la pièce.

(Ms. F 5524. Note postérieure au bas du fol. 111.)

1410 (1ᵉʳ avril).

Mandement ordonnant que la monnoye de la ville de Rouen sera en la main du Roy et régie pour son compte.

Elle est en chômage depuis un certain temps faute de m° particulier.

Ordre d'y commettre Jehan Bourdon, bourgeois de Rouen, qui autreffois a esté m° partᵉʳ de ladite monnoye, ou autre bonne et souffisante personne.....

(A. N. Reg. Z, 1ᵇ, 58, fol. 121 r°.—*Ord.*, IX, 575.)

Le même jour, en vertu de ces lettres royaulx, les gᵃᵘˣ mᵗʳᵉˢ commettent Jehan Bourdon à tenir le compte de la mon° de Rouen.

(A. N. Reg. Z, 1ᵇ, 58, fol. 121 r°.)

1410 (3 avril).

Ce jour fu ordᵉ que tant Jehan Bourdon tendra le compte de la mon° de Rouen, Laurens Corel, tailleur d'icelle mon°, exercera l'office de garde de Guill° Bourdon, frère dud. Jehan Bourdon.

(A. N. Reg. Z, 1ᵇ, 2. — Sorb. H. 1, 9, n° 174, fol. 105 v°.)

1410 (6 avril).

Lundi 6° jour d'avril, l'an 1410 avant Pasques, Jeh. Bourdois, demourant à Angers fist et constitua son procureur Felizot de la Chapelle, à rendre et à finir ses comptes, d'estre prêt à ouvrir ses boistes et de accepter ce que fait en sera.....

(A. N. Reg. Z, 1ᵇ, 2.)

Ce jour, Jehan Baroncel aporta au comp̄t unes lettres de pleigerie de 2000 ts. pour la prise que Laurent Baroncel a derrenierement faicte de la mon° de Ste-Manehold, et lui fu donné terme jusques à 1 mois à compter dujourduy à rapporter une autre obligation de 2000 ts. pour accomplir la somme de 4000 ts., pendant lequel temps lad. mon° demeurera ouverte jusques il ait baillé ses dictes pleigeries.

(*Ibidem.*)

1411-1412 (?).

Sensuivent les noms des bonnes villes du royaume de France où l'on faisoit monnoye d'ansiènement et ancoure font aujourduy pour le Roy n̄re s°, et les fault nommer l'une après l'autre sans les antremesler, car autrement l'on ne cognoistret point auquelle ville la monnoye auroit estée faite, et pour cognoistre où et en quelle ville la piesse d'or ou d'argent a esté faite, ilz ont mis ung point cloux ou ouvert de soubz la lettre qui apartient à lad. ville. C'est à savoir, en l'or devers la pille : Karolus dei gracia Francorum rex, et devers la croys Xps vincit, xps regnat, xps inperat ; et la monnoye blanche a escript devers la croys : Sit nomen dni benedictum, et devers la pille : Karolus fracorum rex et ny a point de Dei gra. comme en l'or. Quelque nom que le Roy aura celuy temps, il faut prendre les lettres tout à ranc qu'il fera mestre en tour le sercle, s'il n'est le plesir du Roy de y fere autre differance.

(Ms. Val. de Vir., p. 23 (1).)

Cy sensuivent les noms des villes ansienes qui sont en nombre XXII :

Premièrement :	Mascon.
Paris.	Dijon.
Romanis (sic).	Troys.
Embrun.	Rouan.
Monpellier.	Tournay.
Tholouse.	Saint-Questin.
Tours.	Saint-Loup.
Angiers.	Saint-André.
Poitiers.	Cremieux.
La Rochelle.	Saint-Amenaout.
Limoges.	Chaslons en Champa-
Saint-Porsan.	gne.

A l'or.		A l'argent.	
k Paris.	x	k Paris.	s
a Romains.	p	a Romains.	i
r Embrun.	s	r Embrun.	t
o Monplr.	v	o Monplr.	n
l Tholouse.	i	l Tholouse.	o
u Tours.	n	u Tours.	m

(1) Ce manuscrit fait aujourd'hui partie de la Bibliothèque nationale. Ms. Fr. nouv. acq., 474.

s Angiers.	c	s Angiers.	e
d Poitiers.	i	f Poitiers.	n
e La Rochelle.	t	r La Rochelle.	d
i Limoges.	x	a Limoges.	n
g S. Porsain.	p	n S. Porsain.	i
r Mascon.	s	c Mascon.	b
a Dijon.	r	o Dijon.	e
c Troys.	e	r Troys.	n
i Rouan.	g	u Rouan.	e
a Tournay.	n	m Tournay.	d
f S. Qstin.	a	r S. Qstin.	i
r S. Lou.	t	e S. Lou.	c
a S. André.	x	x S. André.	t
n S. Amenaout.		St Ameaout.	u

(Ms. F., nouv. acq., 474, p. 24-25.)

1411-1412.

Les patrons cy devant figurés sont faiz selon les escuz vieux que fit faire le roy Charles, et estoyent fais et pessoyent III d. III gr., et les patrons de la monnoye sont figurés à la monnoye de le O long, et estoit à VI d. de loy argent le Roy et de VI s. VIIJ d. de taille, et fut faite lad. monn tant d'or que d'argent du temps de Mons' de Berry, en l'an mil IIIIe XI et XII, que le Roy Charles VIe de cest nom vivoit.

(Ms. Vir., 24.)

En face, à la page 25, sont les figures des monnaies :

† KAROLVS : DEI : GRA : FRANCORVM : REX , écu à 3 fleurs de lys couronné.

℞. † XPS : VINCIT : XPS : REGNAT : XPS : INP : croix fleuronnée evidée, avec molette en cœur, contenue dans quatre lobes, et quatre petites cOuronnes aux angles rentrants à l'extérieur.

† KAROLVS : FRANCORVM : REX : écu à 3 fleurs de lys.

℞. † SIT : NOME : DNI : BENEDICTVM : croix

cantonnée de deux couronnes (1er et 4e), et de deux fleurs de lys (2e et 3e).

Premièrement, les escus faiz à Paris ont ung point desoubz le K de Karolus, et ung autre point desoubz le X de x̄p̄s̄ vincit.

Ceux de Romains ont ung point desobz le A de Karolus et ung autre point desoubz le P de x̄p̄s̄ vincit.

Ceux de Embrun hont ung point desobz letre R de Karolus et ung autre point desobz le S de x̄p̄s̄ vincit.

Ceux de Monpeylier hont ung point desoubz le O de Karolus et ung autre point desoubz le V de vincit.

Ceux de Tholouse hont ung point desoubz le L de Karolus et ung autre point desoubz le premier I de vincit.

Ceux de Thours hont un point desoubz le V de Karolus et ung autre desoubz le N de vincit.

Ceux d'Angiers hont ung point desoubz le S de Karolus et ung autre point desoubz le C de vincit.

Ceux de Poytiers ont ung point desobz le D de Dei et ung autre point desoubz le darrenier I de vincit.

Ceux de la Rochelle ont ung point desoubz le E de Dei et ung autre point desoubz le T de vincit.

Ceux de Limoges ont ung point desoubz le I de Dei et ung autre point desoubz le X de x̄p̄s̄ regnat.

Ceux de Saint-Portsain (sic) ont ung point desoubz le G de gra et ung autre point desoubz de P de x̄p̄s̄ regnat.

Ceux de Mascon ont ung point desoubz la R de grā et ung autre point desoubz le S de x̄p̄s̄ regnat.

Ceux de Dijon ont ung point desoubz le premier A de gracia et ung autre desobz le R de regnat.

Ceux de Troys ont ung point desobz le C de gracia et ung autre point desoubz le E de regnat.

Ceux de Rouan ont ung point desobz le I de gracia et ung autre desoubz le G de regnat.

Ceux de Tournoys ont ung point desoubz le darnier A de gracia et ung autre desoubz le N de regnat.

Ceux de Saint-Questin ont ung point desoubz le F de fracorum et ung autre desoubz le A de regnat.

Ceux de Saint-Loup ont ung point desoubz le A de frācorum et ung autre desoubz le X de x̄p̄s̄ inperat.

Ceux de Saint-André ont ung point desoubz le N de frācorum et ung autre desoubz le P de x̄p̄s̄ inperat.

Ceux de Cremeux ont ung point desobz le C de frācorum et ung autre desobz le S de x̄p̄s̄ inperat.

Ceux de Saint-Amenaout ont ung point desoubz le O de frācorum et ung autre desoubz le I de inperat.

Ceux de Chaslons ont ung point desoubz le R de frācorum et ung autre desoubz le N de inperat.

(Ms. F., nouv. acq., 471, p. 24-29.)

1411-1412.

	Or.			Argent.	
1	K Paris.	X	K	Paris.	S
2	A Romans.	P	A	Romans.	I
3	R Embrun.	C	R	Embrun.	T
4	O Montpellier.	V	O	Montpellier.	N
5	L Toulouse.	1	L	Toulouse.	O
6	V Tours.	N	V	Tours.	M
7	S Angers.	C	S	Angers.	E
8	D Poitiers.	I	F	Poitiers.	N
9	E La Rochelle.	T	R	La Rochelle.	D
10	I Limoges.	X	A	Limoges.	N
11	G St-Pourçain.	P	N	St-Pourçain.	I
12	R Mâcon.	C	C	Mâcon.	B
13	A Dijon.	R	O	Dijon.	E

14	C	Troyes.	E	R	Troyes.	N
15	I	Rouen.	G	V	Rouen.	E
16	A	Tournai.	N	M	Tournai.	D
17	F	St-Quentin.	A	R	St-Quentin.	I
18	R	St-Lô.	T	E	St-Lô.	C
19	A	St- André.	X	X	St-André.	T
20	N	Sᵗᵉ-Menehould	P		Sᵗᵉ-Menehould.	V
	C		C			
	O					

Ces différents ont rapport à la monnaie tant d'or que d'argent faite du temps de Monsʳ de Berry, en 1411 et 1412, pour le roi Charles VI.

(Reg. de Lautier, fol. 246, d'après le Ms. F. 148, écrit en 1462.)

———————

1411 (27 AVRIL).

Mandement pour faire fabriquer des petits parisis à Paris, pour 500 marcs d'argent, ayant cours pour 1 d. p., destinés à l'aumône du Roi.

(Ord., X, 5.)

———————

1411 (21 MAI ET 4 JUIN).

A Cremieu, Pierre Odouard a frappé des petits blancs de 5 d. ts., à 5 d. A. R. et de 13 s. 4 d. de poids (160 gr. au marc); mis en boîte : 8 pièces. . . . 8,000 frappés.

(A. N. Reg. Z, 1386.—Carton Z, 1ᵇ, 860-65.)

———————

1411 (6 JUIN).

Nomination d'un garde à Sᵗᵉ-Menehould.

(Ms. Lecoq, fol. 17 rᵒ.)

———————

1411 (2 JUILLET).

Au comptoir : Jehan Remon , Jehan le Mareschal , Pierre Gencian , Loys Culdoe , Bernart Braque et Andry du Moulin.

Ce jour furent touchez au comptouer trois deniers d'or trouvez en une boiste d'or faicte en la monᵉ de Mascon par Huguenin de Fraguenas , en laquelle boiste avoit 3 dᵣˢ d'or, pour lesquels 3 deniers d'or avoient esté ouvrez et delivrez 560 deniers d'or ou environ semblables à iceux 3 dᵣˢ d'or, comme les gardes et le maistre l'ont dit et affirmé au comptouer, et furent trouvez iceulx deniers à 22 caraz ung quart et ung 8ᵉ de carat, qui est hors de remède 1 carat, 1 quart et ⅛ de carat , laquelle faulte ledit Huguenin amenda au comptouer, et pour ce fu condempné à paier au Roy nʳᵉ sʳᵉ 100 ₶ ts. d'amende et avecques ce faire bons à ses despens tous les deniers qui pourront estre trouvez semblables ausdiz 3 den. d'or.

(A. N. Reg. Z, 1ᵇ, 2.)

Item ce dit jour Jehan Bercan (?), l'un des gardes de la monᵉ de Mascon, amenda pareillement au comptouer la faulte que lui et Estienne Peronin son compaignon , pour lequel il se fist fort, avoient commise, de ce qu'ils avoient delivré les deniers d'or dessus diz, lesquels n'estoient pas si bons qu'ils devoient estre ....

(Ibidem.)

———————

1411 (20 OCTOBRE).

Mandement pour faire monnᵉ 32ᵉ.
Charles, par la grâce de Dieu, etc.
Avons voulu et ordonné, voulons et ordonnons et vous mandons expressément par ces présentes que vous faictes faire et ouvrer

par toutes les monnoyes de notre royaulme blancs deniers à l'escu, semblables de forme et façon comme ceulx que nous faisons faire à présent, qui ont cours pour 10 deniers ts. la pièce, lesquelx seront à 5 deniers de loy, dit argent le Roy, et de 6 s. 8 d. de pois au marc de Paris et aux remedes acoustumez, et petits blancs à l'escu appellez demys blancs aiant cours pour 5 d. ts. la pièce, de semblable loy et de 13 sols 4 deniers de pois audit marc. — Item doubles deniers tour. à 2 d. de loy et de 13 s. 4 d. de pois audit marc. — Item petiz deniers parisis à 1 d. ob. de loy et de 16 s. de pois audit marc. — Item petiz deniers tour. à lad. loy et de 20 s. de pois audit marc, et les mailles à 1 de loy et de 26 s. 8 d. de pois audit marc, en mettant en icelle monnoye d'argent telle différence comme bon vous semblera.....

Donné à Paris, le 20ᵉ jour d'octobre, l'an de grâce 1411, de nᵣᵒ règne le 32ᵉ.

Par le Roy à la relacion du grant conseil tenu par monsᵣ le duc de Guienne, auquel messᵣˢ les comtes de Mortaing, de Nevers, de la Marche et de Saint-Pol, vous, le mᵃˡ Boucicaut, le grant maistre d'ostel, l'amiral, les sires d'Olchain, de Saint-George, d'Offemont et de Blarru, le gouverneur du Dauphiné, le président de la Chambre des comptes, les prévosts de Paris et des marchans, maistre Gille Leclerc, les sires de Rambures, de Long-Roy et de Ramboillet, estiez.

(A. N. Reg. Z, 1ᵇ, 58, fol. 124 vᵒ. — A. N. Carton Z, 1ᵇ, 535. — Sorb. H. 1, 9, nᵒ 174, fol. 178 rᵒ. — *Ord.* IX, 645.)

1411 (26 octobre).

Le 26 jour d'octobre 1411, en la monᵉ de Paris où estoient Jeh. Remon, Jeh. le Mareschal, Bernart Braque et Andry du Molin.

Ce jour fu fait assavoir à plusieurs changeurs de Paris l'ordenance de la monnᵉ dessus dicte et les pris de marc d'argent et leur fu dit par lesdiz gᵃᵘˣ mᵗʳᵉˢ qu'ilz auroient pour chacun marc d'argent qu'ils aporteroient en la monnᵉ de Paris aloyé à 5 d. de loy A. R. 6 ℔ 15 s. ts., et pour marc d'argent du noir aloyé aux loys dessus dictes 6 ℔ 8 s. ts.

(A. N. Reg. Z, 1ᵇ, 58, fol. 124 vᵒ.—Sorb. H. 1, 9, nᵒ 174, fol. 178 rᵒ.—*Ord.* IX, 647.)

1411 (26 octobre au 30 octobre 1412).

Blancs semblables de 10 d. ts., à 5 d. de loi et de 6 s. 7 d. de poids (79 p.).
(*Chiffre faux, lisez 8 d.*).

(Sorb., H. 1, 11, num. 166 ᵇⁱˢ, petit cahier inséré dans le Registre.—Ms. Poullain, t. I, 13 à 14.)

1411 (26 octobre au 30 novembre 1412, jour saint-andry).

Par vertu des lettres données le 20 octobre :
Blancs à l'escu de 10 d. ts. a 5 d. de loi A. R. et de 80 au marc.
Demi-blancs de 5 d. ts. au même titre et de 160 au marc.
Doubles ts. à 2 d. et de 160 au marc.

D. parisis	à 1 d. de loy	de 192 au marc.
	lisez à	
	à 1 d. ob. de	
D. tournois	loy	de 240 au marc.

Du 30 novembre 1412, jour saint Andry, jusques au 7 juing 1413 :
Semblable ouvrage de blancs d. à l'escu grands et petits.

(Ms. F. 4533, fol. 84 vᵒ et 85 rᵒ.)

1411 (30 octobre).

Excequtoire des lettres royaulx cy devant escriptes envoyées aux gardes de toutes les monnoies :

. . . et ne lessez plus monnoier sur les fers où l'on a accoustumé à monnoier, mais sanz aucun delay faictes faire deniers d'or fin appelez escus à la couronne semblables de forme et façon comme ceulx que on fait à présent, lesquelz soient de 64 deniers de pois au marc de Paris, ayant cours pour 22 s. 6 d. ts. la pièce. — Item blans deniers à l'escu semblables de forme et façon comme ceulx que on fait à présent, lesquelz soient à 5 d. de loy A. R., et de 6 s. 8 d. de pois au marc de Paris, ayant cours pour 10 d. ts. la pièce, et petiz blans à l'escu appelez deniers blans de semblable loy et de 13 s. 4 d. de pois audit marc qui auront cours pour 5 d. ts. la pièce. — Item doubles den^{rs} ts. à 2 d. de loy A. R., et de 13 s. 4 d. de pois audit $\overline{m}$; — des petiz deniers parisis à 1 d. o$\overline{b}$. de loy et de 16 s. de pois au marc dessus dit. — Item petiz den^{rs} ts. à ladicte loy et de 20 d. de pois audit marc, et les mailles à un d. de loy, et de 26 s. 8 d^{rs} de pois audit marc, aux remèdes acoustumés....., et faites commandement de par le Roy n^{re} dict seigneur, au tailleur de la mon^e que doresenavant il face tous les fers de lad. mon^e tant d'or comme d'argent semblables à ceux que on a accoustumé de faire, sanz aucune chose muer, forz seulement que le point qui a esté accoustumé de faire pour différence qui est tout plain, soit vuide en manière d'un O rond, tant devers la croix comme devers la pille, et aux doubles tournois parisis, tournois et mailles, soubz la 7e lettre ung point vuide pareillement comme aux blancs deniers, tant devers la croix comme devers la pille..... Les gardes déclareront la mon^e ouverte et

rendront le denier à Dieu, s'il se présente quelqu'un.

Nota. — Ce doit-être l'exécutoire envoyé à Angers à qui appartient le point sous la 7e lettre.

(A. N. Reg. Z, 1^b, 58, fol. 122 v°.)

Cet exécutoire est envoyé le 30 octobre p^r l'argent à Dijon et Chalon.

Le 5 novembre, pour le fait de l'argent, à Bernart de Haulteville, garde de Ste-Menehould.

Le 6 novembre, à Tournai et à St-Quentin.

Le 6 novembre, p^r l'or, à Andriot de Nouailly, garde de Dijon, pour Dijon et Mâcon.

Le 8 novembre, à Rouen et à St-Lô.

Le 13 novembre, les lettres pour l'or remises à Laurent Baroncel p^r Ste-Menehould.

Le 13 novembre, à Angers et Tours.

Le 14 novembre, à Toulouse, Montpellier et St (Pourçain ? Andri ? *le feuillet est déchiré après le mot* saint).

Le 21 novembre, à Limoges, Jacques Bise, naguères garde de lad. mon^e.

Le 11 décembre, à Poitiers et à la Rochelle.

(A. N. Reg. Z, 1^b, fol. 122 v° et 123 r°.)

———

1411 (30 octobre au 30 octobre 1412).

A Saint-Lô, par Jehan le Goupil : blancs de 10 d. ts. à 5 d. de loi et de 6 s. 8 d. de taille (80 au marc). . . . 238,000 frap.
Id., du 30 octobre 1412 au 2 février suivant. . . . . 142,000 frap.
Id., du 2 février 1412 au 22 juillet 1413. 332,000 frap.
Id., du 16 mai 1414 au 15 février suivant (1re délivrance du 12 août 1414). 220,000 frap.
Id., du 15 février 1414 au 5 septembre 1415. . . . . 318,000 frap.

Id., du 30 septembre 1415 au 15 décembre suivant, par Jehan le Goupil, en la main du Roi . . . . 59,000 frap.

Id., du 15 décembre 1415 au 14 février 1416 (par le même en achat). 359,000 frap.

Id., du 7 mai 1416 au 15 janvier 1417. 32,000 frap.

Laquelle boiste et les trois autres furent prinses par Mons. de Glocestre, lorsqu'il prist et mist en l'obeyssance du Roy d'Angleterre lad. ville de Saint-Lô, au mois de mars, l'an 1417, avant Pâques.....

Total. . . 1,700,000 frap.

Blancs deniers appelez gros, de 20 d. ts. à 9 d. de loi et de 5 s. 5 d. de taille (65 au marc). Les 8 et 15 mai 1414. 18,000 frap.

Doubles tournois à 2 d. de loi et de 13 s. 4 d. (160 au marc). Les 18 et 22 mai 1414, 195 marcs. . . . . . . 31,200 frap.

Deniers tournois, à 1 d. 12 grains et de 20 s. de taille (240 au marc), les 26 et 31 mai 1414, 200 marcs . . . 48,000 frap.

Une deuxième boîte de ces deniers tournois, frappés entre le 7 mai 1416 et le 15 janvier 1417, fut prise par le duc de Glocester, en mars 1417, avant Pâques, lorsqu'il s'empara de Saint-Lô; elle représentait 210 marcs de deniers . . . . 50,400 frap.

Total. . . 98,400 frap.

Mailles ts. à 1 d. de loi et de 26 s. 8 d. (320 au marc), le 20 juillet et le 3 août 1413, 300 marcs. . . . . . . 96,000 frap.

Id., le 5 janvier 1414, 135 marcs. 43,200 frap.

Id., du 7 mai 1416 au 15 janvier 1417, 240 marcs. . . . . . . 76,800 frap.

Cette boîte fut saisie par le duc de Glocester à la prise de Saint-Lô, en mars 1417.

Total. . . 216,000 frap.

Blancs de 10 drs ts. à 4 d. de loi et de 80 au marc, du 15 juin 1417 au 15 janvier suivant. . . . . 282,000 frap.

Cette boîte fut également saisie par le duc

de Glocester à la prise de Saint-Lô, en mars 1417.

(A. N. Rouleau du carton Z, 1ᵇ, 981-82.)

1411 (1er NOVEMBRE.)

A Paris, par Jehan Vinet (ou Vivet?) pour lequel Jehan le Mareschal a tenu le compte de la monᵉ jusqu'au 14 décembre, puis Jehan Trotet,

Du 1er novembre 1411 au 5 mars 1411. 23,800

Du 5 mars 1411 au 14 juillet 1412. 41,600

Du 14 juillet 1412 au 6 novembre suivᵗ. 27,800

93,200

(A. N. Rouleau du carton Z, 1ᵇ, 913.)

1411 (2 NOVEMBRE).

A Paris, de notre règne le 32ᵉ, à la relation du grand conseil tenu par M. le duc de Guyenne, auqᵉ M. le duc de Bourgogne, les comtes de Mortaing, de la Marche et de St-Pol, le mᵃˡ Bouciquault, le grand maistre d'ostel, l'amiral, les sires d'Olchain, de S. Georges, de Blarru, mʳᵉ Antᵘᵉ de Craon, le gouverneur du Dalphiné, le presᵗ de la chamb͞ des comptes, les prevosts de Paris et des marchans, le sire de Ramboillet et M. Guillᵉ Leclerc estoient.

Ordᶜᵉ aux gn͞aux que l'on face ouvrer par toutes nos monᵉˢ où l'on a accoustumé à faire ouvrages d'or, denʳˢ d'or fin appelez escus à la couronne, au titre et semblables de forme et façon comme ceux que on fait à présent; lesquels soient de 64 denʳˢ de poids au m͞ de Paris, en donnant aux mʳᵉˢ particuliers demi-karat de remède, et aux changeurs et marchans de chacun m͞ d'or fin

70 ⚖ ts., en mettant en iceux telles différences comme bon vous semblera.

(A. N. Reg. Z, 1ᵇ, 58, fol. 122 rᵒ.—Sorb. H. 1, 9,
nᵒ 174, fol. 178 vᵒ.—*Ord.* IX, 650.)

Le jeudi 5ᵉ jour de novembre, l'an 1411,
en la monᵉ de Paris où estoient Jehan
Remon, Jehan le Mareschal, Louys Culdoë,
Bernart Bracque et Andry du Moulin.

Les changeurs sont avertis que le marc
d'or leur sera payé 70 ⚖ ts., que la monᵉ de
Paris est ouverte et que Jehan Vivet avoit
mis le marc d'or à 10 s. ts., le marc d'euvre
du blanc à 4 s. ts., et le marc d'euvre du
noir à 2 s. ts.

(A. N. Reg. Z, 1ᵇ, 58, fol. 122 rᵒ.—Sorb. H. 1, 9,
nᵒ 174, fol. 166 vᵒ.)

1411 (5 NOVEMBRE).

Le 5ᵉ jour de nouvembre (*sic*), l'an 1411,
fu ordené au comptouer en la chambre des
monnoyes que es deniers d'or qui se feront
en la monᵉ de Paris sera mis pour différence
soubz la 18ᵉ lettre, où il a un point tout
plain, un point vuide en manière d'un O,
tant devers la croix comme devers la pille.

Item es blans deniers grans et petiz sera
mis pour différence soubz la croix qui est
au commencement de la lettre, tant devers
la croix comme devers la pille un point vuide
en manière d'ung O rond.

Item pareillement fu ordonné que es
deniers d'or qui se feront en la monnoye de
Sᵗᵉ-Menehold, sera mis pour différence tant
devers la croix comme devers la pille où il
a deux croix, il n'y en aura que une, soubz
laquelle aura un point vuide en manière d'un
O rond.

Et pareillement es blans deniers grans et
petiz où il a II crois, il n'y en aura que une

soubz laquelle aura un point vuide en manière
d'un O rond.

Item ledit jour fut ordonné que en toutes
les autres monnoyes sera mis pour différence, où il a un point tout plain, un point
vuide en manière d'un O rond, es deniers
d'or et d'argent, tant devers la croix comme
devers la pille.

(Reg. entre 2 ais, fol. 166 rᵒ.)

1411 (5 NOVEMBRE AU 5 MARS SUIVANT).

Écus à la couronne d'or fin, de 22 s. 6 d.
ts. et de 64 au marc.

Du 5 mars 1411 au 11 octobre 1415,
mêmes écus.

(Ms. F., 4533, fol. 59 rᵒ.—Ms. F., 18500, fol. 8 rᵒ.)

1411 (7 NOVEMBRE).

Escus à la couronne, or fin, 64 au marc,
de 22 s. 6 d.

(Leblanc, *Tables.*)

1411 (9 NOVEMBRE).

Ordonnance du Roi.....

... Que vous faictes faire et ouvrer par
toutes nosdictes monnoyes où l'on a acoustumé
à faire monnoyes d'or, deniers d'or fin appelez escuz à la coronne, semblables de
forme et façon comme ceulx que on fait à
présent, lesquels soient de 64 deniers de
pois au marc de Paris, en mettant en yceulx
deniers telle différence comme bon vous
semblera et en faisant creue sur ledit pois

se mestier est, ainsi que vous verrez qu'il sera expédient et pour notre prouffit.

Par le Roy à la relation du grand conseil tenu par Monsr le duc de Guienne, présents le duc de Bourgogne, les comtes de Mortaing, de la Marche et de Saint-Pol, le maréchal Boucicaut, le grand maistre d'ostel, l'amiral, les sires d'Olchain, de St-Georges, de Blarru, Messrs Ant^{ne} de Craon, le gouverneur du Dauphiné, le président de la chambre des comptes, les prevosts de Paris et des marchans, le sire de Ramboillet et maistre Guillaume le Clerc.

(A. N. Carton Z, 1ᵇ, 335.)

1411 (10 novembre au 16 mai 1413).

A Cremieu, par Pierre Audouard, écus de 64 au marc ; mis en boîte 57 pièces, donc 11400 frappées.

Du 16 mai 1413 au 16 mai 1414, 7 pièces en boîte . . . . .   1400 écus frappés.
Du 16 mai 1414 au 13 juin 1415, 9 pièces en boîte . . . . .   1800 écus frappés.
Du 13 juin 1415 au 6 juin 1416, 43 pièces en boîte . . . . .   8600 écus frappés.

Il a donc été frappé en tout 23200 écus de 64 au marc, par Pierre Audouard.

(A. N. Reg. Z, 1386. — Carton Z, 1ᵇ, 860-65.)

Je trouve au même registre les notes suivantes :

Écus à la couronne de 64 au marc par Pierre Odouard, du 13 juin 1415 au 2 janvier 1415, 9 pièces en boîte, représentant 1800 écus frappés.

Du 2 janvier 1415 au 6 juin 1416 : 34 pièces en boîte représentant 6800 écus frappés. Ce sont deux délivrances réunies ci-dessus

en une seule, du 13 juin 1415 au 6 juin 1416.

1411 (26 novembre).

Ce jour Girard Marriot mist la mon^e de Dijon a pris et bailla 1 denier à Dieu et promist faire faire et ouvrer en cette mon^e le marc d'or en la manière accoustumée pour 9 s. ts., le marc d'euvre du blanc pour 3 s. 8 d. ts., et le marc du noir pour 2 s. ts. sur les conditions du bail des monn^{es}.

(A. N. Reg. Z, 1ᵇ, 2.)

Ce jour fu délibéré que doresenavant non obstant que une mon^e soit mise à pris par quelque personne que ce soit, elle ne lui sera point délivrée jusques à tant que il baille ses pleiges et que se aucun ouvraige vient en la mon^e qui sera mise à pris, pendant le temps que on mette à bailler ses pleiges, et que se aucun (?) il sera ouvré en la main du Roy, et lui sera assis tel brassage que sera de raison.

(Ibidem.)

1411 (7 décembre).

Charte mutilée contenant la nomination de Jehan Remon le jeune, comme général m^{re} des monnaies, en remplacement de Jehan Remon l'aîné, son père, âgé de 84 ans ou environ, et qui a 33 ans de bons services. De Jehan Remon le jeune il y est dit : qui longtemps nous a servi en l'office de garde de notre mon^e de Paris.

(Sorb. H. 1, 9, nº 174, fol. 178 bis r°. — Ms. F., 21435, fol. 157 v°.)

1411 (8 décembre).

Ordre aux généraux maîtres de faire monnoyer à Paris jusqu'à la somme de 500 marcs d'argent, pour faire petiz deniers parisis, sur la fourme et aussi de la loy et poys de ceulx qui ont cours à present pour 1 denier parisis la pièce, pour délivrer à nostre aumosnier et non autre.

(A. N. Reg. Z, 1ᵇ, 58, fol. 123 rᵒ.—A. N. Carton Z, 1ᵇ, 535.—Ord., IX, 663.)

1411 (12 décembre).

A Montpellier, par Loys Pavas, pour lequel Jehan Pavas a tenu le cpᵗᵉ de la monᵉ.

Blancs à l'écu de 10 d. ts. à 5 d. de loi et de 6 s. 8 d. de pois (80 au marc), du 12 décembre 1411 au 7 avril 1412.
195000 frappés.
Suit une délivrance totalement effacée.
Id., du 21 décembre 1412 au 5 septembre 1413. . . . . 157000 frappés.

(A. N. Reg. Z, 1ᵇ, 899.—Carton Z, 1ᵇ, 898-99.)

1411 (12 décembre).

Le samedi 12ᵉ jour de décembre, l'an 1411, sire Pierre Chappellu fust mis en terre et disoit-on que il estoit trespassé le jour précédent.

(A. N. Reg. Z, 1ᵇ, 2.)

1411 (15 décembre).

Lettres de Charles VI par lesquelles il donne pouvoir à Louis Culdoë, gᵃˡ mᵗʳᵉ des monnoies, de faire l'adjudication de la ferme de la monnoie de Tournoy dans l'hôtel de la monnoie de cette ville.

(A. N. Reg. Z, 1ᵇ, 58, fol. 123 rᵒ et vᵒ.—Ord., IX, 663.—Ms. F., 21435, fol. 157 rᵒ.)

1411 (15 décembre).

Lettres pat. à nʳᵉ amé et féal Loys Culdoe, gᵐᵃˡ mʳᵉ de nos monᵉˢ, pour bailler la monᵉ de St-Quentin fermée.

Par lettres patentes du même jour, adressées aux gens des comptes, il est alloué à L. Culdoe 60 s. ts. par jour que durera son voyage pour accomplir cette mission.

(A. N. Reg. Z, 1ᵇ, 58, fol. 123 vᵒ.—Sorb. H. 1, 9, nᵒ 74, fol. 178 vᵒ.—Ord. IX, 664.)

1411 (19 décembre).

A Troyes, par Pierre de la Garmoise, écus de 22 s. 6 d. ts., et de 64 au marc, du 19 décembre 1411 au 25 mars. . . . 2400
Id., du 19 mars 1411 au 20 novembre 1412. 6000
Le tailleur est Jehan Muteau.
Id., du 20 novembre 1412 au 13 juillet 1413 5400
Id., le 7 septembre et le 26 octobre 1413 1600
Id., du 18 novembre 1413 au 4 juin 1414 11200
Id., du 14 juin 1414 au 17 février. 7200
Jehan Muteau est remplacé par Benoît Remi, le 8 octobre 1414.
Id., du 17 février 1414 au 6 septembre 1415 3600
Id., du 7 et du 28 février 1415. . 4000

(A. N. Reg. Z, 1387.—Carton Z, 1ᵇ, 1005.)

1411 (24 décembre au 7 avril 1412).

A Montpellier, par Jehan Pavez (ou Pavas), écus d'or fin de 64 au marc, 14200 frap.

(A. N. Reg. Z, 1ᵇ, 899.—Carton Z, 1ᵇ, 898-99.)

———

1411 (3 février).

A Troyes, par Pierre de la Garmoise, blancs de 10 d. ts., à 5 d. et de 80 au marc, du 3 février 1411 au 16 novembre 1412. 352000
Mêmes blancs de 10 d., du 16 novembre 1412 au 23 août 1413. 479000
Gros d'argent de 20 deniers tournois, à 11 d. 16 gr. A. R., et de 7 s. $\frac{7}{12}$ (84 $\frac{7}{12}$ au marc), les 31 octobre, 9 et 18 novembre 1413. 41000
Mêmes blancs de 10 d. ts. du 18 juillet 1414 au 27 février. 518000
Id., du 27 février 1414 au 6 novembre 1415. 582000
Id., du 6 novembre 1415 au 16 octobre 1416. 940000
Mêmes blancs du 16 octobre 1416 au 15 mai 1417. 183000

(A. N. Rouleau du carton Z, 1ᵇ, 1005.)

———

1411 (8 février).

Lundi 8ᵉ jour de février, l'an dessus dit, fut fait commandement à Jehan Soiez, garde de la monᵉ de Paris, à Macé, essayeur, et à Gorgin Vec (ou Bec ?), contre-garde d'argent, que doresenavant ils se preignent diligemment garde par les affineurs de la ville de Paris que on n'affinast aucune matière de billon, car on faisoit doubte que aucuns changeurs ou orfèvres n'en feissent affiner pour le grant pris que on donnoit d'argent.

(A. N. Reg. Z, 1ᵇ, 2.)

———

1411 (12 février).

Escus à la couronne, à 23 k $\frac{11}{28}$.

(Leblanc, *Tables*.)

———

1411 (23 février).

Guiot de Hanin, tailleur de la monᵉ de Paris, consent à payer à la veuve de feu Jehan de Langres, jadis tailleur de la monᵉ, 80 ₶ ts., tant pour cause de l'inventaire des fers d'icelle monnoye, comme pour ungs soufles, une polissouere et une encleume.....

(A. N. Reg. Z, 1ᵇ, 2.)

———

1411 (5 mars).

Exécutoire des gᵃᵘˣ mᵗʳᵉˢ pour une crue de 15 s. ts. pour le prix du marc d'or fin, outre le prix actuel de 70 ₶ ts.

(A. N. Reg. Z, 1ᵇ, 58, fol. 124 rᵒ.)

Cette crue est notifiée aux changeurs de Paris, le même jour.

———

1411 (7 mars).

A cette date, Girart de Vauboulon est garde de la monᵉ de Paris.

(A. N. Reg. Z, 1ᵇ, 58, fol. 124 rᵒ.)

———

1411 (7 MARS).

Délibéré par le chancelier de France, en
la présence du chancelier de Guyenne, de
Jehan Mareschal, Pierre Gencian, Loys
Culdoë, Bernart Braque et Jehan Remon le
jeune, généraux maîtres. Que Monsr le
Dalphin fera en ses monnoyes du Daulphiné,
monn^e au nom et armes du Roy, de tel pois
et telle loy comme on fait es monnoyes de
France, c'est assavoir pour le présent : deniers
d'or fin appelez escuz à la couronne qui
auront cours pour 22 s. ts. la pièce, et de
64 de poix au marc de Paris, et blancs
deniers qui auront cours pour 10 d. ts. la
pièce, à 5 d. de loy argent le Roy, et de 6 s.
8 d. de poix au marc de Paris, et petiz blancs
qui auront cours pour 5 d. ts. la pièce de
semblable loy et de 13 s. 4 d. de pois au
marc. Item doubles deniers tournois à 2 d.
de loy, argent le Roy, et de 13 s. 4 d. de
poix audit marc, et petiz deniers parisis à
1 d. ob. de loy et de 16 s. de pois au marc
dessusdit. Item petiz deniers tournois à lad.
loy et de 40 s. de poix aud. marc, et les
mailles à 1 d. de loy et de 26 s. 8. d. de
pois aud. marc; lesquelles monnoyes auront
cours au royaulme de France, tant comme
il plaira au Roy n^{re} s^{ro}, et n'auront point
cours aud. royaulme nulles autres monnoyes
fetes aud. pais de Dalphiné.

Les boîtes seront apportées et jugées à
Paris. L'ordonnance fixe le prix des marcs
d'or et d'argent et s'il survient une crue de
ce prix, on le fera savoir.

Signé : LE PÈRE.

(A. N. Carton Z, 1^b, 362.—A. N. Reg. Z, 1^b, 58, fol.
124 v° et 125 r°.—Sorb., n° 174, fol. 178bis, r° et v°.
—*Ord.* IX, 647.—Morin, p. 217.)

1412 (31 MARS AU 27 OCTOBRE SUIVANT).

Par Pierre Odouart, à Cremieu, grands
blancs de 10 d. ts., à 5 d. de loi et de 6 s.
8 d. de poids (80 au marc). Mis en boîte
62 s.5 d. (749 pièces). . 749000 frappées.
Du 27 octobre 1412 au 22 juin 1413. Mis
en boîte 19 s. 6 d. (234 p.). 234000 frappées.
Du 4 juillet 1413 au 24 juin 1414. Mis en
boîte 68 s. (816 p.). . . 816000 frappées.
Du 24 juin 1414 au 12 juin 1415. Mis en
boîte 4 th 2 s. 9 d. (993 p.). 993000 frappées.
Du 12 juin 1415 au 24 juin 1416. Mis en
boîte 100 s. 5 d. (1205 p.). 1205000 frappées.
Pierre Odouart a donc frappé, du 31 mars
1412 au 24 juin 1416, 3997000 blancs de
10 d. ts.

(A. N. Reg. Z, 1386. Carton Z, 1^b, 860-65.)

1412 (6 AVRIL).

Ordre aux changeurs « que doresenavant
ils ne prissent ne missent aucuns escus qu'ils
ne soient de 64 ou 65, et que tous les escus
qu'ils trouveront rognés, ils ne les prennent
que au marc pour billon, sur peine de
l'amende. »

(Sorb. H. 1, 9, n° 174, fol. 106 r°.)

1412 (7 AVRIL AU 29 AVRIL SUIVANT).

A Montpellier, par Guillaume de Cors
(Cois?), écus de 64 au marc. 6400 frappés.

(A. N. Reg. Z, 1^b, 899.—Carton Z, 1^b, 898-99.)

1412 (12 avril).

Jehan Baroncel est encore qualifié maître part^{er} de la monnaie de Ste-Menehould.

Il a un procès avec Girard de Vauboulon, garde de la mon^e de Paris.

(A. N. Reg. Z, 1^b, 2.)

1412 (27 avril).

A Paris.

Ordre de frapper des petits parisis sur la forme et aussi de la loy et poix de ceux qui ont cours à présent , ... jusqu'à 500 $\overline{m}$ d'argent.

(A. N. Reg. Z, 1^b, 58, fol. 124 v° et 125 r°.—*Ord.* X, 5.)

1412 (29 avril).

Au compt. : Jehan le Mareschal , Bernart Braque, Loys Culdoë, Andry du Molin et Jeh. Remon le jeune.

Girard de Vaubelon , garde de la mon^e de Paris.

Jehan Baroncel , m^e part^{er} de la mon^e de Ste-Menehould.

(Sorb. H. 1, 9, n° 174, fol. 105 v°).

1412 (29 avril au 7 décembre 1413).

A Montpellier, par Loys Pavas, m^e p^{er}, pour lequel Jehan Pavas a tenu le compte de la mon^e, écus de 64 au marc. . . . 41400

(A. N. Reg. Z, 1^b, 899. Carton Z, 1^b, 898-99.)

1412 (4 mai).

Arnoul de la Foy, garde de la mon^e de Ste-Menehold; Bernart de Haulteville, id.

(Sorb. H. 1, 9, n° 174, fol. 105 v°.)

1412 (27 mai).

Ce jour fu ouverte une boiste d'or faicte en la mon^e de Ste-Manehold par Jehan Baroncel, où il avoit 11 d^{rs} d'or, en la présence de Arnoul de la Foy, garde d'icelle mon^e, lesquels deniers après ce que aucuns d'iceulx eurent esté touchez et trouvez à 23 caraz et $\frac{4}{8}$, furent montrez aud. Arnoul et là fu dit que c'estoit grant faulte à lui de avoir lessé ouvrer telz deniers en lad. mon^e et que il convenoit que il amendast ladicte faulte et pour ce paia et gaigea l'amende en la main de sire Jehan Remon le jeune.

(A. N. Reg. Z, 1^b, 2.)

1412 (4 juin).

L'autre garde, Bernart de Haulteville, paye la même amende.

(*Ibidem.*)

1412 (6 juin).

Même fait à l'égard de Jehan. Baroncel, tenant le compte de la mon^e de Ste-Menehould.

(A. N. Reg. Z, 1^b, 2.)

1412 (6 JUILLET).

L'office de contregarde de l'argent de la monᵉ de Paris donné à Grignon de Camery. 26 novembre 1412, Jehan de la Tuillerie, essayeur de lad. monᵉ de Mascon.

(A. N. Reg. Z, 1ᵇ, 2. — Sorb. H. 1, 9, nᵒ 174, fol. 105 vᵒ.)

Simon Roque et Gerard Merle, gardes de la monᵉ de St-Poursain, et Jehan Galet mᵉ partᵉʳ de lad. monᵉ.

(Sorb. H. 1, 9, nᵒ 174, fol. 106 rᵒ.)

———

1412 (19 AOUT).

Ce jour fut présent au comptoir maistre Guillᵉ Barrout, lequel se opposa au nom et comme procureur pour Jehan de Cort, à la délivrance des lettres de l'office de la monnoye de Thoulouse, laquelle avoit esté donnée à Barthélemy Vidal.

(A. N. Reg. Z, 1ᵇ, 2.)

———

1412 (6 OCTOBRE).

A Paris, de nᵣᵉ règne le 33, par le conseil estant en la chamḇ des comptes auquel les gens des comptes et des g̅naux mᵣˢ des monᵉˢ estoient.

Charles, etc.

Comme le siège ou ouvraige de notre monᵉ qui à présent est en la ville de Ste-Menehould, avant qu'il feust aud. lieu de Ste-Menehould, eut d'ancienneté esté longuement en la ville de Chaalons qui est ville et cité no-
table, bien fermée et en pais seur pour fréquenter marchanz pour le fait de notre monᵉ et autrement, et soit ainsi que lad. ville de Ste-Menehould soit petite ville, peu peuplée et povrement fermée de palis de bois et extrémitez de nᵣᵉ royᵐᵉ, où chevauchent et courent de jour en jour plusieurs coureurs et autres pilleurs et robeurs, dont les bons marchans et autres noz subjects ont esté et sont de jour en jour rançonnez, pillez et robez et par lesquels certains marchans de la ville de Methis (Metz), par lesquels Jehan Baroncel, mᵉ partᵉʳ de lad. monᵉ de Ste-Menehold faisoit venir à ses périls dud. lieu de Mechs 150 m̅ d'arg. à icelle monᵉ, ont esté sur le chemin pris et robez avecque argent, par Hue de Lisy chl̅er et ses complices, lequel de Lisy se dit avoir guerre à ceux delad. ville de Mechs, et y ont esté faites plusᵣˢ autres pilleries et roberies; pour lesquelles causes et pour la non sûreté de lad. ville de Ste-Menehold et des chemins d'icelle monᵉ, et que led. mᵉ partᵉʳ de lad. monᵉ, qui est tenu et obligé de monoyer 11000 m̅ d'arg. en lad. monᵉ durant le temps de la ferme d'icelle qu'il tient à 2 ans, ne pourroit fournir de billon ou matière aud. lieu de Ste-Menehold et y perdroit sa chevance se lad. monᵉ demouroit illec; et se le siège ou ouvraige de lad. monᵉ est mis sus aud. lieu de Chaalons, plusieurs notables hommes prendront .... la ferme d'icelle monᵉ.

Voulons et ordonnons par manière de provision et jusques à ce que autrement en soit ordonné, que le siège ou ouvraige de lad. monᵉ, qui présent est aud. lieu de Ste-Menehould, soit mis sus aud. lieu de Chaalons. ....

(A. N. Reg. Z, 1ᵇ, 53, fol. 125 rᵒ et vᵒ. — S. 3, fol. 166 vᵒ et 178 rᵒ. — Ord. X, 30).

———

1412 (21 octobre).

Ce jour fu délibéré et accordé à Jehan le Roux, que de chacun marc d'argent qu'il fera ouvrer en la mon⁰ de Rouen durant le temps que Jehan Bourdon la doit tenir pour la prise derrenière faute, il aura et lui sera compté 4 s. tourn., oultre le prix de 6 ₶ 15 s. ts.....

(A. N. Reg. Z, 1ᵇ, 2.)

Item pareillement fu ordonné que les autres maistres qui ont promis faire ouvrer argent, auront pareillement lesdiz 4 s. ts., oultre ledit pris, jusques à la fin de leur temps au cas qu'ils le requerront.

(Ibidem.)

1412 (22 octobre).

Même disposition prise pour les mᵉˢ pᵉʳˢ de Tournai et de St-Quentin.

(Ibidem.)

1412 (25 octobre).

Fu délibéré que Jehan Galet, m⁰ pᵉʳ de la mon⁰ de St-Poursain, aura et lui sera compté 4 s. ts. d'avantaige de tous les marcs d'argent qu'il ouvrera du jour de la Toussaint prochain venant jusques à la fin de son temps.

Le même avantage est accordé, le 6 novembre, à Jacques Trottet, m⁰ pᵉʳ de la mon⁰ de Paris.

(A. N. Reg. Z, 1ᵇ, 2.)

1412 (30 octobre au 7 juin 1413).

Semblables blancs grands et petits à 5 d. de loi et de 79 au marc.

(Sorb. H. 1, 11, num. 166ᵇⁱˢ. Petit cahier inséré dans le Registre.—Ms. Poulain, I, 13 à 24.)

1412 (6 novembre).

En la mon⁰ de Paris, où estoient sire Bureau de Dampmartin, trésorier de France, Jehan le Mareschal, Pierre Gencian, Loys Culdoe, André du Moulin et Jehan Remon le jeune.

Ce jour fu délibéré par les dessus dits, que pour le profit du Roy et avancement de l'ouvraige de ses monˢˢ on donneroit le jour St-Andri prochain ensuivant par toutes les monnoyes de chacun m̄ d'arg. à 5 d. de loy arg. le Roy, 7 ₶ ts., et de tout le noir, 6 ₶ 13 s. ts., et pour ce fut mandé aux gardes de toutes les monˢˢ que ainsi le feissent led. jour de St-Andry comme contenu est ez lettres qui s'ensuivent.

Le 15⁰ jour dud. mois de novembre fut baillé copie desd. lettres à m⁰ Jehan de Mareul par l'ordᶜᵉ du comptouer pour les envoyer en Dalphiné.

Mandemᵗ des gñaux aux gardes à ce sujet.

(Sorb. H. 1, 9, n⁰ 174, fol. 179, r⁰.)

1412 (6 novembre).

En la mon⁰ de Paris, où estoient sire Bureau de Dampmartin, trésᵣ de France,

Jehan le Mareschal, Pierre Gencian, Loys Culdoe, Andry du Moulin et Jehan Remon le jeune.

On décide que, à partir de la Sainct-André prochaine, on donnera partout du $\overline{m}$. d'argent, à 5 d. de loi A. R., 7 ₶ ts. et de tout le noir 6 ₶ 13 sols.

Le 15 novembre, on donne copie des lettres portant cette décision à Jehan de Mareul pour l'envoyer en Dauphiné.

Ces lettres sont du 10 novembre 1412.

(A. N. Reg. Z, 1ᵇ, 58, fol. 125 vᵒ. — Sorb. H. 1, 9, nᵒ 174, fol. 166 vᵒ.—Ord. IX, 646.)

L'exécutoire des gᵃᵘˣ mᵗʳᵉˢ est du 10 novembre.

Il est envoyé à Troyes, Dijon, Mâcon, Montpellier, Toulouse, St-Andry, Tours, Angers, La Rochelle, Poitiers, Limoges, Rouen, St-Lô, Tournai et St-Quentin.

(A. N. Reg. Z, 1ᵇ, 58, fol. 126 rᵒ.)

1412 (6 novembre).

A Paris, par Jacquet Trotet, écus de 64 au marc, du 6 novembre 1412 au 30 novembre suivant 10400

Par Augustin Ysbare, pour et au nom de Jacquet Trotet, et lequel a tenu le compte de la monᵉ, du 30 novembre 1412 au 16 juillet 1413. 45000

(A. N. Rouleau. Carton Z, 1ᵇ, 913.)

1412 (11 novembre).

A Toulouse, par Azémart Boieul, pour lequel Pierre Boieul a tenu le cpte : Blancs de 10 d, ts. à 5 d. et de 80 au marc, du 11 novembre 1412 au 21 mai 1413. . 343000

Id., du 22 mai 1413 au 6 octobre. 236000

(A. N. Rouleau du carton Z, 1ᵇ, 991-92.)

DOCUMENTS MONÉTAIRES. — II.

1412 (29 novembre).

Amiot Viard tenᵗ le compte de la monᵉ de Mascon, est mis à l'amende pour avoir désobéi à Andriet de Wally, garde de la monᵉ de Mascon, lui estant à Challon à la foire.....

(A. N. Reg. Z, 1ᵇ, 2.)

1412 (30 novembre).

A Jehan Guerin, gouverneur des finances du Roy, nostre sire, pour XII petiz escus d'or à luy baillez pour bailler au Roy, nostre dit sire, à Monsʳ de Guienne et à noz aultres seigneurs, lesquelx en vouloient avoir, 9 ₶ ts.

(A. N. 1ᵉʳ carton, Paris, Z, 1ᵇ, 913.)

1412 (7 décembre au 8 octobre 1413).

A Montpellier, par Pierre Poleonel (?), mᵉ pʳ, pour lequel Jehan Pavès a tenu le cpte de la monᵉ : écus de 64 au marc. Mis en boîte 290. 58000

(A. N. Reg. Z, 1ᵇ, 899.—Carton Z, 1ᵇ, 898-99.)

1412 (15 décembre).

A cette date, Symon Roque et George Merle sont gardes de St-Pourçain et Jehan Galet mᵉ pʳ.

(A. N. Reg. Z, 1ᵇ, 2.)

1412 (19 décembre).

Ce jour Jehan Galet, mᵉ pʳ de la monᵉ de Saint-Poursain, mist lad. monᵉ à pris à commencer à la fin du temps qu'il la doit tenir,

22

et bailla un denier à Dieu et promist faire faire et ouvrer en icelle monn° le marc d'or pour 10 s. ts., le marc d'euvre du blanc pour 4 s. ts., et le marc d'euvre du noir pour 2 s. ts.....

(A. N. Reg. Z, 1^b, 2.)

1412 (20 décembre).

Le 20ᵉ jour de décembre, l'an 1412, fu ordonné au comptouer, en la chambre des monnoyes, que es deniers d'or et d'argent qui se feront en la monnoye de St-Poursaiu sera mis pour diferance soubz la 11ᵉ lettre où il a un point ront en manière d'un O ront, sera mis une petite croisette tant devers la croix comme devers la pille.

(Reg. entre 2 ais, fol. 166 v°.)

1412 (22 décembre).

Ce jour Barthelemi Vidal, auquel a esté donné l'office de garde de la monn° de Tholouze, se opposa à la réception de Jehan Marin, lequel avoit jour à faire le serment dudit office dedens Noël prochain venant.

(A. N. Reg. Z, 1^b, 2.)

1412 (23 décembre).

Pierre de la Rose s'oppose également à l'entérinement des lettres de Jehan Marin pour l'office de l'un des gardes de la mon° de Tholouze.

(Ibidem.)

1412 (mardi après noel).

Le Roy faict monnoie à 5 d. de loy et luy donne cours pour 10 d. ts. la pièce, et est de 6 s. 8 d. de taille....., et seront 10 d. et sont de 6 s. 8 d. de taille et à 5 d. 12 grains de loy argent le Roy, et furent faictz le mardy après Noël, mil IIII° 12, et donnoit le marc d'argent 7 ℔.

Item, petitz blancs de mesme façon de 13 s. 4 d. de taille sont faits à 5 d. 12 grains, et les doubles de 2 d. ts. de lad. monnoie, et à cette façon devers la croix sont faictz à 2 d. 12 grains.

(Ms. F. nouv. acq., 471, fol. 67. — Reg. de Lautier, fol. 266 r°.)

1412 (26 janvier).

Jehan Braque amenda au comptoir, tant pour lui que pour Arnoul son frère, la faute qui estoit en boeste d'or, de avoir passé les remèdes, tant pour la mon° de Tournay que pour celle de St-Quentin.

(A. N. Reg. Z, 1^b, 2. — Sorb. H. 1, 9, n°174, fol. 106 r°.)

1412 (14 février).

Ce jour, Raoul Thoryn présenta et bailla au comptouer ses lettres royaulx de l'office de garde de la monn° de Poitiers, donnés le 13 jour de novembre 1412 et le vidimus de ledit (sic) et requist l'entérinement d'icelles.

(A. N. Reg. Z, 1^b, 2.)

1412 (14 février).

Feu Hugues de Fraguenas de la mon° de Mâcon.

(Ibidem.)

1413.

Par le compte de monnoye d'Hermant
Volant, mᵉ et fermier de la monnoye de
Paris, de l'administration de la ferme de
lad. monnoye en l'année 1413, apert en la
dépense de son compte, luy estre alloué les
deniers forts du nouveau pied des blancs de
10 deniers distribués aux sʳˢ généraux des
monnoyes.

(Ms. F. 21415, fol. 108 rº.)

1413 (25 MAI).

Ordonnance de Charles VI pour la police
générale du royaume. Les articles 90 à 95
traitent des monnaies.

Le nombre des généraux maîtres est fixé
à quatre.

Les blancs de 10 et 5 d. ts. continueront
à avoir cours pour 10 et 5 d. p., mais il est
défendu d'en forger à l'avenir.

Le Roi s'engage à faire une belle et
bonne espèce de monnoye blanche XXIXᵉ,
qui sera de bon argent et de bon aloy;
c'est assavoir à 11 d. 16 gr. argt. le Roy,
2 gr. de remède, de quoy serait fait gros,
demis gros et quarts de gros d'argent qui
auront cours, le gros pour 20 deniers ts.
pièce, le demi pour 10 d. ts.

(Sorb. H, 1, 11, nº 166ᵇⁱˢ.—Ord. X, 84.)

1413 (4 JUIN).

Ordonnance pour cesser la fabrication des
blancs de 10 deniers tournois.

(A. N. Reg. Z, 4ᵇ, 58, fol. 138.)

1413 (7 JUIN).

A Paris, de notre règne le 33ᵉ, par le Roy
à la relacion des commissaires, ordᵉᶻ pour entendre et pourveoir au bien public du royᵐᵉ.

J. DE RIVEL.

Lettres pat. aux g̅n̅aux. Comme pour pourveoir aux clameurs et complaintes qui par
plusieurs de nos subjects nous ont esté très
souvent faites de ce que nos monᵉˢ blanches
ont esté grandement affoiblies depuis 3 ans
en ça pour les grands afaires que nous
avons eues de avoir argent, cest à s̅c̅r̅ : les
blancs de 10 d. ts. et les blancs de 5 d. ts.
la pièce, au préjudice et domage de notre
peuple et pour ce que entre les ordᶜᵉˢ par
nous dernièrement faites et solennellement
publiées en notre cour souveraine de parlement en la presence de notre très cher et
très amé aisné fils le duc de Guyenne, dalphin de Viennois, et de plusʳˢ autres de notre
sang et lignaige, de notre grand conseil et
de grand multitude de notre peuple, nous
ayons voulu et ordᵉ que doresenavant ne
soient faits ne forgez en notre royᵐᵉ aucun
d'iceux blans de 10 denᵉʳˢ et de 5 denᵉʳˢ ts.
la pièce, et ce nonobstant iceux blans de 10
d. et de 5 d. ts., qui paravant ceste p̅r̅n̅te
ordᶜᵉ avoient esté faits et forgez, auront leur
cours pour les prix dessusd., sans plus en
faire de nouveaux, et pour pacifier et relever
nosd. sujets des griefs et domages dessusdits,
ordᵒⁿˢ par grande et meure deliberacion
de notre conseil, de faire et ouvrer es nos
monnoyes cy après déclarées une autre
espece de monᵉ blanche, cest à s̅c̅r̅. gros
d'argent qui auront cours pour 20 d. ts. la
piece, à 11 d. 16 gr. de loy, arg. le Roy, à 2
grains de remeide et demiz gros qui auront
cours pour 10 d. ts. la piece et quars de
gros qui auront cours pour 5 d. ts. la piece

à lad. loy de 11 d. 16 gr. arg. le Roy, à 2 gr. de remeide, comme dit est, et de 7 s. et 7 douziesmes de denier de poids au $\overline{m}$ de Paris, sur le pied de mon° 29°, lesquels gros auront cours avec les blans dessusdits, et seront lesd. gros ouvrez et monoyez ez mon⁰ˢ de Paris, Rouen, St-Lo, Tournay, Dijon, Lyon, Chaalons en Champaigne, Angers, Lymoges, la Rochelle, Tholoze et Montpellier, en mettant en icelles monnoyes d'argent cette differance comme bon vous semblera ; donner aux changeurs pour chacun $\overline{m}$. d'arg. aloyé à lad. loy 7 ₶ ts., en faisant creüe sur lesd. prix, se mestier est, ainsi que vous verrez qu'il soit expédient de faire pour notre proffit ; faire paier aux ouvriers et monoyers tel salaire comme de raison, etc., et faire defense par toutes nos mon⁰ˢ que plus ne facent ouvrer ne monoier aucuns blans de 10 et 5 d. ts. la piece, et que toutes nos autres mon⁰ˢ de notre dit roy^me soient tenües closes sans y ouvrer ne soufrir estre ouvré quelque mon° que ce soit d'or et d'argent en aucune manière.

(A. N. Reg. Z, 1ᵇ, 58, fol. 126 v°. — Sorb. H. 1, 9, n° 174, fol. 166 v° et 179 v°. — *Ord.* X, 150.)

1413 (7 JUIN AU 3 NOVEMBRE SUIVANT).

Par lettres du 7 juin, on fist blancs deniers appelez gros d'argent ayant cours pour 20 d. ts., à 11 d. 16 gr. de loy A. R., et de 7 s. $\frac{7}{12}$ de denier de poids au marc de Paris sur le pied de mon° 29° (84 $\frac{7}{12}$).

Item, blans d. appelez demys gros ayant cours pour 10 d. ts. de semblable loy et de 14 s. 2 d. $\frac{2}{12}$ de denier (169 $\frac{2}{12}$).

(Ms. F. 4533, fol. 85 r° et v°. — Sorb. H. 1, 11, n° 166ᵇⁱˢ. Petit cahier inséré dans le Reg. — Ms. Poullain, t. I, 13 à 24.)

1413 (7 JUIN).

Le 7° juin 1413, fut faict l'ouvrage qui ensuit :

Deniers gros d'argent à 11 d. 16 grains de loy argent le Roy, de 2 d. 6 gr. de poix au fur de 84 pièces et 7 douzièmes de pièce au marc, ayant cours pour 20 d. ts. p^ce.

Marc d'argent alloié à 11 d. 16 grains : 7 ₶.

Figure : † KAROLVS : FRANCORVM : REX. 3 lys dans une couronne, 2 et 1.

R̸. SIT : etc. Croix fleurdelysée cantonnée de 2 couronnes.

Demys gros de semblable loy, de 1 d. 3 grains de poix au feur de 8ˣˣ 9 pièces et $\frac{4}{12}$ (lisez 2) de pièce au marc, ayant cours pour 10 d. ts.

Figure. ‡ KAROLVS : FRANCORV : REX : 3 lys, 2 et 1, sous couronne.

R̸. ‡ SIT : etc. Croix fleurdelysée et 2 couronnes aux 2ᵉ et 3ᵉ cantons.

Quarts de gros de semblable loy, de 13 grains de poix chacune pièce, au fur de 338 pièces et $\frac{2}{12}$ (lisez 4) de pièce au marc, ayant cours pour 5 d. ts. p^ce.

Figure. † KAROLVS : FRCOR : REX. 2 lys sous couronne.

R̸. † SIT : etc. Croix cantonnée d'un lys et d'une couronne (aux 2 et 3 cantons).

(Ms. F. 5524, fol. 111 r° et v°. — Reg. de Lautier, fol. 94 r° et v°.)

1413 (20 JUIN).

Mandement du Roy pour faire la mon° noire sur le pied de mon° 32°.

A Paris, de n^ro règne le 33°, par le Roy, à la relacion du conseil tenu par M. le duc de Guyenne, auquel M^rs les ducs de Berry et de Bourg^ne, vous, l'évesque de Tournay et autres estiez.

Lettres pat. aux gñaux pour faire doubles tournois, petits parisis et mailles du poids et loy qu'on faisoit avant nos ord^ces, sur le pied de mon^e 32e.

(A. N. Reg. Z, 1^b, 58, fol. 128 r°. — Sorb. H. 1, 9, n° 174, fol. 181 v°.—*Ord.* X, 151.)

1413 (1er JUILLET).

En latin.

Joannes Juberti, garde et contre-garde d'Embrun et de Briançon, comparait à la chambre des comptes du Dauphiné et dit que pour exécuter les ordres reçus de clore à l'avenir les boîtes une fois l'an, savoir la veille de la Nativité de St-Jean-Baptiste, lui et son collègue, Jean Chabert, autre garde et essayeur desd. monnaies, ont clos les boîtes d'or, d'argent blanc et de noir, de l'ouvrage fait sous la maîtrise de Pierre de Brenne, du 15 avril au jour de la fête de St-Jean 1413, le vendredi 23 de juin, veille de la fête, et qu'il les a déposées au bureau de la chambre des comptes, scellées de trois sceaux, savoir le sien (sui ipsius Joñis Jauberti), celui de Jean Chabert et celui de Pierre de Brenne, m^e part^er, dans lesquelles boîtes on a trouvé les deniers qui suivent.

Dans la boîte des deniers d'or à l'écu de 64 de poids au m. de Paris, courant pour 22 s. 6 d. ts., desquels on donne aux marchands 70 ℔ 15 s. ts. pour marc d'or fin, ouvrés pendant cet intervalle, et dont la 1re délivrance a eu lieu le 2 mai 1412 : 39 deniers à l'écu.

Item, dans la boîte des blancs de 10 d. ts. à 5 d. A. R. et de 6 s. 8 d. de poids, dont on donne aux marchands pour marc d'argent le Roi 6 ℔ 15 s. ts., ouvrés du 7 mai année susdite, jour où eut lieu la première délivrance (*expeditio*), jusqu'au 17 décembre suiv^t inclus : 55 s. 4 d. desd. blancs.

Item, dans la boîte des semblables deniers blancs en forme, loi et poids, dont on donne aux marchands pour le m. d'A. R. 7 ℔ ts., ouvrés du 17 décembre 1412 à ladite fête de St-Jean exclus, dont la 1re délivrance a eu lieu le dernier décembre : 25 s. 4 d.

Item, dans la boîte des oboles tournois noires à 1 d. 3 grains A. R. *A gauche en marge :* Erronee fuit scriptum et ideo radiatum.

Que bustie dicta die fuerunt posite in arca.....

(Arch. de Grenoble, B 1, fol. 1 r° et v^o et fol. 2 r°.)

1413 (3 JUILLET).

Exécutoire des ord^ees royales des 7 juin et 3 juillet 1413 (à Rouen).

Et doresenavant faites faire et ouvrer deniers blans d'argent appelez gros ayans cours pour 20 d. ts. la pièce, à 11 d. 16 gr. A. R. et de 7 s. et $\frac{1}{12}$ de denier de poids, sur le pied de monn^e 29e et de la forme et façon d'un denier que nous vous envoyons enclos en ces presentes. Item demis gros et $\frac{1}{4}$ de gros sur led. pied, esquels deniers gros, demis et quars de gros sera mis pour differance soubz la lettre, tant devers la croix comme devers la pille, ung point comme il a esté acoustumé de faire aux blans de 10 d. ts. la pièce, et doresenavant ne lessez aucunement ouvrer de blans deniers à l'escu, grans et petits, que on faisoit avant ceste ordonnance, mais f^es faire et ouvrer deniers d'or fin appelez escus à la couronne semblables de cours, façon, poids et loy de ceulx que on fait à présent. Item petiz deniers d'or fin appelez petiz escuz à la couronne ayans cours pour 15 s. ts. la pièce. Item doubles d^rs ts. à 2 d. de loy A. R. et de 13 s. 4 d. de poids aud. marc. Item petiz deniers à 1 d. ob. de loy et de 16 s. de poids au marc dessus dit. Item petiz deniers ts. à lad. loy et de 20 s. de pois aud. marc, et les oboles à 1 denier de loy et de 26 s. 8 d. de pois aud. marc aux remèdes acoustumés , sur le pié de mon° 32°, et dictes au taillier de lad. monn°, que doresenavant il face tous les fers d'or et du noir de lad. monn° semblables à ceux que on a acoustumé de faire.....

(A. N. Reg. Z, 1ᵇ, 58, fol. 129 v°.)

1413 (3 JUILLET).

A Paris, de notre règne le 33°, par le Roy, à la relacion des cons°ʳˢ et com°ʳˢ par nous ord°ᶻ pour entendre et pourveoir au bien public du roy°ᵉ.

Lettres pat. aux g̅n̅aux pour faire ouvrer petits den°ʳˢ d'or fin appelez escuz à la couronne pour 15 s. ts. la pièce de cours, de 96 de poids au m̅ de Paris, au remède des deniers d'or fin ayans cours pour 22 s. 6 d. ts. la pièce.

(A. N. Reg. Z, 1ᵇ, 58, fol. 128 r°. — Sorb. 3, fol. 180 v°.—Sorb. 1, fol. 37 v°.— Ord. X, 152.)

1413 (3 JUILLET).

Ord°° au prevost de Paris pour decry des mon°ˢ d'or et d'arg. et cours aux bons den°ʳˢ d'or fin appelez escuz à la couronne que nous faisons faire par nos mon°ˢ pour 22 s. 6 d. ts.

Petits den. d'or fin appelez petits escus à la couronne que nous avons ord° faire par nos mon°ˢ pour 15 s. ts. pièce.

Den°ʳˢ blancs d'arg. apelez gros, que nous avons ord° faire par nos mon°ˢ pour 20 d. ts.

Den°ʳˢ blancs d'arg. apelez demys gros et quarts de gros que nous avons semblablement ord° faire par nos mon°ˢ pour 10 d. ts. les demys, et 5 den. ts. les quarts.

Et les blancs den. à l'escu que nous avons fait faire le temps passé pour 10 d. ts.

Et les petits blancs apelez demys blancs à l'escu que nous avons semblablement fait faire pour 5 d. ts.

Les doubles d. ts. pour 2 d. ts.

Petits parisis et petits ts. pour 1 d. par. et 1 d. ts.

Petites mailles pour une maille tournoise.

Toutes autres mon°ˢ quelles qu'elles soient ne soient prises ou mises de quelque personne que ce soit, fors au m̅ pour billon, sur peine de perdre toutes icelles mon°ˢ que l'on trouvera prenans ou metans.

Les autres clauses contenues ez lettres pat. du 2 avril 1407 cy devant.

(A. N. Reg. Z, 1ᵇ, 58, fol. 129 r° et v°. — Sorb. H. 1, 9, n° 174, fol. 180 v°.— Ord. X, 153.)

1413 (3 JUILLET).

Mention de Jeh. Bertaut, garde de Mâcon.

8 juillet. Mention de Jehan Claustre , m° p°ʳ de Poitiers.

24 juillet. Antᵐᵉ de Boulongne , garde de Montpellier.

26 juillet. Andriet Eschet , tailleur de la Rochelle.

27 juillet. Jehan Poncher, garde de Tours.

(A. N. Reg. Z, 1ᵇ, 58, fol. 130, r° et v°. —Sorb. H. 1, 9, n° 174, fol. 180 v° et 181 r°.)

1413 (3 JUILLET).

Le 3ᵉ juillet 1413, fut faict l'ouvraige qui ensuyct.

Petiz escuz couronne d'or fin de 2 d. de poids au feur de 96 pièces au marc, ayant cours pour 15 s. ts. p°ᵉ.

Marc d'or fin . . . . . 70 ♯ 15 s. ts.

(Reg. de Lautier, fol. 15 r°.)

Figure : † KAROLVS DEI GRA. FRANCORV REX ; écu couronné.

℞. † XPC, etc. Croix feuillue et fleurdelysée, 4 couronnelles extérieures.

(Ms. F. 5524, fol. 444 v°.—Reg. de Lautier, fol. 94 v°.)

1413 (3 JUILLET AU 11 OCTOBRE 1415).

Petits deniers d'or fin appelez escuz à la couronne qui eurent cours pour 15 s. ts. de 96 au marc.

(Ms. F. 4533, fol. 59 r°.—Ms. F. 18500, fol. 8 r°.)

1313 (7 JUILLET).

Cremieu (en latin).

Jehan Dorerii et Jehan de Valancenes, gardes de Cremieu, apportent les boîtes d'or et d'argent ouvrées sous la maîtrise de Pierre Audoard pendant le même temps que pour Embrun, et scellées de leurs 3 sceaux.

Elles renferment :

Boîte de l'or.

57 écus de 64 au marc et de 32 s. 6 d.

Boîte des blancs de 10 d. ts. à 5 d. et de 6 s. 8 d..... 62 s. 5 d.

Autre boîte desd. blancs..... 19 s. 6 d.

Boîte de petits blancs de 5 d. ts., à 5 d. de loi et de 13 s. 4 d. de poids..... 8 d.

(Arch. de Grenoble, B 4, fol. 2 v°.)

1413 (12 JUILLET).

Gros d'argent à 11 d. 16 gr., 84 $\frac{7}{12}$ au marc : 20 d.

(Leblanc, *Tables.*)

1413 (13 JUILLET).

Ecus coronnes évalués 30 s.

On interdit le cours de toutes autres mon[es] et ordonne qu'elles seront portées au feu pour billon.

(Sorb. H. 4, 10, n° 172, fol. 37 v°.)

1413 (14 JUILLET).

Pour ce que la mon[e] n'estoit point mise à prix, fut accordé à Jehan Trotet que de chacun $\overline{m}$ d'or qu'il ouvrera depuis l'ord[ce] dern[t] faicte, il aura pour brassage 10 s. ts., de chacun marc d'œuvre 4 s. ts. et 2 s. ts., jusques à ce que autrement soit veu qu'il la veuille mettre à prix.

(Sorb. H. 4, 9, n° 174, fol. 106 v°.)

1413 (16 JUILLET).

A Paris, par Hermant Voulant, pour lequel Jaquet Trotet a tenu le compte de la mon[e], du 16 juillet 1413 au 28 janvier suivant . . . . 20000 écus.

Du 28 janvier 1413 au 1er août 1414 31800

Item il fist en ce mesme lieu une boiste de petiz deniers d'or fin, appelez petiz escuz à la coronne, qui ont cours pour 15 s. ts. la pièce, et de 96 deniers de pois au marc de Paris, duquel ouvraige ont esté fetes deux délivrances par Hermant Voulant, pour lequel Jacquet Trotet a tenu le compte de la mon[e], c'est assavoir le 23e jour de janvier l'an 1413 et le 14e jour d'avril 1414, et avoit en la boiste 7 petitz deniers d'or qui font 1400 deniers d'or.

(A. N. Rouleau du carton Z, 1ᵇ, 913.)

1413 (16 juillet au 28 janvier).

30 fors deniers d'or pesant 1 m. 7 onces esterlin, et 108 fors deniers d'argent pesant 9 m. 7 onces 14 esterlins, distribués à MM^{rs} des comptes, trésoriers et clercs, tant desdiz comptes que du trésor et généraux maîtres.

(A. N. 1er carton Paris, Z, 1^b.)

1413 (31 juillet).

En latin.

Jehan Grassi, garde de Romans, apporte les boîtes d'or et d'argent ouvrées à Romans sous la maîtrise de Pierre Foresii, pendant le même intervalle de temps qu'à Embrun, scellées des 4 sceaux du maître, des deux gardes et de l'essayeur.

Boîte de l'or.

59 écus de 64 au marc et de 32 s. 6 d. ts.

Boîte des blancs de 10 d. ts.

28 s. 6 d., à 5 d. A. R. et de 6 s. 8 d. de poids.

Autre boîte de semblables blancs.

27 sols 11 d. semblables.

Le 22 août 1413, les boîtes d'Embrun, de Cremieu et de Romans sont envoyées à Paris pour y être jugées.

(A. de Grenoble B, 1, fol. 3 r° et v°.)

1413 (28 août).

A Paris, de notre règne le 33e, par le Roy à la relacion du conseil, estant en la chamb des comptes, auquel les gens desd. comptes et les généraux m^{es} des mon^{es} estoient. Begut.

Charles, etc. Comme longtemps a nous et nos prédécesseurs ayans fait f^{re} et ord^{er} en notre ville de Mascon une mon^e, en laq^{lle} il a été ouvré longuement, pareillement comme en nos autres mon^{es}, neantmoins il est venu à notre cognoissance que en nostre sénéchaussée de Lion a grande quantité de mines et minières ouvertes et à ouvrir, lesquelles tiennent plong, argent et cuivre, desquelles est yssu et yst grand nombre de matières d'argent, de plong et de cuivre, où nous avons en le temps passé et encore povons avoir très grand prouffit, à cause de la 10e partie que nous y prenons et avons cause de prendre de notre droit, leql arg. venant d'icelles mines et minières a convenu et convient de jour en jour porter en notred. mon° de Mascon, pour ouvrer et convertir en icelle mon° que nous faisons faire de présent, laquelle ville de Mascon est distant desd. mines et minières de 16 à dix-huit lieuës françoises ou environ, et convient passer pour aller en icelle mon° par le pays de Beaujollois et plusieurs autres où il a plusieurs mauvais chemins et périlleux, comme de passaige de bois et d'autres mauvais pas estans près du fleuve de Soonne, de la partie de l'Empire, et est advenu que plusieurs marchans et autres desd. mines et minières, puis quatre ans en ça, ont esté pris, liez et desraubez, si comme l'on dit, et par ce reffusent doubtent et ne endurent iceux marchans ne autres porter le billon et argent d'icelles mines et minières en notred. ville de Mascon, tant pour led. peril devant dit, comme pour gensdarmes qui sont souventes fois sur led. pais, pourquoy icelle mon° est en avanture de demeurer du tout en chomaige et en voye de perdition par les moyens dessusdiz, se sur ce n'est par nous pourveu de remeide convenable; pourquoy nous ces chauses considérées et aussi que notred. mòn° de Mascon est située et assise près de la ville de Chalon en laquelle nos gens et officiers de notre mon° de Dijon sont deux fois l'an pour y faire ouvrer durant les foires comme ils font en notred. mon° de Dijon et pour plusieurs autres causes à ce nous mouvans, par l'advis et meure deliberacion de noz amez et feaulx gens de noz comptes et des gñaux mᵉˢ de noz monᶜˢ pour ce assemblez en la chamb de nozdiz comptes, à Paris, avons voulu, ordé et octroyé, voulons et ordᵒⁿˢ par ces présentes, par manière de provision, et jusques à ce que autrement en soit ordé, que l'ouvraige qui de prnt se fait en nostred. monᵉ de Mascon, semblablement soit fait en la ville de Lion, et que plus ne soit fait aucun ouvraige en icelle monᵉ de Mascon, pourveu que les mᵉˢ marchans et ouvriers desd. mines et minières seront tenuz de quérir hostel en icelle ville de Lion pour faire ledit ouvraige et loger les mᵉˢ et officiers d'icelle monᵉ bien et deuement.....

(A. N. Reg. Z, 1ᵇ, 58, fol. 131 rᵒ.— Sorb. H. 1, 9, nᵒ 174, fol. 166 vᵒ et 181 rᵒ.—*Ord.* X, 161.)

Lettres des gens des comptes et des gñaux maîtres au bailly de Mascon et au sénéchal de Lyon, pour faire exécuter de point en point l'ordre royal.— Même date.

(A. N. Reg. Z, 1ᵇ, 58, fol. 131 rᵒ.—Sorb. H. 1, 9, nᵒ 174, fol. 181 rᵒ.—*Ord.* X, 162.)

1413 (6 SEPTEMBRE).

Raoul Thorrase oppose à ce que aucun ne feust sustitué en l'office de l'un des gardes de la monᵉ de Lion que le Roy vouloit mettre sus devant que le Roy lui avoit donné ledit office.

(A. N. Reg. Z, 1ᵇ, 2.)

1413 (30 SEPTEMBRE).

A Montpellier, par Andrieu Pavas, pour lequel Jehan Pavas a tenu le cptᵉ de la monᵉ : gros de 20 d. ts., de 7 s. et $\frac{7}{12}$ de denier de

poids (84 $\frac{7}{12}$), du 30 septembre 1413 au 22 février suivant . . . . . 28000 frappés.
(La loi est effacée).

Deniers tournois à 1 d. 12 gr., et de 20 s. de poids (240 au marc), le 20 décembre 1413, 130 marcs. . . . . . 31200 frappés.

Gros de 20 d. ts., à 9 d. de loi et de 5 s. 5 d. $\frac{1}{4}$ (65 et $\frac{1}{4}$ au marc), du 18 mars 1413 et du ... juin 1414 . . . . 15000 frappés.

Blancs de 10 d. ts., à 5 d. de loi et de 80 au marc. Dates effacées. . 46000 frappés.
La 1ʳᵉ délivrance a eu lieu le 23 juillet 1413.

Id., du 27 mars 1414 au 10 août 1415. 162000 frappés.

Id., du 10 août 1415 au 13 mars suivant, nombre effacé, mis en boîte 25 s. 10 d. (310 pièces) . . . . . 310000 frappés.

Id., du 13 mars 1415 au 10 septembre 1416. . . . . . 225000 frappés.

Deniers tournois à 1 d. 12 grains, et de 20 s. de poids (240 au marc), le 20 mars 1415 (date douteuse), 60 marcs. . 14400 frappés.

Suit le compte d'une délivrance totalement effacée.

(A. N. Reg. Z, 1ᵇ, 899.— Carton Z, 1ᵇ, 898-99.)

1413 (8 OCTOBRE AU ..... *illisible*).

A Montpellier, par André Pavas, pʳ lequel Jehan Pavas a tenu le cptᵉ de la monᵉ, mêmes écus de 64 au marc. . (chiffres illisibles).

Petits deniers d'or appelés....., qui ont cours pour 15 s. ts., le 28 août 1414, le 21 et le 27 septembre suivant, mis en boîte 11 pieces. . . . . . 2200 frappés.

Écus de 22 s. 6 d. et de 64 au marc, par les mêmes, du 1ᵉʳ février 1413 au 8 juillet 1414 . . . . 31200 frappés.

Id., du 8 juillet 1414 au 20 mars suivant. 30400 frappés.

Id., du 20 mars 1414 au 24 août 1415. 25800 frappés

Id., du .... 1415 au 18 avril suivant.
47000 frappés.
Id., du 18 avril 1415 au 6 septembre 1416.
60200 frappés.

(A. N. Reg. Z, 1ᵇ, 899.—Carton Z, 1ᵇ, 898-99).

———

1412 (17 octobre).

Ce jour fu condempné Jehan Baroncel à paier à Thibaut le Boutellier et Girardin de Monclamens, marchans, tout ce qu'il leur peut devoir à cause de certaine grosse somme de matières d'argent qu'ils lui ont livrée en la monnoye de Chaalons, c'est assavoir la moitié de la valeur dudit argent dedens xv jours, et viii jours après l'autre moitié sur peine de iiᶜ ᵗᵗ ts. à appliquer au Roy nostre sire.

(A. N. Reg. Z, 1ᵇ, 2.)

———

1413 (26 octobre).

Furent baillées à Andryet de Walli, garde de la monᵉ de Dijon, les lettres de pleigerie de Narde de Rousselay pour icelles mettre à execucion.

(A. N. Reg. Z, 1ᵇ, 2.)

———

1413 (3 novembre.)

A Paris, de notre règne le 34ᵉ, par le Roy, à la relacion du conseil tenu en la chamb̄ des comptes, auquel vous, l'arcevesque de Bourges, l'evesque de Noyon, les gens desd. comptes et tresoriers et les ḡnaux maîtres des monᵉˢ estoient.   LE BÈGUE.

Lettres pat. aux généraux.

Comme aions naguères ordᵉ estre faits deniers gros d'arg. de 20 d. ts., demys gros de 10 d. ts. et quarts de gros de 5 d. ts., de 7 s. et $\frac{7}{12}$ de denier de poids au m̄ de Paris,

lesquels n'ont pas esté et ne sont pas agréables au peuple et le refusent à prendre et mettre l'un de l'autre, par ce que lesd. gros, 1/2 gros et 1/4 de gros leur semblent trop feibles pour les prix à quoy ils ont esté mis, et pour pacifier et pourveoir aux clameurs de notred. peuple, ayons de nouvel ordonné et ordonnons par ces presentes, par grant et meure deliberacion du conseil, de faire faire et ouvrer une autre forme de deniers gros d'arg. qui auront cours pour 20 d. ts. la pièce, à 9 d. de loy, arg. le Roy, à 2 gr. de remeide, et demiz gros qui auront cours pʳ 10 d. ts. la pièce, et quars de gros qui auront cours pʳ 5 d. ts. la pièce à lad. loy, et à 2 gr. de remeide, et de 5 s. 5 d. et un quart de denier de poids au m̄ de Paris, sur le pied de monᵉ 29ᵉ, comme estoient les groz dessusdiz, lesquelz deniers gros, demiz gros et quars de gros auront cours avec les gros de 7 s. et 7 douzᵉˢ de denier de poids dessusdit, et les blans de 10 d. et de 5 d. ts. la pièce, avec les doubles ts., petiz parisis, tournois et mailles, au pois cours et loy qu'on feisoit avant nᵣᵒ dᵗᵉ ordonnance, sur le pié de monᵉ 32ʳ, en mettant en icelles monᵉˢ d'argent telle différence comme bon vous semblera en donnant aux changeurs du m̄ tant de blanc comme de noir, aloyé auxd. loys, 7 ᵗᵗ ts.

(A. N. Reg. Z, 1ᵇ, 58, fol. 131 vᵒ. — Sorb. H. 1, 9, nᵒ 174, fol. 181 vᵒ. — Ord. X, 186.)

———

1413 (3 novembre au 4 juin 1414).

Blancs deniers appelez gros d'argent, de 20 d. ts., à 9 d. de loy A. R., et de 65 $\frac{1}{4}$ au marc, sur le pied de monᵉ 29ᵉ.

Item, blancs d. appelez demys gros, 10 d. ts., au même titre, et de 130 $\frac{1}{2}$ au marc.

Item, quarts de gros de 5 d. ts., à lad. loy et de 21 s. 9 d. (lisez 21 s. 8 d.) (261 pᶜᵉˢ) au marc.

(Ms. F. 4533, fol. 85 vᵒ.)

1413 (3 novembre au 4 juin 1414).

Gros blancs de même cours, à 9 d. de loi, de 5 s. 5 d. et ¼ (65 et ¼) de poids.

(Sorb. H. 1, 11, fol. 166 bis; petit cahier inséré au Registre.—Ms. Poullain, t. I, 13 à 24.)

1413 (3 novembre).

Le 3° novembre 1413, fut cessée la fabrication des gros deniers d'argent, demys et quartz, parce que le peuple disoit quilz estoient trop feibles, veu le cours que on leur avoit baillé, et fut faict l'ouvraige que ensuyt.

Gros deniers d'argent à 9 d. de loy, argent le Roy, à 2 d. 22 grains de poids au feur de 65 pièces et 1 quart de denier au marc, ayant cours pour 20 d. ts. p°°.

Duquel ouvraige en fust faict de deux sortes, l'une de 13 fleurs de lis et une croisette au hault cercle, du costé de la pille, et l'autre à 12 fleurs de lis sans aucune croisette.

Marc d'argent alloyé à 2 deniers et au dessoubz . . . . 7 ₶.

Figure. GROSSVS ⚬ TVRONVS ; 3 lys, 2 et 1, sous une couronne. Bordure de 12 lys et une croisette.

℞. † KAROLVS FRANCORV ; croix et † SIT NOMEN, etc.

Demys desd. gros à 9 d. de loy et ung d. onze grains de poids au feur de 6ˣˣ 10 pièces et demye au marc, ayans cours pour 10 d. ts. p°°.

Marc d'argent à lad. loy . . . . 7 ₶.

Figure. KAROLVS FRANCOR. et GROSSVS TVRONVS. Mêmes types, bordure de † et 12 lys.

Quartz de gros à 9 d. de loy, de 17 grains de poids au feur de 261 pièces au marc, ayans cours pour 5 d. ts. p°°.

Marc d'argent alloyé à lad. loy . . 7 ₶.

Figure. Mêmes types et légendes.

(Ms. F. 5524, fol. 112 r° et v°. — Reg. de Lautier, fol. 95 r° et v°.)

1413 (13 novembre).

Lettres au bailli d'Amiens pour faire publier :

Les gros de xx d. ts., de 5 s. 5 d. et ¼ au marc.....

Il s'agit des monnaies créées le 3 du même mois.

(Ord. X, 189.)

1413 (29 novembre).

A Toulouse, par Pierre Boyeul.

Doubles tournois à 2 d. et de 13 s. 4. d. (160 au marc), du 29 novembre 1413 au 15 décembre suiv¹, 390 marcs. . .   60840

Oboles tournois à 1 d. et de 26 s. 8 d. (320), le 23 décembre 1413, 97 marcs 4 onces. 30420

Doubles tournois à 2 d. et de 13 s. 4 d. (160), du 31 janvier 1413 au 11 juillet 1414, 1935 marcs. 309600

Mailles ts. semblables, le 1ᵉʳ février, le 5 avril 1413 et le 28 avril 1414, après Pâques, 210 marcs. 67200

Blancs de 10 d. ts., à 5 d. et de 80 au marc, par Pierre Boyol, pour lequel Aymar Boyol a tenu le cpᵗᵉ, du 11 juillet 1414 au 17 février. 374000

Doubles tournois à 2 d. et de 160 au marc, le 12 juillet 1414, 60 marcs.   9600

Deniers tournois à 1 d. 12 grains et de 20 s. (240), le 23 mars 1414, 280 marcs.   67200

(A. N. Rouleau du carton Z, 1ᵇ, 991-92.)

1413 (8 décembre).

Exécutoire (p^r Rouen) de l'ord^{ce} du 3 novembre 1413.

Sans aucun délay faictes faire et ouvrer deniers gros d'argent, qui auront cours pour 20 d. la pièce, à 9 d. de loy A. R., à 2 gr. de remeide et de 5 s. 5 d. et $\frac{4}{4}$ de denier de pois au marc de Paris, et demiz gros qui auront cours pour 10 d. ts. la pièce, et quars de gros qui auront cours pour 5 d. ts. la pièce, à lad. loy et remeide sur le pié de mon^e 29ⁿ, de la forme et façon du patron que nous vous envoions enclos en ces presentes, esquels deniers gros, demiz gros et quars de gros sera mis pour differance soubz la..... lettre, tant devers la croix comme devers la pille, 1 point, comme il a esté acoustumé de faire aux deniers gros qui derr^t ont esté faiz, et ne lessez doresenavant aucunement ouvrer des gros, demiz gros et quars de gros faiz par avant cette ordonnance, ni des blans de 10 d. à l'escu, grans et petiz, que on faisoit avant ceste prete ordonnance, mais faictes faire et ouvrer deniers d'or fin appelez escuz à la coronne, semblables de coin, forme, pois et loy de ceulx que on fait à present. — Item petiz deniers d'or fin appelez petiz escuz à la coronne, aians cours pour 15 s. ts. la pièce, et de 96 au marc de Paris, semblables au patron que nous vous envoyons. — Item doubles deniers ts. à 2 d. de loy A. R., et de 13 s. 4 d. de pois au marc de Paris. — Item petiz deniers parisis 1 d. ob. de loi et de 16 s. de pois aud. marc. — Item petiz deniers ts. à lad. loy et de 20 s. de pois aud. marc, et les mailles à 1 d. de loy et de 26 s. 8 d. de pois aud. marc, aux remeides accoustumez sur le pié de mon^e 32e. ...

(A. N. Reg. Z, 1^b, 58, fol. 132 r°.)

————

1413 (8 décembre).

Le 8e jour de décembre, l'an 1413, fut ordonné au comptouer en la chambre des monnoyes que es deniers gros d'argent qui se feront es monnoyes seront mises les differances qui ensuivent.

Et premierement en la mon^e de Paris sera mis pour differance dans la croix soubz la petite croisette d'auprès SIT NOMEN un point, et devers la pille, entre la coronne et le G de GROSSVS, un petit treffle.

Es den gros d'argent qui seront faiz en la monnoye de Rouen, sera mis pour differance devers la croix soubz la 15e lettre 1 point, et devers la pille au ront qui est dessus la coronne où il a une fleur de liz sera mis une croisette.

Es deniers gros qui seront faiz en la monn^e de Tournay, sera mis pour differance devers la croix soubz la 16e lettre 1 point, et devers la pille au ront qui est dessus le fleuron d'auprès G de GROSSVS où il a une fleur de liz sera mis une croisette.

Es deniers gros qui seront faiz en la monn^e de St-Quentin, sera mis pour differance devers la croix sous la 17e lettre un point, et devers la pille, au ront qui est dessus le G de GROSSVS, où il a une fleur de liz, sera mis une croisette.

Es deniers gros qui seront faiz en la mon^e de Chaalons, sera mis pour differance devers la croix dedens le O de NOMEN ung point, et devers la pille, dedens le O de GROSSVS, ung point.

Es deniers gros qui seront faiz en la mon^e de Saint-Lô, sera mis pour differance devers la croix soubz la 18e lettre 1 point, et devers la pille au ront qui est dessus le R de GROSSVS où il a une fleur de lys sera mis une croisette.

Es deniers gros qui seront faiz en la mon^e

de St-Andry, sera mis pour différance devers la croix, soubz la 19ᵉ lettre, 1 point, et devers la pille au ront qui est dessous le O de GROSSVS où il a une fleur de liz sera mis une croisette.

Es deniers gros qui seront faiz en la monᵉ de Troyes, sera mis pour differance devers la croix soubz la 14ᵉ lettre, un point, et devers la pille, entre le S de TYRONVS et la coronne, un point ouvert comme un O.

(Reg. entre 2 ais, fol. 166 v°.)

1413 (3 MARS).

Lettres de l'office Jehan Molinier, général maistre des monnᵉˢ au pais de Languedoc.

C'est la confirmation des lettres du duc de Berry, rappelant que depuis environ 16 ans en ça feu Phᵉ Giffart, en son vivant gᵃˡ mᵉ des monᵉˢ, se partit dudit pais de Languedoc, auquel il avoit assez demoré longuement et nomma Jehan Molinier, changeur et bourgeois de Toulouse. Ces lettres sont du 27 février 1413.

(A. N. Reg. Z, 1ᵇ, 58, fol. 137 r° et v°.—Sorb. H. 1, 9, n° 174, fol. 182 r° et v°.—Ord. X, 202.)

1414 (13 AVRIL).

Ce jour, Robin de Boymare vint en sa personne, lequel présenta ses lettres du don de l'office de garde de la monᵉ de Rouen, en demandant l'entérinement d'icelles données le 6ᵉ jour d'avril.

(A. N. Reg. Z, 1ᵇ, 2.)

1414 (16 AVRIL).

Les gens des comptes et trésoriers et les gᵃᵘˣ mᵗʳᵉˢ des monᶜˢ notifient la confirmation des lettres de Jehan Molinier comme gᵃˡ mᵗʳᵉ des monᵉˢ en Lauguedoc.

(A. N. Reg. Z, 1ᵇ, 58, fol. 138 r°.)

1414 (4 MAI).

Ce jour, Loys Saluce apporta au comptouer son quictus de tout le temps que lui et son frère ont tenu le compte de la monᵉ de Poictiers, et lui furent rendues les plegeries parmi ce qu'il paya l'amende en la main du sire Jehan Remon de ce qu'il avoit passé les remèdes.

(A. N. Reg. Z, 1ᵇ, 2.)

1414 (12 MAI).

Au comptouer: sire Pierre Gentian, Andry du Molin et Jehan Remon le jeune.

Ce jour fut nommé Jeh. de la Porte consᵉʳ du Roy en la chamb̄ des monnoyes, au lieu de Mᵉ Pierre de Vé, et fit le serment en tel cas acoustumé.

(Sorb. H. 1, 9, n° 174, fol. 106 v°.)

1414 (23 MAI).

Au compᵗ: Jeh. le Mareschal, Pierre Gentian, Loys Culdoë, Andry du Molin et Jeh. Remon le jⁿᵉ.

On améliore l'aménagement de la monᵉ de Paris et y donne un logement à Jehan Souris, l'un des gardes de cette monnaie. Ce logement ne sera donné que par l'ordre des généraux maîtres des monnaies.

(A. N. Reg. Z, 1ᵇ, 2.—Sorb. H. 1, 9, n° 174, fol. 106 v°.)

1414 (4 juin).

La défense de fabriquer des blancs de 10 et de 5 deniers est levée.

... Vous mandons et expressément enjoignons, que tantost et sans delay vous faictes faire et ouvrer par toutes nos monnoyes lesd. blancs de 10 d. et de 5 d. ts. la pièce, de tel poix et loy qu'ils estoient sur le pié de mon° 32°, tant par la forme qu'ils se faisoient avant nostredite dernière ordonnance sur le fait desdiz gros.

(A. N. Reg. Z, 1b, 58, fol. 138 v°. — Sorb. H. 1, 11, 166bis (Petit cahier).—Ms. Poullain, t. I, 13 à 24.—Ord. X, 212.)

1414 (4 juin au 10 mai 1417).

Blancs à l'écu de 10 d. ts., à 5 d. A. R. et de 80 au m̄.

Demi-blancs, de 5 d. ts., à 5 d. A. R. et de 160 au m̄.

Doubles tournois à 2 d. et de 160 au m·

Den. parisis $\Big\}$ à 1 d. 12 gr. $\Big\{$ de 192 $\Big\}$ au marc.
Den. tourn. de 240

Et fut faict led. ouvraige, semblable de forme, poix, alloy comme les blancs declarez avant l'ouvraige des gros.

(Ms. F. 4533, fol. 86 r°.)

1414 (5 juin).

Ce jour fut donné congié et relaissance à François de Taget, garde, et Jeh. Giffart, m° part°r d'Angers, d'aller jusques à St-Mathurin de l'Archant en pelerinage, et retourneront dedans lundi prochain sur les peines à eux autrefois faictes.

(A. N. Reg. Z, 1b, 2. — Sorb. H. 1, 9, n° 174, fol. 106 v°.)

1414 (25 juin).

En latin.

Boîtes closes à Romans par honorable et discrete personne, maître Jehan de Marolio, auditeur des comptes delphinaux (ce sont les boîtes de l'ouvrage de Romans, du 23 juin 1413 au 24 juin suivant exclusivement) en présence de Pierre Cope ad fores, m° p°r, et de Jehan Grassi.

Boîte d'or, 26 deniers à l'écu.

Boîte des blancs de 10 d. ts., 68 s. 5 d.

(Arch. de Grenoble, B. 1, fol. 4 r°.)

1414 (26 juin).

Blancs à l'escu, à 5 d., 80 au marc.

(Leblanc, *Tables.*)

1414 (26 juin).

Exécutoire de l'ord°° R°° du 4 juin, mandant de reprendre la fabrication des blancs de 10 et de 5 deniers tournois.

Et ne lessez doresenavant aucunement ouvrer des gros, demiz gros et quars de gros, jusques sur ce ayez autres nouvelles de nous, et dictes au tailleur de lad. mon°, que doresenavant il face tous les fers semblables à ceulx que on a accoustumé de faire sur le pié de mon° 32°.....

(A. N. Reg. Z, 1b, 58, fol. 38 v° et 39 r°.)

26 juin, envoyé à Montpellier, St-André et Toulouse.

28 juin, à Rouen, à St-Lô, à Tournai et St-Quentin, à Tours, à Angers (lettres remises à Guillo Le Marié, garde d'Angers), à St-Pourçain.

2 juillet, à Poitiers, à La Rochelle.

4 juillet, à Troyes, Dijon et Mâcon, à Ste-Maneholt.

8 juillet, à Limoges.

(A. N. Reg. Z, 1^b, 58, fol. 39 r°.)

1414 (5 JUILLET).

Ebreduni.

Jehan Jouberti, garde d'Embrun, apporte les boîtes de l'ouvrage fait du 23 juin 1413 au 24 juin 1414 exclus.

Boîte d'or, 21 deniers à l'écu.

Boîte de grands blancs de 10 d. ts., 34 s. 6 d.

Boîte de quarts, 14 s. 5 d.

Boîte de patas, 16 d.

(Arch. de Grenoble, B. 1, fol. 4 v°.)

1414 (11 JUILLET).

Crimiaci.

Jehan Dorerii, garde, apporte les boîtes d'or et d'argent de l'ouvrage fait du 23 juin 1413 au 24 juin 1414 exclus.

Boîte d'or, sept deniers à l'écu.

Boîte des grands blancs, 68 s.

Le 20 septembre, les boîtes de 1414 des trois ateliers delphinaux sont envoyées à Paris pour y être jugées.

(Arch. de Grenoble, B. 1, fol. 5 r°.)

1414 (11 JUILLET).

François de la Guermoise, m° part^er de la mon° de Troyes.

(Sorb. B. 1, 9, n° 174, fol. 107 r°.)

1414 (11 JUILLET).

Jeh. Soury, garde de la mon° de Paris ; Michau de Caours, g̅nal essayeur.

(A. N. Reg. Z, 1^b, 2. — Sorb. H. 1, 9, n° 174, fol. 106 v°.)

1414 (14 JUILLET).

Item grandz blancs de mesme façon, qui ont les O rondz et ung poinct ouvert de jouste l'escriture, sont faictz à 5 d. de loy et de 6 s. 8 d. de poids et furent faictz le 14e jour de juillet 1414.

Marc d'argent valoit 7 ⚜ 2 s.

(Ms. 148, fonds de Brienne, fol. 266 r° et v°. — Ms. F., nouv. acq., 474).

La figure donne un blanc sur lequel l'écu est timbré et accosté de 3 annelets.

1414 (20 JUILLET).

Charles, etc., salut. Sça voir faisons que désirons de tout notre cœur rachepter plus^rs de nos joyaux mis en gages pour les affaires que nous avons eu en temps passé et aussi paier et contempter les prix par nous convenus de l'achapt qu'avons fait de la comté de Valentinoys, atendu que l'émolument de nos mon^es, se il estoit mis à part, pourroit aucunement profiter aux frais dessusd., et sans peu ou neant empescher nos autres faits, nous, ces choses considérées, et pour certaines autres causes et considérations qui à ce nous ont meu et meuvent par grande et meure deliberation d'aucuns de notre sang et lignage et autres de notre grand conseil, avons ord^é et ord^oos par ces p̅ntes, que la revenüe et proufits de nosd. mon.ᵉˢ, tant d'or comme d'argent, qui depuis que abolismes le pied des gros qui naguères avoient esté ordonnés à faire et avoir cours pour 16 d. par. et que les blancs qui paravant couroient pour 8 d. par., avoient....... et sont issuz et qui doresenavant en ystront soient mis et gardez à part pour convertir au rachapt et paiement desdits joyaux et comté, et non ailleurs.....

(A. N. Reg. Z, 1ᵇ, 58, fol. 159 v°.—Sorb. H. 4, 9, nᵘ 174, fol. 190 r°.)

————

1414 (6 SEPTEMBRE).

A Paris, par Colin Roussel, pour lequel Jehan Trotet a tenu le compte de la monᵉ :
Écus de 22 s. 6 d. ts. et de 64 au marc :
Le 6 septembre 1414. 4400
Du 6 septembre 1414 au 7 mars 1415 56400
Du 7 mars 1415 au 15 novembre 1416 61200
Le tailleur est Guiot de Hanin.

(A. N. Rouleau du carton Z, 1ᵇ, 913.)

————

1414 (24 SEPTEMBRE).

Charles, etc., salut. Comme dès pieça pour plusieurs grands affaires et charges que nous avons eu à suporter en plusieurs et maintes manières pour le bien, profit et utilité de notre royᵐᵉ, il nous ait convenu engager notre bonne couronne et certains autres nos joyaulx à plusᵉˢ marchans estrangiers et autres pour eschiver plus grands inconveniens qui s'en eussent pu ensuir, et pour ce que lesd. marchans auxqᵘˡˢ notred. couronne et joyaulx ont esté engagiez, ou les aucuns d'iceulx

sont estrangiers comme dit est, et par ce notred. couronne et joyaulx sont en avanture d'estre transportez hors de notred. royᵐᵉ qui nous feroit moult grand desplaisir, ayons naguières voulu et ordᵉ que tous les profits venans des monᵉˢ de notre royaume fussent prins et mis à part pour le rachapt de nosd. couronne et joyaulx, sans ce que aucuns d'iceulx fussent convertis ne employez ailleurs, pour quelconque cause que ce fut, et pour ce faire et y tenir la main, eussions ordᵉ comᵐᵉˢ nos amez et féaulx consᵉʳˢ mᵉ Robert le Maçon, chancelier de notre très chiére et très amée compagne la Royne, mᵉ Jehan Jouvenel, chᵉʳ, chancelier de notred. aisné filz duc de Guyenne, dalphin de Viennoys, mᵉ Pierre de Lesclat, mᵉ Nicolet d'Orgemoin, Jehan Piquet, Michel de Laillier et Guill. Soultault; comme par nos autres lettres sur ce faict, données le 20ᵉ jour de juillet dernier passé, pour plus à plain aparoir et pour ce que les denᵗᵉˢ qui viendront desd. monᵉˢ ne pouroient pas suffire pour le rachapt de nosd. couronne et joyaulx, Nous, par l'advis du conseil et délibération de notre très cher et très amé aisné fils Loys, duc de Guyenne et Dauphin de Viennoys, et de plusᵉˢ de notre sang et lignaige et autres de notre grand conseil, ensuivant notred. ordᵉˢ avons de rechef voulu et ordᵉ, voulons et ordᵒⁿˢ par ces presentes que pour rachepter nosd. couronne et joyaulx tous les profits venans de nosd. monᵉˢ, et aussi ceux qui viendront de la composition du sel, que nous entendons assez briefvement faire avec les marchands de Languedoyl, soient prins et levez sans en distribuer aucune chose ailleurs que au rachapt de nosd. couronne et joyaulx.

(A. N. Reg. Z, 1ᵇ, 58, fol. 140 r° et v°.—Sorb. H. 4, 9, n° 174, fol. 191 r° et v°.—Ord. X, 221).

————

1414 (26 SEPTEMBRE).

Fut baillé à Françoys de la Guermoise, maître part^{er} de la monn^e de Troyes, 3 paires de fers à grans escus, une paire à petiz escus pour porter en lad. monn° de Troyes.

(A. N. Reg. Z, 1^b, 2.)

1414 (14 JANVIER).

Gerardin Aigrebouche fait serment de tailleur de la mon^e de S^t. Poursain.

(A. N. Reg. Z, 1^b, 2. — Sorb. H. 1, 9, n°174, fol. 107 r°.)

1414 (23 FÉVRIER).

Guiot de Hanin, tailleur de la mon° de Paris, apporta en la chambre des monn^{es} 20 pilles et 35 trousseaux à grans blans lesquelx il avait faiz à la requête de Françoys de la Garmoise, filz de Pierre de la Garmoise, m^e p^{er} de la mon^e de Troyes, et furent iceulx fers baillez audit Françoys pour faire porter en ladite monn^e de Troyes à ses perils, tous scellez d'un des sceaulx de Messrs.

(A. N. Reg. Z, 1^b, 2.)

1414 (27 FÉVRIER).

(D'après Reg. V, f° 180).

Provisions d'une charge de général des monnoyes en Languedoc, par le Duc de Berry, au nom du Roy, à 200 ₶ de gages.

(Ms. F. 21435, fol. 157 v°.)

1415.

L'écu coronne valait par volonté des marchans 50 s.

(Sorb. H. 1, 10, n° 172, fol. 37 v°.)

1415 (27 AVRIL, APRÈS PAQUES).

A Toulouse, par Azémar Boyol.
Blancs de 10 d. ts., à 5 d. et de 80 au marc :
Du 27 avril 1415 au 12 juillet. . 157000
Du 12 juillet 1415 au 11 déc. . 14000

(A. N. Rouleau du carton Z, 1^b, 991-92.)

1415 (10 JUIN).

Me Jehan Virgille, procureur de Paris.— Bonenfant, garde de la mon^e de la Rochelle, s'oppose à tous dons faiz et à faire par le Roy n^{re} s^{re} à quelconque personne que ce soit, et à l'exécution et entérinement des dictes lettres par vertu d'une procuration donnée le 10° jour de mai 1415.

(A. N. Reg. Z, 1^b, 2.)

1415 (1er JUILLET).

En latin.

Jehan Dorerii apporte les boîtes de Cremieu du jour de la St-Jean 1414 à la St-Jean 1415.
Boîte d'or, 9 d. à l'écu.
Boîte des blans de 10 d. ts., frappés de la Saint-Jean 1414 au ... de septembre suivant, 33 s. 10 d., et depuis qu'on a donné 7 ₶ 11 s. ts. à la Saint-Jean 1415, 48 s. 11 d. *pro toto.*

(Arch. de Grenoble, B, 1, fol. 5 v°.)

1415 (5 juillet).

En latin.

Jehan Gras apporte les boîtes de Romans, d'or et d'argent, de la St-Jean 1414 à la St-Jean 1415.

(Puis ce même garde est appelé Jehan Dorerii par erreur).

Boîte de l'or, 8 d^{ers} à l'écu.

Id. de grands blancs, 31 s. 7 d.

Id. de liards, de 3 d. ts., 7 s. 6 d.

Id. d'oboles ts., 40.

(Arch. de Grenoble, B 1, fol. 6 r°.)

1415 (5 juillet).

Embrun (en latin).

Jehan Chaberti apporte les boîtes depuis la St-Jean 1414 à la St-Jean 1415.

En boîte :

Deniers d'or à l'écu, 11.

Grands blancs, 11 s. 9 d.

De denariis vocatis quartis, de 3 d. p., 22 s. 8 d.

Les boîtes de Cremieu, de Romans et d'Embrun sont remises, le 23 juillet 1415, à Jehan Gras, garde de Romans, pour les porter à Paris,

(*Ibidem*, fol. 6 v°.)

1415 (19 aout).

Appointé que pour ceste fois seulement, les deniers des boîtes des 3 monnoies du Dauphiné seroient données en pur don du Roy au Duc de Guyenne, mais que doresenavant ces boîtes resteront en la chambre des mon^{es} comme au temps passé ont fait, pour convertir au proufit du Roy.

(A. N. Reg. Z, 1^b, 58, fol. 140 v°.)

1415 (3 septembre).

Girart Mariot fait le serm^t de garde de la mon^e de Dijon.

(A. N. Reg. Z, 1^b, 2. — Sorb. H. 1, 9, n° 174, fol. 107 r°.)

1415 (6 septembre).

Ce jour fut apporté unes lettres des gardes de la monn^e de Poitiers, par lesquelles il apparoît que le 17e jour d'aoust Marot de Betons, à ce procureur de Jehan Claustre, avoit mis à pris en leurs mains lad. monn^e et doit faire le marc d'or pour 10 s. ts., le marc d'euvre du blanc pour 4 s. ts., et le marc d'euvre du noir pour 2 s. ts.,....

(A. N. Reg. Z, 1^b, 2.)

1415 (dernier septembre).

Au comptouer : J. le Mareschal, L. Culdoe, Andry du Molin et Jeh. Remon le jeune.

Pierre Asselin, dem^t à Tours, fit le serm^t d'essayeur de lad. mon^e de Tours, lequel fut raporté par Michel de Caours, essayeur g^{al} des monnoies du royaume, lequel Michel de Caours aporta au comptouer plusieurs essays que led. Pierre avoit faits si comme il disoit.

(A. N. Reg. Z, 1^b, 2. — Sorb. H. 1, 9, n° 174, fol. 107 r°.)

1415 (11 octobre).

A Paris, de notre règne le 36e, sous notre scel ordᵉ en l'absence du grand, par le Roy, à la relation du conseil estant en la chamb̄ des comptes où estoient les gñaux mᶜˢ des monˢ. THIERRY.

Lettre de 25 s. de creue faicte en chacun marc d'or.

Lettres pat. aux gñaux ; ordé que par toutes nos monˢˢ où l'on a accoustumé de faire ouvrage d'or soient faiz et ouvrez deniers d'or fin apelez tous à la couronne, grands et petits, au titre et semblables comme ceulx que l'on fait à présent, sans aucune chose y muer en poids ni en loy ; donner aux changeurs de chacun m̄. d'or fin 72 # ts.

(A. N. Reg. Z, 1ᵇ, 58, fol. 141 r°. — Sorb. H. 1, 9, n° 174, fol. 182 r°.—Ord. X, 248.)

Le 12 octobre est écrit l'exécutoire.

1415 (11 octobre au 10 mai 1417).

Écus couronne, d'or fin, de 64 au marc, semblables aux précédents.

Semblables petits deniers d'or fin, appelez petits escus à la couronne, de 15 s. ts. et de 96 au marc.

(Ms. F. 4533, fol. 59 r°.—Ms. F. 18500, fol. 8 r°.)

1415 (15 octobre).

Au compt., sire Michel Lailler, consʳʳ du Roy notre S., J. le Mareschal, Pierre Gentian, Bernart Braque, Andri du Molin et Jeh. Remon le jne.

Le grattage qui dépassait pour le m̄. d'or

8 s. ts., est fixé à ce taux, « et avec ce qu'il soit mandé aux gardes des monˢˢ qui sont à bailler, qu'ils ne reçoivent personne à mettre à prix monˢ s'il ne promet faire ouvrer marc d'or pour 8 s. ts. et au dessoubz. »

(Sorb. H. 1, 9, n° 174, fol. 107 r°.)

1415 (17 octobre).

Octroyé à Bernart de Haulteville, garde de la monnoie de Chaalons, qu'il puisse monoyer une fois ou deux xl sols la sepmaine, afin qu'il puisse monstrer qu'il est monoyer du serment de France, et qu'il se puisse franchir de la taille.

(A. N. Reg. Z, 1ᵇ, 2.—Sorb. H. 1, 9, n° 174, fol. 107 r°.)

1415 (13 décembre).

Toutes (sic) les offices de la monᵉ de Lion pour la nouvelle institution de la monnoie.

(Ms. Lecoq, fol. 17 v°.)

1415 (13 décembre).

A la requête de sire Bureau de Demp-martin et de sire Pierre Gentian, fut octroyé au comptouër, à Jeh. de Mauregart, l'un des offices de la monᵉ de Lion nouvellement illec édifiée.

(A. N. Reg. Z, 1ᵇ, 2. — Sorb. H. 1, 9, n° 174, fol. 107 v°.—Ord. X, 250).

1415 (13 décembre).

Lettres patentes aux généraux, au sujet de l'établissement de la monnaie de Lyon. Le

1415 (19 FÉVRIER).

Jehan le Goupil paya l'amende en la main de sire Andry du Molin, de ce qu'il avoit parlé et dit au comptouer en la présence des g͞naux le Mareschal, du Molin et Remon le j͞ne et de sire Loys Culdoë et m° Jeh. de la Porte, plusieurs paroles maugracieuses en injuriant le comptouër et disant qu'on lui avoit mauvaisement jugié ses boistes d'arg͟t et que les ord͟ces estoient fausses et mauvaises.

(A. N. Reg. Z, 1ᵇ, 2. — Sorb. il. 1, 9, n° 174, fol. 108 rᵒ.)

———

1415 (13 MARS).

Sire Jehan le Mareschal promist au comptouer que en cas que la plegerie qu'il a faicte pour Pierre de Maucreux ne souffira au comptouer, il lui en fera faire une autre au cas que la mon° de Dijon et de Chalon demourra audit Pierre Maucreux.

(A. N. Reg. Z, 1ᵇ, 2.)

———

1415 (20 MARS).

Messire Jehan de Laugat, chevalier, apporte au comptoir une lettre du Roi, non scellée, parce que, dit-il, le chancelier n'a pas voulu la sceller à cause de son neveu auquel le Roi avoit donné l'office de garde de la mon° de St-Quentin. Il ajoute que Monsᵍʳ de Berry prioit les gᵃᵘˣ mᵗʳᵉˢ de ne recevoir audit office autre que Perrotin de Ravenel, à qui le Roi l'avoit donné.

(Ibidem.)

———

1415 (23 MARS).

Pierre de Ravenel s'oppose à l'entérinement de lettres royales impetrées par la femme de Colart Louchart pour l'office de garde de la mon° de St-Quentin, de même qu'à l'encontre de tous autres.

(Ibidem.)

———

1415 (24 MARS).

Pierre Ravenel consent à l'entérinement des lettres royaulx impetrées par la femme de Colas Louchart, garde de la mon° de St-Quentin, « pourveu que ce feust sans préjudice de ses lettres et de l'opposition par lui faite. »

(A. N. Reg. Z, 1ᵇ, 2.)

Lesdites lettres de la femme de Colart Louchart sont entérinées, et Drieu Grin, changeur de St-Quentin, est commis à l'office de garde jusqu'à la St-Jean venant.

(Ibidem.)

———

1415 (2 AVRIL).

Pour plusieurs ouvraiges faiz et paiez par led. Humbert (Viart), pour le fait de la monnoye de Saint-Laurens-lèz-Chalon, et pour la reparacion et soustainement de la maison d'icelle monnoye, lesquelz estoient très necessaires à faire, yceulx faiz depuis le 2° jour d'avril 1415 jusques au 11° jour de juing 1417, durant lequel temps ledit Humbert Viart et Guill͞m Soiran ont esté maistres de ladicte monn°, lesquelx ouvraiges montent à 352 ₶ 12 s. 2 d. ob. ts.....

Mention de maistre Estienne de Sens, général maistre des monnoyes.

A Girart Marriot, garde de la monnoye de Dijon, pour ses gaiges qui sont de 100 ₶ par an, desserviz par 8ˣˣ 16 jours commançant 13 d'octobre 1417, jusques au 6ᵉ jour d'avril ensuivant inclus, que fut ostez par Monsᵍʳ dud. office et en son lieu institué Jehan Jossequin.....

A Jehan Jossequin, institué garde de la monᵒ par lettres de Monsᵍʳ, données 14 de mars 1417, au lieu dud. Girart, duquel office il fit le serment le darrᵉ jour dud. mois de mars ou xvıııᵉ après Pâques. Il a commencé son service le 7 avril 1418.

Girart Marriot rétabli par lettres patentes du 8 juillet 1418, et Jehan Jossequin déchargé de l'office.

Andriet de Veely garde de lad. monᵉ depuis le 14 octobre 1417 jusqu'au 19 février suivᵗ, et fut en son lieu institué par Monsᵍʳ Amiot Clerambaut.

Les lettres patentes de Clerambaut sont du 18 janvier 1417; elles nomment garde des monᵉˢ de Dijon et de Chalon, en remplacement d'Andriet de Vely. Il prête serment le 18 février 1417, et ses gaiges vont jusqu'au 17 août 1418 :

Audit Andriet, tailleur de lad. monnᵉ, pour ses gaiges desservis depuis le 13ᵉ jour d'octobre 1417 jusques au 17ᵉ jour d'aoust 1418.

L'essayeur est Jehan du Vivier ; il est essayeur aussi de la monᵉ de St-Laurens.

(Arch. de Dijon, B 11215, fol. 13 rᵒ à 15 rᵒ.)

1416.

Item grans blans de mesme fasson, et ont la croys bastonnée et ung point cloux dedens l'escu, sont faiz à 11 d. xvɪ gr. et furent faiz en l'an mil ııııᵉ xvj.

En marge. Blanc à l'écu avec point entre les deux fleurs de lys de dessus, et ✳ KAROLVS ℰ FRANCORVM ℰ REX. O ronds.

Item grans blans de la fasson dessusd. et ont ung treffle devant la petite croys du comencement de la lettre, sont faiz à 11 d. xvɪ gr.

En marge. Blanc à l'écu, pas de point dans l'écu. O ronds et ✳ KAROLVS ℰ FRANCORVM (trèfle).

(Ms. F. nouv. acq., 471, fol. 68, fonds de Brienne.— Ms. F. 148, fol. 266 vᵒ et 267 rᵒ.)

1416.

Cy ensuivent les différences des monnoyes faites depuis l'an mil ııııᵉ xvɪ jusques aujourdhuy.

Et premièrement feist faire le Roy gros de 20 d. ts. la pièce de cours à 12 d. de loy argent le Roy, et pour différence devers la pille 3 fleurs de lys en un compas rond, et devers la croix à chacun bout du baston une fleur de lye; sont faitz à 12 deniers de loy.

Escu pour lors de celle monnoye, poisant 3 d. 3 grains, valloit communément de marchand à marchand........ 22 solz 6 d. ts.

(Ms. Poullain, P. II, 7.)

1416 (4 MAI).

Guillᵉ de Montalet, soi disant procureur de Jacques le Roy, se désiste de l'opposition que ledit Jacques avoit faite pour cause de l'office de Colart Louchart, garde de la monᵉ de St-Quentin.

(A. N. Reg. Z, 1ᵇ, 2.)

1416 (5 JUIN).

A cette date, sire Giles Vilet n'est plus vivant.

(*Ibidem.*)

1416 (JUIN).

Item blancs de dix deniers tournois la pièce, qui ont la croys oppitalière et ont ung point dedans l'escu et ung autre point au bout d'un des boutz de la grand croys et sont faiz à iiij d. de loy arg. le Roy et furent faiz au moys de juign mil iiij^c xvi.

En marge. Blanc à l'écu. Écusson à trois fleurs de lis et + KAROLVS ꝫ FRANCORVM ꝫ REX. O ronds. Revers non donné.

Item petits blans qui ont les O ronds et n'ont point de point dedans yceluy O sont faiz à iij d. xij gr.

En marge, la pille du petit blanc avec point entre les deux lys d'en haut et + KA-ROLVS ꝫ FRANCORVM ꝫ REX.

(Ms. F., nouv. acq., 471, fol. 67 et 69.— Ms. F. 148, fonds de Brienne, fol. 266 v°.)

1416 (11 JUILLET).

A la requête des changeurs sur le pont de Paris, fut donné l'office de contregarde de l'argent à Paris à Pierre Mandole, vacant par le trespassement de Grigot de Carency.

(A. N. Reg. Z, 1b, 2. — Sorb. H. 1, 9, n° 174, fol. 108 v°.)

1416 (20 JUILLET).

Ord^{ce} aux baillifs pour le cours des monn^{ts}, pareille à celle du 3 juillet 1412.

Loys Culdoe, Bnart Braque et Jehan Remon le jeune, gnaux m^{es} des mon^{es}.

Raoul Thoyra, garde de la mon° de St-Quentin.

(Sorb. H, 1, 9, n° 174, fol. 182 v°.)

1416 (23 JUILLET).

(*Crimiaci*, en latin).

Pierre Audouardi, m° p^{er}, apporte les boîtes d'or et d'argent de la St-Jean 1415 à la St-Jean 1416.

Sont en boîte :

43 écus de l'ouvrage fait de la St-Jean 1415 au 3 janvier suivant exclus, et du 3 janvier à la St-Jean 1416.

34 à cause du prix du marc d'or, porté de 70 ₶ 15 s. ts. à 72 ₶.

Blancs de 10 d. ts. . . . . 100 s. 5 d.

(Arch. de Grenoble, 1, 7, fol. 7 r° et v°.)

1416 (25 JUILLET).

(*Embrun*, en latin).

Jehan Juberti, garde, apporte les boîtes de l'ouvrage fait sous la maîtrise de Pierre de Brenne dans l'année écoulée.

En boîte, 8 d. à l'écu.

Dans la boîte des blancs, 10 s. 1 d.

Dans la boîte des quarts de gros, 27 s.

Il apporta aussi quandam parvam bastram pactacorum factorum de anno precedenti in qua sunt 16 d. dictorum pactacorum habentium cursum quilibet pro tribus obolis Parisiis.

(Arch. de Grenoble, B 1, 8, r° et v°.)

1416 (27 JUILLET).

Petrus Foresii dictus Coppe, m° p^{er} de Romans, et Jehan Grassi, garde, apportent les boîtes de l'ouvrage de la St-Jean 1415 à à la St-Jean 1416.

1re boîte d'écus, de la St-Jean 1415 au 4 janvier suivant exclus, 10 écus.

2° boîte, du 4 janvier inclus à la St-Jean suivante, 17 écus.

Boîte de grans blans, 69 s. 11 d. desd. blans.

Le 3 septembre 1416, les trois boîtes de l'an écoulé sont données à Jehan de Mareuil, pour les porter à Paris.

(Arch. de Grenoble B, 1, 9 r°.)

1416 (17 août).

Ce jour, Pierre Gentian relata au comptoir que M° Vital, de Lyon, m° des req^tes de l'hostel du Roy, lui avoit dit de par M. le conestable, que on voulust donner congié à Jehan Violet, garde de la mon° de Lion, de aller là où le Roy le voudroit envoyer jusques à 3 mois, et que pour lui en son office on ordonnast un lieutenant jusques aud. temps de 3 mois.

(A. N. Reg. Z, 1^b, 2. — Sorb. H. 1, 9, n° 174, fol. 105 v°.)

1416 (9 septembre).

Jehan de Verdun, garde de la mon° de Troyes, apporte au comptoir 6 ts. de blancs de 10 d. ts. la pièce, avec une pille qu'il avoit prise en lad. mon° de Troyes, sur laquelle avoient esté monnoyez partie d'iceulx blans, lequel Jehan de Verdun dist qu'il avoit esté quérir iceulx blans à Chaa-lons pour ce qu'ilz estoient plus febles qu'ilz ne devoient estre.

(A. N. Reg. Z, 1^b, 2.)

1416 (17 septembre).

Fut baillé à M^rs, par M. le chan^r de France, huit deniers de grands blancs faux

DOCUMENTS MONÉTAIRES. — II.

desquels il en fut couppé 4 pour faire l'essay et deux doubles morisques.

(A. N. Reg. Z, 1^b, 2. — Sorb. H. 1, 9, n° 174, fol. 109 r°.)

1416 (26 octobre).

A cette date, Pierre de Menin est toujours tailleur de la mon° de Tournai.

(A. N. Reg. Z, 1^b, 2.)

L'ordre à ceux à qui appartiennent les mines, près de la ville de Lyon, ainsi qu'aux marchands et changeurs, de porter les ma-tières d'or et d'argent qu'ils auront à la monnaie établie dans cette ville.

(Ord. X, 386.)

1416 (7 novembre).

Nicolas Varrot, garde de la mon° de St-Lô, réclame devant le comptouer de « Henry Tenort, tailleur d'icelle mon° », tout ce qu'il lui pourroit devoir et à son compagnon aud. garde depuis 15 ans en ça, à cause de la taille des fers d'icelle mon°.....

En marge : Règlement :

Gardes prendront le 10e sur la taille des fers de l'or de la mon° de St-Lô, et 4 s. ts. sur la taille des fers aux blancs pour ch̄un millier (d'œuvre de blanc).

(A. N. Reg. Z, 1^b, 2. — Sorb. H. 1, 9, n° 174, fol. 109 r°.)

1416 (15 novembre).

A Paris, par Guillaume le Gaingneur, pour lequel Jehan Trotet a tenu le cp^te de la mon°.

Écus de 22 s. 6 d. et de 64 au marc, du
15 novembre 1416 au 9 mars 1417. . . 28800

Deniers d'or à 23 caratz appelez moutons
d'or, de 20 s. ts. et de 96 au marc, par les
mêmes :

Du 9 mars 1417 au 25 juillet suivant (pour
chacun 300 deniers d'or l'on met un denier
d'or en boîte) 250500

Du 25 juillet 1417 au 1er septembre suivant. 76200

Du 1er sept. 1417 au 30 du mois . 80100

Du 30 septembre 1417 au 24 octobre suivant. 24000

Moutons à 22 carats et de 96 au marc :

Du 24 octobre 1417 au 10 février suivant
97200

Du 10 février 1417 au 26 mai 1418. . . 64500

(A. N. Rouleau du carton Z, 1b, 913.)

1416 (10 décembre).

Jeh. Molinier présente au comptoir un
vidimus de chastellet fait sur certaines lettres
royaulx, par lequel apparoit que le Roy lui
avoit donné l'office de garde de la monᵉ de
Tholouse, que tenoit Estienne Boyol, et
s'oppose à ce que aucun ne feust receu en
l'office sans ce qu'il feust oy.

(A. N. Reg. Z, 1b, 2.)

1416 (14 décembre).

Macé de Valenciennes eleu prevost d'un
commun accord des compagnons monoyers
du serment de France, sçr. Jacques Michiel,
Jehan de Serisy, Thierry le Charpentier,
Rolin Desjardins, Perrin Brisset, Colin
Dupuis, Jehan Dieulegart, Denisot Lange
Rousselle, Corin Aroden, Garnot Pavais.

(Sorb. H. 1, 9, nᵒ 174, fol. 109 rᵒ.)

1416 (5 janvier).

Sentence des gñaux qui maintient Raoul
Thoria, valet de chambre du Roy, en l'office
de garde de la monᵉ de St-Quentin, vacant
par la mort de Colin Louchart, suivant le
don qu'il en avoit eu du Roy contre Pierre
de Ravenel, changeur à Paris, qui s'en pré-
tendoit pourveu.

Ledit de Ravenel appela de ceste sentence
et depuis, dedans les 8 jours, renonça à son
appel.

En marge est allégué que led. Louchart
est décédé le jour de la bataille qui fut
contre les Anglois dernièrement en Picardie.

(A. N. Reg. Z, 1b. 2. — Sorb. H. 1, 9, nᵒ 174,
fol. 109 rᵒ.)

1416 (8 janvier).

A Montpellier, par Laurent Favoil (ou
Faveul), du 8 janvier 1416 au 24 juin 1417 :
Blancs de 10 d. ts., à 5 d. de loi et de 80 au
marc. . . . . 63000 frappés.

(A. N. Reg. Z, 1b, 899. — Carton Z, 1b, 898-99.)

1416 (8 janvier).

Angers (baillé) pour 2 ans.

(Ms. Lecoq, fol. 33 vᵒ.)

1416 (8 janvier).

Jehan Jarze mist la monᵉ d'Angers à pris
pour et au nom de Jehan le Maistre pour
2 ans, à compter du jour de la première
delivrance, et promist audit nom faire faire
le marc d'or pour 8 s. ts., le marc d'œuvre
du blanc pour 4 s. ts., et le marc du noir
pr 2 s. ts.

(A. N. Reg. Z, 1b, 2.)

'1416 (13 janvier).

Perrotin de Ravenel qui avoit fait appel de la décision rendue par la chambre des monnoies en faveur de Thoria, son compétiteur, se désiste.

(A. N. Reg. Z, 1ᵇ, 2.)

1416 (14 janvier).

Aymery Dorde s'oppose à la vérification des lettres impétrées par Jehan Molinier pour cause du don de l'office de garde de la monᵉ de Tholouse, au lieu de Estienne Boyol, et que aucun ny feust installé sans lui oir.

(*Ibidem.*)

1416 (18 janvier).

Ce our furent rendues à Aymery Dordet et à Jehan Molinier les lettres qu'ils avoient impétrées pour l'office de garde de la monᵉ de Tholouse au lieu de Estienne Boyol, et s'opposèrent les dessus dicz que aucun ne feust receu audit office sans ce quilz soient appelez.

(*Ibidem.*)

1416 (23 janvier).

Item le 23ᵉ jour de janvier aud. an, fut ordonné faire gros de 6 solz 8 d. de loy (*lisez* poids), et donnoit le Roy de marc d'argent 8 livres, et pour différence ont la croix hospitalière et un poinct ouvert au bout du baston, sont aitz en cette manière à 8 d. de loy.

(Ms. Poullain, P. II, 7.)

1416 (24 janvier).

Mention de Raoul Thorya, garde de St-Quentin.

(A. N. Reg. Z, 1ᵇ, 58, fol. 143 vᵒ.)

1416 (2 février au 29 juillet 1417).

A Montpellier, par Lorens Favoil : Écus de 64 au marc. . . . . 45600 frappées.

(A. N. Reg. Z, 1ᵇ, 899. — Carton Z, 1ᵇ, 898-99.)

1416 (3 février).

Furent présents au comptouer : Audebert Tatin, mᵉ du mestier des changeurs, Jeh. Tarenne, Andrieu d'Espernon, Jehan de Campans, Guillᵉ Plateau, Alexandre des Mares, Jehan Clebourt, Pierre Chauveau, changeurs, auxquels furent monstrez plusieurs faux blancs de 10 d. ts. pièce et leur en fut baillé à chacun 4 deniers blancs, et aud. Audebert Tatin 12, pour en bailler et monstrer aux aultres compagnons changeurs, et leur fut enjoint que, si il leur en vient aucuns en payement qu'ils recevront, qu'ils en retiennent les personnes et qu'ils le facent sçavoir aud. comptouer.

(A. N. Reg. Z, 1ᵇ, 2. — Sorb. H. 1, 9, nᵒ 174, fol. 109 vᵒ.)

1416 (5 février).

Robert Boymare, bourgoiz et lui disant garde de la monᵉ de Rouen, s'oppose à ce que aucun ne soit mis ou institué en possession dudit office de garde.....

(A. N. Reg. Z 1ᵇ, 2.)

1416 (16 FÉVRIER).

Emar Boyol, frère d'Estienne Boyol et son procureur, s'oppose au comptouer à ce que aucun ne fust miz et institué en l'office de garde de la mon° de Thoulouse que tient et possède ledit Estienne Boyol.....

(A. N. Reg. Z, 1ᵇ, 2.)

———

1416 (MARS).

Escu pour tout le mois de mars, pesant comme dessus, valloit de marchand à marchand communément 30 solz ts.

Item fut ordonné un mandement à Chinon de faire faire gros de mesme façon, excepté quilz ont au bout en différence devant la croix du commencement des lettres un C, en cette manière. Sont faiz à 7 d. 12 gr. de loy et valloit marc d'argent 7 ✠ 15 solz.

Item valloit escu de lad. monnoye 40 solz.

(Ms. Poullain, P. II, 8.)

———

1416 (7 MARS AU 15 JUIN 1417).

A St-Lô, par Jehan le Goupil, écus à la couronne de 27 s. 7 d. ts., et de 64 au marc. . . . . 4400 écus.

Guillaume Lailler est garde, Jehan Lailler contre-garde.

Du 16 juin 1417 au 15 janvier suivant, moutons à 23 k. et de 96 au marc . . . .

. . . . 20400 frappés.

(A. N. Feuille de parchemin du carton Z, 1ᵇ, 981-982.)

———

1416 (21 MARS).

Item le 21° jour de mars 1416 fut faict gros de mesme façon et de 6 solz 8 d. de taille et la croix en cette façon, au commencement de l'escritture ✠ , et donnoit le Roy du marc d'argent es marchanz 9 l. ts. et sont faitz à 5 d. 3 gr.

En marge, figure conforme, couronne sur les trois lys.

Item fut envoyé un mandement à Chinon de faire ouvrer gros de 20 d. ts., de mesme façon, et avoient la petite croix patée ✳ et un C devant et avoient l'O rond et sont de 6 solz 8 d. de taille et faitz à 4 d. 12 grains.

En marge, figure conforme.

(Ms. Poullain, P. III, 22.)

———

1416 (21 MARS).

Item le XXI jour de mars mil IIIJᶜ XVI , faisoit faire le Roy gros de XX d. ts. la pièce et de VJ s. VIIJ d. de taille et donnoyt de soubz de loy aloyé à lad. loy IX ✠ et ont la croix bastonnée et l'O rond et sont faiz à V d. VIIJ gr. de loy.

En marge, dessin. ✠ SIT ❊ NOMEN ❊ DNI ❊ BENEDICTV. Croix fleurdelysée, couronne aux 2ᵉ et 3ᵉ cantons.

℞. ✠ KAROLVS ❊ FRANCORV ❊ REX. 3 fleurs de lys et couronne dessus, point sous la couronne.

Item fut ordonné ung mandement à Chinon de fᵉ ouvrer granz de mesme façon, excepté quilz avoient en différance davant la petite croix du commencement de la lettre ung C en cette manière et ung point desoubz led. C ; sont fez à IIIJ d. XIJ gr.

En marge, dessin. ✳ KAROLVS ❊ FRANCO-RVM ❊ REX ❊ C. 3 fleurs de lys sous couronne.

(Ms. F. nouv. acq., 471, fol. 73. — Ms. Brienne, n° 148, fol. 269, rᵉ et vᵉ.)

———

1416 (26 mars).

Ord⁴ que Macé de Valenciennes auroit l'office de gñal essayeur que souloit tenir Michau de Caours, parmi ce que la vie durant dud. de Caours il n'aura de gages que 50 ℔ ts., et led. Milet de Laigny aura l'office d'essayeur de la monᵉ de Paris, à 10 ℔ ts. de profit chūn au tant que led. Michau de Caours vivra, avec les autres droits et profits aud. office apartenant.

(Sorb. H. 1, 9, nᵒ 174, fol. 109 vᵒ.)

1416 (avril).

Item le (?) jour d'avril 1416, fut ordonné faire gros ayans cours pour 20 d. ts. la pièce, et sont de 5 solz 5 d. et le quart d'un denier de poids au marc, et pour différence ont deux rondeaux, tant d'un costé que d'aultre, et devers la pille trois fleurs de lys en un compas rond et une couronne par dessus, et escrit GROSSVS TVRONVS, et au grand rondeau 12 fleurs de lys et au petit devers la croix KAROLVS DEI GRA et au grand SIT NOMEN DOMINI ; sont à 9 d. de loy.

(Ms. Poullain, P. II, 7.)

NOTA. Cette date est fausse ; il s'agit du grossus du 3 novembre 1413.

1416 (3 avril).

Lettres patentes aux gᵃᵘˣ mᵗʳᵉˢ pour leur enjoindre de bailler à la chandelle la monᵉ de Toulouse pour 2 ou 3 ans, à celui qui pour moins voudra faire l'ouvrage et qui plus promettra de faire grant quantité de marcs d'or et d'argent.

(A. N. Carton Z, 1ᵇ, 535.)

1417 et 1419.

Par le compte de Thoulouze, 1417 et 1419, le Roy tira du marc d'argent 70 s. ts., 6 ℔, 12 ℔ et 13 ℔, plus et moings, et du marc d'or par lesd. comptes 11 ℔, 13 (℔).

(Ms. Lecoq, fol. 69 rᵒ.)

1417 (13 avril).

Item le 13ᵉ jour d'avril 1417, donna le Roy mandement de faire gros de mesme façon et de 6 solz 8 d. de taille, et avoient la croix de cette façon ✠ et le point dessoubz, et donnoit le Roy de solz de loy 11 ℔ 10 solz, et sont faicz à 5 d. de loy.

En marge, figure conforme, mais le point a été oublié.

(Ms. F. nouv. acq., 471, fol. 73-74.—M. Poullain, P. III, 22.)

1417 (13 avril).

Lettres de Charles VI, par lesquelles il fait don du Dauphiné à Charles, duc de Touraine, son fils.

(Ord. X, 404.)

1417 (13 avril).

Item fut faict le 13ᵉ jour d'avril 1417 gros pareilz que dessus à 20 d. ts. la pièce, et de 6 solz 8 d. de taille, et ont icelle croix au commencement de l'escriture ✠ et point dessoubz le costé et ont l'O rond, et donnoit le Roy de solz de loy 12 ℔ ts., et sont faitz à 4 d. 12 grains.

En marge, figure conforme.

Item fut faict gros pareilz de façon et de

7 solz 6 d. de taille, et avoient ycelle croix
✠ et deux pointz, et donnoit le Roy es
marchans du marc d'argent 15 ╫ ts., et sont
faitz à 4 d. de loy.

En marge, figure conforme.

(Ms. Poullain, P. III, 23.)

1417 (17 avril).

A Paris, de notre règne le 37°, par le Roy,
à la relation du co....il des loys. R. Camus.

Lettres pat⁻ à no... .mez et féaulx conseillers M⁻ Pierre Cufflère, Oudart Baillot et
Quentin Massin, et au bailli des ressors et
exemptions de Touraine et d'Anjou et du
Mayne et de Poitou ou à son lieut⁻ pour faire
prendre prisonnier Jehan de Gennes, cap⁻
du chastel de Villré et autres complices,
fabricateurs de fausse mon⁻.

(A. N. Reg. Z, 1ᵇ, 58, fol. 144 r°.—Sorb. H. 1, 9,
nᵒ 174, fol. 182 v°. — Ord. X, 406.)

L'ordonnance dit qu'il a fait forger aud.
château « fausse monnoye à nos armes par
faulx fers et poinçons, qu'ils ont faictz et
font. »

Il y est dit de plus qu'il faut arrêter « Jehan
le Favre, conseiller de Laval », en la maison
duquel a esté trouvé grande quantité de
faulse monnoie, avec certains faux fers et
autres outilz à monnoyer et plusieurs flans
d'icelle faulse monnoie.

1417 (4 mai).

Maitre Jehan de la Porte, procureur du
Roy nᵉ sᵗᵉ en la chambre des monnoyes, se
oppose en lad. chambre à l'entérinement de
certaines ettres royaulxi mpétrées par Jehan
Violet, garde de la mon⁻ de Lyon.

(A. N. Reg. Z, 1ᵇ, 2.)

1417 (8 mai).

Le 8ᵉ jour de may, l'an 1417, fut faict
l'ouvrage qui ensuit :

Moutons d'or de 23 carats de loy de 2 d.,
un environ de poids au feur de 96 p⁻⁻.

Au marc aians cours. . . 20 s. ts. p⁻.
Marc d'or fin. . . . . 92 ╫.
Doubles ts. à 2 d. de loy de 21 gr. de
poids, au feur de 200 pièces au marc, aians
cours pour . . . . 2 d. p⁻.

(Reg. de Lautier, fol. 95 v° et 96 r°.)

1417 (10 mai).

De notre règne le 37ᵉ, donné à Paris par
le Roy en son conseil. Mandement pour faire
mon⁻ 40ᵉ et petits moutons.

Lettres pat. aux g͞n͞aux pour faire den.
d'or fin, appellez moutons, à 23 caratz et un
quart de carat de remède, de 96 den⁻ de
poys au m̄. de Paris, lesquels auront cours
pour 20 solz ts. la pièce, en faisant donner
aux chang⁻ et marchans pour chacun m̄.
d'or fin 92 ╫ ts. — Item blancs den. appellez
gros, ayans cours pour 20 d. ts. la pièce, à
8 d. de loy arg. le Roy et de 6 s. 8 d. de
poys au m̄. de Paris. — Item autres den⁻
blans aians cours pour 10 d. ts. la pièce, à 4
d. de loy arg. le Roy et de 6 s. 8. d. de poys
au m̄. de Paris.—Item petiz den⁻ blans ayans
cours pour 5 d. ts. la pièce à lad. loy et de
13 s. 4 d. de poys aud. m̄. — Item doubles
den. ts., ayans cours pour 2 d. ts. la pièce,
à 2 d. de loy arg. le Roy et de 16 s. 8 d. de
poys aud. m̄.—Item petitz den. parisis aians
cours pour 1 den. par. la pièce, à 1 d⁻ et
maille de loy arg. le Roy et de 20 s. de poys
au m̄. dess͞u͞sd. — Item petiz den⁻⁻ ts. ayans
cours à 1 d. ts. la pièce, à 1 d. maille de loy
arg. le Roy, et de 25 s. de poys aud. m̄.

—Item petites mailles ts. ayans cours pour
1 maille tournoise la pièce, à 1 d. de loy arg.
le Roy et de 33 s. 4 d. de poys au $\overline{m}$. de
Paris, en faisant donner aux changeurs et
marchans de chacun m. d'arg. , tant blanc
comme noir, 8 ⚓ ts., en mettant en icelles
monnoies d'or et d'argent telle differance
comme bon vous semblera.

(A. N. Reg. Z, 1ᵇ, 58, fol. 144 vᵒ et 145 rᵒ.—Sorb. H.
1, 9, nᵒ 174, fol. 166 vᵒ et 183 rᵒ.—Ord. X, 407.)

1417 (10 MAI AU 20 OCTOBRE).

Petits deniers d'or appellez moutons à
23 k. de 20 s. ts. et de 96 au marc.

(Ms. F. 4533, fol. 59 vᵒ.—Ms. F. 18500, fol. 8 vᵒ.)

1417 (10 MAI AU 21 OCTOBRE SUIVANT).

Blancs deniers appellez gros, ayans cours
pour 20 d. ts., à 8 d. de loy A. R., et de
80 au marc.
Demi blancs à l'escu de 5 d. ts. à lad.
loy (4 d.), et de 160 au marc.
Doubles ts. à 2 d. A. R. et de 200 au $\overline{m}$.

Den. parisis } à 1 d. ob. A. R. { 240 au $\overline{m}$.
Den. tournois } { 300 au $\overline{m}$.

Oboles ts. à 1 d. de loy A. R. et de 23 s.
4 d. au marc.

(Ms. F. 4533, fol. 86 vᵒ.)

1417 (13 MAI).

Jehan de la Fontaine mit la monᵒ d'arg. de
Paris à pris sur les conditions du bail des
monnoyes et promist faire le marc d'œuvre
du blanc en blancs deniers à l'escu, grands
et petits, sur le pied de monᵉ 40ᵉ, pour 4

s. ts., et le $\overline{m}$. d'œuvre du noir sur led. pied
pour 2 s. ts.

(A. N. Reg. Z, 1ᵇ, 2.—Sorb. H. 1, 9, nᵒ 174, fol.
109 vᵒ.)

Au 16 juin 1417, Barthelemy de Rezel
est mᵒ partᵉʳ de la monᵒ de Lion.

(Ibidem.)

1417 (17 MAI).

A Paris, de notre règne le 37ᵉ, par le Roy,
en conseil, où le conestable, le chancelier,
Mᵍʳ le Dauphin et autres estoient.

Lettres patᵉˢ aux gⁿaux de permission à
notre très-cher et très-amé fils Charles ,
daulphin de Vyennois , que il en toutes les
monᵉˢ du pais de Daulphiné puisse faire
ouvrer toutes telles et semblables monˢ en
forme , poids , loy et cours comme nous
faisons et ferons faire ez monᵉˢ de notre
royᵐᵉ, pourveu toutes voyes qu'il ne donne
ou face donner aux marchans plus grand prix
du $\overline{m}$. d'or et d'arg. que nous ferons faire en
nos monᵉˢ, et que les boistes soient aportées
à Paris en notre chambᵈ des monᵉˢ, en laquelle
par les généraux maistres d'icelles, prⁿt un
des gens ou officier de notredit fils, qui sera
par lui député , sera fait le jugement d'icelles
et demouront lesd. boistes en lad. chambᵈ
des monᵉˢ, et que au cas que esd. monᵉˢ du
royᵐᵉ seroit faite mutation par creüe de
poids ou autrement, en quelque manière que
ce soit, que iceux gⁿaux mᵗʳᵉˢ seront tenus de
notifier à notred. fils ou à ses gens pour lui,
pour faire faire le semblable aud. pays
toutes les foys que le cas y eschura.

(A. N. Reg. Z, 1ᵇ, 58, fol. 144 vᵒ.—Sorb. H. 1, 9,
nᵒ 174, fol. 182 vᵒ. — Ord. X , 411. — Morin,
p. 226.)

1417 (17 MAI).

Moutons à 23 karats, 96 au marc, v^t 20 s.
— Gros à 8 d., 80 au marc, v^t 20 d.

(Leblanc, *Tables*.)

————

1417 (18 MAI).

Le 18e jour de may, l'an 1417, fut faict
l'ouvraige qui ensuyt.

Moutons d'or à 23 karatz de loy de 2 d.
ou environ de poix, au feur de 96 pièces au
marc, ayans cours pour vingt solz ts. pièce.
Marc d'or fin. . . . . 92 ^{tt}.

Figure. Aignel, pennon et KF RX. ℞. Croix
cantonnée de 4 lys et 8 petits lys à l'extérieur.

Doubles tourn. à 2 d. de loy de 21 grains
de poix, au feur de 200 pièces au marc,
ayans cours pour 2 d. p^{ce}.

Figure. SIT, etc. Croix dans un fleuron
quadrilobé. ℞. KAROLVS FRANCORV. Trois lys
dans un fleuron trilobé.

(M^s. F. 5524, fol. 112 v° et 113 r°.)

————

1417 (27 MAI).

Exécutoire (adressé à Rouen, de l'ord^{ce}
royale créant la mon^e 40e).

.... et ne laissez plus monnoyer sur les
fers où l'on a accoustumé à monnoyer, mais
sans aucun delay faictes faire deniers d'or
appelez moutons ayans cours pour 20 solz ts.
la pièce, à 23 caras, à ¼ de carat de remède
et de 96 deniers de poys au marc de Paris.—
Item blans deniers appelez gros, ayans cours
pour 20 d^{rs} ts. la pièce, à 8 d. de loy A. R.,
et de 6 s. 8 d. de poys aud. marc, desquelx
deniers nous vous envoyons les patrons.
— Item autres deniers blans ayans cours
pour 10 d^{rs} ts. la pièce, à 4 d. de loy A. R.,

et de 6 s. 8 d. de poys au m̄. de Paris, et
petiz deniers blans ayans cours pour 5 deniers
ts. la pièce à lad. loy, et de 13 s. 4 d. de
poys aud. m̄., sur la forme des deniers grans
blans et petiz que on a accoustumé de faire,
excepté que vous ferez faire dedans l'escu
de la pille, entre les deux fleurs de liz de
dessus, un point, et devers la croix, au bout
du baston de la croix qui est à l'opposite de
la petite croix, au commencement de la lettre,
un point, et que ce ne soit pas du costé de
la petite croix, avecques les autres diferances
que on a accoustumé de faire.—Item doubles
d^{rs} ts. à 2 d. A. R., et de 16 s. 8 d. de taille.—
Item petits deniers parisis, à 1 d. 22 gr. A. R.
et de 20 s. de taille.—Item petits deniers
tournois à 1 d. 12 gr. A. R. et de 25 s. de
taille.—Item petites mailles à 1 d. A. R. et de
33 s. 4 d. de taille.

Item quand vous ferez lez delivrances d'or,
mettez de 300 deniers d'or un denier d'or
en boiste, car ainsy a il esté ordonné, et
faictes faire esd. deniers d'or et gros les
diferances semblables à ceux que on faisoit
es deniers d'or appelez escuz et ez gros qui
derrenièrement ont esté faiz.

(A. N. Reg. Z, 1^b, 58, fol. 145 r° et v°.)

Cet exécutoire est envoyé à Rouen, Troyes,
Paris (Jehan Souriz, garde), Chalon, St-
Pourçain, Tours, Angers, Tournai, St-André,
St-Quentin, St-Lô, Toulouse (Est^ne Boyol,
garde), Troyes, Dijon, Lyon, Mâcon et
Montpellier.

(A. N. Reg. Z, 1^b, 58, fol. 146 r° et v°.)

————

1417 (27 MAI).

Le 27e jour de may l'an 1417 fu ordonné
au comptoucr en la chambre des monnoyes,
que es deniers d'or apellez moutons à 23
caras, ayans cours pour 20 solz ts. la pièce,

qui se feront es monn̄, sera fait en chacune monnoye semblable diferance comme es deniers d'or appellez escuz à la coronne, ayans cours pour 22 s. 6 d. ts. la pièce.

Es deniers gros d'argent à 8 d. de loy sera mis pour differance deux couronnes entre les bastons de la croix, avec les autres differances que on faisoit en chacune monnoye esdiz deniers gros.

Item es deniers blans à l'escu, de 10 deniers tournois la pièce et de 5 d. tournois la pièce, sera mis pour differance dedans l'escu de la pille entre les ij fleurs de dessus ung point, et devers la croix, au bout du baston de la croix qui est à l'opposite de la petite croix, au commencement de la lettre, ung point avec les autres differances que on faisoit en chacune monnoye esdiz deniers.

(Reg. entre 2 ais, fol. 167 r°.)

Ces lettres sont adressées à Rouen, Troyes, Paris, Chaalons, St-Pourçain, Tours, Angers, Tournay, St-Andry, St-Quentin, St-Lô, Tholouze, Mascon, Lyon et Montpellier.

(A. N. Reg. Z, 1ᵇ, 58, fol. 145.)

1417 (28 MAI).

Lettres patentes aux gᵃᵘˣ mᵗʳᵉˢ pour leur enjoindre de bailler la monᵉ de Tournai à Jaques de Lailler, à la chandelle, s'il ne se présente pas de soumissionnaire à meilleure condition.

Il offrait d'ouvrer le marc d'or pour 9 s. ts. et le marc d'œuvre de blanc pour 3 s. 6 d. ts., le noir pour 2 s. ts., se faisant fort d'ouvrer dans l'année 40,000 marcs d'œuvre, et si plus, il n'aurait que 3 s. pour marc.

(A. N. Carton Z, 1ᵇ, 535.)

1417 (29 MAI).

Mandement de Charles VI aux gᵃᵘˣ mᵗʳᵉˢ des monᶜᵉˢ d'affermer et de délivrer les monˢˢ du royaume à la chandelle ou à main ferme et sans enchère, lad. chandelle faillie, pour le temps qu'ils jugeront convenable.

(A. N. Reg. Z, 1ᵇ, 58, fol. 147 r°.—Ord. X, 413.)

1417 (4 JUIN).

Moutons d'or petits.
Cours. . . . . 20 sols.

(Sorb. H. 1, 10, n° 172, fol. 37 v°.)

1417 (14 JUIN).

Ordᶜᵉ royale ôtant le cours à toute autre monnaie que

Le mouton.	pʳ 20 s. ts.
Le gros.	pʳ 20 d. ts.
Le demi gros	pʳ 10 d. ts.
Le blanc à l'écu	pʳ 10 d. ts.
Le petit blanc.	pʳ 5 d. ts.
Le double	pʳ 2 d. ts.

Le denier parisis et le petit tournois pʳ 1 d. par. et 1 d. ts.

La petite maille . . . . pʳ 1 maille ts.

Toutes autres monnaies ne seront prises qu'au marc pour billon.

(A. N. Reg. Z, 1ᵇ, 58, fol. 148 r°.)

1417 (19 JUIN).

A Villeneuve St-André, par Jehan Paumier.

Blancs de 10 d. ts. à 4 d. et de 80 au marc, du 19 juin 1417 au 16 février. .	940000
Blancs de 10 d. ts. à 2 d. 16 gr. et de 80 au marc, du 19 février 1417 au 27.	264000

26

Id. du 2 avril 1417 au 16 février. 1189000

Id. du 18 février 1418 au 14 mai 1419
                    107000

Blancs de 10 d. ts. à 2 d. 6 gr., et de 81 au marc, du 20 mai 1419 au 13 juin. 133000

Gros de 20 d. ts. à 4 d. et de 80 au marc, du 17 juin 1419 au 5 juillet. . . 98000

Mêmes gros à 4 d. et de 7 s. (84 au marc), du 8 juillet 1419 au 2 septembre. 435000

Mêmes gros de 20 d., du 17 décembre 1418 et du 20 du même mois. . . 34000

Mêmes gros à 5 d. 8 gr. et de 80 au marc, du 6 avril 1418 au 12 mai 1419. . 36000

Mêmes gros à 4 d. 12 gr. et de 6 s. 9 d. (81), du 23 mai 1419 au 17 juin. . 44000

Doubles ts. à 1 d. 8 gr. et de 16 s. 8 d. (200), le 13 décembre 1418, 264 marcs. . 52800

Mailles ts. à 1 d. et de 33 s. 4 d. (400 au marc) 36 marcs, le 22 décembre 1417 . 14400

Mailles ts. à 16 grains et de 33 s. 4 d. (400 au marc), le 11 mars et le 18 mars 1418, 18 marcs 7200

Gros de 20 d. ts. à 4 d. et de 8 s. 4 d. (100 au marc), par Jehan Palmier (sic), du 6 septembre 1419 au 1er novembre. 521000

C'est l'un des gardes de la monnaie qui est tailleur.

(A. N. Rouleau. Carton Z, 1ᵇ, 1011-12.)

1417 (2 JUILLET).

Lettres par lesquelles Charles VI permet à Barthelemy de Rezel, maître de la monnaie de Lyon, de tenir cette monnaie pendant un an, au lieu de 5 ans.

(Ord. X, 418).

Le 2 juillet 1417, il tenait la monᵉ déjà depuis un an. Il s'agit d'une année de plus à partir de la 1ʳᵉ délivrance qu'il fera après le 2 juillet 1417.

(A. N. Reg. Z 1ᵇ, 58, fol. 147 rᵒ et vᵒ. — Ord. X, 418-419.)

1417 (7 JUILLET).

A Toulouse, par Gibert Engibaut, blancs de 10 d. ts., à 4 d. et de 80 au marc, du 7 juillet 1417 au 13 octobre suivant 429000

Mêmes blancs par Jehan Bordebare (ou Bordebure), du 23 octobre 1417 au 20 février suivant. 43200

Deniers ts. à 1 d. 12 gr. et de 25 (lisez 21) s. de taille (300 au marc), le 24 décembre 1417 et le 3 janvier suivant, 24 marcs. . 6048

Mailles tournoises à 1 d. de loi et de 33 s. 4 d. (400 au marc), 12 marcs, le 4 janvier 1417. 4800

(A. N. Reg. Z, 1ᵇ, 1368. — Carton Z, 1ᵇ, 991-92.)

1417 (12 JUILLET).

A Toulouse, par Gibert Engibaud, moutons à 23 k., de 20 s. ts. et 96 au marc, du 12 juillet 1417 au 13 octobre suivant ($\frac{1}{300}$ mis en boîte) 23700

Mêmes moutons par Jehan Bordebare (Bordebure?), du 6 novembre 1417 au 12 février suivant. 10800

(Ibidem.)

1417 (13 JUILLET).

En latin.

Jehan Chaberti, garde d'Embrun, rapporte les boîtes des monnaies qui se frappaient à Embrun (nunc vero apud Mirabellium cuduntur).

Ce sont les boîtes d'Embrun et de Briançon, de la St-Jean 1416 à la St-Jean 1417 :

1° Boîte d'or d'écus, du 7 juillet 1416 au 12 juin 1417.

2° Boîte de grands blancs 12 s. III d.

3° Boîte de deniers blancs, nommés quarts, de 3 s. parisis la pièce, 12 s. 6 d.

(Arch. de Grenoble, B 1, fol. 10 r°.)

1417 (14 JUILLET).

Dijon et Chalon.

Ces monnaies ne fabriqueront rien jusqu'à nouvel ordre; les fers resteront sous la surveillance des gardes. Ordre aux ouvriers et monnoyers « de partir et de se transporter « en nos autres mon¹¹, là où ils sauront que « on aura besoin d'ouvriers et de monnoyers. »

(A. N. Reg. Z, 1ᵇ, 58, fol. 117 v°. — Ord. X, 420.— Ms. Lecoq, fol. 16 r°.)

Les monnoyers de Dijon allaient à Chalon, ouvrer pendant la foire, deux fois l'an.

(Ord. X, 162.)

1417 (14 JUILLET).

Fu apporté en la chambre des mon⁽ˢ⁾ par Jehan de Campans, changeur sur le pont de Paris, 235 deniers d'or appelez moutons, faiz en la mon° d'Angers, lesquelz n'estoient pas si bons qu'ilz devoient estre, et pour ce furent monstrez à Jehan Jarze au comptouer et lui fut dit qu'ilz n'estoient pas si bons qu'ilz devoient estre, et pour ce furent condempnez à estre fonduz par le maistre particulier de la mon° de Paris, et avec ce fut dit audit Jarze, qu'il les feroit bons à ceulx à qui ilz estoient, et tous ceux que on pourroit trouver pareillement, et aussi fut condempné à l'amender, lequel gagea l'amende en la main de sire Jehan Remon.

(A. N. Reg. Z, 1ᵇ, 2.)

1417 (21 JUILLET).

Ce jour fu délibéré et dit à sire Bernart Braque, que au cas que Amiot Viart ou aucun autre de par lui vouldroit mettre à pris la mon° de Mascon, que il defendist aus gardes de lad. mon° que ilz ne les receussent en aucune manière.

(A. N. Reg. Z, 1ᵇ, 2.)

1417 (4 AOUT AU 19 FÉVRIER SUIVANT).

A Montpellier, par Azemard Boyol.
Blancs de 10 d. ts. à 4 d. de loi et de 6 s. 8 d., (80) au marc . . . 906000 frappés.
Le tailleur est Pierre Morgues.

(A. N. Feuille de parchemin du carton Z, 1ᵇ, 900.)

1417 (7 AOUT).

A cette date, Jehan Trotet tient le compte de la mon° de Paris.

(A. N. Reg. Z, 1ᵇ, 2.)

1417 (18 AOUT).

Les généraux maitres fixent le prix des écus et des moutons pour le payement des lettres de change faites avant le 10 mai dernier.

C'est à sav. qu'ils auront pour chacun cent d'escus, ayans cours pour 18 s. parisis la pièce, cent trente huit moutons aians cours pour 20 s. ts. la pièce.

(Sorb. H. 1, 9, n° 174, fol. 110 r°.)

1417 (18 AOUT).

Maistre Raoul Eucher, lieut' de mons' le Prevost de Paris, expose aux g^{aux} m^{es} que, à cause de la mutacion que le Roy n^{re} s^{re} avoit derr' faicte sur le faict de ses monnoyes, il survenoit souvent plusieurs causes et procès par devant luy pour cause des lettres de change, etc. Les généraux maîtres décident que tous les marchands, auxquels il est dû de l'argent par lettre de change faite avant le 10 mai dernier, seront payés en la manière qui s'ensuit, c'est ass' qu'ils auront pour chacun cent d'escus ayans cours pour 18 solz parisis la pièce, 138 moutons ayans cours pour 20 s. tournois la pièce ; ainsi sera d'avantaige ausdiz marchans pour chacun cent d'iceulx escus oultre ledit pris de 18 s. parisis par pièce, 25 moutons et demy.

(A. N. Reg. Z, 1b, 2.)

1417 (23 AOUT).

Romanis (en latin).

Jehan Gras, garde de Romans, apporte les boîtes de l'année écoulée, de la St-Jean 1416 à la St-Jean 1417.

Boîte d'écus à la couronne, 16 deniers d'or.
Id. de grands blancs, 58 s. 5 d.
Id. d'oboles tournois, 3 s. 3 d. desd. oboles.

(Arch. de Grenoble, B. 1, fol. 11 v°.)

1417 (25 AOUT).

Crimiaci (en latin).

Jehan Dorerii apporte les boîtes de l'ouvrage de l'année écoulée.

Boîte d'écus à la couronne, du 26 juin 1416 au 16 avril 1417. . . . 15 d. d'or.
Boîte de grands blancs, 60 s. 7 d.

(Arch. de Grenoble, B. 1, fol. 11 r°.)

1417 (7 SEPTEMBRE).

Pour cause que aucuns des ouvriers de la mon° ne ouvroient pas l'or si diligemment qu'ils devoient faire, et qu'ils tenoient une breue d'or 6 ou 8 jours, ordonné que quatre d'entre eux ouvreront doresenavant tout l'or qui viendra en icelle mon° et non autres ; c'est à sav. Simonnet Aubourt, Rogerin Bacart, Perenet Dieulegart et Jehan le Goux, et leur fut enjoint qu'ils le fissent doresenavant sur peine d'un marc d'argent.

(A. N. Reg. Z, 1b, 2. — Sorb. H. 1, 9, n° 174, fol. 110 r°.)

1417 (20 SEPTEMBRE).

Procès entre Gibert Engibaut et Jehan de Bordebare (ou Bordebure).

(A. N. Reg. Z, 1b, 2.)

1417 (23 SEPTEMBRE).

Entre Gibert Engibaut opposant et demandeur d'une part, et Jehan de Bordebure défendeur, d'autre part, dit a esté que la mon° de Tholouse fut baillée aud. Bordebure parmy ce qu'il a promis faire ouvrer en icelle mon° dedans un an 1200 marcs d'or et 12000 marcs d'œuvre, et prester au Roy comptant mil livres tournois un mois après la 1re délivrance.

(Ibidem.)

1417 (24 SEPTEMBRE).

Jehan de Bordebure promist mettre hors de tout procès (plusieurs marchans), la femme et enfans feu Jehan de Cort, pour le fait de la mon⁰ de Tholouse et avecques ce de les contempter de tout ce qu'il leur peut estre deu à cause de matière de billon par eulx livré en icelle monnoye durant le temps que ledit Jehan de Cort a esté maistre particulier de lad. mon⁰, dedans un moys après ce qu'il sera arrivé à Tholouse.

(A. N. Reg. Z, 1ᵇ, 2.)

———

1417 (EN OCTOBRE ET 1419 EN JUIN).

Petits deniers d'or à 22 k. apelez moutons.

(Sorb. H. 1, 11, n° 166 bis.)

———

1417 (13 OCTOBRE).

Registre intitulé Comptes de la monn⁰ de Dijon.

Item en la fin de ce volume est cousu ung petit volume des comptes de Chalon des escuz d'or.

Humbert Viart.

Pierre Viart.

Girard Robet.

Oudot Douay.

Thevenin Bournier.

Comptes des monnoyes de Dijon, maîtrise d'Humbert Viart.

C'est le compte d'une boîte de la monnoye de Dijon des grans blans qui ont cours pour 10 d. ts. la pièce, à 4 d. d'aloy A. R. et de 6 s. 8 d. de pois au marc de Paris, lequel ouvrage a esté fait par Humbert Viart depuis le 13ᵉ jour d'octobre 1417 jusques au 28ᵉ jour de novembre ensuivant, et pour chacun mil blans l'on met 1 blanc denier en boîte, et avoit en ladite boîte 37 sols desdiz blans qui font 444 mil deniers desdiz blans.

En marge est écrit : toutes les receptes des comptes cy après déclairés ont esté faites par maistre Estienne de Sens, général maistre desdites monnoyes.

Grands blancs à 3 d. d'aloy et de 6 s. 8 d. au marc, par le même, du 14 décembre 1417 au 19 février suivant. 872000 frappés.

Et est assavoir que le 18ᵉ jour dud. mois de décembre, les maistres des monnoyes d'Auxonne, de Saint-Laurens et Mascon et dudit lieu de Dijon furent accompaignez et associez ensemble et promirent de forgier et monnoyer esdites monn⁰ˢ en ung an, commençant après la première delivrance que l'on feroit en l'une desdictes monnoyes, 6ⁱˣ mil marcs d'œuvre et de ce se obligèrent tous ensemble et ung chacun d'eulx pour le tout, par lettres receues ledit jour par Odot le Bedret, coadjuteur du tabellion de Dijon.....

Le m⁰ p⁰ʳ de la mon⁰ d'Auxonne est Amiot le Chiffet.

Grands blancs par le même, à 2 d. 12 gr. de loi et de 6 s. 8 d. de taille, du 24 février 1417 au 30 avril 1418, 1380000 frappés; mis en boîte 15 sols desdits blancs.

Grands blancs semblables, par le même, du 4 mai 1418 au 30 juin suiv. 960000 frappés.

Escus d'or de 22 s. 6 d. ts. à 23 k. par Humbert Viart, du 18 décembre 1417 au 17 février suivant. On mit $\frac{1}{200}$ en boîte.

5400 frappés.

Ecus à 22 k., par le même, du 16 mars 1417 au 2 mai suivant. . . 4800 frappés.

Moutons d'or de 20 s. ts. à 21 k. ½ le 10 juin 1418. On met en boîte $\frac{1}{300}$, 1800 frappés pour 6 mis en boîte.

Grands blancs de 10 d. ts., par le même, à 2 d. 12 gr., et de 6 s. 8 d., du 2 juillet 1418 au 17 août suiv⁺. . . . 762000 frappés.

Petits blancs de 5 d. ts. à 2 d. 12 gr., et

de 13 s. 4 d. de taille, le 7 juillet 1418. On met $\frac{1}{1000}$ en boîte. . . . 30000 frappés.

Deniers noirs appelez doubles, de 2 d. ts. à 1 d. 12 gr. et de 16 s. 8 d. de taille, le mercredi 6 juillet 1418, et pour chascune breue de 10 ⚓ desd. deniers doubles l'on met 1 d. en boîte, et avoit en ladicte boîte 7 d. qui font 70 ⚓ desd. deniers et poisent 84 marcs d'œuvre . . . . 16800 frappés.

(Arch. de Dijon, B. 11215, fol. 1 à 11 r°.)

1417 (21 OCTOBRE).

Gros à 5 d. 8 gr.

(Leblanc, Tables.)

1417 (21 OCTOBRE).

A Paris, de n^{re} règne le 38°, par le Roy, en son conseil, M. le Daulphin de Viennois et plus^{rs} autres présens.

Lettres pat. aux gñaux. Considérant les grans et urgens besoins et nécessité que avons présentement d'avoir finances pour le payment et entretenement des gens d'armes et de trait estans et que avons mandé venir en grand nombre devers nous en notre service, pour résister à notre ancien ennemy d'Angleterre et autres nos adversaires estans en puissance en notre royaume, nous faisans guerre, seduysans nos peuples et subjects à leur obéissance; considérant aussi la diminution et comme l'adnichilement de nos revenus, tant de notre domaine comme des aydes ord^{ez} pour la guerre advenue par les dampnées entreprises de nosd. ennemis et adversaires, et pour plusieurs autres causes et considérations à ce nous mouvant et mesmement pour obvier aux très-grands inconvéniens comme perdition de notre seigneurie qui sont en péril d'en ensuir, que Dieu ne

veuille : nous, par grand et meure délibération et conseil de plusieurs de notre sang et lignaige et autres saiges et prudens hommes ayans connaissances en cette chose, pour nous aider à suporter les très grands forces et despens que pour pourveoir aux affaires dessusd. il est besoin à faire, au moins de griefs à la charge de notre peuple que bonnement peut estre; avons voulu et ord^é, voulons et ordonnons faire den. d'or à 22 caraz, appelez escuz heaumez, à nos armes, qui auront cours pour 40 s. ts. la pièce, de 48 d. de poys au $\overline{\text{m}}$. de Paris. Item petits den. d'or au mouton, à 22 caratz, qui auront cours pour 20 s. ts. la pièce, de 96 den. d'or de poys au $\overline{\text{m}}$. dessusdit, à un quart de karat de remède, et faisant donner aux changeurs et marchans pour chacun $\overline{\text{m}}$. d'or fin 92 ℔ ts. Item blans deniers appellez gros, ayans cours pour 20 d. ts. la pièce, à 5 s. 8 gr. de loy arg. le Roy, et de 6 s. 8 d. de poys au $\overline{\text{m}}$. de Paris, semblables de forme à ceux qui ont à présent cours. Item autres den^{rs} blans à l'escu, ayans cours pour 10 d. ts. la pièce, à 2 d. 16 gr. de loy arg. le Roy, et de 6 s. 8 d. de poys aud. $\overline{\text{m}}$. de Paris, semblables de forme à ceux qui ont cours à présent sur le pied de mon° 60°, en faisant donner aux changeurs et marchans de chacun $\overline{\text{m}}$. d'arg. 9 ℔ ts., et en mettant en icelles mon° d'or et d'argent telle diferance que bon vous semblera.

(A. N. Reg. Z, 1^b, 58, fol. 148 r° et v°. — Sorb. II, 1, 9, n° 174, fol. 183 r° et 166 v°. — Ord. X, 422 et 423.)

1417 (21 OCTOBRE).

Le 21° jour d'octobre 1417, fu ordonné estre fait deniers d'or à l'escu heaumez, ayans cours pour 40 solz tournois la pièce, esquelz sera mis pour diferance un point là où on a acoustumé de le faire en chacune monnoye es deniers d'or appellez escus , ayans cours pour 22 s. 6 d. ts. la pièce.

Item es petiz deniers d'or appellez moutons à 22 caraz sera mis pour diferance devers la pile, au bout du baston dessus la banière, là où il a un trefle qui fait le fleuron du hault de la croix, sera mis une petite croisette, et devers la croix en lieu d'une petite fleur de liz entre les quatre demis compas une croisette.

Et es deniers blans appelez gros à 5 d. 8 gr. de loy, ayans cours pour 20 d. ts. la pièce, et blans deniers à l'escu, de 2 d. 16 grains de loy, ayans cours pour 10 d. ts. la pièce , sera mis pour diferance le baston traverssain de la petite croisette qui est au commencement de la lettre , tant devers la croix comme devers la pile, aussi gros au bout comme au milieu, avecques les autres diferances que on a acoustumé de faire.

Et es deniers doubles , petiz tournois et mailles sera mis pour diferance devers la croix entre deux des bastons de la croix, 1 point, et devers la pille éntre les deux fleurs de liz du ront , 1 point.

Et es petiz deniers parisis sera mis pour diferance devers la croix entre deux des bastons de la croix ung point , et devers la pile soubz *Francorum.*

(Reg. entre 2 ais, fol. 167 r°.)

1417 (21 OCTOBRE).

Exécutoire (pour Tournai et sans date) de l'ord^{ce} du 21 octobre 1417.

Ne laissez plus monnoyer sur ces fers où l'on a acoustumé à monnoyer, maiz sans aucun delay faites faire deniers d'or à l'escu heaumez à 22 caraz et ¼ de carat de remède, de la forme et façon que nous vous avons envoyé la pourtraiture, lesquelx auront cours pour 40 s. ts. la pièce, et de 48 deniers de

poys au marc de Paris , esquelx sera mis pour différence un point là où vous (avez) acoustumé de le faire aux deniers d'or à l'escu , ayans cours pour 22 s. 6 d. ts. la pièce, tant devers la croix comme devers la pille ; et petiz deniers d'or appellez moutons, à lad. loy, de 22 caraz et ¼ de carat de remède et 'de 96 deniers de poys au marc dessusd., semblables de forme et de façon à ceux que on fait à présent, excepté qu'il aura pour diferance devers la pille, au bout du baston, dessus la banniere, là où il a un trefle qui fait le fleuron du hault de la croix, sera fait une petite croix, et devers la croix en lieu d'une petite fleur de liz entre les quatre demys compas une croizette. Item blans deniers appelez gros, ayans cours pour 20 d^{rs} ts. la pièce, à 5 d. 8 gr. de loy A. R. et de 6 s. 8 d. de poys aud. marc de Paris, sur le pié de mon^e 60e, et blans den^{rs} à l'escu, ayans cours pour 10 d. ts. la pièce , à 2 d. 16 gr. de loy A. R., et de 6 s. 8 d. de poys aud. marc et sur le pié dessusdit et sur la forme des deniers groz et blans què on a acoustumé de faire derrenierement, excepté que vous ferez faire pour diferance le baston traversant de la petite croisette qui est au commencement de la lettre, tant devers la croix comme devers la pile, aussi gros au bout comme au milieu, par la manière que nous le vous envoyons frapé en planc, avecques les autres diferances que on a acoustumé de faire et aux remises acoustumées.

(A. N. Reg. Z, 1ᵇ, 58, fol. 148 v° et 149 r°.)

1417 (21 OCTOBRE).

La mon° 60° est établie jusqu'au 28 mai 1418 exclus. Gros semblables de 5 d. 8 gr. de loi et de 80 au marc.

(Sorb. H. 1 , 11, fol. 466 bis; petit cahier. — Ms. Poullain, P. I, 13 à 24.)

1417 (21 octobre au 17 juin 1418).

Deniers d'or à 22 k. appellez escus heaulmez, à 3 fleurs de lys, ayans cours pour
40 s. ts. et de 48 au $\overline{m}$.

Item petits deniers d'or fin appellez mou-
tons, à 22 k., pour 20 s. ts. et de 96 au $\overline{m}$.

Du 17 juin 1418 au 18 juin 1419. Semblables deniers grands et petitz.

(Ms. F. 4533, fol. 60 r°. — Ms. F. 18500, fol. 8 v°.)

1417 (21 octobre).

Heaumes d'or à 22 k. Cours 40 s. Taille
48 pour $\overline{m}$., 4 d. de poids chacun.

(Sorb. H. 1, 10, n° 172, fol. 37 v°.)

Petits heaumes d'or, même titre que les
précédents, taille 96 au $\overline{m}$., 2 d. de poids
chacun, cours 20 s.

Moutons d'or, idem.

En marge : m. d'or fin 92 ₶.

(*Ibidem*, fol. 39 r°.)

1417 (21 octobre).

Le 21° jour d'octobre 1417 fut par ordonnance du Roy fait l'ouvraige qui ensuÿct,
duquel en fut faict des deux formes ensuyvant.

Tymbres ou aultrement appellez escuz
heaulmez d'or, à 22 karatz, du poix de 4 d.,
au feur de 48 pièces au marc, ayans cours
pour 40 s. ts.

Tymbres ou heaulmes petitz d'or, à 22
caratz, de 2 d. de poix pièce, au feur de 96
pièces au marc, ayans cours pour 20 s. p°°.

Marc d'or fin, 92 ₶.

Figures. 2 grands heaumes de dessin varié,

l'un avec ⚔ entre les mots, et une grande
fleur de lys en cimier par dessus la couronne, 13 lobes au contour ; l'autre avec 8
entre les mots et le heaume couronné de
couronne ordinaire, 12 lobes au contour.

2 petits heaumes, lobes nombreux au
premier.

8 seulement au petit, dessin varié.

(Ms. F. 5524, fol. 113 r° et v°. — Reg. de Lautier,
fol. 96 r°.)

1417 (28 octobre).

Moutons à 22 k., 96 au marc, valant 20 s.

(Leblanc, *Tables.*)

1417 (7 décembre).

Robin Clément gage l'amende pour et au
nom de Jehan Marcel, m° p°r de la mon° de
Rouen, de ce qu'il avoit passé les remèdes en
ancunes boistes qu'il avoit faictes en lad.
monnoie.

(A. N. Reg. Z, 1ᵇ, 2. — Sorb. H. 1, 9, n° 174,
fol. 111 r°.)

1417 (9 décembre).

Escus heaumés, à 22 k., 48 au marc,
valant 40 s.

(Leblanc, *Tables*).

1417 (7 janvier).

Furent présens au compt : Jehan de la
Fontaine, m° part°r de la mon° de Paris.....

(A. N. Reg. Z, 1ᵇ, 2. — Sorb. H. 1, 9, n° 174,
fol. 111 r°.)

1417 (13 janvier).

Par le conseil de ville de Chaalons s. M.
fut délibéré et ordonné que Bernardin de
Hauteville, Jehan Cognau, Perrin Flament,
Jehan Gohielle, Joffrin de Lucheul, Perinet
Guerart et Jacquemart de Saint-Miel, ouvriers et monnoiers, feront le gait et garde
comme les autres habitans de Chaalons.

(Arch. de Châlons. Reg. des Délibérations, I,
fol. ix vº.)

———

1417 (février).

Lettres de l'avis des oficiers des comptes
et généraux des monnoyes portant établissement d'une monnoye à Gesivaudan (sic).

(Ms. F. 21435, fol. 157 vº.)

———

1417 (21 février).

A Toulouse, par Raymond Dordre : Moutons
de 20 s. ts., à 22 k. et de 96 au marc, du
21 février 1417 au 9 avril suivant. . . 9900

(A. N. Reg. Z, 1368.—Carton Z, 1ᵇ, fol. 991-92.)

———

1417 (22 février).

En la monᵉ où estoit sire Jeh. le Mareschal, Pierre Gentian, Pierre Fatinant, gñaux
mˢˢ des monˢˢ, fut fait defense à Pierre
Jodouin, prevost des ouvriers de l'empire,
qu'il ne donnast congé à aucun de ses compagnons d'aller ouvrer hors de la monᵉ de
Paris, sur peine de 10 marcs d'argent, et
semblablement fut defendu à Perrin Done,
ouvrier dud. serment, de partir de lad. ville
sur lad. peine.

(A. N. Reg. Z, 1ᵇ, 2. — Sorb. H. 1, 9, nº 174,
fol. 111 rº.)

DOCUMENTS MONÉTAIRES.—II.

1417 (25 février).

Au comptoir : Mᵉ Guill. le Clerc, Michel de
Lalier, Jeh. Congnet, Bureau de Dampmartin,
consᵉʳˢ du Roy; Mˢˢ Pierre Gentien, Jeh. le
Mareschal, Pierre Fatinant, gñaux mˢˢ des
monnˢˢ. Fut délibéré que pour plusieurs causes
et raisons que les gardes de la monᵉ de
Tournay avoient escript auxdits gñaux mˢˢ, il
ne se feroit point d'ouvrage en lad. monᵉ
pour le présent sur le pied de monᵉ 60ᵉ, et
que ils ouvreroient sur le pied de monᵉ 40ᵉ, et
fut ordᵉ donner aux changeurs et marchands frequentant lad. monᵉ pour chacun m̄
d'arg. 8 ⚖ 10 s. ts.

(A. N. Reg. Z, 1ᵇ, 2. —Sorb. H. 1, 9, nº 174,
fol. 110 et 111.)

———

1417 (8 mars).

A Toulouse, par Aymard Dordre :
Blancs de 10 d. ts. à 2 d. 16 gr. et de 80
au marc, du 8 mars 1417 au 16 avril 1418,
3212 marcs . . . . 256960.
Mêmes blancs par Remon Jehan Engibaud,
du 18 avril 1418 au 3 juin suivant. . . 261000
Mêmes blancs, du 4 juin 1418 au 21 juillet
suivant. 219000
Id., du 4 août 1418 au 20 septembre suivant. 273000
Doubles tournois à 1 d. 8 gr. et de 16 s.
8 d. (200), le 24 juillet 1418 et le 27 juillet,
120 marcs. 24000
Mêmes blancs de 10 d. ts., par Firmin
Triailh, du 24 septembre 1418 au 13 avril
suivant. 762000
Gros de 20 d. ts. à 5 d. 8 gr. et de 80 au
marc, du 21 octobre 1418 au 14 avril suivant. 480000
Mêmes gros, du 19 avril 1419 au 18 juillet
suivant 401000

27

Blancs de 10 d. ts. à 2 d. 16 gr. et de 80 au marc, du 21 avril 1419 au 2 juillet suivant. 215000

Petits blancs de 5 d. ts. à 2 d. 16 gr. et de 13 s. 4 d. (160 au marc), le 22 décembre, le 14 janvier et le 17 mars 1418. .   61000

Doubles tournois à 1 d. 8 gr. et de 16 s. 8 d. (200), du 23 décembre 1418 au 11 avril suivant, 828 marcs. 165600

Deniers tournois à 1 d. de loi et de 25 s. de taille (300), le 23 décembre 1418 , 24 marcs 7200

Doubles tournois semblables , les 26 avril 1419 et 2 mai suivant, 372 marcs.   74400

Gros de 20 d. à 4 d. et de 7 s. (84 au marc), le 9 août 1419. 20000

A la date du 27 février 1418 , Jehan Molinier est g^al m^tre des monnoies en Languedoc.

(A. N. Reg. Z, 1368. Carton Z, 1^b, 991-92.)

1417 (13 mars).

Moutons d'or à 23 karats (*lisez* 22 k.).
Cours. . . . . 20 s.
Taille, 69 au marc (*lisez* 96).
2 d. de poids chacun.
Marc d'or fin, 82 ♯.

(Sorbonne 1, fol. 37 v°.)

1417 (16 mars).

Petits d. blancs à l'escu, de 5 d. ts., à 4 d. de loy A. R. et de 144 au marc, esquels fut mis pour differance tant devers la croix comme devers la pille une petite fleur de lys au commencement de la lettre où il soulloit avoir une petite croisette.

(Ms. F. 4533, fol. 87 v°.)

1417 (16 mars).

Jehan Tainturier se opposa à l'entérinement des lettres de Pierre de Ravenel, impétrées par lui à cause de la garde de la monn^e de Saint-Lô.

(A. N. Reg. Z, 1^b, 2.)

1417 (19 mars).

A Toulouse, par Raymond Dordre, grands beaumes à 22 k., de 48 au marc et valant 40 s. ts., le 19 mars 1417. Un mis en boîte pour 300 frappés.

(A. N. Reg. Z, 1368. Carton Z, 1^b, 991-92.)

1417 (23 mars).

Adam des Vignes, huiss^er en parl^t, aresta et fit déférer au comptouer de par le Roy et par vertu de certaine comm^on des requêtes du Palais et à la req^te de Dam^lle Marie de Sainte-More, que aucune chose ne fût payée à sire Andry du Molin, de ce qui lui peut et pourra estre deu à cause de ses gages jusques il ait contenté lad. Dam^lle de 50 ♯ 2 s. parisis.

(A. N. Reg. Z, 1^b, 2. — Sorb. H. 1, 9, n° 174, fol. 111 v°.)

1417 (26 mars).

Cy s'ensuyt la difference de plusieurs monnoyes d'or faites au royaume de France depuis l'an mil IIIj^c xvij, et premierement.....

Note marginale. Extrait d'un registre estant en la Bibliothèque du Roy, cotté stille et ordonnances des monnoyes.

Le 26ᵉ jour de mars, l'an 1417, fut fait petitz moutons d'or à 22 carats, à 1/4 de carat de remède et de 96 de poids au marc, pareils à ceulx dessusd., excepté quil y a au bout du baston de la croix, là où ils avoient un treffle, ont une petite croisette; sont faits à 22 karats.

(Ms. Poullain, P. II, 4.)

───────

1418 à 1422.

Par les comptes des boestes des gñaux, de l'an 1418 et finissent 22, la chambre estant à Bourges, appert à la despense plusʳˢ dons faicts aux gñaux et greffier, montant en diverses parties en grandes sommes de deniers.

(Ms. Lecoq, fᵒ 10 vᵒ.)

───────

1418 (5 avril, après paques).

Délibéré que les ouvriers de la monᵉ auront pour leurs peaux, speaulx, guignoles et autres choses qui leur sont dues à cause de la nouvelleté dereniorement faite sur le fait des monoyes, auront pour chacune monᵉ 20 s. ts. et que sur ce fût fait un mandement au mᵉ partᵉʳ.

(A. N. Reg. Z, 1b, 2. — Sorb. H. 1, 9, nᵒ 174, fol. 111 vᵒ.)

───────

1418 (8 avril).

Bail et pié novel. Gros.
Gros de 20 d. ts. à 4 d. d'aloy et de 6 s. 8 d. de pois, par Pierre Viart, du 8 avril 1418 avant Pasques au 29 juillet 1419. —2012000 frappés (poisent 25150 marcs).

Et combien que par avant l'on ovrast es monnoyes de Monsᵍʳ gros ayans cours pour 20 d. ts. la pièce à 2 d. 16 gr. de loy (?). Neantmoins Monsᵍʳ, par ses lettres patentes données le 24ᵉ jour de mars 1418, a ordonné lesd. gros estre forgiez et monnoyés à 4 d. de loy, et lesdits grands blancs à 2 d. de loy.

Nota. Il y a eu ici une omission d'une ligne concernant la taille des gros de 20 dᵉⁿˢ ts. et la désignation des grands blancs qui étaient à 2 d. 16 gr. (lisez 12 grains).

(Arch. de Dijon, B 11215, fol. 27 rᵒ à 29 rᵒ.)

Pierre, Amiot et Humbert Viart sont frères.

───────

1418 (8 avril).

Gros à 5 d., 85 au marc . . . . 20 d.

(Leblanc, Tables).

───────

1418 (8 avril).

En la chambre des monᵉˢ où estoient Mᵒ Guillaume Leclerc et sire Jehan Guerin, consˡʳˢ du Roy ñre sʳᵉ, Jehan le Marescal et Loys Culdoe.
Fut fait comandement à Jehan Souris et Girard de Vauboulon, gardes de la monᵉ de Paris, que doresenavant en faisant la delivrance ils ne preignent à mestre en boestes des deniers qu'ils auroient trebuchez, ne aussi ne choisissent des plus beaux deniers de la delivrance à mestre en boeste, mais preignent au tas sans rien choisir.

(Sorb. H. 1, 9, nᵒ 174, fol. 113 rᵒ.)

───────

1418 (14 avril).

Deniers noirs. Pierre Viart.

C'est le compte d'une boîte de la monnoye de Dijon, de petiz deniers noirs ayans cours pour ung denier tournois la pièce; à 18 grains d'aloy et de 25 s. de pois au marc de Paris, lequel ouvraige a esté fait par Pierre Viart, maistre part[er] de lad. mon[e], auquel l'on fist une delivrance le 14e jour d'avril 1418, et pour chacune breue de 10 ℔ desd. deniers l'on met 1 denier en boîte, et avoit en lad. boîte 5 d[rs] qui poisent 50 marcs.....

(Arch. de Dijon. B 11215, fol. 50 r°.)

Deniers noirs, appelez doubles, qui ont cours pour 2 d. ts. la pièce, à 1 d. d'aloy A. R. et de 16 s. 8 d. de pois, le 14 avril 1418, et pour chacune breue de 10 ℔ desdiz deniers l'on met 1 d. en boîte, et avoit en lad. boîte 5 deniers qui poisent 50 marcs d'œuvre.....

(Ibidem, fol. 51 r°.)

1418 (20 avril).

A Toulouse, par Raymon Jehan Engibaut. Moutons à 22 k. et de 96 au marc, courant pour 20 s. ts., du 20 avril 1418 au 15 mai suivant 6000
Id., du 17 juin 1418 au 20 septembre suivant 14400
Id., par Firmin Triailh, du 20 septembre 1418 au 10 mars 18900
Id., le 24 mai 1419 et le 10 juillet suivant 2700

(A. N. Reg. Z, 1368.—Carton Z, 1ᵇ, 991-92.)

1418 (20 avril).

En latin.

Jehan Gras apporte les boîtes de Romans faites sous la maîtrise de Pierre Foresius.
Boîte d'or, 60 denarii mutunorum.
Id., de grands blancs 85 s. 8 d.
Id., de quarts de 3 d. parisis, 14 d.
De liards de 3 d. tourn., 3 s. 4 d.

(Arch. de Grenoble. B 1, fol. 13 r°.)

1418 (6 mai).

Lettres de B. du Mesnil, procureur à Troyes, annonçant que, le 4 mai, le Roi a octroyé à la ville de faire monnoyer à son profit mille marcs d'argent fin.

(Mairie de Châlons.—Reg. des Délibérations, I, ix[xx] ii.)

1418 (11 mai).

A Troyes, par François de la Garmoyse.
Blancs de 10 d. ts., à 2 d. 12 gr. et de 80 au marc, du 11 mai 1418 au 20 octobre
253000
En marge : et quant à l'ouvraige fait en ladite monn[e] de Troyes, depuis le 16e jour de may exclus 1417 jusques au 11e jour de may 1418, qui fait près d'un an, aucunes boestes n'en ont été apportées en la chambre des mon[es] à Paris, ainçois en ont esté renduz les comptes à Diion, comme l'en dit.
Gros de 20 d. ts., à 5 d. et de 80 au marc, du 25 mai 1418 au 18 octobre. . . 241000
Petits blancs de 5 d. ts., à 2 d. 16 gr. et de 13 s. 4 d. (160 au marc), le 18 juin 1418.
22000
Gros de 20 d. ts., à 5 d. 8 gr. et de 80 au marc, du 22 octobre 1418 au 21 mars.
306000

Petits blancs de 5 d., à 2 d. 16 gr. et de 13 s. 4 d. (160 au marc), le 10 novembre et le 12 janvier 1418. 44000

Doubles tournois à 1 d. 12 gr. et de 13 s. 4 d. (160 au marc), le 23 janvier 1418, 135 marcs 21600

Deniers tournois à 1 d. 3 gr. et de 20 s. (240), le 31 janvier 1418, 140 marcs. 30600

Blancs de 10 d. ts., à 2 d. 16 gr. et de 80 au marc, le 14 décembre, 3 janvier, 23 février et 3 mars 1418. 144000

Gros de 20 d., à 4 d. et de 80 au marc, du 12 avril 1418, avant Pâques, au 28 avril 1419. 164000

(A. N. Rouleau. Carton Z, 1ᵇ, 1005.)

1418 (26 MAI).

A Paris, par Regnault de Tumery, moutons d'or à 22 k. et de 96 au marc :

Du 26 mai 1418 au 26 juillet suiv. 24900

Du 26 juillet 1418 au 13 octobre suivant 53700

Du 13 octobre 1418 au 31 décembre suivant 21000

Du 20 janvier et du 25 février 1418. 2700

Moutons à 22 k., de 30 s. ts. et de 96 au marc : du 6 juillet 1419 au 10 août suivant 24900

Écus à la couronne, à 23 k. et de 67 au marc, et de 50 s. ts., par Regnault Tumery, du 18 mars 1419 au 2 juillet 1420... 32100 (on en met 1 sur 300 en boîte).

Mêmes écus par Guillaume Sanguin et ses compagnons au nombre de seize, dont Regnault Tumery a tenu le compte, du 6 août 1420 au 12 février suivant... 138300

Id. par Regnault Tumery, commis par le Roy, du 12 février 1420 au 24 août 1421 : 167100

(A. N. Rouleau. Carton Z, 1ᵇ, 913.)

1418 (28 MAI AU 19 JANVIER).

Grands et petits blancs de 5 d. 8 gr. de loi et de 80 au marc.

Note ajoutée : intelligendum est quod dicti albi sunt de 2 d. 16 gr.

(Sorb. H. 1, 11, nᵒ 166ᵇⁱˢ (petit cahier). — Ms. Poullain, P. I, 13 à 24.)

1418 (28 MAI AU 19 JANVIER).

Semblable ouvrage de grands blancs et petits de tel poids et loy que dessus.

Du 19 janvier 1418 au 7 mars suivant, semblable ouvrage de gros blancs deniers et petitz de tel poids et loy comme dessus.

(Ms. Fr., 4533, fol. 87 vᵒ et 88 rᵒ.)

1418 (28 MAI).

En la monᵉ de Paris, Mᵉ Guillᵉ le Clerc, Bureau de Dampmartin, Pierre Gentian, sire Jehan le Mareschal, Loys Culdoe, Pierre Fatinant.

Délibéré que pour l'avancement de l'ouvrage des monˢⁱ, les changeurs et marchands frequentant la monᵉ de Paris auront doresenavant pour le marc d'argᵗ 10 s. ts. d'avantage avec le prix de 9 ⚜ ts.

(A. N. Reg. Z, 1ᵇ, 2. — Sorb. H. 1, 9, nᵒ 174, fol. 111 vᵒ et 112 rᵒ.)

1418 (4 JUIN).

En la chambre des monnoyes fut fait savoir et signifié à plusieurs changeurs sur le pont de Paris la creue dessusdite.

(A. N. Reg. Z, 1ᵇ, 2.)

1418 (17 juin).

Fut dit et fait assavoir aux maistres du mestier du change sur le pont de Paris, que le Roy nre sre avoit ordonné donner de creue pour chacun marc d'or aux changeurs et marchans 40 s. ts., oultre le prix de 92 ℔ ts. Ainsi auront pour chacun marc d'or 94 ℔ ts.

(A. N. Reg. Z, 1ᵇ, 2.)

1418 (27 juin).

En latin.

Jehan de Marolio apporte les boîtes de Cremieu, du 22 février 1418 (de l'incarnation) au 23 juin 1418, où les boîtes furent closes.

1ʳᵉ boîte d'or, 1 écu de 28 s. 9 d. ts.

2ᵉ id., deniers appelez moutons, 7 moutons d'or.

3ᵉ boîte de grands blancs, 76 s. 9 d.

4ᵉ autre boîte de quarts de gros, 12 d.

5ᵉ autre boîte de liards de 3 deniers, 4 s.

(Arch. de Grenoble, B 1, fol. 13 v°.)

1418 (6 juillet).

Romans (en latin).

Mich. de Balma, garde, apporte les boîtes de la maîtrise de Pierre Foresius, du 22 février au 23 juin 1418.

1ᵉ Boîte or, 19 moutons de 20 s.

2ᵉ 2ᵉ boîte d'or, écus de 28 s. 9 d. ts., 3 d. d'or.

3ᵉ Grands blancs, 4 ℔ 16 s. 3 d.

4ᵉ Id. de quarts de gros, 4 s. 2 d.

5ᵉ Id. de liards de 3 d. ts., 7 s. 4 d.

(Arch. de Grenoble, B 1, fol. 14 r°.)

1418 (7 août).

Châlons-sur-Marne.

Item que aux monnoiers soit fait commandement qu'ils euvrent ès fossez et que silz sont refusans, qu'ilz y soient contrains par Monʳ le capⁿᵉ ou son lieutenant et obligés au guet et garde.

(Mairie de Châlons. — Reg. des Délib., I, cxiii r°).

1418 (18 août).

Au comptoir : sire Jaq. de la Vielzville, Jehan Guerin, Jehan Chosat, consᵉʳˢ du Roy, Jehan le Mareschal, Loys Culdoë, Andry du Molin.

Délibéré de donner aux changeurs et marchans de Tournay et St-Quentin de chacun m̄ d'or, 94 ℔, et de chacun m̄ d'arg. 9 ℔ 10 s. ts. pour l'avancement de l'ouvrage desd. monᵉˢ.

(A. N. Reg. Z, 1ᵇ, 2. — Sorb. H. 1, 9, n° 174, fol. 112 r°.)

1418 (30 août).

Robert de Boimare se opposa à ce qu'aucun ne fust receu en l'office de g͡nal mᵉ des monnᵉˢ avant lui, pour cause de ce que le Roy lui avoit donné l'office.

(A. N. Reg. Z, 1ᵇ, 2. — Sorb. H. 1, 9, n° 174, fol. 112 r°.)

Ce jour maistre Jehan Baudoe, procureur de Gautier le Tac, presenta au comptouer certaines lettres royaulx données en date le 27ᵉ jour d'aoust, par lesquelles le Roy mandoit que led. Gautier fust receu à opposition à ce que aucun ne fust receu en son office de garde de la monᵒ de St-Quentin, par vertu desquelles il y fut receu.

(A. N. Reg. Z, 1ᵇ, 2.)

1418 (2 SEPTEMBRE).

Jehan de Saint-Germain, escuier d'escuirie de Monsr de Bourgogne, se opposa pour et au nom de Jehan du Boys, que aucun ne soit receu en l'office de garde de la mon° de Lyon, pour et au nom de Colin de Mauregart.

(A. N. Reg. Z, 1^b, 2.)

Ce jour, maistre Jacques Aujouere, p^r de Pierre de Maucreux, se opposa à ce qu'aucun ne fust receu en l'office de garde de la mon° de Lyon au lieu de Pierre de Maucreux.

(*Ibidem.*)

1418 (3 SEPTEMBRE).

Maistre Jehan de la Porte, p^r du Roy, se opposa à la vérification de certaines lettres impétrées pour l'office Pierre de Maucreux, jusques il soit ouy.

(*Ibidem.*)

1418 (21 SEPTEMBRE).

Lettres de Charles, dauphin de Viennois, lieut^t du Roy dans tout le royaume, qui éta-blissent à Poitiers une cour souveraine du royaume pour tenir lieu du parlement établi à Paris.

(*Ord.* X, 477.)

1418 (27 SEPTEMBRE).

Châlons.

Item fut délibéré de faire une supplication pour envoier devers le Roy pour avoir pour la ville aucun proufit sur la monnoie qui se fait à Chaalons. Guillaume le Fournier est chargé de la faire.

(Mairie de Châlons. Reg. des délib., I, vi^{xx}v v°.)

1418 (OCTOBRE).

Au compte de Chinon, commençant en octobre 1418, appert avoir esté payé au tailleur pour fers du nouveau pied, 40 s. ts.

(Ms. Lecoq, fol. 27 r°.)

1418 (16 OCTOBRE).

Châlons.

Jacques de Reins, secrétaire de Monsr de Bar, garde de la mon° de St-Mihiel, fait savoir à Jacquemart de Saint-Miel et ses frères, monnoyers, de revenir à St-Mihiel.

Le conseil demande au m° part^{er}, s'il y a lieu de les laisser partir.

Le m° part^{er} demande que l'on s'y oppose, parce qu'ils sont bons ouvriers et bonnes gens, et que le Roy auroit grand dommage s'ils quittoient la monnoie.....

(Mairie de Châlons. Reg. des délib., I, fol. vi^{xx}xiiii.)

1418 (NOVEMBRE).

Lettres par lesquelles le Roy confirme aux « ouvriers et monnoyers du serement de Brabant » les privilèges accordés aux mon-noyers étrangers par Philippe de Valois en février 1343.

(*Ord.* X, 499.)

1418 (4 NOVEMBRE).

Monnoyage de Dijon, par Pierre Viart, m° p^{er}.

Petits blancs de 5 d. ts. , à 2 d. 16 gr. d'aloy A. R. et de 13 s. 4 d. de pois au marc de Paris. Le 4 novembre 1418, on met en boîte $\frac{1}{1000}$..... 28000 frappés (175 marcs).

En marge : Nota que Amiot Viart fait forger, ouvrer et monnoyer en ladicte monnoye au proffit de Monsr depuis le darrenier compte rendu cy-devant par Humbert Viart jusques au 9e jour de novembre 1418, 6000 marcs d'euvre de gros qui valent 12000 marcs d'euvre de grans blans.....

Doubles ts. à 1 d. 12 gr. et de 16 s. 8 d. par le même, le 5 novembre 1418. On met en boîte 1 d. par breeue de 10 ‡. Il y a 11 d. en boîte, qui valent 110 ‡ desdis deniers et paisent 6^{xx} 12 marcs.

Grands blancs de 10 d. ts., à 2 d. 16 gr. et de 6 s. 8 d. de taille, du 22 novembre 1418 au 14 janvier suiv^t..... 637000 frappés.

Avant le 22 novembre 1418, on frappoit les grands blancs à Dijon, à Mascon et ès monn^{es} de mond. S^{gr}, à 2 d. 12 gr. de loy. Le 18 septembre 1418, information a esté donnée à maistre Estienne de Sens, g^{al} m^{tre} des monnoies, que en la monn^e de Paris et ès aultres monn^{es} du Roy l'on forgeoit à 2 d. 16 gr., pourqnoy estoit expedient de le faire semblablement ès monnoyes de mond. S^{gr}, car autrement ce seroit ung ravalement et reboutement desdictes monnoyes.....

Petits blancs à 2 d. 16 gr. et de 13 s. 4 d. de poids, le 19 octobre 1418, 19000 frappés.

Gros de 20 d. ts., à 5 d. 8 gr. A. R. et de 6 s. 8 d. de poids, du 24 janvier 1418 au 21 mars suivant. On met $\frac{1}{1000}$ en boîte : 505000 frappés.

Grands blancs à 2 d. 16 gr. et de 6 s. 8 d. de poids, du 31 janvier 1418 au 4 avril suivant, 242000 frappés.

Grands blancs de 10 d. ts., à 2 d. d'aloy et de 6 s. 8 d. de taille, le 27 avril 1419, 63000 frappés.

(Arch. de Dijon, B 11215, fol. 19 r° à 26 v°.)

1418 (18 NOVEMBRE).

Me Gerard le Coq est receu proc^r du Roy en la chamb̄ des monoyes et au lieu de Me Jehan de la Porte.

(A. N. Reg. Z, 1^b, 2. — Sorb. H. 1, 9, n° 174, fol. 112 r°.)

1418 (26 NOVEMBRE).

Au comptouer : Jehan le Mareschal, Loys Culdoë et Thomas Orlant.

(A. N. Reg. Z, 1^b, 2. — Sorb. H. 1, 9, n° 174, fol. 112 r°.)

1418 (29 NOVEMBRE).

Un traité est passé avec les trois frères Pierre, Amiot et Humbert Viart, par M^{tre} Estienne de Sens, Jehan de Nordent, Guill^{me} Conitot et Jehan Fraignot. Les frères s'engagent à ouvrer en sus de ce qu'ils sont tenus à fabriquer à Dijon, de là à la fin de mars suivant, 12000 marcs d'euvre de grands blancs ou 6000 marcs d'euvre de gros, à condition que le marc d'argent employé leur seroit payé au prix que les maistres de monnoies d'Auxonne, de St-Laurent, de Cussy et de Mascon en donneroient.....

(Arch. de Dijon, B 11215, fol. 30 r° et v°.)

Le Duc ratifie ce traité par lettres patentes du 27 décembre 1418.

1418 (19 DÉCEMBRE).

Mirabel, en latin.

Anthonius Falavelli, garde de Mirabel, apporte les boîtes du jour de la St-Jean 1418 au 14 novembre 1418, sous la maîtrise de Michel Fogacius.

1° boîte d'or de moutons, 1 d.
2° boîte de grands blancs, 52 s. 4 d.
3° id. de quarts, de 3 d. ts., 48 s. 11 d.
4° id. de gros de 20 d. ts., 18 s. 10 d.
5° id. de liards de 3 d. ts., 37 s.

(Arch. de Grenoble, B 1, fol. 14 v°.)

1418 (4 JANVIER).

Châlons.

Item fut délibéré et conclud pour avoir un don du Roy n͞re s͞re sur la monn͞e de Chaalons, que l'on procède ainsi et par la manière qu'il a esté advisé et escript ès mémoires ordonnés , d'envoier par devers Mons. le Vidame à Troies, pour impétrer ledit don, et sera mis au bout desdiz mémoires que on charge de tout ledit Mons. le Vidame et Guion Luilier, m͞e part͞er, pour adviser ce qui sera le plus expédient.

(Mairie de Châlons. Reg. des délib., I, vn͞xx͞xiii.)

1418 (14 JANVIER).

Cremieu, en latin.

Pierre Dorerii, fils de Jehan Dorerii, apporte les boîtes de Cremieu, de la fête de St-Jean 1418 au 7 novembre suivant.

1° boîte de doubles blancs de 20 d. ts., 9 s. 8 d.
2° id. de blancs de 10 d. ts., 29 s. 10 d.
3° id. de quarts, 23 s. 6 d.
4° id. de liards, 5 s. 6 d.
Pierre Odoardi est m͞e part͞er.
Le même Pierre Dorerii, l'an susdit et le 15 février, apporte les boîtes de Cremieu du 9 novembre au 24 décembre suivant :

Boîte de moutons d'or, 4.
Id. de gros de 20 d., 8 s. 2 d.
Id. de blancs de 10 d., 10 s.
Id. de quarts, 15 s.
Id. de liards, 9 s. 1 d.

Le même Pierre Dorerii apporte, le 20 février, les boîtes de l'ouvrage du jour de la Nativité 1419 au 10 février suivant :

1. Boîte de gros de 20 d. ts., 3 s.
2. Boîte de blancs de 10 d. ts., 4 s. 5 d.

(Arch. de Grenoble, B 1, fol. 15 r°.)

1418 (16 JANVIER).

Romans (en latin).

Michel de la Baluce, garde, apporte les boîtes de la St-Jean 1418 au 8 novembre suivant :

1° Boîte d'or moutons, 8.
2° Id. de gros de 20 d. ts., 15 s. 8 d.
3° Id. de blancs de 10 d. ts., 46 s. 1 d.
4° Id. de quarts, 13 s. 2 d.
5° Id. de liards, 16 s. 6 d.

Le 25 janvier, le même Michel apporte les boîtes du 8 novembre au 19 janvier 1419 (de la Nativité) :

1° Gros de 20 d. ts., 7 s.
2° Blancs de 10 d. ts., 19 s. 8 d.
3° Quarts, 9 s.
4° Liards, 18 s. 8 d.

Le 1er mars suivant , Karolus de Masso apporte les boîtes du 19 janvier au 13 février suivant :

1° Gros blancs de 20 d. ts., 13 d.
2° Blancs de 10 d. ts., 5 s. 11 d.

(*Ibidem*, fol. 15 v°.)

1418 (19 JANVIER).

Les rentes constituées sur les maisons seront rachetées au denier 12, sous lequel rachapt de 12 d. ne sont comprises les rentes

28

vendues et achetées en faible monnoye, c'est-à-dire depuis le 19 janvier 1418 jusques au 3 nov^bre 1421, et forte monnoye ont cours.

(Sorb. H. 1, 11, n° 166, fol. 5 r°.)

———

1418 (19 JANVIER).

Le Roy ordonne pour la mon^e de Paris une crue de 10 s. ts. sur le prix du marc d'argent, oultre le prix de 9 ✠ 10 s. ts. que nous en faisons donner à présent, jusques à la somme de 8000 marcs d'argent seulement.

(A. N. Reg. Z, 1^b, 58, fol. 149 r°.)

———

1418 (27 JANVIER).

Furent presens au comptouer les changeurs de sur le pont de Paris ausquelx fut dit et signifié que, par vertu de certaines lettres royaulx, le Roy avoit ordonné donner 10 s. ts. de marc d'argent, oultre le prix de 9 ✠ 10 s. ts. qu'on en donnoit, jusques à la somme de 8000 marcs d'argent seulement.

(A. N. Reg. Z, 1^b, 2.)

———

1418 (29 JANVIER AU 7 MARS SUIVANT).

Même grands et petits blancs de même loi et poids.

Intelligendum est tamen quod albi sunt de medietate dictæ legis.

(Sorb. H. 1, 11, n° 166 ^bis (petit cahier). — Ms. Poullain, P. I, 13 à 24.)

———

1418 (FÉVRIER).

A Paris, de notre règne le 39°, par le Roy à la relation du grand conseil.   LE BÈGUE.

Lettres pat. Comme le temps passé aucuns de nos prédécesseurs Roys de France, dont Dieu ait les âmes, eussent establi et ord^é estre faites et forgées mon^es de par nous ez pays de Rouergue, Gascoingne, Agennois et environs, tant ez villes de Villefranche, Condom, Agen, Tarbes, comme ailleurs, lesquelles depuis ayent esté delaissées tant pour ce qu'elles estoient situées trop prez des pays obeissans à notre adversaire d'Angleterre comme autrement, en quoy nous avons esté et sommes grandement intéressés, et il soit venu à notre conoissance qu'en notre pays Valentynois et ailleurs en notre sénéchaussée de Beaucaire et ez marchez d'environ a grand quantité de matières d'or et d'arg. et d'autre métail pour faire et forger mon^es d'or et d'arg., laquelle on ne pourroit bonne_ment ni seurement porter ni conduire ez lieux de nos autres mon^es, que les marchands ne fussent en grand danger et peril de perdre ce qu'ils porteroient tant pour cause des gens d'armes et rodeurs qui sont sur les chemins comme autrement, et pour ce seroit expedient que en aucun lieu notable desdits pays de Vellay, Gevauldan et Videroys une monnoie soit establie de nouvel de par nous, dont plusieurs et grands prouffits pourront venir tant à nous comme au bien public desdits pays qui par longtemps ont esté grandement foulez, oppressez et gastez pour les discors et divisions qui longuement ont eu cours en notre royaume : nous voulons à ce estre bien et diligemment pourveu au bien de nous et de nosd. subjects desdits pais, ouï premièrement sur ce l'advis et deliberation de nos amez et feaulx gens de nos comptes et des g̅naux m^os de nos mon^es à Paris, voulons aussi eschiver que lesd. matières d'or et d'argent qui sont en nosd. pays ne soient portées hors de notred. roy^me ou en autres monoyes que ez notres, ord^ons que en notre ville de Marvejoul en Gevauldan pour le profit de nous et de la chose publique soit faite, establie et ordᵉᵉ et édifiée une monᵉ en laquelle soit faite et forgée telle et semblable monᵉ d'or et d'argent, et de tel poids et de loy que nous faisons et ferons faire et forger en nos autres monᵉˢ.

(A. N. Reg. Z, 1ᵇ, 58, fol. 149 v° et 150 r°.—Sorb. H. 1, 9, n° 174, fol. 166 v° et 183 v°, 184 r°.— Ms. Lecoq, fol. 15 v°.—Ord. X, 506.)

———

1418 (14 FÉVRIER).

Lettres aus bailli et juge de Maruejols, écrites par les gens des comptes et les gᵃᵘˣ mᵗʳᵉˢ des monᵉˢ, pour qu'ils aient à entériner et à exécuter l'ordᶜᵉ royale dont ils leur envoient l'original.

(A. N. Reg. Z, 1ᵇ, 58, fol. 150 r°.)

———

1418 (16 FÉVRIER).

Le 16ᵉ jour de février l'an 1418, fut délibéré au comptouer en la chambre des monnoyes, que es deniers d'or et d'argent qui seront faiz et ouvrez en la monnoye de Maruejol, en Gevauldan, sera mis pour differance tant devers la croix comme devers la pille, entre le premier mot et le second de la lettre du denier, deux petites croisettes en ceste manière ‡.

(Reg. entre 2 ais, fol. 158 r°.)

———

1418 (28 FÉVRIER).

Mirabel (en latin).

Jehan Chabert, garde, apporte les boîtes du 14 novembre 1418 au 23 janvier suivant :
Boîte de deniers de 10 d. ts., 10 s. 10 d.
Id. de quarts, 16 s. 3 d.
Id. de gros de 20 d. ts., 4 s. 9 d.

Boîte d'oboles noires tournois, 1 s. 9. d.
Item du 23 janvier au 16 février suivant :
Boîte de blancs de 10 d. ts., 2 s. 8 d.
Boîte de gros de 20 d. ts., 2 s. 9 d.

(Arch. de Grenoble, B 1, fol. 14 v°.)

———

1418 (28 FÉVRIER).

A cette date, Regnault Tumery est mᵉ partᵉʳ de la monᵉ de Paris.

(A. N. Reg. Z, 1ᵇ, 2.)

———

1418 (2 MARS).

Gros à 5 d. 8 g., 80 au marc. 20 d.

(Leblanc, *Tables.*)

———

1418 (4 MARS AU 1ᵉʳ SEPTEMBRE 1421).

Extrait.

Du 4ᵉ jour de mars 1418 jusques desrain jour de mars XIX vault le marc d'argent, 9 ₶.

Dudit desrain jour de mars 1419 jusques au 28ᵉ jʳ de juing vault marc d'argent 16 ₶ 12 s.

Dudit jour 28ᵉ de juing 1420 jusques au 5ᵉ jour de may 1421, vault marc d'argent 26 ₶.

Et fut ordonné à faire ainsi le compte jusques au premier jour de septembre 1421 ensuivant.

(Ms. Fr. 5916, p. 4.)

Bibliothèque nationale. Ms. de M. Bigot, 359. R. 10759.

Sur la 1ʳᵉ feuille de garde : il m'a esté donné par Mᵉ Michel, sieur de Bellouze, consᵉʳ en la court des aydes de Norᵈⁱᵉ, l'an 1625.

20 feuillets de papier.

———

1418 (7 mars).

Mandement pour faire mon° 96°.

Charles, etc., à nos amez et feaulx les g^{aux} m^{tres}. Savoir vous faisons que pour les tres grans affaires que nous avons de present pour résister à notre adversaire d'Angleterre et obvier à sa dampnable entreprise, lequel par force et grant hostilité s'est bouté en n̄re Royaume où il a conquis et mis en sa subjection plusieurs villes et forteresses et presque tout n̄re pays de Normandie et derr^t notre bonne ville de Rouen, et encores comme entendu à nous en perseverant en sa dampnable entreprise a entension de venir en toute puissance devant n̄re bonne ville de Paris, pour celle mettre en sa subjection que Dieu ne veuille ! et aussi pour consideracion de ce que en n̄re mon° de Paris ne se fait pas si grant ouvrage d'or ni d'argent comme il a esté fait le temps passé, et est en adventure de estre et cheoir en chomage, parce que en n̄re d^{te} ville de Paris n'a de present comme peu ou néant de billon, d'or et d'argent pour convertir en l'ouvrage de n̄re d^{to} mon°, etc. Voulons et ordonnons et vous mandons par ces p̄ntes que vous faictes faire et ouvrer en n̄re d^{te} mon° de Paris deniers d'or appelez escuz à la coronne, semblables de forme et façon à ceux que naguères nous faisions faire en nos mon^{es}, lesquelx soient à 23 caraz et quart de carat de remède et de 64 deniers de poys au marc de Paris et auront cours pour 50 solz ts. la pièce, en donnant et faisant donner aux changeurs et marchans pour chacun marc d'or 60 desd. escuz d'or. —Item blans deniers appelez gros, ayans cours pour vint deniers ts. la pièce, à 3 d. 8 gr. de loy A. R. et de 6 s. 8 d. de poys au marc de Paris, sur le pié de mon° 96°, semblables de forme à ceulx que nous faisons de present faire. —Item blans deniers à l'escu ayans cours pour 10 d. ts. la pièce, et petiz

blans ayans cours pour 5 deniers ts. la pièce, et les autres mon^{es} noires que on a acoustumé de faire en nosd. mon^{es}, faictes faire sur led. pié et de la forme acoustumée le mieulx et plus proufitablement que faire se pourra au prouffit de nous et de la chose publique, en faisant donner aux changeurs et marchans pour chacun marc d'argent 16 ₶ 10 s. ts., et en mettant en icelles mon^{es} d'or et d'argent telles differances comme bon vous semblera.

(A. N. Reg. Z, 1^b, 58, fol. 150 v° et 151 r°. — Sorb. H. 1, 9, n° 174, fol. 184 r° et v°.—Ord. X, 509.)

———

1418 (7 mars).

Écus à la coronne, à 23 k.
Cours, 30 s.
Taille, 67 au m̄.
2 d. 20 gr. de poids chacun.

(Sorb. H. 1, 10, n° 172, fol. 39 r°.)

———

1418 (7 mars).

La monnaie 96° continue jusqu'au 9 avril 1420 après Pâques. Gros de même cours et poids, à 3 d. 8 gr. de loi (80 au marc).

Ces gros sont continués du 9 avril 1420 au 6 mai suivant.

(Sorb. H. 1, 11, n° 166bis (petit cahier). — Ms. Poullain, P. I, 13 à 24.)

———

1418 (7 mars).

Escu à la couronne, à 23 k., de 64 au marc, valeur 50 s.

Gros à 3 d. 8 gr. A. R., de 80 au m̄., sur le pied de mon° 96°.

(Leblanc, Tables.)

———

1418 (7 MARS).

A Paris, de n̄re règne le 39e. Par le Roy,
à la relation du grand conseil tenu par
M. le comte de Saint-Paul, lieut et capne de
Paris, où vous, le sire de Montbison, M. de
Reynes, chevaliers, le 1er président, le prevost de Paris, les comres et gn̄aux gouverneurs des finances, le prevost des marchans
et aultres estoient.   GAUTIER.

Lettres pat. aux gn̄aux pour fre doresenavant ez monee de Paris et Tournay deniers
d'or apelez escus à la couronne, de semblable
forme et façon qu'estoient ceux que dernièrement nous avons fait faire en nosd. monee,
à 23 k. et de 67 de poids au m̄. de Paris,
aux remèdes acoustumez et aiant cours pour
30 s. ts. la pièce, donnt aux changeurs de
chacun m̄. d'or fin 103 ℔ ts.

(A. N. Reg. Z, 1b, 58, fol. 150 r°.— Sorb. H. 1, 9,
n° 174, fol. 184 r° et 166 v°.—Ord. X, 508.)

1418 (7 MARS).

De notre règne le 39e, par le Roy, à la
relation du grand conseil.   GAUTIER.

Ordre à Mrs l'Amiral, Maraux, Baillifs, Prevosts, Senechaux, Gardes de bonnes villes,
chasteaux, forteresses, ponts, portes, pas-
sages, jurisdictions, capitaines de gens
d'armes et de traict et autres quelconques
ausquels ces presentes seront monstrées,
de favoriser par tous les moyens et assurer
la marche des ouvriers et monnoyers que
l'on fait venir du Brabant et du Hainaut
pour activer la fabrication des monnoies
nécessaires « tant pour soutenir nostre
guerre comme autrement » et notamment
en notre mone de Paris, pour avoir promptement argent pour soudoyer gens d'armes

et de traict et avoir autres choses nécessaires
pour le fait de notre guerre et autrement.

(A. N. Reg. Z, 1b, 58, fol. 151 r°. — Sorb. H. 1, 9,
n° 174, fol. 184 v°.)

1418 (7 MARS).

Lettres pat. pour faire venir ouvriers de
Braban.

(Sorb. H. 1, 9, n° 174, fol. 166 v°. —Ord. X, 510.)

1418 (7 MARS).

Ordonné à Tournai écus à la couronne,
ayant cours pour 30 s. ts., à 23 k. (le manuscrit 4533 dit 24 à tort), et de 67 au marc.

Esquelz deniers d'or fut ordonné de faire
pour differance devers la croix entre Carolus
et Dei une petite croisette en lieu des poincts
qui y sont, et dans la pille entre le premier
xps et le mot ensuyvant semblablement une
petite croisette avec les aultres differances
acoustumées.

(Ms. Fr. 4533, fol. 60 r°.—Ms. Fr. 18500, fol. 8 v°.)

1418 (7 MARS AU 9 AVRIL 1420 APRÈS PAQUES).

On fit en la mone de Paris seullement
blans deniers appellez gros, de 20 d. ts., à
3 d. 7 (?8) gr. de loy A. R. et de 80 au marc,
semblables de forme à ceulx que l'on faisoit
paravant.

Du 9 avril 1420, après Pasques, au 6 mai
suivt, semblable ouvrage de gros, blancs
deniers grands et petiz de tel poids et loy
comme dessus.

(Ms. Fr. 4533, fol. 88 r°.)

1418 (7 MARS).

Le 7ᵉ jour de mars 1418, par ordonnance du Roy fut faict l'ouvrage qui ensuyt.

Escuz couronne, à 23 k., de 3 d. pièce, au fur de 64 pièces au marc, ayant cours pour 50 s. ts.

Semblables en forme aux précédents.

Marc d'or fin, 6 ˣˣ 15 ₶.

Gros deniers blans ayans cours pour 20 d. pièce, à 3 d. 8 grains de loy, de 2 d. 9 gr. tresbuchans, au fur de 80 pièces au marc, pour 20 d. ts. pᶜᵉ.

Marc d'argent, 16 ₶ 10 s. ts.

Figure : KAROLVS FRANCORVM REX. 3 lys par 2 et 1.

℞. SIT, etc. Croix fleurdelysée.

Lesd. jour et an, par mandement du Roy donné à Paris, attendu les urgens affaires et la pénurie et la nécessité de monnoye pour subvenir à souldoyer les gens d'armes, le Roy envoya en extrême dilligence quérir ouvriers et monnoyers au pays de Brebant et Haynault, pour venir besougner à la monnoye de Paris.

Escuz couronne couroient par voulonté des marchans, pièce pour 55 s. ts.

(Ms. Fr. 5524, fol. 114 rᵒ et vᵒ. — Reg. de Lautier, fol. 96 vᵒ et 97 rᵒ.)

———

1418 (8 MARS).

Le Dauphin à Bourges.

Blancs à 2 d. 16 gr., 80 au marc, 10 d., ou blancs à 3 d. et à 96 au marc.

(Leblanc, *Tables.*)

———

1418 (11 MARS).

Exécutoire (pour Tournai) de l'ordᶜᵉ du 7 mars, que sans delay, ces lettres veues, vous faictes faire deniers d'or appelez escuz à la coronne de semblable forme et façon que estoient ceulx que derrᵗ on a faiz en lad. monᵉ, lesquelx soient à 23 caraz et de 67 d. de poys, au marc de Paris, aux remèdes acoustumez, qui auront cours pour 30 s. ts. la pièce, en faisant donner aux changeurs et marchans pour chacun marc d'or fin 103 ₶ ts., esquelx deniers sera mis pour differance devers la croix entre *Karolus* et *Dei* une petite croisette au lieu des poins qui y sont, et devers la pille, entre le premier *xpus* et le mot ensᵗ, semblablement une petite croisette avecques les autres differances anciennement acoustumées, si le faictes faire par le tailleur de lad. monnoye.

(A. N. Reg. Z, 1ᵇ, 58, fol. 158 vᵒ.)

———

1418 (11 MARS).

Au comptouer, en la chambre des monᵉˢ où estoient Guillᵉ le Clerc, sire Jeh. Guerin et sire Jeh. de Pruy, consᵉʳˢ du Roy, n̄re sᵉ, Jeh. le Mareschal et Loys Culdoë, g̅naux mᵉˢ des monᵉˢ.

Ce jour furent presens en la chambre des monᵉˢ, les changeurs de sur le pont de Paris, Jehan Sac et plusʳˢ autres experts en fait de monnoyes, ausquels fut dit et exposé, que pour les grands affaires que le Roy avoit de avoir argent pour soutenir le fait de la guerre, il avoit ordᵈ faire en la monᵉ de Paris les gros deniers et autres monᵉˢ sur le pied de monᵉ 96ᵉ et que pour celle cause le Roy et son conseil avoient ordonné que l'ouvrage de la monᵉ de Paris se fera en la main du Roy et sera baillé à personne notable souffisant et bien recreant auqᵗ on donroit bons gages, et que s'il y avoit aucuns qui s'en voulsist charger, que il le voulsist dire ou qu'ils retournassent de relevée.

(A. N. Reg. Z, 1ᵇ, 2. — Sorb. H. 1, 9, nᵒ174, fol. 112 rᵒ.)

11 mars de relevée où estoient les dessusd. en la chambre des mon⁵⁵.

Furent presens lesd. changeurs ausquels fut demandé à tous ensemble, c̄hūn pour soy, se il y avoit aucun qui fust advisé de soy charger de faire l'ouvrage de lad. mon° en la main du Roy, dont il ny ot aucun qui s'en voulsit charger, et pour ce fut fait comandement à Regnault Tumery qu'il s'en chargeast et que il fist faire led. ouvrage bien et deument en la main du Roy.

(A. N. Reg. Z, 1ᵇ, 2. — Sorb. II. 1, 9, n° 174, fol. 112 v°.)

1418 (11 MARS).

En lad. chambre des mon⁵⁵ où estoient sire Jehan Guérin et sire Jehan de Pruy, cons⁵ʳˢ du Roy n͞re s͞ʳᵉ, Jehan le Mareschal et Loys Culdoë, g͞oaux m⁵⁵ des mon⁵⁵.

Jehan de Compans, M°Robin Gautier, Jehan Trotet, Jean de la Fontaine, Regnault Tumery et plus¹ˢ autres changeurs, lesquels avoient esté appelez en lad¹° chambre pour cause de la mon° de Paris, que on vouloit bailler en la main du Roy, et après ce que led. sire Jehan Guérin ot demandé à plusieurs desd. changeurs, se ils estoient advisez de eux charger de faire l'ouvrage de la monoye de Paris en la main du Roy, demanda à Arnoulet de Landes, qui là estoit present, se il s'en vouloit charger, à qui fut repondu par sire Loys Culdoë, que si led. Arnoullet le creoit que il ne s'en chargeroit pas pour les perils qu'ils y estoient, combien qui autrefois lui avoit esté reprouché, que il vouloit faire prendre lad. mon° à ses neveux.

(*Ibidem.*)

1418 (12 MARS).

Cremieu (en latin).

Jehan de Marolio apporte les boîtes d'or et d'argent du 5 février 1416 au 23 février 1417 ab incarnatione.

Boîte d'or, 52 deniers muttunorum, de 20 s. pièce.

Boîte de grands blancs, 56 s. 11 d.
  Id.   de liards de 3 d., 11 s. 11 d.
  Id.   autre boîte de liards, 4 s. 6 d.
  Id.   d'oboles tournois, 4 s. 3 d.

(Arch. de Grenoble, B 1, fol. 21 r°.)

1418 (14 MARS).

Lettres pat. aux g͞oaux. Comme ayant naguères ord⁴ faire ouvrer en notre mon° de Paris une espèce de mon° blanche, sçr. petits den. blancs, ainis cours pour 5 d. ts. la pièce, de la loy et poids qu'ils doivent être, néantmoins nous avons entendu que après ce que lesd. deniers blancs ont esté ouvrez et monoyez et prestez pour delivrer à la delivrance, les gardes de notre dite mon° les ont trouvez plus febles de 2 d. et de deux tiers de denier de poys au m̄. quils ne doivent estre, parquoy ilz ne les ont voulu ne les veulent delivrer sans avoir sur ce exprez mandement de vous, pourquoy nous, en consideration au grand besoing et néccssité que notred. peuple a de prêt de avoir petite mon°, vous mandons et expressément engaigeons que lesd. den⁵ˢ blancs vous faictes delivrer par les gardes de notred. mon° comme on a acoustumé de faire, nonobstant quelconques ordres faits au contraire.

(A. N. Reg. Z, 1ᵇ, 58, fol. 151 v°.—Sorb. H. 1, 9' n° 174, fol. 184 v'. — *Ord.* X, 511.)

1418 (14 mars).

Le 14ᵉ jour de mars 1418, fut ordonné que es deurs gros aians cours pour xx den. tourn. la pièce, qui seront faiz en la monᵉ de Paris à 3 d. 8 gr. de loy A. R., sera mis pour differance au commencement de la lettre tant dans la croix comme devers la pille, où il a une petite croisette, une petite fleur de lys.

(Reg. entre 2 ais, fol. 158 rᵒ.)

———

1418 (17 mars).

Mirabel (en latin).

Jehan Chabert, garde de Mirabel, apporte les boîtes d'or et d'argent de la St-Jean 1417 au 23 fevrier *nuper lapso* 1418 de la Nativité :

Boîte d'or, 22 deniers mutonorum, de 20 s.

Id.   de grands blancs, 57 s. 6 d.

Id.   de quarts à 3 d. 12 gr. A. R., 3 s. 7 d.

Autre boîte de quarts à 3 d. A. R., 15 s. 6 d.

L'an susdit, le 9 juillet, Jehan Chabert, gardé de Mirabel, apporte les boîtes de l'ouvrage fait à Mirabel, du 22 février, jour où les boîtes précédentes furent closes, au 25 juin dernièrement passé :

Boîte d'or de deniers d'or appelés écus d'or, 3 d.

Boîte de grands blancs, 69 s. 1 d.

Boîte de quarts, dont 4 ont cours pour un gros, 14 s. 1 d.

(Arch. de Grenoble, B 1, fol. 42 vᵒ.)

———

1418 (20 mars).

Compte de Pierre Ronsart, mᵉ pʳ de la monᵉ de Bourges.

Gros de 20 d. ts., à 5 d. de loy et de 6 s. 8 d. de poids (80 au marc), 3 delivrances, le 20 mars 1418, le 28 du mois et le 29.

21000 frappés.

Grands blancs à 2 d. 16 gr. et de 80 au marc, courant pour 10 d. ts., le 3 avril 1418.

13000 frappés.

Blancs de 10 d. à 3 d., de loi et de 96 au marc, les 8 et 10 avril 1418.   41000 frappés.

Gros de 20 d. ts., à 5 d. de loi et de 7 s. 1 d. (85 p.), du 11 avril 1418 au 27 du mois.

100000 frappés.

Gros de 20 d. ts., à 4 d. 12 gr. et de 6 s. 9 d. (81 au marc), les 29 avril, 4 et 5 mai 1419 . . . . 56000 frappés.

Gros de 20 d. ts., à 4 d. 12 gr. et de 81 au marc, du 9 mai 1419 au 26 du mois.

172000 frappés.

Gros à 4 d. et de 80 au marc, du 30 mai 1419 au 8 juin suiv. . . . 71000 frappés.

Mêmes gros, le 10 juin 1419 et le 13 du mois . . . . 58000 frappés.

Gros de 20 d. ts., à 4 d. et de 84 au marc, du 14 juin 1419 au 24 août suivant.

469000 frappés.

Gros de 20 d. ts., à 4 d. et de 100 au marc, du 26 août 1419 au 26 septembre suivant.

332000 frappés.

Petits blancs de 5 d. ts., à 2 d. de loi et de 13 s. 4 d. (160 au marc), le 28 septembre 1419 et le 4 octobre suiv. . 45000 frappés.

Gros de 20 d. ts., à 3 d. 8 gr. et de 90 au marc, le 28 septembre 1419, et le 2 octobre suivant. . . . . 61000 frappés.

Jehan Danjon est le tailleur de la monᵉ.

A Pierre d'Abeville pour avoir fait plusieurs patrons des escuz de 50 s. la pièce, nouvellement ordonnés estre faiz par Monsᵍʳ le Régent et son conseil, par taxation de mesdits seigneurs donnée le 1er jour de juillet 1419 et quittance dud. Pierre donnée le 4e jour dud. mois ensuivant.

(A. N. Rouleau du carton Z, 1ᵇ, 848-50.)

———

1418 (20 MARS).

Item, le 20e jour de mars 1418, fut ordonné faire gros de 20 d. ts. la pièce et de 6 solz 8 d. de poids, à 5 d. (*lisez 3 d.*) 8 gr. de loy argent le Roy, et donnoit le Roy de marc d'argent 8 ₶ ts., et avoient pour differance les O O ronds et la croix bastonnée.

Escu pour tout le mois de mars valloit de celle monnoye communément 50 solz ts.

Item fut donné un mandement à Chinon de faire faire gros comme dessus, excepté que devant les lettres ont un C, et ont un O rond et la croix bastonnée. Sont faitz à 4 d. 12 gr. de loy; marc d'argent 8 ₶ ts.

(Ms. Fr. nouv. acq., 471.—Ms. Poullain, P. II, 8.)

Dans le Ms. 471 on lit: gros de mesme façon, excepté qu'ils avoyent en differance, devant la petite croys du commencement de la lettre, un C et un point dessoubz ledit C ; sont faitz à 4 d. 12 gr.

Il est possible qu'il s'agisse de deux émissions successives, mais je crois plutôt que la copie de Poullain est fautive.

———

1418 (20 MARS AU 2 OCTOBRE 1419).

Compte des dépenses faites pour l'appropriation de l'atelier des monnoies.

Guillaume de Marcilly est maître des œuvres de charpenterie de Mᵍʳ le Régent.

Des ouvriers du serment de France et de

l'Empire viennent de Poitiers à Bourges, pour ouvrer pour le Roi et Mᵍʳ le Régent.

On envoie à St-Pourçain et à Tours chercher des fers à monnoyer, pilles et trousseaux.

Jehan d'Anjou, tailleur de la monnoie de Bourges, va chercher à Tours et à Limoges des pilles et trousseaux, des meules de bois et de pierre.

Geffroy Destriat, prevost des monnoyers de l'Empire, et 11 de ses compagnons venus à cheval sont payés de leurs frais.

L'ostel des monnoies est établi chez Guillaume de Garlanges, prêtre, indemnisé moyennant 10 ₶ tournois, dans un ostel appartenant à Michel de Desme, chevʳ, loué 80 ₶ ts.

(A. N. Rouleau du carton Z, 1ᵇ, 848-50.)

———

1418 (24 MARS).

En la monᵉ de Paris où estoient sire Jeh. le Mareschal et Loys Culdoë.

Fut defendu à plusʳˢ changeurs de sur le pont de Paris qui là estoient p̄ns que sur peine de 10 marcs d'argent aucun d'eux ne fût si hardi de mettre ou faire mettre en l'argent qu'ils aporteront ou feront aporter en la monᵉ de Paris pour monnoie de billon aucuns petits blancs de 5 d. ts. la pièce, doubles d. ts. de 2 d. ts. la pièce, petits parisis et petits deniers, ne aussi que sur ladite peine aucun ne fonde ou face fondre en sa maison ou dehors pour aporter en lad. monᵉ aucunes desd. monnoyes, et oultre que aucun ne prenne de prouffit pour chũn 20 s. ts. de petits blancs plus de 10 d. ts., et de petits deniers parisis plus de 2 s parisis.

(A. N. Reg. Z, 1ᵇ, 2.—Sorb. II. 1, 9, nᵒ 174, fol. 112 vᵒ.)

———

DOCUMENTS MONÉTAIRES. — II.

29

1418 (25 mars).

Lettres confirmant celles de la Reine, du mois de janvier 1417, par lesquelles elle avait fait don pour un an au Duc de Bourgogne, des profits et revenus des monnaies de Troyes, Châlons, Mâcon et Dijon, avec pouvoir d'y faire battre monnaie de tel poids et loi qu'il voudrait, d'en nommer les officiers et de commettre qui il jugerait à propos pour ouïr et clore les comptes desdites monnaies.

(*Ord.* X, 513.)

1418 (8 avril).

En la chambre des monn⁣ᵉˢ où estoient m⁣ᵗʳᵉ Guill⁣ᵉ le Clerc et sire Jehan Guerin, conseillers du Roy n⁣͞re sire, Jehan le Mareschal et Loys Culdoe, fut fait commandement à Jehan Souris et Girard de Vauboulon, gardes de la monn⁣ᵉ de Paris, que doresenavant en faisant la delivrance ilz ne preignent à mettre en boiste des deniers qu'ils auront trebuchez, ne aussi ne choisissent des plus beaulx deniers de la delivrance à mettre en boiste, mais preignent au tas sans rien choisir.

(A. N. Reg. Z, 1ᵇ, 2.)

1419.

Par le compte de Toulouse, commençant et finissant 1419. La monnoie baillée pour deulx mois à 20000 ₶ ts., à la charge de nul brassaige.

(Ms. Lecoq. fol. 34 r°.)

1419.

Escus à la coronne susmentionnés. On les hausse de 20 s. jusqu'à 30 s. (*lisez* 50).
En marge : m͞. d'or fin 103 ₶.

(Sorb. II. 1, 10, n° 172, fol. 39 r°.)

1419 (20 avril).

Mâcon.

Grand cahier de parchemin, qui a été tellement mouillé dans l'incendie de la chambre des comptes, qu'il est devenu à peu près illisible, tant les feuillets sont mutilés et collés l'un contre l'autre.

Gros blancs de 20 d. ts., à 4 d. .... sols 8 deniers, du 20 .... au 19 juin.

958000 frappés.

La 1ʳᵉ delivrance, du 20 avril, et depuis le dessusdit 29 mai au 29 juillet suivant ont esté faites plusieurs boistes àu prouffit de plusieurs personnes, à qui le Roy nostre seigneur a donné le prouffit et seigneuriage d'icelle, dont les comptes sont rendus à part.

Gros à 3 d. .... et de 6 s. 8 d. .... par Pierre Furet .... juillet 1419 au ....

198000 frappés.

1ʳᵉ delivrance le 29 juillet, laquelle boiste fut faite au prouffit de Jehan Furet, frère dud. Pierre Furet.

.... et de 6 s. 8 d. par Pierre Furet, du .... 1419 au 15 de .... 1325000 frappés, et fut faicte la 1ʳᵉ delivrance le 17 août dessusdit et est assavoir que depuis le dessusdit 15ᵉ jour de novembre jusques au 2ᵉ jour de décembre ens⁣ᵗ audit an, que autre délivrance d'icelle mon° a esté faicte au prouffit de Jehan Chausat, conseiller du Roy n͞re dit seigneur, à qui icellui seigneur a donné le prouffit et seigneuriage d'icelle, et dont le compte est rendu à part.

Gros .... de 6 s. 8 d., par Pierre Furet,
.... au 19 dud. moys.   24800
1re delivrance le 2 décembre, l'an dessusdit
(1419).

Doubles tournois à 16 gr. de loi et de
16 ? s. 4 d., le 17 novembre (1419?) 1200
marcs (196 au marc). . .   235200 frappés.

Gros à 3 d. et de 80 au marc, du 5 janvier
1419 au 9 février suivant, mis en boîte 40 s.
4 d. (84 p.). . . . . .   84000 frappés,
et est assavoir que entre ledit 9 février et
le .... 1419, que autre delivrance ....
boiste au proufit des habitans de Mascon,
dont le compte est rendu à part.

Gros de 3 d. 8 gr. et de 80 au marc, le 2
mars 1419 . . . . . .   60000 frappés.

NOTA. Le chiffre réel est 61040 pour 763 marcs
d'œuvre, mais il y a certainement erreur dans le
chiffre 763. Ce doit être 750 seulement.

Mêmes gros du 18 novembre .... jusqu'au .... avril 1420 après Pâques,
                            184000 frappés.

Blancs de 10 d. ts., à .... et de 8 s. de
poids (96 au marc), le 26 .... 1420.
                            67000 frappés.

NOTA. Ici le feuillet est totalement rongé.

Gros de 20 d. ts. à 3 d. et de 96 au marc,
du 11 mai 1420 au 23 dudit mois.
                            256000 frappés.
Gros .... A. R. et de 8 s. .... mai 1420
au 9 juillet suivant. .   1116000 frappés.
Id., du 10 juillet 1420 au 13 ....
                            466000 frappés.
(Le reste absolument illisible).
                 · (A. N. Carton Z, 1b, 893-97.)

Gros à 4 d. A. R. et de 6 s. 8 d. (80
pièces).
1re delivrance au proufit de Pierre ....

receveur gal de toutes les finances, par
Pierre Furet, le 30 juin 1419. 48,000 frappé.

Mêmes gros; une delivrance au profit de
messire Blanchet Braques, chevalier, gal gouverneur de toutes les finances du Roy, le 4
juillet 1419. . . . . .   48,000 frappés.

Mêmes gros; une delivrance au prouffit de
Jehan de Pouligny, dit Chappellain, le 6
juillet 1419 . . . . . .   48000 frappés.

Mêmes gros; une delivrance au prouffit de
Pierre Chevellon, le 6 juillet 1419.
                            24000 frappés.

Mêmes gros; une delivrance au prouffit de
Christophe Furet, par Pierre Furet, le 8
juillet 1419. . . . . .   24000 frappés

Gros de 20 d. ts., à 3 d. 8 gr. et de 80 au
marc, au prouffit de Jehan Chausat, conseiller du Roy, le 21 novembre 1419.
                            79000 frappés.

Gros de 20 d. ts., à 3 d. et de 80 au marc,
au prouffit des habitans et cytoyens dud.
lieu de Mascon, par don à eux fait par le
Roy nre dit seigneur, c'est assavoir le 21
février 1419. . . . . .   96000 frappés. ,

(A. N. Grand cahier de parchemin, détérioré.
Carton Z, 1b, 893-97.)

1419 (20 AVRIL AU 29 JUIN EXCLUS).

Compte de la boeste de la monnoye de
Mascon. Pierre Furet.

Blans den. apelez gros. *En marge :* c'est
6 ₶ 13 s. 4 d. le m̄.

Cours 20 d. ts. la pièce.

Loy à 4 d. de loy arg̃ le Roy.

Taille 6 s. 8 d. de poids au m̄ de Paris.
Du 20 avril 1419 au 29 juin exclus ensuivt
aud. an, doit avoir pour ouvrage et monoyage de chacun m̄ d'œuvre 4 s. 2 d. ts.,
pour chacun 1000 gros den. l'on met un
gros den. en boiste.

Accepté arg. au prix de 15 ₶ ts. le m̄.

Il est à sçavoir que, depuis le dessusdit 29 juin jusques au 29 juillet ensuiv¹, ont esté faites plus¹⁹ autres boistes au prouffit de plus¹⁹ personnes à qui le Roy n̄re s¹⁹ a donné le prouffit et seigneuriage d'icelles et dont les comptes sont rendus à part.

Rend pour chacun m̄ d'arg. 100 s. ts. vall¹ 19958 ℔ 6 s. 8 d. ts., fut lad. boiste droite de poids.

Il doit pour icelle boiste qui fut echarce de loy 3/4 de grain pour m̄ vall¹ 467 ℔ 15 s. 5 d. ob. ts.

Somme : 20426 ℔ 2 s. 2 d. ob. ts.

Despens pour l'euvre dessusdite :

Les den. de la 1ʳᵉ boiste où il avoit 79 s. 10 d. de gros, valant 79 ℔ 16 s. 8 d. ts.

L'ouvrage et monoyage de chacun m̄ d'euvre, 4 s. 2 d. ts. vall¹ 2994 ℔ 15 s. 10 d. ts.

Pour le salaire des deux gardes chacun au feur de 100 ℔ ts. l'an desservi, du 20 avril 1419 jusqu'au 29 juin exclus aud. an en-suiv¹ : valent 38 ℔ 7 s. 1 d. ob. ts.

Salaire du tailleur et essayeur au feur de 50 ℔ ts. l'an, 19 ℔ 3 s. 6 d. ob. p. ts.

Somme : 2632 ℔ 3 s. 2 d. ts. Demeure que le m̄ doibt 17793 ℔ 18 s. 11 d. ts.

(Sorb. H. 1, 9, nᵒ 174, fol. 27 rᵒ.)

1419 (24 avril).

Sentence contre Pierre Mandole, contre-garde de l'argent de la monⁿ de Paris, prisonnier eslargi en la conciergerie du Palais.

Il s'agit des mots pour Jehan de la Fontaine ajoutés de sa main sur son mémoire de livraison de billon à la monⁿ de Paris, faite par feu Arnoullet Lac, le 18 juillet 1418, cas insignifiant.

(Sorb. H. 1, 9, nᵒ 174, fol. 113 rᵒ.)

1419 (2 mai).

Lettre portant injonction aux commissaires. et génˣ gouverneurs des finances, de faire jouir de leurs privilèges les prevots, ouvriers et monnoyers du serment de France.

(A. N. Reg. Z, 1ᵇ, nᵒ 58, fol. 151.—Ord. XI, 1.)

1419 (2 mai).

Garnot Pavars fait serment de prevost des monoyers de la monoye de Paris au lieu de Monʳ de Valenciennes qui s'en est déchargé.

(Sorb. H. 1, 9, nᵒ 174, fol. 113 rᵒ.)

1419 (6 mai).

Item le 6ᵉ jour de may 1419, fut ordonné faire gros de 20 d. ts. la pièce et de 6 solz 8 d. de poids, à 4 d. 12 grains de loy, et donnoit le Roy de marc d'argent 12 ℔, et pour différence ont un point clos entre les bastons de la croix.

Escu de la monnoye dessusd. valloit communément de marchand à marchand 55 solz ts.

Item aud. mois et au susd. fut ordonné faire monnoye comme dessus et donner de marc d'argent sans nuance de poids ny de loy, 13 ℔ ts.

(Ms. Fr. nouv. acq., 471, fol. 74. — Ms. Fr. 148, fol. 260 rᵒ.—Ms. Poullain, P. II, 9.)

1419 (6 mai).

C'est le compte d'une boîte de la monnoye de Dijon.

Petiz blans de 5 d. ts., à 2 d. d'aloy A. R.

et de 13 s. 4 d. de pois au marc de Paris, par Pierre Viart.

Le 6 mai 1419 on met $\frac{1}{1000}$ en boîte ; 26000 frappés.

(Arch. de Dijon, B 11215, fol. 52 r°.)

———

1419 (9 MAI).

Gros à 4 d. 12 gr., 81 au marc.

(Leblanc, *Tables.*)

———

1419 (12 MAI).

Le 12e jour de may 1419, par ordonnance du Roy, fut ouverte la monnoie d'Orléans et en icelle fait l'ouvrage qui ensuit.

Escuz aux armes d'Orléans à 28 caratz (*lisez* 23) de loy, de 2 d. 20 grains de poids au feur de 67 pièces au marc aians cours pour 50 s. ts. p^{ce}.

(Reg. de Lautier, fol. 98 r°.)

———

1419 (14 MAI).

En l'hostel de M^r le chan^r où estoient plusieurs du conseil du Roy, Loys Culdoë gn^{al} m^{tre} des mon^{es}, Jehan Trotet, Guill^e Platen, Audebert Catin et plus^{rs} autres changeurs de sur le pont de Paris.

Pour eschiver l'inconvenient de ce qu'il estoit peu de blancs de 10 d. ts. la pièce, fut ord^é faire *demiz gros* aiant cours pour 10 d. ts. la pièce, à 3 d. 8 gr. de loy argt. le Roy, et de 11 s. 8 d. de poys au m̄ de Paris, sur le pied de mon^e 84e, lesquelz seront de la forme des demiz gros qui paravant avoient esté faiz à 9 d. de loy, excepté que devers la croix le baton de dessous de la croix sera tout oultre la lettre du ront, et devers la pille sera mis au commencement de la lettre au lieu d'une petite croisette une fleur de liz.

(A. N. Reg. Z, 1^b, 2. — Sorb. H. 1, 9, n° 174, fol. 113 v°.)

———

1419 (16 MAI).

Item le xvj jour de may M. IIIj^e XIX fut ordonné faire escuz d'or fin de 60 au marc et pour difference deux petittes couronnes aux deux costés de l'escu ; et donne du marc d'or fin 58 escuz des dessusd. escuz.

(Ms. Poullain, P. II, 1.)

———

1419 (16 MAI).

Fut donné à Gerardin d'Espernon par M^{rs} les gn̄aux m^{rs} des monn^{es} l'office de essayeur de la mon^e de St-Quentin, vacant par le trespassement de Jehan le Pelletier.

(Sorb. H. 1, 9, n° 174, fol. 113 v°.)

———

1419 (19 MAI).

Le 19 may 1419, les privilleges des monnoyers furent confirmez et en ce faisant excemps de tous imposiz, tailles ou emprinstes, et leurs causes commisses par devant les gn̄aux des monnoyes à Paris, tant en demandant qu'en deffendant, excepté ces troys cas, meurtre, larcin et rapt.

Escus par voulonté des marchans valloient pièce 60 s. ts.

Gros deniers blancs à 4 d. de loy, de 2 d. 3 grains de poix au feur de 80 pièces au marc, ayans cours pour 20 d. p^{ce}.

Figure : ✠ KAROLVS, etc. 3 lys, 2 et 1 sous couronne.

℞. ✠ SIT NOMEN, etc. Croix fleurdelysée cantonnée de 2 lys, au 2ᵉ et au 3ᵉ.

(Ms. Fr., 5524, fol. 114 v°.—Reg. de Lautier, fol. 97 r°).

————

1419 (24 MAI).

Maistre Estienne de Noviant , soy disant procureur de Raoul Thorial, s'oppose à tous dans impetracion ou autres empeschements que le bastard de Coussy ou autres s'efforceroient ou vouldroient s'efforcer de faire ou donner à l'encontre dudit Thorial à cause de son office de garde de la monᵉ de Saint-Quentin.

(A. N. Reg. Z, 1ᵇ, 2. — Sorb. H. 1, 9, n°174, fol. 113 v°.)

Item le 24ᵉ jour du moys de may 1419 , vint croissance, et ordonna le Roy donner de soubz de loy sans nuance de poiz ne de loy 13 ₶ ts.

En marge dessin. ✠ KAROLVS ⅋ FRANCORVM ⅋ REX ⅋ 3 lys sous une couronne.

Escu pour lours valloyt de marchant à marchant communément, 60 s. ts.

(Ms. Fr., nouv. acq., n° 471, fol. 75.—Ms. Fr. 448, fol. 270 r°.)

————

1419 (30 MAI).

Le Dauphin à Bourges.—Gros à 4 d. 80 au marc.

(Leblanc, Tables.)

————

1419 (31 MAI).

Lettres du Roi au prévôt de Paris, aux génˣ mˡⁱʳᵉˢ et autres justiciers pour donner cours dans le royaume aux monnaies du Duc de Bourgogne.

Blancs doubles pour. . . . . . 10 d.
Petits blancs . . . . 5 d.
Gros. . . . . 20 d.
1/2 gros. . . . . 10 d.

(Ord. XI, 4.)

————

1419 (1ᵉʳ JUIN).

Petits deniers d'or à 22 k. apelez moutons.

(Sorb. H. 1, 11, n° 466 ᵇⁱˢ.)

Item le premier jour de juin aud. an, on feist ouvrer de la monnoye dessusd. , sans nulle differance, et donner de marc d'argent sans nuance de poids ny de loy, 14 ₶ ts.

Escu valloit communément de marchand à marchand de lad. monnoye 60 solz ts.

(Ms. Poullain, P. II, 9.)

————

1419 (8 JUIN).

Le 8ᵉ juin aud. an , escuz valloient de marchant à marchant, 4 ₶.

(Reg. de Lautier, fol. 97 v°.)

————

1419 (8 JUIN).

Au comptouer : Jehan le Mareschal, Loys Culdoë et Thomas Orlant.

Ce jour fut present au comptoir Jacquet de Montmorency, monoyer du serment de France, auquel fut monstré ung demi denier gros lequel avoit esté monoyé sur sa pille en la forme d'un denier gros de 20 d. ts. la pièce, et pour ce fut condempné à l'amende;

lequel gagea l'amende en la main de sire
Thomas Orlant.

(A. N. Reg. Z, 1^b, 2.)

1419 (10 juin).

Le Dauphin à Bourges. — Gros à 4 d., 84
au marc.

(Leblanc, *Tables*.)

1419 (10 juin).

Le 10° jour de juin aud. an, escuz valloient
par voulonté du peuple LXV s. ts.

Led. jour, marc d'or fin 7ˣˣ4 ₶.

(Ms. Fr. 5524, fol. 115 r°.— Reg. de Lautier, fol.
97 v°.)

1419 (11 juin).

Romans (en latin).

Michel de la Balme, garde, apporte les
boîtes du 13 février 1418 (ab incarnatione)
au 8 mai suivant.

Mon° 60°. Gros de 20 d. ts. . 42 s. 4 d.
Blancs de 10 d. ts. . . . . 28 s. 4 d.

Le 2 juillet suivant, il apporte les boîtes
du 8 mai à la St-Jean suivante.

Mon° 72°. Gros de 20 d. ts. . 28 s. 8 d.
Blancs de 10 d. ts. . . . . 5 s. 1 d.

Item, le 10 octobre 1419, Michel de la
Balme apporte les boîtes de Romans du
23 juin 1419 au 3 juillet immédiatement
suivant de lad. année.

Mon° 80°. Gros de 20 d. ts., de 6 s. 8 d. de
poids au marc de Paris. . .· . 1 s. 10 d.

Mon° 84°. Autre boîte de gros de 20 d. ts.,
de 7 s. de poids aud. marc . . . . 2 s.

(Arch. de Grenoble,·B 1, fol. 16 r°.)

1419 (12 juin).

Item le 12° jour dud. mois de juin aud. an
fut ordonné faire monnoye de 7 solz de
poids à 20 d. ts. de cours, à 4 d. de loy arg^t
le Roy, et donnoit de marc d'argent 15 ₶ ts.,
et pour differance ont la croix bastonnée et
deux petits points entre les bastons de lad.
croix ; sont faitz à 4 d. de loy.

Escu de cette monnoye valloit communément de marchand à marchand 65 solz ts.

(Ms. Fr., nouv. acq., 471, fol. 270 v°.—Ms. Poullain,
P. II, 9 et 10.)

1419 (14 juin).

Le Dauphin à Bourges.—Gros à 4 d., 100
au marc.

(Leblanc, *Tables*.)

1419 (18 juin).

Le 18° juing aud. an , escuz valloient de
marchant à marchant 4 ₶.

(Ms. Fr. 5524, fol. 115 r°.)

1419 (18 juin).

De notre règne le 39, à Pontoise , par le
Roy en son conseil.   J. MILET.

Lettres patentes aux g͞naux pour la grande
nécessité en notre ville de Paris d'avoir de
petite monoye blanche et noire, ord^é faire
en lad. mon° blans den^{rs} apelez demys gros
aians cours pour 10 d. ts. la pièce , à 3 d. 8
gr. de loy arg. le Roy, et de 11 s. 8 d. de
poids au m͞ de Paris, sur le pied de mon° 84°,
de la forme et de la façon des autres demys
gros que nous avons derrenierement faits,

en mettant en icelles mon^{rs} d'argent telle différence comme bon vous semblera.......

(A. N. Reg. Z, 1^b, 58, fol. 152 v°.— Sorb. H. 1, 9, n° 174, fol. 185 r°.—*Ord.* XI, 7.)

1419 (18 JUIN).

Lettre pat. aux gñaux pour faire en la mon° de St Quentin blans den^{rs} apelez gros aians cours pour vint den^{rs} ts. pièce, à 4 d. de loy arg. le Roy et de 6 s. 8 d. de poids au m̄ de Paris, sur le pied de mon° 80°, semblables de forme à ceux que nous faisons faire en nos mon^{es}, donnant aux changeurs pour chacun m̄ d'arg. 15 ⚜ ts. et en mettant en icelle mon° d'argent telle différence comme bon vous semblera.

(*Ibidem.*—*Ord.* XI, 8.)

1419 (18 JUIN).

Lettres pat. à noz amez et feaulz comm^{res} les conseillers gñaux gouverneurs de toutes nos finances en Languedoil comme en Languedoc et les gñaux m^{rs} des mon^{es} pour bailler la mon° de Paris fermée pour un an à la chandelle.......

(A. N. Reg. Z, 1^b, 58, fol. 153 r°. — Sorb. H. 1, 9, n° 174, fol. 185 r°.)

1419 (18 JUIN).

Lettres pat. au prevost de Paris pour donner cours aux den^{rs} d'or apelez moutons que nous avons fait faire en nos mon^{es} le temps passé et faisons faire de présent, à 30 s. ts. au lieu de 20 s. ts. dont ils ont eu cours,

et donner du m̄ d'or fin cent vingt quatre livres tournois.

(A. N. Reg. Z, 1^b, 58, fol. 153 r°. — Sorb. H. 1, 9, n° 174, fol. 185 r°. —*Ord.* XI, 9.)

1419 (18 JUIN AU 2 MARS SUIVANT).

Moutons à 22 k. pour 30 s. ts. et de 96 de poids au marc.

(Ms. Fr. 4533, fol. 60 r°.—Ms. Fr., 18500, fol. 8 v°.)

1419 (22 JUIN ET 25 SEPTEMBRE).

Aux gros de ces jours, ✠.

(Ms. Fr., n° 148; fonds de Brienne.)

1419 (2 JUILLET).

A Pontoise, par le Roy en son conseil, GAUTIER.

Lettres pat. aux gñaux pour faire en toutes nos mon^{rs} tant en Languedoil comme en Languedoc estans en notre obeissance tout tel et semblable pied de mon° d'or et d'arg. blanc et noir de tel poys et loy, et qu'il soit donné au tel et semblable prix de m̄ d'or fin et de m̄ d'arg. fin aux changeurs et marchans qui livreront billon d'or et d'arg. en icelles noz mon^{es}, comme on fait à present en nostre dicte mon° de Paris.

(A. N. Reg. Z, 1^b, 58, fol. 153 v° et 154 r°. — Sorb. H. 1, 9, n° 174, fol. 185 r°. — *Ord.* XI, 14.)

1419 (10 JUILLET).

Cremieu (en latin).

Pierre Dorerii, fils de Jehan Doreii, garde, apporte les boîtes du 10 février au 4 mai, quo tempore fuit continuatum operagium monete lx°.

Mon° 60°. Boite de gros de 20 d. ts. à 5 d. 8 gr. de loi et de 6 s. 8 d. de poids. 13 s. 4 d.

Id., de blancs de 10 d. ts., à 2 d. 16 gr. de loi et de 6 s. 8 d. de poids. . . 5 s. 11 d.

Id., de quarts à 2 d. de loi et de 13 s. 4 d. de poids . . . . 11 d.

Id., de liards à 2 d. de loi et de 16 s. 8 d. de poids. . . . . 5 d.

Mon° 72° de l'ouvrage fait du 14 mai à la St-Jean suivant, où l'on fit mon° 72° :

1. Boite de gros de 20 d. ts., à 4 d. 12 gr. de loi et de 6 s. 9 d. de poids. . 9 s. 3 d.

2. Boite de blancs de 10 d. ts., à 2 d. 6 gr. de loi et de 6 s. 9 d. de poids. . 16 d.

Le 9 décembre 1419, Jehan de Valenciennes, garde, et Pierre Odoard, m° p°r de Cremieu, apportent les boîtes de l'ouvrage de la St-Jean dernier passé au 4 de ce mois.

Mon° 84°. Boite de gros de 20 d. ts.
                                    52 s. 3 d.

Id., de liards de 3 d. pièce . . 3 s. 2 d.

(Arch. de Grenoble, B 4, fol. 16 v°.)

————

1419 (11 JUILLET).

Le 11° jour de juillet 1419, fut ordonné que es deniers gros ayans cours pour 20 d. ts. la pièce, qui sont faiz es monnoyes de Troyes, Chaalons, Mascon, Tournay et Sainct-Quentin, à 3 d. 8 gr. de loy A. R., sera mis pour difference au commencement de la lettre, tant devers la croix comme devers la pille, où il a une petite croisette, une petite fleur de lis avec les autres differences que on a acoustumé de faire esdites monn°°.

(Reg. entre 2 ais, fol. 158 r°.)

————

1419 (12 JUILLET).

Mirabel (en latin).

Jehan de Mareuil, garde, apporte les boîtes de Mirabel, du 16 février à la St-Jean 1419.

DOCUMENTS MONÉTAIRES. — II.

Mon° 60°. 1° Gros frappés du 16 février au 8 mai suivant, de 5 d. 8 gr. de loi et de 6 s. 8 d. de poids . . . . 13 s. 1 d.

2° Blancs de 10 d. ts., à 2 d. 16 gr. de loi et de 6 s. 8 d. de poids, frappés pendant le même temps . . . . . . 22 s. 9 d.

Autres boîtes délivrées du 8 mai à la St-Jean dans lesquelles :

Mon° 72°. Gros à 4 d. 12 gr. de loi et de 6 s. 9 d. de poids. . . . . 26 s. 5 d.

Blancs de 10 d. ts., à 2 d. 6 gr. de loi et de 6 s. 9 d. de poids. . . . . 7 s. 10 d.

La peau dans laquelle ces boîtes étaient liées renfermait une boîte d'or, d'une délivrance faite le 21 novembre 1418, dans laquelle étaient 2 moutons d'or.

(Arch. de Grenoble, B 1, fol. 17 r°.)

————

1419 (26 JUILLET).

Lettres de Jehan Marin et Estienne Boyol, gardes de la mon° de Toulouse, attestant que la monnoie ayant été baillée par les généraux maîtres à Jehan Bordebure, demeurant à Toulouse, le 22 septembre 1417, nonobstant Ramond Jehan Gilbaut, changeur dud. Thoulouse, par acort fait entre eulx, a tenu et gouverné lad. mon° et fait les paiemens et autres choses ad ce faire necessaires, et aussi que led. Gilbaut a acquitté et payé pleinement et entièrement tous les changeurs et marchans qui ont fréquenté lad. mon° et mis billon en icelle, tant en led. temps comme durant le temps de Merigot Dorde.....

(A. N. Carton Z, 1ᵇ, 352.)

————

1419 (29 JUILLET).

Pie novel ordonné à Troies, le 29° jour de juillet 1419.

Gros de 20 dʳˢ ts., à 3 d. 8 gr. de loi et de

30

6 s. 8 d. de poids au marc, par Pierre Viart, du 23 août 1419 au 2 novembre suivant, 1013000 frappés.

Et combien que par avant l'on ovrast esdicte monn° au pied de 4 d. d'aloy, neantmoins Mons^{gr}, par ses lettres patentes données le 12e jour de juillet 1419, ordonna estre ouvré à 3 d. 8 gr.

Mêmes gros par le même, le 7 septembre 1419; 75,000 délivrés ce jour là.

Et combien que ceste delivrance soit venue escharse hors les remedes, il convint necessairement la faire pour les deniers bailler et delivrer aux gens de Mons^{gr} qui atendoient pour yceulx porter devers mondit S^{gr}, tant pour le fait de sa guerre, que pour le fait de sa despense.

Elle était faible de poids 9 marcs 8 deniers, escharse de loy 2 grains ⅔ pour marc.

Gros semblables, le 20 octobre 1419; 33000 frappés.

Girard Marriot est toujours garde.

Mêmes gros, du 6 novembre 1419 au 1er février suivant; 626000 frappés.

Mêmes gros, du mercredi 7 février 1419 au mercredi 17 avril 1420 après Pasques; 643000 frappés.

Grands blancs à 2 d. de loi et de 6 s. 8 d. de poids, du 24 mars 1419 au 23 avril suivant; 145000 frappés.

Gros de 20 d. ts., à 3 d. et de 8 s. de pois; du 1er mai 1420 au 23 dud. mois (on mit 1/1000 en boite) 270000 frappés.

Et combien que par avant l'on ovrast, ès monnoyes de Mons^{gr}, gros ayans cours pour 20 d. ts. la pièce, à 3 d. 8 gr. d'aloy, neantmoins Mons^{gr}, par ses lettres patentes, données le 16e jour d'avril 1420 après Pasques, a ordonné lesd. gros estre forgiez et monnoyez à 3 d. d'aloy A. R. et de 8 sols de poix au marc de Paris.

Gros de 20 d. ts., à 2 d. 12 gr. et de 8 s. 4 d. de poix au marc de Paris, du 30 mai 1420 au 10 juin suivant; 216000 frappés.

Et combien que par avant l'on ovrast, ès monnoyes de Mons^{gr}, gros ayans cours pour 20 d. ts. la pièce, à 3 d. d'aloy, neantmoins Mons^{gr}, par ses lettres patentes données le 3e jour de juing l'an 1420, a ordonné lesd. gros estre forgiez et monnoyez à 2 d. 12 gr. d'aloy.

Mêmes gros le 31 mai 1420, 20000 frappés.

Girard Marriot garde ses gages du 16 août 1418 au 6 juin 1420.

Amiot Clerambault garde ses gages pour le même temps.

Andriet de Veely, tailleur des fers de la monnaie, garde ses gages pour le même temps.

A Andriet de Vaily, tailleur des fers de la monn° de Dijon, la somme de 3 f^s pour avoir taillé les fers pour monnoyer les diz gros du pie novel pour la mon° de Dijon et en faire les patrons, par mandement donné le 9 aoust 1419.

Audit Andriet de Vaily, la somme de 23 f^s demi pour les 3 mutacions et differances de 88 trousseaux et 50 pilles qui ont esté condempnez pour transmuer ycelles differances comme coutume est en une certificacion des gardes de lad. monn° de Dijon, pour ce par mandement donné le 18e jour de janvier 1419.

Audit Andriet pour avoir fait les patrons des den. blancs ayans cours pour 10 d. ts. la pièce, que Madame la Duchesse par ses lettres a nouvellement ordonné estre forgiez, pour ce par mandement de Mess^{grs} des comptes donné le 23e jour de mars 1419, 45 s. ts.

(Arch. de Dijon, B 11215, fol. 32 r° à 49 v°.)

1419 (29 JUILLET AU 9 AOUT EXCLUS).

Compte de boeste de la monnoye de Mascon.   Pierre FURET.

Blancs deniers apelez gros.

Cours 20 d. ts. la pièce, à 3 d. 8 gr. de loy argt. le Roy.

Taille 6 s. 8 d. au marc de Paris.

(Sorb. H. 1, 9, n° 174, fol. 27 r°.)

1419 (8 AOUT).

A Dijon, par Pierre Viart, du 8 août 1419 au 13 mars suivant, doubles de 2 d. ts., à 20 grains A. R. et de 16 s. 8 d. de taille. On met en boîte 1 d. par breue de 10 ⅌; il a été frappé 400 marcs d'œuvre.

(Arch. de Dijon, B 11215, fol. 53 r°.)

1419 (9 AOUT).

Procès à Remond de Camps, du lieu d'Apremont, qui faisoit faulce monnoie d'or et d'argent.

(A. N. Rouleau du carton Z, 1ᵇ, 991-92.)

1419 (12 AOUT).

A Toulouse, par Gaillart Brun, grands écus d'or fin de 60 au marc, du 12 août 1419 au 26 octobre suivant. 4500

(A. N. Reg. Z, 1368.—Carton Z, 1ᵇ, fol. 991-92.)

1419 (12 AOUT).

A Toulouse, par Gaillart Brun, gros de 20 d. ts., à 4 d. et de 84 au marc, du 12 août 1419 au 24 octobre suiv. 442000

Gros de 20 d. à 4 d. et de 100 au marc, du 26 octobre 1419 au 10 novembre suiv. 230000.

Gros de 20 d. ts., à 3 d. 8 gr. et de 100 au marc, du 16 novembre 1419 au 1ᵉʳ février suivant. 643000

Doubles tournois à 1 d. de loi et de 16 s. 8 d. (200), du 20 septembre 1419 au 24 décembre suiv., 828 marcs 165600

Deniers tournois à 18 gr. et de 25 s. (300), les 23 décembre 1419 et 9 janvier suiv., 88 marcs. 26400

(A. N. Reg. Z, 1368.—Carton Z, 1ᵇ, 991-92.)

1410 (17 AOUT AU 15 NOVEMBRE EXCLUS).

Compte de boiste de Mascon. Pierre FURET.

Blancs deniers apelez gros.—Est à sçav. que depuis le dessusd. jour 15 novembre jusques au 2 décembre ensuiv' aud. an, que autre delivrance d'icelle mon' a esté faite au prouffit de Jehan Chousac, consᵉʳ du Roy nͬᵉ seigneur, à qui icelui seigʳ a donné le prouffit et seigneuriage d'icelle et dont le compte est rendu à part.

(Sorb. H. 1, 9, n° 174, fol. 27 v°.)

1419 (22 AOUT).

Item le 22ᵉ jour du moys de oust lan susd. mil IIIIᶜ XIX, ordonna le Roy à ouvrer la monnoye susd. à 8 s. 4 d. de poix, sans nuance de loy ne nulle autre *croyence*, donner es marchants 16 ⅌ ts.

En marge dessin. ✠ KAROLVS ⁂ FRANCORVM ⁂ REX ⁂ 3 lys sous une couronne.

Escu pour lours valloyt de marchant à marchant communément 4 ⅌ ts.

En marge dessin. ✠ KAROLV ⁂ DEI ⁂ GRA ⁂ FRANCORV ⁂ REX. Écu couronné.

(Ms. Fr., nouv. acq., 471, fol. 76. — Ms. Poullain, P. II, 10.—Ms. franç. n° 158, fonds de Brienne, fol. 270 v° et 271 r°.)

1419 (26 août).

Le Dauphin à Bourges.

Blancs à 2 d. , 160 au marc. . . .   5 d.

(Leblanc, *Tables.*)

1419 (2 septembre).

Charlot le Mercier, mᵉ parlᵗʳ de la monᵉ de Tournay et de St-Quentin, donne procurᵒⁿ pour veoir ouvrir ses boistes.......

(A. N. Reg. Z, 1ᵇ, 2.)

1419 (20 septembre).

Le Dauphin à Bourges.

Gros à 3 d. 8 g., 90 au marc. . .   20 d.

(Leblanc, *Tables.*)

1419 (20 septembre).

A Dijon, par Pierre Viart, petits blancs de 5 d. ts., à 2 d. de loi A. R. et de 13 s. 4 d. de taille.

Du 20 septembre 1419 au 25 novembre suivant, 21000 frappés.

Par le même, mêmes petits blancs, du 5 février 1419 au 4 mars suivant, 148000 frappés.

Louaige de la maison de la monnoye de Dijon, la moitié appartenant audit Guilnot Bouot, pour le temps que Humbert Viart et ledit Pierre ont tenu ladicte monnoye de Dijon, qui est depuis le 13ᵉ jour d'octobre 1417 que le 1ᵉʳ compte dudit Humbert commence , jusques au 10ᵉ jour de juing 1420 que le 16ᵉ compte dud. Pierre Viart escript cy-devant fenist, auquel temps sont 2 ans et 8 mois qui valent au

feur de 24 fls par an que lad. maison est louée, 29 fls.

Ausdiz Julien et Jehan Gorlot, frères, pour semblable cause, 17 fls.

(Arch. de Dijon, B 11245, fol. 54 rᵒ à 56 vᵒ.)

1419 (25 septembre).

Item le 25ᵉ jour de setembre aud. an 1419 ordena le Roy faire grox ayant cours pour 20 d. ts., et de 7 s. 6 d. de poix.

Et ont les O long et la croys bastonnée avesques deux petits points à l'entour ✠, et sont faiz à 3 d. 8 gr.

En marge dessin. ✠ KAROLVS ⦂ FRANCORVM ⦂ REX ⦂ 3 lys sous une couronne. O longs.

Item le Roy faisoyt fere escuz à l'O rond de 23 carratz et demy et de 64 au marc, et valloyent communément de marchant à marchant 4 ₶ 5 s. ts.

En marge dessin. ✠ KAROLVS ⦂ DEI ⦂ GRA ⦂ FRANCORV ⦂ REX. Écu couronné.

(Ms. Fr. nouv. acq. 471 , fol. 76 et 77. — Ms. nᵒ 148, fol. 271 rᵒ. — Ms. Poullain, P. II, 10 et P. III, 33.)

1419 (4 octobre).

Le Dauphin à Bourges.

Gros à 3 d. 8 gr., 100 au marc.

(Leblanc, *Tables.*)

1419 (12 octobre).

Bail général des monnoyes par le Dauphin.

A tous ceulx qui ces p͞n͞tes lettres verront, Guillaume Fradet, licencié ès lois, garde du scel de la prévosté de Bourges, salut en n̄re S͞r. Sachent tous que Regnault de Fonssemaigne, clerque dud. scel, notaire, usant de n̄re autorité, nous a relaté et tesmoigné de vérité, luy, le 18e jour du mois de décembre l'an M. IVᶜ XIX, avoir veu et leu de mot à mot une Īre de très excellent et puissant prince Monseigneur le Régent le Royaulme, Dauphin de Vyenne, duc de Berry, de Touraine et comte de Poictou, scellée de son grand scel en cire jaulne, si comme il apparoist de prime face seynes et entières, et en la forme qui s'ensuit.

Charles, filz du Roy de France, Régent le Royaulme, Dauphin de Vyenne, duc de Berry, de Touraine et comte de Poictou, à tous ceulx qui verront ces présentes lettres, salut. Savoir faisons que veue et leue en n̄re p̄nce, estant en n̄re grand conseil, une cedulle à nous baillée par n̄re bien aimé Marot de Betons, eschevin de n̄re ville de Poictiers, touchant le bail des monn͡es de Monseigneur et des monn͡es cy après déclarez, de laquelle cedulle la teneur s'ensuit :

S'il est le plaisir de Mons͡gr le Régent et du conseil, bailler à ferme les monn͡es cy dessus déclarez, je, Marot de Betons, pour moy et mes compaignons jusques au nombre de vingt et au dessoubz, prendrai et affermerai icelles monn͡es et en rendrai le proffict deu à mondict seigneur, pour soustenir le faict de sa guerre et ses autres affaires pour ung an, qui commencera le premier jour de novembre prochain venant et finira led. dernier jour d'octobre ensuivant 1420, l'un et l'autre jours incluz, deux millions cent soixante mil livres ts., pour lesd. condicions et convenances qui s'ensuict.

Prince mondict Sieur fera monn͡e 6ˣˣ de 3 d. 8 gr. de loy et de 8 s. 4 d. de poix au marc de Paris, et fera gros qui auront cours pour 20 d. ts. la piece, et sera donné aux marchans 16 ℔ 10 s. pour marc d'argent. Item en la monn͡e de Loches en aura quatre fournaises, où seront faictz petitz blancs ts. (sic) et doubles, du poix de la loy que les generaulx maistres des monn͡es ordonneront, et chūne quallité et telle quantité que par eulx sera ordonnée; et fournira le s͡r la mayson, et moy et mes compaignons serons presle pour la bastir. Item quant alors sera faict et ouvré en telle maniere et tel pris d'œuvre qu'il plaira à mond. sieur et selon l'ordonnance de ses generaulx maistres. Item que si en monn͡es qui ne sont point de l'obeyssance de mond. sieur plus grand prix estoit donné d'or comme d'argent, je, Marot de Betons et mes compaignons pourrons donner pareil pris, et pour ce ne se diminuera point la somme que debvrons payer à mond. sieur. Item que si aucunes des monnoyes qui ne sont pas en l'obeyssance de mond. sieur venoient en son obeyssance durant led. an, il ne pourroit faire aucune monn͡e d'aultre poix, loy ou pied, que ordonnée sera es aultres monn͡es affermées dont cy dessus est faict mentyon. Item que aurons moy et mes compaignons droict de contraindre et fayre venir auxd. monn͡es la matière d'or et d'argent et tout aultre billon pareillement que pourroit fayre mond. sieur, et tant selon les ordonnances anciennes, et nous en donnera mond. sieur ses lettres. Item mettrons à noz partz esd. monn͡es tels maistres particuliers qu'il nous plaira et bon nous semblera, et mond. sieur mettra gardes, contregardes, essaieurs et tailleurs à son bon plaisir et les paiera de leurs gaiges. Item promettra mond. S͡r que durant led. temps il ne mettra sur aucune aultre mon͡e que celles cy-dessoubz déclarez. Item que mond. S͡r ne fera durant led. an aucune accroissance au pied nouvel de mon͡e blanche en quelque maniere que ce soit, sinon par la forme et maniere que est dict et déclaré. Item serons tenuz moy et mes compaignons pour lad. ferme à douze paiemens, pour chacun mois neuf vingtz mil livres ts., à commencer pour le premier mois et premier paiement en la fin dud. moys de novembre prochain, et sera faict led. paiement en cinq villes, c'est assavoir à Poictiers 35000 livres ts. , à Tours 42000 livres ts. , à Bourges 31000 livres ts. , à Montpellier 36000 livres ts., à Lyon 36000 livres ts. en l'hostel de chacun m⁰ desd. mon⁰⁰ estans en icelles villes. Item et au cas que moi et mesd. compaignons ne joirions à plain des mon⁰⁰ de Montpellier, de Thoulouse, du Sainct-Esprit, ou d'aucunes de celles de présent ouvrant, il nous sera déduict et défalqué de lad. somme telle somme que nous pourrons enseigner par certificacion des gardes desd. mon⁰⁰ deuement quelle auroit vallu le temps que nous pourrons joyr; et en ce n'est point entendu des mon⁰⁰ de Mouson, de Sens et Villefranche, pour ce qu'on ne sçait quant elles ouvreront, et ne serons point tenuz de les mettre sur, si bon ne nous semble, et ne diminuera point la ferme, et serons tenuz de mettre sur la mon⁰ de Loches dedans le quinziesme jour de novembre prochain venant et de la f⁰ ouvrer et continuer led. temps en la maniere dessusdicte. Item moy et mes compaignons promettons de bien et loyalement gouverner lesd. mon⁰⁰ et de les faire de la loy et poix que dessus, au prouffict de mond. sieur et de la chose publique, selon les ordonnances de la chambre des mon⁰⁰, et pourrons les faiblager et escharceter après le jugement des boistes, lesquelles nous serons tenuz d'envoier devers les gñaulx m⁰⁰ toutes fois quilz les manderont. Item sy aucuns autres marchans voulloient encherir sur cesd. ferme et chose (?) à moy et mesd. compaignons, nous y serons accompaignez sil nous plaist pour le quint de lad. ferme. Item et presterons moy et mes compaignons au 15⁰ jour dud. moys de novembre prochain 50000 liv. ts., qui seront rabattus sur le paiement et seront delivrez iceulx L. m. l. ts. par portion es villes et lieux dessus declarez. Item et en ce faisant

mond. S⁰ donnera à moy et à mes compaignons pour nous ayder à rellever de noz fraiz 200000 liv. ts. à prendre au long de l'an par portion par noz mains. Item mond. S⁰ fera bailler et delivrer à moy et mes compaignons lez clefz et delivrance desd. mon⁰⁰ dedans le quinz⁰ jour dud. moys de novembre prochain, et sy nous fera bailler et delivrer tout le pr

 prouffict et emolument desd. monn⁰⁰ qui, à cause du seigneuriage, y escherra depuis le premier jour d'iceluy mois jusques à la tradicion des clefs, et seront les lettres faictes pour donner aux marchans 16 ⚜ 10 s. ts. de marc d'argent, et à nous baillées dedans led. premier jour de novembre à Bourges. Item que mond. S⁰ donnera ses lettres pour contraindre tous ouvriers et monnoiers, mesmement les arriere nepveux, et seront constrainctz les prevosts de les recevoir. Item promettra mond. S⁰ de bonne foy et par ses lettres patentes scellées de son grand scel, tenir, garder et entretenir et accomplir les choses devant dictes, à faire jouir de lad. ferme en ses termes moy et mes compaignons, selon la forme et teneur de ceste presente cedulle. Item et à tenir et accomplir bien et loyaulment tout ce que dict est de la part de moy et de mes compaignons, et à paier les sommes de deniers ausd. jours et termes nous nous obligerons et en baillerons en la ville de Bourges, dedans ledict quinzième jour de novembre prochain, caucion bonne et suffisante de 90000 l. ts. à paier comme debte royalle et en seront faictes les meilleures lettres que faire on pourra. Et s'ensuivent les monn⁰⁰ ouvrées : Tours, Chinon, Angiers, Poictiers, La Rochelle, Lymoges, Sainct-Poursain, Bourges, Lyon, Guises, Sainct-Andry, Beaucaire, Montpellier, Thoulouse, Sainct-Esprit, Cremieu, Romans, Mirabel. S'ensuivent les monn⁰⁰ ordonnées estre mises sur qui ancores n'ont aucunes ouvré : Loches, Sens, Mouson, Villefranche en Rouergue.

Considéré que led. Marot, pour luy et ses compaignons, a offert prendre lesd. monn⁰⁰ pour ung an, commençant le premier de novembre prochain venant, pour les pris et soubz les condicions et manieres contenues en lad. cedulle, et icelle fournir et accomplir, eue sur ce grand et meure deliberacion de conseil, avec plusieurs des gens du conseil de Monseigneur et de nous mêmes, lesd. monn⁰⁰ avons baillées et délivrées et par ces presentes de l'autorité Royale dont nous usons baillons et delivrons fermées pour ung an, commençant le premier jour de nõbre prochain venant, audit Marot, pour luy et ses compaignons, jusques au nombre de vingt personnes ou au dessoubs, telz qu'il voudra nommer, pour y ouvrer sur le pied, par la forme, maniere et pour le pris et condicions ci-dessus déclarées. Et est encore en lad. cedulle cy dessus incérée, lequel contenu d'icelle cedulle nous, de nre part, serons tenuz et promettons de bonne foy accomplir et tenir audict Marot et à sesd. compaignons, sans leur hoster (sic) lesd. monn⁰⁰ ne aucunes d'icelles durant led. an, ne leur souffrir estre hostées pour quelques causes que ce soyt, en faisant et accomplissant par led. Marot et sesd. compaignons, de leur part, les choses contenues en ladicte cedulle, et parce que ledict Marot sera tenu à l'aprouver, soy obliger et faire ses compaignons obliger et bailler caucion bonne et suffisante jusques et de la somme de 90000 l. ts., dedans le 15ᵉ jour dud. mois de novembre prochain, en nre ville de Bourges ; en faisant lequel bail nous pour le bien, utillité et proffict eccédant de mond. Sʳ et de nous, et de l'urgeante nécessité que avons de augmenter les revenues et esmoluments desd. monn⁰⁰ pour la deffence et recouvrement du Royaulme et pays de mond. Sʳ et de nous, avons revocqué et de l'auctorité que dessus revocquons et adnullons les baulx qui faictz ont esté et sont desd. monn⁰⁰ avant la datte de ces

presentes et autres quelconques, soubz quelconque forme et condicion ou manière, temps et termes qu'elles ayent esté et seront baillées et faictes par nous et les officiers de mond. Sʳ et nous. Sy donnons en mandement par ces mesmes presentes à noz amiz et feaulx conseillers de mond. Sʳ et de nous, les commissaires par nous ordonnez sur le faict et gouvernement de toutes finances, tant en Languedoil comme en Languedoc, aux gñaulx mˡˡˢ desd. monn⁰⁰, aux gouverneur et gens de nre conseil en Dauphiné et à tous autres justiciers et officiers de mond. Sʳ et de nous, et à chacun d'eulx si comme à luy apartiendra, que ceste notre presente ordonnance, voulenté, bail et toutes les choses contenues en lad. cedulle, ilz tiennent, gardent, entretiennent et accomplissent et facent leurs gardes entretenir et accomplir par tous ceulx à qui il apartiendra, de poinct en poinct, selon leur forme et teneur, sans faire ne souffrir estre faict aucunes choses au contraire, car ainsy nous plaist-il, et voullons estre faict, nonobstant quelsconques opposicion, appellacions, ordonnances, mandement ou deffense et lectres ad ce contraires. En foy de ce nous avons faict mettre nre scel à ces presentes, donné en nostre chastel à Loches, le 12ᵉ jour d'octobre l'an de grâce mil quatre cents dix-neuf.

Et estoit escript en marge desd. lettres : par Monsʳ le Régent Dauphin en son grand conseil. J. CHASTENIER.

Collacion fete de lad. cedulle cy dessus incérée, en tesmoignage de laquelle vision nous, garde dessus nommé, à la relacion dudict juré, auquel nous croyons fournir le scel de lad. prevosté de Bourges, avons mis à ces presentes lettres les jour et an prémis dessus ainsy signé : R. FONSSEMAIGNE.

(Ms. Lecoq, fol. 84 rᵒ à 85 vᵒ.)

1419 (12 octobre).

A Loches.

Bail de Marot de Betons, échevin de Poitiers, et de ses compagnons.

Le dauphin lui afferme, du 1ᵉʳ novembre 1419 au 31 octobre 1420, toutes les monnaies demeurées en son obéissance, au prix de 2 millions cent soixante mille livres tournois.

Article 1ᵉʳ. — Le Régent émettra sur le pied de monnaie 120ᵉ des gros ayant cours pour 20 d. ts., à 3 d. 8 gr. de loi et de 8 s. 4 d. de poids. Le cours d'argent sera de 16 ₶ 10 s. ts.

Article 3ᵉ. — Les monnaies d'or seront ouvrées comme il plaira au régent et d'après les ordonnances des généraux maîtres ; la valeur du marc d'or sera réglée de la même manière.

Article 7ᵉ. — Ledit fermier et ses compagnons nommeront, à leurs périls et risques, tels maîtres particuliers que bon leur semblera ; la création des gardes, contre-gardes, essayeurs, tailleurs dépendra du régent et sera mise à sa charge.

Article 8ᵉ. — Le régent n'établira pas d'autres ateliers que ceux déclarés ci-dessous.

Article 9ᵉ. — Le pied de la monnaie blanche sera immuable pendant le cours de lad. année.

Ce bail comprend : 1° les dix-huit ateliers qui fonctionnent présentement, savoir : Tours, Chinon, Angers, Poitiers, La Rochelle, Limoges, St-Pourçain, Bourges, Lyon, Guise, St-André-lez-Avignon, Beaucaire, Montpellier, Toulouse, le Pont-St-Esprit, Cremieu, Romans et Mirabel.

2° Quatre ateliers à établir, savoir : Loches, Sens, Mouzon et Villefranche en Rouergue.

(*Ord.* XI, 23 et suiv.—Morin, p. 237, 8. 9.)

En la monnaie de Loches, on aura quatre fournaises où seront faicts petiz blancs tournois et doubles tournois du pois et de la loy que les gᵃᵘˣ mᵗʳᵉˢ ordonneront, et de chacune qualité telle quantité que par eulx sera ordonnée.

(A. N. Reg. Z, 1ᵇ, n° 58, fol. 156 v° à 157 v°. — *Ord.*, XI, 23.)

1419 (12 octobre).

Bail général des monnaies, à Marot de Betons.

A tous ceux qui verront ces p̄ntes lettres, Guillᵉ Fradet, licentié es loix, garde du scel de la prevosté de Bourges, salut en notre Seigneur. Sçachant tous que Regnault de Fonssemaigne, clerc juré dudict scel, usant de notre autorité, nous a relaté et tesmoigné en vérité, lui, le 28 jour du mois de décembre l'an 1419, avoir veu, tenu et leu de mot à mot une lettre de très excellent et puissant prince, Monsʳ le Régent le royaume, Dolphin de Viennois, duc de Berry, de Touraine et comte de Poitou, scellées de son grand scel en cire jaune, si comme il aparoit d'escriptures saines et entieres, contenant la forme qui s'ensuit :

Charles, fils du Roy de France, regent le royaume, Dolphin de Viennois, duc de Berry, de Touraine et comte de Poitou, à tous ceux qui verront ces p̄ntes lettres salut. Sçavoir faisons que veüe et leüe en notre p̄nce, estant en notre grand conseil, une cedulle à nous baillée par notre bien amé Marot de Betons, eschevin de notre ville de Poitiers, touchant le bail des monoies de mon Seigneur et de nous, cy après déclarées, de laquelle la teneur s'ensuit : s'il est le plaisir de Mons̄ le Regent et de son conseil, baillera à ferme les monoyes ci-dessous declairées, je, Marot de Betons, pour moy et mes compagnons, jusques au nombre de vingt et au dessous, prendray et affermeray icelles mon⁰⁰ et en rendray de proufit cler à mond. S' pour soustenir le faict de sa guerre et ses autres affaires, pour un an, qui commencera le 1ᵉʳ jour de no^bre prochainement venant et finira led. dern jour d'octobre ensuivant 1420, l'un et l'autre jour inclus, deux millions cent soixante mil livres ts., pour les conditions et convenances qui s'ensuivent.

Mon⁰ 120⁰. Primo. Le Seig' fera mon⁰ VIˣˣ de 3 d. 8 gr. de loy et de 8 s. 4 d. de poids au m̄ de Paris et ferons gros qui auront cours pour 20 d. ts. la pièce et sera donné aux marchans 16 ⚖ 10 s. ts. du m̄ d'argent.

Le texte s'arrête ici.

(Sorb. H. 1, 9, n° 174, fol. 198 v° et 199 r°.)

1419 (24 octobre).

Item plus en icelluy an ordonna le Roy faire doubles d'or appelez chaires qui poisent 4 d. 18 grains, à 3 s. 4 d. de poids, et avoient cours pour 8 ⚖ ts. (*lisez* 4) et sont faictz à 23 caratz.

En marge dessin. ✠ Karolvs ⦂ dei ⦂ gra ⦂ francorv ⦂ rex. Le Roi assis entre deux écus à trois lys, et tenant une épée et un sceptre.

℞. ✠ xpc ⦂ etc. Croix fleuronnée, cantonnée de quatre fleurs de lys dans un contour à quatre lobes.

Escus pour lours valloyt de marchant à marchant communément 4 ⚖ 10 s.

En marge dessin. ✠ Karolvs ⦂ dei ⦂ gra ⦂ francorv ⦂ rex. Écu couronné.

(Ms. Fr., nouv. acq. 471, fol. 78. — Ms. n° 448, sous la date du 24 octobre 1419.)

1419 (24 octobre).

Chaises ou doubles d'or fin de 40 au marc, valant 4 ⚖.

(Leblanc, *Tables*.)

1419 (24 octobre).

Le 24⁰ octobre 1419 fut faict l'ouvraige qui ensuyt.

Doubles d'or fin, appelez chaires, de 4 d. 18 grains de poids au feur de 40 pièces au marc, ayans cours pour. . . . . 4 ⚖.

Figure : Le Roi assis tenant épée et sceptre ; à ses pieds deux lions et à ses côtés deux écus à 3 fleurs de lys.

Escus par voulonté des marchans valloient. . . . . 4 ⚖ 5 s. ts. et . . . . 4 ⚖ 10 s. ts.

(Ms. Fr., 5524, fol. 115 r°. — Reg. de Lautier, fol. 97 v°.)

1419 (24 octobre).

Item le 24⁰ jour d'octobre 1419, fut ordonné de faire gros de 20 d. ts. la pièce, de cours comme dessus, et sont à 8 solz 4 d. de poids, sans nulle muance de loy, et donnoit de marc d'argent 16 ⚖ 10 solz ts.

Escus tous les mois d'octobre, novembre et décembre 1419 valloit communément de marchand à marchand tout ainsy 4 ⚖ 10 solz.

(Ms. Poullain, P. II, 10 et 11.)

1419 (10 novembre).

Aubert de Hametel et Jehan de Verdun, gardes de la mon⁰ de Troyes, font défaut.

(A. N. Reg. Z, 1ᵇ, 2.)

Amiot Clerambault et Gerard Marriot, gardes de la monoye de Dijon.

Jehan Bertaut et Estienne Perronin, gardes de la mon⁰ de Mascon.

(A. N. Reg. Z, 1ᵇ, 2. — Sorb. H. 1, 9 n° 174, fol. 113 v°.)

1419 (19 novembre).

Romans (en latin).

Le neveu de Michel de la Balme apporte les boîtes de l'ouvrage du 3 juillet 1419 au 17 octobre suivant :

Monᵉ 84ᵉ. Gros de 20 d. ts., de 7 s. de taille au marc et à 4 d. de loi. . 79 s. 6 d.

Item une autre boîte de semblables.

Monᵉ 108ᵉ. Gros de 7 s. 6 d. de taille et à 3 d. 8 gr. de loi, frappés à Romans du 17 octobre au 6 novembre. . . 9 s. 1 d.

(Arch. de Grenoble, B 1, fol. 17 vᵒ.)

1419 (30 novembre).

Mirabel (en latin).

Jehan Chabert, garde, présent Michel Fogace, mᵉ pʳ, apporte les boistes de l'ouvrage fait de la St-Jean passée au 10 novembre suivant :

Monᵉ 80ᵉ. 1ᵒ De l'ouvrage fait de la St-Jean au 8 juillet suivant, une boîte de gros de 20 d. ts., à 4 gr. de loi et de 6 s. 8 d. de poids. . . . . 2 s.

2ᵒ Autre boîte de semblables gros de même cours, loi et poids. . . . 2 s. 8 d.

3ᵒ Autre boîte du 8 juillet au 20 octobre suivant. Gros de même cours, loi et poids.
66 s. 4 d.

Monᵉ 108ᵉ. 4ᵒ Du 20 octobre au 10 novembre autre boîte de gros, à 3 d. 8 gr. de loi et de 7 s. 6 d. de taille . . . 6 s. 3 d.

5ᵒ Une boîte de quarts, desquels ont été faites deux délivrances, l'une le 30 septembre et l'autre le 31 octobre; ils sont à 1 d. 12 gr. de loi et de 13 s. 4 d. de taille. . 8 s. 5 d.

6ᵒ Boîte de liards au même titre et de 16 s. 7 d. de taille, faite le 6 novembre. 2 s. 4 d.

En marge : Toutes ces boîtes furent portées à Bourges par Jehan de Mareuil, qui partit de Grenoble le 12 janvier 1420.

(Arch. de Grenoble, B 1, fol. 18 rᵒ et vᵒ.)

1419 (2 décembre).

Grenoble.

Henri, sʳ de Sassenage, gouverneur du Dauphiné, nomme Jehan Effréat, citoyen de Grenoble et orfèvre, tailleur des coins de la monnaie de Cremieu, et décharge de cet office Jacques Vincent d'Orange.

(H. Morin, p. 239, secundum registrum litterarum factum monetarum tangentium ab anno 1420, fᵒ 7 vᵒ.)

1419 (2 décembre au 19 exclus).

Boeste de Mascon.   Pierre Furet.

Blancs denᵉʳˢ apelez gros.

Doubles deniers tournois. Cours 2 d. ts. la pièce, à 16 gr. de loy argᵗ le Roy. Taille 13 s. 4 d. au marc de Paris; une délivrance le 17 novembre 1419.

(Sorb. H. 1, 9, nᵒ 174, fol. 27 vᵒ et 28 rᵒ.)

1419 (19 décembre).

Les commissaires ordonnés sur le fait et gouvernement de toutes finances, tant en Languedoil comme en Languedoc, par Monsᵉʳ le Régent le Royᵐᵉ, Dolphin de Viennois et les généraux maîtres des monnᵉˢ du Roy n̄re sᵉʳ, au bailli de Sens ou à son lieutenant et aux gardes de la monnᵒ. Yllec veues les lettres de mond. sᵉʳ le Régent au vidimus desquelles ces presentes sont atachées soubz lien de nos signetz, faisant mencion du bail par lui fait à Marot de Betons et à ses compagnons jusques au nombre de vint personnes ou au dessoubz, pour un an, commençant le premier jour de ce present mois de novembre, des monn⁰ˢ estant en l'obeissance du Roy notred. sᵍʳ et de mondit Seigneur et de celles du Daulphiné, déclarées esd. lettres en adnichillant et mettant au néant les baux qui, par avant, avoient et estoient faiz d'icelles monn⁰ˢ, nous, par vertu desdictes lettres, considéré que led. Marot et ses compagnons ont baillé la caucion que tenus estoient de bailler par lesd. lettres de bail, vous mandons et expressement enjoignons et par ces présentes comettons et à chacun de vous si comme à lui appartiendra, que aud. Marot et à ses compagnons en lad. ferme ou à leur certain mandement vous bailliez et delivrez l'émolument et de fait incontinant et sans delay la maistrise de lad. monnoye, et d'icelle le mettez en possession et lui en baillez les clefs, et à eulx et à leurs commissaires respondre et obeir comme à maistre particulier appartient, et lui rendre compte de tout le prouffit d'icelle monn°, depuis led. 1ᵉʳ jour de novembre, en ostant tous autres d'icelle maistrise, nonobstant quelxconques oppositions ou appellacions à ce contraires, et gardez que en ce ne faciez faulte ne delay. Donné à Bourges, le 19ᵉ jour de décembre 1419.

(A. N. Reg. Z, 1ᵇ, n° 58, fol. 157 v° et 158 r°.)

1419 (23 décembre).

Au conseil où assiste Loys Culdoe, général maître des mon⁰ˢ.

Charles, etc.

Pour ce que nos amez et feaulz les gⁿaux m⁰ˢ de nos mon⁰ˢ sont de present deux seu-

lement à Paris, qui est bien petit nombre au regard des grands besongnes et affaires que chacun jour surviennent au fait de nosd. mon⁰ˢ, et mesmement que notred. amé et feal Jehan le Mareschal, l'un des deux m⁰ˢ, est tellement débilité de sa personne pour son grand aage et foiblesse, que bonnement il ne peut vaquer au fait desd. mon⁰ˢ si continuellement et diligemment que la chose le requiert et que besoin en seroit, nomme Guilᵐᵉ Forest, habitant notre ville de Paris, gⁿal maître.

Guillelmus in albo nominatus præstitit solitum in camera computorum d̄ni regis Parisiis juramentum die penultima decembris, anno d̄ni 1419.   J. LE BEGUE.

(A. N. Reg. Z, 1ᵇ, 58, fol. 155 v°. — Sorb. H. 1, 9, n° 174, fol. 185 v°.—Ms. Fr. 21435, fol. 157 v°.)

1419 (27 décembre).

Le 27ᵉ jour de décembre l'an 1419, fut mandé aux gardes de la monnoye de Saint-Quentin, que ilz feissent faire pour differance es blans deniers ayans cours pour 10 d. ts. la pièce, à 2 d. 16 grains de loy et de 6 s. 8 d. de poys, et es petiz blans à ladicte loy et de 13 s. 4 d. de poys au marc, une petite fleur de lis au commencement de la lettre autour du denier, tant devers la croix comme devers la pille, en lieu d'une petite croisette que on a acoustumé y faire, avec les autres differances anciennes.

(Reg. entre 2 ais, fol. 158 r°.)

1419 (17 janvier).

A Paris, de notre règne le 40ᵉ. Par le Roy à la relation du grand conseil tenu en la chamb̄ des comptes auq¹ vous, le grand maistre d'ostel, les gens desd. comptes et gouverneur des finances, les ḡnaux m^{rs} des mon^{es}, les prevosts de Paris et des marchans et autres estoient. Le Begue.

Ord^{ce} aux ḡnaux pour faire petits den. blans de 5 d. ts. la pièce, à 2 d. de loy arg. le Roy et de 14 s. de poys au m̄ de Paris. Item doubles deniers parisis ayans cours pour 2 d. 6 s. la p., à 1 d. de loy arg. le Roy et de 16 s. de poys au m̄ de Paris, et petis den. parisis à 1 d. par^e la pièce, à 18 gr. de loy arg. le Roy et de 24 s. de poys aud. m̄, en faisant mettre en yceulx deniers blancs et noirs telles differences comme vous adviserez qu'il sera à faire, et en donnant aux changeurs et marchans du m̄ aloyé à lad. loy 16 ℔ 10 s. ts.

(A. N. Reg. Z, 1ᵇ, 58, fol. 154 r°. — Sorb. H. 1, 9, n° 174, fol. 185 r°.—Ord. XI, 29.)

1419 (17 janvier).

Le 17ᵉ jour de janvier l'an 1419. Par mandement du Roy donné à Paris fut faict l'ouvraige qui ensuyt :

Petiz blans à 2 d. argent le Roy, de 1 d. 3 grains de poix, au feur de 8^{xx} 8 pièces au marc, ayans cours pour 5 d. p^{ce}.

Marc d'argent. . . . 16 ℔ 10 s. ts.

La différence mise aud. ouvraige fut une fleur de liz au commencement de la légende.

Escus par voulonté des marchans valloient. . . . . 100 s. ts.

(Ms. Fr., 5524, fol. 115 r° et v°.)

1419 (19 janvier).

Item le 19ᵉ jour de janvier 1419, fut ordonné faire monnoye de 20 d. ts. à 3 d. 8

gr. de loy et de 8 solz 4 d. de poids sans nulle autre differance, et donnoit le Roy de marc d'argent 18 ℔ ts.

Escu pour tous les mois de janvier, febvrier jusques au 20 mars, valloit de marchand à marchand communément 5 ℔ ts.

(Ms. Poullain, P. II, 11.)

1419 (23 janvier).

Le 23ᵉ jour de janvier l'an 1419 fut ordonné en la chambre des monnoyes faire en la mon^e de Paris : petiz blancs deniers ayans cours pour 5 d. tourn̄ la pièce, à 2 deniers de loy A. R. et de 14 s. de poys au marc de Paris, esquelx fut fait pour différence à toutes les lettres de O qui sont autour du denier, tant devers la croix comme devers la pille, bastons avec les autres différances.

(Reg. entre 2 ais, fol. 158 r°.)

Nota. C'est l'exécutoire de l'ordonnance du 17 janvier 1419.

1419 (29 janvier).

Item le 29ᵉ jr de janvier ordonna le Roy donner de soubz de loy sans muance de poix ni de loy, 18 ℔ ts.

Dessin en marge. ✠ Karolvs 𝅭 Francorvm 𝅭 rex 𝅭. O longs.

Escu valloit de marchant à marchant communément 105 s.

Dessin en marge. ✠ Karolvs 𝅭 dei 𝅭 gra 𝅭 francorv 𝅭 rex. Écu couronné.

Et fit fère le Roy Charles VIᵉ de cest nom escuz de la fasson des vieux et furent faiz à Tournoys et à Saint Lou et Angiers et en pluss^{rs} autres monn^{es} dud. s^{gr} et poyssent 2 d. 21 gr. et sont à 23 caratz.

(Ms. Fr., nouv. acq., n° 471, fol. 78.—Ms. Fr. 148, fol. 272.)

1419 (5 FÉVRIER).

St-Symphorien d'Ozon.

Lettres du Régent, dauphin de Viennois, à son amé et féal chevalier, conseiller et chambellan, le gouverneur du Dauphiné, aux gens du conseil et des comptes, et au trésorier dud. pays pour faire ouvrer dans les ateliers delphinaux une certaine quantité de monnaies blanches et noires.

Marot de Betons ne devait émettre que des gros de 20 s. ts., mais les habitants du Dauphiné ayant grand besoin de petites monnoyes dalphinaux blanches et noires, ayans forme et représentation de dauphin, qui aient long cours, pour d'icelles eux aider en leurs œuvres et nécessités et dépenses.....

Le Régent décrète que chaque mois, sur l'argent qui devait servir à la fabrication des gros, il sera prélevé 50 marcs, lesquels également distribués entre les trois ateliers delphinaux seront convertis un dixième en monnaies noires et le reste en quarts et liards, à son nom et à ses armes, sur le pied de monn° 80°, comme avant le bail. Les présentes lettres seront notifiées à Marot de Betons qui sera dédommagé ainsi que de droit.

(Morin, p. 239. — Ord., XI, 44 et 45.)

————

1419 (6 FÉVRIER).

A Toulouse, par Jehan Vagnier, gros de 20 d. ts., à 3 d. 8 gr. et de 100 au marc, du 6 février 1419 au 14 mars. . . . 551000

Item du 14 mars 1419 au 31 du mois. 193000

Blancs de 10 d. ts., à 3 d. de loi et de 120 au marc, le 15 mars 1419. . . . 24000

Petits blancs de 5 d. ts., à 2 d. et de 13 s. 4 d. (160), le 20 mars 1419. . . 30000

Doubles tournois à 1 d. et de 16 s. 8 d. (200), le 3 mars 1419 et le 5 mars suivant, 264 marcs. 52600

Item les 16 mars et 29 mars 1419, 228 marcs. 45600

(A. N. Reg. Z, 1368.—Carton Z, 1ᵇ, 991-92.)

————

1419 (17 FÉVRIER).

Blanc à 2 d., 168 au marc, valᵗ 5 den.

NOTA. C'est 160 qu'il faut lire et Petit blanc.

(Leblanc, *Tables.*)

————

1419 (26 FÉVRIER).

Lettres pat. aux gⁿaux pour faire den. d'or apellez escuz à la coronne, semblables de forme et façon que estoient ceux que dernièrement avons fait faire en nosd. monnᵉˢ, qui avoient cours pour 22 s. ts., lesquelz seront à 23 caraz et de 67 den. de poys au m̄ de Paris, aux remèdes accoustumés, et auront cours pour 40 s. ts. la pièce, en donnant aux changeurs de m̄ d'or fin 171 ✠ 13 s. 4 d. ts.

(A. N. Reg. Z, 1ᵇ, 58, fol. 154 v° et 155 r°.—Sorb. H. 1, 9, n° 174, fol. 185 v°.—Ord. X, 53.)

L'Ordᶜᵉ dit que les écus auront cours pour 40 s. parisis, en y mettant « telle différence comme bon vous semblera », et plus loin :

Le cours des moutons que nous avons derrenièrement fait faire en nosd. monnoies, sera de 26 s. 8 d. parisis.

(A. N. Reg. Z, 1ᵇ, 58, fol. 155 r°.)

————

1419 (26 février).

A Paris, à la relation du grand conseil tenu en la chambre des comptes auq¹ vous, les comm^{res} gñaux, gouverneur de toutes les finances, Guill^{me} d'Orgemont, les prevosts de Paris et des marchans, les eschevins et les gñaux m^{es} des mon^{es} et autres estoient. CALOT.

Lettres pat. au prevost de Paris pour donner cours aux den. d'or fin apelez escus à la couronne, semblables de forme et façon à ceux que autrefois avons fait faire en nosd. mon^{es} pour 40 s. ts. la pièce avec les petits den^{ers} d'or apelez moutons, que nous avons fait faire dernièrement pour 26 s. 8 d. parisis la pièce, et que les changeurs auront de m̄ d'or fin 171 ₶ 13 s. 4 d. ts.

(A. N. Reg. Z, 1ᵇ, 58, fol. 154 v° et 155 r°. — Sorb. II. 1, 9, n° 174, fol. 185 r° et v°. — Ord. XI, 52 et 53.)

1419 (26 février).

Le 26° febvrier 1419, par mandement du Roy, donné à Paris, fut faictz escuz couronne semblables en forme aux precedens ayans cours pour 50 s. ts.

Marc d'or fin, 8^{xx} 11 ₶ 13 s. 4 d. ts.

Escuz par voulonté des marchans, 105 s. ts.

(Ms. Fr. 5524, fol. 115 v°. — Reg. de Lautier, fol. 98 r°.)

1419 (2 mars).

Le 2° jour de mars l'an 1419, fut délibéré en la chambre des mon^{es} que es deniers d'or à l'escu à la couronne qui auront cours pour 40 s. par̄. la pièce, sera mis pour difference tant devers la croix comme devers la pille soubz la 26° lettre qui est R, un point ouvert avec les autres differences anciennes.

(Reg. entre 2 ais, fol. 158 v°.)

1419 (2 mars au 11 août 1421).

Escuz couronne à 22 k., et de 68 au marc, pour 50 s. ts.

Ce jour fut ordonné que les moutons qui couraient pour 30 s. ts. auraient cours pour 33 s. 4 d. ts.

(Ms. Fr. 4533, fol. 60 v°. — Ms. Fr., 18500, fol. 8 v°, écrit 23 k. et 67 au marc.)

1419 (18 mars au 24 août 1421).

Pour 4 deniers d'or à 24 caraz à ung quart de remède et de 66 d. de pois au marc de Paris, faiz par manière de monstre, lesquelx furent baillez à Guillaume d'Orgemont, général gouverneur des finances du Roy notre sire, pour bailler au conseil dudit seigneur, pour envoyer devers le Roy d'Angleterre. 10 ₶ 8 s. 1 d. ts.

Pour l'ouvraige de six marcs 7 onces d'or ouvrez en flans, desquelx ne furent monnoyez que douze d'iceux, pour monstrer au Roy et à son conseil.

(A. N. Carton Z, 1ᵇ, 913.)

1419 (20 mars).

Item le 20° jour de mars ordonna le Roy donner de marc d'argent sans nulle muance de poids ny de loy, 20 ₶ ts.

Escus jusques au 20° jour de may vallent de marchand à marchand : 5 ₶ 5 solz ts.

(Ms. Poullaih, P. II, 11.)

1419 (22 mars).

Item le 22° jour de mars 1419, ordonna

le Roy donner desoubz de loy aloyé à lad.
loy sans muance de poys ne de loy, 20 ⚖ ts.

(Ms. Fr., nouv. acq., 471, fol. 70. — Ms. Fr., n° 148, fol. 272 r°.)

_____

1419 (12 AVRIL).

Item le 12ᵉ jour d'avril 1419, fut ordonné
faire gros de 20 d. ts. la pièce et de 8 solz
1 d. de taille à 5 d. de loy, et donnoit-on de
marc d'argent 11 ⚖ 10 solz, et pour différence ont un point cloz soubz la petite croix.
Escu valloit comme dessus 50 solz ts.

(Ms. Poullain, P. II, 9.)

_____

1420.

Par l'un des comptes dud. lieu (Toulouse),
de 1420, appert la monoye estre baillée à
8000 ⚖ ts. par mois, et print le mᵉ le sei-
gneuriaige et rend au Roy le foiblage et
escharceté.

(Ms. Lecoq, fol. 34 r°.)

Par le compte dud. lieu (Montpellier), de
1420, le Roy tira 12, 16 ⚖ et 17 ⚖.

(Ibidem, fol. 69 r°.)

En la despense du compte du blanc de la
monᵉ de Paris, appert avoir esté taxé au
tailleur, pour deux paires de fers à monnoies
gectonères, 60 s. ts.

(Ibidem, fol. 27 r°.)

Pour le compte de Montpellier, de 1420,
appert le mᵉ estre de Roddès ou Roddyes.

(Ibidem, fol. 35 v°.)

Marc d'or fin, 172 ⚖.

(Sorb. H. 1, 10, n° 172, fol. 39 r°.)

1420.

Advis en la presence de la Royne mère et
de Monseigʳ le prince de Condé sur le fait
des monnoyes. _Il débute ainsi :_

Les desordres que le rehaussement des
monnoyes produit seroient superflus à repre-
senter, puisque c'est sur ce sujet que se fait
cette assemblée et qu'ils sont tels que le sen-
timent de l'incommodité qu'il aporte a causé
les plaintes auxquelles on cherche à present
les moyens de remedier.

Voici ce qui s'y trouve inséré :

Nous avons cette remarque de n̄re histoire
que ç'a tousjours esté le remede de l'estat
afligé et que l'en n'est venu un surhausse-
ment qu'aux grands et extremes necessitez
comme du temps des RR. Charles 6 et 7 et
des guerres des Anglois qui ont si longtemps
travaillé et tant afligé ce roymᵉ, le marc d'or
fin estimé jusques à 2800 ⚖ et le marc d'argent jusques à 240 ⚖, et en l'an 1420, l'afoi-
blissement estoit tel que Mʳ le Dauphin sous-
tenant lors l'estat contre les Anglois aferma
les monnoyes de ce qu'il tenoit seulement à
2160000 ⚖.

(Voir la suite en 1453).

(Sorb. H. 1, 11, n° 166ᵇⁱˢ, vers le milieu du volume qui n'est pas paginé.)

_____

1420.

Arras.

Il a esté ordonné faire pour differance es
gros deniers ayans cours pour 20 d. ts. la pièce
qui seront faiz en la monnᵉ de Arras, devers
la croix entre le R et le E de REX ung point
et devers la pille entre le I et le C de BENE-
DICTVM ung point.

(Reg. entre 2 ais, fol. 155 v°.)

_____

1420.

Item fut fait heaumetz pareilz des premiers de 22 caratz et de 2 deniers de poys, mais en lieu du moutonet ilz ont ung heaume et aussi en fut fet de grans heaumes que pesoyent 4 d. et estoyent beaux et n'en fut gueres fait et furent faiz à 22 caratz.

En marge : figure du petit heaume et avers seulement du grand.

(Ms. Fr., nouv. acq., 471, fol. 81.)

———

1420.

Au XVIᵉ siècle, un nommé Macé Legendre écrivit en marge des pages 58 et 59 (fᵒˢ 29 et 30, ancienne notation) : « Ce sont les villes et citez esquelles le Roy faictz faire monnoye : »

Cremieu, Roumans, Mirabel, Montpellier, Tolose, Tours, Angers, Poytiers, la Rochelle, Lymoges, Sainct-Poursainct, Mascon, Dijon, Troyes, Rouen, Tournoys, Sainct-Quetin, Paris, Sainct-Lô, Sainct-André, Sainct-Manehout, Bourges, Chinon, Orléans, Loches, Lyon sur le Rosne, Villefranche, le Pont-Sainct-Esperit, Meuson, Bordeaux, Renes, Nantes, Perpignan.

(*Ibidem*, fol. 58-59.)

Et se fit à Massere et à Nontron en pays de Lymossin et Perigord fausonnerie, et du temps de Jehan de la Ronche, et estoit de la monnoye de quoy la grand croix passoyt outre l'écriture et n'avoyt nulle différence à la bonne monnᵒ du Roy si n'estoit à la couleur.

(*Ibidem*, fol. 34.)

Item depuis l'an mil IIIIᵉ et xx, le Roy a donné mandement, ès villes ci desoubz nommées, de faire bonnes monnoyes, pour ce que les Angloys tenoyent aucunes des villes dessus nommées, et avoyent mis en differance que devant la petite croys du commencement de l'escripture auroit une lettre, la première portant le non (*sic*) de la ville où elle se faysoit, excepté Lyon qui porte ung treffle devant la petite croys.

(Ms. Fr., nouv. acq., 471, fol. 30.)

En marge : blanc à l'écu et aux trois couronnes dans un trilobe avec la légende ✠ KAROLVS ⸰FRANCORV̄ ⸰ REX (trèfle).

Premierement : Orleans, Loches, Chinon, Mōtagu, Niort, Fontenay, Partenay, Figatz (Figeac), Bourges, Saumur, Mōferrant, Lion.

Nota. Ici il y a 3 dessins, l'un de Lyon au trèfle, l'autre d'Orléans à l'O, avec ✠ KAROLVS ⸰ FRANCORV ⸰ REX. Écu aux 3 fleurs de lys, accosté de 3 couronnes, dans un trifolium.

Sy comme ceux de Orleans ont ung O devant la petite croys du commencement de l'escripture,

Ceux de Loches ont une L.
Ceux de Chinon ont ung C.
Ceux de Montagu ont une M.
Ceux de Niort ont une N.
Ceux de Fontenay ont une F.
Ceux de Partenay ont ung P.
Ceux de Figat ont une f.
Ceux de Borges ont ung B.
Ceux de Saumur ont une S.
Ceux de Monferrant ont une m.
Ceux de Lion ont ung treffle.

(Ms. Fr. nouv. acq., nᵒ 471, fol. 30 et 31. — Reg. de Lautier.—Ms. 148 ; fonds de Brienne, fol. 246.)

1420 (13 avril).

Samedy 13 avril après Pasques.
Au comptoüer, Jehan le Mareschal, Guill⁰ Forest et mᵒ Gerard le Coq.

(Sorb. H. 1, 9, u° 174, fol. 114 rᵒ.)

1420 (16 avril).

A Toulouse, par Jehan du Rieu, pour Marot de Betons, par son marché du 2 avril 1420. Gros de 20 d. ts., à 3 d. 8 gr. et de 100 au marc, du 16 avril 1420 au 8 juin suivant. 470000
Doubles tournois, à 1 d. et de 16 s. 8 d. (200), du 11 mai 1420 au 4 juin suivant, 744 marcs 148800
Gros de 20 d. ts., à 2 d. 12 gr. et de 100 au marc, du 12 juin 1420 au 29 du mois. 218000
Doubles tournois à 12 gr. et de 200 au marc, par Jehan de Liser, tenant le compte de la monᵉ pour Marot de Betons, le 22 juin 1420 et le 26 du mois, 72 marcs. . 14400
Gros de 20 d. ts., à 2 d. 8 gr. et de 100 au marc, par Jehan du Rieu, du 3 juillet 1420 au 6 août suivant. 354000
Doubles tournois à 12 gr. et de 16 s. 8 d. (200), le 8 août 1420, 132 marcs. 26400
Blancs de 10 d. ts., à 2 d. et de 120 au marc, le 27 juillet 1420. . . . 34000
Doubles tournois semblables, du 4 juillet 1420 au 2 août suivant, 396 marcs. 79200
Gros de 20 d., à 2 d. 6 gr. et de 101 au marc, du 17 août 1420 au 23 novembre suivant. 858000
Deniers tournois à 16 gr. de loi et de 300 au marc, le 6 décembre 1420, 56 marcs 16800
Deniers semblables, du 4 octobre 1420 au 24 décembre, 496 marcs. . . . 148800

Blancs de 10 d. ts., à 1 d. 8 gr. et de 120 au marc, du 28 novembre 1420 au 25 décembre suivant. 129000
Gros de 20 d. ts., à 2 d. et de 100 au marc, du 7 décembre 1420 au 4 janvier 251000
Gros de 20 d., à 2 d. et de 108 au marc, du 11 janvier 1420 au 15 février suivant 133000
Mêmes gros, le 19 février 1420. 69000
Blancs de 10 d. ts., à 1 d. 8 gr. et de 120 au marc, du 24 janvier 1420 au 12 février suivant. 224000
Gros de 20 d., à 2 d. et de 110 au marc, du 26 février 1420 au 12 mars suivant. 140000
Deniers tournois, à 16 gr. et de 300 au marc, les 1ᵉʳ, 4 et 22 mars 1420, 360 marcs 108000
Gros de 20 d., à 1 d. 20 gr. et de 110 au marc, du 13 mars 1420 au 30 du mois 202000
Gros de 20 d., à 1 d. 20 gr. et de 112 ¾, du 3 avril 1421 au 30 du mois. . . 349000
Id., à 1 d. 12 gr. et de 120 au marc, du 9 mai 1421 au 15 août suivant. . 1176000
Deniers tournois, à 16 gr. et de 300 au marc, les 14 et 24 avril 1421, 312 marcs 93600
Gros de 20 d., à 1 d. 12 gr. et de 120, du 18 septembre 1421 au 28 octobre suivant 627000
Gros à 1 d. 4 gr. et de 9 s. 11 d. (119), du 31 octobre 1421 au 29 novembre suivant. 424000
Doubles tournois, à 12 gr. et de 250 au marc, le 30 octobre 1421, 96 marcs. 24000
Gros de 20 d. ts., à 1 d. 4 gr. et de 119 au marc, du 3 décembre 1421 au 30 janvier suivant. 660000
Doubles tournois à 12 gr. et de 250 au marc, le 23 décembre 1421, 96 marcs 24000
Gros, à 1 d. 4 gr. et de 119 au marc, du 10 février 1421 au 26 du mois. . 689000

32

Doubles tournois, à 6 gr. et de 300 au marc, les 7 avril et 30 mai 1422, 404 marcs.
121200

Gros à 12 gr. et de 120 au marc, du 18 février 1421 au 20 juin 1422. . .   4106000

Mêmes gros, du 23 juin 1422 au 4 octobre suivant.   2718000

Le tailleur est Jehan Thomas.

(A. N. Reg. Z, 1363. Carton Z, 1ᵇ, 991-92.)

1420 (16 AVRIL).

Compte de Marot de Betonx (sic), mᵉ pᵉʳ de la monⁿ de Thoulouse, pour lequel Jehan du Rieu, par lui commis, à tenu le compte. Rendu à court le 15ᵉ jour de février l'an 1433, p̄t messire Bernard Braque, chevalier, gᵃˡ mᵗʳᵉ des monnᵉˢ du Roy n̄re sʳ.

Gros de 20 d. ts., à 3 d. 8 gr. et de 100 au marc, par Jehan du Rieu, commis par Marot de Betons (le 2 avril 1420).

Du 16 avril 1420 au 8 juin suivᵗ.   470000

Doubles tournois, à 1 d. et de 16 s. 8 d. (200 au marc), du 11 mai 1420 au 4 juin, 744 marcs.   148800

Gros de 20 d. ts., à 2 d. 12 gr. et de 100 au marc, du 12 juin 1420 au 29 du mois.
218000

Doubles tournois, à 12 gr. et de 200 au marc, par Jehan de Liser, tenant le compte pour led. Marot, les 22 juin 1420 et 26 du même mois, 72 marcs.   14400

(A. N. Rouleau. Carton Z, 1ᵇ, 991-92.)

1420 (19 AVRIL).

A Paris, par le Roy, à la relation du grand conseil, tenu par M. le comte de St-Pol, auqˡ vous, M. Estienne Crasset, Jehan Guerin, les prevost de Paris et des marchans et autres plusieurs estoient.

Lettres pat. aux généraux pour creüe de 30 s. ts. au m̄ d'arg., outre le prix de 16 ₶ 10 s. ts., que nous en faisons donner à présent.

(Sorb. B. 1, 9, nᵒ 174, fol. 185 vᵒ.)

1420 (20 AVRIL).

Mascon.

Il est apparu par la copie d'un mandement des commissaires sur le fait des finances, donné à Troyes le 20ᵉ jour d'avril 1420, encorporé en certaines lettres du bail de la monⁿ de Mascon, que il fut mandé aux gardes de lad. monⁿ, par lesdits commissaires, que ils feissent faire pour differance es gros den. qui furent lors ordonnez estre faiz en icelle monⁿ sur le pied de monⁿ 6ˣˣ viijᵉ, au commencement de la lettre tant devers la croix comme devers la pille une rosette à cinq pointes en lieu d'une petite fleur de lis avec les autres differances que on a accoustumé de y faire.

(Reg. entre 2 ais, fol. 158 vᵒ.)

1420 (23 AVRIL).

A Montpellier, par Jehan Conge le jeune et Jaquet de Cazablanc, mᵗʳˢ pᵉʳˢ, pour lesquels Jehan Conge et Jehan de Cazablanc, leurs pères, ont tenu le compte de la monⁿ du 23 avril 1420 après Pâques au 12 juin suivant.

Monⁿ 120ᵉ. Gros de 20 d. ts., à 3 d. 8 gr. de loi et de 8 s. 4 d. (100 au marc).
760000 frappés.

Monⁿ 160ᵉ. Gros à 2 d. 12 gr. et de 8 s. 4 d. (100 au marc), du 28 juin 1420 au 14 juillet suivant. . . . .   379000 frappés.

Monⁿ 80ᵉ. Doubles tournois, à 1 d. de loi

et de 16 s. 8 d. (200 au marc), le 25 mai
1420 et le 26 juin suivant.   36000 frappés.

Mon° 120°. Petits blancs de 5 d. ts., à 1 d.
18 gr. et de 17 s. 6 d. (210 au marc), le 16
juillet 1420. . . . . .   13000 frappés.

(A. N. Rouleau déployé du carton Z , 1ᵇ, 900.)

1420 (24 avril).

Mirabel.

Jehan Chabert, garde de Mirabel, apporte
les boîtes de gros de 20 d. ts. et de quarts
de 3 d. parisis, ouvrés du 11 novembre
passé au 28 février.

1. Boîte de gros, 62 s. 8 d.
2. Boîte de quarts, 7 s. 10 d.

Item le même Jehan Chabert apporte le
19 juillet 1420 les boîtes de l'ouvrage fait
du 6 mars au 22 juin dernier.

1. Boîte de gros, 53 s.
2. Boîte de quarts, 2 s. 5 d.
3. Boîte de liards de 3 d., 3 s.

Le même apporte, le 21 septembre suivant, une boîte de gros où il y en a 16 s.
8 d., ouvrés du 22 juin au 7 septembre.

(Arch. de Grenoble. B 1, fol. 19 r°.)

1420 (2 mai).

Lettres pat. aux conseillers, trésorier et
gnaux gouverneurs des finances du Roy
pour être payé par Andry d'Espernon, changeur du trésor à Paris, à son amé et feal
Mᵉ Robert Gaultier, gnal mᵉ de ses monᵉˢ,
60 s. ts. pour chacun jour de son voyage en
Picardie pour visiter les monᵉˢ de Tournay,
Arras et St-Quentin outre ses gages ordᵣᵉˢ
qu'il prend à cause dud. office.

(Sorb. H. 1, 13, n° 173, fol. 45 v°.)

Il y a ici confusion de date. Voyez au 2 mai
1422.

1420 (4 mai).

Au comptoir : Jehan le Mareschal, Loys
Culdoë et Guill. Forest.

Regnault Tumery, mᵉ parᵗᵣ de la monᵉ
de Paris.

Jehan Bonnet, prevost des monoyers de la
monᵉ de Paris.

(Sorb. H. 1, 9, n° 174, fol. 114 r°.)

1420 (6 mai).

A Paris, de n̄re règne le 40ᵉ, par le Roy à
la relation du grand conseil. S. de Rivel.

Lettres pat. aux gn̄aux pour faire blancs
deniers apelez gros, aians cours pour 20 d.
ts. la pièce, à 2 d. 12 gr. de loy arg. le Roy
et de 8 s. 4 d. de poids au m̄ de Paris, sur
le pied de monᵉ viiiˣˣ.

Semblables de forme à ceux que nous faisons de present faire en noz monoyes et en
mettant en icelles monnoies telles differences comme bon vous semblera.

(A. N. Reg. Z, 1ᵇ, 58, fol. 156 r°. — Sorb. H. 1 , 9,
n° 174, fol. 186 r°.—*Ord.*, XI, 83.)

1420 (6 mai).

La monnaie 160ᵉ est commencée.

Jusqu'au 11 février suivant, on frappe des
petits gros de 20 d. ts., à 2 d. 12 gr. de loi
et de 100 au marc.

Ces mêmes gros continués jusqu'au 3 novembre exclusivement, auquel jour fut créée
nouvelle monᵉ.

(Sorb. H. 1, 14, n° 166ᵇⁱˢ (petit cahier). — Ms.
Poullain, P. I, 13 à 24.)

1420 (6 MAI).

Le 6° jour de may 1420, fut ordonné faire, en la mon° de Paris, deñ. gros aians cours pour 20 d. ts. la pièce, à 2 d. 12 gr. de loy A. R. et de 8 s. 4 d. de pois sur la forme des gros que on faisoit par avant, esquelx fut mis pour differance es florons de la coronne qui est dessus l'escu une fleur de lis et deux demies fleurs de lis en lieu d'un treffle et deux demys que on avoit acoustumé y mettre.

(Reg. entre 2 ais, fol. 155 v°.)

1420 (6 MAI).

Marc d'argent vallust 26 ⚌.
Escuz par voulonté des marchans valloient 110 s.

(Ms. Fr., 5524, fol. 116 r°.—Reg. de Lautier, fol. 98 v°.)

1420 (6 MAI AU 11 FÉVRIER SUIVANT).

Deniers gros de 20 d. ts., à 2 d. 12 gr. de loy A. R. et de 100 au marc, semblables de forme à ceulx que l'on faisoit paravant.

(Ms. Fr., 4533, fol. 88 r° et v°.)

1420 (8 MAI).

(Exécutoire de l'ordonnance du 6 mai).

Mandement des généraux aux gardes de Paris.
..... en faisant mettre en iceulx deniers pour differance ès fleurons de la coronne deux demies fleurs de liz et une fleur de liz comme il a esté acoustumé faire en la coronne des escus, en lieu des trèfles que on a acoustnmé y faire.....

(A. N. Reg. Z, 1ᵇ, 58, fol. 156 r°.—Sorb. H. 1, 9, n° 174, fol. 186 r°.)

1420 (8 MAI).

Gros à 2 d. 12 gr., 100 au marc, val. 20 d.

(Leblanc, Tables.)

1420 (8 MAI).

A Lyon, par Jehan Clerbaut le jeune. Gros de 20 d. ts., à 3 d. 8 gr. et de 8 s. 4 d. (100 au marc), du 8 mai 1420 au 2 juin suivant, 401000 frappés.
Marc de Betons, pour lors fermier de toutes les monnoies estans en l'obeissance du Roy ñre sʳᵉ et de Monsᵍʳ le Régent.

(A. N. Feuille de parchemin. Carton Z, 1ᵇ, 888.)

1420 (12 MAI).

Le 12° may 1420, par ordonnance du Roy fut ouverte la monnoye d'Orleans et en icelle faict l'ouvraige qui ensuyt.
Escuz aulx armes d'Orleans, à 23 karatz de loi, de 2 d. 20 gr. de pois, au feur de 67 pièces au marc, ayans cours pour 50 s. ts. pᶜᵉ.
Figure : ✠ KAROLVS DEI GRACIA FRANCORVM REX. Écu d'Orléans avec lambel à 3 pendants.
℞. XPC. etc. Croix feuillue, rose à 6 pétales en cœur, et 4 couronnes extérieures.

(Ms. Fr., 5524, fol. 115 v° et 116 r°.) (1).

(1) Le Registre de Lautier met cela au 12 mai 1419.

1420 (18 mai).

Il est apparu par la copie d'un autre mandement desdiz commissaires, donné à Troyes, 18 de may l'an dessusdict (1420), encorporé en certaines lettres du bail de lad. mon° de Mascon, qu'il fu mandé aus gardes de lad. mon° par lesdiz commiss^res qu'ils feissent faire pour differance es den^rs gros, qui lors furent ordonnez estre faiz en icelle mon° sur le pied de mon° viij^xx°, au commencement de la lettre devers la croix une croisette en manière d'un sautouer en lieu de une rosette à cinq pointes, et devers la pille es florons de la coronne qui est dessus l'escu une fleur de lis et deux demies en lieu d'un treffle et deux demyz treffles que on a acoustumé y mettre, avecque les autres differances anciennes.

(Reg. entre 2 ais, fol. 158 v°.)

1420 (20 mai).

Mémoire que le 20° jour de may 1420, auquel temps les gros à 2 d. ob. d'aloy furent mis sur estre forgiez, tant es monnoyes du Roy que es monnoyes de Mons^gr, pourquoy fut fait inventaire de tout le billon qui estoit en la monnoye de Dijon, par les gardes de lad. monnoye, en laquelle fut trouvé le billon declairé audit inventaire, montant pour tont à 1869 marcs 5 onces d'argent ou environ.

(Arch. de Dijon, B 11215, fol. 58 r°.)

1420 (20 mai).

Item le 20° jour de may 1420, fut ordonné faire gros de 20 d. ts. la pièce et de 8 solz 4 d. de poids, à 2 d. 12 gr. de loy argent le Roy, et donnoit le Roy de marc d'argent 22 ₶

ts. et avoient pour differances la croix ⁛ et les OO longs ; sont faitz à 2 d. 12 grains de loy.

Item à ced. temps, an et jour susd., feist faire le Duc de Bretaigne gros de 20 d. ts. la pièce et de 8 solz de poids, à 3 d. de loy, et donnoit on aux marchands de marc d'argent…, et pour difference ont les OO longs et la croix bastonnée ; sont faitz à 3 d. de loy.

Escu de la monnoye faite dessus de 2 d. 12 grains de loy valloit communément de marchand à marchand 5 ₶ 5 solz ts.

(Ms. Poullain, P. II, 12.)

1420 (22 mai).

Item le 22° jour de may, l'an susd. 1420, ordonna le Roy fere gros pour 20 d. ts. la pièce et de 8 s. 4 d. de poix, et ont la croix tranchée ┼ et ont l'O long, et n'ont point de point dedans, et donnoit es marchants de soubz de loy 22 ₶, et sont faitz à 2 d. 12 gr. de loy.

Dessin en marge : ÷┼÷ KAROLVS ₰ FRANCO-RVM ₰ REX. 3 lys sous une couronne. O longs.

Escu pour lours valoyt de marchant à marchant communément 110 s. ts.

Dessin en marge : ✠ KAROLVS ₰ DEI ₰ GRA ₰ FRANCORV ₰ RE. O Ronds.

(Ms. Fr., nouv. acq., 79. — Ms. Brienne, n° 148, fol. 272 r° et v°.)

1420 (22 mai).

Item le 22° jour de may 1420, fut ordonné faire gros de mesme façon et avoient cours pour 20 d. ts. la pièce, et de 8 solz 4 d. de taille, et ont la petite croix bastonnée ┼ et l'O long, et donnoit es marchans de soubz de loy 22 ₶, et sont à 2 d. 12 grains de loy.

En marge, figure conforme.

(Ms. Poullain, P. III, 23.)

1420 (24 MAI AU 8 AOUT).

A Bourges, gros de 20 deniers tournois, à 2 d. 12 gr. et de 8 s. 4 d. (100 au marc) de taille, par Thomassin de Javaillac, 8500 marcs, soit. . . . . . 850000 frappés.

Mêmes gros, à 2 d. 6 gr. et de 101 ¼ au marc, du 10 août 1420 au 4 septembre suivant. . . . . 247000 frappés.

Le tailleur est Guiot de Valenciennes.

(A. N. Cahier de parchemin qui a été mouillé dans l'incendie de 1735, et dont il est impossible de décoller les feuilles. Carton Z, 1ᵇ, 848-50.)

1420 (26 MAI).

A Clermont en Auvergne.

Le Régent nomme Jehan Treffort de Cremieu contregarde de la monnaie de cette ville.

(H. Morin, p. 240.)

1420 (27 MAI).

A Clermont en Auvergne.

Commission à maître Regner de Bouligny, commissaire sur le fait et gouvernement de toutes finances, et à Jean de la Tillaye, pour qu'ils se transportent dans les ateliers monétaires du Royaume et notamment en Languedoc, à Lyon et en Dauphiné. Tout pouvoir leur est donné de bailler de nouvel le plus prouffitablement que faire se pourra à telles personnes, pour tel brassage et jusques à tel temps que bon semblera à nosd. conseillers, lesdites monnoyes et chacune d'icelles, lesquelles nous avons reprinses en noz mains et en avons deschargé Marot de Betons et

ses compaignons, à qui nous les avions baillées à ferme.

Lettres vidimées le 23 septembre 1420, à St-Marcellin, par les auditeurs des comptes Delphinaux.

(H. Morin, p. 240 et note.)

1420 (5 JUIN).

A Lyon, par Jehan Clerbaut, gros de 20 d. ts., à 2 d. 12 gr. et de 8 s. 4 d. (100 au marc), du 5 juin 1420 au 14 juillet suivant. . . . . 495000 frappés.

Item, du 20 juillet 1420 au 31 août suivant. . . . . 180000 frappés.

Gros de 20 d. ts., à 2 d. 6 gr. et de 8 s. 5 d. ¼ (81 ¼ au marc), du 17 août 1420 au 17 novembre suivant . . 794000 frappés.

Item, le 21 nov. 1420. . 27000 frappés.

Blancs de 5 d. ts., à 1 d. et de 15 s. (180), du 10 septembre 1420 au 21 novembre suivant. . . . . 100000 frappés.

Gros de 20 d. ts., à 2 d. et de 100 au marc, les 1ᵉʳ et 23 novembre 1420, 29 novembre et 7 décembre suivant. . 246000 frappés.

Item, le 17 décembre 1420 et le 23 décembre suivant . . . . 122000 frappés.

Item, le 24 déc. . . . 18000 frappés.

Gros de 20 d. ts., à 2 d. et de 9 s. (108 au marc), du 4 janvier 1420 au 6 février suivant. . . . . . . 244000 frappés.

Petits blancs de 5 d. ts., à 1 d. et de 16 s. 8 d. (200 au marc), le 23 janvier 1420. 16000 frappés.

Gros de 20 d. ts., à 2 d. et de 9 s. 2 d. (110), les 8 et 11 fév. 1420. 58000 frappés.

Item, les 15, 22 et 26 février 1420. 101000 frappés.

Gros de 20 d. ts., à 1 d. 12 gr. et de 110 au marc, du 5 mars 1420 au 23 mars 1421 (jour de Pâques). . . . 116000 frappés.

Gros de 20 d. ts. , à 1 d. 20 et de 9 s.
4 d. $\frac{3}{4}$ (112 $\frac{3}{4}$ au marc), du 29 mars 1421 au
22 avril suivant . . . . 230000 frappés.

Gros de 20 d. ts., à 1 d. 12 gr. et de 120
au marc, du 30 avril 1421 au 9 mai suivant.
79000 frappés.

Item, du 10 mai 1421 au 17 août suivant.
1054000 frappés.

Item, du 23 août 1421 au 3 septembre suivant. . . . . 307000 frappés.

Item, du 6 septembre 1421 au 18 octobre.
422000 frappés.

Petits blancs de 5 d. ts., à 1 d. et de 16 s.
8 d. (200), le 10 mars 1420 et le 17 du mois.
32000 frappés.

Doubles tournois, à 12 gr. et de 20 s.
10 d. (250 au marc), le 14 mars 1420, 144
marcs . . . . 36000 frappés.

(A. N. Rouleau. Carton Z, 1ᵇ, 888.)

1420 (12 JUIN).

Crémieu (en latin).

Pierre Audoard, mᵉ partʳ, et Petrus
Dorerii, fils de Jean Dorerii, garde, apportent à la chambre des comptes, à St-Marcellin, les boîtes de l'ouvrage fait a tempore
inceptionis firme Marotti de Bettons au 6 de
ce mois.

Monᵉ 6ˣˣᵉ. 1. Gros de 20 d. ts., 101 s. 6 d.
2. Quarts de 3 d. p., 2 s. 7 d.
3. Liards de 3 d. ts., 7 s. 5 d.

(Arch. de Grenoble, B 1, fol. 19 v°.)

1420 (15 JUIN).

Romans (en latin).

Jean de Mareuil apporte à la chambre
des comptes, à St-Marcellin, les boîtes d'or
et d'argent de Romans. Iste tres bustie sunt
ante tempus firme Marotti de Betonz :

1. Boîte d'écus d'or fin, de 60 de poids,
faite le 14 août 1419, 2 écus.

2. Boîte de quarts, à 1 d. et 12 gr. de
loi, 3 s. 11 d.

3. Autre, de liards, 6 s. 11 d.

De tempore firme dicti Marotti :

Item, une boîte de gros de 20 d. ts., à
3 d. 8 gr. et de 8 s. 4 d. de poids, 7 ᵗᵗ 3 s. 1 d.

Item, une boîte de quarts, 9 s. 1 d.

Item, une boîte de liards, 14 s. 1 d.

Item, une boîte de d. ts. noirs, 11 d.

(Arch. de Grenoble, B 1, fol. 20 r°.)

1420 (22 JUIN).

A Tours, par Guillaume le Cesne, gros de
20 d. ts., à 2 d. 12 gr. et de 100 au marc,
du 22 juin 1420 au 4 août suivant.
587000 frappés.

Gros à 2 d. 6 gr. et de 8 s. 5 d. $\frac{1}{2}$
(101 $\frac{1}{4}$), du 9 août 1420 au 27 octobre suivant. . . . . . . 997000 frappés.

Gros à 2 d. et de 100 au marc, du 31 octobre 1420 au 17 déc. . 839000 frappés.

Gros à 2 d. et de 9 s. (108 au marc), du
20 déc. au 4 février 1420. 720000 frappés.

Gros à 2 d. et de 9 s. 2 d. (110 au marc),
du 8 février 1420 au 21 du mois.
328000 frappés.

Gros à 1 d. 20 gr. et de 110 au marc, du
25 février au 23 mars 1420. 535000 frappés.

Gros à 1 d. 20 gr. et de 9 s. 4 d. (112 au
marc), du 29 mars 1420 au 15 avril 1421.
370000 frappés.

Gros à 1 d. 12 gr. et de 10 s. (120 au
marc), du 19 avril 1421 au 1ᵉʳ juillet suivant.
1161000 frappés.

Gros à 1 d. 12 gr. et de 120 au marc, du
3 juill. 1421 au 31 du mois. 376000 frappés.

Mêmes gros , du 31 juillet au 13 août
1421. . . . . 162000 frappés.

Mêmes gros, du 16 août 1421 au 17 octobre . . . . 826000 frappés.

Petits blancs de 5 d. ts., à 1 d. et de 16 s. 8 d. (200 au marc), le 29 juillet 1421. 32000 frappés.

Gros de 20 d. ts., à 1 d. 4 gr. et de 9 s. 11 d. (119 au marc), du 21 octobre 1421 au 30 novembre suivant . . 866000 frappés.

Gros semblables, du 6 décembre 1421 au 6 février suivant. . . . 1304000 frappés.

Gros à 1 d. et de 120 au marc, du 7 février 1421 au 17 du mois. 267000 frappés.

Gros à 12 gr. et de 120 au marc, du 21 fév. 1421 au 23 avril 1422. 1311000 frappés.

Gros semblables, du 26 avril 1422 au 3 mai suivant. . . . . . . 217000 frappés.

En marge est écrit : « cette boiste n'a « point esté apportée en la chambre pour « ce que sire Jehan de Poncher a esté des-« troussé des gens d'armes en la compai-« gnie de plusieurs officiers du Roy et de « Mons^{gr} le Régent en les apportant, et pour « ce a esté jugée par le papier des gardes. »

Gros semblables du 6 mai 1422 au 5 juin suivant. . . . . . . 621000 frappés.

Mêmes gros, du 6 juin 1422 au 2 juillet suivant. . . . . . . 528000 frappés.

Gros de 20 d. t., à 8 gr. et de 120 au marc, du 3 juillet 1422 au 4 novembre suivant. . . . . . . 2728000 frappés.

Le tailleur est Pierre Gaigne.

(A. N. Rouleau du carton Z, 1ᵇ, 1000-1.)

1420 (27 JUIN).

A Poitiers, par Raymon Dauvergne, pour lequel Jehan de Sandelles a tenu le cp^{te} de la mon°. Gros de 20 d. ts., à 2 d. 12 gr. et et de 8 s. 4 d. (100 au marc), du 27 juin 1420 au 3 août suivant. . 539000 frappés.

Gros de 20 d. ts., à 2 d. 6 gr. et de 8 s. 5 d. et ¼ (101 et ¼), du 5 aoust 1420 au 20 octobre suivant . . . . 1608000 frappés.

Item, du 22 octobre 1420 et du 23 du mois. . . . . . . , . 53000 frappés.

Gros de 20 d. ts., à 2 d. et de 100 au marc, du 25 octobre 1420 au 15 décembre suivant. . . . . . . 681000 frappés.

Gros de 20 d. ts., à 2 d. et de 9 s. (108 au marc), du 16 décembre 1420 au 4 février suivant. . . . . . . 1029000 frappés.

Gros de 20 d. ts., à 2 d. et de 9 s. 2 d. (110 au marc), du 6 février 1420 au 18 du mois. . . . . 303000 frappés.

(A. N. Rouleau du carton Z, 1ᵇ, 935-36.)

1420 (27 JUIN).

L'hôtel de la mon° de Poitiers était loué 20 ℔ ts. par an, par Symon Morrant; à cause de ce faible prix et des réparations qu'il fit faire, on lui alloua 100 ℔ ts.

On dut faire venir à plusieurs reprises des ouvriers monnoyeurs, et particulièrement de Mirebeau.

(A. N. Carton Z, 1ᵇ, 935-36.)

1420 (3 JUILLET).

A Toulouse, par Jehan du Rieu.

Gros de 20 d. ts., à 2 d. 8 gr. et de 100 au marc, du 3 juillet 1420 au 6 août suivant. 354000

Doubles tournois à 12 grains et de 16 s. 8 d. (200 au marc), le 8 août 1420, 132 marcs. 26400

Blancs de 10 d. ts., à 2 d. et de 120 au marc, le 26 juillet 1420. . . . 34000

Doubles tournois à 12 gr. et de 200 au marc, du 4 juillet 1420 au 2 août suivant , 396 marcs. . . . . . . , . 79200

(A. N. Rouleau. Carton Z, 1ᵇ, 991-92.)

1420 (6 JUILLET).

Fut fait arrest par Mathurin Cloyere, sergent au Chastelet de Paris, de tout ce qui povoit estre deub à André de Molin, g͞nal mͤ des mon͡rs, à cause de ses gages dud. office, et avec ce Adam des Vignes s'opposa comme tuteur des enfants de feu Mahys Maucoy.....

(Sorb. H. 1, 9, u° 174, fol. 114 r°.)

———

1420 (13 JUILLET).

A Corbeil.

Lettres de Charles VI, par lesquelles il règle le cours des écus d'or, petits moutons et nobles d'Angleterre.

L'écu d'or est mis à 60 s. parisis.
Le petit mouton à 40 s. parisis.
Le noble à 7 ₶ ts. pièce.

(*Ord.* XI, 94.)

———

1420 (16 JUILLET).

Gros à 2 d. 6 gr., 101 ¼ au marc.

(Leblanc, *Tables.*)

———

1420 (18 JUILLET).

Charles, etc., à noz amés et féaulx gens de nos comptes, à Paris, au mͤ par͡er de nos mon͡rs, au recevèur de notre domaine, à notre grenetier aud. lieu de Paris et à tous nos autres officiers ayans administration de nos finances, salut.

Sc͡r vous faisons que pour le gouverne-

ment de toutes nos finances, nous, par l'advis et deliberation de notre tres cher et et tres amé fils le Roy d'Angleterre, heritier et regent de France, avons nagueres ordé et commis, et encores d'abondant ord͡ons et commettons par ces presentes, se mestier est, nos amez et feaulx cons͡ers m͡es Guillͤ le Clerc et Jean de Precy seuls et pour le tout tant et si longuement comme il nous plaira, deschargeant tous autres qui avoient pouvoir et com͡on de nous sur le gouvernement de nos finances. Si vous mandons et à chacun de vous si comme à lui ap͡dra, et par ces mesmes presentes, que des den͡ers de vos receptes vous ne distribuez chose en quelque manière que ce soit, si ce n'est par l'ord͡ce de nosd. deux (commissaire͡s), sur peine de le recouvrer sur vous et d'en estre pugnis ainsi qu'il apartiendra. (Données) en nostre host devant Meleun, le 18ᵉ jour de juillet l'an de grace mil cccc et vint (et de notre) regne le XLᵉ. Ainsi signé par le Roy, à la relation du conseil tenu par le Roy d'Angleterre, héritier et régent de France.   Georg MARC.

Et furent aportées lesd. lettres en la cham͞b des monnoyes par mͤ ...., greffier de la cham͞b des comptes, le 27ᵉ jour de juillet l'an mil (cccc et vint).

(A. N. Reg. Z, 1ᵇ, 58, fol. 158 r°. — Sorb. H. 1, 9, n° 174, fol. 186 r°.)

———

1420 (5 AOUT).

Item gros de mesme façon faictz le 5ᵉ jour d'aoust, an susd., et de 8 solz 6 d. de taille, excepté qu'ilz ont poinct dedans l'O, et donnoit ez marchans 25 ₶ ts. et sont faictz à 2 d. 6 grains de loy.

En marge, figure conforme.

(Ms. Poullain, P. III, 23 et 24.)

1420 (5 AOUT).

Item le 5e jour d'aoust aud. an 1420, ordonna le Roy fere gros de 8 s. 5 d. de taille,
pareilz des aultres, excepté qu'ils ont ung
poinct dedens l'O long, et donnoyt desoubz
de loy 25 ⅌; sont faictz à 2 d. 6 gr.

Dessin en marge : type des trois fleurs de
lys et de la couronne ; mots séparés par :
et ☉.

(Ms. Fr., nouv. acq., n° 471, fol. 82. — Ms. Fr.
n° 148 (Brienne), fol. 274 r°.)

1420 (7 AOUT).

Au comptouer : Jehan le Mareschal, Loys
Culdoë, Thomas Orlant, Guill° Forest et
maistre Gerard le Coq.

Symon Priere et Pierre Poilet se disputent
l'office de contregarde de la mon⁵ de St-
Quentin.

NOTA. — Symon Priere a son don du Roy,
estant à Troyes, 13e jour d'aoust 1419.

Et Pierre Poilet a son don du Roy le 7 d'aoust,
l'an dessus dit, et fut commis à l'office de contregarde le 18e jour de juillet 1419.

(A. N. Reg. Z, 4ᵇ, 2.)

1420 (8 AOUT AU 20 FÉVRIER 1421).

Jugement des boîtes du Dauphiné, apportées à Bourges et jugées le 23 septembre
1422.

Cremieu.

Quarts de 3 deniers parisis, à 1 d. 6 gr. et
de 13 s. 4 d. de poids (160 au marc), par
Pierre Odouart, les 8, 16 et 23 août 1420.
Mis en boîte 3 s. 1 d. (37 pièces).

Liards à 1 d. 6 gr., de 16 s. 8 d. de taille

(200), les 16 et 23 août 1420. Mis en boîte
15 pièces.

Gros de 20 d., à 2 d. 6 gr. et de 8 s. 5 d. ¼ de
taille (101 ¼), du 7 septembre 1420 au 29 novembre suivant. Mis en boîte 11 s. 1 d.
(133 p.). . . . . . . 133000 frappés.

Petits blancs de 5 d. ts., à 1 d. et de 15 s.
(180 p.), le 13 novembre 1420. Mis en boîte
20 pièces . . . . . . 20000 frappés.

Deniers tournois noirs, à 9 gr. A. R. et
de 18 s. 1 d. et ½ (217 ½), le 21 novembre 1420.
Mis en boîte 5 pièces (100 au marc).

Gros de 20 d., à 2 d. A. R. et de 8 s. 4 d.,
du 6 décembre 1420 au 25 décembre suivant. Mis en boîte 6 s. 4 d. (76 pièces).
76000 frappés.

Petits blancs de 5 d., à 1 d. et de 15 s. de
poids (180 au marc), le 23 décembre 1420.
Mis en boîte 14 pièces . . . 14000 frappés.

Gros de 20 d., à 2 d. et de 9 s. de poids
(108 au marc), du 21 janvier 1420 au 6
février suivant. Mis en boîte 6 s. 10 d. (82 p.).
82000 frappés.

Liards à 1 d. et de 25 s. de taille (300 au
marc), le 27 janvier 1420. Mis en boîte 6
pièces.

Petits blancs de 5 d., ts. à 1 d. de loi et de
16 s. 8 d. de taille (200 p.), le 31 janvier 1420.
Mis en boîte 5 pièces . . 5000 frappés.

Gros de 20 d. ts., à 2 d. de loi et de 9 s.
2 d. (110 pièces), du 21 février 1420 au 5
mars suivant. Mis en boîte 14 s. 9 d. (177
pièces). . . . . 177000 frappés.

Petits blancs de 5 d., à 1 d. de loi et de
16 s. 8 d. de taille (200 p.), le 13 (nom du
mois disparu) 1420. Mis en boîte 16 pièces.
16000 frappés.

Gros de 20 d., à 1 d. 20 gr. et de 9 s. 2 d.
(110 p.), les 20 et 27 mars 1420. Mis en
boîte 16 pièces. . . . . 16000 frappés.

Petits blancs de 5 d., à 1 d. et de 200 au
marc, les 17 et 26 mars 1420. Mis en boîte
22 d. . . . . 22000 frappés.

Liards à 1 d. et de 300 au marc, le 14 mars 1420. Mis en boîte 8 pièces.

Gros de 20 d., à 1 d. 20 gr. et de 9 s. 4 d. ¾ (112 ¾ au marc), les 8, 26 et 30 avril 1421. Mis en boîte 3 s. 3 d. (39 pièces).

39000 frappés.

Petits blancs semblables aux premiers, le 5 avril 1421. Mis en boîte 5 pièces.

5000 frappés.

Liards semblables aux précédents, le 10 avril 1421. Mis en boîte 5 pièces.

Gros de 20 d., à 1 d. 12 gr. et de 10 s. (120 au marc), par *Jehan Odouard*, du 9 mai 1421 au 13 août suivant. Mis en boîte 29 s. 7 d. (355 pièces). . . . 355000 frappés.

Petits blancs semblables, par Jehan Odouard, les 8 mai et 19 juillet 1421, 8 en boîte. . . . . . . 8000 frappés.

Gros de 20 d., à 1 d. 12 gr. et de 120 au marc, par le même, le 22 août 1421. Mis en boîte 57 pièces. . . . . 57000 frappés.

Mêmes gros, du 5 septembre au 26 octobre 1421. Mis en boîte 12 s. ts. (145 pièces).

145000 frappés.

Gros de 20 d., à 1 d. 4 gr. et de 9 s. 11 d. (119 au marc), du 8 octobre 1421 au 20 février suivant. Mis en boîte 22 s. (264 p.).

264000 frappés.

(A. N. Rouleau du carton Z, 1ᵇ, 877-78.)

1420 (9 AOUT).

A Corbeil.

C'est le traictié fait sur le bail et prinse des monnoyes du Roy nostre sire cy après déclarées.

Cela fait suite aux lettres de Charles VI, par lesquelles il donna toutes les monnaies fermées (affermées ensemble) du royaume pour six mois au prix de 500000 ₶.

Entre les gens du conseil dud. seigneur pour et au nom de lui, d'une part, et

Guillaume Sanguin, Charlot le Mercier, Augustin Ysbarre, Germain Vivien, Philippot de Breban, Pierre de la Garmoise, Françoys de la Garmoise, Regnaut d'Oriac, Guyon Luillier, Adam Ranier, Jehan de la Fontaine, Regnault Thumery, Jehan Trotet, Jaquet Trotet, Arnoul de Landry et Robin Clément, marchans et changeurs du Royaume de France, d'autre part; c'est assavoir que lesd. marchans prendront les monnoyes d'or et d'argent de Paris, Tournay, Sainct-Quantin, Chaalons, Troyes, Mascon, Nevers et Auxerre pour six mois, commençans en chascune monnoye au jour de la première délivrance qui se fera en icelles, et au cas que le Roy ne seroit délibéré de present de faire ouvrer à Tournay sur le pié de monnoye dont on euvre à présent, il en sera faite une de nouvel en la cité d'Arras, et ne fera led. Seigneur nulles autres monnoyes que celles dont dessus est faite mention durant led. temps.

Et que pourra mettre en obeissance les villes de Guise et de Mouson, les monnoyes estans en icelles villes seront abolies pour ce qu'elles sont trop dommaigeables aux autres.

(A. N. Reg. Z, 1ᵇ, 58, fol. 159 vᵒ à 160 vᵒ. — Ord. XI, 97 à 99.)

1420 (10 AOUT).

Mandement pour édifier une monᵉ à Arras.

Charles, etc. Comme pour aucunes causes qui à ce nous ont meu, nous soyons deliberez de present non faire ouvrer en n̄re monnᵉ de Tournay monnᵉ blanche et noire telle et de tel poys et loy que nous faisons faire en noz autres monnoyes, et il soit venu à notre cognoissance que aud. lieu de Tournay et es marchés et pays d'environ a grant quantité de matière de billon d'argent qui se pourroit porter hors de n̄re

Royaume pour ouvrer es monnoyes estranges autres que les notres, où nous porrions avoir un tres grant dommage, se pourveu n'y estoit, savoir faisons que nous, ce consideré par grant et meure déliberacion de conseil tenu par n̄re tres chier et tres amé filz et cousin, le roy d'Angleterre, héritier et régent de France, ouquel estoient nos tres chiers et tres amez filz et cousins les Ducs de Bourgongne et d'Excestre et autres de notre grant conseil en grant et notable nombre, avons voulu et ordonné, voulons et ordonnons estre faicte et edifiée de nouvel en notre cité d'Arras une monn⁵ de par nous, en laquelle soit fait ouvrer et monnoyer autel et semblable ouvrage d'argent blanc et noir, en donnant et faisant donner semblable pris de marc d'argent aux changeurs et marchans que nous faisons faire en noz autres monnoyes, sans aucune chose y estre muée en forme, poys ou loy. Si donnons en mandement par ces presentes à noz amez et feaulx les generaux maistres de nos monnoyes et à chacun desd. en commettant, se mestier est, que en n̄re d̄e cité d'Arras facent faire et edifier de par nous, le plus brief que bonnement faire se pourra, une monnoye ainsi qu'il a esté advisé et deliberé en n̄re dit conseil, et tant par la forme et maniere que accoustumé est de faire et ordonner en noz autres villes où l'on forge noz monnoyes, en mettant et establissant de par nous tous les officiers qu'il conviendra en lad. monn⁵ aux gaiges accoustumez ou telz autres que bon leur semblera pour n̄re proufit, et leur en baillant leurs lettres telles qu'il appartiendra les quelles nous conformerons toutteffoys que requis en serons en faisant faire et forgier en lad. monn⁵ autelles et semblables monnoyes d'argent, et faisant donner semblable pris de marc d'argent que nous fesons et ferons faire doresenavant en nos dites autres monnoyes. De ce faire vous donnons povoir et mandement

especial par ces presentes ausquelles en tesmoing de ce nous avons fait mettre n̄re scel. Donné à Corbeil, le 10ᵉ jour d'aoust l'an de grâce 1420 et de n̄re règne le 40ᵉ. Ainsi signé par le Roy à la relation du conseil tenu par le Roy d'Angleterre, héritier et régent de France.　　　　GAUTIER.

(A. N. Reg. Z, 1ᵇ, 58, fol. 158 v°. — Sorb. H. 1, 9, n° 174, fol. 186 r° et 166 v°. — Ord. XI, 95. —Ms. Lecoq, fol. 15 v°.)

1420 (10 AOUT).

Mandement par lequel le Roy a baillé toutes les monn⁵⁵ fermées pour six mois

Charles à tous ceux qui ces p̄ntes lettres verront salut. Comme pour les grand charges et affaires que nous avons de present à supporter, tant pour entretenir les gens d'armes et de traict qui sont de nostre compaignie et armée que faisons publiquement, comme pour le faict de la despance des hostels de nous et de n̄re tres chère et tres haymée (sic) compaigne la Royne et autrement, il nous soyt besoing et necessité d'avoir une grande finance et il soyt avisez que pour icelle finance avoir et trouver plus promptement nous ayons advisé plousieurs manieres sur le faict du bail de noz monn⁵⁵ et finablement avons esté conseillez pour le moings dommageable à nous et moins grevable à notre peuple de bailler nosd. monn⁵⁵ fermées ensemble pour une fois et pour ung certain temps, scavoir faisons que nous, ce consideré par l'advis et deliberacion de n̄re conseil, tenu par n̄re très cher et très aimé filz le Roy d'Angleterre, héritier et régent de France, auquel estoient noz tres chers et tres amez filz et cousin, les ducs de Bourgongne et Dulcestre, et en (prenant) sur ce advis en n̄redit conseil, avons baillé toutes nosd. monn⁵⁵ dont cy après est fete mention ensemble fermées jusques à six mois à compter du jour de la

premiere delivrance qui sera faicte en chacune d'icelles selon la forme et maniere que
contenu est en une cedulle du traicté sur ce
faict dont la teneur s'ensuict :

C'est le traicté faict sur le bail et prinse
des monn⁰ˢ du Roy notre sire cy après dé-
clarées, d'entre les gens du conseil dud. s',
pour et au nom de luy, d'une part, et Guil-
laume Sanguyn, Charlot le Mercier, Augustin
Ysbarre, Germain Viviani, Philot de Brebans,
Pierre de la Garmoise, Regnault Doriac,
Guyon Lautier, Adam Ravier, Jehan de la
Fontaine, Regnault Thomery, Jehan Trotet,
Jacques Trotet, Arnoul Delandes et Robin
Clement, marchands et changeurs du
Royaulme de France, d'aultre part, c'est
assavoir que lesdits marchands prendront
les monnoyes d'or et d'argent de Paris,
Tournay, Sainct-Quentin, Chaalons, Troie,
Mascon, Nevers et Auxerre, pour six moys
commençant en chacune monn⁰ au jour de
la premiere delivrance qui se fera en icelles,
et au cas que le Roy ne seroit deliberé
d'esprit de fayre ouvrer à Tournay, sur le
pied de la monn⁰ dont on ouvre à pⁿt, il en
sera faicte une de nouvel en la cité d'Arras,
et sera faicte icelle monn⁰ aux despens dud.
sᵣ pour y ouvrer semblablement comme on
faict ès autres monnoyes, en prenant lesdits
despens oultre et par dessus les sommes
qu'ilz seront tenuz fayre aud. sᵣ, parmy ce
pⁿt bail et prinse, et ne fera led. sᵣ faire
autre monn⁰ que celle dont dessus est faicte
mention durant led. temps, et s'il advenoyt
que aucunes des villes du Roy desobeissant
à luy de present, où l'on fait monnoye d'ancienneté feussent mises en son obeissance
durant led. temps, led. sieur y pourra
mettre tel m⁰ particullyer que bon luy semblera et y faisant ouvrer sur le pied des
monn⁰ˢ de present et en donnant 26 ℔ ts. de
marc d'argent, comme l'on fait de present,
et non autrement, auquel cas lesd. marchans,
seront receus à prendre icelle monn⁰ et les

auront pour le pris que ung aultre en vouldra donner, et que pourra mettre en obeissance les villes de Guise, de Mouson, les
monn⁰ˢ estans en icelles villes seront abollies
pour ce qu'elles sont trop dommageables aux
autres ; durant lequel temps de six mois
lesdicts marchans se sont faictz forts et
s'obligeront de faire tant d'ouvrages esd.
monn⁰ˢ tant d'or comme d'argent sur le pied
à quoy on ouvre à pⁿt sans faire aucune
mutacion sur l'or ne sur l'argent ensemble
l'un portant l'autre, que le Roy nostredit
Sieur y aura et prendra de profict oultre et
par dessus leurs brassaiges la somme de
300000 ℔ ts. et au dessus; et pour les grandz
affaires qu'ilz voient que le Roy notred.
Sieur a de pⁿt pour le faict de sa guerre et
aultrement, lesd. marchans promettront faire
leur loyal pouvoir sans autrement y estre
obligez de faire tant d'ouvraiges esd. monn⁰ˢ
durant lesd. six mois que led. Sᵣ Roy y aura
et prendra de profict oultre et par dessus
lesd. 300000 ts., et lesd. brassaiges 100000 ℔
ts. Parmy ce que pour la grand peine et
très grosse diligence qu'il conviendra faire
ausd. marchans de faire tant d'ouvraige
durant led. temps qu'il y ayt ung tel prouffict comme dict est, lors il conviendra qu'ilz
chevauchent parmy ce royaulme et dehors
en grandz doubtes et perils, et vu qu'il conviendra faire plusieurs granz fraiz, mises et
despenses, et faudra par adventure que
avant que lad. somme soyt parfaicte qu'ilz
acheptent et facent achepter le marc d'argent en aucuns lieux plus de 26 ℔ ts. en
monn⁰, attendu que l'or monte de jour en
jour, sans lequel ilz ne pourroient avoir
matière en aucune desd. monn⁰ˢ, lesdicts
changeurs et marchands au cas qu'ilz pourront accomplir les 100000 ℔ ts. devant
dictes, dont ilz ont promis faire leur loyal
pouvoir, auront et prendront d'avantaige pour
chacun marc d'argent qu'ilz auront encore
oultre et pardessus ladicte somme de

500000 ℔ ts., la somme de 4 ℔ ts., pourveu toutefoys que lesd. 100000 ℔ ts. et lad. somme de 500000 ℔ ts. metteroient au Roy avant led. avantaige et brassaige et despenses d'ommaige de monnes dessusdict, et au cas qu'ilz feront plus d'ouvraige que lesd. 600000 ℔ ts., ilz auront led. avantaige pour chacun marc d'argent au feur l'amplaige (?), duquel advantaige ilz pourront faire à leur plaisir et prouffict, sans ce qu'ilz soient tenuz d'en rapporter mandement, quictance ou certificacion aucunement ; et durant iceulx six mois ne feront ouvrer en aucune desd. monnes en villes de quelque auctorité quelz soient, ne pour quelzconques causes que ce soit, et sy le Roy le voulloit faire, il tiendra lieu ausd. marchans en rabastant de la somme à quoy ilz seront obligez, et auront les dessusdits marchans de brassaige pour chacun marc d'or qu'ilz feront ouvrer·esd. monnes demy escu d'or et de chacun marc d'œuvre de blanc qu'ilz feront ouvrer en lad. monne de Paris 3 s. ts. et es autres monnes 5 s. ts. par marc d'œuvre de blanc, et pour chacun marc d'œuvre de noir qu'ilz feront ouvrer esd. monnes 2 s. 6 d. ts., et sera tenu le Roy de paier aux ouvriers et monnoiers desd. monnes pour les adventaiges que aujourdhuy leur sont donnés par dessus l'antien taux, c'est assavoir aux ouvriers pour marc d'œuvre 8 d. ts., lesquelles sommes seront comptées ausd. marchands et allouez en leurs comptes ordinaires sans aucune certificacion ; lesquelz marchands seront tenuz paier lad. somme de 500000 ℔ ts. ou de 600 se faire se peult, c'est assavoir les trois premiers mois, chacun mois 100000 ℔, de quinze jours en quinze jours par egalles portions es villes et lieulx où l'ouvraige sera faict, dont ilz bailleront putement en prest la somme de 50000 ℔ ts. qui leur sera rabattue par egalle portion sur lesd. premiers trois mois, et les autres trois mois seront tenuz paier les 200000 ℔ ts., restans de 500000 ℔ ts., dont ilz seront obligez par portion de temps ; et se plus monte l'ouvraige de chacun mois, ilz seront tenuz de le paier en rabattant de lad. somme dont ilz seront obligez de chacun mois, et ne seront contrainctz lesd. marchands à faire aucun paiement sinon par la forme et maniere qu'ilz y seront obligez, et toutes les descharges, cedulles ou lectres qui seront tenues pour la cause dessusd. seront bailleez aud. Jehan de la Fontaine, par ordonnance de Messieurs les commissaires et gnaux gouverneurs des finances, lequel Jehan de la Fontaine en baillera ses lectres adressans à ceulx qui gouverneront les monnes pour paier l'argent là où il sera ordonné. Et pour la bonne volunté que lesd. marchands (ont) de servir et faire le plaisir dud. Sr et de la chose publique, se offrent et promettent de fayre fayre blancz de 10 d. ts. la pièce, et petitz blancz de 5 d. ts. la pièce, comme de monne noire durant lesd. six mois jusques à la valleur de 500 marcs d'argent sur le pied que sera ordonné par led. Sr, et en outre pourront porter lesd. marchans leurs or, argent et billon de monne en autre pour le garde de chommaige sans aucune reprehencion, et se il avenoyt que aucunes des villes ou seigneuries esquelles led. ouvraige se doibt faire voulsissent retenir l'argent par devers eulx, ou ne souffrissent que on ne ouvrast ou que empeschement y fust mis par siège, prinse de ville ou autrement, que Dieu ne veulle, en ce cas on rabattre ausd. marchans ce que lesd. villes ou seigneuries en auroient prins ou autant que l'on eust pu faire ouvrer en lad. monne, ainsy qu'il sera advisé par raison. Et de toutes les choses dessusdictes seront faictes auxd. marchands telles lectres que mestier, tant pour la sécurité de ce present bail, comme pour aucunes choses et affaires à l'advantage dud. ouvraige et deffence d'icelles. Lesquelles noz monnes par l'advis de nostre grand conseil nous baillons et delivrons dès maintenant ausd. marchands, fermées pour le temps et tant par la forme et maniere contenu en la cedule dessus escripte, laquelle cedulle et le contenu d'icelle avons eu et avons agreables par ces presentes promettant et en bonne foy tenir et accomplir aus sd. marchands le contenu de lad. cedulle sans leur hoster ne souffrir estre hostées lesd. monn⁴ˢ ne aucunes d'icelles pour quelque cause que ce soit, en faisant et accomplissant par iceulx marchans le contenu en icelle cedulle. Et pour considération dud. bail, nous avons revoqué et adnullé, revoquons du tout par cesd. p̄ntes les baulx qui faictz ont esté desd. monn⁴⁵ par avant la date d'icelles ces p̄tes et envers personnes quelconques, soubz quelque forme, manière, condicion (?), temps et terme qu'elles ayent esté et soient baillées par nous et noz gens et officiers. Sy donnons en mandement à noz amez et feaulx conseillers les commissaires et ḡnaulx gouverneurs de toutes noz finances, tant en Languedoel (sic) comme en Languedoc, les ḡnaux m⁴ˢ de nosd. monnoies et à tous nos autres justiciers et officiers ou à leurs lieutenans et à chacun d'eulx si comme a luy apartiendra , que notre presente ordonnance, volunté, bail et toutes autres choses quelzconques contenues et declarées en lad. cedule ilz tiennent, gardent, entretiennent et accomplissent et facent tenir, garder, entretenir et accomplir de poinct en poinct selon leur forme et teneur par ceulx qu'il apartiendra, sans faire ou venir aucunement en contraire ; en ce faisant joyr et user lesd. marchands plainement et paisiblement desd. monnoies et direction (?) d'icelles, et en leur baillant et delivrant et faisant bailler et delivrer les inventaires et garnisons d'icelles en la manière accoustumée, car ainsy nous plaist-il et voullons estre faict nonobstant quelzconques opposicion ou appellacion, ordonnance, mandement, deffense et lectres au contraire. Mandons aussy à noz amez et feaulx gens de noz comptes et nosd. ḡnaux m⁴ʳᵉˢ de nosd. monn⁴ˢ, que ladicte creue de 4 s. ts. par marc d'argent , ensemble la creue faicte aux ouvriers et monnoiers par dessus l'antien taux, et les despenses qu'il conviendra faire pour mettre sur la monn⁴ en lad. cité d'Arras, ilz allouent es comptes des m⁴ʳᵉˢ particulliers et autres qu'il apartiendra tout ainsy et par la forme et maniere que contenu est en lad. cedulle, sans aucun contredit et difficulté, et pour ce qu'il en pourra avoir à faire de ces presentes en plusieurs lieulx, nous voullons que au vidimus d'icelles faict soubz scel royal, foy soyt adjouxtée comme à ce present original. En tesmoignage de ce nous avons faict mettre nostre scel à ses (sic) presentes. Donné à Corbeil le 10ᵉ jour d'aoust l'an de grace mil iiij͞c et xx, et de notre règne xlᵉ.

Ainsi signé par le Roy à la relation du conseil tenu par le Roy d'Angleterre, héritier et régent de France, auquel Messieurs les Ducs de Bourgongne et d'Excestre, le prince d'Orange et plusieurs autres estoient.

J. MILLET.

(Ms. Lecoq, fol. 85 v° à 87 v°.)

————

1420 (10 AOUT).

Le 10ᵉ aoust 1420. Escuz par vollonté des marchans, 6 ℔.

(On avait écrit mil iiij͞c xix, mais on a biffé l'i).

(Ms. Fr. 5524, fol. 116 r°. — Reg. de Lautier, fol. 98 v°.)

————

1420 (11 AOUT).

Nous, les commissaires et généraulx gouverneurs de toutes les finances du Roy n͞re

Sᵉʳ, tant en Languedoil comme en Languedoc, consentons et sommes d'accord que les lettres patentes du Roy, nʳᵉ dit Sᵉʳ, ausquelles ces presentes sont attachées soubz l'un de noz signez , par lesquelles ycellui seigneur a baillé et delivré toutes les monnᵉˢ ensemble fermées pour six mois à plusieurs changeurs et marchans nommez en ycelles , soient enterinées et accomplies de point en point, selon leur forme et teneur, tant ainsi et par la forme et maniere que le Roy nʳᵉ dit Sᵉʳ le veult et mande par sesdites lettres. Donné à Paris, le 11ᵉ jour d'aoust, l'an 1420. Ainsi signé.   GAUTIER.

(A. N. Reg. Z, 1ᵇ, 58, fol. 160 v°.)

———

1420 (12 AOUT).

Moutons à 22 k. ¼.
Item à 20 k.
Item à 18 k.
Item à 14 k.
Item à 12 k.
De 2 deniers de poids.

(Leblanc, *Tables.*)

———

1420 (12 AOUT).

En celuy temps fit fere le Roy petits moutonetz pesant 2 deniers la pièce, et à 22 caratz, et avoyent en differance devers la pille ung moton avecques desus lechine ung penonceau , et pardestes une petite croys et à chacun bout de lad. petite croys avoyt une petite fleur de lis ou un treffle ou III petis points et devers la croys avoyt 4 petites fleurs de lys et ny avoyt à 22 ts. et demy.

· *Dessin en marge :* Ce dessin doit être mauvais, la légende portant AGN ○ DEI ○ QVI ○ TOLL ○ PECAT ○ MVDI ○ MVDI ? KR|EX.

Item en fut fait d'autres qui avoyent en

differance en lieu d'une des quatre fleurs de lis une croys patée et au ault bout de la petite croys de contre le moton avoyt une pareille croys et estoyent à 20 caratz.

Dessin en marge : 3 lys et une croix. AGN · DEI · QVI · TOL · PECAT · MVDI · MISER ✠ KR|EX.

Item en fut fait largement à M̄opler pareilles de marque et de façon et de 2 d. de pois comme les autres, excepté quilz sont rougez et durs et de mauvaysse colour aupres des antres et ne sont que à 18 caratz.

Dessin en marge : KR|EX. AGN · DEI · QVI · TOL · PECATA · MVDI · MIS.

Item en fut fait de mesme façon des premiers sans nulle differance et furent faiz à Guisse et sont fors blans et aloyés d'argent et ne sont que à 14 caratz et ont devers la croys quatre fleurs de lis.

Dessin en marge : KR|EX. AGN ✶ DEI ✶ QVI ✶ TOLL ✶ PECA ✶ MVDI ✶ MISERE ✠.

Item en fut fait à Cremeu qui sont pareilz de marques et n'ont nulle differance des premiers fours qu'il sont rougez comme de coyvre et durs et ne sont pas beaux et ne sont que à 12 caratz, et ont devers la croix 4 fleurs de lis.

Dessin en marge : KR|EX. AGN · DEI · QVI · TOL · PECATA · MVDI · MI ✠.

(Ms. Fr., nouv. acq., 471, fol. 80 et 81. — Ms. Fr. n° 148, fol. 273 rᵒ et vᵒ.)

———

1420 (12 AOUT).

Item fut faict eaumetz pareilz d'or des premiers de 22 caratz et de 2 d. de poids , mais en lieu du moutonnet ils ont ung eaume et aussy en fut faict des grandz eaumes qui pesoient 4 d. et estoient beaux et n'en fut guere faict et furent faictz à 22 caratz.

(Ms. n° 148 (fonds de Brienne) , fol. 273 vᵒ et 274 rᵒ.)

1420 (14 août).

A Angers.

Deniers blancs, « appelez grox », de 20 d. ts. , à 1 d. 12 gr. de loi et de 10 s. de poids (120); du 14 août 1420 au 15 novembre suivant 13 délivrances et mis en boîte 7 ^{tt} 5 s. 9 d. (1749 pièces). 1749000 frappés.

Les gardes sont Jehan Aliaume et Jehan Geubert. Jehan Griveau tient le cp^{te} de la mon^e pour Jehan de Belligny.

(A. N. Petit cahier de parchemin du carton Z, 1^b, 818.)

1420 (17 août).

Cp^{te} de la mon^e de Toulouse « baillée à Jehan du Rieu par Maistre Regnier de Bouligny, par ses lettres données le 10e jour d'août 1420. »

. Gros de 20 d. ts., à 2 d. 6 gr. et de 101 au marc, du 17 août 1420 au 23 novembre suivant.   858000

Doubles tournois, à 16 gr. et de 25 s. (300), le 6 septembre 1420, 56 marcs. .   16800

Doubles tournois, à 15 gr. (*lisez* 16) et de 300 au marc, du 4 octobre 1420 au 24 décembre, 496 marcs.   148800

Blancs de 10 d. ts., à 1 d. 8 gr. et de 120 au marc, du 28 novembre 1420 au 25 décembre.   129000

Gros de 20 d. ts. , à 2 d. et de 100 au marc, du 7 décembre 1420 au 4 janvier.   251000

Gros de 20 d. ts. , à 2 d. et de 108, du 11 janvier 1420 au 25 février suiv.   133000

Item, le 19 février 1420 . . .   69000

Blancs de 10 d. ts., à 1 d. 8 gr. et de 120, du 14 janvier 1420 au 12 février suivant.   224000

Gros de 20 d. ts., à 2 d. et de 110 au marc, du 26 février 1420 au 12 mars. .   140000

Doubles tournois, à 16 gr. et de 25 s. (300), les 1er, 4 et 22 mars 1420, 360 marcs.   108000

Gros de 20 d. ts. , à 1 d. 20 gr. et de 110 au marc, du 13 mars 1420 au 30 du mois.   202000

Gros de 20 d. ts., à 1 d. 20 gr. et de 112¾ au marc, du 3 avril 1421 au 30 du mois.   349000

Gros de 20 d. ts., à 1 d. 12 gr. et de 120 au marc, du 9 mai 1421 au 15 août.   1176000

Doubles tournois , à 16 gr. et de 300 au marc , les 14 et 24 avril 1421, 312 marcs.   93600

Écus à la couronne, de 100 d. ts. et de 68 au marc, par Jehan du Rieu, pour lequel Guillaume Dordre et Guillaume Giles ont tenu le cp^{te} de la mon^e, du 23 mai 1421 au 15 août suivant . . . . 2700 écus.

(A. N. Rouleau. Carton Z, 1^b, 991-92.)

1420 (23 août).

Lettres des généraux m^{es} des mon^{es} du Roy au baillif d'Amiens ou à son lieut^t en la cité d'Arras ou au prévost de Beauquesne.

Ordre de faire et édifier de par le Roy notre sire (en la cité d'Arras), le plus brief que bonnement faire se pourra, une mon^e en laquelle soit ouvré et monnoyé tant, autel et semblable ouvraige d'argent et de forme, poids et loy que on ouvre ez autres mon^{es} du Roy notred. s^r. Donné à Paris sous nos sceaux, le 23e jour d'aoust, l'an 1420.

(A. N. Reg. Z, 1^b, 58, fol. 159 r°.—Sorb. H. 1, 9, n° 174, fol. 186 v°.)

1420 (24 août).

Ord^{ce} de Charles Dauphin et Régent.

De Vienne-lez-Jargeau.

Il rappelle qu'il a ordonné de faire ès

monnoyes obeissant à mond. seigneur et à nous, deniers d'or fin appellez doubles d'or qui auront cours et soyent pris et mis pour 8 ₶ ts. pièce et non pour plus.

Item, autres deniers d'or fin, appellez demiz doubles d'or, pour 4 ₶ ts. et non plus.

Item, les gros que mondit seigneur et nous faisons faire à present, pour 20 d. ts.

Item, les blancs à l'escu que nous faisons faire de present, pour 10 d. ts.

Item, les petits blans à l'escu, appellez demiz blans, que nous faisons semblablement faire, pour 5 s. ts.

Item, les deniers doubles tournois, 2 d. ts.

Item les petits tournois, 1 d. ts.

Toutes autres monnoyes au marc pour billon.

(*Ord.* XI, 101 et 102.)

1420 (25 AOUT).

A Saint-Marcellin.

Lettres de Gilbert, S^gr de Lafayette, m^al de France et gouverneur du Dauphiné, donnant comm^on sur le fait des monnaies à Pierre Gencien (g^al m^tre, envoyé par le Régent par lettres du 9 juin 1420), à Jean de la Barre et à Jean de Mareuil.

(Morin, 241 et 242. d'après le 2 Reg. Litt. factum monetarum tangentium, anno 1420, fol. 9 r°.)

1420 (25 AOUT).

Item le 25e jour d'aoust 1420, fut ordonné faire gros pour 20 d. ts. de cours, de 8 solz 4 d. de poids au marc et à 2 d. 6 gr. de loy, et donnoit le Roy de marc d'arg. 25 ₶ ts., et pour différence ont les O O longs et les points dedans comme dessus ; sont faitz à 2 d. 6 gr. de loy.

Escu pour tous les mois aoust, septembre et octobre du susd. 1420, valloit de marchand à marchand communément 6 ₶ ts.

Item fut ordonné faire lesd. gros de 8 solz 4 d. de poids et de 20 d. ts., de cours à 2 d. de loy, et donnoit le Roy de marc d'argent alloyé à lad. loy 27 ₶ ts., et pour différence ont un poinct ouvert dedans l'escu, et les O O longs comme dessus, sont faitz à 2 d. de loy.

Escu pour tous les mois novembre, décembre, jusques au 24e jour de janvier 1420, valloit communément, de marchand à marchand, 7 ₶ ts.

(Ms. Poullain, P. II, 12.)

1420 (26 AOUT).

En latin.

Jean Dorerii, garde de Cremieu, apporte les boîtes de l'ouvrage du 4 juin 1420 au 19 d'août present.

Mon^e 8^xx. Boîte de gros de 20 d. ts., 24 s. 3 d.

Les 21 boîtes précédentes remises à Pierre de la Barre, pour les porter à Bourges, le 24 septembre 1420.

(Arch. de Grenoble, B 1, fol. 21 r°.)

1420 (26 AOUT).

Romans (en latin).

Jean de Mareuil le jeune, garde de Romans, apporte à St-Marcellin les boîtes de Romans.

1° gros de 20 d. ts., 41 s. 11 d.

2° quarts, 18 s. 8 d.

3° liards, 7 s.

Item le 2 septembre suivant, Jean de Mareuil le jeune apporte une autre boîte scellée de 4 sceaux, savoir de Jean Grassi et de lui, Jean de Mareuil, gardes, de Jean Perrin, essayeur, et d'Anthoine Coppe.

Gros de 20 d. ts., 14 s. 3 d.

1420 (31 août).

Beaucaire.

Gros de 20 d. ts., à 2 d. 6 gr. de loi et de 8 s. 5 d. ¼ de poids (101 ¼), par Simon Castellain, mᵉ pᵉʳ; du 31 août 1420 au 24 novembre suivant exclus, il y avait en boîte « 65 s. 9 d. qui font 789 marcs. » 79886 pièces frappées.

Gros de 20 d. ts., à 2 d. de loi et de 8 s. 4 d. de poids (100 p.), faits par Simon Chastellain; du 5 décembre 1420 au 10 janvier suivant exclus, il y avait 18 s. 4 d. qui font 219 marcs, soit 21900 pièces frappées.

Gros de 20 d. ts., à 2 d. de loi et de 9 s. de poids (108 p.); du 18 janvier 1420 au 12 février suivant exclus, il y avait en boîte 18 s. 1 d. qui font 217 marcs, soit 23436 pièces frappées.

Gros de 20 d. ts., à 2 d. de loi et de 9 s. 2 d. de poids (110 p.); du 15 février 1420 au 9 mars suivant exclus, il y avait en boîte 21 s. 3 d. qui font 255 marcs, soit 28050 pièces frappées.

Gros de 20 d. ts., à 1 d. 20 gr. A. R. et de 9 s. 4 d. ¾ (112 ¾); du 11 avril 1421 au 3 mai suivant exclus, en boîte 17 s. 11 d. qui font 215 marcs, soit 24241 pièces frappées.

Gros de 20 d. ts., à 1 d. 12 gr. A. R. et de 10 s. de poids (120 p.); du 10 mai 1421 au 21 août suivant exclus, en boîte 32 s. 7 d. qui font 391 marcs, soit 46920 pièces frapp.

Gros de 20 d. ts., à 1 d. 12 gr. et de 10 s. de poids (120 p.); du 28 août 1421 au 13 septembre exclus, en boîte 19 s. 1 d., qui font 229 marcs, soit 27480 pièces frappées.

Gros à 1 d. 12 gr. de loi, de 10 s. de poids;

du 20 septembre 1421 au 30 octobre exclus, en boîte 37 s. 4 d., qui font 448 marcs, soit 53760 pièces frappées.

Blancs de 5 d. ts., à 1 d. de loi et de 16 s. 8 d. de poids (200 p.), en boîte 5 d. qui font 5 marcs, soit 1000 pièces frappées; une délivrance le 28 novembre 1420.

Gros de 20 d. ts., à 1 d. 4 gr., de 9 s. 11 d. de poids (119 p.); du 4 novembre 1421 au 22 février exclus, en boîte 10 ℔ 8 d., qui font 408 marcs, soit 48552 pièces frappées.

Gros de 20 d. ts., à 12 gr. A. R. et de 10 d. de poids, par Simon Castellain; du 28 février 1421 au 17 mars suivant exclus, en boîte 15 s. 2 d., qui font 182 marcs, soit 21840 pièces frappées.

1420 (6 septembre au 4 mars 1421).

Jugement des boîtes de l'ouvrage fait en Dauphiné dans cet intervalle, apportées à Bourges par Jehan Dorigny, « ny est pas comprinse une boiste faicte par Jehan Fotet, mᵉ pᵉʳ de la monᵉ de Romans, du 9 septembre 1420 au 20 octobre suivant, en laquelle avoit 42 s. 5. d., et laquelle est par de là. »

Jugement du 23 septembre 1422.

Mirabel.

Gros de 20 d., à 2 d. 6 gr., de 8 s. 5 d. ¼ (101 ¼), par Michel Fougasse; du 7 septembre 1420 au 9 novembre suivant, mis en boîte 11 s. 6 d. (138 p.). . . . 138000 frappés.

Petits blancs de 5 d. ts., à 1 d. A. R. et de 15 s. de poids (180 au marc); le 20 novembre 1420, mis en boîte 9 pièces.

9000 frappés.

Blancs de 10 d., à 1 d. 8 gr. de loi et de 10 s. de poids (120 au marc); le 26 novembre 1420, mis en boîte 12 d.   12000 frappés.

Gros de 20 d. ts., à 2 d. de loi et de 8 s. 4 d. (100 au marc), par Jehan de Villete, m° p^er; les 11 et 18 décembre 1420, mis en boîte 6 s. 1 d. (73 pièces). . . 73000 frappés.

Petits blancs de 5 d. ts., à 1 d. A. R. et de 180 (15 sols) de taille ; les 12 et 19 décembre 1420, mis en boîte 3 s. 3 d. (39 pièces) 39000 frappés.

Gros de 20 d., à 2 d. de loi et de 9 s. de poids (108 pièces) ; du 10 janvier 1420 au 19 février suivant, mis en boîte 24 s. 1 d. (289 p.). . . . . . . 289000 frappés.

Mêmes gros, mais de 110 au marc; le 7 mars 1420, mis en boîte 2 s. 10 d. (34 p.). 34000 frappés.

Gros de 20 d. ts., à 1 d. 20 gr. et de 9 s. 2 d. de poids (110 pièces) ; les 21 et 29 mars 1420, mis en boîte 4 s. 5 d. (53 p.), par Jehan de Villete . . . . 53000 frappés.

Mêmes gros à 1 d. 20 gr. et de 9 s. 4 d. $\frac{3}{4}$ (112 $\frac{3}{4}$) de taille ; les 5, 13 et 28 avril 1421, mis en boîte 18 s. 8 d. (224 pièces) 224000 frappés.

Mêmes gros à 1 d. 12 gr. et de 10 s. (120) de taille; du 30 avril 1421 au 15 août suivant, mis en boîte 71 s. (852 p.). 852000 frappés.

Mêmes gros à 1 d. 12 gr. et de 120 au marc; du 30 août 1421 au 17 octobre suivant, mis en boîte 30 s. (360 p.). 360000 frappés.

Mêmes gros à 1 d. 4 gr. et de 10 s. 11 d. (*lisez* 9 d.) de taille (131 pièces au marc) ; du 7 septembre 1421 au 4 mars suivant, mis en boîte 54 s. 8 d. (656 p.). . 656000 frappés.

(A. N. Rouleau du carton Z, 1^b, 877-78.)

Mêmes gros à 2 d. et de 8 s. 4 d. (100 au marc); du 29 novembre 1420 au 9 janvier 232000

Mêmes gros à 2 d. et de 9 s. (108 au marc) ; du 11 janvier 1420 au 9 février 253000

Mêmes gros à 2 d. et de 9 s. 2 d. (110 au marc); du 12 février 1420 au 4 mars. 206000

Mêmes gros à 1 d. 20 gr. et de 110 au marc, le 21 mars 1420. 42000

Doubles tournois à 16 gr. et de 25 s. (300) , le 17 décembre 1420 , 248 marcs 44400

Gros de 20 d. ts. , à 1 d. 20 gr. et de 9 s. 4 d. $\frac{3}{4}$ (112 $\frac{3}{4}$); du 3 avril 1421 après Pâques au 20 du mois. 168000

Mêmes gros à 1 d. 12 gr. et de 120 ; du 5 mars 1421 au 31 août. 857000

Item, du 3 septembre 1421 au 13. 94000

Item , les 17, 25 et 27 octobre 1421 63000

Mêmes gros à 1 d. 4 gr. et de 9 s. 11 d. (119 au marc); du 31 octobre 1421 au 22 février 1337000

Mêmes gros à 12 gr. et de 120 au marc; du 28 février 1421 au 5 juillet 1422 2306000

Mêmes gros, du 8 juillet 1422 au 7 août 780000

Mêmes gros à 8 gr. et de 120 au marc ; du 8 août 1422 au 3 décembre. . . 1515000

Jehan Vaudoire (ou Baudoire), garde et tailleur; Lentelmon Perrin, garde et essayeur; André Biensinient, contregarde.

(A. N. Rouleau du carton Z, 1^b, 1011-12.)

1420 (7 SEPTEMBRE).

A Villeneuve-St-André, par Pierre Dieu-le-fist, gros de 20 d. ts., à 2 d. 6 gr. et de 8 s. 5 d. $\frac{1}{4}$ (101 $\frac{1}{4}$ au marc); du 7 septembre 1420 au 24 novembre. 398000

1420 (20 SEPTEMBRE).

A Montpellier, par Eubert (alias Gibert) Colent, marchand de Rodèz, m° par^er, pour lequel Forès Demore a tenu le cp^te de la mon^e.

Gros de 20 d. ts., à 2 d. 6 gr. et de 8 s. 5 d. et ¼ (101 et ¼ au marc); du 20 septembre 1420 au 23 novembre suivant, mis en boîte 40 s. 4 d. (484 pièces) . . 484000 frappés.

Ce m° p°ʳ a pris la mon° le 4 septembre 1420.

Gros de 20 d. ts., à 2 d. et de 8 s. 4 d. (100 au marc), du 28 novembre 1420 au 25 décembre suivant. . . . 295000 frappés.

Blancs de 10 d. ts., à 1 d. 8 gr. et de 10 s. de poids (120 au marc); le 8 octobre et le 7 novembre 1420. . . 17000 frappés.

Doubles tournois, à 16 gr. de loi et de 25 s. de poids (300 au marc), le 16 décembre 1420, 24 marcs . . . 7200 frappés.

Petits blancs de 5 d. ts., à 1 d. de loi et de 15 s. (180 au marc), le 23 décembre 1420, 150 marcs . . . . . . 27000 frappés.

Gros de 20 d. ts., à 2 d. de loi et de 9 s. de poids (108 au marc); du 11 janvier 1420 au 21 février suivant. . . 276000 frappés.

Gros de 20 d. ts., à 2 d. de loi et de 9 s. 2 d. (110 au marc), le 5 mars 1420   73000 frappés.

Gros de 20 d. ts., à 1 d. 20 gr. et de 110 au marc ; les 13, 19 et 28 mars 1420   84000 frappés.

Gros de 20 d. ts., à 1 d. 20 gr. et de 9 s. 4 d. ¾ (112 ¾ au marc), le 8 avril 1421   54000 frappés.

Petits blancs de 5 d. ts., à 1 d. de loi et de 16 s. 8 d. (200 au marc), le 25 février 1420. . . . . 22000 frappés.

Doubles tournois, à 12 gr. de loi et de 20 s. 10 d. (250 au marc), le 19 mars 1420; 105 marcs 4 onces et 16 estellins d'œuvre   26400 frappés.

(A. N. Grand rouleau de parchemin du carton Z, 1ᵇ, 900.)

———

1420 (20 SEPTEMBRE).

A Montpellier, par Gibert Colent, mᵈ de

Rhodez, pour lequel Fores Demore a tenu le cpᵗᵉ de la monnoie.

Gros de 20 d. ts., à 2 d. 6 gr. de loi et de 8 s. 5 d. et ¼ (101 ¼ au marc); du 20 septembre 1420 au 23 novembre suivant   480000 frappés.

Son bail est du 4 septembre 1420. Une feuille de parchemin non achevée contient le même compte.

Gros de 20 d. ts., à 2 d. de loi et de 8 s. 4 d. de taille (100 au marc); du 28 novembre 1420 au 25 décembre suivᵗ 295000 frappés. (Comme ci-dessus).

Blancs de 10 d. ts., à 1 d. 8 gr. et de 10 s. (120 au marc) ; le 2 octobre et le 7 novembre 1420 . . . . . 17000 frappés. (Comme ci-dessus).

Doubles tournois, à 16 gr. de loi et de 25 s. de poids (300), le 16 décembre 1420, 24 marcs.

Petits blancs de 5 d. ts., à 1 d. et de 15 s. de poids (180 au marc); le 23 décembre 1420   24000 frappés.

Gros de 20 d. ts., à 2 d. de loi et de 9 s. de poids (108 au marc), du 11 janvier 1420 au 21 janvier suivant. . . 276000 frappés.

Gros de 20 d. ts., à 2 d. de loi et de 9 s. 2 d. de poids (110 au marc) ; le 5 mars 1420   73000 frappés.

Gros à 1 d. 20 gr. et de 110 au marc, les 13, 19 et 28 mars 1420. . 84000 frappés.

Gros à 1 d. 20 gr. et de 112 au marc (9 s. 4 d.), le 8 avril 1421. . . 54000 frappés.

Blancs de 5 d. ts., à 1 d. de loi et de 16 s. 8 d. de poids (200 au marc), le 25 février 1420. . . . . . . 22000 frappés.

Doubles tournois, à 12 gr. A. R. et de 20 s. 10 d. de poids (250 au marc), le 19 mars 1420, 105 marcs, 4 onces et 16 esterlins . . . . 26400 frappés.

(A. N. Rouleau déployé du carton Z, 1ᵇ, 900.)

———

1420 (21 septembre).

A St–Marcellin.

Lettres du gouverneur Gilbert de Lafayette aux gardes et maître particulier de la mon° de Romans, pour valider l'acte du 3 courant, par lequel Pierre Gencien, Jehan de la Barre et Jehan de Mareuil ont affermé lad. mon° à Jehan Fotet, ses offres ayant paru plus avantageuses que celles de Durand Regnier et des ci-devant maîtres de cet établissement, les frères Pierre et Antoine Coppe.

Le nouveau maître est tenu d'exécuter les espèces suivantes, réglées sur le pied de monnaie 180° :

1° Gros de 20 d. ts., à 2 d. 6 gr. de loi argent le Roy et de 8 s. 5 d. ¼ de poids au marc de Paris, « telz et semblables en forme que paravant se faisoient, en faisant adjouster pour differances, tant devers croix comme devers pille, un petit point dans les O longs, et semblable differance en toutes les monnoyes qui s'ensuivent » ;

2° Grands blancs ou parpailloles de 10 d. ts., à 1 d. 8 gr. de loi argent le Roy et de 10 s. de poids aud. marc ;

3° Petits blancs de 5 d. ts., à 1 d. de loi argent le Roy et de 15 s. de poids, « qui seront faits telz et semblables en forme comme estoient les deniers quars qui paravant se faisoient et avoient cours pour 3 d. parisis la pièce, et en adjoustant pour differance au champ de la croix une fleur de liz et une couronne » ;

4° Liards de 3 d. ts., à 1 d. de loi argent le Roy et de 25 s. de poids ;

5° Doubles de 2 d. ts., à 16 gr. de loi argent le Roy et de 25 s. de poids, semblables à ceux qui se souloient faire ;

6° Deniers de 1 d. ts., à 9 gr. de loi argent le Roy et de 28 s. 1 d. ½ de poids.

Quant aux espèces d'or, elles consisteront d'après la décision des généraux maîtres :

1° En doubles d'or fin, ayant cours pour 8 ₶ ts., à demi carat de remède et de 40 de poids au marc de Paris ;

2° En demi-doubles ayant cours pour 4 ₶ ts., à lad. loi, aud. remède et de 80 de poids.

Toutes ces pièces devront être monnoyées avec les coins gravés par Jacques Vincent.

Les changeurs et marchands auront du marc d'or fin 37 doubles et demi, ou 75 demi-doubles, et valant 300 ₶ ts.

Ils auront 25 ₶ ts. du marc de Paris.

(Morin, p. 243 et 244, d'après le 2 Registrum Litterarum, fol. 17 r°.)

La première délivrance de Jean Fotet eut lieu le 19 septembre, mais bientôt Antoine et Pierre Coppe furent réintégrés dans la charge dont ils avaient été dépossédés, en faisant une surenchère dans le délai des deux mois accordés après la première délivrance faite. Ils s'engageaient à monnoyer 1000 marcs de plus que Fotet.

(*Ibidem,* fol. 41 v°.)

1420 (27 septembre).

A Mâcon, par Guillaume Sanguin et ses compaignons jusque au nombre de seize, dont Françoys de la Garmoise, l'un desdits compaignons, ou Jehan Furet pour lui, a tenu le compte.

Gros de 20 d. ts., à 2 d. 12 gr. et de 8 s. 4 d. (100 au marc), du 27 septembre 1420 au 9 février suivant. . . 802000 frappés.

Doubles ts., à 16 gr. de loi et de 20 s. de poids (240 au marc). . . 23600 frappés.

Gros de 20 d. ts., à 2 d. 12 gr. et de 100 au marc, le 12 mars 1420. 31000 frappés.

(A. N. Rouleau du carton Z, 1ᵇ, 893-897.)

1420 (9 octobre).

Vidimus de lettres patentes de Charles Dauphin, en date du 9 octobre 1420, portant établissement d'un hôtel des monnoies au Mont-Saint-Michel, et de l'exécutoire rendu par les commissaires des finances et les généraux maîtres des monnoies.

Charles, fils du Roy de France, regent le Royaume, Daulphin de Viennoys, duc de Berry, de Touraine et conte de Poictou, à tous ceux qui ces presentes lettres verront, salut. Savoir faisons que, considerans....... et aussi la grant loyaulté, bonne et vraye obeissance en quoy ont touzjours esté et seront au plaisir de nostre seigneur, envers mond. seigneur et nous, les manans et habitans de la ville du Mont-Saint-Michel....., nous, par grant et meure deliberacion des gens du grant conseil de mond. seigneur et de nous, avons voulu et ordonné, et par ces presentes voulons et ordonnons une monnoye estre faicte et constituée, et icelle constituons en ladicte ville du Mont-Saint-Michel, pour y faire ouvrer et monnoyer tout ouvrage tant d'or comme d'argent, en faisant telles et semblables monnoyes que mond. seigneur fait faire à present, en poix, cours et aloy, tant d'or comme d'argent.....

En tesmoing de ce, nous avons fait mettre nostre scel à ces presentes, données à Meun-sur-Yèvre, le 9e jour d'octobre, l'an de grace 1420.

Ainsi signé par Monseigneur le Regent Daulphin, en son conseil, auquel l'archevesque de Bourges, les sires de Belleville et de Salancer, le chancelier d'Orleans, le bailli de Touraine et autres plusieurs estoient.

J. LEPICART.

(Tiré du cabinet de feu M. de Gerville, de Valognes, par M. Lecointre-Dupont, R. N. F., 1846, p. 246-48, pièce XV.)

1420 (10 octobre).

A Mehun-sur-Yèvre.

Lettres du Régent, affermant la monnoie de Mirabel à Jean Dumas et à Jean de Villette, pour un an, commençant à leur première délivrance. Pendant leur maîtrise, ils émettront 4000 marcs d'argent et prêteront 12000 ℔ ts. un mois après avoir pris possession de l'atelier; ils se rembourseront de cette somme en prélevant chaque mois suivant 2000 ℔ sur le seigneuriage.

Le gouverneur du Dauphiné auquel ces lettres étaient adressées, était alors par interim, depuis le 1er octobre, Raudon de Joyeuse, qui ne fut nommé gouverneur que le 21 novembre suivant.

Cette pièce est contenue dans les lettres du gouverneur, datées du 12 novembre.

(Morin, p. 245 et note, d'après 2 Reg. Litterarum, fol. 24 r°.)

1420 (13 octobre).

De notre ost devant notre ville de Meleun, de notre regne le 41e, sous notre scel ord° en l'absence du grand, ainsi signé par le Roy, à la relacion du conseil tenu par le Roy d'Anglre, héritier et régent de France.

J. MILET.

Lettres pat. aux gnaux pour faire en notre mon° de Paris den. noirs apelez quarts de gros aians cours pour 4 d. pars la pièce, à 1 d. de loy arg. le Roy et de 12 s. de poids au marc de Paris. Item autres den. noirs apelez doubles den. pars, ayant cours pour 2 d. pars la pièce, à 16 gr. de loy arg. le Roy et de 16 s. de poids aud. marc, sur le pied de mon° viiixxiiiie, et petits den. pars aians cours pour 1 d. pars la pièce, à 12 gr. de loy arg. le Roy et de 24 s. de poids au marc dessusdit. Et en nos monnoies situées es villes où l'on marchande à tournoys, faites faire doubles den. ts., aians cours pour 2 d. ts. la pièce à lad. loy, de 16 gr. et de 20 s. de poids au marc, et petits den. ts. aians cours pour 1 d. ts. la pièce à lad. loy, de 12 gr. et de 30 s. de poids aud. marc, aux remèdes acoustumez, etc., donnant aux changeurs et marchans de chacun marc d'arg. 26 ₶ ts. en mettant en icelles monnoyes noires telles fourmes et differances que bon vous semblera.

(A. N. Reg. Z, 1ᵇ, 58, fol. 160 rº. — Sorb. H. 1, 9, nᵒ 174, fol. 186 vᵒ. — Ord. XI, 106.)

1420 (13 OCTOBRE).

Doubles deniers parisis noirs à 16 gr. de loy A. R. (Taille oubliée).

(Ms. Fr. 4533, fol. 88 rº.)

1420 (13 OCTOBRE).

Le 13ᵉ d'octobre, l'an 1420, par ordonᶜᵉ du Roy, donné en son ost devant Meleun, fut faict l'ouvraige qui ensuyt.

Doubles parisis ayans cours pour 2 d. parˢ, à 16 gr. de loy, de 1 d. ou environ de poix au feur de 9ˣˣ12 pièces au marc, 2 d. parˢ.

Fig. : ✠ KAROLVS FRANCORV REX. 3 lys, 2 et 1. ℞. ✠ KAROLVS FRANCORV REX. Croix.

Parisis petitz ayans cours pour 1 d. parˢ, à 12 gr. de loy, de 1 d. de poix, au feur de 9ˣˣ pièces au marc, 1 d. parˢ.

Figure : ℞. KAROLVS FRANCORV. Deux fleurs de lys.

Marc d'argent, 26 ₶.

Escuz par voullonté des marchans valloient . 7 ₶ 10 s. ts.

(Ms. Fr. 5524, fol. 116 rº et vº. — Reg. de Lautier, fol. 98 vº.)

1420 (14 OCTOBRE).

Furent bailliées les clefz de feu Jehan Souriz, jadiz garde de la monᵉ de Paris, à Jacquin Langloys, et lui fut enchargé par sire Loys Culdoe, de par le Roy nʳᵉ sʳᵉ, qu'il feist et exerçast ledit office de garde de lad. monnᵉ comme garde.

(A. N. Reg. Z, 1ᵇ, 2. — Sorb. H. 1, 9, nᵒ 174, fol. 114 vᵒ.)

1420 (22 OCTOBRE).

Romans (en latin).

Monᵉ 9ˣˣ. Jean de Marcuil apporte les boîtes de l'ouvrage fait sous la maîtrise de Jean Fotet, dernièrement nommé, à 2 d. 6 gr. . . . . 42 s. 6 d. (La désignation de la monᵉ a été omise mais ce sont des gros de 20 d. ts.).

Boîte envoyée à Bourges par Guillaume Fordian, clerc de mʳᵉ Jean Gerard, le 26 octobre 1420.

(Arch. de Grenoble. B 1, fol. 21 vᵒ.)

1420 (23 OCTOBRE).

Item fu ordonné que es delivrances des doubles deniers tournois blans qui se feront doresenavant sera mis de 1000 deniers doubles 1 d. double en boiste, et des petiz tournois blans soit mis de 10 ₶ de tournois 1 d. ts. en boiste.

(A. N. Reg. Z, 1ᵇ, 2. — Sorb. H. 1, 9, nᵒ 174, fol. 114 vᵒ.)

1420 (25 OCTOBRE).

Le 25 octobre l'an 1420 fut continué l'ouvraige des doubles d'or des poids des précédents, à 22 caratz et ung quart de loy seullement, qui eurent cours pour 4 ℔ pᶜᵉ. Mais
par voullonté du peuple ils eurent cours
pour 8 ℔ pᶜᵉ.

Nota qu'il fut faict des demys d'icelles
pièces d'or de semblable forme, poids et loy
à l'équipollant.

Marc d'or fin . . . . . . 8 ℔ 15 s.

Figure : Les types des doubles d'or donnés
précédemment au 24 octobre 1419.

(Reg. de Lautier, fol. 99 rᵒ.)

———

1420 (26 OCTOBRE).

Jugement des boîtes du Dauphiné apportées à Bourges et jugées le 23 sept. 1422.

Romans.

Gros de 20 d. ts., à 2 d. 6 gr. et de 8 s.
5 d. ¼ de taille (101 ¼), par Antoine Coppe
le jeune, mᵉ pᵉʳ; du 26 octobre 1420 au 29
novembre suivant, mis en boîte 14 s. 7 d.
(175 p.). . . . . . . 175000 frappés.

Gros de 20 d., à 2 d. et de 8 s. 4 d. de
taille (100 au marc); du 3 décembre 1420
au 4 janvier suivant, mis en boîte 29 s. 5 d.
(353 p.). . . . . . . 353000 frappés.

Gros à 2 d. et de 9 s. de poids (108 au
marc); du 4 janvier 1420 au 13 février suivant, mis en boîte 38 s. 3 d. (459 p.).
. . . . 459000 frappés.

Gros à 2 d. et de 110 au marc; du 15 février 1420 au 8 mars suivant, mis en boîte
42 s. 5 d. (509 p.). . . . 509000 frappés.

Gros à 1 d. 20 gr. et de 9 s. 2 d. de taille
(110 p.); du 11 mars 1420 au 2 avril suivant, mis en boîte 24 s. 9 d. (297 p.).
. . . . 297000 frappés.

Gros à 1 d. 20 gr. et de 9 s. 4 d. ¾ (112 ¾);
du 12 avril 1421 au 27 du même mois, mis en
boîte 34 s. 11 d. (419 p.). 419000 frappés.

Gros à 1 d. 12 gr. et de 10 s. (120 au
marc); du 7 mai 1421 au 7 août suivant, mis
en boîte 76 s. 11 d. (923 p.). 923000 frapp.

Gros à 1 d. 12 gr. semblables; les 14, 20
et 26 août 1421, mis en boîte 17 s. 7 d.
(211 p.). . . . . . . 211000 frappés.

Gros semblables; du 2 septembre 1421 au
1ᵉʳ novembre suivant, mis en boîte 4 ℔ 11 s.
(1092 p.). . . . . . . 1092000 frappés.

Gros à 1 d. 4 gr. et de 9 s. 11 d. (119 au
marc); du 22 novembre 1421 au 22 février
suivant, mis en boîte 15 s. 7 d. (187 p.).
187000 frappés.

Petits blancs de 5 d. ts., à 1 d. et de 15 s.
(180 au marc), par Antoine Coppe, le 9 novembre 1420, mis en boîte 2 s. 3 d. (27 p.).
27000 frappés.

Petits blancs à 1 d. et de 15 s. (*lisez* 16)
8 d. de taille (188 pièces au marc); du 21
décembre 1420 au 22 juin 1421, mis en
boîte 13 s. 10 d. (166 p.). 166000 frappés.

Liards à 1 d. et de 25 s. (300 au marc);
les 20 décembre 1420 et 7 janvier suivant,
mis en boîte 3 s. 1 d. (37 p.).

(A. N. Rouleau du carton Z, 1ᵇ, 877-78.)

———

1420 (27 OCTOBRE).

Doubles (d'or) à 22 kar. ¼, 40 au marc, 4 ℔.

(Leblanc, *Tables*.)

———

1420 (29 OCTOBRE).

A Poitiers.

Deniers d'or fin, appellez demis-doubles,
qui ont cours pour 4 ℔ ts. la pièce, de 80
deniers de pois au marc, dont a esté faict

une délivrance par Raymon Dauvergne,
pour lequel Jehan de Sandelles a tenu le cpᵗᵉ
de la monn°. . . . . . . 900 écus.

(A. N. Petit rouleau. Carton Z, 1ᵇ, 935-36.)

1420 (31 OCTOBRE).

Charles, etc. à nos amez et feaulx les
gn̄aux mᵉˢ de nos monˢ, salut et dilection.
Comme par l'ordᶜᵉ par nous dernièrement
faite sur le fait de nos monˢ nous avons
ordé faire es nosd. monˢ des gros deniers,
ayans cours pour 20 d. ts. la pièce, à 2 d.
12 gr. de loy A. R. et de 8 s. 4 d. de poids,
et aux remèdes acoustumez, neantmoins est
advenu que les denʳˢ d'une délivrance desd.
gros faite en notre monᵉ de Paris, et par
Regnault Tumery, à p̄nt tenant le compte
d'icelle, est venüe escharce de loy et hors
des remèdes par nous ordᵉᶻ, demi grain
pour marc, parquoy lad. délivrance est
retardée et en avanture d'être refondue se
par nous ne lui estoit pourveu de notre grace
et remède; pourquoy nous, considéré les
grands affaires que nous avons presentement
de avoir argent, tant pour le fait de la guerre
comme autrement, et pour ce ne voulons la
perte et domaige dud. Regnault ne de ses
compaignons, vous mandons et expressément enjoignons que les denʳˢ de lad. délivrance vous faites délivrer par les gardes de
notre dite monᵉ de Paris, comme on a
acoustumé de faire, nonobstant lad. foiblesse
de loy, et ainsi nous plaist il estre fait, nonobstant ordᶜᵉˢ par nous faites au contraire.
Donné à Paris le 20ᵉ jour d'octobre, l'an de
grace 1420, et de notre regne le 41ᵉ, sous
notre scel ord° en l'absence du grand, par le
Roy, à la relation du grand conseil estant
à Paris. Ainsi signé.   S. DROSOY.

(A. N. Reg. Z, 1ᵇ, 53, fol. 160 r°.— Sorb. II. 1, 9,
nº 174, fol. 186 v°.—Ord. XI, 107.)

1420 (5 NOVEMBRE).

A Angers.

Deniers d'or fin, appelés demi-doubles,
à 24 k. et de 80 au marc, faits par Simon
Duvelle (ou Dubelle), mᵉ pᵉʳ, du 5 novembre
1420 à . . . . 600 frappés.

Écus qui ont cours pour 100 s. ts., mis en
boîte 7 pièces qui font 2100 frappés (on en
met donc 1 en boîte pour 300).

Ces deux notes sont tout ce que j'ai pu
tirer d'une feuille de parchemin qui a été
mouillée, lavée et recroquevillée dans un
incendie (celui de 1735), et qu'il est impossible de déchiffrer intégralement.

(A. N. Carton Z, 1ᵇ, 818.)

1420 (9 NOVEMBRE).

Item le 9ᵉ jour de novembre 1420, fut faict
gros de mesme façon, excepté que ilz ont
dedans la couronne un poinct ouvert, et
donnoit le Roy de marc d'argent allioé à la
loy desd. gros 27 ₶ ts. et sont faictz à 2 d.
de loy.

En marge, figure conforme.

(Ms. Poullain, P. III, 24.)

1420 (9 NOVEMBRE).

Item le 9ᵉ jour de novembre 1420, ordonna
le Roy fère groux de 20 d. ts. et de 8 s. 4 d.
de poys, et ont en la pille de l'escu un point
ouvert pareilz des aultres dessusditz, et
donnoyt le Roy de marc d'argent aloyé à
lad. loy 27 ₶, et sont faitz à 2 d. de loy.

Dessin en marge:

Gros avec un point ouvert dans la couronne et un sous chaque fleur de lis. Cela

ne s'accorde guère avec le texte. O long', avec un point dedans.

Escu pour lors valloyt de marchant à marchant communément 7 ♯ et 7 ♯ x s. pour les moys de décembre et janvier.

(Ms. Fr., nouv. acq., 148, fol. 274 v°.)

1420 (11 novembre).

Exécutoire des commissaires des finances et généraux maîtres des monnaies attaché au vidimus de l'acte de création de la monnaie du Mont-St-Michel.

Nous, les commissaires ordonnez sur le fait et gouvernement de toutes finances, tant en Langued'oil comme en Langued'oc, par Monseigneur le régent le Royaume et Daulphin de Viennois, et les généraux maîtres des monnoyes du Roy notre sire et de mond. seigneur le Régent, veues les lettres de mond. seigneur le Régent et Daulphin ausquelles ces presentes sont attachées soubz l'un de nos signez, par lesquelles mond. seigneur le Régent a voulu et ordonné une monnoye estre faicte et constituée en la ville du Mont-St-Michel, voulons, sommes d'accort et consentons que ladicte monnoye soit faicte et constituée audit lieu du Mont-St-Michel......

Donné à Bourges le xɪᵉ jour de novembre l'an 1420. Ainsi signé.   J. Chastenier.

D'après l'original appartenant à M. de Gerville, correspondant de l'Institut, à Valognes.

(Lecointre-Dupont, R. N. F., 1846, p. 248.)

1420 (17 novembre).

A Mehun-sur-Yèvre.

Lettres du Régent qui mandent à Jean Jars, général maître des monnoies, de se rendre en Dauphiné et d'y exercer tous pouvoirs sur le fait des monnaies.

(Morin, p. 246, d'après le sec. Reg. Litterarum, fol. 45 r°.)

1420 (28 novembre).

A Romans.

Lettres du gouverneur Raudon de Joyeuse aux gardes et maîtres partⁱᵉʳˢ des monnoies de Romans, de Cremieu et de Mirabel, pour leur mander en vertu de l'ordᶜᵉ du Régent, datée du 9 novembre, qu'ils aient, d'après les gnaux mⁱʳᵉˢ, à faire ouvrer des gros de 20 d. ts., à 2 d. de loi argent le Roi et de 8 s. 4 d. de poids au marc de Paris; les changeurs et marchans auront 27 ♯ ts. du marc d'argent.

Note 3. Moneta IIᶜ (ducentesima).

A la suite de cette note se trouve ceci:

Dicta die fuit scriptum talliatoribus dictarum monetarum ut differencias ponant juxta litteras clausas preaffixas ut sequitur, videlicet:

Dedens le cercle de la coronne, devers la pille, un point creux en cette manière ⚜, et devers la croix ung autre point creux dedens, dessoubz la petite coronne qui est soubz (*sic*).— Le dessin a été oublié par le copiste.

(Morin, p. 246 et 247, d'après le sec. Reg. Litt., fol. 28 r° et 29 v°.)

1420 (28 novembre).

Gros à 2 d., 100 au marc.

(Leblanc, *Tables.*

1420 (6 décembre).

Henry V, une fois déclaré Régent et héritier du Royaume, ne quitte plus Charles VI et le gouverne absolument. Il lui fait convoquer les États du Royaume à Paris, le 6 décembre 1420. Juvenal des Ursins, p. 385, dit :

Jean le Clerc, après avoir requis aide pour conduire le fait de la guerre, remontre que la monnoye estoit feible et altérée, ce qui estoit au grand dommage de la chose publique, auxquelles choses falloit prompte provision, et quils y voulussent adviser. Les États répondent quils estoient prests et appareillez de faire tout ce quil plairoit au Roy et à son conseil d'ordonner.

En conséquence de quoy il fut ordonné qu'on feroit une manière d'emprunt de marcs d'argent qu'on mettroit à la monnoye au prix que l'on diroit, et de ce qui valoit 8 ₶ le marc d'argent et qui seroit mis en monnoye, ils en auroient 7 francs et non plus, qui estoit une bien grosse taille, ajoute Juvenal des Ursins.

La chose fut exécutée, et l'impôt des marcs d'argent ne fut pas seulement mis sur les bourgeois et sur les marchands, mais aussi sur les gens d'église.

(Leblanc, p. 239 et 240.)

1420 (14 décembre).

Gros à 2 d., 108 au marc.

(Leblanc, *Tables.*)

1420 (16 décembre).

Jean Dorerii, garde, apporte les boîtes de l'ouvrage de Cremieu, du 7 septembre 1420 au 30 novembre suivant, contenant :

Mon⁰ 9ˣˣ. Gros de 20 d. ts.	11 s. 2 d.
Blancs de 5 d. ts.	20 d.
Tournois noirs.	5 d.

Item une autre boîte de quarts de 3 d. ts., du 8 août au 5 dud. mois 1420.　3 s. 1 d.

Autre de liards frappés dans le même intervalle. . . . . 15 d.

(Arch. de Grenoble, B 1, fol. 21 r⁰.)

1420 (19 décembre).

Ordonnance adressée par le Roy Charles aux généraux maîtres des monnoies.

Comme depuis aucun temps en ça, pour supporter les fraiz des guerres entrevenües en notre Royᵐᵉ par les divisions qui y ont régné, aions mis sus et fait forger plus feible monⁿ que n'avions faite au temps passé, et par trait de temps aions coingneu (*sic*) et congnoissons que lad. feible monⁿ a esté et est moult préjudiciable à notre peuple et à toute la chose publique de notred. Royᵐᵉ, et mesmement en tant que le cours de la marchandise en a esté empesché ou retardé qui maintefois de cité en cité, de province en province, de Royᵐᵉ à Royᵐᵉ se doit communiquer, pour ce que aucunes terres habundent d'aucuns biens qui defaillent en autres terres et sont nécessaires pour la sustantacion des corps humains, lequel fait de marchandise ne se pouroit bonnement conduire par mutacion de biens tant seulement, mais y convient usance de telle monnoye, tant d'or comme d'argent, à quoy toutes regions doyvent raisonnablement entendre ; pour ce est il que nous qui, entre nos autres droitz royaulx, avons auttorité de faire forger telles monⁿˢ à notre prouffit partᵉʳ, et icelles muer et varier quant et comme bon nous semble, voulons désormais, pour certaines et justes causes à ce nous mouvans, preferer le bien de la chose publique de notred. Royᵐᵉ et de nos subjez à notre prouffit singulier et part⁻ qui yssoit desd. feibles mon⁻⁻, avons par l'advis et deliberacion de notre tres cher et tres amé filz le Roy d'Angl⁻⁻, héritier et regent de France, de notre tres cher et tres amé filz le Duc de Bourg⁻⁻, et des autres de notre grand conseil, ordonné et ordonnons par ces presentes de faire faire et ouvrer en noz mon⁻⁻ une autre espece de mon⁻, tant d'or comme d'argent, que celle que presentement a cours, c'est à sav. deniers d'or fin appelez escuz à 24 carats, à un quart de carat de remède et de 66 den. de poys au marc de Paris, lesquels auront cours pour 22 s. 6 d. ts. la pièce. Item, deniers gros d'arg. qui auront cours pour 20 den. ts. la pièce, à 11 d. 12 gr. de loy arg. le Roy et de 7 s. 2 d. et un quart de den. de poys au marc de Paris ($86 \frac{1}{4}$), et demy gros qui auront cours pour 10 d. ts. la pièce, à la loy dessusd., et 14 s. 4 d. et demy den. de poys ($172 \frac{1}{2}$) au marc, et quart de gros qui auront cours pour 5 d. ts. la pièce, à la loy dessusd., et autre mon⁻ noire, telle que vous verrez estre expédient, en ensuyvant la mon⁻ dessusd. sur le pied de mon⁻ 30⁻. Ordonnons aussi que lesd. den. de 20 d. et de 10 d. ts. et de 5 d. ts., qui auront une *laveure* après l'ouvraige d'icieulx et avant quils soient monoyez sans leur donner aucun avancement au four de blanchissement après led. monoyage; pour quoy nous voulons l'ord⁻⁻ dessusd. avoir et sortir son vray et plein effet, et icelle estre mise à exécution selon sa forme et teneur. Vous mandons, commandons et expressément enjoignons par ces presentes, que le plus brief que faire se pourra vous faites faire ouvrer et monoyer en nosd. mon⁻⁻ lesd. den. d'or, deniers gros, demys gros et quarts de gros apelez petits blancs de la loy dessusd., et au cours dessusd., en mettant en icelles mon⁻⁻ d'or et d'arg. telles différances que bon vous semblera et en donnant aux changeurs et marchans frequentant nosd. mon⁻⁻ pour chacun marc d'or fin 72 ℔ ts., et pour chacun marc d'arg. alayé à lad. loy 7 ℔ ts., et avec ce faites paier aux ouvriers et monoyers tel salaire pour l'ouvraige et monnoyage comme vous verrez quil sera à faire de raison, et aussi faites defense par toutes nosd. mon⁻⁻ que plus ne faut ouvrer et monoyer aucunes de nos mon⁻⁻ que celles de cette presente ord⁻⁻ et que nos mon⁻⁻ de notred. Roy⁻⁻ soient tenues closes sans y ouvrer tant ne soufrir estre ouvré quelque mon⁻ que ce soit d'or ne d'arg. en aucune manière, fors en celles ou par nous sera ordonné de ouvrer de ce fait. Vous donnons povoir et mandement especial, mandons et commandons à tous nos justiciers, officiers et subjects que à vous en faisant les choses dessusd., leurs circonstances et dépendances, obeissent et entendent diligemment. Donné à Paris, le 19⁻ jour de décembre, l'an de grace 1420 et de notre règne le 41⁻. Ainsi signé par le Roy en son grand conseil.

(A. N. Reg. Z, 1ᵇ, 58, fol. 162 r⁻ et v⁻.—Sorb. H. 1, 9, n⁻ 174, fol. 187 r⁻ et v⁻. — *Ord.* XI, 107.)

1420 (19 DÉCEMBRE).

Le 19⁻ jour de décembre, l'an 1421 (*sic*), feust faict l'ouvraige qui ensuyt.

Escuz d'or fin, à 23 caralz et ung quart de carat de remède, de 2 d. 21 grains de poids chacune pièce, au feur de 66 pièces au marc, ayans cours pour 22 s. 6 d. ts.

Marc d'or fin valloit 72 ℔.

Figure. Couronnelle au commencement des légendes, écu accosté de 2 lis couronnés. Cela m'a bien l'air d'un écu de Charles VII.

Gros deniers d'argent, à 11 d. 12 gr. de loy argent le Roy, de 2 d. 5 gr. de poids, au feur de 86 pièces et ung quart de denier de taille au marc, ayans cours pour 20 d. ts. p⁻⁻.

Figure. Gros aux trois lys couronnés, un point entre les deux de dessus et ÷|÷ aux deux légendes. Rev. 2 couronnes cantonnant la croix.

Demys gros desd. deniers à l'équipollant, pour 10 d. ts. p^{ce}.

Figure. Mêmes types. Demi.

Quartz desd. gros du poids de 13 gr., au feur de 345 pièces au marc, à l'équipollant, pour 5 d. ts. p^{er}.

Marc d'argent, 7 ₶.

Figure. Mêmes types. Quart.

Fut ordonné led. ouvrage de blanc n'estre blanchy ains seullement boullu, après qu'il auroit esté ouvré comme l'on faict les ouvraiges d'argent.

(Ms. Fr. 5524, fol. 117 v° à 118 v°.—Reg. de Lautier, fol. 99 v° à 100 r°.)

1420 (JANVIER).

Escus à la couronne, à 22 k. $\frac{1}{2}$, 68 au marc, valant 5 ₶.

(Leblanc, *Tables.*)

1420 (JANVIER A AVRIL).

Es mois de janvier, febvrier, mars et avril, l'an 1420, feust ès monnoyes de Sainct-Poursin, Angers et autres de l'ord^{ce} du Daulphin fait ouvrage de deniers escuz à la couronne, semblables en forme aux precedans, de 2 d. 19 gr. de poids, au feur de 68 pièces de taille au marc, aians cours pour 100 s. ts. pièce.

Marc d'or fin valloit 320 ₶.

Escu couronne par voulonté du peuple valloit 8 ₶.

Led. s^r Daulphin tiroit pour marc d'argent 23 et 28 ₶ en aulcuns lieux.

Marc d'argent d'ouvraige de gros de 20

d. ts. de cours, et mise de 1 d. 20 gr. de poix, de 1 d. 12 gr. argent le Roy, de 108 et 112 pièces $\frac{3}{4}$ au marc.

(Ms. Fr. 5524, fol. 118 v° et 119 r°. — Reg. de Lautier, fol. 100 v° et 101 r°.)

1420 (3 JANVIER).

A Saint-Marcellin.

Le Régent ayant demandé que dans toutes les monnaies demeurées en son obéissance on émît désormais à 9 s. de poids les gros de 20 d. ts., dont on taillait précédemment 8 s. 4 d. au marc de Paris, le gouverneur Raudon de Joyeuse notifie cet ordre aux gardes des ateliers de Cremieu, de Romans et de Mirabel.

Les marchands auront 30 ₶ ts. du marc d'argent.

(Morin, p. 247, d'après le sec. Reg. Litt., fol. 30 r°.)

1420 (4 JANVIER).

Mirabel (en latin).

Michael Fogacie, dernièrement nommé m^e p^er de Mirabel, apporte les boîtes de l'ouvrage du 7 septembre au 21 novembre.

Mon^e 9^{xx}. 1° gros de 20 d. ts. . . 11 s. 6 d.
2° demi de 10 d. ts. . . . . 1 s.
3° id. de 5 d. ts. . . . . . 9 d.

(Arch. de Grenoble, Primum Reg. Bustiarum, fol. 22 r°.)

1420 (8 JANVIER AU 5 FÉVRIER SUIVANT).

A Bourges.

Gros de 20 d. ts., à 2 d. de loi et de 9 s. de poids (108 au marc), par Pierre du Pont.

295000 frappés.

Mêmes gros, à 2 d. de loi et de 9 s. 2 d.
de taille (110 au marc), du 6 février 1420 au
15 février suivant. . . . 137000 frappés.
Le contregarde est Jehan de Beauvais, et
le tailleur Raoullin Hastiveau.

(A. N. Rouleau du carton Z, 1ᵇ, fol. 848-50.)

1420 (15 JANVIER).

Lettres de Charles VI, qui ordonnent de
mettre les deniers d'or appelés escus à 4 ₶
et non plus, et les nobles à 7 ₶.

(*Ord.* XI, 115.)

1420 (15 JANVIER).

Boîtes apportées par mᵉ Jean de Mareuil.
1° Gros de 20 d. ts., à 2 d. 6 gr. de loi et
de 8 s. 5 d. de poids. . . . . 40 s. 7 d.
2° Gros semblables, à 2 d. de loi et de 8 s.
4 d. de poids . . . . 29 s. 5 d.

(Arch. de Grenoble, B 1, fol. 21 vᵒ.)

1420 (17 JANVIER).

Le 17ᵉ jour de janvier 1420, par mandement du Roy, donné à Paris, fut faict l'ouvrage qui ensuit.
Petitz blancz à 2 d. argent le Roy, de 1 d.
3 gr. de poidz, au feur de 8ˣˣ8 pièces au
marc, aians cours pour 5 d. pᶜᵉ.
Marc d'argent, 16 ₶ 10 s. ts.
La différence mise aud. ouvrage fut une
fleur de lis au commencement de la légende.
Marc d'argent 18 ₶.
Escuz par vollonté des marchans valloient
100 s. ts.

(Reg. de Lautier, fol. 97 vᵒ et 98 rᵒ.)

1420 (23 JANVIER).

Cremieu (en latin).

Jean de Valenciennes, garde, en présence
de Jean Audoard, filz du maître pᵉʳ, apporte
à la Côte Saint-André les boîtes de l'ouvrage
du 1ᵉʳ décembre 1420 au 5 janvier suivant.
Monᵉ 200ᵉ. 1° Gros de 20 d. ts., à 2 d. de
loi et de 8 s. 4 d. de poids. . . 6 s. 4 d.
2° Blancs de 5 d. ts., à 1 d. de loi et de
15 s. de poids. . . . . . . 14 d.

(Arch. de Grenoble, B 1, fol. 22 vᵒ.)

1420 (24 JANVIER).

Item, le 24ᵉ jour de janvier et an susd.
1420, fut ordonné donner de sols de loy
sans nulle muance de poids ny de loy, et
faire lesd. gros comme dessus, 30 ₶ ts.
Escu pour lors communément valloit de
marchand à marchand 7 ₶ 10 solz ts.

(Ms. Poullain, P. II, 12 et 13.)

1420 (24 JANVIER).

Item, le 24ᵉ jour de janvier 1420, ordonna
le Roy croissance et donner de soubz de loy
sans muance de poix ne de loy, 30 ₶ ts.

(Ms. Fr., nouv. acq. 471, fol. 83. — Ms. Fr.
nᵒ 148, fol. 274 vᵒ.)

1420 (26 JANVIER).

Item, le 26ᵉ dud. mois de janvier fut ordonné faire gros de 9 solz 2 d. de poids et
de 20 d. ts. de cours, à 1 d. 20 gr. de loy
argent le Roy, et donnoit le Roy de monᵉ
d'argent 32 ₶ ts., et pour différence ont les
OO ronds et un poinct dedans, et un poinct
ouvert en la couronne. Sont faitz à 1 d.
20 gr. de loy argent le Roy.

Escu d'icelle mon° valloit communément
de marchand à marchand 8 ⚖ ts.

(Ms. Poullain, P. II, 13.)

1420 (1ᵉʳ ᴇᴛ 11 ꜰᴇ́ᴠʀɪᴇʀ).

Une boîte de la mon° de Villefranche contient 4 s. de gros de 20 d. ts., à 2 d. A. R.
et de 9 s. de poids (108 p.), délivrés par
Guill° Moulin, mᵉ pᵉʳ, les 1ᵉʳ et 11 février
1420; cela fait pièces frappées. . 48000

(A. N. Carton Z, 1ᵇ, 1009-10.)

1420 (11 ꜰᴇ́ᴠʀɪᴇʀ).

De notre règne le 41°, par le Roy, à la
relation du grand conseil.   ʙᴏᴅᴇs.

Ordᵉᵉ aux gn̄aux pour creüe de 40 s. ts.
pour marc d'arg., outre le poids de 26 ⚖ ts.
que nous en faisons donner à présent.

(A. N. Reg. Z, 1ᵇ, 58, fol. 162 r°. — Sorb. H. 1 , 9,
n° 174, fol. 187 r°. — Ord. XI, 117.)

1420 (12 ꜰᴇ́ᴠʀɪᴇʀ).

En la mon° de Paris, où estoient Loys
Culdoe, Andry du Molin, Thomas Orland,
Guill. Forest.

40 s. ts. de creue outre le prix de 26 ⚖ ts.
du marc. Que la mon° de Paris estoit ouverte
et à bailler, et que se aucun y vouloit entendre il y fût receu.

(A. N. Reg. Z, 1ᵇ, 2. — Sorb. H. 1, 9, n° 174,
fol. 114 v°.)

1420 (15 ꜰᴇ́ᴠʀɪᴇʀ).

Villefranche, par Gaultier Pradeau, Guill°
Moulin et Fremin Triail, mᵉˢ pʳˢ.

Gros de 20 d. ts., à 2 d. A. R. et de 9 s. de
poids (108 pièces); mis en boîte 2 s. 8 d. (32
pièces représentant 32000 pièces frappées).

(A. N. Carton Z, 1ᵇ, 1009-10.)

Laurencin Joseph est tailleur.

1420 (15 ꜰᴇ́ᴠʀɪᴇʀ).

Gros à 2 d., 110 au marc.

(Leblanc, Tables.)

1420 (15 ꜰᴇ́ᴠʀɪᴇʀ).

Au compt. Loys Culdoe, Andry du Mollin,
Thomas Orlant et Guill° Forest.

(Sorb. H. 1, 9, n° 174, fol. 114 v°.)

1420 (16 ꜰᴇ́ᴠʀɪᴇʀ).

Item le 16° jour de février, l'an susd. 1420,
ordonna le Roy faire gros de 20 d. ts. la
pièce et de 9 s. 2 d. de poiz, et ont les os
ronds et un point dedens, et donnoit es
marchants de soubz de loy 32 ⚖, et sont ainsy
⊙; faits à 1 d. 20 gr. de loy.

En marge est dessiné le revers.

+ Sɪᴛ ɴᴏᴍᴇɴ (un point dans l'O) : ᴅɴɪ :
ʙᴇɴᴇᴅɪᴄᴛᴠᴍ. Croix fleurdelysée.

Escu pour lors valloyt de marchant à
marchant pour les moys de mars et d'avril
communément 8 ⚖ ts.

Le dessin en marge ordinaire de la pille
avec les mots séparés par ⦂ ·

(Ms. Fr., nouv. acq. n° 471, fol. 83. — Ms. Fr.
n° 148 (Brienne), fol. 274 et 275.—Ms. Poullain,
P. III, 24.)

1420 (18 février).

A la Côte-Saint-André.

Lettres du gouverneur Raudon de Joyeuse aux gardes et m^{tres} part^{ers} des monnaies de Cremieu, de Romans et de Mirabel, leur mandant que le Dauphin a donné récemment l'ordre de faire ouvrer dans tous les ateliers demeurés en son pouvoir :

1° Des écus d'or fin à $\frac{1}{4}$ carat de remède et de 64 de poids au marc de Paris, forme consimilis quam habebant penultimi scuti ;

2° Des gros de 20 d. ts., semblables de forme et de loi à ceux dernièrement fabriqués de 9 s. 2 d. de poids aud. marc.

Les marchands et changeurs auront du marc d'or 64 desd. écus, valant 320 ₶ ts., et du marc d'argent 32 ₶ ts.

Note 2. Moneta xi^{xx}.

Dans cette note on lit ceci :

Je vais donner par occasion quelques fragments d'une lettre de Pierre Gencien à Jean de Mareuil, qualifié général maître des monnaies Delphinales. Je transcris ces lignes d'après l'original plié devant le folio 26 recto dud. registre :

Cher sire et frère, j'ay avisé que aux deniers d'or fût mis tant devers la croix comme devers la pille, au bout de la derrenière lettre d'Imperat auprès la petite croix, pour Cremieu un C, pour Romans un R, et pour Mirabel un M ..... escrit hastivement audit lieu de Cremieu, le xie jour de fevrier, le tout vostre Pierre Gencien.

(Morin, p. 248 et note 2, d'après le secund. Registr. fol. 31 r°.)

————

1420 (20 février).

A Dijon, par Girart Robot. Gros de 20 d^{rs} ts., à 2 d. 12 gr. de loi et de 8 s. 4 d. de

pois ; du 20 février 1420 au 5 septembre 1421 2029000 frappés.

Auquel ouvraige sont comprins 8000 marcs d'œuvre, que ledit Girart avoit promis en la ville de Beaune, le 7e jour de septembre 1420, aux personnes de Mons^{gr} levesque de Tournay, chancellier de Mons^{gr} de Bourgogne, de Jehan Chausat, Dreuc Mareschal, conseillers et maistres des comptes dud. s^{gr}, de Jehan de Nordent, conseiller et trésorier, et Jehan Fraignot, receveur général de Bourgoingne, etc.

(Arch. de Dijon. B 11215, fol. 71 r°.)

Mention de Jehan de Gray, retenu par Mons^{gr} et, par ses lettres données le 12e jour d'octobre 1420, contregarde de la monnoye de Dijon. Il prête serment le 17 octobre.

(Ibidem, fol. 74 r°.)

Mention d'Andriet de Veely, tailleur de la mon^e de Dijon.

(Ibidem, fol. 74 v°.)

Par le même, mêmes gros de 20 d. ts., du vendredi 19 septembre 1421 au jeudi 16 octobre audit an. . . . . . 185000 frappés.

(Ibidem, fol. 76 r°.)

Les gardes sont Girart Marriot et Amiot Clerembault. Le tailleur Andriet de Veely signe *Wailly.*

(Ibidem, fol. 78 r°.)

Jehan de Plauine, bourgeois de Poligny, est nommé par lettres patentes, données au siège devant Melun le 9e jour de novembre 1420, visiteur de ses monnoyes de Bourgogne et suppleant au besoin d'Estienne de Sens, g^{al} m^{tre} des monnoies ducales.

(Ibidem, fol. 78 v°.)

Au fol. 80, il est dit général maître des monnoyes de Mons^{gr} le Duc de Bourgoingne.

1420 (20 février).

A Angers, par Jehan Robert de Saumur, m° p°ʳ, dont Jehan de Beligny tient le compte.

Gros de 20 d. ts., à 1 d. 20 gr. et de 9 s. 2 d. de taille (110 au marc); du 20 février 1420 au 19 mars suivant, mis en boîte 57 s. 3 d. . . . . 687000 frappés.

Mêmes gros, à 1 d. 20 gr. et de 9 s. 4 d. $\frac{2}{4}$ (112 $\frac{2}{4}$ au marc); du 20 mars 1420 au 16 avril suivant, mis en boîte 44 s. 9 d.

537000 frappés.

Mêmes gros, à 1 d. 12 gr. (120 au marc), du 19 avril 1421 au 1ᵉʳ juillet suivant,

2180000 frappés.

Mêmes gros, à 1 d. 12 gr. et de 10 s. (120), du 5 juillet au 31 du mois,   707000 frappés.

Mêmes gros, du 2 août 1421 au 15 du mois

356000 frappés.

Petits blancs de 5 d. ts., à 1 d. de loi et de 16 s. 8 d. de taille (200 au marc)

77000 frappés.

(A. N. Double feuille de parchemin du carton Z, 1ᵇ, 818.)

1420 (21 et 27 février).

A Villefranche, par Gaultier Pradeau, Guillᵉ Moulin et Fremin Triail.

Gros de 20 d. ts., à 2 d. A. R. et de 9 s. 2 d. (110 pièces).

Mis en boîte 6 s. 9 d. (81 pièces représentant 81000 écus).

(A. N. Carton Z, 1ᵇ, 1009-10.)

Laurencin Joseph est tailleur.

1420 (22 février).

En latin.

Michel Fougace apporte les boîtes de Mirabel, de l'ouvrage fait sous la maîtrise de Jean de Masso et Jean de Villete, du 26 novembre au 19 décembre inclus suivant, les boîtes closes le 6 janvier 1420 (de l'Incarnation).

Monᵉ 200ᵉ. Gros de 20 d. ts.   6 s. 1 d.

Monᵉ 9ˣˣ. Blancs de 5 d. ts. .   3 s. 4 d.

(Arch. de Grenoble. 1, RB, fol. 22 rᵒ.)

1420 (mars).

Apurement des comptes de Humbert Viart et de Guillemin Seran, maîtres particuliers des monˢ de Dijon et de Saint-Laurens.

De même des comptes de Pierre Viart et Guillemin Seran, sires compaignons, jadis maîtres de la monᵉ de Dijon.

(Arch. de Dijon, B 11215, fol. 57 vᵒ.)

1420 (4 mars).

A Valence.

Lettres du gouverneur Raudon de Joyeuse aux gardes et mˢ parˡᵉʳˢ de Romans, de Cremieu et de Mirabel, leur mandant en vertu de nouvelles instructions et notamment des lettres closes des généraux maîtres, que les gros de 20 d. ts. soient ouvrés desormais à 1 d. 20 gr. de loi argent le Roy, similes in pondere et forma illis qui per ante fiebant excepto quod pro differencia poneturin ferris tam a parte crucis quam pile loco dez os longs, os ronds.

(Morin, p. 249, d'après le sec. Reg. Litt., fol. 32 rᵒ.)

1420 (4 mars au 27 exclus).

Villefranche, par Gaultier Pradeau, Guillᵉ Moulin et Fremin Triail.

Gros de 20 d. ts., à 1 d. 20 gr. et de 9 s. 2 d. de poix (110 pièces).

Mis en boîte 80 pièces, représentant 80000 frappées.

(A. N. Carton Z, 1ᵇ, 1009-10.)

Laurencin Joseph est tailleur.

1420 (7 MARS).

A Poitiers.

Lettres du Régent au gouverneur du Dauphiné pour lui mander que les gros de 20 d. ts. soient ouvrés désormais de 9 s. 4 d. ¾ de poids au marc de Paris. Les marchands et changeurs auront 35 ₶ ts. du marc d'argent.

(Morin, p. 250, d'après le sec. Reg. Litt., fol. 33 r°.)

1420 (8 MARS).

Gros à 1 d. 20 gr.

(Leblanc, *Tables.*)

1420 (8 MARS).

A Saint-Pourçain, par Thomassin Jovaillac, tenant le compte de la monⁿᵉ pour Lorin Arnoul, mᵉ pᵉʳ. Écus d'or fin, à ½ k. de tenue et de 5 ₶ ts. . . . . 200 écus.

Item, le 30 juillet 1421. . . 400 écus.

(A. N. Rouleau de parchemin. Carton Z, 1ᵇ, 985-87.)

1420 (13 MARS).

Item le 13ᵉ jour de mars an susd., le Roy ordonna es marchans sans muance de poix ne de loy 35 ₶.

(Ms. Fr., nouv. acq. n° 471, fol. 84. — Ms. Fr. n° 148 (Brienne), fol. 275 r°.)

1420 (20 MARS).

En aulcuns lieux, du 20ᵉ jour de mars 1420 jusques au 18ᵉ jour d'octobre l'an 1421, vallust . . . . . . 35 ₶, 38 ₶, 42 ₶.

Il s'agit du marc d'argent des gros de 20 d. ts.

Led. sieur Daulphin tiroit pour marc d'argent 26 ₶ et 45 ₶ en aulcuns lieux.

Escuz couronne par voullonté des marchans et du peuple, 8 ₶ 10 s. ts.

(Ms. Fr. 5524, fol. 119 r°. — Reg. de Lautier, fol. 101 r°.)

1420 (20 MARS).

Gros à 1 d. 20 gr., 112 ¼ au marc.

(Leblanc, *Tables.*)

1420 (21 ET 28 MARS).

Furent faites deux délivrances de doubles parisis noirs, en la monⁿᵉ de Paris, dont l'une estoit foible en 6 marcs 36 d., et l'autre 42, et pour ce ne voulloient les délivrer les gardes d'icelle monⁿᵉ, et pour ce, veu que c'estoit monⁿᵉ noire, et la haste que on avoit, leur fut dit qu'on *(sic)* les delivrassent.

(A. N. Reg. Z, 1ᵇ, 2. — Sorb. H. 1, 9, n° 174, fol. 118 r°.)

Item, semblablement une delivrance de gros faicte le lundi 7ᵉ jour d'avril 1421, en lad. monⁿᵉ, laquelle fu feible 14, 2 et demi en 9 marcs, laquelle lesdicts gardes ne voulloyent delivrer et pour ce, veu la haste que on avoit de avoir le paiement de ladite delivrance, leur fut dit que ils la delivrassent pour celle foiz seulement.

(A. N. Reg. Z, 1ᵇ, 2.)

1420 (22 MARS).

Item le 22ᵉ jour de mars an susdit 1420, fut ordonné faire gros comme dessus, de 9 solz 4 d. 3 quarts de poids et de 20 d. ts. de cours, à 1 d. 20 gr. de loy, sans nulle autre différence ny autrement, et donné de marc d'argent d'icelle monnoye 35 ℔ ts.

Escu valloit communément de marchand à marchand 8 ℔ 10 solz.

(Ms. Poullain, P. II, 13.)

1420 (22 MARS).

Villefranche, par Gaultier Pradeau, Guillᵒ Moulin et Fremin Triail.

Doubles ts. noirs à 12 gr. de loi, de 20 s. 10 d. de poids (250 pièces).

Mis en boîte 2 s. 2 d. (26 pièces), représentant 26000 pièces frappées.

(A. N. Carton Z, 1ᵇ, 1009-10.)

Laurencin Joseph est tailleur.

1420 (22 MARS).

Mᵉ Jehan Bailly, procureur de Bernart, garde de la monᵉ de Tournay, s'oppose à ce que Desiré Guetin ne fust receu audit office de garde au lieu dud. Jehan, sans sur ce estre ouy à ce qui vouldra dire à l'encontre des impétrans.

(A. N. Reg. Z, 1ᵇ, 2.)

Le mercredi 9 avril 1421, Bertrand Aquart, clerc des monᵉˢ, est envoyé par les gᵃᵘˣ mᵗʳˢ chez Monsgʳ le chancelier, pour lui exposer que, à la vérification et expédition des lettres du don de l'office de l'un des gardes de la monᵉ de Tournay, nommé Haquinet Bernart, lequel du Roy en avoit descharge, et donné à Desiré Gueltrin, mᵉ Jehan Bailly, procureur au parlement, comme procureur dud. Haqui-

net s'estoit opposé à l'enterinement et vérification desdictes lettres, et qu'en outre, le 8 avril, mᵉ Anceau Quarlier, procureur dud. Haquinet, avoit renouvelé cette opposition à la vérification des lettres de don de l'office dud. Haquinet Bernart.

1420 (29 MARS ET 1ᵉʳ AVRIL).

A Villefranche.

Gros de 20 d. ts., à 1 d. 20 gr. (112¾ p.), et de 9 s. 4 d. ¾ de poids, délivrés par Gaultier Pradeau, Guillᵒ Moulin et Fremin Triail.

Mis en boîte 2 s. 1 d. (25 pièces représentant 25000 pièces frappées).

(A. N. Carton Z, 1ᵇ, 1009-10.)

Laurencin Joseph est tailleur.

1420 (2 AVRIL).

A la Côte-Saint-André.

Lettres du gouverneur Raudon de Joyeuse aux gardes et mᵉˢ partᵉʳˢ de Romans, de Cremieu et de Mirabel, pour faire exécuter l'ordonnance précédente (7 mars 1420).

(Morin, p. 250, d'après le 2 Reg. Litt., fol. 35 rᵒ.)

1421.

Par le compte dudict Toulouze, de 1421, et finissant 22, appert la monᵉ avoir esté baillée pour ung an, à 200000 ℔ ts., et paioit seulement le maistre au Roy le foiblage et escharceté.

(Ms. Lecoq, fol. 34 rᵒ.)

1421.

Par la despense du compte de ladicte mon-

noye de Paris de l'an IIIIᶜ XXI, apert le chancellyer, trésorier et gouverneur des finances,
mᵉˢ des comptes et deulx clercs sur le faict
des escriptures des monnoyes, généraulx des
monnoyes et clercs du trésor avoir droict de
visitatyon et deniers fors.

Par la despense du compte de IIIIᶜ XXII et
XXIII, item.

Item, par l'une des despenses de l'ung des
comptes de Paris de IIIIᶜ XXVIJ.

Item, par la despense de l'or et blanc de
Paris de IIIIᶜ LXXV, LXXVI, LXXVIJ, on trouve
lieulx desd. fors deniers.

Par la despense du compte de l'or de
Paris de l'an IIIIᶜ XLIIJ appert avoir baillé à
Monsieur le chancellyer ung fort denier d'or
pesant une once.

Par le compte de l'or et blanc de Paris de
IIIIᶜ LVI à LVIIJ des deniers fors d'or et de la
distribution.

1475, item.

Par la despense de IIIIᶜ XVIIJ, fors deniers de Bretaigne et aux clercs des comptes
de Nantes.

Par la despense de IIIIᶜ XIX, 12 deniers
d'or de Provence aux gens des comptes, trésorier, généraux.

1394. Deniers d'or faicts et donnez particulièrement, dont l'advocat de Roy en parlement en eut ung.

(Ms. Lecoq.)

1421.

Gilbert du Moustier est receveur de l'émolument des monᵉˢ et amendes de la chambre.

(Ms. Lecoq, fol. 15 rᵒ.)

1421.

Escus de Tournay. Point sous la 17ᵉ lettre,
quelquefois point creux sous la pointe de
l'escu. Étoile sous la petite croix. Point sous
l'N de francorum.

(Ms. Fr. 5916 (Bigot), ancien 10379, fol. 1.)

1421 (11 AVRIL).

Mirabel (en latin).

Johannes de Cruce, ouvrier de Mirabel,
apporte une boîte de l'ouvrage fait sous la
maîtrise de Jean de Villete, du 10 janvier
dernier au 28 février inclus.

Monᵉ 216ᵉ. 1° Gros de 20 d. ts., à 2 d. de
loy et de 9 s. de poids. . . . 24 s. 1 d.

Monᵉ 220ᵉ. 2° Semblables gros, à 2 d. de
loi et de 9 s. 2 d. de poids, boîte ouvrée le
7 mars dernier . . . . . . 2 s. 10 d.

Le 31 mars 1421, Pierre Capellen, contregarde de Mirabel, apporte une boîte de l'ouvrage fait du 22 mars dernier au dernier
dud. mois, sous la maîtrise de Jean de
Villete.

Monᵉ 240ᵉ. Gros de 20 d. ts. . 4 s. 5 d.

Autre boîte, du 5 avril au 30 du même
mois exclus, sous la maîtrise de Jean de
Villete.

Monᵉ 240ᵉ. Semblables gros. . 18 s. 8 d.

(Arch. de Grenoble, 1. RB, fol. 23 rᵒ.)

1421 (12 AVRIL).

Item, le 12ᵉ jour d'avril 1421, ordonna le
Roy faire gros de 20 d. ts. la pièce et de 10
soubz de poix et ont l'O long, et donnoyt de
soubz de loy 40 ℔ et sont faiz à 1 d. 12 gr.

Dessin en marge : ✠ KAROLVS ⁂ FRVM ⁂
(sic) REX ⁂, les 3 lys et la couronne, et au
revers : SIT ⁂ NOMEM ⁂ D̅N̅I̅ ⁂ BENEDICTVM ⁂.

(Ms. Fr., nouv. acq. 471, fol. 84. — Ms. Fr.
nº 148 (Brienne), fol. 275 rᵒ.)

1421 (12 AVRIL).

Item, le 12ᵉ jour d'avril 1421, ordonna le Roy faire gros de 10 solz de poids, qui auroient pour differance les O longs et la croix patée, et donnoit de marc d'argent 40 ⚖ ts., et sont faictz à 1 d. 12 gr.

En marge, figure où l'O de Karolus a seul été corrigé en O long.

(Ms. Poullain, P. III, 24.)

1421 (22 AVRIL).

Lettres du Régent, pour que les gros de 20 d. ts. soient ouvrés désormais à 1 d. 12 gr. de loi argent le Roi, et de 10 s. de poids au marc de Paris.

Exécutoire envoyé de par le gouverneur aux gardes des monnaies de Cremieu, de Romans et de Mirabel.

Gardes de la monnoie de Cremieu, nous avons esté souffisamment informez que de novel Monseigneur le Régent Daulphin a fait ordonnance que ès monnoyes estans en son obéissance et de son Daulphiné soient faicz, ouvrés et monnoyés gros qui auront cours pour 20 d. ts. la pièce, à 1 d. 12 gr. de loy argent le Roy, et de 10 s. de pois au marc de Paris, pareux à ceulx que l'on fait de present, excepté que pour difference l'on fera fere par le tailleur les os qui sont ronds ouvers en ceste manière ( ) ( ) tant devers croys comme devers pile, et ces choses tenues secrètes sans les reveller à quelconque personne que ce soit, sous peine de privacion de vos offices et d'amande arbitrayre, fors seulement à l'essayeur et au maistre particulier desquels prennez le serment de non reveller ces choses sur lesdites peines... Escript à Grenoble, le 22ᵉ jour d'avril l'an 1421.

(Morin, p. 250 à 252 et note, d'après le 2 Reg. Litt., fol. 37 rᵒ.)

1421 (22 AVRIL).

Grenoble.

Lettres du gouverneur Raudon de Joyeuse pour augmenter les appointements et le brassage de Jean Effreat, tailleur de la monnaie de Cremieu.

Attenta multitudine cugnorum qui consumuntur de presente ;

Attendu aussi la dépréciation des monnaies et la cherté des vivres ;

Il recevra 1º de gage annuel 50 ⚖ ts. de bonne monnaie valant 6 marcs et 2 onces d'argent le Roi ;

2º un brassage sur chaque millier de monnaies ouvrées, de 3 onces d'argent, dont une partie représentée par 60 sols tournois de la monnaie courante sera mise à la charge du maître particulier et dont l'autre partie sera supportée par le Dauphin.

(Morin, p. 259, d'après le 2 Reg. Litt., fol. 118 rᵒ.)

1421 (24 AVRIL).

Romans (en latin).

Jean de Mareuil, garde de Romans, apporte les boîtes de l'ouvrage fait à cette monnaie.

Monᵉ 216ᵉ. 1º Gros de 20 d. ts., du 4 janvier dernier au 12 février suivant, à 2 d. de loi et de 9 s. de poids. . . . 38 s. 3 d.

Monᵉ IXˣˣᵉ (lisez XIˣˣᵉ). 2º Gros d., même titre et cours, et de 9 s. 2 d. de poids, du 15 fév. au 7 mars suiv. inclus. 42 s. 5 d.

Monᵉ 240ᵉ. 3º Gros semblables, à 1 d. 20 gr. de loi et de 9 s. 2 d. de poids, du 11 mars au 1ᵉʳ avril inclus. . . . . 24 s. 9 d.

Le 15 juillet 1421, Jean de Mareuil apporte les boîtes de l'ouvrage fait à Romans depuis le 12 avril dernier.

Gros de 20 d. ts. . . . . 34 s. 11 d.

(Arch. de Grenoble, 1. RB, fol. 23 vᵒ.)

1421 (26 AVRIL).

(Exécutoire pour Tournai).

Mandement des généraux aux gardes de faire diferance en iceulx den^{ers} d'or et d'arg. telle, comme on fit aux 1ers escus et blancs de 20 d. ts. la pièce, cest assavoir soubz la 16e lettre, tant devers croix comme devers la pille, et aussi tant au blanc comme à l'or, ung point, et paier aux ouvriers pour 20 marcs d'or à ouvrer un escu d'or, et au monoyers pour 2000 den^{ers} d'or un escu, et pour marc d'euvre du blanc ouvrer 12 d. ts., et aux monoyers de tout le blanc 15 d. ts. pour livre. Item a esté ord^é par le conseil du Roy que lesd. gros, demis gros et quarts de gros ne soient aucunement blanchis, mais soient bouluz seulement après ce qu'ils auront esté ouvrez, comme on fait la vesselle d'argent, et vous envoions les patrons des deniers d'or, des gros et demiz gros seulement, afin que vous faictes avancer l'ouvrage.

(A. N. Reg. Z, 1^b, 58, fol. 162 v° et 163 r°. — Sorb. H. 1, 9, n° 174, fol. 187 v'.)

NOTA. C'est l'exécutoire de l'ord^{ce} Royale du 19 décembre 1420.

———

1421 (26 AVRIL).

Écus à la couronne, d'or fin et de 66 au marc, valant 22 s. 6 d.
Gros d'argent à 11 d. 12 gr., de 86 ¼ au marc, valant 20 d. ts.

(Leblanc, *Tables*.)

———

1421 (26 AVRIL).

Lettres portant injonction de faire jouir de leurs privilèges les prevôts, ouvriers et monnoyers du serment de France.

(*Ord.* XI, 162.)

1421 (29 AVRIL).

Gros à 1 d. 12 gr. de loi et de 120 au marc.

(Leblanc, *Tables*.)

———

1421 (29 AVRIL).

Haquinet Bernart, garde de la mon^e de Tournay; Désiré Guettin; il a deux compétiteurs, d'où débat.
Il constitue son procureur m^e Estienne de Novient.

(A. N. Reg. Z, 1^b, 2. — Sorb. H. 1, 9, n° 174, fol. 115 r°.)

———

1421 (10 MAI).

Comptes de la monnoye de Diion et de Chalon, en tant qu'il touche l'or d'escuz d'or, fait en CCCC XXI par Andriet Veely.
C'est le compte d'une boîte de la monnoye de Dijon et de Chalon, des deniers d'or appelez escuz qui ont cours pour 22 solz 6 d. ts., à 22 k., à ½ kar. de remède au dessoubz et de 67 d. de poids au marc de Paris, lequel ouvraige a esté fait par Andriet de Veely, maître particulier desd. mon^{es} en tant qu'il touche ledit or, depuis le xe jour de may 1421 jusques au 24e jour d'avril 1422, et pour chacun 200 d^{rs} d'or l'on met 1 d^r d'or en boîte, et avoit en lad. boîte 13 s. 6 d. d'or qui valent VIIJ^{xx}IJ escuz d'or, qui font 32400 d^{rs} desdiz escuz.
Il est fait mention de Thomas Lerote, tailleur de coings de la monnoye d'Auxonne.

(Arch. de Dijon, B 11213. — Cahier de parchemin.)

———

1421 (14 MAI).

Lettres du Régent par lesquelles il décrit la monnaie fabriquée à Pamiers.

Il dit avoir déjà ordonné, mais sans succès, de fermer la monnaie de Pamiers. Que malgré sa défense on y frappe encore de la monnaie faible et de mauvais aloi.

On les confisquera partout, et le quart des confiscations sera pour le dénonciateur.

(*Ord.* XI, 120.)

1421 (14 MAI).

Cremieu (en latin).

Jean de Mareuil, auditeur des comptes, apporte les boîtes de l'ouvrage de Cremieu.

1ʳᵉ Liasse :

Monᵉ 216°. 1° Gros de 20 d. ts.   6 s. 10 d.
2° Liards. . . . . 6 d.
3° Petits blancs. . . . . . 5 d.

2° Liasse :

Monᵉ 240°. 1° Gros de 20 d. . .   16 d.
Monᵉ 200°. 2° Blancs de 5 d. ts.   22 d.
3° Liards. . . .   8 d.

3° Liasse :

Monᵉ 246°. 1° Gros de 20 d. ts.   3 s. 3 d.
Monᵉ 200°. 2° Petits blancs. .   5 d.
3° Liards. . . .   5 d.

4° Liasse :

Monᵉ 220°. 1° Gros de 20 d. ts.   4 s. 9 d.
Monᵉ 200°. 2° Petits blancs. .   16 d.

Le 27 août 1421, Jean Dorer, autre garde, apporte les boîtes suivantes :

1° Gros de 20 d. ts., à 1 d. 12 gr. de loi A. R. et 10 s. de poids, frappés sous la maîtrise de Jean Audoard du 1ᵉʳ mai 1421 au 16 août suivant. . . . . . 29 s. 7 d.

2° Petits blancs de 5 d. ts., à un d. de loi et de 16 s. 8 d. de poids, frappés dans le même temps. . . . . . . 8 d.

3° Gros semblables en cours, loi et poids, du 16 août au 22 août. . . . 4 s. 9 d.

Le 20 novembre 1421, Pierre Dorerii, fils de Jean Dorerii, garde, apporte une boîte

de gros de 20 d. ts., de l'ouvrage fait du 5 septembre 1421 au 28 octobre suivant
12 s. 1 d.

(Arch. de Grenoble, 1. RB, fol. 24 r° et v°.)

1421 (17 MAI).

Les officiers de la monnaie de Dijon répondent aux généraux maîtres qu'ils dépendent du Duc de Bourgogne et qu'ils ne peuvent exécuter leurs ordres du 26 avril 1421, et furent lesdites lettres reçues le 26 jour de may 1421.

(A. N. Reg. Z, 1ᵇ, 58, fol. 163 r°.—Sorb. H. 1, 9, n° 174, fol. 187 v° et 188 r°.)

1421 (23 MAI).

A Toulouse, par Jehan du Rieu, pour lequel Guillᵉ Dordre et Guillᵉ Gilles ont tenu le compte de la monᵉ. Escuz d'or fin à la couronne, de 68 au marc, et courant pour 100 s. ts., du 23 mai 1421 au 15 août suivant. 2700

Écus à la couronne, d'or fin, de 25 s. ts. et de 64 au marc, par Jehan du Rieu, pour lequel Robert Assailly a tenu le compte de la monᵉ, du 7 septembre 1423 au 20 novembre suivant. 5200

(A. N. Reg. Z, 1368. Carton Z, 1ᵇ, 991-92.)

1421 (31 MAI).

Girard Robot, nommé à la maîtrise de la monnaie de Dijon par lettres patentes du 31 mai 1420, données à Troyes.

Il s'engage à ouvrer les 4000 marcs d'œuvre que Pierre Viart et Guillaume Sorian s'étaient engagés à ouvrer, en 7 mois commençant le 1ᵉʳ juin 1420.

Le 7 septembre suivant, il s'engage à ou-

vrer en sus 8000 marcs d'œuvre des gros de
2 d. 12 gr. de loi.

Lesdiz 8000 marcs d'euvre ont été faiz,
forgiez et monnoyez par le compte dudit
Girard Roubot, commençant 20 de février
1420 et finissant le 5e jour de septembre 1421,
comme il appert par ledit compte cosu cy
après et quicte.

(Arch. de Dijon, B 11215, fol. 58 r°.)

1421 (2 JUIN).

En l'ostel sire Michel de Lalier, où estoient
led. sire Michel, Guille d'Orgemont, Jehan
de la Fontaine, Jehan Trottet, Andry d'Espernon, Guille Sanguin, fu dit et deffendu
par led. Guille d'Orgemont à sire Loys Culdoe et à ses compagnons que doresenavant
ils alouassent les gages d'ofissiers des monnoyes à solz et à livre, et que ils ne les souffrissent plus paier en or.

(A. N. Reg. Z, 1b, 2.)

1421 (12 JUIN).

A Dijon, par Girart Robot, mtre partor.
Gros de 20 d. ts., à 2 d. 12 gr. A. R. et de
8 s. 4 d. de taille, du 12 juin 1420 au 22 novembre suivant. . . . 4000000 frappés.

(Arch. de Dijon, B 11215, fol. 59 r°.)

Par le même, gros semblables du 23 novembre 1420 au 2 janvier suivant
2022000 frappés.

(Ibidem, fol. 66 r°.)

C'est assavoir que led. ouvraige se devoit
faire en la monnoye de Saint-Laurens, c'est
assavoir 20000 marcs d'euvre par led. Girart
Robot et Hugues Gaudey, comprins en ce le
reste de 7000 marcs de fin quilz devoient
faire en ladicte monnoye de Saint-Laurens,
comme par le bail estant en la chambre sur

le 4e jour de may peut apparoir, et des gros
ayans cours pour 20 dns ts. la pièce, et à 3
d. d'aloy A. R., et de 8 s. de pois au marc
de Paris, et depuis Monseigr, par ses lettres
patentes données à Troyes le 3e jour de
juing, estans en ladicte chambre, en la liace
des lettres des monnoyes, bailla et delivra
ses monnoyes d'Auxonne, de Saint-Laurens
et de Cuscrey pour le terme de sept mois,
commençant led. 3e jour de juing et finissant le......... ensuivant, audit Girart Robot et à Jehan Daigue, pour eulx et leurs
compaignons, parmi ce quilz ont promis et
accordé de y faire forgier desdiz gros de 2 d.
12 gr. d'aloy, c'est assavoir en la monnoye
d'Auxonne 36000 marcs d'euvre, en celle
dudit Saint-Laurens 2000 marcs d'euvre, en
oultre 20000 marcs d'euvre que ilz devoient
faire forgier lesd. Girart Robot et Hugues
Gaudey, dudit pié precedent, selon les condicions declairées au traiclié et marchié sur
ce fait ; et en la monnoye dudit Cuserey
autres 2000 marcs d'euvre oultre et par
dessus 22000 marcs d'euvre que Guerrard
de Rosselay avoit traictié et accordé de faire
par le temps dud. pié precedent, et soubz
les condicions et promesses déclairées en son
marchié; depuis lequel bail à eulx ainsi fait
par mond. Sgr et par ses dictes lettres, ladicte
monnoye d'Auxonne a esté creue et mise à
feur en la chambre desdiz comptes, le 15e
jour de juing, l'an que dessus, par Guiot
Wiry de Dôle, au nom de lui et de Perrin
Chisseret, parmi la mise de 40000 marcs
d'euvre qu'il y a promis de faire en oultre
et par dessus 2000 marcs de fin que Monser
a octroyé aux habitans d'Auxonne pour mai-
sonner leurs maisons qui ont esté arses,
laquelle lui a esté delivrée comme au plus
offrant et darrenier encherisseur, et la monnoye dud. Cuserey à Guerrart de Rosselay,
parmi le nombre et quantité de 29000 marcs
d'euvre quil y a promis de faire forgier pour

le terme de 7 mois, commençant led. 1ᵉʳ jour
de juing, en ce comprins le reste qui estoit
à faire, à cause des 3000 marcs de fin que
Jehan de Pupelin est tenu de faire ouvrer
en ladicte monnoye... et par ainsi n'est de-
meuré ausdicts Girart Robot et Jehan Dori-
gne que ladicte monnoye de Saint-Laurens,
en laquelle comme dessus est dit, devoient
faire forgier lesdiz 2000 marcs d'euvre ,
oultre et par dessus les 20000 marcs d'euvre
que ilz devoient faire forgier les dessus diz
Girart Robot et Hugues Gaudey, lequel ouvraige ilz n'ont pu faire en ladicte monᵉ de
Saint-Laurens, pour cause de l'ouvraige que
l'on y forge pour Monsᵍʳ de Saint-Georges,
depuis le mois de juillet et jusques à present, et forge l'on encore chacun jour, comme
par le compte de Jehan Martin, commis à
faire ledict ouvraige, peut apparoir. Et pour
ce Monsᵍʳ, par ses lettres patentes , données
à Dijon, 16ᵉ jour de juillet 1420, a volu et
ordonné ycellui ouvraige de 22000 marcs
d'euvre qu'ilz devoient faire en lad. monᵉ de
Saint-Laurens, fust fait en lad. monᵉ de
Dijon, par vertu desquelles lettres il a esté
fait par ce present compte.

(Archives de Dijon, B 11215, fol. 66 rᵒ et vᵒ.)

A Pierre Furet, Girard Robot , Amiot le
Chisseret et Huguenin Gaudey, ausquelz
Monsᵍʳ le Duc Jehan, lui Dieu pardoint, par
ses lettres patentes, les premières données
le 23ᵉ jour de janvier 1418, et les secondes
le 18ᵉ jour de juing ensuivant 1419, et pour
les causes bien au long et à plain declairées
en celles lettres rendues par le xıᵉ compte
dudit Huguenin Gaudey, de Perrenot le Tein-
turier et leurs compaignons, nagaires maistres particuliers de la monnoye de Saint-
Laurens, commençant le 25ᵉ jour de may
1420 et finissant le 9ᵉ jour de juillet ensuivant, sur une partie escripte audit compte
et ès 55, 56 et 57ᵉ feuilles montant à 4140 ₶,

11 s. 11 d. ob. ts., leur octroye quilz
puissent faire batre, forgier et monnoyer en
lad. monᵉ de Saint-Laurens le nombre et
quantité de 7000 marcs d'argent fin , c'est
assavoir 3500 marcs pour feu mondict Seigʳ,
et 3500 marcs pour les dessus diz, quilz
bailleroient à leurs frais, missions et despens
avec toutes autres matières à ce nécessaires
et appartenans ; desquelz 7000 marcs de fin
les dessus diz ont ouvré comme il appert par
le compte particulier qui sur ce en a esté
fait, escript en la fin du compte desdiz Gaudey
et Tainturier, fini comme dessus en 59 feuillets, 2611 marcs 5 onces ⅔ d'argent, dont la
moitié du profit leur est rendu par led.
compte en 3 parties , et le reste qui est de
4388 marcs 2 onces ⅓ d'argent ont esté ouvrez
par ce présent compte en la monᵉ de Dijon ;
pour ce que Monseigneur de Saint Georges,
par l'ordᵉ de Monseigneur, a fait occupper
ladicte monnoye de Saint-Laurens depuis le
mois de juillet 1420 jusques à present et
encores fait de jour en jour...

Aus dessusdiz Pierre Furet, Girard Robot,
Amiot Chisseret et Huguenin Gaudey, la
somme de 1449 ₶ 12 d. ob. ts., pour la
moitié de 982 ₶ 8 s. 1 d. ts. et de 1915 ₶
14 s. ts., font ces deux parties, 2898 ₶ 2 s.
1 d. ts., à quoy monte la boîte de ce présent
compte.

Audit Girart Robot, la somme de 604 ₶
3 s. 8 d. ob. ts., qui deue estoit à Huguenin
Gaudey, Perrin Tainturier et leurs compaignons, maistres de la monnoye de Saint-
Laurens, dont ledit Girart estoit l'un desdiz
compaignons.

(Arch. de Dijon, B. 11215, fol. 68 vᵒ et 69 rᵒ.)

1421 (26 JUIN).

Mandement par vertu duquel les gros de
20 ts. ont été mis à 5 d. ts. la pièce.

Par cette ordonnance, la forte monnaie

n'étant pas encore frappée, les monnaies existant sont tarifées ainsi qu'il suit :

L'écu d'or . . . . 30 s. ts.
Le mouton d'or . . . . 20 s. ts.
Le gros de 20 d. ts. . . . 5 d. ts.
Le blanc de 10 d. ts. . . . 2 d. ob. ts.
Le petit blanc. . . . . . 1 d. parisis.

Et la monnaie noire présentement courant, pour une maille parisis.

(A. N. Reg. Z, 1ᵇ, 58, fol. 163 v° à 164 v°. — Ord. XI, 123.)

———

1421 (3 JUILLET).

Les gros de 20 d. ts. sont créés à Paris à 5 d. ts.

(Sorb. H. 1, 11, n° 166ᵇⁱˢ. Petit cahier inséré dans le registre.)

———

1421 (5 JUILLET).

A Romans.

Lettres du gouverneur Raudon de Joyeuse, validant celles du 2 dud. mois, par lesquelles les commissaires Guillaume Toreau et Jean de Ponchier ont affermé pour un an la monnaie de Cremieu à Pierre Gautier, bourgeois et marchand de Lyon, sur son engagement de prêter au Dauphin 6000 ⚜ tournois et de faire ouvrer 20000 marcs d'arg. blanc ou noir, à raison de 10 s. ts. pour le blanc et de 8 s. pour le marc.

(Morin, p. 253, d'après le 2 Reg. Litter., fol. 109 v°.)

Pierre Gautier avait été nommé maître de la monnaie de Cremieu par délibération du conseil delphinal, datée du 22 avril 1421.

(*Ibidem*, fol. 107 r°.)

Mais le nouveau fermier s'étant récusé dès le dernier jour d'avril, Jean de Mareuil

avait momentanément donné sa place à Jean Audouard.

(Morin, p. 253, d'après le 2 Reg. Litter., fol. 108 r°.)

La seconde installation de Gautier ne fut guère plus durable que la première ; l'atelier chôma depuis le 12 juillet jusqu'à ce que la maîtrise en eut été conférée audit Jean Audouard pour les trois mois d'août, de septembre et d'octobre.

(*Ibidem*, fol. 115 v°.)

———

1421 (9 JUILLET).

A Romans.

Lettres du gouverneur Raudon de Joyeuse rendues sur la relation et en présence de Guillᵉ Toreau pour signifier à Antoine Forest, dit Coppe, maître de la monnaie de Romans, que les termes de son bail l'obligent à faire ouvrer 5800 marcs d'argent dans l'espace d'une année commençant au 9 septembre 1420.

(*Ibidem*, fol. 121 r°.)

———

1421 (13 JUILLET).

Item le 13ᵉ jour de juillet ordonna le Roy donner de marc d'argent sans nuance de poys ne de loy, 45 ⚜ ts.

Item plus ordonna le Roy ledit jour 1421, faire escuz d'or de 5 s. 8 d. de poix et de 23 karats, ¼ de karat de remède, et ung point dedans l'O, et ung petit point desoubz l'une des lettres, et donnoyt es marchants, de marc d'or fin, 64 escuz.

Dessin en marge : Type ordinaire à la pille, avec l'O rond pointé et les mots séparés par 3 points. Au ℞. croix fleuronnée,

évidée au cœur, avec étoile ; 4 petites couronnes à l'extérieur du contour à 4 lobes.

(Ms. Fr., nouv. acq. 471, fol. 84. — Ms. Fr. n° 148
(Brienne), fol. 275 r° et v°.)

1421 (24 JUILLET).

Item le 24° jour de juillet 1421, fut ordonné faire escuz d'or à 23 carats, à $\frac{1}{4}$ de
carat de remède et de 68 de poids au marc
et pour différence un poinct dedans les ☉ ☉
et donner du marc d'or fin 68 escuz des
dessusd.

(Ms. Poullain, P. II, 1.)

1421 (24 JUILLET).

Item le 24° jour de juillet 1421, fut ordonné faire gros de 20 d. ts. de cours et de
10 solz de poids, à 1 d. 12 grains de loy
argent le Roy, et donnoit le Roy de marc
d'argent 40 ⚜ ts., et pour différance ont les
O O fendus et la croix tranchée comme dessus ; sont faitz à 1 d. 12 gr. de loy.

(*Ibidem*, P. II, 13.)

1421 (1er AOUT).

Item le premier jour d'aoust 1421, fit fre le
Roy escuz pareilz (*à ceux du 13 juillet*), de
5 s. 7 d. de taille au marc et estoyent à 22
caratz et furent faiz à Tornoys et ont en
differance en milieu de la grande crois une
molette d'esperon à 6 pointes et devers la
pille sous le ⅄ de Tornays un point, et donnoyt le Roy de marc d'or fin 68 escuz.

Item en fut fait en ladicte ville de Tornay
pareilz escus de pois ; chacune pièce pesoyt
2 d. 21 gr. et estoyt la differance soubz
l'escu ung point cloux, et sont faiz à 20 carats.

Et en fut fait de pareilz escuz qui estoyent

blanchastres et de mauvoyse coleur et sont
à 17 carats.

En marge dessin. Le ⅄ de Tornay qui n'a
pas de sens dans le texte est expliqué par
la figure ; il s'agit de l'A du mot FRANCORVM ;
les O sont longs.

(Ms. Fr., nouv. acq., 471, fol. 85. — Ms. Fr. n°
148 (Brienne), fol. 275 v° et 276 r°.)

1421 (9 AOUT).

A Grenoble.

Lettres du gouverneur Raudon de Joyeuse
aux gardes et mres partrs des monnaies de
Romans, de Cremieu et de Mirabel, leur
mandant d'ouvrer en vertu des ordres des
généraux maîtres :

1° Des écus à la couronne, à 23 c. d'or
fin, et $\frac{1}{4}$ de c. de remède et de 68 de poids
au marc de Paris, similes primis scutis qui
per ante fiebant, excepto quod pro diffe-
rentia fuit ordinatum poni infra (intra ?)
les os ung petit point, et subtus litteras ubi
erat consuetum poni ung petit point, po-
natur una parva crux.

2° Des petits blancs ayant cours pour 5
d. ts., à 1 d. de loi argent le Roy, et de
16 s. 8 d. de poids aud. marc, similes illis
qui per ante fiebant.

3° Des deniers noirs appelés doubles,
ayant cours pour 2 d. ts., à 12 gr. de loy
argent le Roy, et de 20 s. 10 d. de poids.

On ouvrera deux fois par mois de ces
petits blancs et de ces doubles tournois.

Les changeurs et marchands auront 64
desd. écus par marc d'or fin ; en outre,
comme la valeur du marc d'argent a été
augmentée au royaume de 40 s. ts., elle
s'élèvera désormais à 38 ⚜ ts.

(Morin, p. 251, d'après le 2 Reg. Litt., fol. 113 r°.)

Le même jour, on écrivit de par le gouverneur à Jean Effréat, tailleur de la monnaie de Cremieu, et à Jacques Vincent, tailleur de celles de Romans et de Mirabel. La lettre adressée à ce dernier se trouve au fol. 114 verso dud. registre, où elle est datée par erreur du 9 août 1420 au lieu de 1421 :

Cher et bon ami, nous sommes informez que ez monnoyes du royaume l'on a ordonné faire escuz d'or à la couronne semblables à ceux qui paravant se faisoient, excepté que pour differance l'on fait dedens les os ung petit point, et au dessoubz des lettres, là où l'on faisoit ung petit point, l'on fait une petite croix; si pourveez les monnoyes de fers pour monnoyer lesdiz escuz; item avons mandé aux gardes des monnoyes quilz facent faire ès dites monnoyes deniers noirs appelés doubles, de deux deniers tournoys la pièce; si les pourvées des fers et les taillés par la forme que verrez au patron que nous vous envoyons cy-dedens encloz; notre Seigneur soit garde de vous.

———

1421 (10 AOUT).

Item le 10ᵉ jour d'aoust 1421 ensuyvant, fut ordonné donner de marc d'argent alloyé à lad. loy sans nulle muance de poids ny de loy ny nulle autre differance, 48 ₶ ts.

Escus de ced. temps valloit de marchand à marchand communément 7 ₶ 15 solz ts.

(Ms. Fr. nouv. acq., n° 471, fol. 85.—Ms. Fr. 148 (Brienne), fol. 276 r°. — Ms. Poullain, P. II, 14 et P. III, 25.)

———

1421 (11 AOUT).

A Paris, de notre règne le 41ᵉ, par le Roy, à la relation du grand conseil.   J. MILET.

Lettres pat. aux gn̄aux. Comme par l'advis et deliberation de notre tres cher et tres amé fils le Roy d'Angleterre, héritier et regent de France, et d'autres de notre sang et lignage et de notre grand conseil, nous, en la presence des gens des trois états de plusieurs pais et bonnes villes de notre roy^{me} par nous mandez l'année passée être par-devers nous en ceste notre bonne ville de Paris, eussions conclud et délibéré, entre autres choses, pour le reliefvement de notre peuple et remedier à plusieurs grands inconvenients qui advenoient et pouvoient advenir par la diminucion et foiblesse de nos mon^{es}, que bonne et forte mon^e, tant d'or comme d'arg., seroit faite et forgée en notred. roy^{me}, et pour cette cause par nos autres lettres, données le 19ᵉ jour de décembre dernier passé, en suivant notred. concl^{on} eussions ord^é et vous donné en mandement que vous feissiez ouvrer et monnoyer dans nos mon^{es} ..... (mêmes indications qu'aux lettres du 19 décembre);

Ce nonobstant, pour le grand bien de la chose publique du roy^{me}, ord^{ons} faire ouvrer une espèce de mon^e, tant d'or comme d'argent, autre que celle qui presentement a cours et que celle dont dessus est fait mention, sçavoir écus d'or fin appelez saluz, à 24 caraz, à ⅛ de carat de remède et de 63 d. de pois au marc de Paris, lesquelz auront cours pour 25 s. ts. la pièce, et demys den^{rs} d'or fin audit remède, appelez demiz saluz, qui auront cours pour 12 s. 6 d. ts. la pièce et de vi^{xx}vi d. de pois aud. marc, en donnant et faisant donner aux changeurs de chacun marc d'or fin 76 ₶ 5 s. ts. Item blancs den^{rs} appelez doubles d. ts., qui auront cours pour 2 d. ts. la pièce, à 1 d. 12 gr. de loy arg. le Roy et 2 s. (lisez 9 s.) 4 d. et demi den^r de poids au marc de Paris. Item autres blancs deniers qui auront cours pour 1 d. ts. la pièce à lad. loy et de 18 s. 9 d. de poids aud. marc sur le pied de mon^e 30ᵉ, en donnant et faisant donner aux changeurs pour chacun marc d'arg. 6 ^{tt} 3 s. ts., et en mettant en ycelles monnoyes d'or et d'argent telles differances comme bon vous semblera, et faites defense par toutes nosd. mon^{es} que plus ne facent ouvrer et monnoyer autres mon^{es} que celles de cette presente ord^{ce}.

(A. N. Reg. Z, 1^b, 58, fol. 164 v° et 165 r°. — Sorb. H. 1, 9, n° 174, fol. 188 r°.—*Ord.* XI, 128 et 129.)

1421 (11 AOUT).

Le xie jour d'aoust l'an 1421, fu ordonné de faire den^{rs} d'or fin nommez saluz à ung viij^e de carat de remède aians cours pour 25 s. ts. la pièce, aux armes de France, esquelz fu mis en chacune mon^e autelle differance comme es blans de 10 d. ts. la pièce, avec ung soleil sur l'escriteau de l'armure.

(Reg. entre 2 ais, fol. 159 v°.)

1421 (11 AOUT).

Item fit f^e le Roy Charles VIe de cest nom, mon^e d'or appellée saluz, qui portoit devers la croys deux fleurs de lix au cousté de lad. croys et aupré de lad. croix un K, qui lisent XPC. VINCIT. XPC. REGNAT. XPC. INPERAT ; et devers la pille KAROLVS DEI GRA FRANCORVM REX, et ont N^{re} Dame et Gabriel, et entre deux l'escu de France à troys fleurs de lys, lequel est couronné, et poysse chacune pièce dud. or 3 d. et sont de fin or pour dourer.

En marge, la figure.

Au dessus de cet article est écrit de la main de Macé Legendre : l'an M. IIII^c XXI, le xie aoust.

(Ms. Fr., nouv. acq. 471, fol. 167. — Ms. Fr. n° 148 (Brienne), fol. 322 v°.)

1421 (11 AOUT).

Le 11e aoust 1421, par mandement du Roy, donné à Paris, fut faict ouvraige qui ensuyt.

Sallutz d'or fin à 24 k. et $\frac{1}{8}$ de karat de remède, de 3 d. de poix au feur de 63 pièces au marc, ayans cours pour 25 s. p^{ce}.

Demys desd. salutz à l'équipollant.

Marc d'or fin. . . . . 76 ^{tt} 5 s. ts.

Figure du salut et du demi-salut de Charles VI. Mêmes types.

Doubles deniers ts., à 1 d. 12 gr. de loy argent le Roy, à 1 d. 16 gr. de poix, au feur de 100 pièces et demye au marc, ayans cours pour. . . . . 2 d. ts.

Marc d'argent. . . . . . 6 ^{tt} 3 s. ts.

Figure : ✠ KAROLVS FRANCORV REX. Fleur de lys couronnée. ℞. Croix fleurdelysée, évidée au cœur.

Petits deniers tour^s, à 1 d. 12 gr. de loy, de 20 gr. de poix, au feur de 225 pièces au marc, ayans cours pour 1 d. ts. la p^{ce}.

Figure : ✠ TVRONVS CIVIS. Croix. ℞. KAROLVS FRANCORV REX. Fleur de lys.

(Ms. Fr. 5524, fol. 117 r° et v°. — Reg. de Lautier, fol. 99 r° et v°.)

1421 (11 AOUT AU 6 FÉVRIER 1422).

Deniers d'or fin appellez salutz de 63 au marc, pour 25 s. ts., à $\frac{1}{4}$ k. de remède.

Item petits deniers d'or fin appellez demys saluts, ayant cours pour 12 s. 6 d. ts. et de 126 au marc.

(Ms. Fr. 4533, fol. 60 v°.—Ms. Fr. 18500, fol. 8 v° et 9 r°.)

1421 (11 AOUT AU 23 NOVEMBRE 1422).

Blancs deniers appellez doubles ts., à 1 d. 12 gr. A. R. et de 112 $\frac{1}{2}$ au marc.

Petits blancs de 1 d. ts., à lad. loy et de 225 au marc.

(Ms. Fr., 4583, fol. 88 v°.—Sorb. H. 1, 11, n° 166bis (petit cahier).—Ms. Poullain, P. I, 13 à 24.)

1421 (23 août).

A Grenoble.

Instruit par lettres des généraux maîtres qu'on donne au Royaume 42 ⚜ ts. du marc d'argent, le gouverneur Raudon de Joyeuse le mande aux gardes et mes parters des monnaies de Romans, de Mirabel et de Cremieu pour qu'ils aient à s'y conformer.

(Morin, p. 254 et 255, d'après 2 Reg. Litter., fol. 117 r°.)

Les lettres des généraux maîtres aux gouverneur et conseillers du Dauphiné se trouvent au revers du même folio; elles sont écrites de Tours et datées du 10 août. La pièce originale figure à côté de la copie enregistrée.

1421 (23 août).

Furent presents au comptouer, en la chambre des mones, plusieurs changeurs sur le pont de Paris ausquelz fu dit par sire Loys Culdoe, que la mone de Paris et les autres mones du Roy estoient ouvertes, que se aucun ne voulloit les mettre à pris, il y seroit receu, et que ils retournassent lundi se aucune chose ils y voulloient dire.

(A. N. Reg. Z, 1b, 2.)

1421 (1er septembre).

Chaalons.

Item fut ordonné faire pour differance en la mone de Chaalons es blans deners aians cours pour ij d. ts. la pièce, soubz la 1re lettre, tant devers la croix comme devers la pille, 1 point.

Auxerre.

Item fut ordonné faire pour differance en la mone de Auxerre, es blans deners aians cours pour ij d. ts. la pièce, soubz la 2e lettre, tant devers la croix comme devers la pille, 1 point.

Nevers.

Item fu ordonné faire pour differance en la mone de Nevers, es blans deners aians cours pour ij d. ts. la pièce, soubz la 3e lettre, tant devers la croix comme devers la pille, 1 point.

Arras.

Item fu ordonné faire pour differance en la mone de Arras, es blans deners aians cours pour ij d. ts. la pièce, sous la 4e lettre, tant devers la croix comme devers la pille, 1 point.

Et es autres mones fu ordonné faire pour differance comme il a esté fait aus escuz et aus blans de x d. ts. la pièce.

(Reg. entre 2 ais, fol. 158 v° et 159 r°.)

Cremieu, Romans et Mirabel étaient restées sous l'obéissance du Dauphin; trois villes du parti d'Isabeau : Châlons-sur-Marne, Auxerre et Nevers s'approprièrent leurs différents (points sous les 1re, 2e et 3e lettres). Malgré ce que les différents pourraient avoir de trompeur, les doubles tournois de ces trois villes ne risqueront jamais d'être attribués au Dauphiné, car leur type est facile à reconnaître. Charles VI le disait lui-même dans ses lettres du 15 décembre 1421; c'était une fleur de lis couronnée pour les doubles

tournois, et une fleur de lis sans couronne
pour les deniers.

Le Musée de Grenoble possède un de ces
DVPLEX TVRONVS FRANCIE, frappés à Châlons-
sur-Marne.

(Morin, p. 233, note.)

1421 (1er septembre).

Paris.

Lundi 1er jour de septembre l'an 1421,
fu ordonné faire pour differance es blans
den^ers aians cours pour ij d. ts. la pièce,
faiz en la mon^e de Paris, devers la croix
soubz la xviij^e lettre, 1 point, et devers la
pille entre la petite croisette et le dernier x
ung point.

(Reg. entre 2 ais, fol. 158 v°.)

1421 (3 septembre).

Item le 3e jour de septembre an susd., fut
ordonné donner de sold de loy sans muance
ny nulle difference de poids ny de loy,
48 ⚜ ts.

Escu valloit communément 9 ⚜ ts.

Item led. jour fut ordonné faire escuz de
5 sols 8 d. de poids et de 23 caralz et ¼ de
carat de remède, et pour difference ont un
poinct dedans un ⊙ et un petit poinct soubz
une des lettres, et donne de marc d'or fin
64 escuz.

(Ms. Poullain, P. II, 14.)

1421 (5 septembre).

Mirabel (en latin).

Michel Fogacie apporte les boîtes de l'ouvrage du 30 avril dernier inclus jusqu'au
15 août suivant.

Mon^e 320e. Gros à 1 d. 12 gr. de loy et de
10 s. de poids . . . . 71 s.

Le 7 novembre 1421, Petrus Capellini,
contregarde de Mirabel, apporte les boîtes
de l'ouvrage du 15 août au 27 octobre,
jour où la boîte fut close.

Gros de 20 d. ts. . . . . . . 30 s.

Le 4 avril 1422, m^e Jean de Mareuil, auditeur des comptes, apporte les boîtes de
l'ouvrage du 27 octobre au 28 mars dernier.

Mon^e 408e. Gros à 1 d. 4 gr. de loi et de
9 s. 11 d. de poids. . . . . 54 s. 8 d.

(Arch. de Grenoble, 1, R. B. fol. 25 r°.)

1421 (18 septembre).

A cette date, Pierre Mandole est contregarde de l'argent à la mon^e de Paris.

(A. N. Reg. Z, 1^b, 2.)

1421 (26 septembre).

Item le 26e jour de septembre an susd.
1421, fut ordonné faire escuz de 64 au marc
et de même loy sans nulle difference, et
donner de marc d'or fin 68 escuz.

(Ms. Poullain, P. II, 14.)

1421 (octobre).

Le Dauphin à Bourges.

Gros à 1 d. 4 gr., 119 au marc.

(Leblanc, *Tables.*)

1421 (2 octobre).

A Tours.

Lettres, adressées de par les généraux
maîtres des mon^es du Roy aux gardes de la
monnaie de Cremieu, et leur mandant de

faire ouvrer des écus à la couronne, à 23 carats d'or fin et $\frac{1}{4}$ de carat de remède et de 68 d. de poids au marc de Paris, de la forme, disent-ils , que dernierement vous avons escript, et pour differance que vous faciez mettre ung petit point en my les os ; et sous la lettre, là où vous avez accoustumé mettre ung petit point creux, vous ferez mettre par le tailleur de lad. monnoie une croix.

Les changeurs et marchands auront 68 desd. écus pour chaque marc d'or fin; le m° part°r aloyera son or sur argent, et son brassage pour chaque marc d'or ouvré sera de 60 s. ts.

(Morin, p. 255, d'après le 2 Reg. Litter., fol. 133 v°.)

———

1421 (3 octobre).

Pierre de Landes, changeur et bourgeois de Paris , « confesse avoir prins et retenu de honorables hommes et saiges les generaulx maistres des monnoyes du Roy n°° S° la monnoye d'or et d'argent de Paris. ».

Ses pleiges sont Philippot de Brebon et Germain Vivien, changeurs à Paris, et se sont constituez et constituent pleiges et compaignons et principaulx faiseurs , vendeurs, paieurs et accomplisseurs jusques à la somme de huit mille livres tournois.

(A. N. Reg. Z, 1ᵇ, 362.)

———

1421 (4 octobre).

Item le 4° jour d'octobre ordonna le Roy fere grox de 20 d. ts. et de 10 s. de poix et donnoyt de soubz de lóy 50 ✠ ; sont à 1 d. de loy.

Dessin en marge. ✠ KAROLVS : FRANCORVM : REX. Rien de particulier.

Escu pour tout le moys d'ougst à octobre valloyt de marchant à marchant 9 ✠ 10 s.

DOCUMENTS MONÉTAIRES. — II.

La pièce en marge porte : KAROLVS : DEI : GRA : FRANCORV.

(Ms. Fr. n° 146 (Brienne', fol. 276 r°.—Ms. Poulain, P. III, 24.)

———

1421 (8 octobre).

Item le 8° jour d'octobre 1421, fut ordonné faire monnoye de 20 d. ts. de cours et de 9 solz 11 d. de poids, à 1 d. 4 gr. de loy argent le Roy, et donnoit le Roy de marc d'argent 50 ✠ ts., et pour difference ont la croix hospitalière et les OO ronds et nul poinct; sont faiz à 1 d. 4 gr. de loy.

Escu pour tous les mois septembre et octobre valloit communément de marchant à marchant 9 ✠ 10 solz.

(Ms. Poullain, P. II, 14 et 15.)

———

1421 (12 octobre).

A Laigny-sur-Marne, de notre règne le 42°, par le Roy, à la relation du Roy d'Angleterre, héritier et regᵗ du Royaume de France.

J. DE REVEL.

Mandement pour donner cours aus deniers d'or nommez saluz et doubles deniers tournois pour 2 d. ts. la pièce et aux gros pour 2 d. ob. ts. la pièce.

Lettres pat. au prevost de Paris, pour le cours aux den. d'or fin, nommez saluts, les uns pour 25 s. ts. et les autres pour 12 s. 6 d. ts. la pièce, et aux mon°° blanches, l'une pour 2 d. ts. la pièce, l'autre pour 1 d. ts. la pièce, et les gros qui jà longuement ont eu cours pour 20 d. ts. la pièce et qui depuis peu de temps ont eu cours pour 5 d. ts. n'auront cours à compter du jour de la publication de ces presentes que pour 2 d. maille ts. la pièce , et les den°° noirs qui

38

avoient cours pour 2 d. par. la pièce ne
vaudront les 8 que pour 2 d. maille ts., et
les escus d'or que dernierement avons fait
forger auront cours pour 22 s. 6 d. la pièce.

(A. N. Reg. Z, 1ᵇ, 58, fol. 165 rᵒ et vᵒ. — Sorb. H. 1,
9, nᵒ 174, fol. 188 rᵒ et vᵒ. — *Ord.* XI, 132 et 133.)

1421 (12 OCTOBRE).

. Monstrelet dit que le Roy d'Angleterre
étant de retour en France, tint plusieurs
grands conseils, dans lesquels il fut ordonné
que les florettes, c'est-à-dire la monnoye du
Roy, qui avoit cours pour 16 deniers parisis,
seroient abaissés à 4, ce qui fit fort mur-
murer.

Le 12 novembre suivant, ils furent encore
abaissés à 2 deniers. Ce que Monstrelet
appelle florettes c'étaient les gros qui va-
laient 20 deniers tournois ou 16 parisis.

(Leblanc, p. 241.)

1421 (12 OCTOBRE).

Monstrelet parle ainsi de ce rabais des
monnoyes : Fut ordonné par le conseil royal,
que les flourettes qui avoient cours pour
4 d. seroient remises à deux, et l'escu d'or
qui avoit cours pour 19 s. fut remis à 18 s.
parisis, pour lesquelles mutations furent
moult de gens troublez voyant que leurs
chevances qu'ils avoient es monnoyes dessusdites, estoient diminuées la huitième partie, et
pour avoir provision d'autre monnoye nouvelle qui fut de valeur, furent forgez saluts
d'or, l'un de France et l'autre d'Angleterre,
et au regard de la blanche monnoye on
forgea doubles qui eurent cours pour 2
deniers tournois, et enfin en commun langage furent nommez niquetz et furent en
regne environ trois ans tout seurement.

(Leblanc, p. 242.)

1421 (17 OCTOBRE).

Furent presens au comptouer : Pierre Ysbarre, frère Augustin Ysbarre et Jehan du
Breul, procureur dudit Augustin, ausquelz
fu dit que le jugement des deux boistes d'or
faites par led. Augustin, à Tournay, avaient
esté touchées et jugées à 23 caras ung 8ᵒ
moins, dont ledit Jehan du Breul dist que ilz
devoyent venir mieux et que de ce quil les
avoyent ainssy jugées il en appelloit en parlement comme procureur, par vertu de sa
procuration.

(A. N. Reg. Z, 1ᵇ, 2.)

1421 (18 OCTOBRE).

Marc d'argent en ouvraige de gros de 20
d. ts. de cours, à 1 d. 4 gr. de loy, de 6ˣˣ
pièces de taille au marc, du 18ᵉ octobre 1421
jusque au 13ᵉ jour de febvrier ensuyvant
dud. an, vallans 50 ₶.

Led. sieur Daulphin tiroit pour marc d'argent la somme de 52 ₶.

(Ms. Fr. 5524, fol. 110 rᵒ et vᵒ. — Reg. de Lautier,
fol. 101 rᵒ.)

1421 (21 OCTOBRE).

A Grenoble.

Lettres du gouverneur Raudon de Joyeuse
aux gardes des monⁿ de Cremieu, de Romans et de Mirabel, pour leur mander que
les gros de 20 d. ts. soient ouvrés desormais
à 1 d. 4 gr. de loi argent le Roy et de 9 s.
11 d. de poids au marc de Paris.

Les marchands et changeurs auront 50 ₶ ts. du marc d'argent.

Cette ordonnance sera mise en vigueur dès le 25 courant (1).

(Morin, d'après le 2 Reg. Litter., fol. 132 r°.)

———

1421 (NOVEMBRE).

Escuz couronne au mois de novembre 1421, par voullonté du peuple 10 ₶.

(Ms. Fr. 5524, fol. 119 v°.)

———

1421 (NOVEMBRE).

Item au moys de novembre, décembre et janvier valoyt escu communément 10 ₶ ts.

(Ms. Fr. n° 148 (Brienne), fol. 276 r°).

1421 (2 NOVEMBRE).

Sire Michel de Laillier et Jehan Guerin enjoignent à Loys Culdoe d'aller le lundi suivant avertir les changeurs établis sur le pont de Paris que les nobles à la rose seront pris par eux pour 34 sols, et les moutons pour 12 sols.

(A. N. Reg. Z, 1ᵇ, 2. — Sorb. H. 1, 9, n° 174, fol. 115 v°.)

———

1421 (3 NOVEMBRE).

On publie l'ordonnance donnant cours aux doubles tournois et aux deniers tournois blancs (voyez 11 août 1421).

(Ms. Fr., 4533, fol. 89 r°. — Sorb. H. 1, 11, n° 166ᵇⁱˢ (petit cahier). — Ms. Poullain, P. I, 13 à 24.)

———

(1) Ces lettres se rattachent à diverses pièces, et d'abord à deux mandements écrits de Tours, le 8 octobre, et adressés par les génᵃᵘˣ mᵗʳᵉˢ aux gardes des monnaies Delphinales.

(*Ibidem*, fol. 130 et 131 r°.)

Voici du premier de ces textes les fragments qui nous offrent le plus d'intérêt.

Gardes de la monnoye de Cremieu, nous, par vertu de mondit seigneur le Daulphin, nous vous mandons que le 25ᵉ jour de ce present moys d'octobre vous faites faire et ouvrer en lad. monnᵉ deniers gros de 20 d. ts. la pièce à 1 d. 4 gr. de loy argent le Roy, de 9 s. 11 d. de poids au marc de Paris, pareils à ceux que on fait de present, en ostant toutes les differences, excepté que les OO longs que l'on y fait de present y demourront, et les poins que l'on a accoustumé de mettre soubz la lettre qui fait la differance des monnoyes... et tenir les choses secretes quant à la loy, sur quant que vous pouvez méfaire envers mondit seigneur le Daulphin, et faites jurer le maistre et les officiers de les tenir secretes sans révéler le fait de la loy sur lesd. pièces. Plusieurs fois vous avons mandé que feissiez bien tailler, bien ouvrer, bien blanchir et bien monnoyer les deniers et qu'ilz fussent grans assez, dont vous n'avez rien fait et en avez esté desobeissans, et de ce avons bien mémoire; si gardez comment quil soit que doresenavant ilz soient bien ouvrez, assez grans, bien blanchis et bien monnoyez, car s'il y a faulte, vous serez punis du temps passé et à venir, et ainsi le faites faire par le maistre particulier.

Le lendemain 9 octobre, les commissaires et généraux maîtres des monnaies écrivent aux gouverneur et conseillers de Dauphiné pour leur recommander la nouvelle ordonnance.

(*Ibidem*, fol. 129 v°.)

Enfin, nous devons mentionner les lettres adressées par le gouverneur à Jacques Vincent et à Jean Effréat, tailleur des monnaies Delphinales. (Grenoble, le 21 octobre).

(Sec. Reg. Litter., fol. 135 v°. — Morin, p. 255 et 256

1421 (6 NOVEMBRE).

Germain Clerc, criminel au châtelet de
Paris, dit et relata au comptoir de la chambre
des mon⁰ˢ, que par le procès qui a esté fait
aud. châtelet, de Guillᵉ du Saussoy et de
plusʳˢ autres ouvriers de la monᵉ de Paris,
dont les aucuns ont été exécutez pour leurs
démérites, a esté trouvé que led. Guillᵉ a
confessé avoir ouvré des deniers gros mauvais, que les ouvriers compagnons avoient
fondus et iceux blanchis pour monoyer.

(A. N. Reg. Z, 1ᵇ, 2. — Sorb. H. 1, 9, n° 174,
fol. 115 v°.)

1421 (8 NOVEMBRE).

Fu eslargi et delivré absolument Jehan
Ravier, nagaires tenᵗ le compte de la monᵉ
d'Aucerre, de ce quil avoit esté emprisonné
en la conciergerie du pallais pour le soup-
pesson qui estoit encontre luy de la boiste de
lad. monnoye d'Aucerre qui avoit esté perdue
en l'aportant dudit lieu d'Aucerre à Paris,
par Jehan Bernier, l'un des gardes d'icelle
monᵉ.

Et pour ce que ledit Jehan Ravier n'avoit
esté aucunement trouvé chargé dudit cas
par le procès sur ce fait, fut delivré absolument avec sa caucion qu'il avoit baillée pour
lad. cause.

(A. N. Reg. Z, 1ᵇ, 2.)

1421 (8 NOVEMBRE).

Saluts, or fin, 63 au marc, valant 25 s.

(Leblanc, Tables.)

1421 (15 NOVEMBRE).

Fut apointé en la chambre des comptes,

par M. le chanʳ et le conseil du Roy, qu'il
seroit fait defense au mᵉ partᵉʳ de la monᵉ de
Paris, qu'il ne reçoive d'aucun changeur ou
aultre en manière de billon aucuns deniers
noirs qui naguaires ont esté faits pour 2 d.
parˢ la pièce, mais les baillent au peuple
pour le prix de une poitevine la pièce, comme
il leur a esté ordᵉ par les ordᵉⁿˢ dernieres;
laquelle deffence fut faicte audit mᵉ partᵉʳ
ledit jour.

(A. N. Reg. Z, 1ᵇ, 2. — Sorb. H. 1, 9, n°174,
fol. 116 r°.)

1421 (20 NOVEMBRE).

A Dijon, par Girart Robot, deniers blancs
nommez doubles deniers, de 2 d. ts., à 1 d.
12 gr. d'aloy A R. et de 9 s. 4 d. demi de
pois au marc de Paris; du jeudi 20 novembre
1421 au jeudi 4 décembre suivant inclus (on
met en boîte 1 d. par 10 marc d'œuvre),
1520 marcs d'œuvre.

(Arch. de Dijon, B, 11215, fol. 82 r°.)

Mêmes doubles, du jeudi 11 décembre
1421 au mardi 30 décembre inclus. Ceux-là
sont ouvrés par Oudot Douay, 1380 marcs
d'œuvre.

(Ibidem, fol. 83 r°.)

Le 7 juillet 1422, Oudot Douay ne vit plus.

(Ibidem, fol. 83 v°.)

Doubles tournois à 1 d. 12 gr. de loi et
de 9 s. 4 d. de poids, par Girard Robot, du
lundi 12 janvier 1421 au jeudi 4 juin 1422,
36440 marcs d'œuvre.

(Ibidem, fol. 85 r°.)

Les gardes sont toujours Girart Marriot et
Amiot Clerembault (c'est ainsi qu'il signe)
Andriet de Wailly, tailleur.

(Ibidem, fol. 86 v°.)

Mêmes doubles tournois faits par Jacot Robot, commis de Pierre et Humbert Viart, frères, maîtres particuliers, du 5 juin 1422 au 22 du mois inclus, 5150 marcs d'œuvre.

(Arch. de Dijon, B 11215, fol. 89 r°.)

Mêmes doubles tournois, par Henry Deschenon, commis de Pierre et Humbert Viart, frères, m^{es} part^{ers}, du 27 juin 1422 au 31 octobre inclus, 18040 marcs d'œuvre.

(*Ibidem*, fol. 90 r°.)

Par le même Henry Deschesnon, commis de Pierre et Humbert Viart, m^{es} part^{ers}. Doubles tournois semblables, du 3 novembre 1422 au 8 janvier suivant, 2000 marcs d'œuvre.

(*Ibidem*, fol. 91 r°.)

1421 (26 novembre).

A Bourges.

Lettres du Dauphin pour conférer à Jean Chabert l'office de garde de la monnaie de Romans.

En raison de son grand âge et de l'affaiblissement de sa vue, Jean Gras, garde de la mon°, est exempté de tout service actif et conservera ses appointements ordinaires pendant le reste de ses jours ; sa charge sera remplie par Jean Chabert, garde et essayeur de la monnaie de Mirabel, qui s'en acquittera sans aucune rétribution jusqu'à ce que l'une des deux places de garde de la monnaie de Romans devienne vacante.

(Sec. Reg. Litter., fol. 154 v°.—Morin, p. 256 et 257.)

Lettres du Régent pour conférer à Étienne de Mareuil, fils de m^e Jean de Mareuil, cons^{er} et auditeur des comptes Delphinaux, l'office de garde et d'essayeur de la monnaie de Mirabel en remplacement de Jean Chabert, appelé à d'autres fonctions.

(Sec. Reg. Litter., fol. 158 r°.)

1421 (2 décembre).

Mirabel.

Lettres accordant un délai à Jean de Villette pour achever le monnayage de 1000 marcs qui lui restaient à faire ouvrer pour remplir ses engagements. Il avait été abandonné par son collègue Dumas qui avait fui.

(Morin, p. 246, note 1, d'après le Sec. Reg. Litter., fol. 137 r°.)

1421 (13 décembre).

Loys Culdoe, André du Moulin, Jehan Trolet, Macé de Valenciennes.—Fu enjoint à Girart de Vauboulon et Jaquin Langlois, gardes de la mon° de Paris, que doresenavant ilz ne facent ne souffrent faire aucune prise des delivrances qui seroient en lad. mon° sans le congé et licence du comptoir, soit en pois ou loy.

(A. N. Reg. Z, 1^b, 2. — Sorb. H. 1, 9, n° 174, fol. 116 r°).

1421 (15 décembre).

A Paris, tarif par Charles VI.

Salutz qu'on fait à present.   25 s. t.
¼ salutz . . . .   12 s. 6 d. ts.
Escus à la couronne que derrenièrement nous avons fait faire en nosd. mon^{es}.
        22 s. 6. d. ts.
Petitz moutons que semblablement naguères avons fait faire. . .   15 s. ts.
Et pareillement les deniers d'or fin appellez salutz et demys salutz, que nostre très cher et très amé fils le Roy d'Angleterre, heritier et regent de France, fait faire en Normandie, de tel poix et loy que nous faisons ouvrer en nosd. monnoyes, ayent cours

et soient prins et mis pour les pris dessusditz, c'est assavoir lesd. salutz pour 25 s. ts. la pièce et non plus, et les demys salutz pour 12 s. 6 d. la pièce et non plus.

Item les blans deniers appelez doubles d. ts., à une fleur de liz couronnée, que nous faisons de present faire en nosd. mon⁹⁹, ayent cours et soient prins et mis pour 2 d. ts. la pièce et non pour plus ; et les petiz deniers blans, appelez petiz tournois, à une fleur de liz sous couronne, que semblablement nous faisons faire de present en nosd. mon⁹⁹, soient prins et mis pour 1 d. ts. la pièce et non pour plus, et semblablement les doubles deniers et petiz deniers tournois blans que nostred. tres cher et tres amé filz le Roy d'Angleterre, héritier et régent de France, fait faire en Normandie de tel poix et loy que nous faisons ouvrer en nos mon⁹⁹ ayent cours pour les pris dessusd. Item les gros de 20 d. ts. pour 2 d. ob. ts., et non pour plus; les doubles d. par⁹ noirs que derrenièrement avons fait faire pour 1 maille ts. la pièce et non pour plus.

Toutes autres monnoyes quelles que elles soient, de nos coings ou d'autres, au marc pour billon.

(*Ord.* XI, 143 et 144.)

1421 (5 JANVIER).

Fut present au comptouer Jean Bernier, garde de la mon⁰ d'Aucerre, qui s'était laissé voler à Montereul une boiste qui contenait 17 s. 2 d. de gros, faits en icelle mon⁰ par Huguenin Tronchon ; il est condamné à l'amende qu'il paye entre les mains de Andry du Molin, gen⁹¹ m⁰ des mo⁹⁹. Il lui est donné congé d'aller faire son office aud. lieu d'Aucerre parmy ce qu'il promet de retourner toutes fois qu'il seroit demandé.

(A. N. Reg. Z, 1ᵇ, 2. — Sorb. H. 1, 9, nᵒ 174, ol. 116 rᵒ.)

1421 (9 JANVIER).

Estienne Carmillart nommé essayeur de la mon⁰ de Nevers ; opposition par Phles de Lucenay qui dit que quand la mon⁰ fut mise sus, le Roy y commit Jean de la Tuillerie pour un an, qu'ayant presenté ses lettres aux gardes de lad. mon⁰ led. Jean de la Tuillerie s'opposa qu'il ne fut receu, et aussi s'opposa Phles de Lucenay pour ce qu'il doutoit qu'icelui Estienne ne fut pas souffisant pour faire et exercer ledit office et aussi qu'il ne scavoit escrire.

(A. N. Reg. Z, 1ᵇ, 2. — Sorb. H. 1, 9, nᵒ 174, fol. 116 vᵒ.)

1421 (13 JANVIER).

A ce jour, Pierre de Landes est mᵉ partⁱᵉʳ de la mon⁰ de Paris.

(A. N. Reg. Z, 1ᵇ, 2. — Sorb. H. 1, 9, nᵒ 174, fol. 116 vᵒ.)

1421 (31 JANVIER).

Barthelemy de Margal, procureur du Roy requist au comptouer que Guillᵉ Genevau qui avoit tenu le compte de la mon⁰ de Nevers, amandast ce qu'il avoit fait une boiste laquelle estoit hors du remède, 1 grain et ung tiers de grain pour marc, en laquelle boiste avoit 16 s. 7 d. de gros, faicte du 16ᵉ jour de février 1419, et oultre requist que les peuilles de lad. boiste fussent apportées et envoyées quérir pour en refaire lessay et que au cas quil tendroit à l'essaieur que il fust privé de son office.

(A. N. Reg. Z, 1ᵇ, 2.)

1421 (FÉVRIER).

Item au moys de février l'an susd. 1421, donnoyt le Roy de soubz de loy 55 ℔ ts.

Escu pour lours valloyt de marchand à marchand communément 12 ℔ ts.

Le dessin en marge donne à la croix évidée l'étoile ou molette à six rayons, et xᴘs, les trois fois, tandis que jusqu'alors il y a toujours eu xᴘc.

(Ms. Fr., nouv. acq. 471, fol. 86. — Ms. Fr. nᵒ 148 (Brienne), fol. 276 vᵒ.—Ms. Poullain, P. III, 25.)

1421 (3 FÉVRIER).

Item le 3ᵉ jour de febvrier aud. an, fut ordonné faire gros de 20 d. ts. de cours et de 10 solz de poids, à 1 d. de loy argent le Roy, et donnoit le Roy de marc d'argent 55 ℔ ts.

Item pour tous les mois de novembre, décembre et janvier, escu valloit communément de marchant à marchant 10 ℔ ts.

Item pour tout le mois de febvrier valloit 12 ℔ ts.

(Ms. Poullain, P. II, 15.)

1421 (4 FÉVRIER).

Au comptouer : sire Michel de Lalier, Loys Culdoe, Jean Trotet, Macé de Valenciennes, mᵉ Robert Gaultier. Furent presents au comptouer : Phīles de Lucenay et Guillᵉ Goneau, lesquelz ont tenu le compte de la monᵉ de Nevers, ausquelz fu dit et exposé que aucunes des boistes de l'ouvrage quil ont fait en ycelle monnoye sont venues à l'essay hors du dit remède, et pour cè fu condempné led. Philippe et Guillaume à l'amender, et pour ce paierent l'amende en la main maistre Robert Gaultier et promirent pour lad. amende l'un pour l'autre.

(A. N. Reg. Z, 4ᵇ, 2.)

1421 (8 FÉVRIER).

A Celles.

Lettres du Régent pour annuler l'enquête dirigée contre Pierre et Antoine Forest, dits Coppe.

En septembre précédent, Pierre Gencien avait affermé la monnaie de Romans à Jean Fotet au détriment d'Antoine Forest jeune, dit Coppe, qui en était maître particulier. Celui-ci, tenu de délivrer à son successeur avec les clefs de lad. monnaie tout ce qu'il avait de billon, s'était borné par dépit à livrer ce qui était dans les coffres et dans la fonderie sans faire mention d'environ 800 marcs d'argent déposés dans l'hôtel, sous la garde de Pierre, son frère. Fotet avait dénoncé le fait, d'où procédure et confiscation contre les deux frères.

Le Régent, en considération des nombreux services à lui rendus, tant par lesd. Pierre et Antoine, que par leurs proches et amis, ordonne que les 800 marcs en question leur soient restitués et que toutes les poursuites dirigées contre eux soient abandonnées.

(Morin, p. 247.)

1421 (10 FÉVRIER).

Ce jour, Jehan Furet, naguaires mᵉ partᵉʳ de la monᵉ de Mascon, fist et constitua ses procureur, etc.

(A. N. Reg. Z, 4ᵇ, 2.)

1421 (10 FÉVRIER).

A Bourges.

Lettres du Régent à Simon Roque, garde de la monnaie de Saint-Pourçain, lui mandant de s'adjoindre à maître Regnier de

Bouligny, conseiller et commissaire sur le fait et gouvernement de toutes les finances tant en Languedoil qu'en Languedoc , et chargé de visiter les monnaies de Saint-Pourçain, du Puy, de Villefranche, de Lyon et du Dauphiné. Il jouira pendant sa mission de tous les pouvoirs attribués aux généraux maîtres.

(Morin, p. 257, d'après le Sec. Reg., fol. 192 r°.)

1421 (10 FÉVRIER).

Au comptoir : Loys Culdoe, Jean Trottet , Macé de Valenciennes, m° Robert Gaultier.

(Sorb. H. 1, 9, n° 174, fol. 116 v°.)

1421 (13 FÉVRIER).

Enjoint à Alexandre des Mares, m° du mestier de change, que doresenavant il ne reçoive ne tienne en son change aucuns deniers d'or apelez salutz qu'ils ne soient du poids de 2 esterlins et obole, et avec ce quil fasse fere aux compagnons changeurs sur le pont, que se ils en ont aucuns qui leur viennent dedans lundi qui ne soient dud. poids , quils les aportent au comptouer et on les leur fera bons, et oultre fut dit aud. Alexandre quil die ausd. compagnons que sil leur vient aucuns desd. den. d'or saluts qui ne soient du poids dessusd. , qu'ils les changent et les aportent au comptouer pour en avoir des bons, pourveu qu'ils ne soient ne rongnés, ne limés.....

(A. N. Reg. Z, 1b, 2. — Sorb. H. 1 , 9, n° 174, fol. 116 v°.)

1421 (13 FÉVRIER).

Le Dauphin à Bourges.

Gros à 1 d. , 120 au marc.

(Leblanc, *Tables.*)

1421 (14 FÉVRIER).

Marc d'argent en ouvrage de gros de 20 d. ts. de cours et mise à 1 denier de loy argent le Roy, et de 1 d. 14 gr. de poids p°° au feur de six²² pièces de taille au marc, du 14° jour de febvrier l'an 1421 jusques au 21° jour dud. mois, vallust. . . . 55 ₶.

Led. s^r Dauphin tirôit pour marc d'argent . . . . 65 ₶.

Escuz couronne par voulonté du peuple la pièce . . . . 12 ₶.

(Ms. Fr. 5524, fol. 119 v°. — Reg. de Lautier, fol. 101 r° et v°.)

1421 (16 FÉVRIER).

Marc d'argent en ouvrage de gros à 12 gr. de loy seullement, de 1 d. 14 gr. de poix, au fur de 6²² pièces au marc, ayans cours pour 20 d. ts. la pièce, du 16° jour de febvrier l'an 1421 jusques au 6° jour de juing l'an 1422, vallust. . . . . . . 70 ₶.

Led. s^r Dauphin tirôit pour marc d'argent ouvré. . . . . 8²² 10 ₶.

(Ms. Fr. 5524, fol. 120 r°. — Reg. de Lautier, fol. 101 v°).

1421 (MARS).

Item au mois de mars an susd. ordonna le Roy donner de sold de loy sans muance de poids ny de loy, 60 ₶ ts.

Escu valloit communément de marchand à marchand 15 ₶ ts.

(Ms. Poullain, P. II, 15. — Ms. F., nouv. acq. 471, fol. 86.)

1421 (2 mars).

M^r le chancelier, en la présence de m^o Pierre de Marigny, m^tre des req^tes de l'hostel du Roy n^re s^r, Jean Trottet et Macé de Valenciennes, gn^aux m^es des mon^es, et Barthelemy de Mauregart, cons^ers du Roy n^re s^re en la chambre des mon^es, apointa que Jean Furet, prisonnier en la conciergerie du palais, soit élargi par la ville de Paris, à caution de 1090 ₶ parisis jusques à ce qu'autrement en sera ordonné.

Il était m^e part^er de la mon^e de Mâcon.

(A. N. Reg. Z, 1^b, 2. — Sorb. H. 1, 9, n° 174, fol. 117 r°.)

1421 (12 mars).

A Tain.

Lettres du gouverneur Raudon de Joyeuse, qui afferment la monnaie de Mirabel à Mathurin Riche, d'Avignon, pour une année commençant à la première délivrance.

Il fera ouvrer des gros de 20 d. ts. de poids, et du titre mentionné dans les lettres closes des généraux maîtres, que les commissaires Regnier de Bouligny et Simon Roque ont livrées à Jean Chabert, garde de la mon^e. Les changeurs et marchands auront 70 ₶ livres ts. du marc d'argent.

(Secundum Reg., fol. 144 r°. — Morin, p. 259.)

Mêmes lettres affermant la monnaie de Romans à Pierre Forest, dit Coppe. Le nouveau maître prêtera avant la fin du mois au Régent 6000 ₶ ts. et se remboursera en prélevant dès le 1er avril le tiers du seigneuriage jusqu'à l'entière extinction de la dette et des autres engagements pécuniaires dont le Régent lui est redevable ainsi qu'à son frère Antoine, naguère maître particulier de la même monnaie.

(*Ibidem*, fol. 146 v°.)

Mêmes lettres pour affermer la monnaie de Cremieu à Jean Audouard. Le nouveau maître prêtera au Régent 6000 ₶ ts. qu'il fera parvenir avant la fin du mois. Jean de la Barre, trésorier delphinal.

(Secundum Reg., fol. 149 v°. — Morin, p. 259.)

1421 (16 mars).

Romans (en latin).

Jean de Mareuil, auditeur des comptes, apporte les boites du 31 octobre dernier au 12 de ce mois de mars.

1° Gros de 20 d. ts., à 1 d. 4 gr.   15 s. 7 d.
2° Blancs de 5 d. ts., de 15 s. au marc
                                      2 s. 3 d.
3° Blancs de 5 d. ts., de 16 s. 8 d. de poids . . . .   13 s. 10 d.
4° Liards de 25 s. de poids. . 3 s. 1 d.

Le 4 novembre suivant, de la maison d'Anthoine l'ancien, de Pierre et Antoine Forest le jeune, dans laquelle se frappa la mon^e à Romans, à la maison de moi, Jean de Mareuil, où habite Jean, mon fils, furent apportées les boîtes de l'ouvrage fait en cette monnaie à partir du 12 mars précité, lesquelles boîtes demeurèrent en la garde de mondit fils, fermées et scellées; dans l'une desquelles étaient des gros à 12 gr. de loi et de 10 s. de poids. . . . .   100 s. 1 d. et dans l'autre, des gros à 8 gr. de loi et de 10 s. de poids. . . . .   7 ₶ 6 s. 4 d.

(Arch. de Grenoble. 1, RB, fol. 26 r°.)

1421 (21 mars).

Lettres de Charles VI par lesquelles il ordonne que la monnaie de Châlons sera affermée à la chandelle, audit lieu de Châlons, et délivrée au plus offrant et dernier enchérisseur.

Nota. — Cela avait lieu après une sorte de non travail sous Jehan de la Porte et Pierre Guef qui l'avaient prise.

L'ord⁰ˢ nous apprend que Pierre Guef avait demandé un salaire moindre que Jehan de la Porte, de là procès entr'eux.

(A. N. Reg. Z, 1ᵇ, 58, fol. 170 v°. — *Ord.* XI, 158.)

1421 (21 mars au 14 juin 1422).

A Villefranche.

Gros de 20 d. ts., à 12 gr. A. R. et de 120 au marc, émis par Thomas Maignier et Jehan Martin ; du 21 mars 1421 au 14 juin 1422 exclus, mis en boîte 39 s. 2 d., cela fait 470000 gros frappés.

20 juin, 4 et 11 juillet 1422, mis en boîte 11 s. 2 d. des mêmes gros (134 pièces représentant 134000 pièces frappées).

(A. N. Carton Z, 1ᵇ, 1009 et 1010.)

1421 (24 mars).

A ce jour les gardes de la monⁿ de Paris sont Girart de Vaubelon et Jacquin Langlois. Gaucher Vivien tient le compte de la monⁿ.

(A. N. Reg. Z, 1ᵇ, 2.)

1421 (4 avril).

A Tours.

Lettres du Régent donnant à Guillaume Toreau, conseiller et mᵉ des requêtes de l'hôtel du Roi, et à Jean de Ponchier, gnᵃˡ

mᵉ des monnaies, mission de se transporter dans les monnaies delphinales et leur conférant des pouvoirs sur le fait d'icelles.

(Morin, p. 250.)

Et notamment faculté d'emprunter pour et en notre nom de tous ceulx que pourrez et saurez avoir puissance de nous prester les plus grans sommes de deniers que pourrez pour convertir au fait de la guerre et notamment en la conduitte de l'armée que faisons, et où allons présentement à l'encontre desdiz anglais.

(Secundum Reg., fol. 102 r°.)

1421 (4 avril).

Beaucaire.

C'est le compte d'une boiste de la monᵉ de Beaucaire, de gros de 20 d. ts. la pièce, à 12 gr. de loy A. R., de 10 s. de poix au marc (120 p.), fait en achat par Papin de Passy, mᵉ pᵗʳ de la dicte monᵉ, du 4ᵉ jour d'avril 1422, que la 1ʳᵉ delivrance fut faicte, jusques au 1ᵉʳ jour d'aoust exclus andit an ensᵗ, en laquelle avoit 4 ℔ 12 s. 2 d. — Cela fait 132000 pièces frappées.

Item une boîte de gros de 20 d. ts., à 8 gr. de loy A. R. et de 10 s. de poids (120 p.), du 8 août 1422 au 10 octobre suivant exclus. Il y avoit en boîte 68 s. 7 d., soit 823 pièces représentant 98760 pièces frappées.

Item une boîte de blancs de 10 d. ts., à 5 d. de loy A. R. et de 7 s. 6 d. (90 p.), frappés par Papin de Passy, du 16 octobre 1422 au dernier février suivant, « en laquelle avoit 20 s. 4 d. qui font 244 deniers blancs » représentant 21960 pièces frappées.

(A. N. Rouleau du carton Z, 1ᵇ, 826.)

1421 (7 AVRIL).

Item semblablement une délivrance de gros foible 14 d. ½ en 9 marcs, laquelle lesd. gardes ne vouloient delivrer, et pour ce, veu la haste qu'on avoit d'avoir le paiement de lad. délivrance, leur fut dit faire la délivrance pour cette fois seulement.

NOTA. — Cet article clot l'extrait intitulé : « Registre comm. 1395, finissant 1421 », lequel tient dans le Ms. de la Sorbonne du fol. 91 au fol. 118.

(Sorb. H. 1, 9, n° 174, fol. 118 r°.)

1422.

Item fit fere Monsᵍʳ d'Orléans en son pays de (Laureyne?) escuz de cette fasson qui payssoit III d., et portoit l'escu d'Orleans et sont faiz à 22 caratz.

NOTA.—Le dessin représente un écu à 3 fleurs de lis, brisé d'un lambel à 3 pendants.

+ KL ✳ DVX ✳ AVRILIAN ★ Z ★ OFRI (?) ⅗ Z ⅗ C⅗ .

(Ms. Fr., nouv. acq., 471.)

1422.

Par le compte de Montpellier de 1422, ou autre dud. temps, pour ce que du mesme temps y a aucunes fois divers comptes, appert la monᵉ dudict Montpellier estre baillée à 30000 ₶.

(Ms. Lecoq, fol. 34 r°.)

1422.

Item par aultre compte de 1422 dudit Montpellier, rendoit marc d'arg. vIIjˣˣx ₶ ts.

(Ibidem, fol. 69 r°.)

1422

Marc d'or fin, 85 ₶.

(Sorb. H. 1, 10, n° 172, fol. 39 r°.)

1422 (AVRIL).

Escuz couronne par voullonté du peuple, au mois d'avril l'an 1422, valleurent pièce en aulcuns lieux 15 ₶, 20 ₶, 22 ₶, 25 ₶.

(Reg. de Lautier, fol. 101 v°.)

1422 (13 AVRIL).

Item le 13ᵉ jour d'avril 1422, fut ordonné faire monnoye de 20 d. ts. de cours, et donnoit le Roy de marc d'argent 70 ₶ ts.

Escu valloit communément de marchand à marchand 20 ₶ ts.

Item en la fin valloit 22 ₶ ts.

(Ms. Poullain, P. II, 15.)

1422 (21 AVRIL).

Cremieu (en latin).

Pierre Dorerii apporte les boîtes de l'ouvrage fait du 25 octobre 1421 au 19 février exclu où eut lieu la dernière delivrance.

Gros de 20 d. ts., à 1 d. 4 gr. de loi et de 9 s. 11 d. de poids, 22 s.

Les 48 boîtes précédentes sont remises le 2 juillet 1422 à maître Jean de Orignyaco, pour être portées à Bourges.

(Arch. de Grenoble, 1. RB, fol. 26 v°.)

1422 (23 AVRIL).

23ᵉ d'apvril 1422, Lois Duldont, André du Moulin et Thomas Orlant, furent receuz par conseil, deschargez de leurs offices de gᵘaux et rendirent leurs clefs.

(Ms. Lecoq, fol. 9 v°.)

1422 (24 AVRIL).

Vendredi 24ᵉ jour d'avril, l'an 1422, Loys Culdoë, Andry du Molin, Thomas Orlant furent deschargez de leurs offices de generaux maîtres des monˢ par le conseil du Roy et rendirent leurs clefs de la chambre des monᵉˢ.

Extrait du registre de la cour des monoyes commençant 1421, finissant 1437, intitulé : c'est le papier auquel sont enregistrez plusʳˢ mémoires faits en la chambre des monoyes depuis le 1ᵉʳ jour d'avril l'an 1421 avant Pasques.

(A. N. Reg. Z, 1ᵇ, 3, fol. 2 r°. — Sorb. H. 1, 9, n° 174, fol. 132 r°.)

Guillᵉ Revendeur, garde de la monᵉ de Mascon, Estienne Prouin, autre garde de la monᵉ de Mascon, Robert Auvert, garde de la monᵉ d'Arras et Jean Bye, essayeur d'icelle monᵉ.

(Sorb. H. 1, 9, n° 174, fol. 132 v°.)

1422 (25 AVRIL).

Second compte de Andriet de Veely.

Aultre compte dudit Andriet de Veely, d'une boîte de la monnoye de Dijon et de Chalon des deniers d'or appelez escuz, qui ont cours pour 12 s. 6 d. ts. pièce, à 22 karas, à demi karat de remède au dessoubz, et de 67 d. de poix au marc de Paris, lequel ouvrage a esté fait par led. Andriet, comme maistre particulier desdiz deniers d'or, depuis

le 25ᵉ jour d'avril 1422 jusques au 26ᵉ jour d'aoust ensuivant, et avoit en lad. boîte 12 s. 4 d. desd. deniers d'or qui valent 7ˣˢ8 d. d'or, qui font 29600 deniers d'or.

Mention de Jehan de Plainne, gᵃˡ mᵗʳᵉ des monˢ de mondit Sᵍʳ.

Il est dit qu'en 1419, « ycellui Jehan de Plainne, lui estant lors maistre partᵉʳ de la monᵉ dud. Troyes, certaine monnoye qui avoit esté forgié en lad. monnoye de Dijon par Pierre Viart, lors mᵉ partᵉʳ d'icelle, fut prise et arrestée aud. lieu de Troyes par les gᵃᵘˣ mᵗʳᵉˢ des monnoyes du Roy nʳᵉ sʳ pour ce que elle estoit moins souffisante, et mise es mains dud. Jehan de Plainne et maintenons ycelle monnoye estre confisquée au Roy nʳᵉ sʳ. »

Les commissaires du Roy étaient : feu messire Blanchet Braque, feu le bailli de Troyes, Michaut de Laillier, Jehan Trottet, Thomas Orlant, Andriet d'Espernon, Jehan Falé et Jehan de Verdun qui, pour ceste cause, feirent à Dijon 665 francs de gros à la fleur de lis, pour que, lad. monᵉ ainsi arrestée, l'on ne se povoit pour lors aidier ; qui valent au pris de 18 ℔ 10 s. que l'on donnoit pour lors pour marc d'argent à la monnoye, 36 marcs 4 o. d'argent qui valent à la monᵉ courant à present 224 ℔ 9 s. 6 d. ts.

(Arch. de Dijon, B 11213, fol. 5 v° à 7 v°.)

1422 (25 AVRIL).

Audit Andriet de Veely, la somme de 4 escuz que deus lui estoient pour la façon des patrons qu'il a faiz et tailliez des grans blans que l'on forge et fait ès monˢ de Monsʳ, oultre ceulx qui ont cours pour 10 d. ts. la pièce, à 5 d. d'aloy et de 6 s. 3 d. de pois, et aussi des patrons des petitz blans ; pour ce, 4 ℔ 10 s. ts.

(Ibidem.)

1422 (MAI).

Et valloïent les escuz communément pour le moys de mars et avril 15 ₶ et 20 ₶ et 22 ₶, et en mois de may 25 ₶.

(Ms. Fr. n° 148, fol. 276 v°.)

───────

1422 (MAI).

Item au moys de mai 1422 donoyt le Roy de marc d'argent 70 ₶ ts.

Et valoyent les escus communément pour le moys de mars et avril 15 ₶ et 20 ₶ et 22 ₶, et en moys de may 25 ₶.

(Ms. Fr., nouv. acq., n° 471, fol. 87.)

───────

1422 (2 MAI).

Le 2° may aud. an, marc d'argent à 4 d. 12 gr.

Argent le Roy, 7 ₶ 10 s. ts.

Marc d'argent alloyé à 1 d. 12 gr. arg. le Roy, 6 ₶ 3 s. ts.

(Ms. Fr. 5524, fol. 118 v°. — Reg. de Lautier, fol. 100 v°.)

───────

1422 (2 MAI).

A Paris.   Signé BORDES.

Mandement du Roy Charles VI, de son règne le 42°, aux conseillers et trésoriers généraux, gouverneurs de toutes ses finances, pour faire prest pour 40 jours, à raison de 60 s. ts. par jour, à m° Robert Gaullier, g^al m° des mon^es, pour son voyage de Picardie, pour visiter les mon^es de Tournay, Arras et St-Quentin, à payer par Andry d'Espernon, changeur du trésor, attaché desd. trésoriers,

pour led. payement du même jour. Signé N. de Bailly.

N'y aurait-il pas confusion? Voir au 2 mai 1420.

(Sorb. H. 1, 13, n° 173, fol. 16 r°.)

───────

1422 (8 MAI).

A Montpellier, par Jehan de Voirrierres (de Verrières), m° part^er. Gros de 20 d. ts., à 12 gr. de loy et de 120 au marc, du 8 mai 1422 au 31 du mois. . . 629000 frappés.

Item, les 4, 6 et 13 juin 1422.
                              486000 frappés.

Gros de 20 d. ts., à 12 gr. et de 10 s. (120 au marc), par le même, associé à Jehan Vidal, pour lesquels led. Gouges a tenu le compte de la mon°, du 18 juin 1422 au 3 septembre suivant. . . . 2032000 frappés.

Gros de 20 d. ts., à 8 gr. de loi et de 120 au marc, par Jehan Vidal, tenant le compte de la mon°, du 6 septembre 1422 au 4 octobre suivant. . . . . 1595000 frappés.

Moutons d'or de 20 s. ts., à 22 carats et de 96 au marc, par Jehan de Voirrierres, m° part^er, du 18 avril 1422 au 9 octobre suivant. . . . . . . 23100 frappés.

(Comme il y en a 77 en boîte, on en met un sur 300).

Escus à la couronne, à 23 k. ⅓ et de 74 au marc, courant pour 25 s. ts., par Jehan Voirrierres, Jehan Vidal et Jehan Goges, tenant le compte de la mon°, du 17 juillet 1422 au 29 septembre suivant. . . 9400 frappés.

(Comme il y en a 47 en boîte, on n'y met plus qu'une pièce sur 200).

(A. N. Rouleau déployé du carton Z, 1^b, 900.)

───────

1422 (12 MAI).

Guill° Revendeur, garde de la mon° de

Mascon, assigné en la chambre des mon[s], est autorisé à comparoir par procureur.

(A. N. Reg. Z, 1^b, 3, fol. 2 r°.)

Et semblablement fu apointé que Estienne Perronin, autre garde de lad. mon° de Mascon, qui semblablement avoit jour, sera reçeu par procureur.

(*Ibidem.*)

1422 (19 MAI).

Item plus le 19° jour de may fut ordonné faire gros comme dessus sans nulle autre differance, et donner de marc d'argent 90 ₶. Escu valloit communément 25 ₶ ts.

(Ms. Poullain, P. II, 15.)

1422 (22 MAI).

Lettres du Roy au Prévost de Paris, décriant les gros de 20 d. ts. ou florettes, qu'ils soient fabriqués par lui-même ou par le Dauphin. Pour ceux-là il dit : « lesquelz gros sont faulx et mauvois, tant en poix comme en loy. »

Ainsi, tous les gros faits aux armes royales sont démonétisés.

(A. N. Reg. Z, 1^b, n° 58, fol. 170 v° et 171 r°. —
Ord. XI, 163.)

1422 (25 MAI).

Pierre Guef dist et déposa au comptouer que sur le pris de 2 s. 4 d. ts., à quoy il avoit mis à pris la mon° de Chaalons, Baudenet le Boutiller estoit son compaignon.

(A. N. Reg. Z, 1^b, 3, fol. 2 v°.)

Et depuis ce jour, ledit Baudenet dist

et déposa semblablement au comptouer et oultre affirma ledit Baudenet que ledit Pierre Guef n'étoit pas son compagnon sur le pris de 2 s. ts., à quoy il avoit mis à pris lad. mon°.

(A. N. Reg. Z, 1^b, 3, fol. 2 v°.)

1422 (JUIN).

Item au mois de juin 1422, ordonna le Roy donner de solz de loy 90 ₶ ts., et estoient les gros à 12 gr. de loy.

En marge, la face insignifiante et banale d'un gros.

(Ms. Poullain, P. III, 25.)

1422 (JUIN).

Lettres du Roi, défendant le cours de toutes les monnoies blanches, autres que les doubles tournois et les demi-tournois, dernièrement créés.

(A. N. Reg. Z, 1^b, n° 58, fol. 172 r°. —
Ord. XI, 166.)

1422 (JUIN).

Item au moys de juing et aud. an 1422, ordonna le Roy donner de soubz de loy 90 ₶, estoyent gros de 12 gr. de loy, et les escuz valloyent 30 ₶ ts.

En marge est dessiné un gros de petite dimension, avec ✠ KAROLVS ⸶ FRANCORVM ⸶ REX ⸶ :

(Ms. Fr., nouv. acq. n° 471, fol. 87.)

1422 (JUIN).

Item au mois de juin et aud. an 1422,

ordonna le Roy donner desoubz de loy 90 ₶,
estoient gros de 12 gr. de loy, et les escuz
valloient 30 ₶ ts.

(Ms. Fr. n° 148, fol. 276 v° et 277 r°.)

1422 (6 JUIN).

Le Dauphin à Bourges.

Gros à 12 grains.

(Leblanc, *Tables.*)

1422 (6 JUIN).

Compte de Ravent le Danois, m° part⁻ de
la mon° de Bourges.

Du 6 juin 1442 au 1ᵉʳ juillet suivant. Gros
de 20 d. ts., à 12 gr. de loi et de 10 s. de
poids (120 pièces) . . . 481000 frappés.

Mêmes gros à 8 gr. de loi et de 120 au
marc, du 4 juillet 1422 au 4 novembre suivant. . . . . 2485000 frappés.

L'hôtel où se frappa la mon° est au Sᵍʳ de
la Fayette, mareschal de France ; il est loué
120 ₶ ts. par an, ce qui représente 840 ₶
de la mon° courant lors de la rédaction de
ce compte.

(A. N. Rouleau de la liasse Z, 1ᵇ, 849. — Carton
Z, 1ᵇ, 849.)

Par le même, grands blancs de 10 d. ts.,
à 4 d. 12 gr. et de 7 s. 6 d. de taille (90), du
10 novembre 1422 au 29 janvier suivant.

428000 frappés.

Doubles ts. à 2 d. de loi et de 16 s. 8 d.
de poids (200 au marc). Le 14 janvier 1422,
288 marcs. . . . . . 57622 frappés.

Doubles tournois au même titre, mais de
20 s. (240 au marc), du 11 février 1422 au 6
mars suivant, 1200 marcs. 288000 frappés.

Grands blancs de 10 d. ts., à 5 d. de loi et
de 7 s. 6 d. (90 au marc), du 6 février 1422
au 24 août 1423. . . . . 998000 frappés.

Doubles tournois, à 1 d. 18 gr. de loi et
de 17 s. 6 d. (210 au marc), du 9 mars 1422
au 14 septembre 1423, 11645 marcs et 5/7.

2445630 frappés.

Le tailleur est Raoulin Hastiveau.

(A. N. Rouleau de la liasse Z , 1ᵇ, 849, du
carton Z , 1ᵇ, 848-50.)

1422 (7 JUIN).

Marc d'argent en ouvraige desd. gros de
20 d. pièce , à 12 gr. arg. le Roy, de 1 d.
14 gr. pièce au feur de 6ˣˣ pièces de taille
au marc, du 7° jour de juing l'an 1422
jusques au 10° jour de novembre ensuivant
aud. an valloit la somme de 90 ₶.

Led. sieur Daulphin tiroit du marc d'argent ouvré 150 ₶, et donnoit 40 s. de brassaige pour chacun marc.

(Ms. Fr. 5524, fol. 120 r° et v°.— Reg. de Lautier,
fol. 101 v° et 102 r°.)

1422 (20 JUIN).

Item le 20° jour de juin 1422, fut ordonné
faire gros de même façon sans nulle différance et donner de marc d'argent 90 ₶ ts.
Sont à 18 gr. de loy (*lisez* 8 gr.).

Escu aud. mois valloit communément de
marchand à marchand 30 ₶ ts.

(Ms. Poullain, P. II, 15.)

Item au mois dessusd., sold de loy comme
dessus, 90 ₶ ts.

Escu valloit communément de marchand
à marchand, 40 ₶ ts.

(Ms. Poullain, P. II, 16.)

1422 (6 JUILLET).

Marc d'argent en gros de 20 d. ts. de cours et mise pièce à 8 gr. de loy, de 1 d. 14 gr. de poix, au feur de 6ˣˣ pièces de taille au marc, du 6ᵉ juillet l'an 1422 jusques au 12ᵉ novembre aud. an, tant en la monnoye de Bourges que Fijac, Villefranche et Lyon, vallust 90 ℔.

Led. sieur Daulphin tiroit du marc d'argent ouvré 270 ℔ et paioit de brassage pour marc 50 s. ts.

(Ms. Fr. 5524, fol. 120 v°. — Reg. de Lautier, fol. 101 r°.)

1422 (6 JUILLET).

Le Dauphin à Bourges.

Gros à 8 gr.

(Leblanc, *Tables.*)

1422 (13 JUILLET).,

Châlons.

Le 13ᵉ jour de juillet l'an 1422, fu ordonné faire en la monᵉ de Chaalons, es doubles deniers tournois blans pour différance, durant le temps que Pierre Guef sera maître particulier d'icelle monᵉ, devers la croix après S de Turonus où il a ij poins, en lieu du point de dessoubz, une petite croisette en ceste manière ⊹, et devers la pille, après le V de Francorum où il a ij poins, au lieu du point de dessoubz une petite croisette par semblable manière.

(Reg. entre 2 ais, fol. 159 r°.)

1422 (15 JUILLET AU 13 NOVEMBRE EXCLUS).

A Villefranche.

Par Thomas Maignier et Jehan Martin.

Gros de 20 d. ts., à 8 gr. de loi A. R. et de 120 au marc, en boîte 101 s. 10 d. (1222 pièces représentant 1222000 gros émis).

(A. N. Carton Z, 1ᵇ, 1009-10.)

1422 (2 AOUT).

A Mehun-sur-Yèvre.

Lettres du Régent pour conférer à Jean Desmoulins l'office de garde de la monᵉ de Mirabel, actuellement rempli par Michel de La Balme.

(Reg. Secundum Litt., fol. 167 r°. — Morin, p. 260.)

1422 (12 AOUT).

Mirabel (en latin).

Jean Chaberti, autrefois garde, envoie par Humbert Biche, prévôt des monnoyes de Romans, les boîtes de l'ouvrage fait du 2 mai dernier au 23 juin suivant, jour où elles furent closes.

Gros de 20 d. ts. à 12 gr. de loi et 10 s. de poids. . . . . 41 s. 7 d.

Mêmes gros frappés du jour de la clôture de la boîte précédente au 13 juillet. 5 s. 3 d.

Le 26 décembre suivant, Jean de Mareuil le jeune, apporte la boîte remise à lui par Étienne Frem̄, garde de Mirabel, de l'ouvrage du 13 juillet à la Toussaint.

Gros de 10 d. ts., à 10 s. de poids et à 8 gr. de loi. . . . . 36 s. 8 d.

(Arch. de Grenoble, 1. RB, fol. 27 r°.)

1422 (15 AOUT).

A Saint-Quentin.

Item le 15ᵉ jour dudit mois d'aoust fu escript aus gardes de la monⁿ de Saint-Quentin, que le point que le tailleur de lad. monⁿ a acoustumé mettre es doubles deniers tournois blancs devers la pille, soubz la xvjᵉ lettre, il mette doresenavant soubz la xvijᵉ lettre semblablement comme il fait devers la croix.

(Reg. entre 2 ais, fol. 159 rᵒ.)

1422 (17 AOUT).

A cette date, Guillᵉ Revendeur et Estienne Perronin sont gardes de la monⁿ de Mâcon. Ils reçoivent l'ordre de produire toutes les pleigeries qu'ils ont de Jehan Freret et de ses frères, depuis le temps qu'ils ont lad. monnoye.

(A. N. Reg. Z, 1ᵇ, 3.)

1422 (SEPTEMBRE A NOVEMBRE).

Escuz couronne par voulonté du peuple ès mois de septembre, octobre et partye de novembre audit an 1422, vallurent pièce 40 ₶.

(Ms. Fr. 5524, fol. 120 vᵒ. — Reg. de Lautier, fol. 101 rᵒ.)

1422 (1ᵉʳ SEPTEMBRE).

Marc d'or fin. . . . . 80 ₶ ts.

(Ms. Fr. 5524, fol. 118 vᵒ. — Reg. de Lautier, fol. 100 vᵒ.)

.1422 (2 SEPTEMBRE).

Arrest et emprisonnement aux gardes d'Arras.

(Ms. Lecoq, fol. 24 rᵒ.)

1422 (2 SEPTEMBRE).

Robert Auvert, garde de la monnaie d'Arras et Jehan Bye, essayeur, sont mis en arrestation au comptoir.

(A. N. Carton Z, 1ᵇ, 3.)

1422 (3 SEPTEMBRE).

Monnaie de Toulouse.

8 ₶ ts. à deux sergents de Toulouse pour quatre jours qu'ils ont esté à Pamiers, et « les perilz qui estoient sur le chemin », afin de s'enquérir de l'état et gouvernement de la monnaie de Pamiers, par suite d'un mandement de Jehan Molinier, gᵃˡ mᵗʳᵉ des monnoies en Languedoc, du 3 septembre 1422.

(A. N. Rouleau du carton Z, 1ᵇ, 991.)

1422 (5 SEPTEMBRE).

3ᵉ compte dudit Andriet de Veely.

C'est le compte d'une boîte de la monnoie de Dijon des deniers d'or appelez escuz, qui ont cours pour 22 s. 6 d. ts. pièce, à 22 caraz, à demi quarat de remède au dessoubz et de 67 d. de pois au marc de Paris, lequel ouvrage a esté fait par Andriet de Vaily (sic), mᵉ partᵉʳ delad. monⁿ, en tant qu'il touche led. or, depuis le 5ᵉ jour de septembre 1422 jusques au 21ᵉ jour de janvier ensuivant, et avoit en lad. boîte 6ˣˣ 6 d. d'or desdiz escuz, qui sont 25200 deniers d'or.

(Arch. de Dijon, B 11213, fol. 8 vᵒ et 9 rᵒ.)

1422 (5 septembre).

4ᵉ compte dudit Andriet de Veely.

C'est le compte d'une boîte de la monnoye de Dijon, des deniers d'or appellez escuz d'or à la couronne, qui ont cours pour 22 s. 6 d. ts. pièce, à 22 quaraz, et demi quarat de remède au dessoubz, et de 67 d. au marc de Paris, lequel ouvrage a esté fait par Andriet de Veely, depuis le 5ᵉ jour de février 1422 jusques au 15ᵉ jour de mars ensuivant aud. an, et avoit en lad. boîte 23 d. desdiz escuz, qui font 4600 deniers.

Mention de Girart Marriot, garde de la monnoye de Dijon, de Jehan de Gray, nagaire contregarde de la monᵉ de Dijon.

Audit Andriet, qu'il a payé à Jehan Caillaut, notaire public, 3 escuz d'or pour le louaige d'une chambre que led. Caillaut a baillée à ycellui Andriet, pour tenir la maistrise pour faire et forger les escuz que l'on forge audit Chalon pour la foire ; pour ce par quictance dud. Jehan Caillaut, cy rendu, 3 escuz d'or.

A Girart Marriot, garde de lad. monᵉ, pour la moitié de ses gaiges de lad. monᵉ, qui sont de 100 ₶ ts. par an, desservis depuis le 5ᵉ jour de juing 1422 jusques au 4ᵉ jour de janvier ensuivant aud. an 1422, où sont 7 mois entiers qui valent 57 ₶ 10 s. 7 d. ob. ts., qui est pour la moitié 28 ₶ 15 s. 3 d. ob. poitev. ts., et l'autre moitié doivent paier Pierre et Humbert Viart frères, maistres d'icelle monᵉ de Dijon.

A Amiot Clerembault, garde de lad. monᵉ, pour semblable que led. Girart.

Audit Andriet de Wailly, comme tailleur d'icelle monᵉ, pour la moitié de ses gaiges de lad. monᵉ, qui sont de 50 ₶ ts. par an, desservis au temps contenu en la partie dudit Girart Marriot cy-devant, et pour lesd. 7 mois qui valent 28 ₶ 15 s. 3 d. ob. poitev. ts.,

qui est pour la moitié 14 ₶ 7 s. 7 d. ob. poitev. den. ts., et l'autre moitié doivent paier Pierre et Humbert Viart frères, maistres d'icelle monᵉ de Dijon, comme il appert par mandement de Messᵍⁿ des comptes, donné le 27ᵉ jour de janvier 1422.

(Arch. de Dijon, B. 11243, fol. 9 vᵒ à 14 rᵒ.)

———

1422 (9 septembre).

Fut dit à Pierre de Landes, naguères mᵉ partⁱʳ de la monᵉ de Paris, que (nonobstant) son temps soit fini il face tousjours ouvrer et que de ce qu'il ouvrera il aura autel brassage qu'il a eu durant son temps jusques il soit venu aucun qui la mette à pris, ou qu'autrement il y soit pourveu et ordé.

(A. N. Reg. Z, 1ᵇ, 3. — Sorb. H. 1, 9, nᵒ 174, fol. 132 rᵒ et vᵒ.)

———

1422 (10 septembre).

Extrait des registres de la cour des monnoyes, Ms. nᵒ 174, Sorbonne H. 1, 9.

On lit à l'intérieur, sur la couverture de parchemin :

Extrait d'un registre des marchez de chacune monoye du Roy, depuis le 10 septembre 1422.

La Monnoie de Paris.

Le 10 septembre 1422, Renault Tumery, changʳ, demᵗ à Paris, mit au comptouer, en la chambre des monⁿˢ, la monᵉ d'or et d'argᵗ de Paris à prix pour un an, à compter du jour de la 1ʳᵉ delivrance, sur les conditions et convenances du bail des monⁿˢ, et promit faire faire et ouvrer en icelle monᵉ led. temps durant le marc d'or en denⁿˢ d'or pour 25 s. ts., et le marc d'œuvre en blanc, doubles tournois et petitz tournois, sur le pié de monᵉ 30ᵉ, pour 3 s. ts.

Ce jour, aud. comptouer, Arnoulet Rance, chang' sur le pont de Paris, mit lad. mon°. Mardy 16 septembre, Tumery mit lad. mon° à prix pour un an en sus.

(Sorb. H. 1, 9, n° 174, fol. 5 r°.)

1422 (12 septembre).

A la Rochelle, par Guillaume Moulin, gros de 20 d. ts., à 8 gr. de loi et de 120 au marc, du 12 septembre 1422 au 8 novembre suivant. . . . . 581000 frappés.

Blancs de 10 d. ts., à 4 d. 12 gr. et de 7 s. 6 d. (90 au marc), du 20 novembre 1422 au 18 décembre suivant. . 105000 frappés.

Item du 24 décembre 1422 au 6 février suivant. . . . . . . 108000 frappés.

Doubles tournois à 2 d. et de 16 s. 8 d. de poids (200 au marc), du 5 janvier 1422 au 10 fév. suiv¹, 1404 marcs. 280800 frappés.

Le tailleur Pierre de Lunel remplace le tailleur titulaire qui est malade ; il est chargé moyennant 16 ╫ ts., de forger 12 piles et 36 trousseaux.

Écus à la couronne, de 25 s. ts., à 23 k., et de 68 au marc, les 24 août et 7 novembre 1422 . . . . 4500 émis.

Écus à la couronne de 22 s. 6 d. ts., à 23 k. et de 68 au marc, le 27 novembre 1422 1200 émis.

(A. N. Rouleau de parchemin. Carton Z, 1ᵇ, 955-57.)

1422 (12 septembre).

A Mehun-sur-Yèvre.

Lettres du Dauphin aux gouverneur et gens du conseil et des comptes du Dauphiné, au sujet d'espèces nouvelles à émettre sur le pied de monnaie 40ᵉ, savoir :

1° Francs a cheval d'or fin, à 1/2 c. de remède, ayant cours pour 16 s. de bons Viennois, soit 32 s. de monnaie Delphinale, et de 80 d. de poids au marc de Paris ;

2° Gros deniers blancs, au K couronné, ayant cours pour 16 bons Viennois, soit 2 s. 8 d. de monnaie Delphinale, à 8 d. de loi argent le Roi, et de 6 s. 8 d. de poids aud. marc ;

3° Blancs deniers à l'écu couronné, ayant cours pour 8 bons d. Viennois, soit 16 d. de monnaie Delphinale, à 4 d. 12 gr. de loi argent le Roi, et de 7 s. 6 d. de poids ;

4° Petits blancs au Dauphin, appelés liards, ayant cours pour 4 bons d. Viennois, soit 8 d. de monnaie Delphinale, à 4 d. de loi argent le Roi, et de 13 s. 4 d. de poids ;

5° Deniers noirs appelés doubles Viennois, ayant cours pour 2 bons d. Viennois, soit 4 d. de monnaie Delphinale, à 2 d. de loi argent le Roi, et de 13 s. 4 d. de poids, qui auront en la pille deux dalphins et une fleur de liz dessus, où sera escript tant devers croix comme devers pille, et aussi ès liars dessus diz : KAROLVS REGIS FRANCORVM FILIVS DALPHINVS VIENNENSIS, et semblablement ès deux autres monnoies noires qui ensuivent ;

6° Deniers noirs ayant cours pour 1 bon d. Viennois, soit 2 d. de monnaie Delphinale, à 1 d. 12 gr. de loi argent le Roi, et de 20 s. de poids, où aura en la pille une fleur de liz et un dalphin ;

7° Autres petits deniers noirs ayant cours pour une bonne maille Viennoise, soit un d. de monnaie Delphinale, à 1 d. de loi argent le Roi, et de 26 s. 8 d. de poids, en la pille desquieulx aura ung seul dalphin.

Les changeurs et marchands recevront pour chaque marc d'or fin 78 desd. francs, valant 62 ╫ 8 s. de bons Viennois ou 124 ╫ 16 s. de monnaie Delphinale, et pour chaque marc d'argent blanc ou noir, 6 ╫ de bons Viennois, soit 12 ╫ de monnaie Delphinale.

Les monnaies de Charles VII, comme fils

aîné de France et Dauphin, sont en bien petit nombre, puisque les espèces d'or et d'argent et la plupart de celles de billon continuaient d'être ouvrées au nom et aux armes de Charles VI.

(Morin, p. 260 à 263.)

NOTA.—Cette pièce est intitulée : Ordinacio monete XLᵉ, post blaffards albe et nigre, item et francorum auri de iiiˣˣ ad marcham de quibus nihil operatum.

———

1422 (22 SEPTEMBRE).

En la fourme des gros ne fault faire differences quelconques, fors seulement que en la fin des lettres, en lieu du triolet, ait un dalphinet devers la croix comme devers la pille.

Et semblablement ès blanc de deux blancs.

Et ne soit point oublié à mettre le petit point ouvert pour la monnoye de Rommans desoubz la 20ᵉ lettre, et pour Mirabel desoubz la 21ᵉ lettre tant devers la croix comme devers la pile, comme dit est.

L'on vous envoye le patron des petiz blans qui se feront au royaume seulement pour le compas, mais l'intencion est que devers la pile au lieu de l'escu de France, ait un seul dalphin sanz escu, et faitez passer la croix tout oultre, et les lettres soient le mieux que mettre se pourra, tant devers pile comme devers croix, cest assavoir : KAROLVS REGIS FRANCORVM FILIVS DELPHINVS VIENNENSIS ; lesdites lettres vous povez abrégier selon ce qui vous veura à point.

Pour monnoye noire, pour les doubles, pour la pile taillerés deux dalphins et une fleur de lis dessus, à une croix passante, et soient du compas des petiz blans.

Pour les deniers, une fleur de liz et un dalphin, l'un emprès l'autre, et la croix courte non passant, en restraignant le compas par raison.

Pour les mailles, un seul dalphin et courte croix, en restraignant plus le compas.

Et en chascune monnoye, les lettres dessus escriptes le mieulx que elles y pourront estre hébergées.

Pour les petiz blans que nous appellerons liars, et pour les trois pièces de monnoyes, vous mettrés le petit point ouvert en la manière acoustumée, cest à sçavoir pour Romans dessoubz la seconde lettre, et pour Mirabel dessoubz la tierce, tant devers croix comme devers pile.

(Morin, p. 261 et 262.)

———

1422 (22 SEPTEMBRE AU 2 OCTOBRE).

Exécutoire adressé par le Sᵍʳ de Joyeuse, gouverneur de Dauphiné, aux gardes et maîtres particuliers de Cremieu, de Romans et de Mirabel (Grenoble, le 2 octobre 1422) ; il se termine par çe post-scriptum :

Gardés bien, sur tant que vous pourres offendre Monseigneur, que vous ne soyes sy hardis de reveller le poys ne la loy desdites monnoyes à quelque personne que ce soit; ainz la tenés secrete ladite ordonnance quant à la loy et poys sur la payne de cors et de biens.

(Morin, p. 264.)

———

1422 (OCTOBRE).

Item au mois d'octobre 1422, soubt de loy valloit 90 ℔ comme dessus, et n'estoient qu'à 8 grains de loy et furent les darniers groux de cette façon, et escu valloit . . 40 ℔ ts.

(Ms. Fr. nº 448, fol. 277 rº.)

———

1422 (OCTOBRE).

Item du mois d'octobre 1422 ; le soubz de loy valloit 90 ⚖ comme dessus, et n'estoient faitz lesd. gros qu'à 8 grains de loy et furent les derniers gros de cette façon.

(Ms. Poullain, P. III, 25.)

1422 (OCTOBRE).

Item au moys d'octobre 1422, soubz de loy valloyt 90 ⚖ comme dessus et n'estoyt que à 8 grains de loy et furent des darriers groux de cette façon, et escu valloyt 4 ⚖ ts.
En marge : ✠ KAROLVS ⦂ FRANCORVM ⦂ REX.

(Ms. Fr., nouv. acq. 471, fol. 87.)

1422 (19 OCTOBRE).

Item le 19ᵉ jour d'octobre 1422, fut ordonné faire escuz d'or fin à demy carat de remède, et de 68 d. de poids, à 25 solz tournois, et pour differance un point creux soubz la petite croix qui est au commencement des lettres.

(Ms. Poullain, P. II, 1.)

1422 (21 OCTOBRE).

Decedda led. sieur Roy, Charles VIᵉ du nom, père dud. sieur Daulphin, en son hostel des Tournelles, à Paris, le 21ᵉ jour d'octobre l'an 1422, année 42ᵘ de son règne, et fust inhumé en l'église Monsieur St-Denys en France.

(Ms. Fr. 5524, fol. 121 rᵒ. — Reg. de Lautier, fol. 101 rᵉ et vᵒ).

1422 (JEUDI 22 OCTOBRE).

Fu assemblé au palais, en la chambre du conseil, Monsʳ le Chancelier de France avec le conseil du Roy, auquel lieu les généraulx maistres des monnoyes demandèrent se à cause de ce que le Roy estoit alé de vie à trespassement, on cesseroit l'ouvrage en la monnoye de Paris, ausquelz fu dict que on feist ouvrer comme on avoit accoustumé de faire.

A cette date, Pierre Mandole est toujours contregarde de l'argent à la monnaie de Paris.

(A. N. Reg. Z, 1ᵇ, 3, fol. 3 rᵒ)

HENRI V D'ANGLETERRE

(1419 AU 29 AOUT 1422)

Ced. Henry vinst en France l'an 1415 et mourut au bois de Vincennes le 2e jour du mois d'octobre l'an 1422 (*faux*).

Le 14e jour d'aoust 1452, fut faicte la restitution de toutte la duché de Normandie au Roy Charles VIIe de ce nom.

(Ms. Poullain, P. III, 60.)

MONNOYES DE NORMANDIE

C'EST-A-DIRE FAICTES PAR LES ANGLOIS AUD. PAYS DE NORMANDIE.

Henry, qui déposa le Roy Richard de la couronne d'Angleterre et s'en fist couronner Roy, vinst en France l'an 1415, feist faire salutz à deulx escus de cette façon, et poisent 2 d. 18 grains et sont d'or fin, mais ceulx de France estoient plus fins.

En marge :

Léopard. HENRICVS D · GRA · FRANCORV AGL · La Vierge tenant l'écu de France, l'ange l'écu écartelé de France et d'Angleterre ; entr'eux une banderole avec AVE.

R. ✠ XPC · VINCIT · XPC · REGNAT · XPC · IN · Croix entre une fleur de lys et un léopard ; au bout de la croix *h*.

(Ms. Poullain, P. III, 59.)

Item feist faire led. Henry angelots qui poisent 1 d. 20 grains et ont la croix et la fleur de lys et le léopard, et d'aultre part l'ange qui tient deux escus, et sont fins.

NOTA. Cette monnaie est d'Henri VI.

La figure en marge a des deux côtés une croisette,

(Ms. Poullain, P. III, 59.)

Item feist faire led. Henry moutonnetz de pareille façon de ceulx de France que faisoit faire le Roy Charles VIe à Paris, lequel Roy Charles trespassa à Paris le 20e jour d'octobre 1422, et les moutons lisoient HENRICVS et avoient trois E sur la bannière du mouton et sont à 22 caratz.

Mauvaise figure en marge ; au dessous de l'agnel il n'y a que *h*. R., et au revers la croix feuillue est cantonnée de quatre fleurs de lys.

(*Ibidem.*)

1419 (8 MAI).

Ordonnance sur le cours des blancs de deulx blancs françoys, à un escu à 3 fleurs de liz ; blancs de deulx blancs à un escu de Bourgogne ; blans de Bretaigne à 9 hermines, et les petits blancs de 4 deniers ensemble.

Après delibération en conseil, le roi leur donne cours :

Les blancs de deulx blancs françoys pour deulx blancs, et le petit blanc françoys pour un blanc.

Le grand blanc de Bourgongne pour 2 blancs, et le petit blanc de Bourgongne pour un petit blanc.

Le grand blanc de Bretaigne pour 8 d. ts., le petit blanc pour 4 d. ts., pourveu toutes voyes que toutes lesdiz monnoyes, selon lesdiz pris, soient de bon alloy et prenables.

Donné en nostre chastel de Vernon-sur-Sayne le 8ᵉ jour de may.

Au bailly d'Évreux.

Semblables lettres furent adrechieiz aux dessoubz escripts, c'est assavoir au bailli de Gisorz, au bailli de Caux, au bailli de Rouen, au bailli de Caen, au bailli du Costantin, au bailli de Alençon.

(Archives de la Tour de Londres. Pat. norm. 7, Henr. V, p. 1, m. 50.)

1419 (25 septembre).

En tesmoing de ce nous avons fait faire ces nos lettres patentes données à nostre chastel de Gisors, le 25ᵉ jour de septembre.

Henry, à tous, etc., salut.

Comme après notre joieuse conqueste et entrée faicte en notre ville de Rouen, nous eussions ordonné et commandé que l'en fist faire à notre monnoye de Rouen or et argent monnoyé en petits moutons et en gros, par la forme et manière que ils estoient a devant de notre dite conqueste, tant en lay que en poys, sans diminucion ne accressement, faicte sur ce, et semblablement sans amenuiser le droit de notre seigneur, sauf les differances qui par nous furent lors ordonnées y mettre.....

Pour l'avenir, en toutes nos monnoyes que l'en fera pour le temps advenir, tous moutons d'or, gros, demys gros, quarts de gros d'argent, mansoys et petits deniers, que en yceulx soit mis dedens la grant croix en millieu d'icelle un H, au plus juste que faire se pourra, avec les differances que par nous autreffois ont esté ordonnées faire.

Item que l'en face doresenavant quars de gros qui aront cours pour 5 d. ts. la pièce, à 2 d. 16 gr. argent le Roy, et de 13 s. 4 d. de poys au marc, qui est à l'équipolent des gros de Henricus, et aura dedens yceulx ¼ de gros, en la pille, un escu à 3 fleurs de lis et aux ½ gros semblablement.

Item que l'en fasse doubles, nommés mançoys, qui auront cours pour 2 d. ts. la pièche, à 1 d. 8 gr. argent le Roy, et de 16 s. 8 d. de poys au marc, où il aura 3 fleurs de lis en la pille.

Item que l'en face petis deniers qui auront cours pour 1 d. ts. la pièce, à 1 d. de loy argent le Roy, et 25 s. de pois au marc, esquelx aura en la pille 2 fleurs de lis.

Item que les nobles d'Angleterre aient cours et soient prins pour 48 gros de nostre monnoye ; esquelx gros est escript Henricus en la pille, et devers la crois un liepart, qui valent 4 ₶ ts.

Que les petis moutons qui ont cours à present pour 12 gros aient cours et soient prins pour 18 gros de nostre monnoye dessus dite, qui valent xxx s. ts.

(Il paye le marc d'or fin vɪˣˣxvɪɪɪ ₶ ts.)

Et demourront les moutons dessusdits de poix et lay, en la fourme et manière quils sont de present, lesquelx sont à 22 caras et de ɪɪɪɪˣˣ et seize au marc de Troyes, aux remèdes acoustuméz.

Item que les nobles dessusdits auront cours pour 60 gros de Karolus qui vallent 100 s. ts.

Défense ordinaire d'exporter le billon, et ordre de l'apporter à la monnoie de Rouen.

(Arch. de la Tour de Londres. Patentes Normanniæ anni septimi Henrici V, part. 1ᵃ, membrana 19.— Rymer, Fœdera et conventiones, éd. de 1729, t. IX, p. 798.—R. N. F., 1846 (Mémⁿᵉ de Lecointre-Dupont), p. 225 à 228.)

1419 (25 SEPTEMBRE).

Ensuit l'advis et ordonnance qui a esté faite par le Roy notre souverain S' en son conseil, pour le fait de ses monnoyes en pays de Normandie et ès lieux en son obeissance, tant de l'or que de l'argent.

1° Les nobles d'Angleterre auront cours pour 48 royaulx de notre monnoye, où il a escript Henricus, qui valent 4 francs, et devers la croix a un liepart.

Item les petis moutons, qui ont cours à present pour 12 royaulx, auront cours de la monnoye susdite pour 18 royaulx, qui valent 1 franc et demy.

Le Roy payera le marc d'or fin VI^{xx}XVIII francs, et demourront les moutons dessusdits de pois et lay, à la fourme et manière quilz sont de present. lesquelx sont à 22 karas et de IIII^{xx} et XVI au marc de Troyes, aux remèdes acoustumés.

Item les nobles dessusdiz auront cours pour 60 reaulx de Karolus qui valent 5 francs.

Item le mouton dessusdit aura cours pour 24 royaulx desdiz roiaux de Karolus qui valent 2 francs.

Item on fera petis blans qui aront cours pour 5 d. ts. la pièche, à 2 d. 16 gr. argent le Roy et de 13 s. 4 d. de pois au marc, qui est à l'équipolent des roiaux dessusdiz de Henricus, et aura 1 escu à 3 fleurs de lis dedens.

Item on fera doubles, nommés manssoys, qui auront cours pour 2 d. ts. la pièce, à 1 d. 8 gr. argent le Roy, et de 16 s. 8 d. de pois au marc et y aura 3 fleurs de lys en la pille.

Item on fera petiz deniers qui aront cours pour 1 d. ts. la pièche, à 1 d. de lay argent le Roy, et de 25 s. de pois au marc, et y aura en la pille deux fleurs de lis.

Item et en toutes les monnoies que l'en fera pour le temps avenir, tant moutons, gros, demi gros, cars de gros, mansois et petis deniers, et en yceulx soit mis dedens la grant crois, en millieu d'icelle crois, un H avec les differences qui par nous autreffois vous ont été ordonnées à faire.

(Arch. de la Tour de Londres.—Patentes Normanniæ, anni septimi Henrici V, part. 1°, membrana 50.)

Ce titre est l'exécutoire de l'ordonnance du 25 septembre 1419, rendu le même jour par les généraux maîtres des monnaies.

(Lecointre-Dupont, Rev. num. fr. 1846, p. 228 et 229, pièce III.)

———

1419 (25 SEPTEMBRE).

Lettre à Jehan Bourdon et Robin de Boymarc, gardes de la monnoye de Rouen, pour forcer les ouvriers et monnoyers à travailler. — Donné en nostre chastel de Gisors, soubz nostre grand scel.

(Arch. de la Tour de Londres.)

———

1419 (25 SEPTEMBRE).

Lettre à Jacquet Chinant, maistre particulier de la monnoie de Rouen, pour le voiage, sallaire et despens de Robin de Boysmarc, garde de notre monnoye audit lieu de Rouen, Guill° Vimbert, contregarde d'icelle, Jehan le Roux, Jehan Noël et Godin de Roume, changeurs audit lieu, qui sont venus devers nous de Rouen à Gisorz pour le bien public et faiz d'icelle monnoye par notre ordonnance, où ils ont vaquié, vacans, sejournans et retournans au dit lieu de Rouen 10 jours. Nous à yceulx voullons estre paié à chacun pour chacun d'iceulx jours XX s. ts., qui valent la somme de 50 ₶. Sy nous mandons que des deniers de votre recepte vous paiez, baillez et delivrez aux dessusdiz icelle somme de 50 ₶.

(Ibidem.)

1419 (25 septembre).

Henry, etc. au baillif de Rouen et à tous nos aultres justiciers et officiers et à leurs lieutenants et à chascun d'eulx si comme à lui appartiendra, salut.

Même ordonnance sur le cours des nobles et des moutons.

Item que les nobles dessusdits aront cours pour 60 gros de Karolus qui valent 100 s. ts.
Item que les moutons dessusdits aront cours pour 24 gros de Karolus qui valent 40 s. ts.

Le marc d'or fin payé VIˣˣXVIII ₶ ts.

Semblables sont adrechiés aux baillifs desoubz escrips, cest assavoir au baillif de Caux, au baillif de Caen, au baillif de Costantin, au baillif d'Évreux, au baillif de Gisors, au baillif d'Alençon.

Ces lettres sont datées de Gisors.

(Arch. de la Tour de Londres.)

———

1419 (12 janvier).

Pro moneta.

Donné à notre ville de Rouen, le xij⁰ jour de janvier, l'an de notre règne septième.

Par le Roy,

Henry, etc., à Jehan Bourdon et Robert de Boysmarc, gardes de notre monnoie de Rouen, salut.

Pour obvier à l'apport en Normandie des monnaies françaises d'or et d'argent, « lesquelles sont moult feibles, tant en poys comme en lay »,

Il ordonne de faire à Rouen : gros qui aront cours pour xx d. ts. la pièche, à 3 d. 8 gr. argent le Roy, et de 6 s. 8 d. de poys au marc, et que en yceulx gros ait en la pille III fleurs de lis et desus une coronne, et à costé d'icelles fleurs de lis 2 lieppars,

lesquelx tiendront icelles 3 fleurs de lis, et en l'escripture d'entour ara escript HENRICVS FRANCORVM REX, et en parmy de la grand croiz ait une H tout au plus juste que faire se pourra, avec les differences qui autrefois ont esté faites ès groz devant faiz, et en l'escripture dentour d'icelle grand croiz soit escript : SIT NOMEN DNI BENEDICTVM, et donnerons au maître particulier de notre dicte monnoye et aux changeurs 16 ₶ 10 s. ts. pour le marc d'argent allayé à ladite loy.

Item et aussy nous vous mandons que vous faciez faire petis fleurins d'or nommés escus, à 22 karras et de VIIˣˣXVI (*lisez* IIIIˣˣXVI) au marc, lesquelx aront cours pour 24 reaulx qui valent 2 francs, esquelx escus ara en la pille un escu de nos plaines armes escartelées de France et d'Angleterre, et en l'escripture d'entour ara escript : HENRICVS DEI . GRA · REX FRANCIE Z ANGLIE, et dedens la grand croiz ara au parmy d'icelle au plus juste que faire se pourra un H, et entour les fleurons d'icelle croix 2 lieppars et 2 fleurs de lis, et en l'escripture d'entour ara escript : XPS · VINCIT · XPS · REGNAT · XPS · IMPERAT.

(Il paye le marc d'or fin IXˣˣIIII ₶ ts.).

..... Et faictes savoir à tous changeurs et marchans, à ce congnoissans, que la monnoye dessusdite est à bailler, et icelle soit baillée en la manière acoustumée.

(Tour de Londres. Rotuli Normanniæ, anni 7ᵉ Henrici V, parte 2ᵃ. membrana 50.—Lecointre-Dupont, R. N. F. 1846, p. 229-231.—Rymer, t. IX, 847.)

———

1419 (20 janvier).

De officiis monete datis Saint-Lo.

Henry, etc., à tous salut.

Savoir faisons que pour ce que de notre droit et autorité royale il nous loist et appartienne que en notre première entrée et jouieux

avènement à notre bonne ville de Saint-Lo,
où nous sommes nouvellement entrés pour
la première fois, de créer et mettre certains
nombres de personnes monnoyers à leurs
vies seullement à notre monnoye dudit lieu
de Saint-Lo. Il nomme Grefinet Chemin, soubz
le serment de France. Il constate qu'en ce
moment il n'y a à Saint-Lo aucuns gardes,
maîtres ni prevost, et donne l'ordre aux
gardes de la monnoie de Rouen de recevoir
Grefinet et de prendre son serment.

Mêmes lettres et à la même date pour
Guillaume le Vicomte, du serment de France,
Martinet de Courcelles, du serment de l'Em-
pire, Guillaume de Cont, orfèvre de Caen, it.

(Arch. de la Tour de Londres, *ibid.*, membr. 40. —
Lecointre-Dupont, *ibid.*, p. 231-232.)

———

1419 (1er FÉVRIER).

Henry, etc., à tous, salut. Savoir faisons
comme en nostre joieuse conqueste et entrée
faicte en notre ville de Rouen et païs de
Normandie, et afin de garder le prouffit de
nous et de notre peuple et ycelui entretenir
en paix, nous eussions ordonné et commandé
par bonne et meure deliberacion du conseil,
faire en notre monnoie audit lieu de Rouen,
et en nos autres monnoies de notre dit païs
de Normandie, groz nommés royaux, de
xx d. ts. piecche, tant par la fourme et manière que l'en les fesoit auparavant de nostre
dite conqueste et entrée, tant en poys que
en lay, sans diminution ne accressement
faire sur ce, et depuis y aions fait faire
et mettre une petite difference ou enseigne
ès coings, et il nous avisy que, parce que
n'adguères il estoit et anquorre est venu à
notre congnoissance que en notre dite ville
et païs de Normandie et ailleurs en notre
obeissance ont esté apportés grant quantité
de monnoies en gros de plusieurs païs non

suggez ne obeyssans à nous, tant des parties
de France, de Bretaigne que d'ailleurs, lesquelx groz sont de semblables coings ou
environ que ceulx que l'en faisoit en nostre
dite ville de Rouen, au devant de nostre dite
entrée ou conqte, mais sont de moindre pois
et lay que ceulx que nous faisons faire, et
soubz umbre de ce qu'ils estoient et sont
presque semblables, ont eu et ont cours en
nostre dit païs, et pour ce ont acru et em-
porté nostre dite monnoie ceulx qui ainsy
ont apporté yceulx autres gros, en quoy
nous et notre peuple avons esté et sommes
grandement déceus : nous, pour obvier ad
ce y ayons ordonné par nos lettres patentes
faire gros de xx d. ts. piecche, esquelx aura
en la pille 3 fleurs de lis et ès costés 2 lieppars tenans icelles iij fleurs de lis, et au
costé de la croix au parmy d'icelle une H
avec certaines différences, et aussy quars de
gros, mansois et petis deniers selon le cours
sur ce par nous ordonné ; savoir faisons
que incontinent en confirmation nostre dite
derreniere ordonnance et pour certaines
causes ad ce nous mouvans, par l'advis
et deliberation de notre grant conseil, nous
avons voullu et ordonné, voullons et ordonnons par ces présentes nostre dite
monoye de groz, quars de gros, mansois et
deniers par nous derrierement ordonnés
estre faiz, avoir cours par tout notre dit
païs et lieux submis et suggez à nous, et
mesmes nos aultres monnoyes faites aux précédentes marques, ou faites selon noz coings
autrefuis fais, et ne voullons autre monnoie
de groz ne aultres d'argent faictes d'autres
coings que les noz n'avoir cours ne estre
prinses par nos suggez, depuis le premier
jour de may prouchain venant, dedens lequel
temps nous avons donné congié et donnons
par ces presentes à ceulx qui auront d'icelle
monnoye non faicte en noz coings, d'eulx
en delivrer et mettre où ils verront que bon
sera, et, ycelui jour venu, deffendons ycelle

monnoye estre mise ne avoir cours , sur payne de forfaiture.

Donné en nostre chastel de Rouen.

(Tour de Londres. Pat. Norm. anni septimi Henrici V, part. 2, membr. 24.—Lecointre-Dupont, Rev. num. française 1846, pages 232 à 234, pièce VI.— Rymer, édit. de 1729, t. IX, p. 860.—Ord. XI, 116 et 117.)

1419 (12 AVRIL).

De officiis monetariorum de Saint-Lo , datis Chou et aliis.

Jehan de Chou, nommé tailleur des coings de la monnoye de St-Lo....., pour ycellui office de tailleur avoir, tenir et exercer par ledit Jehan, tant comme il nous plaira, aux gaiges, drois, prouffiz et esmolumens acoustumés et qui y appartiennent, sil soit ad ce suffisant , et face le serment en tel cas acoustumé.

Donné à nostre chastel de Rouen, le XIIᵉ jour d'avril.

Lettres semblables nommant Perrin Pelagin, juré etc., essaieur de notre monnoie par nous ordonné en nostre bonne ville de Saint-Lo.

Lettres patentes nommant Colin Boutebost garde de la monnoie de Saint-Lo.

(Arch. de la Tour de Londres.)

1420 (18 AVRIL).

Ordinatio monete Regis.

Le Roy, etc., aux gardes de la monnoye de Saint-Lo, salut.

Henri se plaint d'abord de l'importation des monnaies d'or et d'argent de France, lesquelles sont moult feibles , tant en poys comme en lay.

Il ordonne de faire à St-Lo groz qui au-

ront cours pour 20 d. ts. la pieche , à 3 d. 8 gr. de loy argent le Roy, de 6 s. 8 d. de pois au marc et aux remèdes acoustumez et qui y appartiennent, et que en iceulx gros ait en la pille 3 fleurs de lis , et dessus une couronne, et au costé d'icelles fleurs de lis 2 lieppars, lesquels tendront icelles 3 fleurs de lis ; en escripture d'entour aura escript HENRICVS FRANCORV REX, et en parmy de la grand croix ait une H, tant à plus juste que faire se pourra , et avec ce ferez faire pour difference soubz la 2ᵉ lettre du commencement de l'escripture, tant devers la croix que devers la pille, un petit point, et en l'escripture d'entour icelle grant croix soit escript : SIT NOMEN DNI BENEDICTV.

Le Roy donne au maître particulier de la monnoie de St-Lo et aux changeurs 16 ₶ 10 s. ts., pour le marc d'argent alayé audit aloy.

Donné à nostre chastel de Rouen, le 18ᵉ jour d'avril.

(Arch. de la Tour de Londres. Pat. Norm. anni 8 Henr. V, part. 1ᵃ, membr. 10, dorso. — Rymer, édit. 1729, t. IX, p. 888.—Lecointre-Dupont, R. N. française, 1846, p. 236-7, pièce IX.— Ord. XI, 91.)

1420 (18 AVRIL).

De moneta de Saint-Lo, commissa Marceur.

Lettres patentes faisant savoir que la monnoie de St-Lo a été baillée à Jehan Marceur pour un an, « à prendre et à commencier icelui an, après le moys de sa première delivrance, qui sont XIII mois. »

Il fera groz qui auront cours pour XX d. ts. la pieche , à 3 d. 8 gr. argent le Roy, et de 6 s. 8 d. au marc, et par ainsy nous lui accordons par sa dicte prinse et par ces presentes, d'avoir pour chacun marc d'euvre qui sera ouvré et monnoié en icelle monnoie la somme de 4 s. 1 d. ts., et par ce ledit Marceur sera tenu payer aux commis pour chacun marc d'euvre 15 s. ts. , et en 30 marcs une once de déché, et aux monnoiers 15 d. par livre de groz.

Donné à nostre chastel de Rouen, le 18e jour d'avril.

(Arch. de la Tour de Londres. Pat. Norm. , ann. 8i Henrici V, part. 1ª, membrana 10, dorso. — Lecointre-Dupont, Rev. num. fr. 1846, p. 235 et 236, pièce VIII.)

1420 (18 AVRIL).

De monetariis constituendis.

Le Roy pourvoit au manque d'ouvriers et monnoyers à St-Lo, en envoyant aux gardes l'autorisation d'en recruter dans toute la Normandie, même à Rouen, pourvu que dans cet atelier le service n'en soit pas entravé.

Donné à nostre chastel de Rouen, le 18e jour d'avril.

(Arch. de la Tour de Londres. Patentes Normanniæ anni 8i Henrici V, parte 1ª, membrana 10, dorso. — Lecointre-Dupont, Rev. num. fr. 1846, pages 234 et 235, pièce VII.)

1420 (6 MAI).

De par le Roy,

Gardes de la monnoye de Rouen ,

Savoir vous faisons que pour certaines causes à ce nous mouvans et par l'advis et deliberacion de nostre grand conseil, nous voullons et avons ordonné estre fait en toutes nos monnoyes et pour le temps advenir monnoye d'or fin, à $\frac{1}{4}$ de carat de remède, de 66 d. de pois au marc de Paris, qui auront cours pour 22 s. 6 d. ts. la pièce. Le marc d'or sera payé 64 d'iceulx deniers d'or desqueulx deniers d'or nous vous envoyrons la fourme et le nom que nous vouldrons

comment ils soient nommés avecques les estallons.

Item deniers blancs d'argent , appellés gros, qui auront cours pour 20 d. ts. pièce, à 2 d. 12 gr. de loy argent le Roy, et de 7 s. 2 d. et ung quart de denier de poys audit marc, sur le pié de monnoie 30e (*lisez* 138e), et demys gros sur ledit pié et à lad. loy et et de 14 s. 4 d. $\frac{1}{2}$ de poys audit marc, qui auront cours pour 10 d. ts. la pièce, desqueulx gros et demys gros nous vous envoyons les fourmes avec les estallons cy dedens enclos, et ne seront point blanchis yceulx deniers d'argent, maiz seront monnoyés tieulx comment ils vendront de la main des ouvriers, et sera paié aux changeurs et marchans frequentans nos dites monnoyes pour chacun marc d'argent quilz livrent en notre dite monnoye, aloyé à ladite loy, 7 ℔ ts. d'iceulx deniers blancz ; et aussi avons ordonné estre faictes plusieurs monnoyes blanches et noires dont à present nous ne vous envoyons pas les fourmes. Si vous mandons que incontinent ces lettres reçues vous faciez inventoire au certain de tout le billon , tant d'or que d'argent, qui est en ladite monnoye, et cloez toutes les boistes qui sont en ycelle, se fait n'est, et ne laissiez plus monnoyer sur les fers où l'on a acoustumé à monoyer, mais soient du tout cassez et rompus , et faites nouvelles boistes et nouveaulx livres en la manière accoustumée ; et ce fait fetes ouvrer et monnoyer en notre dite monnoye lesdis gros et demys gros, comme dit est, c'est assavoir les deux pars de gros et le tiers des demys gros, à l'équipollent de l'ouvrage ; et faites mettre pour difference en chacune d'icelles monnoyes d'or et d'argent , tant devers la croix que devers la pille, soubz la première lettre ung petit point, en vous prenant diligemment garde que lesdits deniers soyent taillés justes comme l'or et bien ront ouvrez monnoyez, bien taillez et de tres bon recours, avant que les passez à delivrance, et en cas qu'il y aroit deffaulte , nous vous deffendons que yceulx deniers vous ne delivrez en aucune manière; et avecques ce fectes registre de toute la matiere d'or et d'argent qui sera apportée en ladite monnoye depuis ceste presente ordonnance; et tous yceulx deniers, après ce que vous les aurez delivrez, sans aucune seule pièce estre mise, recepvez devers vous et fectes deffense à tous les ouvriers et monnoyers que ils ne soient si hardiz de en retenir [exemplaire adressé à St-Lô : d'emporter] une seulle pièce pour cause de leur braissage, ne aultrement. Mais les fetes paier d'aultre monnoye en la manière ancienne acoustumée, jusques ad ce que nous vous mandons que lesdites monnoyes soyent publiées et distribuées aux marchans et gens à qui ils appartiendront ; et pour ycelle monnoye tenir et gouverner pour nous et en notre nom, nous avons commis Jehan le Roux, lequel est appleigé souffisant devers nous de la somme de quatre mille livres tournois, et avecques ce jurera sur les saintes évangiles de Dieu , par devant vous , que, non obstant les remèdes acoustumez, il fera lesdits deniers d'or fin au plus près du fin que faire se pourra bonnement, et que bien et loyalement il gouvernera le fait de ladite monnoye en la maniere qu'il appartient, et serment fait, baillez audit Roux le gouvernement et maistrise de ladite monnoye et l'inventoire de toutes les ustensilles d'icelle particulieres faite par justes priz, et certains inventoires en la maniere acoustumée, dont vous nous envoierez le double, la reception de ces presentes, et l'estat d'ycelle monnoye, les boistes et inventoire du billon et matières dessusdites ; et fetes savoir à tous ceulx que vous savez abiles à tenir fait de monnoie, que ladite monnoie d'or et d'argent est ouverte et a baillir à l'enchère et selon l'usaige et condicion des monnoyes, et s'aucun vient devers vous pour ladite monnoie mettre à pris, recepvez ses deniers à Dieu, à notre

feaulté et plaisir, et le nous rescripvez briefvement; si fetes surtout bonnement et briefvement et diligemment.

Donné à Rouen, le VI° jour de may.

A la même date et en la même forme, des lettres identiques sont adressées aux gardes de la monnaie de St-Lô.

Variantes essentielles :

Après : maiz seront monnoyez tieulx comment ils vendront de la main des ouvriers il y a : et aussi vous envoyons deux pilles et 4 trousseaulx pour yceulx gros et demys gros, scellez du scel de nostre chancelier de Normandie.

Plus loin, après l'ordre de dresser l'inventaire du billon et de clore les boistes, il y a : et ycelles avec ladite inventaire vous envoyez briefvement, ou l'un de vous les apportez seurement et sauvement.

Plus loin : et faictes mettre pour differance en chacune d'icelles monnoyes d'or et d'argent, tant devers la croix que devers la pille, soubz la seconde lettre ung petit point.

Puis : et pour ce faire est venu aujourd'hui devers nous Jehan Martel, lequel à nous a pris ladite monnoye de St-Lo pour et en nom de Thevenin Martel, son frère , c'est assavoir que il a promis faire le marc d'or d'iceulx deniers pour 10 s. ts., et le marc du blanc, tant gros que demys gros que aultre monnoye blanche, pour 4 s. ts. , et le marc de tout le noir pour 3 s. ts. , le tout blanc et noir sur le pié de monnoie 30° , aux viez coustumes, encheres et remèdes acoustumez selon l'usage et condicion des monnoyes, pour laquelle monnoye tenir et gouverner bien et deument ycelluy Thevenin est apliqué suffisamment devers nous de la somme de 4,000 livres tournois.

Et à la fin : à notre feaulté et plaisir, et le nous rescripvez briefvement et aussi nous rescripvez au juste combien vous avez receu de marcs d'argent pour le meliorement de nosdites monnoyes et mettez doresnavant pour chacun 2 (marcs de) deniers d'or que vous delivrez, ung denier d'or en boiste, et de l'argent, tant de blanc que noir, ainsi qu'il est acoustumé ; si faictes surtout bonne et briefve diligence.

(Pat. Norm. anni 9ᵉ Henr. V, membr. 34, dorso. Archives de la Tour de Londres. — Lecointre-Dupont, Rev. num. fr. 1846, p. 238 à 241, pièce XI.)

1420 (21 MAI).

Le mariage d'Henry V avec Catherine de France est célébré à Troyes. Charles VI, en considération de cette alliance, déclara son gendre Régent du Royaume de France et son successeur à la couronne ; ensuite on revint à Paris où le Roy d'Angleterre fut reconnu régent. Charles VI, dans ses ordonnances pour les monnoyes, appelle Henry V : notre filz le Roy d'Angleterre héritier et régent de France.

(Le Blanc, p. 243.)

1420 (2 JUIN).

Pouvoir au Trésorier gᵃˡ de Normandie d'organiser la monnaie de St-Lo.

Ordre d'apporter les caisses contenant les monnaies nouvelles, closes et scellées du sceau du maître et des gardes jusqu'à ordre contraire.

Datum apud castrum nostrum Rothomagi, secundo die junii.

(Arch. de la Tour de Londres. Pat. Norm. anni 9ᵉ Henrici V, membr. 32, dorso. — Ce mandement est donné in extenso par Lecointre-Dupont, Rev. num. fr. 1846, pièce XII, p. 241 et 242.)

1420 (16 JUIN).

Henry, par la grâce de Dieu roi d'Angleterre, héritier et régent du royaulme de France et seigneur d'Irland, aux gardes de notre monnoie, faicte et forgiée en notre cité et bonne ville de Rouen, salut.

Ordre de faire blancs deniers appelez gros ayant cours pour 20 d. ts. pièce, à 2 d. 12 gr. de loy argent le Roy, et de 8 s. 4 d. de poids au marc, sur le pié de monnoie huit vingtiesme, semblable de fourme à ceulx que nous faisons de present faire en notre dicte monnoye, excepté qu'il y aura escript devers la pille au lieu de HENRICVS FRANCOR REX : — H. REX ANGLIE ET HERES FRANCIE ; aux remèdes tels que on fait de present en la monnoie de Paris, faisant donner par le maistre particulier aux changeurs et marchans pour chacun marc d'argent aléé comme dit est, vingt et six livres tournois.

Donné à Bray-sur-Saine, 16ᵉ jour de juing.

Semblable lettre adressée au garde de la monnoie de St-Lo.

(Arch. de la Tour de Londres. Norm. Pat. anni 8ᵉ Henr. V, part. 2ᵃ, memb. 29, dorso. — Rymer, édit. 1729, t. IX, p. 920. — Lecointre-Dupont, Rev. num. fr. 1846, p. 237-8, pièce X. — Ord. XI, 91.)

MÊME DATE.

Henry, etc., aux gardes de notre monnoie faicte et forgiée en notre cité de Rouen, salut.

Nous vous mandons que vous baillés et delivrés à Jehan le Roux, pour un an, commençant le 1ᵉʳ jour de sa 1ʳᵉ delivrance, l'inventoire de ladite monnoie pour estre maistre particulier d'icelle pour tel brassage, comme il a de present pour celle qu'il y fait, par ainsy qu'il donnera aux ouvriers et monnoyers pour leur ouvrage et monnoyage autant comme il fait de present ; et faites registrer par devers vous, combien ledit Jehan le Roux aura de brassage pour ledit pié de monnoye nouvellement mis sur ; et si faictes clore les boistes dudit Jehan le Roux, de tout le temps passé jusques cy, en faisant registres et papiers nouveaux comme acoustumé avés. Donné à Bray-sur-Seine, le XVIe jour de juing.

Semblables lettres sont adressées à Jehan Martel, maistre de la monnoye du Roy à St-Lo.

(Arch. de la Tour de Londres. Norm. Pat. anni 8ⁱ Henr. V, parte 2^a, membr. 29, dorso.)

1420 (16 JUIN).

Le Roy d'Angleterre, héritier et régent de France, ordonne aux gardes de notre monnoie faite et forgée à Rouen, de faire blans deniers, appelés gros, ayant cours pour 20 d. ts. la pièce, à 2 d. 12 gr. de loi et de 8 s. 4 d. de poids, sur le pied de monnoie 160e, excepté qu'il y aura escript devers la pille, au lieu de *Henricus francorum*, HENRICVS REX ANGLIE ET HERES FRANCIE.

(*Ord.* XI, 91.)

Semblable lettre est adressée à la monnaie de St-Lô.

L'auteur du journal de la vie de Charles VI (Pierre de Fenin, p. 493), dit que le Roy Henry fit forger une petite monnoye qu'on nommoit double, qui valoit 3 mailles. En commun langage on les appeloit niquelz. Il ne couroit autre monnoye pour lors, et quand on en avoit pour cent florins, c'estoit la charge d'un homme. C'estoit bonne monnoye pour son prix. Outre fit forger blans doubles.

(Le Blanc, p. 243.)

1420 (20 AOUT).

De magistris generalibus monetarum constitutis.

Nomination de Guillaume Vintbert de Pinguecange, changeur et bourgeois de Rouen, et de Jehan le Gouppil.

Gages de 200 ^{tt} ts. par an.

Il prêtera serment au chancelier et sera payé par les soins du général trésorier de Normandie.

Même teneur et même date pour la nomination de Jehan le Gouppil.

Donné à Moronval près Dreux, le 20e jour d'aoust.

(Arch. de la Tour de Londres, memb. 28, dorso.)

1420 (26 SEPTEMBRE).

De officiariis pro moneta constitutis.

S. R. apud civitatem Paris, XXVI die septembris.

Droit d'exercer le change accordé à Arnald Gouppil dans les baillages de Rouen, de Gisors et de Caux.

Les mêmes droits sont accordés à Ricus? Baudry, dans les baillages de Rouen, Caen et Évreux.

A Johes Lecie } dans les baillages de
A Johes Martel } Rouen, Caux et Caen.

(Arch. de la Tour de Londres, membr. 24, dorso.)

1420 (10 OCTOBRE).

Lettres patentes données à Mantes, accordant le droit d'exercer le change à
Mathieu de Fumel,
Guillaume Yslain,
Adenet de Noirfeuille,
Guill^{me} Wintbert,
Jordan Sachin,
Reginald Courel,
Amelina vidua defuncti Johannis Courel,
Johannes Courel,
Michael le Barrus jun^r,
Johannes Poillevillain,

Johannes Babathier,
Jacobus Dessaulx,
Gaufredus Dureaume jun^r,
Robertus le Clerk,
Johannes le Roux,
Johanna d'Arques vidua,
Jacobus Clement,
Rogerus Clerk,
Michael Basin.

(Arch. de la Tour de Londres, membr. 13, dorso.)

1420 (1er FÉVRIER).

De officiis cambii.

Bernard Cindrier nommé dans les bailliages de Rouen, Caen et Évreux.

Datum apud castrum R. Rothomagi primo die febr.

(Arch. de la Tour de Londres. Pat. Norm. anni 8ⁱ Henr. V, p. 5, membr. 23, dorso.)

1420 (12 FÉVRIER).

Même privilège accordé à Johannes de la Fosse, dans les bailliages de Caen, Rouen et Caux.

(*Ibidem.*)

1421 (30 NOVEMBRE).

Ordinacio monete pro Rege.

Henry, etc., au bailli de Rouen, salut. Comme pour la repparacion et relievement de la chose publique de notre païs et duché de Normandie et conqueste, tant par le moyen de justice et bonne monnoie comme aultrement, eussons au mois de janvier dernier passé, par l'advis et deliberacion de plusieurs de notre sanc et lignage et gens de notre grant conseil, conclu et ordonné entre aultres mesures, à la requeste et supplication des gens des trois estats de notre dit pays et duchié, lors par nous mandés et assemblés à Rouen par devant nous, que nous ferions forger certaine bonne monnoye au poids et loy desclairé et exprimé en la presence desdis trois estats......

...... Eussons fait forger en certains lieux de notre dite duchié grant quantité de fine monnoye qui devoit avoir cours pour xx d. la pièce, et il soit ainsi que d'icelle monnoye n'ayons encore voullu estre donné aucun cours pour les grandes fraudes, mauvoisies et deceptions que cellui qui se dit Daulphin et ceulx qui se disent de sa partie, ennemis de notre cher père de France et de nous, y avoient commenchié à faire, qui faisoient forger aux armes de notre cher père de France gros de tres petite valleur en intention de tirer et atraire par devers eulx les bons gros que faisoit faire notre dit beau-père et nous, pour eulx enrichir de notre bonne monnoye et apourir noz subjez de la leur mauvoise, se notre dicte monnoye fust ancores à la fourme que l'avions ordonné; mais pour obvier par le présent à leur malice et pourveoir néanmoins à la chose publique de notre pays de Normandie et conqueste de monnoye de pareille valeur sur icelui mesme pié et à l'équipollent de la monnoie susdite, avons nouvellement par grant advis, et meure deliberacion eue, ordonné estre fect en nos monnoies plusieurs sommes de deniers, tant d'or que d'argent, c'est assavoir deniers d'or fin appelez salus, qui auront cours pour 25 s. ts. la pièce, demis salus qui auront cours pour 12 s. 6 d. la pièce, deniers blancz appelez doubles, qui auront cours pour 2 d. ts. la pièce, et petitz deniers blans qui auront cours pour 1 d. la pièce; et avec ce avons ordonné et ordonnons que les escus d'or que derrenierement notre dit beau-père a fait faire et forgier en ses monnoies auront cours pour

22 s. 6 d. ts. la pièce, et les moutons derrai-
nement fais ès monnoyes de nostre dit beau-
père et nostres, pour 15 s. t. la pièce, et les
nobles d'or fin que faisons faire en nostre
pays d'Angleterre auront cours pour 45 s. ts.
la pièce, les demis nobles pour 22 s. 6 d. ts.
la pièce, et les quars de nobles pour 11 s. 3
d. ts., et les gros qui ont esté fuiz ès monnoyes
de l'obeissance de nostre beau-père et de
nous, et qui ja longuement sont en cours
pour 20 d. ts. la pièce, et qui depuis peu de
temps en ça ont esté ravallez à 5 d. ts. (par
ord^ce royale du 26 juin 1421), n'auront cours
à compter du jour de la publication de ces
présentes que pour 2 d. et maille ts. la pièce.

Et oultre voullons et avons ordonné que
nul en quelque condicion ou estat qu'il soit
ne porte ou face porter nul villon, tant d'or
que d'argent, ne argent rompu, hors des
mettes de noz monnoyes, sur paine de le
perdre et le courps en nostre volenté.

Donné à Rouen le derrain jour de novembre.

Semblables lettres sont adressées à tous
les baillis de Normandie.

(Pat. Norm. anni 9 Henrici V, membr. 17, dorso. —
Lecointre-Dupont, Rev. num. franç. 1846, p. 242.
pièce XIII.)

1422 (20 JUILLET).

Donné en nostre ville de Rouen, le xx° jour
de juillet.

De operariis monetarum constitutis.

Henry, etc., à noz amés et feaulx les gé-
neraulx maistres de noz monnoies, salut et
dileccion.

Comme pour la grant necessité qu'il est
de présent d'avoir ouvriers monnoyers en
nosdites monnoyes, attendu les mutacions
de noz monnoyes qui puis naguères ont eu
cours et le grant besoing que noz subjez ont

de la nouvelle monnoye que pour le bien
publique de nostre seigneurie et de eulx
faisons faire de present, laquelle monnoye
n'est encore si publyée comme mestier est,
veues aussi les grans charges de matières
de villon qui y sont à ce moment, et esperons qu'il face encore plus dores en avant,
vous eussions naguères mandé, commandé
et enjoint par noz aultres lettres patentes
pourveoir en ce par toutes les meilleures
voyes et manières que faire pourriez, en re-
cepvant ou faisant recepvoir des gens de
lingné de monnoye, jusques à la tierce,
quarte et quincte géneration, et il soit ainsi
que d'yceux de lingné de monnoyer n'ayez
pas trouvé en tel nombre que suffire doye
pour fournir ledit ouvraige.....

Pour hâter et avancer l'ouvrage « avons
par l'advis et deliberation de nostre conseil
et de vous, généraulx maistres de noz monnoyes, ordonné estre créées de par nous
esdites monnoyes et soubz le serment de
France, douze personnes habilles et souffisans
quilz puissent continuer ledit ouvrage... »
Il nomme Jehan du Val.

Semblables lettres ont les dessoubz escripz,
c'est assavoir : Pierre Ansoult, Richard le
Tavernier, Germain du Souillart, Gardin du
Banc, Colin de Laplace, Guillaume le Blanc,
Jehan Pellegrain, monnoyers.

Jehan Lenglois le jeune, Laurens de la
Court, Pierre du Desert, Jehan de Vauville,
ouvriers.

(Arch. de la Tour de Londres. Pat. Norm. anni 10
Henrici V, membr. 12, dorso. — Lecointre-Dupont,
Rev. num. franç. 1846, pièce XIV, p. 245 et 246.)

1422 (29 AOUT).

Henry V, roy d'Angleterre, mourut au bois
de Vincennes, le 29 août 1422, et Charles VI,
roy de France, le 21 octobre de la mesme
année.

HENRI VI D'ANGLETERRE

(DU 21 OCTOBRE 1422 A DÉCEMBRE 1453)

Henry, roi d'Angleterre, 6ᵉ du nom, filz posthume de Henry, roy d'Angleterre, 5ᵉ dud. nom et de Madame Catherine de France, fille de Charles, roy de France, 6ᵉ du nom. Icelluy Henry 6ᵉ du nom, soy disant roy de France, soubz le prétexte de certaine clause apposée au contract de mariage d'entre led. Charles, roy de France, 6ᵉ du nom, et led. feu Henry, roy d'Angleterre, et Madame Catherine de France, ses père et mère, contenant icelluy contract que si led. Henry, roy d'Angleterre, son père, survivoit led. Charles roy de France, que led. Henry succéderoit à lad. couronne de France, et là où led. Henry ne surviveroit led. Charles, ains laisseroit de luy et de lad. Dame Catherine de France, sa femme, hoir masle, que à icellui appartiendroit la couronne de France apres le decedz dudit roy Charles, et ce faisant en seroit privé Monseigneur le Daulphin de France, filz dud. roy Charles, 6ᵉ du nom, et que partant estant ès termes dudict contract comme filz légitime dud. feu Henry, roy d'Angleterre, 5ᵉ du nom, et de lad. Dame Catherine de France, et ledict Charles, roy de France, 6ᵉ du nom, estant décédé, que a luy appartenoit la couronne de France, et de faict et de force occupa icellui Henry Paris et plusieurs villes du royaulme de France, dès le 21ᵉ jour d'octobre l'an 1422, jour du trespas dud. feu Charles, roy de France, jusques en l'année 1437, que du voulloir de Dieu et à bon droict par la prouesse des

Françoys icelluy Henry, roy d'Angleterre, et ses gens commencèrent a estre belliqueusement expulsez hors du royaulme; durant le commancement duquel temps de lad. occupation les Ducs de Bethfort et de Clocestre, regens les lieulx tenuz par ledict Henry, roy d'Angleterre, aud. royaulme de France, icelluy Henry, aagé environ d'ung an, et au nom dudict sieur roy Henry, feissent es villes et pays de ladicte subiection aud. royaulme de France plusieurs edictz, statuz et ordonnances, tant pour le faict de ses monnoyes, reglements des officiers d'icelles que sur le faict de l'orphaivrerie et changes comme ensuyct.

(Ms. Fr. 5524, fol. 122 rᵒ et vᵒ.— Reg. de Lautier, fol. 103 rᵒ et vᵒ.)

Ordonnance pour le faict des monoies.

A tous ceux qui ces présentes lettres verront, les généraulx maîtres des monnoyes du Roy, notre sire en France, salut.

Sçavoir faisons.....

Quant au bail des monnoyes de Paris, de Rouen et de Tournay, icelles se pourront bailler : l'or d'une part et l'argent d'autre, à divers maîtres ou à un seul, se bon nous semble pour le bien de la chose.....

Et quant aux autres monnoyes, l'or et l'argent se bailleront ensemble.

(Reg. de Lautier, fol. 185 rᵒ et 186 rᵒ.)

SANS DATE.

Ordonnance générale des généraux maîtres.

Salaires aux ouvriers pour 20 marcs d'or, un salut et le charbon raisonnable.

Pour chaque marc d'argent, 12 deniers pour tous dechetz.

En 20 marcs de noir, ils auront une once de dechet de toléré.

Sur vingt marcs, ils n'auront de cizailles que deux marcs et demy pour l'or, l'argent et le billon.

Les monnoyers, pour 2,000 salutz, auront un salut, et pour 2,000 angelotz, un angelot.

Pour 20 s. de gros de grands blancs, 15 d.

Pour 20 s. de gros de petitz blancs, 8 d.

Pour 10 livres de parisis, tournois et mailles, 3 s. 4 d. pour deschet et pour tout.

Brassage du tailleur :

Pour sa ferraille, pour chacun deux mille deniers salutz qui seront monnoyez sur sesd. fers, il aura un salut, et pour chaque deux milliers d'angelotz, un angelot.

Pour chaque millier d'œuvre en blanc, 60 s. ts.

Pour chaque millier d'œuvre du noir, 50 s. ts.

(Reg. de Lautier, fol. 191 v° et 192 r°.—Ms. Fr. 4533, fol. 45 r° à 51 r°.)

Des Tailleurs.

Led. tailleur exercera son office en personne et ne baillera ne changera aucuns fers à aucun monnoyer sans la presence et ordonnance des gardes, sur peine de suspension de son office et d'amende arbitraire à notre volonté, et sur lad. peine led. tailleur ne baillera aucuns fers qui ne soient entierement taillez et tellement qu'il n'y

faille forme, lettre, difference ne poinct quel quel soit, et sur icelle peine ne enrudira ne empirera sa taille soit d'or ou d'argent pour requête des monnoyers ou d'autres quelconques, mais la continuera à son pouvoir toujours en amendant selon les premiers monstres ou patrons et tenra la monnoye garnie de fers suffisamment.

Item ne baillera aucuns fers ou coings de monnoies, sceaux, gectons ou aultres que pour le faict de la monnoie dont il sera tailleur, se n'est par notre commandement et ordonnance.

(Reg. de Lautier, fol. 205 v° et 206 r°.)

Des Maîtres de la Monnaie.

Item et pour le present et jusques au bon plaisir du Roy mond. seigneur, led. preneur fera faire deniers d'or fin à un quart de carat de remède aux armes de France et d'Angleterre, c'est asçavoir : salutz de 70 d. de poidz au marc de Paris, qui ont cours pour 22 sols 6 deniers ts. la pièce, et angelots de 105 (sic) deniers de poix aud. marc et de 15 solz de cours, lesquels il fera ouvrer beaulx et ronds, bien taillez et de bon recours. C'est assavoir que le plus feible sera taillé à demy grain près du droict, et le plus fort ne sera poinct plus fort que demy grain plus que le droict sans autres remèdes.

Item il fera pareillement faire et ouvrer deniers blancs auxd. armes de France et d'Angleterre, à 6 d. de loy argent le Roy, à 2 grains de remède dud. argent le Roy pour chacun marc, et de 6 solz 3 d. de poix aud. marc de Paris, qui ont cours pour 10 d. la pièce, lesquelz il fera ouvrer beaux et ronds et taillez de bon recours, c'est assavoir que le plus feible sera taillé à un grain près du droict, et le plus fort à un grain plus fort que le droict, au remede de quatre fortz et de quatre feibles pour chacun marc, qui pourront

estre plus feibles chacun desd. quatre feibles
deux grains plus feibles que dessus n'est dit,
et chacun desdits quatre fortz demy grain
plus fort que dessus n'est dit, sans quelconcque autre remède de feible ne de fort.

Item petitz deniers blancs auxd. armes, à
lad. loy, de 6 d. et de 12 s. 6 d. de poids aud.
marc, qui ont cours pour 5 d. tz. pièce, aux
remèdes de poix de loy et à 4 fortz et 4 feibles pour marc dessusd.

Item, ledit mº fera faire petitz deniers parisis noirs à 1 d. 12 gr. de loy argent le Roy
et de 15 s. de poix aud. marc, qui ont cours
pour 1 d. parisis la pièce.

Item petitz deniers ts. à lad. loy, de 1 d.
12 gr. et de 18 s. 9 d. de poids aud. marc
de Paris, qui ont cours pour 40 d. ts. la
pièce.

Item petites mailles ts. noires à 1 d. de loy
argent le Roy et de 25 s. de poix aud. marc,
qui ont cours pour une maille ts. la pièce.

Lesquelz petitz deniers parisis, petitz deniers tournois et petites mailles tourn.
seront faictz aux remèdes de 2 gr. de loy
argent le Roy et seront délivrez de recourdz, c'est assavoir le feible du droict à
2 gr. plus feible, et le fort du droict à 2 gr.
plus fort, à 4 fortz et à 4 feibles pour chacun
marc, aux remèdes desd. 4 forts et 4 feibles,
et demy grain plus que dessus n'est dict,
sans autre remède de fort ne de feible, et
desd. monnoies noires ne fera aucunes sans
notre mandement et sur peine d'amende.

(Ms. Fr. 4533, fol. 19 rº et vº et 20 rº. — Reg. de Lautier, fol. 190 vº à 191 vº.)

Item fit fere le roy Henry d'Angleterre au
pays de Normandie, monnoye d'or appelez
salus, chacune piece paysant 2 d. 18 gr., et
sont forz à 23 caratz 3 quars, et estoyent de
ceste façon, et durant celuy temps fit fᵉ la
monnoye de 10 deniers qui lit Henricus et
est à 5 d. argent le Roy.

En marge, salut : HENRICVS DEI GRA FRANCORV REX. Différent : léopard.

(Ms. Fr., nouv. acq. 471 , fol. 133. — Ms. Fr.
nº 148, fol. 303 rº.)

Nota que en tout le royaume de France
ne fut fait nulz nobles à la nef, ne nulz
testarts , fors seulement en Angleterre , et
pareillement en tout le royaume d'Angleterre
ne fut fait nulz saluz, fors seulement en Normandie, et pareillement ne fut fait nulz ardis,
fors seulement en la duché de Guyenne, ne
d'or ne d'argent.

Ne fut oncques or ne monᵉ couronne,
fors depuys le Roy Henry, qui fit coroner
les hardys.

[Ce dernier passage a été biffé ; il avait été ajouté
postérieurement.]

(Ms. Fr., nouv. acq. 471, fol. 160. — Ms. Fr. nº 148,
fol. 319 rº.)

Item fit fere Henry, roy d'Angleterre,
monᵉ d'or appelée angelotz et pessoyent
chacune pièce 1 d. 20 gr., et valloyent les
troys angelotz deux saluz de Henry, et
estoyent lesd. angelotz de bon or de 23
caratz ¾, et n'en fut gueres fayt, et sont de
ceste façon :

En marge : angelot au différent de la
croisette.

(Ms. Fr., nouv. acq. 167. — Ms. Fr. nº 148, fol.
322 rᵘ et vº.)

Item fist faire ledit Henry, aud. pays de
Normandie, monnoye de 10 d. ts. la pièce,
et de 6 s. 8 d. de taille , qui avoient une
croix et, au costé, une fleur de lys et un
leopart, et dessoubz estoit escrit Henricus,
et de l'aultre part deux escuz, en l'un les
armes de France, et en l'aultre l'escu écartelé de France et d'Angleterre, et dessus
Henricus, et sont taillés à 5 d. de loy.

Figure en marge.

Item feist faire petitz blancs de mesme façon, ayans cours pour 5 d. ts. la pièce, de 12 s. 3 d. de taille au marc, et à 5 d. de loy.

En marge : Le demi blanc avec ᴴ|ᴵᴵ et les deux écus, 1ᵉʳ de France, 2ᵉ écartelé et HENR—ICVS : F—RAC.

Et fut faict monnoye noire de ceste facon, à 1 d. de loy :

En marge : ✠ HENRICVS : ANGLIE : FRA'. Lys sur léopard passant.

℞. ✠ SIT : NOMEN : DNI : BENEDICTV. Croix feuilletée.

(Ms. Poullain, P. III, 60.)

———

1422 (22 OCTOBRE).

Fut assemblé au Palais, en la chambre du consᶫ, Mʳ le Chancelier de France avec le consᶫ du Roy, auquel lieu les généraux mᵉˢ des monoyes demandèrent se, à cause de ce que le Roy estoit allé de vie à trespassement, on cesseroit l'ouvrage en la monᵉ de Paris, auxqᶫˢ fut dit qu'on fit ouvrer comme on avoit acoustumé de faire.

(Sorb. H. 1, 9, nᵒ 174, fol. 132 vᵒ.)

———

1422 (2 NOVEMBRE).

Le 2ᵉ jour de novembre, l'an 1422, par mandement desdicts sieurs régents, au nom dud. sʳ Henry, roy d'Angleterre, soy intitullant roy de France et d'Angleterre, feust ordonné ce qui s'ensuyt.

Que dud. jour en avant, on scelleroit aux nom et armes dud. sieur roy Henry, et qu'il seroit mis en la ducte des lectres : année première de son reigne, et que en attendant que son grand scel fust faict, seroit scellé soubz le scel du Chatellet de Paris.

Que les monnoyes quy de lors on avoit seroient forgées tant en la monnoye de Paris,

pays de Normandie, que autres qu'il occuppe, seroient carraterrés à ses coings et armes, et à ceste fin feust par les régents dud. sieur Roy mendé aux officiers des monnoyes les carracterres cy après désignés et portraictz sur lesquelz ils entendoient les ouvraiges desd. monnoyes estre faictz.

Que semblablement les arrestz qui seroient donnez ès cours souveraines seroient intitullez au nom dud. sʳ roy Henry, roy de France et d'Angleterre, et à cette fin le 16ᵉ jour desd. mois et an fut ouverte sad. court de Parlement à Paris.

(Ms. Fr. 5524, fol. 123 rᵒ et vᵒ. — Reg. de Lautier, fol. 103 vᵒ à 104 vᵒ.)

———

1422 (12 NOVEMBRE).

Blanc à 5 d., de 75 au marc, valant 10 d.

(Leblanc, *Tables*.)

———

1422 (23 NOVEMBRE).

A Paris, de notre regne le 1ᵉʳ, par le Roy, à la relation du grand conseil tenu par M. le Regent le royaume de France, duc de Bedfort.   J. MILET.

Lettres pat. d'Henry, par la grâce de Dieu roy de France et d'Angleterre, à nos amez et feaulx, les généraux mᵉˢ de nos monᵉˢ. Par l'advis et délibération de notre très (chier) et tres amé oncle Jean, régent notre dit royᵐᵉ de France, duc de Bedford, et de notre grand conseil, pour ce que en notre royᵐᵉ de France n'a de présent monnᵉ blanche de plus grand prix que de 2 d. ts. la pièce, délibéré de faire faire et ouvrer en nos monnᵉˢ blancs deniers aians cours pour 10 d. ts. la pièce, à 5 d. de loy arg. le Roy et de 6 s. 3 d. de poids au marc de Paris, sur le pied de monnᵉ 30ᵉ, sur lequel on a ouvré avant ceste présente ordonnance, en chascun desquels den^ers du costé de la pille seront deux escus, l'un de nos armes de France et l'autre de nos armes d'Angleterre, sur lesquels sera escript Henricus et au-dessous de la croix pareillement Henricus ; donnant aux changeurs pour chascun marc alayé à ceste loy 6 ℔ 15 s. ts. et en mettant en icelles monnoyes telles differences comme bon vous semblera.

(A. N. Reg. Z, 1ᵇ, 58, fol. 172 rᵒ. — Sorb. H. 1, 9, nᵒ 174, fol. 193 rᵒ. — *Ord.* XIII, 7.)

1422 (23 NOVEMBRE).

Le 23ᵉ jour de novembre 1422, par mendement du Roy Henry, donné à Paris, fut fait l'ouvraige qui ensuyt.

Blancs deniers à 5 d. argent le Roy, de 2 d. 13 gr. de poix pièce, au feur de 75 pièces de poix au marc, ayans cours pour 10 d. ts. pᶜᵉ.

Figure du grand blanc ordinaire au différent de la couronne.

Blancs deniers à 5 d. de loy argent le Roy, de 1 d. 6 gr. de poix, au feur de 7ˣˣ10 pièces au marc, ayans cours pour 5 d. ts. pᶜᵉ.

Marc d'argent allayé à lad. loy, 6 ℔ 15 s. ts. Le Roy tiroit pour marc 150 s. tz.

Figure : le demi-blanc ordinaire.

(Ms. Fr. 5524, fol. 124 rᵒ. — Ms. Fr. 4533, fol. 89 rᵒ. — Reg. de Lautier, fol. 104 vᵒ.)

1422 (23 NOVEMBRE) A 1423 (4 JUIN).

Fiebant albi denarii ad duo scuta, unum ad arma Franciæ et aliud ad arma Angliæ, cursus 10 d. t., 5 d. legis, ponderis 6 s. 3 d.

(Petit cahier inséré au Reg. de la Sorbonne, H. 1, 11, nᵒ 166ᵇⁱˢ, reproduit par Poullain, p. 13 à 24.)

1422 (27 NOVEMBRE).

En la chambre des monⁿˢ où estoient sires Jean de Precy, Jean Guerin et Jean de St-Yon, consⁿˢ du Roy notre sire, Jean Trotet, Macé de Valenciennes et Mᵉ Robert Gaultier, generaux mˢ des monnoyes, en la presence desquels furent presents Augustin Ysbares, Regnault Tumery, Jacquot Trotet, Alexandre des Mares, Pierre dit Andol, Engarrin Tumery, changeurs sur le pont de Paris, ausquels fut signifié que le Roy avoit ordonné faire en sa monnᵉ des blancs de 10 d. ts. la pièce, à 5 d. de loy arg. le Roy, et de 6 s. 3 d. de poids, sur le pié de monⁿᵉ 30ᵉ, et que toutes les monⁿˢ estoient à bailler.

(Sorb. H. 1, 9, nᵒ 174, fol. 5 rᵒ.)

1422 (DÉCEMBRE).

A Paris.

Lettres de création de Pierre le Clerc, monoyer en la monᵉ de Paris. A cause du joieux advènement à la couronne de France, par droit royal, le roi compte créer un monoyer en la monⁿ de Paris, en considération des bons, grands, notables services qu'il a faits au temps passé à feu de bonne mémoire notre tres cher seigneur et ayeul le Roy Charles dernᵗ trespassé, et à nous de present, tant en la garde de notred. bonne ville de Paris, comme autrement fit en maintes et diverses manières.....

(Sorb. H. 1, 13, nᵒ 173, fol. 16 rᵒ.)

1422 (11 DÉCEMBRE).

En la chambre des monⁿˢ où estoient mᵉ Pre de Marigny, sire Michel de Lalier et mᵉ Pierre Canteleu, consⁿˢ du Roy notre sᵉ, Jean

Trotet, Macé de Valenciennes et mᵉ Robin Gautier, généraux mᵉˢ des monⁱˢ.

Délibéré que pour mieux apercevoir si les mᵉˢ pᵉʳˢ, gardes et autres officiers des monⁱˢ œuvrent de tel poids et loy comme il a esté ordé, que doresenavant en faisant les delivrances des deniers d'or et d'argent qui seront faites esd. monⁱˢ, iceux gardes mettront de 200 den. d'or, nommez salutz, un denier d'or en boiste, et de 60 s. de blancs, tant grands comme petits, un denier blanc en boiste.

(A. N. Reg. Z, 1ᵇ, 58. — Sorb. H. 1, 9, n° 174, fol. 132 v°.)

1422 (12 décembre).

Paris.

Le 12ᵉ jour de décembre, l'an 1422, fut délibéré au comptouer en la chambre des monnoies, que es blans deniers aians cours pour 10 d. ts. la pièce, à 5 d. de loy A. R. et de 6 s. 8 d. de pois au marc, qui seront faiz en la monnoie de Paris, sera mis pour difference au commencement de la lettre qui est autour du denier tant devers la croix comme devers la pille, une couronne en lieu de une petite croisette que on a acousteumé y mettre.

Tournay.

Et semblablement sera mis pour difference es blancs den. faiz en la monnᵉ de Tournay au commencement de la lettre une petite tour.

Arras.

Es blancs den. faiz en la monnᵉ d'Arras sera mis pour différance au commencement de la lettre, comme est, une lozenge.

St-Quentin.

Es blancs den. faiz en la monrᵉ de St-Quentin sera mis une molette.

Chaalons.

Es blancs den. faiz en la monnᵉ de Chaalons, sera pris pour differance ung croissant.

Troyes.

Es den. blancs faiz en la monnᵉ de Troyes, sera mis pour differance une rosette.

Mascon.

Es blancs den. faiz en la monnᵉ de Mascon, sera mis pour differance ung trefle.

Nevers.

Es den. blancs faiz en la monnᵉ de Nevers, sera mis pour differance une estoille.

Aucerre.

Es den. blancs faiz en la monnᵒ d'Aucerre, sera mis pour differance un fer de molin.

Dijon.

Es den. blancs faiz en la monnᵉ de Dijon, sera mis pour differance ung petit soleil.

(Reg. entre 2 ais, fol. 159 r°.)

Cy ensuit les marques des salus d'or et des blancs de 10 d. aux armes de France et d'Angleterre :

Paris, la couronne.
Rouen, le liepart.
Saint-Lô, la fleur de lis.
Arras, ung treffle.
Amiens, ung mouton.
Troies, une rosette.
Challon, ung croissant.
Tournay, une tour.
Nevers, une estoille.
Ausserre, ung fer de moulin.
Le Mans, une rachine.
Dijon, une véronicle.

(Ms. Fr. n° 5920.)

1422 (14 DÉCEMBRE).

Exécutoire de l'ordonnance du 23 nov. 1422.

Mand^t des generaux aux gardes de la mon^e de Troyes, pour diference faire faire par le tailleur d'icelle mon^e, tant devers la croix comme devers la pille, au commencement de la lettre qui est autour du denier, un lozenge en lieu d'une petite croisette que on a acoustumé y mettre en lieu de la couronne qui est au patron que nous vous envoyons, et metez doresenavant en boiste de 60 s. desdits grands blancs un denier blanc en boiste.

     (A. N. Reg. Z, 1^b, 58, fol. 172 r° et v°. — Sorb. H. 1, 9, n° 174, fol. 193 r°.)

NOTA. — Le losange semble n'avoir jamais été que le différent d'Arras. Troyes avait une rosette. Il doit donc y avoir une erreur de copie dans le texte ci-dessus.

Cet executoire fut envoyé, le 14 décembre 1422, à Tournay et à Arras, par Robert Auvert, garde de la mon^e d'Arras.

Le même jour à St-Quentin.

Le 18 décembre à Troyes, Chaalons, Auxerre et Mascon.

Le 6 janvier à Nevers.

     (A. N. Reg. Z, 1^b, 58, fol. 172 v°.)

—————

1422 (27 JANVIER).

Mandement que on ne preugne ou mette aucuns escuz et moutons d'or faulx ne aucuns doubles de 2 deniers et blans faulx.

Henry, roy de France et d'Angleterre, au prevot de Paris. Il dit que son tres cher seigneur et aieul avait fait des salutz ayant cours pour 25 s. ts. la pièce, des doubles deniers tournois blancs ayant cours pour 2 d. ts., et des petits deniers tournois blancs ayant cours pour 1 d. ts., « neantmoins il est venu à la congnoissance des gens de notre conseil, que Charles, notre adversaire a fait et fait faire es monnoyes, les icelles à luy obeissans, deniers d'or appelez escuz et petits moutons, lesquels sont de 19 à 20 caras de loy, et doubles deniers tournois blancs faulx et mauvois, qui ne sont pas de tel prix et vallent à plus de moitié près que ceulx que notredit tres cher Seig^r avoit fait faire derrenierement, toutes lesquelles monnoyes il a fait faire semblables de formes et façon aux escuz, moutons et doubles deniers tournois qui de present ont cours en notre dit royaume de France......

Défense absolue de prendre ne mettre pour quelque prix que ce soit « aucune desd. monnoyes d'or et d'argent faictes ès villes à nous non obeyssans et ès monn^{es} de notre dit adversaire, sur peine de perdre toutes icelles monnoyes que l'on trouvera estre prises ou mises, et d'amende à notre voulonté.

     (A. N. Reg. Z, 1^b, 58, fol. 173 r° et v°. — *Ord.* XIII, 14 et 15.)

—————

1422 (28 JANVIER).

Mandement pour donner cours aux demi-blancs de 10 d. ts. la pièce au pays de Normandie.

Le Roi fait publier la monnaie nouvellement faite de 10 d. ts. qui aura cours avec les doubles deniers ts. valant 2 d. ts.

Les petits tournois blancs valent 1 d. ts.

Petits deniers noirs à 1 maille ts.

     (A. N. Reg. Z, 1^b, 58, fol. 172 v° et 173 r°. — *Ord.* XIII, 15 et 16.)

—————

1422 (6 FÉVRIER).

Mandement pour faire les deniers d'or nommez saluz, à 1 quart de carat de remède.

Henry, etc., avons ordonné et ordonnons faire faire et ouvrer en nos monnoyes, deniers d'or fin, nommez saluz, à 24 carraz, à ¼ de carrat de remède et de 63 d. de pois au marc de Paris, de la forme et façon derrenier ordonnés au tailleur de notre monnoye de Paris par notredit oncle (le duc de Bedford), en donnant et faisant donner aux changeurs et marchans pour chacun marc d'or fin 76 ℔ 5 s. ts. Et en mettant à iceulx deniers d'or telles differances comme bon vous semblera. Pourquoy nous vous mandons, commandons et expressément enjoignons par ces presentes que tout le plus brief que faire se pourra vous faictes faire et ouvrer en nosdites monnoyes lesdits deniers d'or de loy et pois dessusdits.....

Ainsy signé par le Roy à la relation du grant conseil tenu par l'ordonnance de Monsgr le Regent le royaume de France, duc de Bedford.

(A. N. Reg. Z, 1ᵇ, 58, fol. 173 v°. — Ord. XIII, 22.)

1422 (6 FÉVRIER).

Le 6ᵉ febvrier 1422 fut par ordonnance du Roy faict l'ouvraige qui s'ensuit.

Salutz d'or fin à 1 quart de carat de remède, de 3 d. de poids au feur de 63 pièces au marc, ayans cours pour 25 s. pièce.

Marc d'or fin, 76 ℔ 5 s. ts.

(Figure du salut au différent du léopard).

Soict notté qu'il feust es monnoies cy-après ouvré desd. salutz, lesquelz n'avoient autre differance de carractère senon que au commancement des legendes tant devers la croix que pille y avoit le different qui ensuyt.

Paris, une couronne.
Rouan, ung leopart.
Auxcerre, ung fret de molin.
St-Lo, une fleur de liz.
Le Mans, une racine.
Amyens, un aignel.
Dijon, une veronicque.

DOCUMENTS MONÉTAIRES. — II.

Et en aultres lieux ou ledict sieur Roy Henry feist ouvrer desd. salutz y fust mis au commancement desd. legendes ung croissant ☽.

(Ms. Fr. 5524, fol. 124 v° et 125 r°. — Reg. de Lautier, fol. 105 r° et v°.)

1422 (6 FÉVRIER).

Le 6ᵉ jour de février 1422, fu ordonné faire deniers d'or fin, nommez saluz, à 1 quart de carat de remede, aians cours pour 25 s. ts. la pièce, aux armes de France et d'Engleterre, esquelz fu mis en chacune monnoie autelle differance comme es blans de 10 d. ts. la pièce, avec une main en lieu du soleil, dessus le roleau de l'Ave Maria.

(Reg. entre 2 ais, fol. 159 v°.)

1422 (6 FÉVRIER).

Saluts d'or fin, de 63 au marc, valant 25 s. ts.

(Leblanc, Tables.)

1422 (6 FÉVRIER) A 1423 (3 JUIN).

Deniers d'or fin nommez salutz, à ¼ de k. de remède, aux armes de France et d'Angleterre, de 63 au marc, pour 25 s. ts.

Le 3 juin 1423 :

Mêmes salutz, et donner du marc d'or 77 ℔ 10 s. ts., sur lequel prix n'a esté faict aucun ouvrage.

(Ms. Fr. 4533, fol. 60 r°. — Ms. Fr. 18500, fol. 9 r°.)

1422 (7 FÉVRIER).

Renault Tumery ; il lui est signifié que le Roy en son conseil tenu par Mr le Regent avoit ordé faire es monoies de France deniers d'or

43

fin à ses armes de France et d'Angleterre, à ¼ de karat de remede ; lequel Regnault, en considération aud. remede promet faire et ouvrer en la monn⁰ de Paris, pour son temps durant, le marc d'or en deniers d'or aud. remède pour 12 s. 6 d. ts.

Les pleiges dud. Regnault Tumery sont Jacques Trotet, son compagnon, et Enguerrin Tumery, frère dudit Regnault.

(Sorb. H. 1, 9, n° 174, fol. 5 r°.)

1422 (5 MARS).

A Paris, de notre règne le 1ᵉʳ, par le Roy à la relation du conseil tenu par l'ordᶜᵉ de Mʳ le Régent de France, duc de Bedford.

Lettres patᵉˢ du Roy d'Angleterre au Prevost de Paris.

Il constate que le commerce préfère les écus d'or aux nouvelles monnaies, saluts et moutons, et que les marchands ne veulent accepter le salut que pour un écu. « L'on ne veult prendre un salut que pour un escu d'or, seroit-ce que les salutz valent aussi bien 25 s. ts. la pièce et les moutons 15 s. ts. comme fect un escu d'or 22 s. 6 d. ts. Pourquoy plusieurs procez et débats sont meus », ce qui retarde « le cours de lad. bonne monnoie que faisons de présent faire. »

Ordonne qu'on soit tenu de prendre les saluts pour 25 s. ts. et les moutons pour 15 s. ts. à l'encontre desd. escus pour 22 s. 6 d. ts., qui est 9 saluts pour 10 escus d'or et 3 moutons d'or pour 3 (lisez 2) escus d'or.

(A. N. Reg. Z, 1ᵇ, 58, fol. 174 v° et 175 r°.— Sorb. H. 1, 9, n° 174, fol. 193 r° et v°. — Ord. XIII, 24.)

1422 (8 MARS).

Réception par les généraux, de Pierre Leclerc, comme monnoyer du serment de France.

(Sorb. H. 1, 13, n° 173, fol. 16 r°.)

1422 (8 MARS).

Lectre comment Pierre Leclerc a esté fait monnoyer de la monᵉ de Paris du serment de Paris.

A tous ceux qui ces presentes lectres verront, les generaulx maistres des monˢˢ du Roy nostre sire, salut. Savoir faisons nous avoir veu les lectres du Roy notred. Sᵍʳ, contenant la forme qui s'ensuit : Henry, par la grâce de Dieu roy de France et d'Angleterre, savoir faisons à tous presens et advenir que comme à nostre joyeulx advenement à la tres noble couronne de France, à nous de notre droit royal compete et apartiengne entre autres choses créer, mectre et instituer de notre droit ung monnoyer en notre monᵉ de Paris. Pour ce est-il que nous considerons les bons, grans, notables et agreables services que notre amé Pierre Leclerc a faictz au temps passé, à feu de bonne mémoire notre tres cher Sᵍʳ et ayeul le roy Charles derrenier trespassé que Dieu absoille, fait à nous de present, tant à la garde de notre bonne ville de Paris comme autrement en maintes et diverses manières, et esperons que encore face au temps advenir, iceluy Pierre Leclerc, par l'advis et deliberacion de notre très cher et très amé oncle Jehan, Regent notre royaume de France, duc de Bedford, avons en usant de notred. droit, fait, créé et ordonné, et par ces presentes de notre grâce espécial et auctorité royal, faisons, creons et ordonnons monnoyer du serment de France en notred. monnᵉ de Paris, pour en icelle notre monᵉ monnoyer doresenavant perpetuellement par led. Pierre et sa postérité en directe ligne et

joyr et user des privileges, franchises, libertez et autres droictz quelzconques qui y
competent et apartiennent, ainsi comme les
autres monnoyers de notred. monn° en usent
et joyssent et ont acoustumé d'en user et
joyr. Si donnons en mandement par ces
mesmes presentes, aux généraulx maistres
de noz monn° et aux prevost des ouvriers et
monnoyers dud. serment de France en notred.
monn° de Paris et à chacun d'eulx, si comme
à luy apartiendra, que prins et receu dudit
Pierre Leclerc le serment en tel cas acoustumé, iceluy facent, souffrent et laissent
monnoyer en icelle notre monn°, en le faisant, souffrant et laissant, et sad. postérité
en droicte ligne, joyr et user des privileiges,
franchises, libertez et autres droictz qui y
apartiennent, à tousjours, plainement et paisiblement sans aucun contredist et empeschement quelzconque, et tant en la forme et
manière que les autres monnoyers de notre
dite monn° en joyssent et usent et ont acoustumé en joyr et user, et pour ce que ce soit
chose ferme et estable à tousjours, avons
fait mectre notre scel à ces presentes, sauf
en autres choses nostre et l'autruy en toutes.
Donné à Paris, au mois de décembre, l'an
de grâce 1422, et de notre règne le premier.
Ainsi signé par le Roy, à la relacion de Mons⁵ʳ
le Regent le royaume de France, duc de
Bedford.   GRESLÉ.

Les généraux, en vertu de ces lettres, con-
statent qu'ils ont reçu le serment de Pierre
le Clerc, et mandent aux prévot des ouvriers
et monnoyers de la monn° de Paris, présents
et à venir, qu'ils aient à le laisser jouir de
tous ses droits.

(A. N. Reg. Z, 1ᵇ, 60, fol. 22 v° à 23 v°.)

1422 (12 MARS).

Fut ordᵉ par Mʳ le Chancelier de France
aux généraux mᵉˢ des monnᵉˢ escrire et faire
savoir aux gardes de la monn° de Diion
l'ordᶜᵉ faicte à cause du nouvel pie de monn°,
tant sur l'or que sur l'argent, en la présence
de mᵉ Jeh. de Poligny, chlⁱᵉʳ seigʳ de la Mote,
mʳᵉ Nicolas Fralon, mᶜ Quintin Massiie et sire
Jean de Precy.

(A. N. Reg. Z, 1ᵇ, 3, fol. 7 v°. — Sorb. H. 1,
9, n° 174, fol. 133 r°.)

1422 (20 MARS).

Au comptoir : Jean Trotet, Macé de Valenciennes, mᶜ Robert Gautier et Jean le Goupil,
généraux mᶜˢ. Pierre de Landes, naguaire
mᵉ pᵉʳ de Paris.

(A. N. Reg. Z, 1ᵇ, 3, fol. 7 v°. — Sorb. H. 1, 9,
n° 174, fol. 133 r°.)

1422 (22 MARS).

Jehan Marcel, naguères tenᵗ le compᵗᵉ de
la monn° de Rouen. On dit que les boîtes de
l'ouvrage d'or ont été trouvées hors des
remèdes. Une boîte du 16 décembre 1421
jusqu'au 10 janvier 1422, où il y avait 104
saluts « ordonnés estre faiz d'or fin, à ⅛ de k.
de remède, était revenue à 23 k. ¾, soit à ⅛ k.
hors du remède. Il est mis à l'amende.

Et avecques ce luy fut dit et exposé que
durant le temps que Loys de Cormeilles avoit
tenu le cpᵗᵉ de la monn° de St-Lo, dont il
avoit esté compagnon, avoit esté fait en icelle
monnoie une boîte d'or du 26ᵉ jour de may
1422 jusques au 26ᵉ jour d'octobre aud.
an, où il avoit 12 d. d'or saluz ordonnez
estre faiz d'or fin à ⅛ de carat de remède,
laquelle est revenue escharce de loy le 6ᵉ
d'un carat d'or fin pour marc, qui est le 24ᵉ
d'un carat d'or hors du remède, et pour ce
fu condempné ledit Loys à l'amende, dont
ledit Jehan Marcel, qui lors present estoit,
gaigea l'amende pour ledit Loys de Cormeilles.

(A. N. Reg. Z, 1ᵇ, 3. fol. 8 r°.)

1423.

Marc d'or fin, 84 ℔.

(Sorb. H 1, 10, n° 172, fol. 39 r°.)

1423 (13 AVRIL).

Boiste de la mon° de Nevers jugée.

(Sorb. H. 1, 9, n° 174, fol. 133 r°.)

Fu trouvé par les delivrances qu'elle montoit à 7 ℔ 9 s. 2 d. doubles, et la somme faite par les gardes ne monte qu'à 7 ℔ 8 s. 9 d. doubles, et ainssy n'a plus été trouvé à l'ouverture de lad. boiste. Pourquoy les generaux maistres desd. monn°° ont carculé (*sic*) et gecté toutes les delivrances et ont trouvé que par une delivrance faicte le 24° jour de juillet 1422, l'on a mis ung denier trop en boiste.

Item pour une autre du samedi 15 août 1422, ung denier pou en boiste.

Item pour une autre du samedi 27 septembre 1422, on a mis 5 pou en boiste.

Et par une autre delivrance faicte le samedi 17° jour d'octobre, l'an dessusdit, lon a mis trop 10 deniers en boiste ; toutes lesquelles choses carculées, l'une parmi l'autre, reviennent ycelles delivrances et doivent arriver justement à la somme de 7 ℔ 8 s. 9 d. doubles, comme dit est.

(A. N. Reg. Z, 1ᵇ, 3, fol. 9 r°.)

1423 (24 AVRIL).

Les ouvriers de la monnaie de Paris du serment de France étant au nombre de 60, on congédie ceux du *serment de Breban*, qui avaient été mandés par le Roi.

(A. N. Reg. Z, 1ᵇ, 3, fol. 9 r° et v°.)

1423 (24 AVRIL).

..... et parmi ce fut donné congé aux prevost et compagnons ouvriers et monnoyers du serment de Breban, qui estoient venus à Paris au mandem¹ du Roy pour servir icelle mon°, de aller et retourner en leur pais , moiennant ce que promissent venir à Paris pour fournir et ouvrer en icelle mon° toutes fois que mandés seront par iceux généraux maistres.

Michault Garoust, dem¹ rüe au Maire, prez de S. Martin des Champs, vendant des denrées, reçoit deux faux blancs contrefaits aux blancs de 10 d. tournois la pièce, aux armes de France et d'Anglʳᵉ, qu'il ne cuidoit pas qu'ils fussent faux.

(Sorb. H. 1, 9, n° 174, fol. 133 r°.)

1423 (27 AVRIL).

Jehan Ranier , garde de la monnoie de Chaalons, fut commis à faire ouvrer la matière qui sera aportée en icelle monnoie, jusques à ce que par aucun elle soit mise à pris, auquel a été taxé 3 s. 3 d. ts. pour chacun marc d'euvre qu'il a fait et fera ouvrer en icelle monn° en la main du Roy.

(A. N. Reg. Z, 1ᵇ, 3, fol. 9 v°.)

1423 (MAI).

Item fut fait en Normandie monnoye de cette façon et sont à 5 d. de loy argent le Roy, et de 6 s. 6 d. (*lisez* 3 d.) de poix et donnoyent de marc d'argent 7 ℔.

Et fut fete du temps que les angloiz estoyent aud. pays.

En marge : Grand blanc anglo-français, au léopard pour différent.

(Ms. Fr., nouv. acq. 171, fol. 93. — Ms. Fr. n° 148, fol. 279 v° et 280 r°.)

1423 (8 MAI).

Guiot de Hanin, tailleur de la monn° de Paris, apporta au comptouer, en la chambre des monnoyes, trois paires de fers, pour deniers d'or nommez salus, qui lui avoient esté commendez faire par le comptouer pour les monn°° de Rouen et de St-Lo, c'est assavoir 2 paires pour Rouen et une paire pour St-Lo, lesquelx furent baillez à sire-Jehan le Goupil pour iceux envoyer esdites monnoies.

(A. N. Reg. Z, 1ᵇ, 3, fol. 10 rᵒ.)

1423 (12 MAI).

A cette date, Jehan Ranier qui a tenu le cpᵗᵉ de la monn° d'Auxerre, n'est plus vivant.

(Ibidem.)

1423 (28 MAI).

Regnault Tumery et Jacques Trotet se opposent au comptouer à la délivrance de Pierre Guef, prisonnier en la conciergerie du palais pour la somme de 412 ₶ 10 s. ts., en quoy ledit Pierre Guef estoit tenu à eux de reste de plus grant somme pour billon par eux à lui livré en la monn° de Chaalons.

(A. N. Reg. Z, 1ᵇ, 3, fol. 10 vᵒ.)

1423 (31 MAI).

Ordonnance de Henri VI pour fabriquer des parisis noirs.

Henry, etc. Comme par noz autres lettres nous ayons ordonné entre autres choses faire faire et ouvrer en noz monnoies petis deniers tournois ayant cours pour 1 d. ts. la pièce et petites mailles ts. ayans cours pour une maille tournois la pièce, néantmoins il est venu à notre congnoissance que il est besoing et nécessité en notre ville de Paris faire des petis deniers parisis. Pourquoy nous vous mandons que le plus diligemment que faire se pourra vous faictes faire et ouvrer en notre monn° de Paris et autres où vous verrez qu'il sera prouffitable pour le bien de nous et de la chose publique, petis deniers parisis noirs ayans cours pour ung denier parisis la pièce, à 1 d. 12 gr. de loy A. R. et de 15 solz de pois au marc de Paris, sur le pié de monn° 30°, en faisant donner aux changeurs et marchans pour chacun marc d'argent alayé à lad. loy 116 s. ts. en mectant en iceux deniers telles differences comme bon vous semblera.

(A. N. Reg. Z, 1ᵇ, 58, fol. 181 rᵒ.)

1423 (4 JUIN).

Mandement pour faire les grans blans et petis à 5 d. de loy et autres monnoyes sur le pié de monn° 30°.

Au bois de Vincennes, de notre règne le 1ᵉʳ, par le Roy, à la relation du grand conseil, tenu par Mʳ le Régent le royᵐᵉ de France, duc de Bedfort.   J. MILET.

Lettres pat. du Roy d'Angleterre aux generaux. Pour eviter l'exportation des matières, ordᵉ faire faire et ouvrer en nosd. monᵉˢ deniers d'or fin appellez salus, de 63 d. de pois au marc de Paris, à ¼ de carrat de remède, aians cours pour 25 s. ts. la pièce, à noz armes de France et d'Angleterre, en faisant donner pour chacun marc d'or fin 62 d. desd. saluz; et blans denᵉʳˢ ayans cours pour 10 d. ts. la pièce, à 5 d. de loy arg. le Roy et de 6 s. 3 d. de pois au marc de Paris sur le pié de monn° 30° à nosd. armes, et pour toujours entretenir et continuer que nos monᵉˢ d'argent soient sur un même pié et à la forme de nosd. armes, par l'advis et délibération de notre tres cher et tres amé oncle, Jehan, regent notred. roy^me de France, duc de Bedford, et de notre grant conseil, avons ordé sur ce faire en nosd. mon^rs avec lesd. blancs, ayans cours pour 10 d. ts. la pièce, à 5 de loy et de 12 s. 6 d. de pois au marc de Paris, en donnant et faisant donner aux changeurs et marchans pour chacun marc d'arg. aloyé à lad. loy, 6 ⚜ 18 s. ts. — Item autres deniers ayans cours pour 3 d. ts. la pièce, à 3 d. de loy arg. le Roy, de 12 s. 6 d. de pois aud. marc et sur led. pié, en donnant et faisant donner aux changeurs et marchans pour chacun marc aloyé à lad. loy de 3 d., 6 ⚜ 12 s. ts. — Item petits den^rs tournois noirs ayans cours pour 1 d. ts. la pièce, à 1 d. 12 gr. de loy arg. le Roy, et de 18 s. 9 d. de pois aud. marc, sur led. pied, en donnant et faisant donner aux changeurs et marchans de chacun marc d'arg. aloyé à lad. loy de 1 d. 12 gr., 116 s. ts.— Item petites mailles tourn. ayans cours pour 1 maille ts. la pièce, à 1 d. de loy arg. le Roy, de 25 s. de pois audit marc, en donnant et faisant donner aux changeurs et marchans pour chacun marc d'arg. aloyé à lad. loy de 1 d., 110 s. ts.

(A. N. Reg., 1^b, 58, fol. 175 r° et v°. — Sorb. H. 1, 9, n° 174, fol. 193 v°.—*Ord.* XIII, 28.)

———

1423 (4 JUIN).

Du 4e jour de juing l'an 1423 jusques au 13e jour d'avril 1436 après Pasques, par vertu des lettres du Roy notre Sei^gr données led. jour de juing, l'en fist deniers blans de 10 d. ts. la pièce, semblables de forme, pois et loy comme dessus, à deux escus, l'un des armes de France et l'autre des armes d'Angleterre.

Item petits deniers blans aians cours pour 3 d. ts. la pièce, à 5 d. de loy et de 12 s. 6 d.

de pois au marc de Paris, de la forme desd. grans blans.

Et donna l'en pour marc d'argent blanc alayé à lad. loy 6 ⚜ 18 s. ts.

Item deniers noirs aians cours pour 3 d. ts. la pièce, à 3 d. de loy et de 12 s. 6 d. de pois aud. marc.

Et donna l'en pour marc d'argent alayé à lad. loy 6 ⚜ 12 s. ts.

Item petitz deniers tournois aians cours pour 1 d. t. la pièce, à 1 d. 12 gr. de loy et de 18 s. 9 d. de pois aud. marc.

Et donna l'en pour marc d'argent alaié à lad. loy 116 s. ts.

Et petites mailles tourn. aians cours pour une maille tourn. la pièce, à 1 d. de loy et de 25 s. de pois audit marc.

Et donna l'en pour marc d'argent, à lad. loy, 110 s. ts.

(Reg. entre 2 ais, fol. 88 r°.)

———

1423 (4 JUIN).

Le 4e juing 1423, fut faict l'ouvraige qui ensuyt :

Petitz blancs à 5 d. de loy, de 1 d. 6 gr. de poix, au feur de 150 pièces au marc, ayans cours pour 5 d. pièce.

Marc d'argent allayé à 5 d. de loy, 6 ⚜ 18 s. ts.

Figure. Petit blanc. Lys. FRANCORVM ET ANGLIE.

℞. ‾lys‾|‾léop.‾ HENRI—CV—S · REX. Deux écus et une grande couronne par dessus.

Deniers noirs à 3 d. de loy, de 1 d. 6 gr. de poix au feur de 150.

Marc d'argent à lad. loy, 6 ⚜ 12 s. ts.

Figure. Le grand niquet. 🜍 et la croisette pour différent.

Petilz deniers tournois noirs à une fleur de liz, ayans cours pour 1 d. ts. pièce, à 1 d. 12 gr. de loy, de 19 à 20 gr. de poix chacune

pièce au feur de 225 pièces au marc, pour
1 d. ts. pièce.

Marc d'argent à lad. loy, 116 s. ts.

Figure : ✠ TVRONVS CIVIS.

℞. ✠ H. REX FRANCIE ET ANGL. Léopard et
fleur de lys par dessus.

Mailles tourn. à 1 d. de loy, de 14 à 15
gr. de poix au feur de 300 pièces au marc,
ayans cours pour demy tournois.

Marc d'argent à lad. loy, 110 s. ts.

Figure : ✠ OBOLVS CIVIS :

℞. ✠ H · FRANC · ET ANGL · REX. Lys,
léopard.

NOTA. Les trois billons noirs précédents ont l'*h*
au milieu de la croix du revers.

Soict notté que ès aulcunes monnoyes fut
faict ouvraiges desd. mailles tourn., n'ayans
aulcun *h* au millieu de la grand croix et
ayant un leopart au commencement des
légendes, tant devers la croix que pille, au
lieu de la croix de celle cy dessus.

(*Pas de figure*).

> (**Ms. Fr. 5524**, fol. 125 r° à 126 r°. — Reg. de
> Lautier, fol. 105 v° à 106 v°.)

1423 (4 JUIN) A 1426 (13 AVRIL).

Deniers blancs de 10 d. ts., semblables de
forme, poids et loi comme dessus, à 2 escus,
l'un aux armes de France et l'autre aux
armes d'Angleterre.

Item petits deniers blans, de 5 d. ts., à
5 d. de loi et de 17 s. (*lisez* 12 s.) 6 d.
de poids, de la forme desd. gros blancs (150
au marc).

Deniers noirs pour 3 d. pièce, à 3 d. de
loy et de 12 s. 6 d. au marc (150 p.).

Petites mailles ts., à 1 d. de loi et de
25 s. au marc (300 pièces).

> (**Ms. Fr. 4533**, fol. 89 r° et v°.)

1423 (6 JUIN).

Fu present Guill⁹ le Moinne, maistre particulier de la monn⁹ d'Arras, auquel fu dit
et exposé que, pour l'avancement de l'ouvrage d'icelle monn⁹, le Roy donneroit aux
changeurs et marchans 3 s. ts. de creue
oultre et par dessus le pris de 6 ₶ 15 s. ts.
au cas qu'il voudroit promettre et soy faire
fort de faire et ouvrer en icelle monn⁹ tant
d'ouvrage oultre et par dessus ce qu'il a
promis faire, que le Roy y peust avoir de
prouffit autant que les 3 s. ts. monteroient.

> (**A. N. Reg. Z, 1ᵇ, 3, fol. 10 v° et 11 r°.**)

1423 (9 JUIN).

Furent presents au comptouer plus⁹ chang⁹
sur le pont de Paris, auxq⁹ˡˢ fut dit et exposé
que le Roy notre s⁹ avoit ordonné donner en
la monn⁹ de Paris pour chacun marc d'argent alayé à 5 d. de loy, 6 ₶ 18 s. ts., et avec
ce qu'il avoit été ordé faire ouvrer es monn⁹ˢ
deniers noirs aians cours pour 3 d. ts. la pièce,
à 3 d. de loy, dont il seroit payé aux marchans 6 ₶ 12 s. ts., et petits deniers tournois
noirs à 1 d. 12 gr. de loy, dont il seroit payé
116 s. ts., et petites mailles tourn. noires à
1 d., dont il seroit payé 110 s. ts., et oultre
leur fut dit et comandé qu'ils fissent diligence
pour delivrer leur billon à la monnoye, et
que tout le billon et matière qui seroit à 3
d. de loy et au dessus, seroit converti en
l'ouvrage des grands blancs et petits blancs,
et le résidu en l'ouvrage du noir.

> (**A. N. Reg. Z, 1ᵇ, 3, fol. 11 r°. — Sorb. H. 1, 9,
> n° 174, fol. 133 r°.**)

1423 (17 JUIN).

Jacquotin du Pré, changeur sur le pont de
Paris, mist la monn⁹ de St-Quentin à pris

pour ung an à compter du jour de la 1re delivrance, laquelle il promist faire dedens ung mois à compter dud. jour, et promist faire faire et ouvrer en icelle monn° ledit temps durant le marc d'or en deniers d'or nommés saluz pour 12 s. 6 d. ts., le marc d'euvre en blancs deniers grans et petits, sur le pié de monn° 30°, pour 3 s. 6 d. ts. et le marc de noir sur ledit pié pour 2 s. ts. sur les condicions du bail des monnoies.

(A. N. Reg. Z, 1ᵇ, 3, fol. 11 v°.)

1423 (21 JUIN).

A cette date, Jehan Gente est garde de la monn° de Paris.

(A. N. Reg. Z. 1ᵇ, 3, fol. 11 v°.)

1423 (22 JUIN).

Mandement des generaux maîtres (correspondant à l'ord°ᵉ royale de la date ci-dessus) aux gardes de la monn° de Rouen, pour faire deniers d'or fin nommez saluz, à ¼ de carat de remede, de 25 s. ts. la pièce de cours, de 63 d. de poids au marc de Paris, donnant aux changeurs de chacun marc d'or fin 77 ₶. Item blans deniers de 10 d. ts. pièce, à 5 d. de loy arg. le Roy, et de 6 s. 3 d. de poids au marc de Paris. Petits deniers blancs, ayans cours pour 5 d. ts. la pièce, à 5 d. de loy arg. le Roy, et de 12 s. (6 d. *oubliés*) de poids aud. marc, donnant aux changeurs jusques à la St-Remy prochainement ven¹ dud. marc alayé à lad. loy de 5 d., 6 ₶ 18 s. ts. Item deniers noirs, appellez tresins, ayans cours pour 3 d. ts. la pièce, à 3 d. de loy arg. le Roy, et de 12 s. 6 d. (2 *de trop*) de poids au marc de Paris, sur le pied de mon° 30°, donnant aux changeurs de

chacun marc d'arg. alayé à lad. loy de 3 d., 6 ₶ 12 s. ts. Item petits deniers ts. noirs, aians cours pour 1 d. ts. la pièce, à 1 d. 12 gr. de loy arg. le Roy, et de 18 s. 9 d. de pois aud. marc, « de la forme et façon des patrons que nous vous envoyons encloz en ces presentes, excepté que vous faictes faire pour diference par le tailleur d'icelle mon°, tant devers la croix comme devers la pille, au commencement de la lettre qui est autour du denier, un petit liepart au lieu de la couronne qui est esd. patrons », en donnant aux changeurs de chacun marc d'arg. aloyé à lad. loy de 1 d. 12 gr., 116 s. ts. Item petites mailles ts. ayans cours pour 1 maille ts. la pièce, à 1 d. de loy arg. le Roy, et de 25 s. de pois aud. marc, sur led. pied, en donnant aux changeurs de chacun marc d'arg. alayé à lad. loy de 1 d., 110 s. ts., « desquelles petites mailles nous vous envoyons les patrons le plus brief que faire se pourra. » Et mettez doresenavant en boeste de 60 s. d'iceux deniers blancs et noirs, grans et petis, et petites mailles, ung denier en boiste et faites paier aux ouvriers d'icelle mon° pour chacun marc d'euvre 12 d. ts., et aux monnoyers pour chacune livre desd. deniers blans, grans et petis, et deniers noirs de 3 d. ts. la pièce, 8 d. ts., et pour chacune livre desd. petis tournois et petites mailles, 4 d. ts. Iceux deniers delivrez à 3 poids, chacun de 3 marcs, à 4 fors et 4 feibles pour marc, et les petits deniers et petites mailles ts. à 3 poids, chacun de 3 marcs, en ostant le denier poignant avant, desd. petits tournois et petites mailles seulement, et au cas qu'il y aura faute, nous vous defendons que iceux deniers vous ne delivrez.

(A. N. Reg. Z, 1ᵇ, 58, fol. 179 r° à 180 r°. — Sorb. H. 1, 9, n° 174, fol. 199 r°.)

1423 (22 JUIN).

Lettres pat du Roy d'Angleterre au Prevost de Paris.

Décri de toutes les monnoies d'or et d'argent, excepté que les deniers d'or fin apelez saluts que nous faisons à présent faire en nos monn** à nos armes de France et d'Angleterre aient cours pour 25 s. ts., et aussi lesd. deniers d'or fin nommez saluz ordés estre faits en nos monn** de Normandie par notre très-cher s** et père que Dieu pardoint, à nos armes d'Angleterre seulement, soient pris et mis semblablement pour 25 s. ts. la pièce.

Les nobles d'or que notre dit très-cher s** et père que Dieu pardoint et nous avons fait faire et faisons faire de present en nos monn** d'Angleterre soient pris et mis pour 45 s. ts. la pièce, et les demi nobles et quarts de nobles, qui pareillement ont esté faits en nosd. monn** d'Angleterre, soient prins sçavoir les demis nobles pour 22 s. 6 d. ts., et les quarts de noble pour 11 s. 3 d. ts. la pièce et non pour plus, pourveu toutes voyes que chacune desd. mon** d'or soit du poids dont elles doivent être sans être rongnées ou foibles, et s'aucun doubte qu'elles ne soient du poids dont elles doivent être, les face peser au change ou ailleurs ou bon lui semblera, à ce qu'il n'en soit aucunement déceu. Les blans deniers apelez grands blancs que derenier avons fait faire à nosd. armes de France et d'Angleterre pour 10 d. ts., les petis deniers blancs faits à nosd. armes pour 5 d. ts., les petits noirs apelez tresins, semblablement faits à nosd. armes pour 3 d. ts., les petits deniers tournois et petites mailles tourn. que derenier avons ordé faire faire en nos mon** pour 1 d. ts. et 1 maille ts.

Les doubles deniers tournois et les petits deniers tournois blancs, naguères ordés estre faits en nos mon** par notre tres cher S** et ayeul en notre pays de Normandie, soient

pris, sçavoir lesd. doubles pour 2 d. ts., et les petits deniers ts. pour 1 ts. la pièce, et les petits deniers noirs apelez noirez soient pris pour 1 maille ts. la pièce, et tous les escuz vieils et neufs et petits moutons d'or faits le temps passé esd. mon** auxquels nous ostons le cours et toutes autres mon**, soit de nos coins ou d'autres, ne soient prises ou mises fors au marc pour billon sur peine de perdre toutes icelles mon** que l'on trouvera estre prises ou mises, et d'amende à notre voulonté.

Suivent les prohibitions accoutumées.

(A. N. Reg. Z, 1ᵇ, 58, fol. 179 rᵒ à 180 rᵒ. — Sorb. H. 1, 9, nᵒ 174, fol. 194 rᵒ et 196 rᵒ.— *Ord.* XIII, 29.)

———

1423 (26 JUIN).

Par Guiot de Haingnien (*sic*), tailleur (de la monᵒ de Paris), le samedy 26ᵉ jour de juing 1423, 13 peres de fers pour les deniers noirs.

Il s'agit des coins commandés pour frapper les tresins, ou pièces de 3 deniers tournois aux armes de France et d'Angleterre. En effet, cette mention est suivie des renseignements que voici :

C'est le papier du bail de la monnoye de Pariz, des deniers noirs à ung escu de France et d'Angleterre, només trezins, qui ont cours pour 3 d. ts. pièce, à 3 d. de loy A. R. et de 17 s. (*lisez* 12) 6 d. de boiz (*lisez* poiz), au marc de Paris (150 pièces au marc), fait en achat par Regnault Thumery, m** p** de de lad. monᵉ, tenant le compte ledit Regnault; achète le marc d'argent aloyé à ladicte aloy (*sic*) au pris de 6 ₶ 12 s. ts., delivré par Jehan Gento et Gerard de Vauboulon, gardes d'icelle monᵉ.

Le 26 juin 1423, 112 ₶ de gros de noirs.

44

Le 28 juin 1423, 150 ⊞ de gros de noirs.
Somme de ces deux jours : 262 ⊞ de gros
de noirs, 62880 frappés.

(A. N. Cahier de papier du carton Z, 1ᵇ, 914.)

1423 (27 juin).

Mandement au bailly de Vermandois, pour
forcer les changeurs à porter à la monnoie
de Chaalons 600 marcs d'argent en billon,
pour en faire des blancs de 10 d. ts. la pièce,
et les autres monnoies que l'on faisoit alors
dans les autres ateliers.

(Ord. XIII, 31.)

1423 (27 juin).

Lettres pat. du Roy d'Angletᵉ aux baillifs
pour faire payer aux changeurs les sommes
de marcs d'arg. à quoy ils sont imposez et
qu'ils doivent livrer ez monᵉˢ ; est dit pour
Chaalons 600 marcs d'argent en billon.

(Sorb. H. 1, 9, n° 174, fol. 173 v°.)

1423 (1ᵉʳ juillet).

Ce jour, Pierre Guef, mᵉ partᵉʳ de la monnaie de Chaalons, passe procuration à Félipot
de La Chapelle et à maistre Adam des Champs
pour assister à l'ouverture de ses boîtes.

(A. N. Reg. Z, 1ᵇ, 3, fol. 12 r°.)

1423 (5 septembre).

Ordᵉ au comptouër que les changeurs qui
ont promis livrer le temps passé or et argent
es monᵉˢ par leurs lettres de change paieront
au Roy pour marc d'or 35 s. ts. et pour
marc d'arg. 4 s. ts., depuis le 11 août 1421
jusqu'au dern. août 1423.

(Sorb. H. 1, 9, n° 174, fol. 133 v°.)

1423 (6 septembre).

Les doubles qui courent 5 pour 2 blancs
sont mis à 6 pour deux blancs.

(Sorb. H. 1, 11, n° 166ᵇⁱˢ (petit cahier). —
Ms. Poullain, 13 à 24.)

1423 (6 septembre).

Mandement pour faire saluz de 70 au
marc, ayant cours pour 22 s. 6 d. ts. la
pièce.

Ordre de Henry aux generaux de faire
« ez monˢ de France et de Normandie, den.
d'or fin à ¼ de carrat de remeide, nommez
saluz, ayans cours pour 22 s. 6 d. ts. la pièce
et de 70 den. de poids au marc de Paris,
aux armes de France et d'Angleterre, de la
forme des den. d'or nommez saluz que faisions
faire paravant cette presente ordᶜᶜ », donnant
aux changʳˢ de chacun marc d'or fin 78 ⊞ ts.,
en mettant en iceulx deniers d'or telles différences comme bon vous semblera.

(A. N. Reg. Z, 1ᵇ, 58, fol. 177 r°. — Sorb. H. 1, 9,
n° 174, fol. 194 r°. — Ord. XIII, 36.)

1423 (6 septembre).

Le 6ᵉ jour de septembre 1423, fu ordonné
faire deniers d'or fin nommez saluz, aux
armes de France et d'Angleterre, à un quart
de carat de remède, aians cours pour 22 s.
6 d. ts. la pièce, esquelz fu mis en chacune
monnᵉ autelle differance comme es blans
de x d. ts. la pièce, avec ung soleil dessus
le roleau de l'Ave Maria.

(Reg. entre 2 ais, fol. 159 r°.)

1423 (6 septembre).

Saluts d'or fin de 70 au marc, valant 22 s. 6 d.

(Leblanc, *Tables*.)

_____

1423 (6 septembre).

Henry, etc., au Prevost de Paris. Pour ce que toujours nous desirons la chose publique de notre roy^me de France être maintenue et gardée en toute bonne police, tant au regard des mon^es comme autrement, et voyons clairement que l'ennemy et adversaire de nous et de notre Royaume, qui s'ingère de porter nos plaines armes de France, s'est efforcé et s'efforce chacun jour de faire faire et forger à nosd. armes de France doubles deniers de deux den. ts. la pièce, de moindre poids et alloy que sont ceux de notre très cher s^gr et ayeul le Roy Charles, que Dieu pardoint, avoit fait faire en son vivant; pourquoy nous et tout la chose publique de notre Roy^me de France en avons été grandement deceuz et domaigiez et pourrions encore plus estre, se par nous n'y estoit pourveu de remède; et pour ce nous voulons obvier aux fraudes et déceptions de notre dit ennemy et adversaire principalement pour le bien et utilité de notre peuple et eschiver qu'il ne soit fraudé et deceu en prenant lesd. doubles den. pour plus haut prix qu'ils ne valent, jaçoit que ceux que notred. feu Seigneur et ayeul et aussi notre tres cher S^gr et père, que Dieu pardoint, faisoient faire et forger tant en France comme en Normandie, estoient et sont de bon poids et aloy; par l'advis et délibération des gens de notre grand conseil et autres en ce conoissans, pour ce assemblez par plusieurs fois, ordonnons que douze desd. deniers doubles faits tant en nos mon^es de France comme en Normandie, qui ont cours pour 2 d. ts. la pièce, seront pris et mis, c'est à scr 6 d'iceux doubles pour un grand blanc de 10 d. ts. la pièce, que présentement nous faisons faire, ouvrer et monoyer à nos armes de France et d'Angleterre, et trois d'iceux doubles pour un petit blanc de 5 d. ts. la pièce, que pareillement faisons faire en nosd. mon^es à nos dites armes, et non pour plus, et seront pris et mis les saluts d'or que nouvellement faisons faire et forger en nosd. mon^es et à nos armes de France et d'Angleterre, dont il aura 70 au marc, pour 22 s. 6 d. ts. la pièce en blancs de deux blancs de 10 d. ts. la pièce, et petits blancs de 5 d. ts. la pièce dessusd., et pour 27 s. ts. en doubles tant de France comme de Normandie dessusdits, et en outre pour ce que en notre bonne ville de Paris et en plusieurs autres lieux de notre Roy^me le peuple a acoustumé de marchander à parisis, nous voulons et ordonnons que les den. noirs que dernièrement avons fait faire, auxquels avons fait donner cours pour 3 d. ts. la pièce, soient pris et mis doresenavant pour deux parisis la pièce et non pour plus.

(A. N. Reg. Z, 1^b, n° 58, fol. 177 v° et 178 r°. — Sorb. H. 1, 9, n° 174, fol. 194 r° et v°. — *Ord.* XIII, 36.)

_____

1423 (9 septembre).

Fut dit aux chang^rs que le Roy par ses lettres avoit ord^é estre ouvré en ses mon^es deniers d'or fin, nommez saluts, ayans cours pour 22 s. 6 d. ts. la pièce, à $\frac{1}{4}$ de karat de remède et de 70 d. de poids au marc de Paris, en donnant aux chang^rs et marchands de chacun marc d'or fin 78 ℔ ts.

Apointé que tous chang^rs qui prendront lettres de change doresenavant paieront au Roy pour chacun marc d'or qu'ils auront promis livrer, se faute y a, 40 s. ts., et pour cause, et pour chacun marc d'arg. 10 s. ts.,

et seront iceux chang^rs tenus aporter certificacion des gardes de ce qu'ils auront livré,
afin que l'en puisse faire le compte.

Apointé que doresenavant les m^es part^ers ou
tenans le compte seront tenus de f^re papiers
et registres notables, esq^ls sera enregistré
tout le billon de matière d'or et d'arg. qui
sera aporté et livré ezd. mon^es.

Pareillement, les gardes desd. mon^es seront
tenus de f^re papiers et registres notables esq^ls
sera enregistré tout l'or, billon et matière
d'or et d'arg. qui sera livré et aporté esd.
mon^es, comme dit est, et ez lieux où il y aura
contregarde, lesd. gardes en seront deschargez.

(Sorb. H. 1, 9, n° 174, fol. 434 r°.)

1423 (11 septembre).

Furent criés les doubles, trois pour ung
blanc, et les flourettes (?), deulx pour 1 blanc.

(Ms. Fr. 5920.)

1423 (13 septembre).

Jean de Gournay, essayeur de la mon° de
Troyes, fait de nouveau le serment.

(Sorb. H. 1, 9, n° 174, fol. 434 r°.)

1423 (14 septembre).

Ordonnance à cause de 6 doubles pour
deux blancs.

Par l'ordonnance du grant conseil du Roy
notre sire, nous avons aujourdhuy dit et
ordonné, disons et ordonnons estre fait et
forgé par la mutacion des doubles qui de
nouvel ont été creez et ordonnez estre prins
et mis six pour deux blancs, qui ne souloient

estre prins et mis que cinq pour 2 blancs, que
on se reiglera le plus près que l'on pourra
selon les ordonnances qui furent faictes et
publiées après la Toussainctz, l'an 1421, pour
la mutacion qui lors fut faicte de la mon^e,
c'est assavoir que ce qui est deu et accreu
pour le temps que lesd. doubles ont eu
cours pour deux blancs de rentes, denrées,
ouvraiges, marchandises et contractz, sera
payé en cinq doubles pour deux blancs,
reservez pour prestz, qui se payeront six doubles pour deux blancs. Item loyers de maisons
et rentes deues pour le terme St-Remy prouchain venant, se payeront en cinq doubles
pour deux blancs. Fait l'an 1423, le mardi
14° jour du moys de septembre.

(A. N. Reg. Z, 1^b, 60, fol. 21 v°.)

1423 (15 septembre).

Lettres pat. du Roy d'Angleterre aux generaux pour bailler à ferme les mon^es de
Paris, Mascon, Chaalons et autres.

A la chandelle et pour un an tant seulement.

Henry, etc. Pour ce qu'il est venu à notre
congnoissance que noz mon^es de Paris, de
Mascon, de Chaalons et autres plusieurs sont
de present ou seront brief ouvertes et à
bailler, et que des icelles n'a esté fait comme
pou ou néant d'ouvrage depuis l'ord^ce par
nous derrenier faicte sur le fait de noz
monnoyes, parce que ceulx qui autreffois les
ont mises à pris ont doubté et doubtent
icelles prendre et mectre à pris selon les
coustumes anciennes du bail des monnoyes
pour les enchières qui y peuvent survenir
et pour les grant charges et despens qu'il
leur convient faire avant qu'ilz puissent ouvrer sur le pié où nous avons ordonné ouvrer
de présent en nosd. monnoyes, et néantmoins que plusieurs changeurs et marchans

entendroient voullentiers à mectre à pris
icelles monnoyes, mais qu'elles leur fussent
baillées et délivrées à certain jour, fermées à
la chandelle et sans sur ce recevoir enchère
lad. chandelle faillye.....

(A. N. Reg. Z, 1ᵇ, n° 58, fol. 177 r° et v°. —
Sorb. H. 1 , 9, n° 174, fol. 194 r°. — Ord.
XIII, 38.)

1423 (30 septembre).

Lettres de Henry VI, par lesquelles il
enjoint de renouveler de mois en mois la
publication des dernières ordᶜᵉˢ concernant
les monnaies.

(Ord. XIII, 39 et 40.)

1423 (4 octobre).

Pierre de Landes fut commis par le comptoir et de l'ordᶜᵉ du conseil du Roy, notre sire,
à faire l'ouvrage de la monᵉ de Paris, pour
Regnault Tumery qui estoit prisonnier, et
ledit jour Jacquin Lenglois et Pierre Remon
furent commis à faire les offices de Gerard
de Vauboulon et Jean Gente, gardes de la
monᵉ de Paris, et Macé de Valenciennes,
à faire l'office de Miles de Lagny, essayeur
de ladite monᵉ de Paris.

(A. N. Reg. Z, 1ᵇ, 3, fol. 14 r°. — Sorb. H. 1, 9,
n° 174, fol. 134 r°.)

1423 (12 octobre).

Fu donné congé à Martin Marengue, garde
de la monᵉ d'Arras, de aler aud. lieu d'Arras
pour faire et exercer son dit office parmy
ce qu'il promist venir et comparoir au comptouer, en la chambre des monnᵉˢ, toutes fois
que mandé sera.

(A. N. Reg. Z, 1ᵇ, 3, fol. 14 r°.)

1423 (24 octobre).

A cette date, Raoul Thorin est garde de
la monᵉ de St-Quentin.

(A. N. Reg. Z, 1ᵇ, 3, fol. 15 v°.)

1423 (29 octobre).

Guion Luillier, procureur d'Adam Renier
et d'Estienne Luillier, son frère, s'oppose à
ce que la monᵉ de Chaalon soit baillée à
Jaquotin du Pré, qui l'avoit mise à prix et à
qui elle estoit adjugée comme derrenier
enchérisseur.

(Ibidem, fol. 16 v°.)

1423 (13 novembre).

Fut baillé à Casin du Pré, changʳ sur le
Pont de Paris, un mandemᵗ du Roy, adreçant
au baillif d'Amiens, pour faire édifier une
monnoye aud. lieu, avec lettres closes
par le comptouer, adreçans aud. baillif pour
bailler ladite monnᵉ à la chandelle.

(A. N. Reg. Z, 1ᵇ, 3, fol. 17 v°.—Sorb. H. 1, 9, n° 174,
fol. 134 r°.—Ms. Lecoq, fol. 15 v°.)

1423 (3 décembre).

En la chambre des monoyes où estoient
mᵉˢ Quentin Massue et Hugues Rapiot, consᵉʳˢ
et mᵉˢ des requêtes de l'hostel du Roy nostre
sire, Jehan Trotet, Macé de Valenciennes et
mᵉ Robert Gautier, generaux mᵉˢ des monnoyes, et Barthelemy de Morgal, Renault
Tumery, mᵉˢ partᶜʳˢ de la monᵉ de Paris,
Jaques Trotet et Jean Gente, l'un des gardes
de lad. monᵉ de Paris, en presence desquels
fut descellé et ouvert un sac de toille aporté
en lad. chambre par led. mᵉ Hugues, par

DOCUMENTS MONÉTAIRES

l'ord^{ce} du conseil du Roy notre S^{re}, auquel sac avoit environ 50 ₶ ts. de blancs de 10 d. ts. la pièce , si comme disoit led. Barthelemy de Morgal , desquels deniers furent pris et pesez trois pour chacun de trois marcs, qui font neuf marcs, et furent trouvez feibles 14 d. et demi esd. neuf marcs, et après ce furent pris 60 d'iceulx deniers pour faire essay , lesquelz furent coupez chacun par moitié, dont 60 moitiés desd. deniers furent baillez aud. sire Macé de Valenciennes pour faire essay , et les autres 60 moitiés mises en une peuille de toille et scellée des sceaux desd. sires Macé et m^e Robert Gautier.

(A. N. Reg. Z, 1^b, 3, fol. 17 v°. — Sorb. H. 1, 9, n° 174, fol. 134 v°.)

———

1423 (4 décembre).

Led. sire Macé raporta au comptouër qu'il avoit fait essay des 60 den. dessusd., leq^l essay estoit venu à 4 d. 19 gr. ½ fin.

(A. N. Reg. Z , 1^b, 3, fol. 18 r°. — Sorb. H. 1, 9, n° 174, fol. 135 r".)

———

1423 (14 décembre).

Même opération devant « m^e Hugues Rapiot, cons^{er} et m^e des req^{tes} de l'hostel du Roy notre sire, et Barthelemy de Morgal. » On descelle et ouvre un grand sac de toille « ou y avoit environ de 7 à 8^{xx} francs de blancs de 10 den. tournois la pièce, lesquels avoient esté pris et trouvez en la maîtrise de la mon^e de Paris, en la possession de Regnault Tumery, m^e part^{er} d'icelle , desq^{ls} deniers blancs furent pesés (comme l'autre fois au 4 décembre), qui furent trouvez foibles 12 d. ¼ esd. 9 marcs. Puis 60 moitiés sont

données à sire Macé de Valenciennes pour en faire l'essay.

Nota. Le résultat de l'essai n'est pas relaté.

(A. N. Reg. Z , 1^b, 3, fol. 18 v°. — Sorb. H. 1, 9, n° 174, fol. 135 r°.)

———

1423 (14 décembre).

Jean Trotet, Macé de Valenciennes et Me Robert Gaultier, generaux m^{es} des monnoyes , et M^o Gerart Le Coq , cons^{er} du Roy notre sire en ladite chambre.

Guion Luillier , Thomas Orlant , Renault Tumery, Jacques Trotet, Jehan de la Branche, Arnoulet Rame , Colin Ruissel et plusieurs autres changeurs sur le pont de Paris.

Adjugé à Arnoullet Rame , chang^r sur le pont de Paris, pour un an, pour y faire saluz d'or à ¼ de k. de remède.

En marge : la mon^e de Paris baillée, fermée à la chandelle pour recevoir enchères sans plus y recevoir enchère la chandelle faillie.

La chandelle alumée sur le denier à Dieu de celui qui offre.

(Sorb. H. 1, 9, n° 174, fol. 5 r°.)

———

1423 (17 décembre).

Paris.

Le 17e jour de décembre, l'an 1423, fu ordonné au comptouer que es deniers d'or fin nomez saluz, à ung quart de carat de remeide , de LXX d. au marc, qui seront faiz et ouvrez en la mon^e de Paris ledit jour, sera fait pour différence devers la croix seulement la lettre de *m* de Imperat, qui paravant estoit ronde en manière d'un cadran, sera de ceste façon : M.

Item es deniers blans aians cours pour x d. ts. la pièce, qui seront faiz et ouvrez en icelle monn° depuis ledit jour, sera fait pour différence devers la croix seulement : les 3 petitz poins quy sont entre chacun mot seront assemblez ensemble (par une ligne verticale).

Et semblablement es petiz blans de 5 d. ts. la pièce.

Lesquelles différences furent ordonnées estre faictes afin que, si on trouvoit aucuns deniers d'or ou d'argent qui ne fussent du poys et loy que doivent estre, que on peust savoir soubz quel maistre ilz auroient esté faiz.

Rouen.

Il a esté ordonné faire pour différance es petites mailles tourn. qui seront faictes en la monn° de Rouen, soubz le C de Henricus ung point et soubz le C de Civis ung point.

St-Lo.

Et es petites mailles tourn. qui seront faictes en la mon° de St-Lo sera mis pour différance soubz S de Henricus ung point et soubz S de Civis ung point.

(Reg. entre 2 ais, fol. 159 v°.)

1423 (JANVIER).

Item fut faict en Normandie par le commandement du Roy Henry d'Angleterre de faire petitz blancs aians cours pour 5 d. ts. la pièce, et à 5 d. de loy comme les grands blancs.

(Ms. Fr., nouv. acq. n° 471, fol. 93.—Ms. Fr. n° 148, fol. 280 r° et v°.)

1423 (20 JANVIER).

Au comptouer, en la chambre des mon-

noies, Hugues Rapiot, conseiller et maistre des requêtes de l'ostel du Roy notre S°, Jehan Trotet, Macé de Valenciennes et maistre Robert Gaultier, generaux m^tres des mon^es, et Barthelemy de Morgal, en la presence desquelx furent pris et pesez deux marcs de blancs de 10 d. ts. la pièce, d'une boeste faite en la mon° de Paris par Regnault de Thumery, du 6° jour de juillet 1423 jusques au 3 septembre exclus aud. an ensuivant, c'est à savoir un marc ensemble, et l'autre marc fut pesé et mis en deux parties chacune de demi marc, lesquels deniers furent mis en 3 peuilles et scellez du signet dud. m° Hugues et iceux baillez à Macé de Valenciennes, pour les porter en la mon° de Paris pour faire desd. den. ce qu'il en seroit apointé; et ce dit jour de relevée, en la mon° de Paris, en la chambre, en presence de Milet de Laigny, essayeur de lad. mon°, où estoient led. m° Hugues Rapiot, m° Jean Rapiot, ad^at du Roy, m° Guill° Barthelemy, p^r g^al du Roy notre sire, et Macé de Valenciennes, general m° des mon^es, fut baillé aud. Milet l'une des parties desd. deniers pesant demi marc pour afiner ensemble, leq^l Milet en la presence des dessusd. a mis led. demi marc en une grande coepelle, qui est revenu à une once, onze esterlins d'argent, sans ce que est demouré en lad. coeppelle, laq^lle en peut boire et retenir en soy, parquoy l'on ne pouroit asseoir jugem^t comme de vray essay.

(A. N. Reg. Z, 1^b, 3, fol. 20 r°.—Sorb. H. 1, 9, n° 174, fol. 135 r°.)

1423 (26 JANVIER).

Les essais sont continués et les résultats en sont portés au Parlement, à m° Hugues Rapiot, par Bertrand Aquart, clerc des monnaies, avec « un commencement de procez-

verbal de la prise des deniers dont led.
Milet avoit fait lad. petite cendrée en manière
d'essay. »

(A. N. Reg. Z, 1ᵇ, 3, fol. 20 vᵒ. — Sorb. H. 1, 9,
nᵒ 174, fol. 135 rᵒ.)

1423 (18 FÉVRIER).

Ordᶜᵉ pour informer de ceux qui ont porté
billon d'or et d'arg. en autre monᵉ que les
notres.

(Sorb. H. 1, 9, nᵒ 173, fol. 16 rᵒ.)

1423 (19 FÉVRIER).

Amiens.

Le 19ᵉ jour de février 1423 fut escript aux
gardes de la monnoye nouvellement ordonnée
en la ville d'Amiens, qu'ilz feissent faire par
le tailleur d'icelle monnᵉ pour différance es
den. d'or appellez salus, grans blans et
autres monn. d'argent, ung petit mouton en
manière d'*Agnus Dei.*

(Reg. entre 2 ais, fol. 160 rᵒ.)

1423 (1ᵉʳ MARS).

Le premier jour de mars 1423, fut faict
l'ouvraige qui s'ensuit :
Francs à cheval d'or fin à demi karat de
remeide, de 2 d. 9 grains de poids au feur de
80 pièces au marc, ayans cours pour 20 s.
pièce.
Marc d'or fin. . . . . 79 ℔.
Figure : Franc à cheval avec HENRICVS · D ·
G · FRANC · Z · ANGLIE · REX.

(Ms. Fr. 5524, fol. 126 rᵒ. — Reg. de Lautier,
fol. 106 vᵒ.)

1423 (13 MARS).

Girard de Vauboulon, garde de la monnᵒ de
Paris, aporte lettres royaux qui ostent la suspension et empeschement mis en l'exercice
de sa charge , et fut le samedi 18 mars 1423
mis en possession de sa charge, ainsi que
Jean Gente, autre garde qui avoit obtenu
pareilles lettres.

(A. N. Reg. Z, 1ᵇ, 3, fol. 23 rᵃ. — Sorb. H. 1, 9,
nᵒ 174, fol. 135 vᵒ.)

1423 (14 MARS).

A cette date, les gardes de la monᵉ de
Paris sont Gerard de Vauboulon et Jehan
Gente.

(A. N. Reg. Z, 1ᵇ, 3, fol. 24 rᵒ.)

1423 (15 MARS).

Mᵖˢ Gaucher Loyer et Jean de la Porte,
consʳʳˢ du Roy au Parlement, commissaires
de par lad. cour , venaient en la chambre
des généraux pour le procès de Renault
de Tumery.
(Il s'agit de blancs de 10 d. ts. faibles de
poids et de titre).

(A. N. Reg. Z, 1ᵇ, 3, fol. 23 rᵒ et vᵒ. — Sorb. H. 1, 9,
nᵒ 174, fol. 135 vᵒ.)

1423 (23 MARS).

On ouvre une boiste de blancs de 10 d. ts.
faits à Rouen par Robin Lambert, du 5
juillet 1423 au 4 novembre suivant, où il
devait y avoir 7 ℔ 1 s. 11 d. , et où il ne se
trouve que 6 ℔ 12 s. 8 d. de blancs.

(A. N. Reg. Z, 1ᵇ, 3, fol. 25 vᵒ.)

1423 (28 MARS).

Ce jour de relevée fut enjoint et defendu à Robin Lambert, m° p^er de la mon° de Rouen, le partir de la ville de Paris en peine de 100 marcs d'argent à appliquer au Roy n^re s^re.

Ce jour fut ordonné escripre aux gardes des monn^es, que par le maistre part^er ils acent ouvrer des petiz tournois noirs, et que ils n'en laissent ouvrer plus de la valeur de 10 marcs d'argent pour mois.

(A. N. Reg Z, 1^b, 3, fol. 25 r°.)

Arnoulet Rame est m° p^er de Paris.

————

1423 (7 AVRIL) A 1424 (23 SEPTEMBRE).

A Amiens. Blancs anglo-français de 10 d. ts., à 5 d. A. R. et de 6 s. 3 d. de poids (75 au marc), par Felisot Bonin, m° p^er, pour lequel Perrinet de Troyes a tenu le cp^te de la mon° : mis en boîte 8 s. 7 d. de ces blancs, qui représentent 988 marcs et $\frac{4}{5}$ de marc, soit 74250 pièces frappées.

(Ce même compte se retrouve dans le carton Z, 1^b, 815, sur une feuille de parchemin. Il est dit de plus que Felisot Bonin est m° part^er au nom de Guion Luillier).

Mêmes blancs, par Jehan de Breban, m^e p^er; du 20 juillet 1426 au 24 août exclus, mis en boîte 2 s. 2 d. = 26 pièces représentant 18720 blancs émis.

(Reproduit sur une feuille de parchemin du carton Z, 1^b, 815).

Du 24 août 1426 au 17 juin exclus, mis en boîte 21 sous, représentant 181440 pièces frappées.

Deniers parisis noirs, à 1 d. 12 gr. A. R.

DOCUMENTS MONÉTAIRES. — II.

et de 15 s. au marc (180 pièces), une delivrance le 8 février 1426, mis en boîte 4 sous de ces parisis (48 pièces; le chiffre doit être faux), représentant 192 marcs, soit 34560 parisis frappés.

(Il y est mentionné Jehan de Fontenay, pour lequel Pierre de Landes a tenu le cp^te de la mon° au 11 décembre 1426).

Mêmes grands blancs anglo-français, par Jacquet Climent, pour lequel Guillaume Ruissel a tenu le cp^te de la mon°, du 20 septembre 1427 au 22 octobre (exclus) 1428, mis en boîte 4 s. 1 d. = 49 pièces représentant 35260 pièces frappées.

NOTA. Le compte de cette même boîte a été inscrit par mégarde parmi les comptes des boîtes de l'or. Il est alors accompagné de la note suivante : ce compte est de nulle valeur.

Mêmes grands blancs par Pierre Grumeau, m° p^er, une delivrance le 16 février 1428, mis en boîte 17 blancs représentant 5040 pièces.

Mêmes blancs anglo-français du 17 février 1428 au 13 février 1429 (exclus), mis en boîte 1 s. 10 d. = 22 pièces représentant 15840 pièces frappées.

Mêmes blancs par Jehannin Grumeau le jeune, pour lequel Pierre Grumeau a tenu le cp^te de la mon°; du 3 avril 1429 avant Pâques au 11 septembre 1430, mis en boîte 1 s. 2 d. = 14 pièces représentant 10080 blancs émis.

Mêmes blancs par Jacques aux Couteaux, m° p^er; du 6 mars 1433 au 26 mars suivant (exclus), mis en boîte 2 s. 1 d. = 25 pièces représentant 18030 pièces frappées.

Du 15 avril 1434 au 7 octobre suivant, mêmes blancs; mis en boîte 2 s. 6 d. = 30 pièces représentant 21600 blancs émis.

(A. N. Registre en papier. Carton Z, 1^b, 815. Ce Registre est coté Z 1390.)

23

En résumé, il a été frappé à Amiens, au nom de Henri VI, 414770 grands blancs aux armes de France et d'Angleterre, du 7 avril 1423 avant Pâques au 7 octobre 1434.

1423 (7 avril).

Jehan Favry, mᵉ pᵉʳ de la monᵉ de St-Lô, est au comptoir et mis à l'amende pour fautes commises.

(A. N. Reg. Z, 1ᵇ, 3, fol. 26 vᵒ.)

1424.

Marc d'or fin, 87 ℔ 10 s.

(Sorb. H. 1, 10, nᵒ 172, fol. 39 rᵒ.)

1424.

Jehan Trotet, Macé de Valenciennes et Jean le Goupil, généraux mᵉˢ des monoyes.

(Sorb. H. 1, 9, nᵒ 174, fol. 138 vᵒ.)

1424.

Rouen.

Georget Boquet, changʳ à Rouen, mᵒ de la monᵉ pour un an, ajugée par sire Jean le Goupil, gᵃˡ mᵒ des monnᵉˢ, estant à Rouen. Caution de 8000 ℔.

Fera le marc d'or pʳ 10 s. ts., le marc d'arg. en blancs deniers grands et petits à 5 d. de loy, sur pié de monᵉ 30ᵒ, pour 2 s. 6 d. ts., et tout le noir pour 2 s. ts. Faire ouvrer 1050 marcs d'or fin, ou payer pour chacun marc qui defaudra 21 s. 5 d.

(Sorb. H. 1, 9, nᵒ 174, fol. 14 rᵒ.)

1424.

Saint-Quentin.

Pierre Grumeau, pour un an, par les generaux, à la chandelle allumée en presence de Regnault Tumery, Guion Luilier, Pierre de Landes, Gaucher Vivien, François de la Guermoise, Jaques Trotet, Jean Sat, Francorin Sat, Arnoult Rame, Jean de la Branche, Pierre Grumeau et plusᵣˢ autres.

Les pleiges de Griveau (sic) sont messire Girard d'Athier, chlr, seigʳ de Moyencourt, Pierre de Ravenel, Colart des Loges dit Logois, demᵗ à St-Quentin.

(Sorb. H. 1, 9, nᵒ 174, fol. 46 rᵒ.)

1424 (2 mai).

Guilleᵉ le Moyne, mᵒ partᵉʳ de la monᵉ d'Arras.

(Sorb. H. 1, 9, nᵒ 174, fol. 136 rᵒ.)

1424 (31 mai).

Lettres pat. du Roy d'Angleterre aux generaux. Ayans ordᵉ être fait petits deniers ts. à 1 d. ts. la pièce de cours, et petites mailles ts. à une maille ts. de cours, il est venu à notre conoissance qu'il est besoin et necessité en notre ville de Paris faire de petits den. parisis, vous mandons faire et ouvrer en lad. monᵉ de Paris petits denᵣˢ parisis noirs, ayans cours pour 1 d. par. la pièce, à 1 d. 12 gr. de loy arg. le Roy et de 15 s. de poids au marc de Paris, sur le pied de monᵉ 30ᵒ, donnant aux changeurs de chacun marc d'argent aloyé à lad. loy 116 s. ts.

(Sorb. H. 1, 9, nᵒ 174, fol. 197 rᵒ.—Ord. XIII, 51.)

1424 (31 mai).

Le dernier jour de may 1424, fust faict l'ouvrage qui sensuyt.

Parisis noirs à 1 d. 12 grains de loy, de 1 d. 1 grain de poix, au feur de 9ˣˣ pièces au marc, ayans cours pour 1 d. pite tz.

Marc d'argent, 116 s. tz.

Figure : couronnelle PA — RISI — VS. C — IVSI *(sic)*. Croix fleurdelysée.

℞. FRANCORV ○ ET ○ AGL. ○ REX. Grande couronne ; dessous, HĒRI, et dessus lys et léopard.

(Ms. Fr. 5524, fol. 126 rᵒ et vᵒ. — Reg. de Lautier, fol. 106 vᵒ.)

1424 (2 juin).

Mention de Guillᵉ le Moine, mᵒ pʳʳ de la monnᵉ d'Arras.

(A. N. Reg. Z, 1ᵇ, 3, fol. 29 rᵒ.)

1424 (5 juin).

Nouvel bail de la monᵉ de Pariz, des petits deniers noirs qui ont cours pour 1 denier parisis la pièce, à 1 d. 12 gr. de loy A. R. et de 15 s. de pois (180 p.) au marc, fait en achat par Arnoullet Rame, mᵉ pᵉʳ de lad. monᵉ. Acheté le marc d'argent aloyé à lad. aloy au prix de 116 s. tournois le marc, délivré par Jehan Gente et Gérard de Vauboulon, gardes d'icelle monnoye ; fait l'an 1424.

Le 5 juin 1424 et le 7 juin 1424, 389 ₶ 10 s. de gros, de petits parisis noirs.

Le 7 sept. 1424, 93 ₶. 115800 ? frappés.

(A. N. Reg. en papier du carton Z, 1ᵇ, 914.)

1424 (8 juin).

Commandemᵗ à Pierre Mandole, contre-

garde de l'argent de la monᵉ de Paris, qu'il ne portast aucunement son papier aval la ville pour icelui montrer à aucune personne.

(A. N. Reg. Z, 1ᵇ, 3, fol. 30 rᵛ.)

1424 (27 juin).

Il est défendu à Guill. Gouveau, garde de la monᵉ de Nevers, de partir de Paris.

Jean Ravier, garde de la monᵉ de Châlons, est en prison.

(Sorb. II. 1, 9, nᵒ 174, fol. 136 rᵒ.)

1424 (31 aout).

Fut baillé par l'ordᶜᵉ du comptouer par moy Bertran Aquart au procureur général la lettre de pleigerie de Arnoulet Rame pour la prise de la monᵉ de Paris, pour soy en aidier au procès à l'encontre dudit Arnoulet.

(A. N. Reg. Z, 1ᵇ, 3, fol. 33 rᵒ.)

1424 (6 septembre).

Receu de Guiot de Hannin talleur *(sic)* de la monoye de Paris, le mardi 6 septembre de l'an 1424, 3 peres de fers pour les parisis noirs.

Rendu à Guiot de Hannin, talleur, le samedy 9ᵉ jour de septembre, 13 peres de fers pour petiz parisis noirs, l'an dessusdy.

La livre de gros desd. parisis noirs poise 1 marc 2 onces 13 e. ⅓.

(A. N. Reg. en papier du carton Z, 1ᵇ, 914.)

1424 (9 septembre).

Au comptouer, en la chambre des monᵉˢ.

Jean Trotet, Macé de Valenciennes et m° Robert Gaultier, général m°.

Procès où sont compromis Robert Auvert et Martin Marengue, gardes de la mon° d'Arras, contre Charlot le Mercier, à cause de certains doubles den. blancs faits en icelle mon°, durant le temps que led. Charlot a tenu le compte d'icelle monnoie, lesq'ᵉ deniers ont esté trouvez de mandre loy que ne devoient estre. Ils sont condamnés à l'amende de 80 ₶ parisis, c'est assavoir ledit Martin Marengue 50 ₶ parˢ, et led. Robert Auvert, pour considération qu'il a plus souffert d'interest que led. Martin, 30 ₶ parˢ.

(A. N. Reg. Z, 1ᵇ, 3, fol. 33 v°.—Sorb. H. 1, 9, n° 174, fol. 136 v°.)

1424 (6 octobre).

Mention de Pierre de Monin, tailleur de la mon° d'Amiens, et de Désiré Wettin, l'un des gardes de lad. mon°.

(A. N. Reg. Z, 1ᵇ, 3, fol. 34 r°.)

1424 (11 octobre).

Rendu à Thevenin de Genillac ung fort denier doré, de la taille des deniers qui ont cours pour 10 d. ts. la pièce.

(Ibidem, fol. 34 v°.)

1424 (27 octobre).

Jehan Ravier, garde de la mon° de Chaalons, condamné à l'amende pour faultes et negligences commises par luy.

(Ibidem.)

1424 (30 octobre).

Geufroy de Lichen, nagueres garde de la mon° de Chalons, condamné en 40 ₶ parˢ d'amende, et puis modérée à 10 ₶.

(A. N. Reg. Z, 1ᵇ, 3, fol. 35 r°. — Sorb. H. 1, 9, n° 174, fol. 137 r°.)

1424 (29 novembre).

Macé de Valenciennes, général m° des mon⁵, se transporte aux affineries en la rue St-Thomas par la porte St-Honoré.

(Sorb. H. 1, 9, n° 174, fol. 138 r°.)

1424 (5 décembre).

Mention de Robert Auvert, garde de la mon° d'Arras.

(A. N. Reg. Z, 1ᵇ, 3, fol. 36 r°.)

1424 (26 décembre).

Mention de Arnoulet Rame, nagueres m° pᵉʳ de la mon° de Paris.

(Ibidem, fol. 37 v°.)

1424 (5 janvier).

Nouveau bail de petits parisis noirs faits à Paris par Arnoulet Rame, m° pᵉʳ en 1424.
Le 5 janvier 1424, 115 ₶ 10 s.
Le 7 janvier 1424, 27 ₶ 10 s.
Somme 143 ₶ ; 29520 frappés.

(A. N. Cahier de papier du carton Z, 1ᵇ, 914.)

1424 (12 février).

Regnault Tumery dit qu'il y a débat entre Arnoulet Rame, naguere m° pᵉʳ de la mon° de Paris, et Jehan de Fontenoy qui icelle mon° avoit derrenierement pris, à cause de ce que icelluy Arnoulet disoit et maintenoit que led. Jeh. de Fontenoy devoit et estoit tenu prendre par inventoire tous les hostellemens, garnisons et autres choses appartenant au fait de l'ouvrage de lad. mon°.

Le mardi suivant, les g^{aux} m^{tres} décident que J. de Fontenoy prendra tout l'outillage inventorié.

(A. N. Reg. Z, 1ᵇ, 3, fol. 38 v°.)

1424 (15 février).

En l'hostel de M. le 1ᵉʳ Présid. du parl^t où estoient messire Jean Trotet et Macé de Valenciennes, generaux m^{ᵉˢ}, et Jean Housse, garde de la mon° de St-Quentin.

Examen d'information.

Jean de Breban, naguère m° part^{er} ou ten^t le compte de la mon° de St-Quentin, est trouvé chargé et très fort souspeçonné d'avoir envoyé grand quantité de billon hors dud. lieu de St-Quentin en eslongnant lad. mon° au préjudice du Roy et de la chose publique et au retardement de l'ouvrage d'icelle mon°.

Il est question de doubles faux, faits à Guise :

Item par lad. information faite à St-Quentin, a esté trouvé qu'il court au pais de par de la de faux doubles faits à Guise, en plus grand nombre que des bons, et pour ce a esté apointé de faire un mandem^t du Roy pour defendre lesd. faux doubles aud. pays, et pareillement un autre mandem^t pour defendre iceux faux doubles à Paris, et aussi que les changeurs de Paris seront visitez et tous les faux doubles trouvez en leur possession coppez et au Roy confisquez.

(A. N. Reg. Z, 1ᵇ, 3, fol. 39 et 40. — Sorb. H, 1, 9, n° 174, fol. 138 r°.)

1424 (21 février).

Ordonné à Gaucher Vivien, ten^t le compte de la mon° de Paris, de prendre les utencilles estans en lad. mon° par juste pris et certain inventaire. Il tient le compte pour Pierre de Landes. Il consent à condicion qu'il en sera fait de même pour leur surveillance quand ils quitteront la mon°.

(A. N. Reg. Z, 1ᵇ, 3, fol. 40 r°.)

1424 (24 février).

Pierre de Landes a mis la mon° de Paris à prix pour Jean de Fontenoy.

Congé à Arnoullet Rame, nagueres ten^t le compte de la mon° de Paris, d'officier en la mon°.

(A. N. Reg. Z, 1ᵇ, 3, fol. 41 r°. — Sorb. H, 1, 9, n° 174, fol. 138 v°.)

1424 (6 mars).

Francorin Sac, adjudicataire de la mon° d'or, et Jehan de Fontenoy de celle d'argent.

En marge : Blancs deniers grans et petits sur le pied de mon° 30ᵉ.

(Sorb. H. 1, 9, n° 174, fol. 5 v°.)

1424 (7 mars).

Francorin Sac, bourgeois de Paris, reconnaît « avoir prins et retenu de honorables hommes et saiges les généraux maistres des monnoyes du Roy n^{re} s^{re}, la monnoye d'or de la ville de Paris. »

Ses pleiges sont sire Jehan Sac et sire Augustin Ysebarre, bourgeois de Paris, pour la somme de 4000 ⱠⱠ ts.

(A. N. Carton Z, 1ᵇ, fol. 362.)

1424 (30 MARS).

Ord^é que Guiot de Hanin, tailleur de Paris, sera payé de sa taille d'or à chacune delivrance en or, comme les monnoyers seront paiez après ce qu'ils ont monoyé.

(A. N. Reg. Z, 1^b, 3, fol. 44 r°.)

—————

1424 (2 AVRIL).

Francorin Sac, m^e part^{er} de l'or de la mon^e de Paris, est mentionné.

(Sorb. II, 1, 9, n° 174, fol. 138 r°.)

—————

1425.

Marc d'or fin, 87 ₶.

(Sorb. II. 1, 10, n° 172, fol. 39 r°.)

—————

1425.

Sire Jean le Goupil, général m^e des mon^{es}.

(Sorb. II. 1, 9, n° 174, fol. 5 v°.)

—————

1425.

Troyes.

Gervaisot Lalier, p^r de Silvestre le Cheriat, pour un an la mon^e d'or et d'arg. de Troyes et d'Aucerre.

4000 marcs d'œuvre en la mon^e de Troyes, et en celle d'Aucerre 2000 marcs.

(Sorb. H. 1, 9, n° 174, fol. 14 v°.)

—————

1425.

Mascon.

Aymé Penet, de Bourg en Bresse, dem^t à Mascon, pour un an, par Estienne Pronier et Guill^e Revendeur, gardes.

Marc d'or en den. d'or, nommez salus, à ¼ de k. de remède, pour 12 s. ts.

Marc d'œuvre en blancs den., grands et petits, sur le pié de mon^e 30°, pour 4 s. ts.

Marc d'œuvre du noir sur led. pié, pour 2 s. ts.

(Sorb. H. 1. 9, n° 174, fol. 44 v°.)

—————

1425.

Nevers.

Hugues de Pognes, marchant aud. lieu, pour un an.

(Sorb. II. 1, 9, n° 174, fol. 18 r°.)

—————

1425.

Saint-Lo.

Jean de Caumont, pour un an, par sire Jean le Goupil, général m^e des mon^{es}.

(Sorb. H. 1, 9, n° 174, fol. 39 v°.)

—————

1425 (30 AVRIL).

A Paris.

Ord^{ce} de Henry, par la grâce de Dieu roy de France et d'Angleterre, au bailly de Vermandois ou à son lieutenant à St-Quentin, pour faire publier sa précédente ord^{ce} du 6 décembre 1424, par déclaracion de notre grand conseil et autres à ce connaissans, ord^e que les mon^{es} de Flandres seront prises les trois plaques de Flandres pour 4 des grands blancs que nous faisons de present faire en nos mon^{es}, et une desd. plaques pour huit bons doubles, aians cours les trois pour un petit blanc, et les gros et demys de Flandres pour un desd. grans blans, et icelui gros pour quatre d'iceux doubles, sur peine de confiscation de corps et de biens.

Signé par le Roy à la relation du grand

conseil, tenu par l'ord^{ce} de Mons^{gr} le Regent de France, duc de Bedfort.   **L. GALOT.**

Lettre au senechal de Ponthieu pour faire exécuter cette ordonnance.

Extrait du Registre des ord^{ces} des monoyes commençant le dernier avril 1425, finissant le 27 avril 1514. En marge : c'est le papier où sont enregistrés les mandements royaux et autres choses touchant le fait des monoyes.

(A. N. Reg. Z, 1^b, 60, fol. 2 r°. C'est le Reg. F. de la Cour des monn^{es}. — Sorb. H. 1, 13, n° 173, fol. 15 r°.)

1425 (2 MAI).

Fut enjoint et deffendu à Pierre de Landes, m° p^{er} de la mon° de Paris, qu'il ne paiast aucune chose des gaiges de Guiot de Hanin, tailleur de lad. mon°, Jacquin Langlois, contregarde de l'or, et Jeh. Gente, jusques sur ce il eust autre mandement du comptouer.

(A. N. Reg. Z, 1^b, 3, fol. 45 r°.)

1425 (24 MAI).

Arras.

Robin Bachelier mit à pris au compt. la mon° d'or et d'arg. au nom de Robin Martin, dem^t aud. lieu, pour un com^t le jour de sa 1re delivrance ; et faire ouvrer le marc d'or en den^{rs} saluz à ¼ de quart de remede pour 14 s. ts.

Le marc d'œuvre en blancs deniers grands et petits sur le pié de mon° 30e pour 3 s. 6 d. ts.

Et le marc d'œuvre du noir sur led. pié pour 2 s. 6 d. ts., sur les conditions et convenances du bail des mon^{es}.

(Sorb. H. 1, 9, n° 174, fol. 43 r°.)

1425 (2 JUIN).

Permis à Jaquin Langlois, contregarde de la mon° d'or de Paris, que son fils, changeur sur le grand pont, demeurast en la mon° avec lui jusques à novembre prochain.

Estienne Luillier, naguères m° part^{er} de la mon° de Chalons, en réclame l'inventaire.

(A. N. Reg. Z, 1^b, n° 3. fol. 46 v°.—Sorb. H. 1, 9, n° 174, fol. 138 v° et 139 r°.)

1425 (23 JUIN).

Fut leu en présence des prevosts, compagnons ouvriers et monoyers de la mon° de Paris, un vidimus de certaines lettres de feu le Roy Charles, roy de France et de Navarre, données en janvier 1324, fais^t mention de certaines ord^{ces} sur le f^t de gouvernement desd. ouvriers et monoyers, après laq^{lle} lecture fut defendu par lesd. generaux ausd. prevostz des ouvriers et monnoyers que doresenavant, sur peine de 1000 ₶ ts. à appliquer au roy, ils ne receussent aucunes personnes en lad. mon° ne ne souffrissent faire aucunes espreuves en icelle mon° de Paris, sans le congié de licence desd. generaux m^{os}.

(A. N. Reg. Z, 1^b, 3, fol. 47 r°. — Sorb. H. 1, 9, n° 174, fol. 139 r°.)

1425 (11 JUILLET).

Auxerre.

Gervaisot Lallier, commis procureur de Silvestre le Cheriat, pour un an avec la mon° de Troyes.

(Sorb. H. 1, 9, n° 174, fol. 46 r°.)

1425 (13 août).

Mention de Pierre Poilet, contregarde de la monᵉ de St-Quentin.

Jaquotin du Pré, qui a pris possession de la maîtrise de cette monᵉ le 12 juillet 1423.

(A. N. Reg. Z, 1ᵇ, 3, fol. 52 v°.)

1425 (22 août).

Francorin Sac, mᵉ pᵉʳ de la monᵉ d'or de Paris est mentionné.

(Ibidem, fol. 53 v°.)

1425 (28 août).

Gerard de Vauboulon et Jehan Gente, gardes de la monᵉ de Paris, sont mis à l'amende pour avoir fait le 7 mai précédent une délivrance de grands blancs mauvais.

15 ℔ de ces grands blancs trouvés hors des remèdes sont refondus.

(Ibidem, fol. 54 r°.)

1425 (11 septembre).

Pierre Poillet, contregarde de la monᵉ de St-Quentin, est arrêté, avec défense sous peine de 1000 ℔ parisis de quitter Paris.

(Ibidem, fol. 54 v°.)

1425 (3 octobre).

Mention de Guion Luillier et de Jehan de la Porte, garde de la mon° de Chaalons.

(Ibidem, fol. 55 et 56.)

1425 (22 octobre).

Le 22 octobre 1425, feust en la monnoye de Rouen faict l'ouvrage qui ensuyt. Sallutz d'or à 23 k., à ung quart de karat de remedde, de 3 d. de poix pièce, au feur de 63 pièces au marc, ayans cours pour 25 s. pᶜᵉ.

Marc d'or fin, 78 ℔.

Figure : le salut au léopard.

Blancs à 5 d. de loy argent le Roy, de 2 d. 13 grains chacune pièce, au feur de 75 pièces au marc. ayans cours pour 10 d. ts. pᶜᵉ.

Marc d'argent, 6 ℔ 16 s. ts.

Figure : le blanc à deux léopards soutenant la couronne au-dessus des trois lys, et avec HENRICVS FRANCORVM REX d'Henri V.

Blancs deniers à 5 d. de loy argent le Roy, de 2 d. 12 à 13 grains de poix, au feur de 75 pièces au marc, ayans cours pour 10 d. pᶜᵉ.

Même figure.

Marc d'argent en aulcunes monnoyes vallust 6 ℔ 15 s., 16 s. et 17 s. tz.

Figure : blanc avec les 3 lys couronnés et HENRICVS FRANCORVM REX de Henri V.

(Ms. Fr. 5524, fol. 126 v° et 127 r°. — Reg. de Lautier, fol. 107 r° et v°.)

1425 (22 octobre).

Mandement pour faire de nouvel une monnoye au Mans. Comme de nouvel la ville du Mans soit reduite et mise en notre obeissance, par l'advis de notre tres cher et tres amé oncle Jean, regent notre royᵐᵉ de France, duc de Bedford, voulons et ordonnons estre faicte et édifiée de nouvel en ladite ville du Mans une monnoye en laquelle soit faicte, ouvrée et monnoyée autelle et semblable mon° d'or et d'argent que nous faisons et ferons faire ez noz autres monˢ, en establissant de par nous tous les officiers quil conviendra en lad. monnoye aux gaiges accoustumez.

Ainsi signé par le Roy à la relacion de Mons⁶ʳ le Regent de France, duc de Bedford.

J. MILET.

(A. N. Reg. Z, 1ᵇ, 60, fol. 3 v°. — Sorb. H. 1, 13, n° 173, fol. 15 r°.)

1425 (26 OCTOBRE).

A Paris.

De notre règne, le 4°... J. DE REUEL.

Ord⁽ᶜᵉ⁾ aux generaux pour bailler des fers à la mon⁰ du Mans, faits par le tailleur de la mon⁰ de Paris, scr. 2 paires de fers pour deniers d'or nommez saluts, que nous faisons faire en nos autres mon⁽ᵉˢ⁾, 6 paires pour grands blancs de 10 d. ts. pièce , petits deniers blancs aians cours pour 5 d. ts. pièce, et 2 paires pour petits deniers ts. aians cours pour 1 d. ts., et les delivrez à nos amez et feaux Jehan Popbin , chevalier, chancelier de notre tres cher et tres amé oncle Jehan, regent notre roy⁽ᵐᵉ⁾ de France, duc de Bedford, et Jehan Fastolf, grand maistre d'hostel de notre oncle et gouverneur d'Anjou et du Mayne.

(A. N. Reg. Z, 1ᵇ, 60, fol. 3 r° et 4 v°. — Sorb. H, 1, 13, n° 173, fol. 15 r°. — Sorb. H. 1, 9, n° 174, fol. 139 v°.)

1425 (27 OCTOBRE).

Furent baillez à mess⁽ʳᵉ⁾ Jehan Popan , chev⁽ᵉʳ⁾, chancelier de Mons⁶ʳ le Regent, et mess⁽ʳᵉ⁾ Jehan Fastolf, chev⁽ᵉʳ⁾, grant maistre d'ostel dud. S⁶ʳ, 2 paires de fers à monnoyer saluz, six paires de fers, à monnoyer grans blans, 2 paires de fers à monnoyer peliz blans et 2 paires à monnoyer petis tournois, dont lesd. seigneurs firent lettre de recognoissance, laquelle est au petit coffre rouge.

(A. N. Reg. Z, 1ᵇ, 3, fol. 57 r°.)

DOCUMENTS MONÉTAIRES. — II.

En marge : bail des fers pour le fait de la monn⁰ du Mans.

1425 (29 OCTOBRE).

Mention de Audibert Cotin, pleige de Colin du Pont le jeune, pour la prise de la mon⁰ de Nevers.

(A. N. Reg. Z, 1ᵇ, 3, fol. 57 r°.)

1425 (NOVEMBRE).

Le Mans.

Jean Morin, bourg⁽ˢ⁾ du Mans, pour un an, par m⁰ Jean Pophin, chev⁽ʳʳ⁾, m⁰ Guill⁰ le Duc et Richart Ruault, cons⁽ʳˢ⁾ du Roy n⁽ʳᵉ⁾ sire.

Marc d'œuvre blanc pour 3 s. 6 d. ts.

Marc d'œuvre du noir, 2 s. 6 d. ts.

Sur les cond⁽ᵒⁿˢ⁾ et ord⁽ᶜᶜˢ⁾ du bail des mon⁽ᵉˢ⁾.

Pleiges Lucas Morin, son frère, Michel Amy, Raoulet Marceau (ou Marcel), et Jean Marceau, chang⁽ʳˢ⁾ en lad. ville.

(Sorb. H. 1, 9, n° 174, fol. 15 v°.)

1425 (NOVEMBRE).

Le Mans.

Au mois de novembre 1425, fut ordonné faire es den⁽ʳˢ⁾ d'or nommez salus et angeloz, grans blans et autres monnoyes d'argent qui seront faictes et ouvrées en la mon⁰ nouvellement ordonnée en la ville du Mans, au commencement de la lettre du tour du denier, une racine pour differance.

Rouen.

Item fut ordonné faire es den⁽ʳˢ⁾ d'or nommez saluz et angeloz, grans blans et autres mon⁽ᵉˢ⁾ d'argent qui seront faictes et ouvrées en la mon⁰ de Rouen, au commen-

46

cement de la lettre du tour du denier, ung liepart pour differance.

Saint-Lo.

Et semblablement fut ordonné faire es den⁗ d'or nommez salus et angeloz, grans blans et autres mon⁗ d'argent qui seront faictes et ouvrées en la mon⁰ de la ville de St-Lo, au commencement de la lettre du tour du denier, une fleur de lys pour differance.

(Reg. entre 2 ais, fol. 80 r°.)

1425 (8 novembre).

Fut baillé par M⁗ les generaux m⁗ des mon⁗ à m⁰ Jean de Drosay, ser⁗ du Roy, plusieurs instructions et mémoires pour les officiers nouvellement ord⁗ en la mon⁰ du Mans, pour iceux porter au chancelier de M⁗ le Regent et au gouvernement d'Anjou et du Mayne.

(A. N. Reg. Z, 1ᵇ, 3, fol. 58 r°. — Sorb. H. 1, 9, n° 174, fol. 139 v°.)

1425 (17 novembre).

A Paris.

Ord⁗ au prevost de Paris pour faire prendre les mon⁗ de Flandres, scr. la plaque pour 8 doubles seulement, dont les trois valent un petit blanc, et les demies plaques que l'on appelle gros de Flandres que pour quatre desd. doubles.

Publié à Paris, 17 novembre 1425.

(A. N. Reg. Z, 1ᵇ, 60, fol. 4 r et v°. — Sorb. H. 1, 13, n° 173, fol. 15 r°.)

1425 (22 décembre).

Mention de Jehanne, mère de feu Colin du Pont le jeune, m⁰ part⁗ à Auxerre, neveu de feu Jehan du Pont.

(A. N. Reg. Z, 1ᵇ, 3, fol. 60 r°.)

1425 (15 janvier).

Pierre Poilet, contregarde de la mon⁰ de St-Quentin eslargy.

(A. N. Reg. Z, 1ᵇ, 3, fol. 61 r°.)

1425 (16 janvier).

Andry de Wally, naguères garde de la mon⁰ de Diion.

(A. N. Reg. Z, 1ᵇ, 3, fol. 60 v°. — Sorb. H. 1, 9, n° 174, fol. 139 v°.)

1425 (21 janvier).

Par vertu de certaines lettres closes de Jehan Blancpain, tailleur de la mon⁰ d'Arras, signées de son seing manuel, furent renduz à Pierre de Menin, tailleur de la mon⁰ d'Amiens, 64 pilles sur lesquelles avoient esté monnoyez doubles deniers tournois, dont les trois ont a present (cours) pour ung petit blanc, et 18 pilles sur lesquelles avoient esté monnoyez petiz deniers tournois, avec les trousseaux ausdites pilles appartenant, lesquelles pilles et trousseaux avoient esté apportez de lad. mon⁰ d'Arras pour cause de procès fait à l'encontre de Charlot le Mercier.

(A. N. Reg. Z, 1ᵇ, 3, fol. 62 v°.)

1425 (22 janvier).

Liste des ouvriers des monnoies jouissant des privilèges reconnus ou accordés par les lettres de Henry d'Angleterre, du 22 janvier 1425.

Les ouvriers et monnoiers de la monnoie de Rouen sont du serment { de France. / de l'Empire.

Ceux de St-Lo du serment { de France. / de l'Empire.

(Ms. Fr. 5520, fol. 116.)

1425 (22 JANVIER).

Lettres concernant les privilèges des monnoyers.

(Ord. XIII, 110.)

1425 (31 JANVIER).

Pierre de Ravenel, tenᵗ le compte de la mon° de St-Quentin.

(A. N. Reg. Z, 1ᵇ, 3, fol. 61 v°.)

1425 (22 MARS).

Renault Tumery, changʳ sur le pont de Paris, commis de par les generaux à fʳᵉ l'ouvrage d'or de la mon° de Paris jusques autrement en fût ordé.

(A. N. Reg. Z, 1ᵇ, 3, fol. 63 v°. — Sorb. H. 1, 9, n° 174, fol. 139 v°.)

1425 (23 MARS).

Le 23ᵉ jour de mars 1425, fut ordonné ce qui s'ensuyt.

Feust interdict et deffendu ne transporter or, argent ou billon feust˙ en espece ou matiere hors le pays subiect a icelluy sur peyne de corps et d'avoir.

Item de ne fondre ne difformer ou tresbucher les monnoyes pour tirer le fort du foible.

Interdict ne transporter les doubles hors le royaulme d'aultant que pour billonner on les transporteroit.

Interdict à tous porteurs de billon, vaisselle ou fretin de ne esloigner la plus prochaine monnoye.

Interdict de ne faire faict de change sans lettres d'icelluy˙ sire ou permission desdits generaulx des monnoyes.

(Ms. Fr. 5524, fol. 127 v°. — Reg. de Lautier, fol. 107 v° et 108 r°.)

1426.

Marc d'or fin, 108 ℔.

(Sorb. H. 1, 10, n° 172, fol. 39 r°.)

1426.

Troyes.

Colin de Chousser, pour un an.

(Sorb. H. 1, 9, n° 174, fol. 14 v°.)

1426.

Amiens.

Jean de Breban, naguères tenᵗ le compte de la monᵉ de St-Quentin pour Gerard du Drac pour un an, au compt. en la chambre des monnoyes, où estoient mʳˢ Pierre de Marigny et Thomas Fossier, consᶜʳˢ et mʳˢ des reqᵗᵉˢ de l'hostel du Roy nʳᵉ Sire, et les generaux mʳˢ des monʳˢ.

En marge : convenu le marc d'œuvre en blancs denʳˢ grans et petits sur le pied de monᵉ 30ᵃ, pour 3 s. 4 d.

(Sorb. H. 1, 9, n° 174, fol. 45 v°.)

1426.

Mâcon.

Annot Kart, pour un an, par les gardes.

(Sorb. H. 1, 9, n° 174, fol. 44 v°.)

1426.

Le Mans.

Lucas Morin, pour un an, baillée fermée à la chandelle, par m° Guill° Le Duc, cons° du Roy n° Sire et de Mons° le Regent, et Richart Ruault, tres° de mond. s° le Regent, et les gardes de lad. mon°.

Marc d'or en deniers d'or fin, nommez saluts, à ¼ de k. de remède, pour 12 s. ts.

Marc d'œuvre en blancs deniers, grands et petits, sur le pié de mon° 30°, pour 3 s. 2 d. ts.

Marc d'œuvre du noir, sur led. pié, pour 2 s. ts.

Faire affiner le denier de faulte de loy pour 10 d. ts.

(Sorb. II. 1, 9, n° 174, fol. 45 v°.)

1426.

Nevers.

Hugues de Pognes, commis pour un an par les gardes.

(Sorb. H. 1, 9, n° 174, fol. 18 r°.)

1426.

Chaalons.

Jean de Sepsaux, pour un an, à la chandelle, par m° Jean de Pressy, chlr.

Pleige, Jean Buisset (*alias* Brisset).

(Sorb. H. 1, 9, n° 174, fol. 17 v°.)

1426.

Saint-Lô.

Jean Marcel et Jean de Caumont, pour un an, par m° Robert Gaultier.

(Sorb. H. 1, 9, n° 174, fol. 38 v°.)

1426.

Auxerre.

Thevn (Thevenin) Boursier, pour un an.

(Sorb. H. 1, 9, n° 174, fol. 16 r°.)

1426.

Saint-Quentin.

Jean Blondeau, pour un an, par les gardes, les enchères reçues la chandelle allumée puis faillie.

Les pleiges, Robert Clermont et Nicolas Ruissel, chang° et bourg° de Paris.

(Sorb. H. 1, 9, n° 174, fol. 46 r°.)

1426.

Item fut faict à Paris escuz de la façon aux vieulx escuz à la couronne et avoient un poinct ouvert soubz la petite croix du commencement de l'escriture et ne poisent que 2 d. 21 grains comme les escuz de Tournay, qui ne sont pas de fin or, car à Tournay furent faictz plusieurs escuz poysans 3 d. 3 grains, lesquelz sont de bon or de marc, et ny faict l'on point de tare, et ceux de Paris dessus nommez qui ne sont que à 23 caratz.

En marge figure conforme.

(Ms. Poullain, P. III, 34.)

1426 (5 AVRIL).

Il est apparu par certifficacion de Jehan
Ravier et Cardin Sauvage, gardes de la
mon⁰ de Chaalons, donnée le 5ᵉ jour d'avril
1426, que le dernier jour de mars 1425
Estienne Luilier, nagaires maistre particulier
de lad. mon⁰, livra à Jehan Brisset, à present
tenᵗ le compte d'icelle mon⁰, une cendrée
d'argent, poisant 35 marcs 15 esterlins, re-
connue à l'essay à 11 d. 18 gr. fin, laquelle
cendrée est yssue de plusieurs laveures
plates et plomb, appᵗ aud. Estienne.

(A. N. Reg. Z, 1ᵇ, 3, fol. 65 r⁰.)

1426 (10 AVRIL).

Rouen.

Thein (Thevenin) Marcel, pour un an, fera
saluts à ¼ de k. de remède.

Mᵉ Robert Gaultier, gᵃˡ mᵉ des mon⁰⁰.

(Sorb. H. 1, 9, n⁰ 174, fol. 11 r⁰.)

1426 (10 AVRIL).

Mercredy 10 avril après Pâques, au comptouer de la chambre des monoyes, où
estoient sire Michel de Lallier, Jean Guerin,
Renaut Doriat, consᵉʳˢ et mᵉˢ des comptes, et
les generaux mᵉˢ des mon⁰⁰, la monnoie d'or
ajugée à Pierre Fromont et celle d'argent à
Jean de Fontenoy.

En marge : est déclaré aux changeurs que
sur chacune enchère et denier à Dieu baillé,
seroit allumée une chandelle afin qu'ilseussent
plus grand loisir de eux adviser et que, se la
chandelle qui seroit allumée sur un den. à
Dieu failloit, sans que autre mist son denier
à Dieu avant quelle fust esteinte, la mon⁰
demeurcroit à celui ou ceux qui l'auroient
mise à prix.

(Sorb. H. 1, 9, n⁰ 174, fol. 5 v⁰.)

1426 (10 AVRIL).

Fut enjoint à Jehan Gente, garde de la
mon⁰ de Paris, de faire l'office de contre-garde
de l'argent pour Pierre Mandole, pour ce
qu'il ne exersoit pas diligemment ledit office.

(A. N. Reg. Z. 1ᵇ, 3, fol. 64 r⁰.)

1426 (20 AVRIL).

Samedy 20 avril, au comptouer Mʳᵉˢ Pierre
de Marigny et Thomas Fassier, consᵉʳˢ et
mᵉˢ des reqᵗᵉˢ de l'hostel du roy, et les generaux des mon⁰⁰.

(Sorb. H. 1, 9, n⁰ 174, fol. 140 v⁰.)

1426 (22 AVRIL).

Ord⁰⁰ du Roi Henry pour bailler fermées à
la chandelle les monnoyes de Troyes, Chaalons, Auxerre, Nevers, Arras, St-Quentin et
Mascon.

(A. N. Reg. Z, 1ᵇ, 60, fol. 7 v⁰ et 8 r⁰.)

1426 (24 AVRIL).

Fut ordonné au comptouer, à Guiot de
Hanin, tailleur de la monnoie de Paris, de
faire pour differance ès fers des deniers d'or
nommés saluts, devers la croix soubz le T de
REGNAT un point.

(A. N. Reg. Z, 1ᵇ, 3, fol. 64 v⁰.)

1426 (24 AVRIL).

Le 24ᵉ jour d'avril 1426, après ce que
Regnault Tumery ot mis a pris la mon⁰ d'or
de Paris pour Perrin Fromont, fut ordonné
faire pour differance le temps d'ycelle prise
es fers des deniers d'or nommez saluz, devers la croix, soubz le T de REGNAT, ung

point, et ne fut fait aucun ouvraige par ledict Regnault avant ladicte difference.

(Reg. entre 2 ais, fol. 159 v°.)

1426 (29 AVRIL).

Arras.

Robin Bachelier pour un an, au comptouer, en la chambre des mon^{es}, à compter de la 1re delivrance qu'il promit faire dedens un mois.

A pleiger icelle mon^e bien et deument, selon les coustumes et ord^{ces} du bail des mon^{es}, dedens un mois après la 1re delivrance.

(Sorb. H. 1, 9, n° 174, fol. 43 r°.)

1426 (7 MAI).

Mention de Jehan de Fontenoy, m° p^{er} de la mon° de Paris.

(A. N. Reg. Z, 1^b, 3, fol. 65 r°.)

1426 (15 MAI).

Jehan Gente, garde de la mon° de Paris, est commis à faire exercer l'office de contregarde de l'argent de lad. mon° pour et au lieu de Pierre Mandole, auz droiz, prouffiz et esmolumens acoustumez, par ce que led. Mandole ne exersoit pas led. office.

(A. N. Reg. Z, 1^b, 3, fol. 65 v°.)

1426 (26 MAI).

Au comptouer, m^{res} Pierre de Marigny et Thomas Fassier, cons^{ers} et m^{es} des requêtes de l'hostel du Roy, et les generaux des monnoyes.

Jean de Vaux et Hue de Lermes, gardes de la mon° d'Amiens.

Mahier Dacier, essayeur de la mon° d'Arras.

(Sorb. H. 1, 9, n° 174, fol. 140 v°.)

1426 (27 MAI).

Veu le procez fait à l'encontre de Jehan de Breban, naguères ten^t le compte de la mon° de St-Quentin pour Gerard du Drac, appointé a esté au comp^r en la chambre des monnoyes, que ledit de Breban payera au Roy n^{re} s^{re} 60 ^{tb} ts., par ce qu'il a pris à ferme la mon° d'or et d'argent d'Amiens pour un an, commençant le jour du 1er monnoiage, pendant lequel temps il sera tenu faire ouvrer en icelle mon° 300 marcs d'or et 1000 marcs d'argent, et ne seront en ce compris les marcs d'argent qui pourront estre livrez dedens led. temps en lad. mon° par condempnacion survenue, etc., et en obtemperant à ce que dit est le 19° jour dud. mois de may, led. Jehan de Breban mist à prix lad. mon° d'Amiens pour ung an.

(A. N. Reg. Z, 1^b, 3, fol. 66 et 67.)

1426 (17 JUIN).

Délibéré que pour consideracion des pertes et peines que Robert Auvert et Martin Marengne, gardes de la mon° d'Arras, avoient souffert, ilz exerceroient et feroient doresenavant leurs diz offices pareillement quilz faisoient avant la deffense à eux faite, et que sur ce seroit escript à ceux qui estoient commis es diz offices, quilz leur rendissent et restituassent leurs clefs.

(A. N. Reg. Z, 1^b, 3, fol. 68 r°.)

1426 (18 juin).

Ce jour fu donné congé à Jehan de Breban, m° p^{er} de la mon° d'Amiens, de faire fait de change en la ville d'Amiens seulement durant le temps qu'il sera m° p^{er}.

(A. N. Reg. Z, 1^b, 3, fol. 69 r°.)

1426 (2 aout).

17 grands blancs de la mon° du Dauphin ayant été trouvés en la possession de Jehan Selles, il est mis en prison à la conciergerie; les blans en question sont desclarez estre copez et confisquez au Roy et condempné ledit Selles à paier au Roy 40 s. ts. d'amende; lesquelx 17 grands blancs ont esté livrez à Pierre de Landes pour Jehan de Fontenoy et ont valu 10 s. ts., somme 50 s. ts.

(A. N. Reg. Z, 1^b, 3, fol. 71 r°.)

1426 (2 aout).

A Amiens.

Saluts anglo-français, de 25 s. ts. et de 70 au marc, par Jehan de Breban, m° p^r; mis en boîte 4 pièces qui font 800 saluts frappés.

Du 17 septembre 1426 au 13 juillet 1427 (exclu), mêmes saluts; 73 mis en boîte qui font 14600 saluts frappés.

Nota. Il s'était engagé à ouvrer 300 marcs d'or durant le temps de sa ferme.

Mêmes saluts par Jacquet Climent, m° p^r, avec Guillaume Ruissel, tenant le cpte de la mon° ; du 14 septembre 1427 au 17 juin 1428 exclu, 90 pièces mises en boîte, représentant 18000 saluts frappés.

Mêmes saluts; du 17 juin 1428 au 14 novembre suivant, mis en boîte 91 pièces qui font 18200 saluts frappés. La 1re délivrance eut lieu le 10 juillet 1428.

Mêmes saluts frappés en la main du Roy par Guill^e Ruissel, à ce commis; du 26 novembre 1428 au 9 décembre suivant (exclu), mis en boîte 25 pièces, qui font 5000 saluts frappés.

Mêmes saluts par Simonnet Climent; du 16 décembre 1428 au 13 janvier suivant (exclu), 27 pièces mises en boîte, donc 5400 saluts frappés.

Mêmes saluts par Pierre Grumeau ; du 25 janvier 1428 au 1er mars suivant (exclu), mis en boîte 31 pièces qui font 6200 saluts frappés.

Mêmes saluts ; du 3 mars 1428 au 10 octobre 1429 (exclu), mis en boîte 114 qui font 22800 saluts frappés.

Mêmes saluts ; du 10 octobre 1429 au 25 janvier exclu, mis en boîte 38 pièces, ce qui fait 7600 saluts frappés.

Mêmes saluts par Jehannin Grumeau le jeune avec Pierre Grumeau, tenant le compte de la mon°; du 28 janvier 1429 au 12 novembre 1430, mis en boîte 96 pièces, représentant 19200 saluts frappés.

Mêmes saluts ; du 28 novembre 1430 au 28 janvier suivant (exclu), mis en boîte 11 pièces, qui font 2200 saluts frappés.

Mêmes saluts par Guillaume Ruissel, m° p^r; du 4 février 1430 au 27 janvier 1431 (exclu), mis en boîte 103 pièces qui font 20600 saluts frappés.

Mêmes saluts par Jacques aux Cousteaulx, m° p^{er}; du 31 janvier 1433 au 23 décembre 1434 (exclu), mis en boîte 167 pièces qui font 33400 frappés.

Mêmes saluts par Jehan Warnier, m° p^r; du 11 février 1434 (inclus) au 17 novembre 1435 (exclu), mis en boîte 167 pièces, qui font 33400 saluts frappés.

L'un des gardes de la mon° était alors Jehan de Vaulx.

(A. N. Reg. en papier, coté 1380. Carton Z, 1^b, 815.)

En résumé, il a été frappé à Amiens, du 2 août 1426 au 17 novembre 1435, 203400 saluts de Henri VI, de 70 au marc.

1426 (9 AOUT).

Mention d'Andry de Wailly, nagaires garde de la monᵉ de Dijon, en procès avec Guerart de Rousselay.

(A. N. Reg. Z, 1ᵇ, 3, fol. 71 rᵒ.)

1426 (21 AOUT).

Jehan de Vaux et Huet de Lesmes, gardes de la monᵒ d'Amiens, rapporterent au comptouer qu'ils avoient veu et leu les ordᶜᵉˢ faictes sur le fait desdiz offices, et après ce firent le serment de bien et deument faire et exercer lesdiz offices en leurs personnes.

(*Ibidem.*)

Le même jour, Mahieu Dacier, nommé essayeur de la monᵒ d'Arras, prête serment.

(*Ibidem,* fol. 71 vᵒ.)

1426 (22 AOUT).

A Paris.

Mandemᵗ du Roy aux generaux pour bailler pour un an les monᵉˢ de Troyes, Chaalons, Auxerre, Nevers, Arras, St-Quentin et Mascon, fermées à la chandelle.

(Sorb. H. 1, 13, nᵒ 173, fol. 15 vᵒ.)

1426 (11 SEPTEMBRE).

Jehan Trotet, gᵃˡ mᵉ des monnoies, requiert à Jehan le Goupil et Macé de Valenciennes, ses compagnons, quil leur pleust aler en l'ostel Colin Ruissel veoir plusieurs choses qui luy estoient demourées du temps quil avoit tenu le compte de la monᵉ de Paris, lesquaelx alerent audit hostel, et mena ledit Trotet lesd. Goupil et Macé et Bertran Aynart en une chambre, près d'un preau ou jardin, en laquelle chambre ils trouverent grant quantité de viez croiseaux rompuz, escuelles de terre ou on avoit affiné or, plusieurs pièces de plomb de coulis d'affinage, grant quantité de cendres et laveures avec plusieurs autres choses que disoit estre venues de lad. monᵉ, lesquelles il voloit faire laver et affiner pour avoir l'argent, dont il requiert avoir congé, afin qu'il ne feust repris, lequel luy fut octroyé par les dessus diz.

(A. N. Reg. Z, 1ᵇ, 3, fol. 73 rᵒ.)

1426 (18 SEPTEMBRE).

Furent presens au comptouer plusieurs changeurs de Paris, ausquelx fut dit et signifié que les monᵉˢ de Troyes, de Chaalons, de St-Quentin et plusieurs autres estoient ouvertes et à bailler, et que la monᵒ de Troyes estoit mise à pris pour les pris et par la manière qui leur fut dicte et déclarée, et que icelle monᵒ seroit presentement baillée à la chandelle, laquelle chandelle fut allumée en leur presence, sur lesd. pris et condicions, durant laquelle chandelle ne fut mis aucune enchère, et demoura lors à Colin de Chausses, pour les pris qu'il l'avoit mise à pris.

(A. N. Reg. Z, 1ᵇ, 3, fol. 73 vᵒ.)

1426 (23 SEPTEMBRE).

Mention de Pierre Grumeau, nagaires mᵉ prr de la monᵒ de St-Quentin; Dreue Grain, garde; Pierre Poillet, contregarde.

(*Ibidem.*)

1426 (15 octobre).

Mandement pour défendre les florins de Rin, de Guelles, de Dudrec, Hayes, Tarelare, et autres mon^{es}.

(A. N. Reg. Z, 1^b, 60, fol. 8 r° à 9 v°. — Sorb. H. 1, 13, n° 173, fol. 15 v°.)

1426 (15 octobre).

Ord^{ce} pour défendre la mon° blanche que Charles, qui se dit Daulphin, notre adversaire, fait faire, et de la recevoir sur peine de confiscation et d'amende.

(A. N. Reg. Z, 1^b, 60, fol. 9 v° et 10 r°.—Sorb. H. 1, 13, n° 173, fol. 15 v°.)

1426 (17 octobre).

Mention de Pierre Grumeau m° p^{er}, Drieu Grin garde, et Pierre Poilet contregarde de la mon° de St-Quentin.

(A. N. Reg. Z, 1^b, 3, fol. 75 r°.)

1426 (6 novembre).

Robert le Cordier, dit Morelet, contregarde de l'argent de la mon° de Paris, au lieu de Pierre Mandole.

(Sorb. H. 1, 9, n° 174, fol. 140 v°.)

1426 (12 novembre).

Le 12° jour de novembre 1426, feust faict l'ouvraige qui ensuyt :

Petitz parisis noirs à 1 d. 12 grains de loy, de 1 d. 1 grain de poix, au feur de 9^{xx} pièces au marc, ayans cours pour 1 d. pite tz.

DOCUMENTS MONÉTAIRES.— II.

Marc d'argent, 6 ₶ 14 s. tz.
Figure : Couronnelle. PARISIVS CIVIS.
℞. FRANCORVM ET ANGL. REX.
HĒRI sous grande couronne.

(Ms. Fr. 5524, fol. 128 r°. — Reg. de Lautier, fol. 108 r°.)

1426 (20 novembre).

Mandement pour défendre le cours aux doubles de France.

Lettres de Henri VI au prévôt de Paris, donnant le tarif des monnaies autorisées :

Saluts.	d'or, de tel poix que nous les faisons faire de présent en nos monn^{es} de France et d'Angleterre.
Nobles.	
Demys nobles.	
Quarts de nobles.	
Grands blancs.	que nous faisons faire de présent en nos dictes monn^{es} de France.
Petits blancs.	
Deniers parisis.	
Deniers tournois.	
Mailles.	

Et en oultre, pour ce que nous sommes informez que ès doubles faictz en nostre pays de Normandie n'a esté trouvé aucune contrefaçon ou mauvaistié, ils courront donc les 3 pour ung petit blanc, et non aultres.

(A. N. Reg. Z, 1^b, 60, fol. 13 r° à 14 v°.—Sorb. H., 1, 13, n° 174, fol. 15 v°.—Ord. XIII, 120.)

1426 (21 novembre).

Ce jour, Jehan de Caumont fist et constitua ses procureurs Jehan Marcel de Rouen, etc., auxquels il donna pouvoir d'estre et comparoir pour lui en toutes ses causes et rendre et officier ses comptes.

(A. N. Reg. Z, 1^b, 3, fol. 76 r°.)

1426 (29 novembre).

Mention de Jehanne, veuve de feu Guiot de Hanin.

(A. N. Reg. Z, 1ᵇ. 3, fol. 76 v°.)

1426 (11 décembre).

Mention de Amiot Viart, d'Estienne Peronin et Guille Revendeur, gardes de la monᵉ de Mascon, et de la vefve de feu Jehan Furet.

(A. N. Reg. Z, 1ᵇ, 3, fol. 77 rᵛ.)

1426 (13 décembre).

Mandement pour le fait de Sevestre le Cheriot, mᵗʳᵉ partᵉʳ des monnoyes de Troyes et Auxerre, qui n'a pas payé ce qu'il doit au Roy pour les années 1424 et 1425 ; sa première année finit le 1ᵉʳ juin 1424, et sa 2ᵉ le 29 juillet 1425. Pour Troyes, son année finit au mois d'aoust 1426. Il lui est fait commandement de s'acquitter sans délai envers le Roi et envers les changeurs.

(A. N. Reg. Z, 1ᵇ, 60, fol. 11 rᵒ à 12 v°.)

1426 (30 décembre).

Nouveau bail de la monᵉ de Paris, par petiz parisis noirs aux armes de France et d'Angleterre, à 1 d. 12 gr. de loi et de 15 s. de poids (180 au marc), faits en achat par Jehan de Fontenoy, mᵉ partᵉʳ, pour lequel Pierre de Landes a tènu le cpᵗᵉ de la monnoie comme pleige dud. Fontenoy. Les gardes

sont toujours Jehan Gente et Gerard de Vauboulon.

Du 30 décembre 1426 au 3 janvier suivant, en 4 délivrances, 588 ℔. 141120 frappés.

Du 6 janvier 1426 aû 13 du même mois, 1723 ℔, sur lesquelles 60 ℔ ont été défendues comme mal ouvrez, fendues et mal monoyez . . . . 399120 frappés.

Total. . . 540240 frappés.

(A. N. Reg. en papier. Carton Z, 1ᵇ, 914.)

1426 (30 décembre).

Receu de Jehan Blancpain, tailleur de la monᵉ de Paris, le 30 décembre 1426, 31 pères de ferz pour petiz parisis noirs.

Rendu aud. tailleur le 24 janvier l'an dessusdit, 31 perez et 2 pilles.

(Ibidem.)

1426 (31 décembre).

Henry, etc., aux gᵃᵘˣ mᵗʳˢ. Comme il est grant besoing et necessité en nʳᵉ peuple de petite monᵉ noire, tant pour faire aumosne comme autrement, et pour ce avons ordonné que en noz monᵉˢ soient faitz, ouvrez et monoyez petits deniers parisis, de la forme, poix et loy qui vous a esté ordonné, lesquelx auront cours pour 1 d. parisis la pièce. Si vous recommandons que vous faictes ouvrer et monoyer en nosd. monᵉˢ desd. petiz deniers parisis jusques à tel nombre et quantité que vous verrez estre expédient et necessaire pour le bien de nous et de notred. peuple.

(A. N. Reg. Z, 1ᵇ, 60, fol. 12 v°.)

1426 (1er janvier).

Le cours des écus et moutons et autres mon⁽ᵉˢ⁾ d'or est défendu, excepté les nobles et les salutz qui doivent se prendre pour le poids de l'or.

(Ici s'arrête ce document).

(Sorb. H. 1, 11, n° 166ᵇⁱˢ, petit cahier inséré.)

———————

1426 (5 janvier).

Fut délibéré en l'hostel de M. le 1ᵉʳ présid⁽ᵗ⁾ où estoient led. 1ᵉʳ présid⁽ᵗ⁾, sire Michel de Lalier, cons⁽ʳ⁾ du Roy n⁽ʳᵉ⁾ sire en la chambre des comptes, et les gn⁽ᵃᵘˣ⁾ m⁽ᵉˢ⁾ des mon⁽ᵉˢ⁾, que à cause de ce qu'il estoit ord⁽ᵉ⁾ abatre le cours aux doubles faits aux armes de France et de Bourgogne, il estoit expedient ord⁽ᵉʳ⁾ sur le grand pont de Paris 8 changeurs auxquels seroit baillé à chacun d'iceux cent livres ts. en petits deniers parisis noirs pour iceux bailler en eschange au peuple, et que a chacun d'iceux seroit mis à leur change une banière aux armes de France, et pour ce faire furent ordonnés Jacques Trotet, Pierre Chauveau, Alexandre des Mares, Gaucher Vivien, Gabriel Closier, Macelet de Genillac, Robin Clément et Jehan Hune.

(Sorb. H. 1, 9, n° 174, fol. 140 v°.)

Le dimanche 5 janvier, cette décision est notifiée aux changeurs. Ils donneront « au peuple chacun denier pour ung bon double. »

(A. N. Reg. Z, 1ᵇ, 3, fol. 77 et 78.)

———————

1426 (7 janvier).

Et de rechef pour ce que aucuns qui hastivement et necessairement pourroient avoir affaire d'argent, ne se pourroient aider desd.

doubles cy devant deffendus, le conseil du Roy notre sire a ordonné certains changeurs sur le grant pont de Paris, au change de chacun desquelz pend une bannière de France, ausquelz changeurs led. conseil a fait bailler de l'argent dud. S⁽ᵉʳ⁾, duquel argent ils bailleront pour lesd. bons doubles deffenduz qui ne seront trebuchez, faulx ne contrefaictz, de chacune pièce ung denier parisis jusque à la somme de 20 s. ts. et au dessoubz pour chacune personne, et avec ce a esté fait commandement à tous changeurs sur led. pont que à tous ceulx qui vouldront changer desd. doubles, ilz baillent du leur de chacune pièce d'iceulx doubles ung denier parisis de ce qu'ils pourront achbeter et payer, en deffendant à tous, sous paine de la hart, que aucun ne soit si hardy de tresbucher lesd. doubles deffenduz, ne de les porter hors de la ville de Paris. Ainsi signé : N. Debailly.

Défense que les petiz tournois blancs à une fleur de liz soient prins et mis pour ung tournois la pièce, et deux noiretz pour ung des petiz tournois, comme l'on faisoit par avant. Publié à Paris, le mardi 7ᵉ jour de janvier, l'an 1426.

(A. N. Reg. Z, 1ᵇ, 60, fol. 14 v° et 15 r°.)

———————

1426 (8 janvier).

Mandement pour bailler la mon⁽ᵉ⁾ d'argent de Paris, fermée à cause des offres de Remon Marc, mar⁽ᵃⁿᵈ⁾ bourg. de Paris, et Arnoul Ram, changeur, qui ont offert pour un an ouvrer le marc d'œuvre en blancs den⁽ˢ⁾ grands et petits sur le pied de mon⁽ᵉ⁾ 30ᵉ pour 2 s. 8 d.; le marc d'œuvre du noir sur led. pied pour 20 d. Ordre de notifier aux changeurs les offres faites, pour qu'ils voient s'ils veulent rabaisser le brassage.....

(A. N. Reg. Z, 1ᵇ, 60, fol. 12 v° et 13 r°. — Sorb. H. 1, 13, n° 173, fol. 15 v°.)

1426 (9 janvier).

La mon° d'arg. de Paris demoura fermée à la chandelle à Remon Marc et Arnoullet Rame, comme dern^{ers} enchérisseurs, pour les prix et conditions contenues en leur marché.

(A. N. Reg. Z, 1^b, 3, fol. 78 r°. — Sorb. H. 1, 9, n° 174, fol. 140 v°.)

1426 (11 janvier).

Fut dit aux chang^{rs} que les gens du conseil du Roy se plaignoient de ce qu'ils ne bailloient des grands blancs au peuple et que ne leur bailloient que des doubles faits en Normandie; pour ce leur fut enjoint et comandé que doresenavant ils missent avant les grands blans qu'ils avoient pour iceux distribuer au peuple, et outre ce fut ordonné que les deniers parisis qui leur seront baillés pour distribuer au peuple, ils baillent pour chacun franc de bons doubles dessusdits, 13 s. parisis, et du plus et du moins à l'équipolent.

Item, pour ce que estoit debat entre le peuple du cours des saluz, fut ordé ausd. changeurs qu'ils pourront prendre et metre les saluts d'or pour 21 s. 4 d. par° la pièce, à paier et recevoir en mon° blanche, en gagnant 4 den. par° pour pièce pour le change seulem^t, et en recevant des doubles, iceux changeurs pourront vendre lesd. saluts 21 s. 2 d. pièce en gagnant 4 den. par° pour pièce change, comme dessus.

(A. N. Reg. Z, 1^b, 3, fol. 78 r°. — Sorb. H. 1, 9, n° 174, fol. 140 v°.)

1426 (13 janvier).

Mention de Pierre de Landes, nagaires

ten^t le cp^{te} de la mon° de Paris, et d'Arnoul Rame, ten^t le cp^{te} d'icelle mon°.

(A. N. Reg. Z, 1^b, 3, fol. 78 r°.—Sorb. H. 1, 9, n° 174, fol. 140 v°.)

1426 (17 janvier).

Fut dit et exposé à plusieurs changeurs sur le pont de Paris, les pris et condicions à quoy avoit esté mise à pris la mon° de St-Quentin, et que par mandement du Roy, n^{re} sire, elle seroit presentement baillée à la chandelle.

Elle devait l'être également à St-Quentin même.

A quoy Jehan de la Grange, lequel au nom de Estiennot Lembert promist faire ouvrer le marc d'euvre du blanc pour 3 s. 3 d. ts. et faire l'affinage au pris qu'il a esté mis.

(A. N. Reg. Z, 1^b, 3, fol. 78 v°.)

1426 (10 février).

Débat sur l'enchère de la mon° de St-Quentin. Jean Housse, garde de la mon° de St-Quentin.

Délibéré que lad. monoie demourroit à Jean Blondeau comme dernier enchérisseur, sur les prix et conditions à quoy elle avoit esté mise à prix en son nom.

(A. N. Reg. Z, 1^b, 3, fol. 80 r° et v°.)

1426 (26 février).

Mention de Jehan Blancpain, tailleur de la mon° de Paris.

(A. N. Reg. Z, 1^b, 3, fol. 81 v°.)

1426 (28 février).

Jean Gobert, commis à l'office de garde de la mon° d'Aucerre.

Thevenin Boursier, m° par° de lad. mon° d'Aucerre.

(A. N. Reg. Z, 1ᵇ, 3, fol. 81 v°.—Sorb. H. 1, 9, n° 174, fol. 141 r°.)

1426 (5 mars).

Le 5ᵉ jour de mars 1426, fut ordonné au comptouer que durant le temps que Jehan Blondeau aura la mon° de St-Quentin sera mis pour difference es fers des grands blans, tant devers la croix comme devers la pille, soubz la xvjᵉ lettre, ung point.

(Reg. entre 2 ais, fol. 159 v°.)

1426 (27 mars).

Ce jour, Jehan Gobert, commis à l'office de garde de la mon° d'Aucerre, prisonnier par la ville de Paris, fut eslargi en estat jusques au 1ᵉʳ jour plaidoyable après la St-Jehan prouchaine venant, parmy ce qu'il promist estre en personne en la chambre des mon° dedens ledit jour pour voir parfaire et acomplir le jugement de certaines boistes d'argent faictes en lad. mon°, tant par Sevestre le Cheriot, comme Thevenin le Boursier, et avecques ce lui fut enchargé que dedens led. jour il fist venir à Paris Jehan Bernier, autre garde d'icelle mon°, pour estre semblablement aud. jugement.

(A. N. Reg. Z, 1ᵇ, 3, fol. 84 r°.)

Le même jour, Thevenin Boursier, également élargi et assigné au même jour que les gardes.

(Ibidem.)

1426 (31 mars).

Mention de Jehan Gente et Gerard de Vauboulon, gardes de la mon° de Paris.

(A. N. Reg. Z, 1ᵇ, 3, fol. 84 v°.)

1427.

Germain Vivien et Jacques Vivien frères, marchands et bourgeois de Paris (adjudicataires de la monnaie de Paris).

(Sorb. H. 1, 9, n° 174, fol. 5 v°.)

1427.

Amiens.

Robin Clément, changᵣ à Paris, au nom de Jacques Clément, son frère, pour un an par les génᵃᵘˣ, la chandelle alumée en présence de Gaucher Vivien, Estienne Luillier, Jean Marcel, Denis Le Breton, Jean le Marie, Jaques de Nully, Perrenet de Troyes et plusᵣˢ autres changeurs sur le pont de Paris.

Pareille chandelle alumée par les gardes à Amiens pour recevoir enchères, et ni aiant eu aucune enchière, demeurée à Clément.

En marge : Mon° 30.

(Sorb. H. 1, 9, n° 174, fol. 45 v°.)

1427.

Saint-Lô.

Jean de Caumont, bourg. de St-Lo, pour un an, par Colin Verrot et Guillᵉ Boutebost, gardes.

Guieclin de Caumont, Jean Ferri, son pleige, et ses familiers et serviteurs domestiques, pour faire fait de change es mettes de ladᵉ mon°.

(Sorb. H. 1, 9, n° 174, fol. 38 v°.)

1427.

Le Mans.

Lucas Morin pour un an par les gardes.

Ses pleiges : Jean Morin, Jean de Meseles le jeune, Raoulet Marcel (ou Marceau) et Guillemot de Mondelif.

(Sorb. H. 1, 9, n° 174, fol. 15 v°.)

1427.

Nevers.

Pierre Molet, pour un an, 1,500 marcs d'œuvre.

(Sorb. H. 1, 9, n° 174, fol. 18 r°.)

1427.

Rouen.

Thevenin Marcel, pour un an.

(Sorb. H. 1, 9, n° 174, fol. 11 r°.)

1427.

Troyes.

Huguenin le Muet, pour 3 ans.

(Sorb. H. 1, 9, n° 174, fol. 14 v°.)

1427 (28 AVRIL).

Mention de Regnault Tumery, m° p°r de la mon° d'or de Paris, et de Jehan Blancpain, tailleur.

(A. N. Reg. Z, 1ᵇ, 3, fol. 84 v° à 88.)

1427 (24 MAI).

Mandement pour faire petits deniers d'or fin appellez angelotz, lesquelz auront cours, les 3 pour 2 salutz d'or que nous faisons de present faire en nosd. mon°° de France, de 105 den. d'or au marc de Paris, au remède desd. den. d'or nommez salutz. Si vous mandons que tantost et sans delay, ces lectres vues, vous faictes faire et ouvrer par toutes et chacune de nozd. mon°° lesd. deniers d'or.

(A. N. Reg. Z, 1ᵇ, 60, fol. 15 r° et v°.—Sorb. H. 1, 13, n° 173, fol. 15 v°.)

1427 (24 MAI).

Petits deniers d'or fin, appellez angelotz, les trois pour 2 salutz, de 105 au marc.

(Ms. Fr. 4533, fol. 61 rᵐ.—Ms. Fr. 18500, fol. 9 r°.)

1427 (24 MAI).

Pour le compte de Pierre Fremont, fermier de lad. monnoye (de Paris) en 1427, appert luy estre alloué les forts deniers angelotz d'or, ouvrages et façons d'iceux distribués ausd. sʳˢ generaux des monnoyes.

(Ms. Fr. n° 21435, fol. 108 r°.)

Par autre compte dud. Fremont, de l'an 1427, appert luy estre alloué les forts deniers angelots d'or, ouvrages et façons d'iceux distribués à Mʳˢ comme dessus, et outre les deniers forts d'escus du poids de 4 escus pour les droits et nouveaux pieds desdits escus nouvellement fabriqués.

(*Ibidem*, fol. 108 v°.)

1427 (24 MAI).

Le 24° jour de may 1427, par mandement donné à Paris, feust faict l'ouvraige qui s'ensuyt.

Angelotz petitz d'or fin, de 1 d. 19 grains

de poids, au feur de 105 pièces au marc, ayans cours pour 15 s. tz. p^ce.

Marc d'or fin , 78 ₶.

Figure de l'angelot au léopard, mais pas d'*h* sous la croix et module très petit.

(Ms. Fr. 5524, fol. 128 r°. — Reg. de Lautier, fol. 108 r°.)

———————

1427 (2 JUIN).

Accordé à Regnault Thumery , ten¹ le compte de la mon^e de Paris, qu'il puisse tenir lad. mon^e jusques au 1er jour de juillet prouchain venant, parmy ce qu'il n'aura de ce qu'il ouvrera jusques aud. jour que le pris à quoy elle sera mise aud. 1er jour de juillet.

(A. N. Reg. Z , 1^b, 3, fol. 88 v°.)

Le même jour, à la requête de Remon Marc, m^e p^er de la mon^e de Paris, fut repris par les g^aux m^tres des mon^es, d'une delivrance f^te en la mon^e de Paris, le samedi derrenier jour du mois de may precedent, qui estoient venus à lessay de Thierry, essayeur de lad. mon^e, à 4 d. 16 gr. $\frac{3}{8}$ et fors de loi en 9 marcs 3 deniers blans , et par lessay de ladicte reprise , fait en la chambre desd. mon^es, est venu à 4 d. 16 gr. et $\frac{1}{4}$ fin, et par ainsi lad. delivrance a esté delivrée aud. m^e p^er par l'ord^ce desd. g^aux m^tres des mon^es.

(A. N. Reg. Z, 1^b, 3, fol. 88 v° et 89 r°.)

———————

1427 (23 JUIN).

Henry, etc., au prévost de Paris. Ordre de faire crier les angelots créés par l'ordonnance du 24 mai 1427.

(A. N. Reg. Z, 1^b, n° 60, fol. 16 v°.)

1427 (24 JUIN).

Angelots d'or fin, de 105 au marc et v^t 15 sols.

(Leblanc, *Tables*.)

———————

1427 (10 JUILLET).

Jean Grumel, changeur, demeurant à Montreuil sur la Mer, cond^é en 10 ₶ d'amende envers le Roy, à payer dedans le jour St-Andry prochain, pour avoir porté et vendu son billon à Guille Lescuyer, demeurant à Aire, lequel l'a porté en Flandres.

Thierry Noy, nommé essayeur de la mon^e de Paris.

(Sorb. H. 1, 9, n° 174, fol. 141 v°.)

———————

1427 (8 AOUT).

Mandement (au prévost de Paris) pour abattre le cours aux escuz et aux doubles faictz aux armes de France. Le cours est maintenu aux seuls salutz et angelotz d'or que nous faisons faire de présent en noz monn^e de France et (aux) nobles, demyznobles et quars de nobles que faisons pareillement faire en n^re royaume d'Angleterre, etc. — Item les grands blancs de 10 d. ts., et les petits blancs de 5 d. ts., les parisis, tournois et mailles que faisons faire en nosd. monnoies de France et les doubles naguères faictz en n^re pays de Normandie que nous voulons estre prins et mis, les 3 pour ung petit blanc.

(A. N. Reg. Z, 1^b, 60, fol. 16 r° et v°. — Sorb. H. 1, 13, n° 173, fol. 15 v°.)

———————

1427 (11 AOUT).

Logements donnés aux fournaises , à

Thierry Noy, essayeur, et à Jean Gente, garde de la mon° de Paris.

(A. N. Reg. Z, 1ᵇ, 3, fol. 93 v°. — Sorb. H. 1, 9, n° 174, fol. 142 r°.)

1427 (19 AOUT).

Fut donné congié à Guill° Russel, tenant le compte de la mon° de St-Quentin, et à ses facteurs, de cueillir et acheter tout billon d'or et d'argent es villes estans es mettes de la mon° d'Amiens, durant le temps que en icelle mon° n'aura point de maistre pᵉʳ, pour icellui billon porter en lad. mon° de Saint-Quentin pour y estre ouvré comme il appartient.

(A. N. Reg. Z, 1ᵇ, 3, fol. 94 r°.)

1427 (22 AOUT).

Estienne Marcel, mᵉ parᵗᵉʳ de la mon° de Rouen.

(Sorb. H. 1, 9, n° 174, fol. 142 r°.)

1427 (3 SEPTEMBRE).

Fut baillé à Jehan Brisset, tenant le compte de la mon° de Chaalons, deux pilles et quatre trousseaux à monoyer saluz d'or, lesquels il promet porter et bailler aux gardes de lad. mon°.

(A. N. Reg. Z, 1ᵇ, 3, fol. 94 r°.)

1427 (4 SEPTEMBRE).

Entre Adam Ranier, demandeur, et Jehan Brisset, defendeur, sur ce que led. Adam disoit et proposoit que en l'an 1421 il avoit tenu le cpᵗᵉ de la mon° de Chaalons.

(*Ibidem.*)

Jehan Gente, garde de la mon° de Paris, fut commis par les gᵃᵘˣ mᵗʳᵉˢ des mon°ˢ, à faire et exercer l'office de contregarde de la mon° d'argent de Paris, pour et au lieu de Robert le Cordier, dit Morelet, pour aucunes causes, jusques ad ce qu'autrement en feust ordonné.

(A. N. Reg. Z, 1ᵇ, 3, fol. 94 r°.)

1427 (18 SEPTEMBRE).

Ordᶜᵉ pour bailler la mon° d'Amiens fermée pour un an, adressant à noz amez et feaux les gᵃᵘˣ mᵗʳᵉˢ de nos mon°ˢ de France.

(A. N. Reg. Z, 1ᵇ, 60, fol. 16 v° et 17 r°. — Sorb. H. 1, 13, n° 173, fol. 15 v°.)

1427 (19 SEPTEMBRE).

Furent presens au comptouer, en la chambre des monnoies, plusieurs changeurs sur le pont de Paris « ausquelz fut dit et exposé les pris et condicions a quoy estoit mise a pris la mon° d'Amiens, cest assavoir l'or à 15 s. ts., le blanc à 3 s. 6 d. ts., et le noir à 2 s. ts., et qu'elle seroit presentement baillée fermée à la chandelle, laquelle fut allumée en la présence des dessusd., durant laquelle aucun n'y mist enchere, et par ce demoura à celui qui l'avoit mise a pris.

(A. N. Reg. Z, 1ᵇ, 3, fol. 95 v°.)

1427 (7 OCTOBRE).

Mention de Remon Marc, mᵉ pᵉʳ de la mon° d'argent de Paris.

(*Ibidem,* fol. 96 v°.)

1427 (6 NOVEMBRE).

Remon Marc, m° p°°, et Robert le Cordier, contregarde de la mon° d'argent de Paris.

(A. N. Reg. Z, 1ᵇ, 3, fol. 97 r°.)

1427 (7 NOVEMBRE).

Mention de Guion Luilier et de Perrenet de Troyes, ayant tenu pour lui le compte de la mon° d'Amiens.

(*Ibidem.*)

1427 (4 DÉCEMBRE).

Permis à Jehan Blancpain, tailleur de la mon° de Paris, d'aller à St-Quentin et à Arras. Il s'engage à être rentré le 1ᵉʳ janvier ; il lui est donné congé de faire appeler à Paris de la mon° d'Arras tous les fers de cette mon° qui ne sont pas taillés, « pour soy en aidier en sond. office. »

(*Ibidem*, fol. 99 v°.)

1427 (9 DÉCEMBRE).

Simon Hennequin apporte au comptouer deux obligations de la prise de la mon° de Troyes, par Sevestre le Cheriat ; Germain le Cheriat et Pierre Boneme sont ses pleiges.

(A. N. Reg. Z, 1ᵇ, 3, fol. 100 r°. — Sorb. H. 1, 9, a° 174, fol. 142 v°.)

1427 (17 JANVIER).

Remond Marc, tenant le cpᵗᵉ de la mon° d'argᵗ de Paris, dit au comptouer, que le lundi suivant, le temps de son année finit. Il demande à achever l'ouvrage commencé sans

DOCUMENTS MONÉTAIRES. — II.

être tenu pour cela à continuer à diriger la mon° ; les gᵃᵘˣ le lui accordent.

(A. N. Reg. Z, 1ᵇ, 3, fol. 103 v°.)

NOTA. — Ce lundi était le 19 janvier.

1427 (3 FÉVRIER).

Blanc à 5 d., de 75 au marc, vᵗ 10 d.

(Leblanc, *Tables.*)

1427 (5 FÉVRIER).

A cette date, Gaulcher Vivien est m° p°° de la mon° d'argᵗ de Paris.

(A. N. Reg. Z, 1ᵇ, 3, fol. 104 v°.)

1427 (3 MARS).

Fut appointé avec Gaulcher Vivien, que pour aucunes causes il tendroit la mon° d'argent de Paris, qu'il avoit mise à pris jusques au 15ᵉ jour dudit mois de mars, qui font 8 jours oultre le temps du mois de l'enchère, sans ce que icelle monnoye luy feust close.

(*Ibidem*, fol. 107 v°.)

Ce jour fut ouverte une boiste de la mon° d'Aucerre où il avoit 15 s. 8 d. de grans blans entre lesquelx en avoit plusieurs qui n'estoient pas de bon recours, et pour ce furent iceulx deniers trebuchez et y en fut trouvé 6 s. 3 d. de blancs qui n'estoient pas de bon recours et pour ce furent copez.

(*Ibidem.*)

Ledit mercredi 3ᵉ jour de mars 1427, après ce que la boiste de la mon° d'Aucerre, dont cy devant est faicte mencion, fut ouverte, veu les faultes que Jehan Bernier, garde de lad.

48

monᵉ, et Jehan Gobert, commis en l'office de Aubert Charruel, autre garde d'icelle monᵉ, et Jacquenot de Ᵽmier, fait essaieur, ont faictes et commises tant es boistes de l'année passée comme en celles de ceste presente année, à cause de ce qu'ils ont delivré et lessé passer en faisant les delivrances plusieurs deniers mal monoyés et de moindre recours qui ne doivent estre, cest assavoir en une boiste faicte en icelle monᵉ par Thevenin Boursier, mᵉ pʳ, où il avoit 22 s. 2 d. de grans blans, fenissant le 2ᵉ jour de septembre 1426, et une autre boiste où il y avoit 15 s. 8 d. desdiz grans blans, fenissant le 13ᵉ jour de février 1427 ; considéré les faultes dessus dictes, led. Jehan Bernier a esté condempné à paier au Roy nʳᵉ sʳᵉ, pour la faulte trouvée es deniers de lad. 1ʳᵉ boiste, 100 s. ts. d'amende, et pour la faulte trouvée es deniers de la boiste de ceste presente année, 40 ✠ ts.

Item led. jour, Jehan Gobert, commis à exercer led. office de garde au lieu de Aubert Charruel, autre garde d'icelle monᵉ, pour la faulte trouvée es boistes cy dessus déclarées, a esté condempné à paier au Roy nʳᵉ sʳᵉ 100 s. ts. d'amende.

Item semblablement l'essaieur Jaquinot de Ᵽmier, à 60 s. ts. d'amende.

Item led. Thevenin Boursier, mᵉ pʳ d'icelle monᵉ, a esté semblablement condempné à paier au Roy nʳᵉ sʳᵉ 20 s. ts. d'amende pour cause d'avoir souffert tailler les deniers des delivrances dessus dictes, de moindre pois et recours qui ne devoient estre.

(A. N. Reg. Z, 1ᵇ, 3, fol. 107 v° et 108 r°.)

1427 (24 MARS).

Fut baillé au comptouer, à Jehan le Muet, receveur à Troyes, 4 paires de fers à monnoier saluz, pour iceulx porter aux gardes de la monᵉ de Troyes, dont il promist faire son loyal povoir.

(A. N. Reg. Z, 1ᵇ, 3, fol. 109 r°.)

1428.

Auxerre.

Idem (Thevenin Boursier), pour un an.

(Sorb. H, 1, 9, n° 174, fol. 16 r°.)

Jean Mauduit, pour un an.
Les pleiges : M. Germain Rappine, licentié ez loix, et Jean des Bordes, bourgᵉ dud. lieu.

(*Ibidem.*)

1428.

Amiens.

Pierre Grumeau, pour un an, par les gᵃᵘˣ.
Simonet Clement, pour un an, par les gᵃᵘˣ, les gardes aians receu les enchères la chandelle allumée.

(Sorb. H, 1, 9, n° 174, fol. 45 v°.)

1428.

Chaalons.

Jean Brisset, pour led. de Sepsaux pour un an.

(*Ibidem*, fol. 17 v°.)

1428.

Le Mans.

Guillemot de Montdelif, natif de Rouen.

(*Ibidem*, fol. 15 v°.)

1428.

Saint-Lô.

Jean Ferry, pour un an.

(Sorb. H. 4, 9, n° 174, fol. 38 v°.)

———————

1428.

Rouen.

Thevenin Marcel, pour un an.

(*Ibidem*, fol. 41 r°.)

———————

1428.

Saint-Quentin.

Jacquet Clement, pour un an , par les généraux. Marge : mon° 30°.

(*Ibidem*, fol. 46 r°.)

———————

1428 (23 avril).

Mention de Regnault Tumery ten¹ le cp^te de la mon° d'or de Paris.

(A. N. Reg. Z, 1ᵇ, 3, fol. 110 v°.)

———————

1428 (13 mai).

Ord^ce pour prendre et mettre les plaques pour 7 doubles la pièce.

(Sorb. H. 4, 13, n° 173, fol. 15 v°.)

———————

1428 (20 mai).

Accordé à Thevenin Boursier, m° p^er de la mon° d'Aucerre, pour l'avancement de l'ouvrage d'icelle, que tous les changeurs de ladicte ville, qui sont tenuz livrer or en lad. mon° par leurs lettres de change , seront quittes dud. or non livré , parmy ce que dedans le temps de l'année que led. Boursier doit tenir lad. mon° pour la prise par lui derrenièrement faite, ils livreront en icelle mon° tant d'or que le Roy n^re s^re y prendra de prouffit, le double de ce quilz doivent, à cause des marcs d'or par eux non livrez, et au cas quilz ne livreront entierement tout ledit or dedans led. temps, il ne leur en sera rien compté.

(A. N. Reg. Z, 1ᵇ, 3, fol. 113 r°.)

———————

1428 (22 mai).

Sire Jean Orlant et Thomas Orlant, g^aux m^es, vont à la mon° de Paris pour ce que ce jour on n'alloit point en la chambre des monnoies.

(Sorb. H. 4, 9, n° 174, fol. 143 r°.)

———————

1428 (28 mai).

Fut baillé à Thevenin Boursier, m° p^er de la mon° d'Aucerre, deux paires de fers pour monnoyer saluz, 6 paires pour grands-blancs, lesquels il promist bailler aux gardes de lad. mon° et en envoier certification comment lesdicts gardes les ont receues.

En marge : Le 12 jour de juing 1428 , Aubert Charruel et Jeh. Bernier gardes de la mon° d'Aucerre escripvirent au comptouer qu'ils avoient receu de Thevenin Boursier les fers d'or et d'argent dont y est faicte mencion.

(A. N. Reg. Z, 1ᵇ, 3, fol. 113 v°.)

———————

1428 (12 juillet).

Mention de Lucas Morin , m° p^er de la mon° du Mans.

(A. N. Reg. Z, 1ᵇ, 3, fol. 116 v°.)

1428 (24 JUILLET).

Lucas Morin, m° p^rr de la mon° du Mans, requiert que « considéré qu'il avoit esté desrobé à l'entrée faite par les adversaires en lad. ville du Mans et qu'il n'avoit plus de quoy faire l'ouvrage d'icelle mon° » il suplie les gn^aux m^es le decharger de son marché et dict oultre que s'il plaisoit au Roy bailler lad. mon° à ung autre, il en estoit d'accord et lui bailleroit voulontiers les usteusilles d'icelle mon° pourveu qu'il en fust payé.

(A. N. Reg. Z, 1^b, 3, fol. 117 v°. — Sorb. H. 1, 9, n° 174, fol. 143 r°.)

1428 (26 JUILLET).

Mention de Remond Marc, nagaires m° p^er de la mon° d'argent de Paris.

(A. N. Reg. Z, 1^b, 3, fol. 118 r°.)

1428 (2 AOUT).

Presents au comptouer (les gn^aux maîtres), sires Pierre Gencien, Bernart Braque et Pierre de Maucroix.

(Sorb. H. 1, 9, n° 174, fol. 50 v°.)

NOTA.—Ces généraux maîtres étaient au service du Roi Charles VII, à Bourges.

1428 (6 AOUT).

Regnault Tomery, ten^t le cp^te de la mon° d'or de Paris, expose au comptoir que le mercredi ensuivant finira le mois qu'il doit tenir lad. mon°, par quoy elle sera à bailler.

Il a de l'or prêt à ouvrer et demande une prolongation de 8 jours.

(A. N. Reg. Z, 1^b, 3, fol. 119 r°.)

1428 (20 SEPTEMBRE).

Reçu de Joufroy l'Orfevre, tailleur de la mon° de Paris, 24 paires de fers à blancs de 10 d. ts.

Rendu aud. Joufroy, le 17 décembre suiv^t, 4 paires de fers.

(A. N. Reg. en papier du carton Z, 1^b, 914.)

1428 (29 OCTOBRE).

Jean Ravier, garde de la mon° de Chaalons.

(Sorb. H. 1, 9, n° 174, fol. 143 v°.)

1428 (17 ET 29 NOVEMBRE).

Gerard de Vauboulon et 'Jehan Gente, gardes de la monnoie de Paris, saisissent environ 40 s. de grands blancs, devant les monnoyers, parce qu'il n'y avait pas de *tiltre* sur le C de Henricus, qui est sur les deux escus; ils sont fondus aux dépens du tailleur et des deux gardes. Ils apportent aussi trois grands blancs, 2 de Rouen et 1 de St-Lô, pour le même motif. Il s'agit du *Henricus* qui est sur les deux écus de la pille, et sur ce fut délibéré d'en écrire à Jehan le Goupil.

Douze autres grands blancs de Rouen, sans *tiltre* sur le C de Henricus écrit au-dessus des deux écus.

(A. N. Reg. Z, 1^b, 3, fol. 124 v° et 125 r° et v°.)

1428 (DÉCEMBRE).

Sire Jean de Poncher, général, etc. (à
Bourges, pour Charles VII).

(Sorb. H. 1, 9, n° 174, fol. 50 v°.)

1428 (15 DÉCEMBRE).

Mention de Guion Luillier, japieça m° p°ʳ
de la mon° d'Aucerre.

(A. N. Reg. Z, 1ᵇ, 3, fol. 125 v°.)

1428 (21 DÉCEMBRE).

Mention d'Aubert Charuel, garde de la
mon° d'Aucerre, demandeur, contre Guion
le Cheriat et Jacques Guimart, pleiges de
Sevestre le Cheriat.

(Ibidem, fol. 126 r°.)

1428 (19 JANVIER).

Mention de Norde du Rousselay qui a
pris à bail la mon° de Dijon. Il a pour pleige
son frère Guerard.

(Ibidem, fol. 126 v°.)

1428 (14 FÉVRIER).

Jehan Ravier, garde de la mon° de Chaalons, fu commis à faire l'ouvrage d'icelle
mon° d'or et d'argent pour cause de ce qu'il
estoit venu à la congnoissance du comptouer
que Jehan Brisset qui l'avoit mise à pris ne
faisoit aucune diligence dudit ouvrage, et
luy fut dit et enchargé au comptouer qu'il
fist bonne diligence dud. ouvrage et on luy
tausseroit tel brassage qu'il appartiendroit.

Ce jour, au comptouer, fut commis Colinet
de Paris, demour¹ à Chaalons, à faire et
exercer l'office de garde de la mon° de
Chaalons pour et au nom de Jehan Ravier,
garde d'icelle mon°, lequel a esté commis à
faire l'ouvrage de lad. mon°, pour cause de
ce que Jehan Brisset qui l'avoit mise à pris
ne faisoit point de diligence, lequel Colinet
fist le serment de bien et deument faire et
exercer l'office.

Ce jour fut baillé aud. Jehan Ravier, 2
pilles et 4 trousseaux pour monnoyer petiz
deniers d'or, nommez angeloz, pour iceulx
porter en lad. mon° de Chaalons.

(A. N. Reg. Z, 1ᵇ, 3, fol. 128 r°.)

1428 (25 FÉVRIER).

Philot Courtois, pour un an, l'argent (mon°
de Paris).

(Sorb. H. 1, 9, n° 174, fol. 5 v°.)

1429.

Rouen.

Thevenin Marcel, pour un an. Jean Marcel,
son frère. Ouvrer denⁿˢ d'or fin, grands et
petits, à ¼ de k. de remède ; ne sera tenu de
payer son droit de seigneuriage ailleurs qu'à
Rouen.

(Ibidem, fol. 11 r°.)

1429.

Amiens.

Pierre Grumeau, pour un an, par sire
Thomas Orlant, gnᵃˡ mʳ des monoyes.

(Ibidem, fol. 45 v°.)

1429.

Chaalons.

Pierre de Cavoret, pour un an.

(Sorb. H. 1, 9, n° 174, fol. 17 v°.)

1429.

Le Mans.

Regnault du Moncel, pour 3 ans, par sire Jean le Gonpil, gn^al m° des mon^es.

Qu'il ne sera tenu de paier tailles, aydes de villes ne autres subsides quelles qu'elles soient, ou faire faire guet ne garde de portes, murailles, ne de jour ne de nuit.

(*Ibidem*, fol. 15 v°.)

1429.

Auxerre.

Thevenin Boursier, m° p^er.

(*Ibidem*, fol. 16 r°.)

1429 (30 AVRIL).

Mention d'Estienne Luillier, auquel il est demandé s'il se souvient que Jehan de Nutz, changeur de Chaalons, lui a livré 100 marcs de billon à l'époque où il était m° p^er de la mon° de Chaalons; les gardes à cette époque étaient Jehan Ravier et Guill° Ferest.

(A. N. Reg. Z, 1^b, 3, fol. 131 r°.)

1429 (3 MAI).

Mandem^t aux gn^aux pour laisser affiner Jean Abraham 2932 marcs de billon de

Bretagne pour paier le Regent, duc de Bedfort, de ce qu'il avoit presté.

(A. N. Reg. Z, 1^b, 60, fol. 18 r°. — Sorb. H. 1, 9, n° 173, fol. 15 v°.)

1429 (2 JUILLET).

Fut touchée au comptouer une boiste où il y avoit 13 deniers d'or saluz, faicte en la mon° du Mans, par Guillemot de Mondelif, commis pour le Roy à faire l'ouvrage d'icelle mon°, laquelle a esté trouvée un 8e de carat hors de remède, et pour ce en considération de ce que ledit Guillemot n'estoit que commis à faire l'ouvrage, et que le prouffit dnd. ouvrage vient au Roy, et aussi qu'il y a perdu la plus grant partie de la chevance aud. lieu du Mans, et plusieurs autres causes et considérations, icellui Guillemot a esté condempné à payer au Roy 100 solz ts. d'amende.

(A. N. Reg. Z, 1^b, 3, fol. 134 r°.)

1429 (13 JUILLET).

Mention de Sevestre le Cheriat, nagaires maistre p^rr de la mon° d'Aucerre.

(*Ibidem*, fol. 134 v°.)

1429 (16 AOUT).

Fut dit à Regnault Tumery que pour aucunes causes il avoit esté appointé que la mon° de Paris ne seroit point baillée fermée pour le present et qu'il feist toujours ouvrer le plus diligemment qu'il pourroit jusques autrement en feust ordonné.

(*Ibidem*, fol. 135 r°.)

1429 (9 novembre).

Mention de Pierre Grumeau, m° p^{er} de la mon° d'Amiens.

(A. N. Reg. Z, 1^b, 3, fol. 135 v°.)

1429 (17 décembre).

Fut commandé à Girard de Vauboulon et Jean Gente, gardes de la mon° de Paris, qu'ilz feissent refondre tous les deniers blancs ouvréz et monoyés la sepmaine precedente en lad. mon°, pour cause de tressault qui avoit esté trouvé en la loy d'iceulx deniers par lequel ils ont esté trouvez hors du remède.

(A. N. Reg. Z, 1^b, 3, fol. 135 v°. — Sorb. H. 1, 9, n° 174, fol. 144 r°.)

1429 (16 février).

Ce jour fu dit par sentence Pierre Grumeau, m° p^{er} de la mon° d'Amiens, estre descheu et débouté de toutes défenses s'aucunes en eust, pour avoir à l'encontre de la demande que Symonnet Clement lui a faicte, etc...

(A. N. Reg. Z, 1^b, 3, fol. 138 v°.)

1429 (16 mars).

Mention de Gaulcher Vivien, nagaires m° p^{er} de la mon° d'argent de Paris.

(Ibidem, fol. 139 v°.)

1430.

Amiens.

Jaques Aucouteaux (lisez Auxcousteaux), dem^t à Amiens, pour un an, par les gardes.

(Sorb. H. 1, 9, n° 174, fol. 45 v°.)

Guill° Ruissel, pour un an.

(Sorb. H. 1, 9, n° 174, fol. 45 v°.)

Nota. — Il a été plus tard m° p^{er} de la mon° de Romans.

1430.

Rouen.

Thevenin Marcel, pour un an, par sire Jean le Goupil.

500 marcs d'or, 300 marcs d'arg. fin.

(Ibidem, fol. 11 r°.)

1430 (21 mars).

Pierre Mandole, contregarde de la mon° d'argent de Paris, fut aresté prisonnier du Roy et suspendu led. office jusques autrement en soit ordonné, pour avoir fait en faveur de Jehan de la Grange une fausse declaration de livraison de billon en l'an 1420, car aucune chose a esté livré par led. Jehan se n'est l'an 1422.

(A. N. Reg. Z, 1^b, 3, fol. 152 v°.)

1430 (27 mars).

Mention de Pierre Grumeau (ou Griveau), nagaires ten^t le compte de la mon° d'Amiens, assigné pour apurer ses comptes.

(Ibidem, fol. 153 r°.)

1430 (8 mai).

Au comptouer : m° Gaucher Gayer, cons^r du Roy n^{re} s^{re} en sa cour de Parl^t, Jean Trotet et m^e Robert Gaultier.

(Sorb. H. 1, 9, n° 174, fol. 144 r°.)

1430 (10 MAI).

Fut donné congié à Pierre de Landes, naguaires ten^t le cp^{te} de la mon^e d'arg^t de Paris, de faire ouvrer en lad. mon^e, soubz la main du Roy, en petiz blans certaine quantité d'argent qu'il avoit du brassage qu'il a tenu lad. mon^e, sans pour ce le vouloir contraindre de tenir lad. mon^e l'année durant, parmy ce que, se il vient aucun qui icelle mon^e veulle mettre a pris, il y sera receu.

(A. N. Reg Z, 1^b, 3, fol. 142 r°.)

————

1430 (5 JUILLET).

Guion Luillier, chang^r sur le pont de Paris, commis à f^{re} l'office de garde de lad. monoye de Paris au lieu de Gerard de Vauboulon, prisonnier en la conciergerie, et fit le serment.

(A. N. Reg. Z, 1^b, 3, fol. 144 r°. — Sorb. H. 1, 9, n° 174, fol. 144 v°.)

————

1430 (17 JUILLET).

Gerard de Vauboulon reprend possession de l'office de garde de la mon^e de Paris.

(A. N. Reg. Z, 1^b, 3, fol. 144 v°.)

————

1430 (6 SEPTEMBRE).

Mention de Jacques Langlois, contregarde de la mon^e de Paris.

(Ibidem, fol. 145 r°.)

————

1430 (17 OCTOBRE).

Pierre Mandole fut institué de nouvel contregarde de la mon^e d'arg^t de Paris.

(Ibidem, fol. 147 v°.)

————

1431.

Saint-Lô.

Jean de Caumont, pour un an, par led. le Goupil, fera ouvrer le marc d'or fin à ¼ de karat de remède en salus d'or de 70 de poids au marc de Paris, et en angelots de 105 de poids audit marc, pour 14 s. le marc du blanc en den. grands blancs à 5 d. de loy arg^t le Roy et de 5 (*lisez* 6) s. 3 d. de poids audit marc de Paris pour 3 s. 4 d. ts.

Le marc du noir, 2 s. ts.

Promet faire afiner le billon livré par les marchands et changeurs à lad. loy de 5 d., pour 6 d. ts. pour chacun den. de faute de loy.

Paiera les gages des gardes, tailleur, essayeur et louages d'ostels qui leur sont deubs, et le louage d'ostel où l'on fait l'ouvrage d'icelle mon^e pour lad. année.

(Sorb. H. 1, 9, n° 174, fol. 38 v°.)

————

1431.

Rouen.

Thevenin Marcel, pour un an, par le même Jehan le Goupil, tenu f^{re} afiner les den^{rs} de faut de loy pour 6 d. ts.

(Ibidem, fol. 11 r°.)

————

1431 (6 AVRIL).

Saint-Lô.

Jean de Caumont, pour un an.

(Ibidem, fol. 38 v°.)

————

1431 (11 AVRIL).

Pierre Mandole, contregarde de la mon^e

de Paris, fut eslargi en estat tout prisonnier jusques à duy en ung mois.

(A. N. Reg. Z, 1ᵇ, 3, fol. 154 vᵒ.)

1431 (15 JUIN).

Mention de Thomas de Hires le jeune, soy disant contregarde de la monᵉ du Mans, et d'Andriet Marcel, tenant le compte de lad. monᵉ.

(Ibidem, fol. 156 rᵒ.)

1431 (17 JUIN).

Pierre Grumeau est mis en prison par suite d'une enquête faite à Amiens. Il est relâché le 26 juin.

(Ibidem, fol. 157 rᵒ.)

1431 (16 OCTOBRE).

Mention de Gaucher Vivien, nagaires tenᵗ le compte de la monᵉ d'or et d'argent de Paris.

(Ibidem, fol. 161 rᵒ.)

1431 (16 NOVEMBRE).

A cette date, Regnault Tumery est mᵉ pᵉʳ de la monᵉ de Paris.

(Ibidem, fol. 162 rᵒ.)

1431 (4 JANVIER).

Mentionnés comme ayant tenu le cpᵗᵉ de la monᵉ d'Amiens, Jehan et Pierre Grumeau.

(Ibidem, fol. 162 vᵒ.)

1431 (28 FÉVRIER).

Robert Belin, procureur au Chastelet de Paris, apporte au comptouer, en la chambre des monˢˢ, le vidimus des lettres obligatoires de la prise de la monᵉ d'Amiens, faite par Guillᵉ Ruissel, dont Guillᵉ Godart est pleige, car il ressort d'une enquête ordonnée que ce Godard n'a aucuns biens.

(A. N. Reg. Z, 1ᵇ, 3, fol. 163 rᵒ.)

1432.

En la chambre des monˢˢ, en présence des changeurs, est alumée une chandelle, et leur fut dit que la monoye d'or et d'argent de Paris estoit mise à pris pour un an, durant laquelle chandelle de flambe et de feu sont mis les enchères.

(Sorb. H. 1, 9, nᵒ 174, fol. 5 vᵒ.)

1432.

Rouen.

Thevenin Marcel, pour un an, par le même Jehan le Goupil.

(Ibidem, fol. 11 rᵃ.)

1432.

Saint-Lô.

Jean de Caumont, pour un an, par led. le Goupil.

(Ibidem, fol. 38 vᵒ.)

1432 (27 MAI).

Au comptouer : mᵉˢ Jean de la Porte et Jacques Burges, consᵉʳˢ du Roy nᵗᵉ sʳˢ, Jean

Trotet, m° Robert Gaultier et Thomas Orlant, gn^{aux} m^{es} des mon^{ts}.

(Sorb. H. 1, 9, n° 174, fol. 145 r°.)

1432 (5 JUILLET).

Mention de Jacques Langlois, contregarde
de la mon° d'or de Paris.

(A. N. Reg. Z, 1^b, 3, fol. 164 v°.)

1432 (17 JUILLET).

Le 17e jour de juillet l'an dessusd. (1432),
à la requête de Andriet Marcel, fut appointé
au comptoir mander aux gardes de la mon°
du Mans que se aucun ouvrage d'or est fait
en lad. mon°, soit qu'il y ait maistre ou
commis, qu'ils facent mettre avant tout euvre,
par le tailleur de lad. mon°, es fers à or ung
petit point dessoubz l'estoille qui est après
regnat, et quant aux fers du blanc du temps
dud. Andriet, que soient rompus et que en
ceux que on tailleroit doresenavant ne soit
plus mis le point qui estoit devant la racine.

(Ibidem, fol. 165 r°.)

1432 (20 AOUT).

Sur la plainte de sire Michel de Lalier,
aucuns voysins de la mon°, des mauvaises
fumées qui venoient des fondures et affinages de la mon°, du fourneau de Regnault
Tumery, ten^t le compte de lad. mon°,
qui estoit bien dangereux au corps humain,
ord° que le residu de ses teneurs de registres
il les fit porter en la grande officierie étant
en la rüe de la Plastrière, pour illec estre
fondu.

(A. N. Reg. Z, 1^b, 3, fol. 166 r° et v°. — Sorb. H.
1, 9, n° 174, fol. 151 r°.)

1432 (30 AOUT).

Le 30e jour d'aoust 1432, par mandement
donné à Paris, les monnoyes qui s'ensuyvent
eurent cours.

Durdres d'or faictz aux armes de Ph^{lles} duc
de Bourgongne, la pièce pour 17 s. 6 d. ts.

Plaques de Flandres aux armes dud. Duc
de Bourg^{ne}, la pièce pour 7 doubletz.

Les deux figures sont données au Ms.

(Ms. Fr. 5524, fol. 128 v°. — Reg. de Lautier, fol.
108 v°.—Sorb. H. 1, 13, n° 173, fol. 16 r°.)

1432 (3 OCTOBRE).

En la chambre des monnoyes où estoient
assemblez maistre Guill^e le Duc, conseiller
du Roy n° s^e et président en parlement, les
généraux m^{tres} des mon^{es} et Pierre Baille,
tresorier de Mons^{gr} le Duc de Bedford, pour
parler et adviser que estoit à faire pour cause
de ce que les officiers, procureur et receveur
dud. seigneur au Mans demandèrent à Andry
Marcel, nagaires m^e p^{er} de la mon° audit lieu
du Mans, le louage de l'ostel de mond. seigneur qui a esté occuppé pour le faict de
lad. mon°, pour 3 ans que ledit Andriet a
tenu lad. mon°, et avecques ce la somme de
107 ₶ 12 s. ts. pour raison de certaine
quantité de biens qu'il avoit pris quand il
entra en lad. mon°, de l'inventoire de Lucas
Morice, par avant m^e p^{er} d'icelle, laquelle
somme ledit Andriet n'avoit encore paié, et
à cette cause avoient lesd. officiers du Mans
fait arrester led. Andriet en lad. ville du
Mans pour avoir lad. somme, disant icelle
somme estre et appartenir à mond. Sg^r,
par la confiscation dud. Lucas, qui est alé
demourer au parti contraire, lequel Andriet
bailla de ce caucion; à quoy respondoit
icelluy Andriet que se il luy convenoit pour
lad. somme que l'on luy donnast congié de

vendre lesd. biens et d'en faire son prouffit, et disoient lesdiz generaulx maistres des mon^{es}, que lad. mon^e du Mans ne se devoit pas desgarnir desdiz biens de l'inventoire dessusd., afin que le premier maistre qui viendra la treuve garnie comme il appartient, et finablement a esté appointé en la manière qui s'ensuit. C'est assavoir que lesdiz gn^{aux} m^{tres} des mon^{es} emploiront en la despense du compte dud. Andriet au prouffit de mond. Sg^r de Bedford la somme de 20 ℔ ts. pour chacune année desdiz 3 ans que led. Andriet a tenu lad. mon^e, qui sont 60 ℔ ts., et au regard de lad. somme de 107 ℔ 12 s. dessusdiz pour lesdiz biens dud. inventoire appartenant audit Andriet, lesdiz généraux m^{tres} des mon^{es} escriront aus gardes de lad. mon^e quilz les fassent priser par gens ad ce congnoissant, appellent a ce lesdiz procureur et receveur de mondit Sg^r au Mans, et ce qui seront prisez facent enregistrer les parties desdiz biens, bien declairez et ainsi prisez, envoient en la chambre des mon^{es} soubz leurs seings manuels, et pareillement escrira led. tresorier ausd. procureur et receveur, et la reponse venue lui appointera led. Andriet sur ce ainsi que raison donra, et ce pendant cessera de estre fait exemcion sur ledit Andriet et sur ses pleiges.

(A. N. Reg. Z, 1^b, 3, fol. 67 r° et v". — Sorb. H, 1, 9, n° 174, fol. 151 r°.)

1432 (16 OCTOBRE).

Ce jour, Regnault Tumery dist au comptoir en la chambre des monnoies qu'il estoit d'accord de tenir la mon^e d'or et d'argent de Paris, pour les pris et par la forme et manière qu'il l'avoit tenue l'année precedant, pourveu qu'il ne soustendroit à ses despens que 6 fournaises, et sur ce lui fut respondu que on y auroit advis, et que s'il lui venoit

aucune chose qu'il le receust hardiment et feist ouvrer.

(A. N. Reg., Z, 1^b, 3, fol. 167 v°.)

1432 (29 OCTOBRE).

Touchant les privileges des ouvriers et monoyers, de non répondre que pardevant les gn^{aux} et non le prevost de Paris, sinon des trois cas de meurtre, rapt et larrecin, allegués en une cause.....

(A. N. Reg. Z, 1^b, 3, fol. 168 r°. — Sorb. H, 1, 9, n° 174, fol. 151 r°.)

1432 (28 NOVEMBRE).

Au comptouer où estoient les gn^{aux} Renauld Tumery, Guyon Luillier, Pierre de Landes, Gabriel Closier, Jean Mirofles, chang^{rs} sur le pont de Paris, en présence desquels fut alumé une chandelle et leur fut dit et exposé que la mon^e de Paris estoit ouverte, et le prix et condition à quoy icelle mon^e estoit mise, et que se aucun y vouloit mettre ou dire aucune chose, lad. chandelle durant; à quoy ni fut mise aucune enchère lad. chandelle durant, et par ce demoura icelle mon^e aud. Regnault Tumery, qui l'avoit mise à pris par avant, comme au dernier encherisseur.

(A. N. Reg. Z, 1^b, n° 3, fol. 169 r°.—Sorb. H. 1, 9, n° 174, fol. 145 r°).

1432 (4 FÉVRIER).

Sire Pierre Baille, trésorier de Monsr le gouverneur et Regent le royaume de France, duc de Bedford, mist au comptouer, en la chambre des mon^{es}, et dist que, en la mon^e du Roy n^{re} s^{re}, au Mans, n'avoit point de

maistre particulier ne homme qui s'avançast
de prendre lad. mon° à ferme, pourquoy il
estoit nécessité de y commettre aucune
bonne personne et souffisante pour faire
expedier l'ouvrage saucun en estoit apporté
en lad. mon°; et dist et nomma Loys Bruneau, changeur aud. lieu du Mans, lequel il
disoit estre bon preudomme souffisant et
habille pour faire l'ouvrage, payer le
Roy et les marchans, ainsi qu'il appartient,
et disoit qu'il estoit bon de mander aux
gardes de lad. mon° que, appelez avecques
eulx le procureur du Roy n^re dit seigneur
audit lieu du Mans, led. trésorier, l'essayeur
et tailleur de lad. mon°, ilz commissent led.
Loys Bruneau à faire faire led. ouvrage
jusques à ce qu'il venist aucun maistre particulier souffisant. A ceste cause fut escript
aus gardes de lad. mon° quilz commettent
ledit Loys à faire l'ouvrage de lad. mon°.

(A. N. Reg. Z, 4^b, 3, fol. 170 r° et v°.)

1432 (21 FÉVRIER).

A Rouen, par Étienne Marcel, grands
blancs anglo-françois, de 10 d. ts., à 5 d. de
loi et de 6 s. 3 d. de poids (75 au marc), du
21 février 1432 au 24 septembre suivant;
mis en boîte 3 s. qui representent en réalité
25305 frappés.
Au 18 août 1433; mis en boîte 20 de ces
blancs représentant 92 marcs. 14400 frapp.
Du 24 décembre 1433 au 13 janvier
1434; mis en boîte 2 s. 6 d. (30 pièces)
21600 frappés.
Du 13 janvier 1434 au 2 avril avant Pâques
1435; mis en boîte 3 s. 1 d. (37 pièces)
26640 frappés.
Du 13 janvier 1434 au 21 mai 1438, une
seule délivrance, le 2 avril 1435 (avant Pâques); mis en boîte 3 s. 1 d. (37 pièces)
26640 frappés.

Sont généraux maîtres à cette époque:
Jehan le Goupil et Remon Mousaut.
Du 21 mai 1438 au 22 mai 1439, par
Étienne Marcel, en la main du Roi, trois
délivrances le 27 juin, le 13 août et le 30
septembre 1438; mis en boîte 5 s. 9 d. (69
pièces) . . . . 49680 frappés.
Les gardes sont Jacques le Lieur et
Godin du Reaume. Celui-ci meurt le 6 août
1438 et est remplacé par Guillaume Ango,
que le Roi nomme le 8 août 1438. Le contregarde est Jacquel Goule, qui meurt le
8 septembre et est remplacé par Guill° des
Bruières, nommé par le Roi le 9 septembre 1438.
Du 22 mai 1439 au 23 mai 1440, mêmes
grands blancs; mis en boîte 4 s. 3 d. (51
pièces), pour une seule délivrance faite le
5 novembre 1439. . . . 36720 frappés.
Petits deniers ts. noirs, à 1 d. 12 gr. et de
18 s. 9 d. (225 au marc), du 20 mars 1440
au 10 avril avant Pâques; mis en boîte
8 sous desd. deniers (96), représentant 308
marcs et un $\frac{1}{6}$ de marc. . . 69345 frappés.

(A. N. Reg. Z, 1383.—Carton Z, 4^b, 963-67.)

Étienne Marcel a donc frappé à Rouen
200985 grands blancs et 69345 deniers
tournois.

1432 (16 MARS).

Mention de Jehan de Vaulx, garde de la
mon° d'Amiens, et de Huc de Lesmes, nagaires garde de la même mon°.

(A. N. Reg. Z, 4^b, 3, fol. 170 v°.)

1432 (18 MARS AU 1er OCTOBRE 1444).

Saluts d'or fin, anglo-français, de 22 s.

6 d. de cours et de 70 au marc, faits à Rouen par Étienne Marcel, m⁰ p͏ʳʳ, du 18 mars 1432 au 1ᵉʳ novembre 1433 (1ʳᵉ déliv͏ᶜᵉ du 24 mars); 36 saluts mis en boîte (à 1 mis en boîte pour 200) . . . . 7200 frappés.

Du 14 mars 1433 au 11 novembre 1434; mis en boîte 332 (1ʳᵉ déliv͏ᶜᵉ le 5 avril), 66400 frappés.

Du 11 novembre 1434 au 2 avril suiv͏ᵗ, mis en boîte 126 (1ʳᶜ déliv͏ᶜᵉ le 13 novembre), 25200 frappés.

Du 2 avril av͏ᵗ Pâques 1434 au 6 avril av͏ᵗ Pâques 1435 ; mis en boîte 313 (1ʳᶜ déliv͏ᶜᵉ le 11 avril av͏ᵗ Pâques 1434). 62600 frappés.

Par le même, tenant le compte de la mon⁰ en la main du Roi, du 6 avril 1435 av͏ᵗ Pâques au 16 mai 1437; mis en boîte 234 (1ʳᵉ déliv͏ᶜᵉ le 26 avril 1436). 46800 frappés.

Du 16 mai 1437 au 21 mai 1438; mis en boîte 234 (1ʳᵉ déliv͏ᶜᵉ le 17 mai 1437), 46800 frappés.

Du 21 mai 1438 au 22 mai 1439 ; mis en boîte 255 (1ʳᵉ déliv͏ᶜᵉ le 30 mai 1438), 51000 frappés.

Du 22 mai 1439 au 23 mai 1440; mis en boîte 147 (1ʳᵉ déliv͏ᶜᵉ le 12 juin 1439), 29400 frappés.

Du 23 mai 1440 au 24 mai 1441 ; mis en boîte 110 (1ʳᶜ déliv͏ᶜᵉ le 8 juin 1440), 22000 frappés.

Du 24 mai 1441 au 25 mai 1442; mis en boîte 88 (1ʳᵉ déliv͏ᶜᵉ le 22 juin 1441), 17600 frappés.

Les gardes sont Guillaume Ango et Jacob Bernardin, le tailleur est Geuffin (sic) Corel, et le contregarde Guillaume de Bruyères.

Par Étienne Marcel, commis pour ung an, commençant le 25 mai 1442 et finissant le 26 mai 1443; mis en boîte 90 saluts (1ʳᵉ déliv͏ᶜᵉ du 19 juillet 1442). . 18000 frappés.

Du 26 mai 1443 au 1ᵉʳ octobre 1444, auquel jour ladite boîte fut close, mis en boîte 145 saluts. . . . . . 29000 frappés.

Il a donc été frappé en tout, à Rouen, par Étienne Marcel, 355600 saluts de Henri VI.

(A. N. Reg. Z, 1383. Carton Z, 1ᵇ, 963-67.)

1432 (6 AVRIL).

Gilles de Verneux (ou Berneux), garde de la mon⁰ d'Amiens, fit le serment étant receu au lieu de Huc de Lesmes.

(A. N. Reg. Z, 1ᵇ, 3, feuilles suivant le 170 rᵉ. — Sorb. H. 1, 9, nᵒ 174, fol. 145 rᵉ.)

1432 (27 AVRIL).

Jehan de Vaulx, garde, et Huc de Lesmes, naguaires garde de la mon⁰ d'Amiens, sont condemnés à l'amende pour une boîte de Pierre Grumeau où il y avoit 96 deniers d'or.

(A. N. Reg. Z, 1ᵇ, 3.)

1433.

Amiens.

Jacques aux Cousteaux , bourg͏ˢ d'Amiens, pour un an, par Jean de Vaulx et Gilles de Bevrieux, gardes.

(Sorb. H. 1, 9, nᵒ 174, fol. 45 vᵒ.)

1433 (18 DÉCEMBRE).

Jean Trotet, M⁰ Robert Gaultier, Thomas Orlant, gen͏ᵃᵘˣ m͏ʳˢ des mon͏ᶜˢ.

(Ibidem, fol. 145 vᵒ.)

1433 (8 FÉVRIER).

Mandement pour le cours des mon͏ᵒˢ d'or et d'argent que le Duc de Bourg͏ⁿᵉ fait faire en Flandres.

En marge : Ce mandem[t] donné le 1er mars
1433, à m[e] Jean de Longuevil, lieutenant du
Prevost de Paris, par Jean Trotet et Thomas
Orlant, gn[aux] m[es] des mon[es], pour icelui mettre
à exécution.

(Sorb. H. 1, 13, n° 173, fol. 16 r°.)

1433 (4 MARS).

Les changeurs convoqués au comptoir,
« ausquels fut dit et fait scavoir que les
vieilles plaques et plusieurs autres monnoyes
faites tant au pais de Flandres comme ailleurs n'auroient plus cours et qu'ils y prissent garde, car le Roy ne donnoit cours
sinon aux nobles, demi nobles et quarts de
nobles, aux saluts et angelots d'or, aux blancs
de 10 d. ts., faicts en France ou en pais de
Bourgogne, aux blancs bretons pour 7 d.
par[s] et aux deniers d'or nommés p̄hus et
plaques nouvellement faites aud. pais de
Flandres, c'est à scr. ausd. deniers d'or apelez
p̄hlus pour autant que un desd. saluts, et
ausdites plaques nouvelles pour dix d. par[s]
la pièce, et toutes autres monoyes, tant d'or
que d'argent, vouloit estre mises au marc
pour billon, et outre leur fut dit et enchargé
qu'ils donnassent aux bonnes gens sur le
change de chacune desd. vieilles plaques
8 d. par[s] et que elles le valoient bien.

(A. N. Reg. Z, 1[b], 3. — Sorb. H. 1, 9, n° 174,
fol. 145 v° à 146 r°.)

1433 (22 MARS).

En presence de Pierre de Landes et Renault de Tumery, m[rs] part[ers] de la mon[e] de
Paris, ord[é] que led. Regnault prendra et
sonbtiendra à ses depens 6 fournaises de
France et 3 de l'Empire garnies chacune de
2 sièges, et 12 sièges pour monoyer, c'est à

scr. 8 de France et 4 de l'Empire, et toutes
les croîses qu'il conviendra aud. Regnault
pour f[re] l'ouvrage. Il prendra des croises qui
sont aud. Pierre de Landes, et s'il y a aucuns
compagnons monoyers qui veulent avoir leurs
sièges, on leur fera raison.

(A. N. Reg. Z, 1[b], 3. — Sorb. H. 1, 9, n° 174,
fol. 146 r°.)

1434.

Rouen.

Thevenin Marcel pour un an, par le même
Jehan le Goupil.

(Sorb. H. 1, 9, n° 174, fol. 11 r°.)

1434.

Amiens.

Jean Warnier, dit Hannotin, demeurant à
Amiens, pour un an, par lesdits gardes.

(*Ibidem*, fol. 45 v°.)

1434 (2 SEPTEMBRE).

Jehan Blancpain, tailleur de la monnoie
de Paris, faisoit des jettouers de laton en son
ostel. On fait une visite chez lui ; on saisit
les fers et poinçons. Un peu plus tard on lui
permet de tailler des fers à gectouers de
laiton pour Guillaume le Mezelier (*alias*
Merelier), demeurant en la rue de la Vieille-
Monnoie.

(A. N. Reg. Z, 1[b], 3.—Sorb. H. 1, 9, n° 174.)

1434 (2 SEPTEMBRE).

Pierre Morlet, tailleur de la mon[e] d'Amiens,
fit le serment.

(Sorb. H. 1, 9, n° 174.)

1434 (30 décembre).

Gerard de Vauboulon et Jehan Gente, gardes de la mon° de Paris, apportèrent au comptouer, en la chambre des mon°°, les clefs quilz avoient de ladite mon° à cause desdiz offices, comme enchargé leur avoit esté.

(A. N. Reg. Z, 1ᵇ, 3.)

1434 (11 janvier).

Au comptouer, Guion Luillier et Nicolas Berthe, changeurs et bourgeois de Paris, furent commis à faire et exercer les offices de gardes de la mon° de Paris pour et au lieu scr. led. Guion, de Gerard de Vauboulon, et led. Nicolas, de Jean Gente; firent serment; furent baillez audit Guion 9 clefs que led. Gerard avoit, et aud. Nicolas 11 clefs que led. Gente avoit.

(Ibidem.)

1434 (18 janvier).

Mardi 18° jour de janvier 1434 fut ordonné au comptoir en la chambre des mon°° que durant le temps que Andriet Marcel tiendra le compte de la mon° de Paris pour et au nom de Gerard Coletier qui icelle mon° a mis à pris, aura es deniers d'or salus devers la croix, dessoubz le A de *Imperat*, ung point percé, le guy parmy, et semblablement devers la pille dessoubz le E de *Rex* ung point percé le guy parmy.

(Reg. entre 2 ais, fol. 147 r°.)

1434 (28 janvier).

Fut donné congié à Jehan Blancpain,

tailleur de la mon° de Paris, de tailler une paire de fers à gettouers de laton pour Guillaume le Merelier, demourant rue de la Vielz-Monnoie.

(A. N. Reg. Z, 1ᵇ, 3.)

1434 (29 janvier).

Pierre Morlet, tailleur des mon°° de St-Quentin et d'Amiens, fist le serment.

(Ibidem.)

1434 (19 février).

Et le xix jour de fevrier audit an ccccxxxiiij la mon° d'or de Paris demoura fermée pour ung an à Gaulchier Vivien pour et au nom de Jehan Carlier, lequel Gaulchier fut d'acort au comptouer, que durant le temps qu'il tendra le compte d'icelle mon°, soit mis es deniers d'or salus, devers la croix dessoubz le A de *Imperat* ung point percé le guy parmy, et devers la pille dessoubz le E de *Rex* ung point percé le guy parmy, pareillement comme es deniers d'or salus faiz du temps Gerard Colletier.

(Reg. entre 2 ais, fol. 147 r°.)

Au Reg. Z, 1ᵇ, 3, Jehan Carlier est dit changeur sur le pont de Paris.

1435 (22 juin).

Ce jour fut publié à Paris le mandement du Roy, par vertu duquel les blans aux armes de France et d'Angleterre qui avoient cours pour 8 deniers parisis furent mis à 6 deniers parisis la pièce.

(A. N. Reg. Z, 1ᵇ, 3.)

1435 (21 JUILLET).

Le 21 juillet 1435, par mandement du Roy
fut faict l'ouvraige qui ensuyt.

Angelotz à 23 c. 3 quartz, de 4 d. de poix
tresbuchans, au feur de 48 pièces au marc,
ayans cours pour 32 s. 6 d. ts.

Marc d'or fin, 78 ⚖.

Figure de l'angelot de grand module avec
h sous la croix.

(Ms. Fr. 5524, fol. 128 v°. — Reg. de Lautier,
fol. 108 v°.)

1436 (21 AVRIL).

Pierre de Ravenel est nommé contregarde
de la mon° d'argent de Paris.

(A. N. Reg. Z, 1ᵇ, 3.)

Bernard de Lolive est nommé gardé de la
mon° de Paris.

(*Ibidem.*)

Jehan le Clerc est nommé garde de Paris
pour remplacer Jehan Souriz lorsqu'il était
en vie. Il avait été nommé alors par le Roi
par la résignation de Christophe Tarane.

(*Ibidem.*)

1436 (24 AVRIL).

Jehan Gente s'oppose à l'entérinement des
lettres de Jehan le Clerc, comme de tout
autre.

(*Ibidem.*)

1436 (26 AVRIL).

Bernard de Lolive, nommé garde par le
connétable, en remplacement de Jehan Gente,
s'oppose à la réception de tout autre aud.
office.

Le même jour, Jehan le Clerc fait également opposition.

Gerard de Vauboulon présente ses lettres
et prête serment.

(*Ibidem.*)

1436 (29 AVRIL).

Jacques Cuer est m° pᵉʳ de la mon° de
Paris.

(A. N. Reg. Z, 1ᵇ, 3.)

1437 (13 AVRIL).

Et d'autant que le vendredy 3ᵉ (*lisez* 13ᵉ)
apvril après Pasques, année 1436, la ville de
Paris, Dieu aydant, fut redduicte à son souverain seigneur le Roy de France, Charles 7°
du nom, ne sera plus en cest œuvre faict
mention dud. Henry, roy d'Angʳᵉ, pour le
regard de Paris, ains seulement pour le
pays de Guyenne, Picardye et Normandye,
d'autant que dès lors les forces desd. Anglois
commençoient à décliner journellement, et
au contraire les François à eulx reinvestir
des villes, places et forteresses ès pays que
led. Roy d'Angʳᵉ et ses prédécesseurs avoient
envahis sur la couronne de France; aussi
que led. Henry roy d'Angʳᵉ continua l'ouvraige en ses monnoies et pays qu'il occu-
poit en France, des poix, formes et cours et
loy et en la forme et manière cy devant
dicte, jusques au mois de décembre 1453 du
don de Dieu icelluy Henry roy d'Angʳᵉ et
les Angloix qui eurent occuppé longtemps
partie dud. royaulme de France, furent belliqueusement et victorieusement expulsez
d'icelluy.

(Ms. Fr. 5524, fol. 132 r° et v°. — Reg. de Lautier,
fol. 111 v° et 112 r°. — Leblanc, p. 243.)

1437 (13 AVRIL).

Le vendredy 3ᵉ (13ᵉ) jour d'apvril, l'an 1437, après Pasques, du bien de Dieu éternel avant le poinct du jour fut la ville de Paris reduictte en l'obeyssance dud. Sʳ Roy, son vray et naturel Sʳ et Prince.

(Reg. de Lautier, fol. 123 rᵒ.)

———

1444 (1ᵉʳ OCTOBRE).

Sire Estienne Marcel, à present general maistre des monnoies, pour tout le temps passé qu'il a esté mᵉ pᵉʳ de la monnoie de Rouen, finissant le 1ᵉʳ octobre 1444, avoit en differance ès deniers saluz d'or, de 70 au marc, aux armes de France et d'Angleterre, ung annelet à ung poinct massif dedens, soubz le T de *Imperat* qui est la dernière lettre devers la croix, et autant soubz la lettre de X de *Rex* qui est la dernière lettre du costé devers la pille.

Item aux angelos n'avoit aucune differance dud. maistre.

Item Jaquet de Bresmes ouvra après lui certain temps, fini le 19 novembre 1444, et avoit en differance soubz les lettres dessusdites une estoille à 5 pointes.

Item Guillaume le Monnier et Thomassin Equenboure, compaignons et mᵉˢ pᵉʳˢ, pour deux ans ensuivant, fenis en octobre 1446, ont eu en differance, tant vers la croix que vers la pille, ung poinct massif soubz la penultieme lettre, c'est assavoir soubz A, vers la croix, de *Imperat*, et soubz E de *Rex*, vers la pille.

Item Perrenot de Preaulx, mᵉ pᵒʳ après les dessusdits, a eu differance, c'est assʳ soubz les lettres dessusdites ung annelet à

ung point dedens, et pareillement a semblable difference ès penultiemes lettres des angelos, vers la croix et pille.

Item ès petiz deniers noirs qui ont esté faiz par Perrenot de Preaulx en la monᵉ de Rouen, de 1 d. 8 gr. de loy et de 19 s. 3 d. de taille, dont le Roy donnoit 7 ℔ 10 s. du marc d'argent, a pour differance une mollette ★ entre les lettres, tant d'un costé que d'autre, et ès aultres faiz en devant, à 1 d. 11 gr. de loy, de 18 s. 9 d. de taille, a ung point creux.

(A. N. Reg. Z, 1383, intitulé : ouverture des boistes de la monnoie de Rouen du temps des Englois. — Carton Z, 1ᵇ, 963-67.)

———

1444 (21 OCTOBRE).

Salutz de Henry VI frappés à Rouen par Jaquet de Bresmes, mᵒ pᵉʳ; du 21 octobre 1444, date de la 1ʳᵉ delivrance, au 19 novembre suivant, que la monnaie fut adjugée à Guillaume le Musnier (le Monnier), mis en boîte 26 pièces . . . . . 5200 frappés.

(A. N. Reg. Z, 1383. — Carton Z, 1ᵇ, 963-67.)

———

1444 (23 JANVIER).

Salutz de Henri VI, frappés à Rouen par Guillemin Musnier (*alias* Guillemin le Monnier), du 23 janvier 1444 au 21 octobre 1445; mis en boîte 103 pièces . . 20600 frappés.

Dans le même temps, « il fist en lad. monᵉ une boîte de petis deniers d'or fin, appelés angelos, de 105 au marc; une seule délivrance, le 30 septembre 1445; mis en boîte 6 pièces. . . . . 600 frappés.

Les gardes sont Guillaume Ango et Jacob

Bernardin. Le tailleur est Geffinet Corel et le
contregarde est Guillaume des Bruyères.

(A. N. Reg. Z, 1383. — Carton Z, 1ᵇ, 963-67.)

1445 (30 octobre).

A Rouen, par Guillᵉ le Monnier et Thomassin Erquanbaut, mˢᵗ pˢˢ associés, du
vendredi 30 octobre 1445 au 27 novembre
suivant, puis du 27 novembre 1445 au 20
octobre 1446, Thomassin Erquanbaut seul
(autre boîte); en tout dans les deux boîtes,
115 saluts. .   . 23000 frappés.

(Ibidem.)

1446 (10 novembre).

A Rouen, par Guillᵉ le Monnier mᵉ pᵉʳ,
une delivrance de saluts, après laquelle
fete durant le temps de l'enchére, Pierre de
Préaulx, changeur, demourant à Rouen,
rabessa l'ouvrage de ladite monᵉ sur led.
Monnier, lequel Pierre de Préaulx resta
chargé de rendre le present compte, par
accord fait entre Monnier et luy; mis en
boîte 10 saluts. .   . . . . 2000 frappés.

Par le même Monnier, le 10 novembre
1446, une delivrance d'angelots de 105 au
marc; 1 mis en boîte. .   . 100 frappés.

(Ibidem.)

1446 (10 décembre).

A Rouen, par Pierre de Preaulx, mᵒ pᵉʳ
pour un an, saluts de Henri VI, du 10 décembre 1446 au 9 décembre 1447; mis en
boîte 98 pièces. .   . . . 19600 frappés.

Pendant la même année, le même mᵉ a
frappé des angelots et livré à partir du
10 décembre 1446; mis en boîte 21 pièces
(on en met 1 en boîte sur 100). 2100 frap.

Du 16 janvier 1447 au 16 janvier 1448,
par le même, 73 saluts mis en boîte.

14600 frappés.

Dans la même année, 14 angelots mis en
boîte. . . . . 1400 frappés.

Pierre de Preaulx a donc frappé en tout
34200 saluts et 3500 angelots.

(A. N. Reg. Z, 1383. — Carton Z, 1ᵇ, 963-67.)

1446 (10 décembre).

Deniers tournois noirs de 19 s. 3 d. de
poids (281 au marc), à 1 d. 8 gr. de loi,
frappés à Rouen par Pierre de Preaulx; deux
délivrances, le 22 juin 1447 et le 9 décembre
suivant; on met en boîte une pièce sur 60
sous (720 pièces); mis en boîte 8 s. 2 d. (98),
représentant 305 marcs $\frac{5}{11}$ environ.

85840 frappés.

Deniers tournois à 1 d. 6 gr. et de 18 s.
9 d. (225 au marc), délivrés par le même,
le 16 janvier 1447; mis en boîte 11 s. 3 d.
(135 pièces), représentant 432 marcs.

97200 frappés.

(Ibidem.)

1453 (10 septembre).

Le 10ᵉ septembre 1453 fust au pays de
Guyenne donné cours aux espèces de monnoies qui ensuivent, forgez tant à Bourdeaulx
au nom dud. Henry, roy d'Angᵣᵉ, que autres
lieulx de la Guyenne que le cappⁿᵉ Talbot du
pays d'Angᵣᵉ, lors lieutenant général dud.
roy Henry aud. pays de Guyenne, avoit
reprins sur les Françoys.

Talbots à 23 caratz, faictz en Guyenne, de
2 d. 18 gr. de poix chacune pièce, pour
21 s. 8 d. ts. pièce.

Figure : HERIC. D. GRAC. ANGLIE R. D. AQVITA.
Hardi, à mi-corps, entre un léopard et un
lys.

Angelotz d'or forgez à Londres, à 23 caratz 3 quarts, de 5 deniers de poix pièce,
pour 32 s. 6 d. ts. pièce.

Figure : Écu écartelé sur le navire et
surmonté d'une croix entre *h* et une rose.

℞. Saint Georges terrassant un monstre à
tête d'ours.

Hardiz petitz, vieilz et nouveaulx, tant du
prince de Galles, du roy Édouard que du
roy Henry d'Ang^re, père dud. s^r roy, à 5 d.
de loy argent le Roy, de 22 grains de poix
chacune pièce, pour 4 d. ts.

Figure conforme.

(Ms. Fr. 5524, fol. 132 v° et 133 r°. — Reg. de
    Lautier, fol. 112 r° et v°.)

1453 (VERS LE 25 DÉCEMBRE).

Et d'autant que grâces à Dieu, en décembre, environ le jour de Noël l'an 1453, lesd.
Anglois furent du tout victorieusement expulsez hors le royaulme de France, et leurs
occupations entierement reduictes à l'obeyssance de la couronne de France, excepté la
ville de Calais seullement, ne sera en cest
œuvre plus fait mention des ordonnances,
statuts et edictz du roy Henry, roy d'Ang^re,
ses gouverneurs et lieutenans généraulx et
aultres, qui dès lors se retirèrent en leur
confusion tant en la ville de Calais qu'en Angleterre.

(Ms. Fr. 5524, fol. 133 v°. — Reg. de Lautier,
    fol. 113 r°.)

ADDENDA AU 1ᵉʳ VOLUME

DOCUMENTS GÉNÉRAUX

Par la 1ʳᵉ page du 19ᵉ feuillet d'un registre des ordonnances, marqué d'une croix suivie d'un annelet, le tailléur doibt avoir de chacune paire de fers , 1 d. d'or, tel comme on y monnoyera.

Item des fers à monnoyer mil marcs de blancs, 45 s. ts.

Item des fers à monnoyer mil livres doubles par. ou tournoys, 45 s. ts., et de petites oboles le tiers, soient par. ou tz.

Item par la 2ᵉ page du 24ᵉ feuillet dud. registre, appert quant ung monnoier faict son espreuve , le tailleur doibt avoir une paire de chausses de la valleur d'un escu d'or.

(Ms. Lecoq, fol. 27 rᵒ).

Item le tailleur doibt fʳᵉ aucun seing ou contreseing à la taille , que nul ne l'apercoyve pour le congnoistre.

(*Ibidem*, fol. 27 vᵒ.)

DOCUMENTS DATÉS

1198 (18 MARS).

Notum sit cunctis quod Galardus Ispanolus et sui fratres, scilicet Ispanus Ispanolus et Geraldus Ispanolus et Arnaldus Raimundus de Frenariis et Amoravis et Poncius ejus filius dictus et Arnaldus Mancipium et Petrus Florranus et Petrus ejus filius et Bernardus Belotus dederunt et donando solverunt Bertrando David et Poncio David fratri suo et eorum ordinio totum jus quod habebant vel ullo modo habere debebant in quarta parte dominii monete istius ville Tolose, scilicet de tallo et de magisterio et de toto quantum ad predictam quartam partem pertinet.

Et convenerunt inde esse guirentes predicto Bertrando David et Poncio fratri suo et eorum ordinio, quisque scilicet per se, de omnibus amparatoribus qui pro eis vel ex eorum partibus in predicta quarta parte, uti dictum est, aliquid eis ampararent vel peterent.

Et retinuerunt ibi predictus Bertrandus David et Poncius frater ejus quod possint operari et monetare in predicta moneta dum vixerint quando voluerint.

Quod totum predicti monetarii eis laudaverunt et concesserunt.

Et habet predictus Bertrandus David in predicta quarta parte dominii monete predicte, scilicet de tallo et de magisterio et de toto quantum ad predictam quartam partem pertinet, uti dictum est, duas partes, et Poncius David terciam partem sicut uterque concessit.

Et laudaverunt et concesserunt eis predicti monetarii, Bertrando David et Poncio fratri suo et eorum ordinio, omnem illam adquisitionem quam fecerant vel Bernardus David eorum pater de Poncio de Claromonte et de suis fratribus, sicut melius in carta illius adquisitionis quam Stephanus scripserat continebatur.

Et debet totum hoc facere, laudare et concedere predictus Amoravis suis nepotibus, et Galardus et sui fratres predicti Sicardo Yspanolo eorum fratri, et Arnaldus Mancipium Bernardo nepoti suo, que ita convenerunt Bertrando David et Poncio fratri suo.

Hoc factum fuit XII die exitus mensis Marcii feria I Phylippo rege Francorum regnante, et Raimundo Tolosano comite et Fulcrando episcopo, anno Mº Cº LXXXXº VIIIº ab incarnatione Domini.

Hujus rei sunt testes Raimundus Guilabertus et Arnaldus Odo et Raimundus Englesius et Willelmus de Savarto et Guillelmus de Sancto Petro qui hanc cartam scripsit.

(Arch. de la Haute-Garonne, Série E, nº 24.)

1350 (MARS).

Johannes Dei gracia Francorum rex..... Sane cum nos ballum ducatus Burgundie tenentes, ad presens in villa de Divione predicti ducatus, non in vel sub nomine dicti balli, sed regio nostro nomine, monetam cudi faciamus, pro nostro libito voluntatis, tenore presentis nostre pagine decernimus et notum facimus universis, tam presentibus quam futuris, quod non est intencionis nostre, nec volumus, quod per hoc nobis aut nostris successoribus Francie regibus in dicto ducatu, aut super dicto duce, vel alia quavis persona sui ducatus, in jure monetagii seu monetam cudendi, vel alia quomodo libet saisina, vel novum jus aliud acquiratur, aut quod eidem duci vel alteri cuiquam de suo ducatu, vel juribus ejusdem ducatus, per hoc aliquod prejudicium generetur, sed quod hoc per nos aut aliquem successorum nostrorum trahi possit ad consequentiam, vel aliam quamvis occasionem monetandi, seu monetam cudendi regio nomine, deinceps in predicta villa vel ducatu temporibus successivis. Quod ut perpetuo cunctis prebeat forinam fidem, nostrum presentibus litteris fecimus apponi sigillum. Datum Parisiis anno Domini Mº CCCº quinquagesimo, Mense Marcii.

(Arch. de Bourgogne. — Barthélemy, Essai sur les monᵉˢ des Ducs de Bourgogne. Pièces justificatives, nº XII, p. 87.)

1350 (6 MARS).

La monᵉ de Rouen fut baillée, l'or à ung, et l'argent à aultre personne.

(Ms. Lecoq, fº 34 rº.)

1354 (2 JUIN).

Johannes Dei gracia Francorum rex universis presentes litteras inspecturis salutem. Notum facimus quod licet nos apud Divionem ducatus Burgundie, cujus ballum ad presens habemus, monetam nostram propriam cudere inceperimus, a tempore quo ballum predictum habuimus et eodem ballo durante cudere facere intendamus, intencionis nostre non existit quod finito dicto ballo dictam monetam in dicto loco cudere amplius faciamus, nec quod per hujusmodi actum cudendi, carissimo filio nostro Philippo Duci Burgundie, vel ejus successoribus, aliquod prejudicium generetur aut nobis vel successoribus nostris regibus Francie jus novum acquiratur. In cujus rei testimonium presentibus litteris nostrum fecimus apponi sigillum. Datum Parisiis secunda die junii, anno·domini millesimo CCC° quinquagesimo quarto.

(Arch. de Bourgogne. — Barthélemy, Essai sur les mon⁰ˢ des Ducs de Bourgogne, p. 86. Pièces justificatives, XI.)

—————

1356 (12 mai).

Le maître particulier de la mon⁰ de St-Pourçain est Hugues (ou Huguet, ou Huguenot) Guibert.

Il est mentionné dans des quittances des 12 mai, 26 et 29 janvier et 4 avril 1356, avant Pâques.

Le 29 janvier 1356, Charles, ainsné filz et lieutenant du Roy de France, duc de Normandie et Dauphin de Viennois, reconnaît que Hugues Guibert a fourni à son trésor 500 deniers d'or au mouton.

Des quittances analogues des 12 décembre, 20 décembre, 13 janvier et 20 janvier 1357, sont toujours au nom du même Hugues Guibert.

(Bibl. Na¹ᵉ, fonds des titres scellés de Clairambault, tome 56, p. 4267 et 4269.)

—————

1357.

A la 1ʳᵉ page du 78ᵉ feuillet du registre de la Messaigerie commançant 1337 appert avoir esté baillé diverses creues en marc d'or ès monn⁰ˢ du Royaulme, en ung mesme temps, en aucunes 10 s. iz. de creue, ez autres 12 s.....

(Lecoq, fol. 68 r°.) (1)

—————

(1) Le manuscrit de Lecoq est intitulé :

Extraict abrégé des registres de la chambre des monnoyes, faict par moy, Charles Le Coq, général desdictes monnoyes, et depuis président en ladicte chambre.

Sur la garde, à gauche, est écrit de la main de Boisart :

Led. sʳ Le Coq receu général des monoyes le 4ᵉ septembre 1486.

Receu président en 1522, et décédé en 1546.

Ce manuscrit a appartenu successivement ·

1° à Mᵉ Boisart;

2° à Mᵉ Framery;

3° à Mᵉ Monvault, qui le tient de Mᵉ Framery.   *Signé* : Monvault.

4° à moi, François Petit, conseiller, receu en la cour des monnoyes le 1ᵉʳ juin 1740, lequel ai acheté ce précieux Mémorial chez Le Heuze, libraire, rue de la Hachette, à Paris, ce 23 juillet 1743.

J'ai échangé ce manuscrit à Mʳ Jarry, amateur d'Orléans. — Poitiers, 19 janvier 1845.   Fillon.

Mʳ Jarry l'avait acquis de Lottin père, auteur de recherches sur l'Histoire d'Orléans, qui le tenait à titre de don de M. Jagu d'Orléans, dans la famille duquel il était depuis longues années.

Aujourd'hui (1879), ce manuscrit m'appartient.   F. de Saulcy.

TABLE DES MATIÈRES

DOCUMENTS DATÉS DISTRIBUÉS PAR RÈGNE

FIN DU TOME SECOND

Caen, Imp. H. Delesques, rue Froide, 2.

www.ingramcontent.com/pod-product-compliance
Lightning Source LLC
Chambersburg PA
CBHW072012270326
41928CB00009B/1627